बाल विकास तथा पारिवारिक सम्बन्ध

बाल विकास
तथा
पारिवारिक सम्बन्ध

रमा शर्मा
एम० के० मिश्रा

arjun अर्जुन पब्लिशिंग हाउस

बाल विकास तथा पारिवारिक सम्बन्ध

संस्करण, 2025

ISBN 978-81-8330-186-2

प्रकाशक :

अर्जुन पब्लिशिंग हाऊस

4831/24, गोविन्द लेन,
अंसारी रोड, दरियागंज,
नई दिल्ली–110002
फोन : 23272541, 23242541
e-mail : arjunbooks2001@gmail.com

टाइपसेटिंग :

डिम्पल कम्प्यूटर्स

दिल्ली

प्रिन्टर्स :

मिलन इंटरप्राइजेस

दिल्ली

भूमिका

बालक की वृद्धि एवं विकास के लिए सन्तुलित एवं आवश्यक तत्वों से युक्त भोजन का होना आवश्यक है। भोजन के प्रमुख अवयव इस प्रकार हैं--कार्बोहाइड्रेट, वसा, प्रोटीन, विटामिन, खनिज लवण तथा जल। शक्ति के लिए वसा एवं कार्बोहाइड्रेट, वृद्धि के लिए प्रोटीन, रोग प्रतिरोधात्मक क्षमता के लिए खनिज लवण एवं विटामिन। ये अवयव सन्तुलित भोजन के माध्यम से बालक की वृद्धि और विकास में सहायक होते हैं। जन्म के समय माँ का दूध सन्तुलित आहार का कार्य करता है। आयु में वृद्धि के साथ-साथ उसे प्राकृतिक आहार की आवश्यकता होती है। प्राकृतिक आहार में सभी अवयवों की पर्याप्त मात्रा आवश्यक होती है।

निश्चित मात्रा में एवं निर्धारित समय पर ग्रहण किया गया भोजन पोषण में सहायक होता है। अधिक एवं असमय लिया गया भोजन विभिन्न शारीरिक विकारों को जन्म देता है। जिससे वृद्धि एवं विकास पर प्रतिकूल असर पड़ता है। भोजन में फलों, सब्जियों, कच्चे अनाजों एवं अंकुरित अनाजों की पर्याप्त मात्रा बच्चों के पोषण को बढ़ाती है एवं स्वास्थ्यवर्धक होती है।

प्रत्येक बालक को पौष्टिक भोजन पर्याप्त मात्रा में मिलना चाहिए, जिससे उसकी वृद्धि एवं विकास में नियमितता बनी रहे। भोजन में बालकों की रुचि एवं इच्छा का भी ध्यान रखना चाहिए। बालकों को आसानी से पचने वाला एवं हल्का भोजन देना चाहिए।

आयु में वृद्धि के साथ-साथ पोषण के स्तरों में परिवर्तन आता रहता है। पोषण शारीरिक संरचना एवं मानसिक स्वास्थ्य को प्रभावित करता है। पोषण से मनुष्य के आकार, भार एवं लम्बाई में वृद्धि होती है। समुचित पोषण से व्यक्ति की हड्डियाँ, दाँत एवं माँसपेशियाँ मजबूत एवं सुदृढ़ होती हैं। पोषण से बालकों का शारीरिक स्वास्थ्य बना रहता है तथा रोग प्रतिरोधक क्षमता बढ़ जाती है। पोषण से कार्यकुशलता भी प्रभावित होती है। समुचित पोषण के अभाव में बालकों का शारीरिक एवं मानसिक स्वास्थ्य ठीक नहीं रहता है। इस प्रकार स्पष्ट है कि बाल-विकास में पोषण की महत्वपूर्ण भूमिका होती है।

रमा शर्मा

एम. के. मिश्रा

अनुक्रमणिका

1.	बाल मनोविज्ञान-परिचय (Child Psychology-An Introduction)	1
2.	गर्भकालीन अवस्था में शारीरिक विकास (Social Development in Prenatal Period)	14
3.	शिशु का विकास (Development of Neonate)	30
4.	बाल-विकास एवं पोषण (Child Development and Poshan)	38
5.	गामक-विकास (Motor Development)	95
6.	भाषा-विकास (Language Development)	112
7.	सामाजिक विकास (Social Development)	119
8.	संवेगात्मक-विकास (Emotional Development)	132
9.	नैतिक विकास (Moral Development)	141
10.	सृजनात्मक विकास (Creativity Development)	155
11.	बुद्धि परीक्षणों का विकास (Development of Intelligence Tests)	161
12.	खेल (Play)	207
13.	अवधानात्मक विकास (Attention Development)	216

14. रुचि
(Interest) 225
15. व्यक्तित्व का विकास
(Personality Development) 238
16. बालक अभिभावक सम्बन्ध
(Parents and Child Relationship) 255
17. सृजनात्मक बालकों का विकास
(Development for Creative Children) 267

1

बाल मनोविज्ञान-परिचय
(Child Psychology-An Introduction)

बाल विकास में माता-पिता की भूमिका बराबर की रही है। परन्तु, दुर्भाग्यवश हमारे पुरुष-प्रधान समाज में बच्चों को पालने का अधिकांश दायित्व माता को ही सौंप दिया जाता है। बच्चों का लालन-पालन महिलाओं का कार्य माना जाता है और गृह विज्ञान पढ़ना भी केवल छात्राओं का काम। मेरी दृष्टि से यह सर्वदा अनुचित है। बाल-विकास का अध्ययन छात्र-छात्राओं दोनों को समान रूप से करना चाहिए क्योंकि उन्हें कल पिता-माता की महत्त्वपूर्ण भूमिकाएँ निभानी हैं। यह कैसी पाखण्डपूर्ण एवं विडम्बनापूर्ण स्थिति है कि पुरुष प्रत्येक नगर में पेशेवर नारी-रोग विशेषज्ञ, नारी-वस्त्र सिलाई-कढ़ाई बुनाई विशेषज्ञ, बाल निर्देशक, बाल-चिकित्सक तो हो सकता है, परन्तु वह गृह-विज्ञान को केवल लड़कियों का विषय कहकर उसे पढ़ने से कतराता है।

बिना बाल-मनोविज्ञान, बाल-विकास, गृह-विज्ञान पढ़े युवक-युवतियाँ माता-पिता बन ही जाते हैं और अपनी नयी भूमिकाएँ जैसे-तैसे निभा ही लेते हैं, परन्तु इसका यह कदापि अर्थ नहीं होता कि उन्हें नये उत्तरदायित्वों को निभाने के के लिए गृह विज्ञान की कक्षाओं एवं प्रयोगशालाओं में प्रशिक्षित नहीं किया जाय। प्रशिक्षण का व्यक्तित्व पर प्रभाव पड़ता है। अतः उन्हें विकासशील मानव की आधारभूत यांत्रिकी एवं गतिशीलता का ज्ञान करा दिया जाय तो वे अपनी भूमिकाएँ निश्चित रूप से उचित ढंग से निभा सकते हैं। यदि माता-पिता को गर्भावस्था से युवावस्था तक बालक के विकास की जानकारी रहेगी तो उन्हें बच्चे के लालन-पालन में कम-से-कम कठिनाइयाँ होंगी।

बाल-विकास के नियम एवं सिद्धान्तों से जो माता-पिता अनभिज्ञ होते हैं वे कभी-कभी अनजाने में वैसी गलतियाँ कर बैठते हैं जो उनके बच्चों के विकास के लिए हानिकारक होती है। गृह-वैज्ञानिकों से ऐसी भूलों की आशा नहीं की जा सकती है, चूँकि उसे पहले से ही पता रहता है कि किस अवस्था में बच्चों को कौन-सी शारीरिक एवं मानसिक आवश्यकताएँ हैं और किस आयु-स्तर पर वे किस प्रकार का व्यवहार करेंगे। सतर्क माता-पिता बालक की

शारीरिक एवं मानसिक योग्यताओं एवं विशेषताओं का विकास इस प्रकार करते हैं कि बालक के व्यक्तित्व एवं व्यवहार में असामान्यता के लक्षण उत्पन्न ही नहीं हो पाते। समायोजन-समस्याओं ओर उनके हल का पूर्व-ज्ञान होने से वे यह अच्छी तरह से समझते हैं कि भिन्न-भिन्न आयु-स्तर पर बालक का क्या और किस प्रकार समायोजन होगा। इन्हें पता होता है कि क्या करने से बच्चे कुसमायोजित हो जाते हैं।

अज्ञानवश कुछ माता-पिता अधिक देखभाल या अति संरक्षण को ही अच्छा लालन-पालन का ढंग समझते हैं, जबकि यह ढंग बालक की आत्मनिर्भरता को नष्ट करना होता है। अति संरक्षित बालकों में आगे चलकर स्वतंत्र व्यक्तित्व विकसित नहीं होता। बालक प्रौढ़ व्यक्ति का एक लघु रूप है जो कली की तरह धीरे-धीरे प्रस्फुटित होता है। कुछ माता-पिता विकासशील बालक को ठहरा हुआ समझकर उसे शिशु मानते हैं औरउसके साथ शिशुवत् व्यवहार करते हैं, उदाहरण बच्चों के साथ उस समय भी तोतली बोली में बातें करने का प्रयत्न करना जबकि वे स्वयं लगभग स्पष्ट उच्चारण करने लगते हैं, उन्हें तब तक हाथ से कौर बाँध-बाँध कर खिलाना जबकि स्वयं वे अपने हाथों से भोजन करने में सक्षम हो जाते हैं, उन्हें तब तक शौच कराने में सहायता करना जब तक कि वे स्वयं शौचालय जाने लायक हो जाते हैं, उन्हें तब तक पौशाक पहनाना, बाल संवारना जब तक कि वे सारे कार्य स्वयं कर सकते हैं।

बहुत सी ऐसी माताएँ होती हैं जो बिना भोजन का समय हुए ही बच्चों को स्तनपान या बोतल से दूध पीने की आदत लगाये रखती हैं। ऐसी माताएँ अतिरिक्त प्यार को स्तन पान की प्रक्रिया से जोड़कर बच्चों को कुसमायोजित करती हैं। बार-बार बोद में चढ़ने वाले बच्चे ओर आँचल में छुपकर बिना भूख स्तन-पान करने वाले बच्चे बाद में भी बच्चों जैसा ही व्यवहार करते रहते हैं। कभी-कभी अज्ञानवश माता-पिता अपने बच्चों से वैसी प्रत्याशाएँ करते हैं जो सयाने करते हैं अथवा अन्य बच्चे करते हैं तो वे अपने बच्चों के साथ अन्याय करते हैं। माता-पिता को यह अच्छी तरह समझना चाहिए कि किस आयु-स्तर के बच्चे क्या कर सकते हैं। छोटे बच्चों की मांसपेशियां पूर्णत: विकसित न होने के चलते पूर्णत सुदृढ़ नहीं होती, अत: उनके हाथ से बहुत ज्यादा सामान गिरते रहते हैं, टूटते रहते हैं। अत: यदि किसी छोटे बच्चे के हाथ से शीशे का बर्तन टूट जाये तो काई आश्चर्य की बात नहीं। वैसी स्थिति में माता-पिता को अपने क्रोध को संयमित करना चाहिए। जो लोग घर में काम काज के लिए बाल नौकरों को रखते हैं, उन्हें भी समझना पड़ेगा कि वैसे नौकर सयाने नौकरों की तरह न काम कर सकते हैं, न देर तक भूख-प्यास रोक सकते हैं और न देर तक रात में जग ही सकते हैं। बच्चा चाहे धनी का हो या गरीब का, बच्चा ही होता है जिसकी योग्यताओं एवं क्षमताओं की सहानुभूतिपूर्वक समझना सयानों का काम है। अत: बाल-विकास के नियमों एवं सिद्धान्तों के प्रतिकूल किसी बालक से अपेक्षा करना भारी भूल है।

कुछ माता-पिता अपने बच्चों को बिल्कुल ही दंड नहीं देते और कुछ माता-पिता अपने बच्चों को वैसे कठोर शारीरिक दंड देते हैं जो उन्हें कोमल अंग बालकों को कदापि नहीं देना चाहिए। किस बालक को किस गलती के लिए कितना दण्ड देना चाहिए यह माता-पिता को

हर बार अलग-अलग परिस्थिति में भिन्न-भिन्न ढंग से तय करना चाहिए। कुछ माता-पिता बच्चों को डाँटते समय हरामी, उल्लू, सूअर एवं अन्य अपशब्द कहते हैं, पीटते समय किसी भी अंग पर लाते-जूते, चप्पल, छड़ी से वार करते हैं जैसे वह बराबर शक्तिवाले दुश्मन से लड़ रहे हों। ऐसे दण्ड बालक की कुसमायोजित करते हैं।

माता-पिता को मालूम हो कि 'व्यवहार' अर्जित होता है अर्थात् सीखा जाता है, तो उन्हें इस बात का संतोष होगा कि बालक को यदि प्यार से सिखाया जाता है, तो उन्हें इस बात का संतोष होगा कि बालक को यदि प्यार से सिखाया जाय, तो वैसे व्यवहार करना सीख जायेगा जिसके चलते उसका सुखद सामाजिक समायोजन हो सके। बालक स्वयं नहीं जानता कि किस व्यवहार को सीखने से उसे भविष्य में सुख मिलेगा और किससे दुःख। अतः माता-पिता का यह कर्त्तव्य है कि वे अपने बच्चों में उन व्यवहारों को विकसित ही नहीं हाने दे जिनसे उन्हें भविष्य में समायोजन सम्बन्धी कठिनाइयाँ हों। अतः बालकों के स्वप्न विकास के लिए निर्देशन आवश्यक है।

शिशु के प्रारम्भिक पाँच वर्ष बड़े ही निर्माणकारी वर्ष होते हैं जबकि उसके व्यक्तित्व की आधारशिला रखी जाती है। अतः समझदार माता-पिता तो बाग के माली की तरह होते हैं जो नियंत्रण की कैंची से उसके फूलते-फैलते व्यक्तित्व को काटते-छाँटते रहते हैं।

शिशु को स्वस्थ रखने के लिए माता-पिता को चाहिए कि वह देखते रहे कि (क) उसे समुचित मात्रा में संतुलित भोजन प्राप्त हो, (ख) वह ठीक समय पर सोने के लिए बिछावन पर चला जाय, (ग) उसकी शारीरिक सफाई नियमित ढंग से हो।

प्रत्येक शिशु खेलता है जो उसके विकास में सहायक होता है। माता-पिता को चाहिए कि उनके बच्चे खेलों में अभिरुचि लें। उन्हें चाहिए कि वे (क) अपने शिशुओं के लिए समुचित, सादे एवं सस्ते खिलौने खरीद दिए जाएँ, (ख) एक समय में कुछ ही खिलौने उन्हें दिए जाएँ ताकि उनसे सही ढंग से खेलना सीखें। (ग) जब पुराने खिलौनों में उनकी रुचि कम पड़े तो उन्हें नए खिलौने खरीद दिये जाएँ, (घ) उन्हें ऐसे खिलौने उपलब्ध कराये जाय जो उनके मांसपेशियों को विकसित कर पाएँ (ड.) इस बात पर ध्यान दिया जाय कि शिशुओं के साथ वयस्क थोड़ी देर खेल कर हट जाय और उन्हें आत्म-निर्भर होने में मदद करे, (च) शिशुओं को यह भी बतावें कि वे अपने खिलौने को किस प्रकार मेज-दराज में सहेज कर रख सकें, (छ) शिशुओं से घर के छोटे-मोटे काम कराये जाएँ।

माता-पिता से यह उम्मीद की जाती है कि वे यथा-संभव अपने बच्चों की जिज्ञासाएं शांत करें। धैर्य से साथ, मुस्कराते हुए, प्यार से बच्चों के प्रश्नों के संक्षिप्त उत्तर दिए जाएँ। बच्चे उत्तर चाहते हैं न कि अच्छे अथवा सर्वोत्तम उत्तर।

माता-पिता को बच्चों की भावनाओं को समझते हुए उनका सम्मान करना चाहिए। यदि नए बच्चे के आगमन पर पुराने बच्चे की देख-भाल ठीक से नहीं की गयी तो वह नए बच्चे से ईर्ष्या कर सकता है। माता-पिता को बच्चों के सामने लड़ाई-झगड़ा नहीं करना चाहिए। प्रत्येक बच्चा अपने माता-पिता से स्नेह और सुरक्षा खोजता है। अतः माता-पिता को चाहिए

कि वे अनावश्यक रूप से भूत-प्रेत, साधु बाबा, आदि कर नाम लेकर बच्चों को न डरावे अथवा न धमकावें कि वे उसका फलाँ अंक काट लेंगे। ऐसा करने से बच्चे डरपोक हो जाएँगे। माता-पिता को अपने बच्चों को वैसे ही आदर्श देने चाहिए जो बच्चों को समझ में आवे। यदि कोई माता-पिता यह कहते हैं कि 'अच्छा बेटा बनो' तो उन्हें यह स्पष्ट करना चाहिए कि अच्छा बेटा आखिर किसे कहते हैं और वैसा किस प्रकार हुआ जा सकता है।

उपर्युक्त विवेचन से यह स्पष्ट है कि बाल-विकास के सिद्धान्तों के जानकार समझदार माता-पिता ही बालकों के शारीरिक एवं मानसिक विकास को सही दिशा दे सकते हैं, आज जो महाविद्यालय में बाल-विकास पढ़ रहे हैं, वे अवश्य ही कल माता-पिता बनेंगे। अत: गृह विज्ञान में बाल-विकास के अध्ययन का बहुत महत्त्व है। बाल वर्ष मनाने के बाद भी बाल-विकास की अनेक समस्याएँ हमारे देश में हैं। अत: बाल विकास के सम्बन्ध में प्रशिक्षित व्यक्तियों द्वारा अनुसंधान होन चाहिए। ऐसे अध्ययन दो प्रकार के हो सकते हैं-(1) व्यक्तिगत अध्ययन और (2) सामूहिक अध्ययन। व्यक्तिगत अध्ययन के क्रम में हम किसी एक बालक का अध्ययन प्रस्तुत करते हैं और सामूहिक अध्ययन में बाल-समूह का। गृह विज्ञान के छात्रों एवं छात्राओं को चाहिए कि वे वैज्ञानिक दृष्टि से बाल-अध्ययन में रुचि लें और बाल-विकास के सम्बन्ध में नए-नए आँकड़े प्रस्तुत करें।

बाल-अध्ययन का संक्षिप्त इतिहास

प्राचीनकाल में बाल-अध्ययन की पद्धति वैज्ञानिक नहीं थी। बाल-विकास के सम्बन्ध में जो भी ज्ञान प्राप्त था उसका आधार अभिभावकों एवं गुरुजनों द्वारा अवलोकन। मनोविज्ञान की प्रगति ने बाल-अध्ययन के नये आयाम उद्घाटित किए और बाल-विकास के अध्ययन के क्षेत्र में महत्त्वपूर्ण परिवर्तन हुए जिसके आलोक मे बच्चों के विकास के सम्बन्ध में सदियों से चलती आई हुई मान्यताओं में कई प्रकार के संशोधन हुए। समाजशास्त्र की प्रगति ने भी बाल-अध्ययन को काफी प्रभावित किया है। अत: जब हम गृह-विज्ञान के अंतर्गत बाल-विकास का अध्ययन करते हैं तब हम मनोविज्ञान एवं समाजशास्त्र से प्राप्त वैज्ञानिक दृष्टिकोण का लाभ उठाते हैं।

कुछ विद्वानों के अनुसार बच्चों का सही अध्ययन केवल बच्चे ही प्रस्तुत कर सकते हैं, परन्तु यह व्यावहारिक नहीं, चूँकि बच्चों का मस्तिष्क इतना परिपक्व नहीं होता कि वे बाल-आचार और व्यवहार को पूर्णत विश्लेषित कर सकें। अत: विवशतावश बाल-अध्ययन वयस्कों को ही करना पड़ता है। 1940 ई. में लॉटन ने यह प्रश्न उठाया था कि क्या वयस्क बच्चों के मनोविज्ञान को सही ढंग से प्रस्तुत कर सकते हैं। वास्तव में यह विचारणीय प्रश्न है, क्योंकि जब वयस्क बच्चों के विषय में लिखते हैं तब उनके निष्कर्ष उनकी भावनाओं एवं विचारों से प्रभावित हो जाते हैं विश्लेषण में वयस्कों के पूर्वग्रहों एवं निजी विश्वासों की भूमिका को बिल्कुल नकारा नहीं जा सकता। वस्तुनिष्ठ अध्ययन की दृष्टि से इन कारकों को अलग रखना आवश्यक प्रतीत होता है, परन्तु यह सम्भव नहीं।

बाल-विकास का अध्ययन किसी सुनिश्च्रित नियम के अनुसार होना सम्भव नहीं, उनका व्यक्तित्व जटिल एवं गतिशील होता है। बच्चों के गतिशील व्यक्तित्व को एक सूत्र के सहारे नहीं समझा जा सकता। इसके अतिरिक्त प्रत्येक बच्चे का व्यक्तित्व अनूठा होता है, विशिष्ट होता है। एक बच्चा दूसरे बच्चे के समान हाने पर भी अपना एक अलग व्यक्तित्व रखता है, जो उसका निजी होता है।

बाल-विकास के अध्ययन के आरम्भिक प्रयास

अठारहवीं शताब्दी के उत्तरार्ध में जीवनी पद्धति से बाल-अध्ययन किया जाता था। जीवन चरित्रों एवं आत्मकथाओं के घटनाक्रम के विश्लेषण ने बाल-विकास के सम्बन्ध में महत्त्वपूर्ण निष्कर्ष निकाले जाते थे अथवा प्रत्यक्ष अवलोकन के द्वारा प्रसिदध् अर्थशास्त्री एवं दार्शनिक जॉन स्टुअर्ट मिल की आरम्भिक शिक्षा-दीक्षा बचपन में घर पर ही हुई जिसकी चर्चा 1973 ई. में उनके पिता ने अपनी प्रसिद्ध पुस्तक **'ऑटाबायोग्राफी ऑफ जॉन स्टुअर्ट मिल'** में विस्तारपूर्वक की। इसके बाद जॉन हिनरिख पेस्तालॉजि ने सन् 1974 ई. में अपने साढ़े तीन वर्षीय पुत्र के विकास की वैज्ञानिक पद्धति का आरम्भिक रूप माना जा सकता है। पुनः 1787 ई. में टीडसन ने एक बालक के विकास का अध्ययन कर एक आलेख प्रकाशित करवाया। इसी परम्परा में कई और बाल जीवनी लेखक सामने आए। सन् 1800 ई. के आस-पास एसे कई और अध्ययन प्रस्तुत किए गए और बाल-अध्ययन के सम्बन्ध में कई प्रकार के सिद्धान्त प्रतिपादित हुए। इस सन्दर्भ में चॉर्ल्स डार्विन का 'ए बायोग्रैफ्रिकल स्केच ऑफ द चाइल्ड (1882)', ब्रान्सन एल्कॉट का 'ऑब्जर्वेशन्स ऑफ द वाइटल फ्रीनोमेना ऑफ माइ चाइल्ड' आदि ग्रन्थ उल्लेखनीय हैं। कई शिक्षकों ने भी पुस्तकें लिखीं, जैसे-फ्रेडरिक फ्रोबेल, मेरिया मांटेसरी जॉन डिवि, हॉरेस मन तथा विल्यम जेम्स आदि। इसके अतिरिक्त दार्शनिकों, उपन्यासकारों, कवियों एवं जीवनी लेखकों ने बाल अध्ययन से सम्बन्धित ढेर सारी सामग्री उपलब्ध करायी। परन्तु इन अध्ययनों को शुद्ध रूप से वैज्ञानिक नहीं माना जा सकता। वैज्ञानिक अध्ययन सही ढंग सक 19वीं शताब्दी के अन्त से होने लगे। स्टैनलि हॉल ने 'चाइल्ड स्टडी सोसायटी' तथा चाइल्ड वेलफेयर आर्गेनाइजेशन आदि संस्थानों को खोलकर बाल-अध्ययन का मार्ग ओर प्रशस्त किया। उनके नेतृत्व में बाल-अध्ययन आन्दोलन चला और बालकों की कई जीवनियाँ लिखी गई। उन्होंने 'प्रश्नावली विधि' का भी प्रयोग किया। इंग्लैण्ड में सली (1892 ई.) ने 'ब्रिटिश एसोशिएसन फॉर चाइल्ड स्टडी' की स्थापना की तथा 'पेडागॉनिकल सेमिनरी' नामक पत्रिका का प्रकाशन आरम्भ करवाया।

इस प्रकार इंग्लैण्ड तथा अमेरिका में बाल-अध्ययन को महत्त्व प्रदान किया गया। इस अवधि में महानगरों में 'असामान्य' एवं 'विशिष्ट' बालकों के अध्ययन के लिए उपचारशालाएँ भी खोली गई। इंग्लैण्ड, फ्रांस, जर्मनी, अमेरिका आदि देशों में भी बाल-अध्ययन से सम्बन्धित कई अनुसंधान पत्रिकाएँ प्रकाशित हुई।

बीसवीं शताब्दी के दूसरे तथा तीसरे दशक में इस अध्ययन-क्षेत्र को और भी वैज्ञानिक आधार प्राप्त हुआ। गैसेल (1928 ई.) ने 1930 ई. में 'इन्फैन्सी एण्ड ह्यूमन ग्रोथ' तथा 'गाइडेन्स

ऑफ मेन्टल ग्रोथ' ग्रन्थों को प्रकाशन करवाया। जीन प्याजे ने 1926 ई. में 'थॉट ऑफ द चाइल्ड', 1929 ई., में 'चाइल्ड कन्सेप्शन ऑफ द वर्ल्ड' तथा 1930 ई. में मॉरल जजमेन्ट द चाइल्ड प्रकाशित किए।

पिछले सत्तर वर्षों में बाल अध्ययन को और भी वैज्ञानिक एवं वस्तुनिष्ठ बनाने की चेष्टा हुई है। शोधकर्त्ताओं ने बाल-अध्ययन को कई स्तरों पर प्रस्तुत किया जिन्हें निम्नलिखित ढंग से बाँटा जा सकता है।

गर्भकालीन शिशु के शारीरिक एवं मानसिक विकास सम्बन्धी अध्ययन

इस क्षेत्र में वाल्टर, विलियम्स एण्ड मकफारलैण्ड, मकार्थि, रोस्टैण्ड आदि विद्वानों ने महत्त्वपूर्ण योगदान दिया है।

बाल-अध्ययन के क्षेत्र में पी.एच. मूसेन एवं उनके साथियों ने 1974 में एक प्रमाणिक ग्रन्थ दिया। गृह-विज्ञान में जब बाल विकास पढ़ाने का उद्देश्य है छात्र-छात्राओं को उन अनुसन्धान निष्कर्षों से अवगत कराना जिनके फलस्वरूप वे अपनी संतानों के व्यवहारों को समझ सकें और आवश्यकता पड़ने पर उन्हें नियमित कर सकें। इस विषय की उपयोगिता निम्नलिखित है-

(1) बालकों के स्वभाव को समझने में-बाल-विकास के अध्ययनकर्त्ताओं का मत है कि बालक एक विशेष आयु-स्तर पर एक विशेष प्रकार का व्यवहार करता है। अवस्था के परिवर्तन के साथ-साथ उन व्यवहार-सम्बन्धी विशेषताओं में भी क्रमशः परिवर्तन होते रहते हैं। यदि इनमें अभिभावक, बाल-विकास एवं बाल-सुधार पूर्व-परिचित हैं तो उन्हें बालकों की शारीरिक एवं मानसिक विकास सम्बन्धी समस्याओं के समझने में कोई कठिनाई नहीं होगी। सन् 1940 ई. में गेसेल ने बालक विकासात्मक कर्यों की सूची तैयार की। ऐसी सूचियों के अध्ययन से बालक के विकासात्मक परिवर्तनों को भली-भाँति समझा जा सकता है।

प्राचीन काल में बाल-विकास के अध्ययन करने का ढंग अवैज्ञानिक था। वह अवैज्ञानिक निरीक्षणों पर आवृत था। बाल-मनोविज्ञान की प्रगति के साथ इस नए अध्ययन-क्षेत्र का पिछले सौ साल में काफी विकास हुआ है। इ. वी हर्लाक ने यह स्पष्ट किया है कि जब बालक मनोविज्ञान का अध्ययन-क्षेत्र विकसित होकर युवावस्था तक पहुँच गया तब से बाल-मनोविज्ञान के स्थान पर बाल विकास शब्द प्रयुक्त होने लगा। जब से अध्ययनकर्त्ताओं की दृष्टि बाल-विकास के कुछ पहलुओं पर से हटकर बाल विकास प्रतिमान पर चली गई तब ये यह नया विषय बन गया। इस नये अध्ययन विषय ने बालक को एक विकासशील प्राणी के रूप में लिया। यह प्राणी (बालक) गर्भ से लेकर यौवन तक निरन्तर विकसित होता रहता है। अतः इसके अध्ययन क्षेत्र के अन्तर्गत वे सभी व्यवहार सम्बन्धी सभी समस्याएँ आती है जों कि गर्भावस्था से युवावस्था के बीच उत्पन्न हो सकती है।

बाल-विकास का क्षेत्र एंव समस्याएँ

बाल-विकास का अध्ययनकर्ता गर्भस्थ शिशु की तीन प्रकार की विकास प्रक्रियाओं का अध्ययन करता है-शारीरिक विकास, गत्यात्मक विकास, सांवेदनिक विकास, पुनः जन्म से बाल्यावस्था तक वह मुख्यतः शारीरिक, मानसिक, सांवेदनिक, संवेगात्मक, समाजिक, नैतिक, गत्यात्मक, भाषा-सम्बन्धी विकास का अध्ययन करता है। बाल्यावस्था से आगे बढ़ने पर वह मुख्यतः सामाजिक समायोजन सम्बन्धी समस्याओं, व्यक्तित्व सम्बन्धी समस्याओं, अभिवृत्तियों एवं रुचियों आदि का अध्ययन करता है।

बाल-विकास का अध्ययनकर्ता यह अध्ययन करता हे कि बालक किस प्रकार अपने सामाजिक पर्यावरण को प्रभावित करता है, तथा किस प्रकार सामाजिक पर्यावरण उसकी शारीरिक एवं मानसिक योग्यताओं को प्रभावित करता है। इस प्रकार उसका अध्ययन दुतरफा होता है।

बाल-विकास का अध्ययनकर्ता अपना ध्यान ''सामाजिक अंतक्रिया'' पर बहुत ज्यादा केन्द्रित करता है। बालक की अंतक्रियाएँ अपने परिवार जनों के साथ, पड़ोसियों के साथ, खेल के साथियों के साथ, स्कूल के साथियों के साथ, अध्यापकों के साथ एवं परिचितों के साथ, वय संधि तक होती रहती है। संक्षेप में वह जिन-जिन व्यक्तियों के सम्पर्क में आता है वह उनके साथ अन्तक्रियाएँ करता है। इन अन्तक्रियाओं के दो स्वरूप हो सकते हैं-इनसे सहयोग, व्यवस्थापन, सामाजिक एवं सामुहिक संगठन की प्रवृत्ति पैदा हो सकती है अथवा संघर्ष, तनाव एवं विरोध की प्रवृत्ति। 'अन्तक्रियाओं' के क्रमिक परिवर्तन एवं उसकी गतिशीलता का अध्ययन किया जाता है।

वह बालक की मानसिक प्रक्रियाओं, जैसे-प्रत्यक्षीकरण, स्मृति, चिन्तन, साहचर्य, अधिगम तथा कल्पना आदि का अध्ययन होता है।

वह बाल-विकास की असामान्यताओं के कारणों तथा गतिशीलता का अध्ययन करता है। वह निम्नलिखित प्रकारों के असामान्य विकासों का अध्ययन करता है, जैसे-बौद्धिक दुर्बलता, समस्यात्मक बालक, रोगी बालक तथा अपचारी बालक।

वह समायोजन सम्बन्धी समस्याओं का भी अध्ययन करता है जिसका उद्देश्य होता है यह पता लगाना कि बालक विभिन्न आयु-स्तर पर किस प्रकार तथा क्यों कुछ विशेष प्रकार के समायोजन का प्रयास करता है, और यदि वह प्रयास निष्फल होता है तो उसके द्वारा उत्पन्न कुसमायोजित्त व्यवहारों के दुष्परिणाम क्या होते हैं।

इनके अलावा वह निम्नलिखित समस्याओं का भी अध्ययन करता है-वंशानुक्रम से सम्बन्धित समस्याएँ, प्रशिक्षण से सम्बन्धित समस्याएँ, सामाजिक अधिगम से सम्बन्धित समस्याएँ, कौशलों आदि से सम्बन्धित बालक की समस्याएँ, अधिगम से सम्बन्धित समस्याएँ बालक के समाजीकरण से सम्बन्धित समस्याएँ, बालक के व्यक्तित्व से सम्बन्धित समस्याएँ, अन्तर्वैयक्तिक सम्बन्ध आदि।

सारांश यह कि बालक के विकास के क्रमिक परिवर्तनों की प्रक्रिया तथा उनकी भीतरी प्रक्रिया का अध्ययन इस शास्त्र में होता है।

बाल-विकास की परिभाषा

इ.बी. हरलॉक के मतानुसार 'आजकल बाल विकास में मुख्यत: बालक के रूप, व्यवहार, रुचियों और लक्ष्यों में होनेवाले उन विशेष परिवर्तनों पर बल दिया जाता है, जो उसके विकासात्मक अवस्था से दूसरी विकासात्मक अवस्था में आते समय होते हैं। बाल विकास साथ-ही-साथ यह भी खोज करने का प्रयास किया जाता है कि ये परिवर्तन कब होते हैं, क्यों होते हैं और से वैयक्तिक हैं या सार्वभौमिक।'

बाल-मनोविज्ञान बालक के गर्भकालीन अवस्था से परिपक्वता तक व्यक्ति की मनोवैज्ञानिक प्रक्रियाओं (चिन्तन, समस्या समाधान, सृजनात्मक, नैतिकता तर्क करने की शक्ति, व्यवहार, अभिवृत्ति, मत, रुचियों आदि) के विकास का वैज्ञानिक अध्ययन है। परन्तु बाल-विकास अध्ययन का वह क्षेत्र है जो एक विकासात्मक अवस्था से दूसरी विकासात्मक में प्रवेश करते समय होनेवाले विशिष्ट परिवर्तनों के पीछे अन्तर्निहित सूक्ष्म प्रक्रियाओं का वैज्ञानिक अध्ययन प्रस्तुत करता है।

इसके अन्तर्गत बालक की उन सभी शारीरिक तथा मनोवैज्ञानिक विशेषताओं तथा मनोवैज्ञानिक योग्यताओं आदि का अध्ययन किया जाता है जिनका विकास प्राय: गर्भावस्था से लेकर परिपक्वता तक होता है। इस प्रकार 'बाल-विकास' 'बाल-मनोविज्ञान' की ही एक विकसित शाखा है। इसमें मानव व्यवहार के विकास तथा भिन्न-भिन्न आयु-स्तरों पर उसकी विशिष्टता का अध्ययन किया जाता है।

बाल-विकास शब्द में 'विकास' का अर्थ है मानव की जैविक संरचना तथा मनोवैज्ञानिक प्रक्रियाओं में होनेवाले क्रमिक परिवर्तन। आयु-स्तर में परिवर्तन होने पर बालक के व्यवहार की गति और मात्रा में परिवर्तन होता है। बाल-विकास के अंतर्गत मानव के विकास-अवस्थाओं (गर्भकालीन अवस्था, शैशवावस्था, बाल्यावस्था, किशोरावस्था, तथा युवावस्था) में मानव-व्यवहार में होने वाले क्रमिक परिवर्तनों का वैज्ञानिक अध्ययन प्रस्तुत किया जाता है।

बालक-विकास को समझने के लिए मानव-व्यवहार को कई उपगमों के द्वारा अध्ययन किया जाता है। कुछ प्रमुख उपागम निम्नलिखित है-

1. प्रयोगात्मक उपागम-इसके द्वारा कार्य-कारण सम्बन्ध का पता लगाया जाता है जिससे यह पता चलता है कि अमुक व्यवहार कोई बालक किन परिस्थितियों में क्यों करता है।

2. दैहिक उपागम-शारीरिक वृद्धि एवं विकास, नाड़ी-संस्थान एवं कुछ ग्रंथियों के हारमोनस्राव से नियंत्रित होता है। अत: प्राणी का व्यवहार दैहिक क्रियाशीलता से प्रभावित होता है। मुख्यत: इस उपागम के सहारे गर्भस्थ तथा नवजात शिशु के व्यवहार को समझने का अवसर प्राप्त होता है।

3. विकासात्मक उपागम-ऐसा पाया गया है कि विकास की किसी विशेष अवस्था में आचार, रुचियों एवं अभिवृत्तियों के लक्षणों का एक विशिष्ट समुच्चय परिलक्षित होता है, जिसके द्वारा उस विकास-अवस्था का सम्यक् ज्ञान प्राप्त होता है।

4. व्यक्तित्व सम्बन्धी उपागम-व्यक्तित्व और व्यवहार के बीच घनिष्ठ सम्बन्ध होता है। व्यवहारों के अध्ययन से व्यक्तित्व की विशेषता का ज्ञान प्राप्त होता है। व्यक्तित्व के शीलगुणों के ज्ञान के आधार पर व्यक्ति के समायोजन, अभिवृत्तियों एवं आदतों को परिभाषित किया जा सकता है।

बाल-विकास के अध्ययन का उद्देश्य

इसके तीन प्रमुख उद्देश्य है-1. बालक के व्यवहार सम्बन्धी समस्याओं का ज्ञान, 2. उनके व्यवहार को नियंत्रित करने के उपायों की खोज, 3. उनके व्यवहार के सम्बन्ध में पूर्व-कथन।

बाल-विकास का अध्ययन क्षेत्र

इसको कई विकास अवस्थाओं में बाँटा जा सकता है। मुख्यत: इसके दो वर्ग है-

(क) जन्म से पूर्व की विकास अवस्था-पहली गर्भधारण से दो सप्ताह तक की अवस्था ; दूसरी, तीसरे सप्ताह के चौबीस सप्ताह तक की अवस्था, चौथी, चौबीस सप्ताह से जन्म तक की अवस्था। दूसरे शब्दों में गर्भस्थ शिशु को तीन अवस्थाओं में बाँटा जाता है-1. डिम्ब-अवस्था या बीज अवस्था, 2. पिण्ड-अवस्था, 3. भ्रूण अवस्था।

(ख) जन्म के उपरान्त की विकास अवस्था-इस विकास अवस्था को पाँच प्रमुख भागों में बाँटा जाता है-1. शैशवावस्था जो जन्म से दो सप्ताह तक की होती है, 2. बचपन जो दो सप्ताह से दो वर्ष तक की होती है, 3. बाल्यावस्था जो दो वर्ष से ग्यारह-बारह वर्ष तक की होती है, 4. किशोरावस्था जो बारह से अठारह वर्ष की तक की होती है, 5. इसके पश्चात् किशोरावस्था, जो अट्ारह वर्ष से इक्कीस वर्ष तक की होती है।

जन्म से पूर्व की विकास अवस्था का अध्ययन विकास प्रक्रियाओं की दृष्टि से तीन प्रकार का होता है-1. शारीरिक विकास, गत्यात्मक विकास और सांवेदनिक विकास।

जन्म से बाल्यावस्था तक के विकास का अध्ययन 1. शारीरिक, 2. मानसिक, 3. सांवेदनिक, 4. संवेगात्मक, 5. सामाजिक, 6. नैतिक, 7. गत्यात्मक, 8. भाषिक दृष्टि से किया जाता है।

बाल-विकास के नियम और सिद्धान्त

इ.वी. हर्लाक के अनुसार विकास का अर्थ है गुणात्मक परिवर्तन यह क्रमबद्ध, सम्बन्ध उत्तरोत्तर वृद्धि अथवा प्रगति की शृंखला है। वैसे परिवर्तन विकास के द्योतक है जिसकी दिशा सदा आगे की ओर होती है न कि पीछे की ओर। कार्माइकेल ने विकास की मात्रात्मक परिवर्तन अर्थ में परिभाषित किया है परन्तु क्रोह तथा बुहलर ने उसे गुणात्मक परिवर्तन ही माना है

जोकि ऊपर की और अबत्ताकार उच्च मानसिक रूपों की ओर बढ़ती जाती है। विकास की प्रचलित परिभाषाओं के विश्लेषण से निम्नलिखित तथ्यों का पता चलता है-

1. विकास के परिणामस्वरूप प्राणी में अनेक नयी विशेषताएँ और क्षमताएँ उत्पन्न होती हैं।

2. विकास परिवर्तनों की गति भिन्न-भिन्न आयु-स्तरों में भिन्न-भिन्न होती है।

3. विकास-परिवर्तन मात्रात्मक भी होते हैं और गुणात्मक भी।

4. विकास परिवर्तन क्रमिक पर आपस में जुड़े होते हैं अतः उनमें निरन्तरता होती है।

5. विकास-परिवर्तन गर्भावस्था में सबसे अधिक और परिपक्वास्था के बाद धीमें पड़ जाते हैं।

6. विकास परिवर्तन कई प्रकार के होते हें-(क) आकार में परिवर्तन, (ख) शारीरिक अंगों के अनुपात में परिवर्तन (ग) शारीरिक अंगों की पुरानी विशेषताओं एवं लक्षणों का धीरे-धीरे लोप होना, (घ) नयी प्रकार की शारीरिक विशेषताओं का प्रकट होना।

विकास के नियम

विकास का अवस्थानुसार होना। हर अवस्था में विकास नए-नए ढंग के होते हैं। प्रत्येक अवस्था का विकास-प्रतिमान विशिष्ट होता है। विकास की दृष्टि से प्रमुख अवस्थाएँ है- 1. गर्भकालीनावस्था, (क) डिम्ब-अवस्था या बीज अवस्था, (ख) पिण्ड-अवस्था, (ग) भ्रूण अवस्था। 2. शैशवावस्था, 3. बचपनावस्था, 4. बाल्यावस्था-(क) पूर्व बाल्यावस्था, (ख) उत्तर बाल्यावस्था, 5. वय: संधि, 6. किशोरावस्था, 7. वयस्कावस्था।

बीजावस्था-यह अवस्था गर्भधारण से दो सप्ताह तक की है।

पिण्डावस्था-यह अवस्था गर्भाधान के पश्चात् 14 वें दिन से लेकर दो मास तक की है।

भ्रूणावस्था-यह अवस्था तीसरे मास से लेकर प्रसव तक की है।

शैशवावस्था-यह जन्म से लेकर 14 दिनों तक की अवस्था है।

बचपनावस्था-यह अवस्था दो सप्ताह से लेकर दो वर्ष तक की है।

बाल्यावस्था-यह तीसरे वर्ष से प्रारंभ होकर ग्यारह बारह वर्ष तक की है। इसके दो भाग हैं पूर्व-बाल्यावस्था तथा उत्तर बाल्यावस्था।

पूर्व-बाल्यावस्था-यह जन्म से छ: वर्ष तक की है।

उत्तर बाल्यावस्था-यह छ: वर्ष से लेकर तेरह-चौदह वर्ष तक की है।

वय: संधि-इसका कुछ भाग उत्तर-बाल्यावस्था और कुछ भाग किशोरावस्था में पड़ता है।

किशोरावस्था-या परिपक्वावस्था यह तेरह चौदह से इक्कीस वर्ष तक की अवस्था है।

प्रौढ़ावस्था-यह इक्कीस से चालीस वर्ष की अवस्था है।

मध्यावस्था या अधेड़ावस्था-यह अवस्था 41 से लेकर 60 वर्ष तक की अवस्था है।

वृद्धवस्था या जरावस्था-यह अवस्था 61 वर्ष से मृत्युपर्यन्त तक की है।

बालक का विकास निरन्तर किशोरावस्था की ओर उन्मुख रहता है। इस अवधि में शारीरिक एवं मानसिक दोनों धरातलों पर कुछ-न-कुछ परिवर्तन होते रहते हैं। कुछ मनोवैज्ञानिकों ने शारीरिक परिवर्तनों को सीमित अर्थों में विवृद्धि कहा है जो शारीरिक संरचना एवं आकार का द्योतक है। यह सदा मात्रात्मक होती है। विवृद्धि और विकास दोनों आपस में जुड़े हुए है। हम देखते हैं कि बालक के मस्तिष्क में ज्यों-ज्यों विवृद्धि होती है उसके सीखने, सोचने, याद करने और तर्क करने की क्षमता में विकास होता जाता है। परन्तु विकास और विवृद्धि में कुछ मोलिक अंतर भी है-1. विकास का आरम्भ विवृद्धि से पूर्व हो जाता है, 2. विवृद्धि केवल परिपक्वावस्था तक चलती है, परन्तु विकास तो मृत्यु तक होता रहता है, 3. विवृद्धि संरचनात्मक का बोध कराता है पर विकास प्रकार्यात्मक परिवर्तनों का बोध कराता है, 4. विवृद्धि में होनेवाले परिवर्तन केवल रचनात्मक होते हैं परन्तु विकास में होने वाले परिवर्तन रचनात्मक और विनाशात्मक दोनों। इस प्रकार हम पाते हैं कि मानव विकास बीजावस्था से जरावस्था तक होता रहता है। श्री ईरा जोर्डन के शब्दों में, ''हम व्यक्तिगत विकास को अब इस प्रकार परिभाषित कर सकते हैं कि यह एक ऐसी प्रक्रिया है जिसका प्रारंभ प्रसव के क्षण से ही हो जाती है और यह तब तक चलती रहती है जबतक कि व्यक्ति अपनी पूर्ण अभिव्यक्ति, परिपूर्णता, एवं अभिव्यक्ति में अधिकतम संघटन या व्यवस्था तथा एकीकरण को प्राप्त नहीं कर लेता।''

गौसल के मतानुसार, ''विकास केवल मात्र प्रत्यय या धारणा ही नहीं है। इसे देखा जा सकता है, इसका मूल्यांकन हो सकता है, और इसका मापन शरीर-रचना विज्ञान शरीर क्रिया विज्ञान, एवं मानव-व्यवहार की दृष्टि से कुछ हद तक किया भी जा सकता है। मानव व्यवहार में परिवर्तन के चिह्न विकास की स्थिति और विकास की सम्भावनाओं का द्योतक है।''

आकार सम्बन्धी शारीरिक परिवर्तन-इसके शारीरिक लक्षण है--कद बढ़ना, वजन बड़ना, शरीर के अन्य आन्तरिक अव्यवों का विकास, जैसे, सिर, फेफड़ा, नाड़ियाँ, पेट आदि। इसके मानसिक लक्षण है, प्रति वर्ष बालकों द्वारा सीखे गए शब्द-भण्डार तर्क-शक्ति, कल्पनाशक्ति एवं स्मरण शक्ति में विकास।

अनुपात सम्बन्धी परिवर्तन-अवस्थानुसार अंगों का अनुपात बदलता रहता है। जन्म के समय जो मस्तिष्क का भार होता है वह परिपक्वस्था में चौगुना हो जाता है, तथा हृदय का भार जो होता है वह परिपक्वावस्था में तेरह गुना बढ़ जाता है।

पुराने शारीरिक लक्षणों का लोप-बच्चों के अस्थायी दाँत (दूध के दाँत) टूट जाते हैं। सीने का थाइमस ग्लैण्ड भी लुप्त हो जाता है। कुछ व्यवहार सम्बन्धी विशेषताएँ भी लुप्त हो जाती हैं, जैसे-घुटनों के बल चलना।

नए विशिष्ट गुणों की प्राप्ति-लड़कों को दाढ़ी-मूँछ निकलना, जनेन्द्रिय के पास बाल और काँख में बाल का निकलना। लड़कियों को स्तन निकलना। नैतिकता, सहनशीलता धार्मिम एवं राजनैतिक विश्वासों का विकास।

2. विकास के कारण परिपक्वता और अधिगम दोनों होते हैं–वंशानुक्रम से सम्बन्धित शारीरिक गुणों या क्षमता का विकास ही परिपक्वता है जिसके कारण व्यक्ति के व्यवहार में परिवर्तन होते हैं। इसके अतिरिक्त सीखना भी परिवर्तन का कारण है। अभ्यास, प्रशिक्षण एवं पूर्व अनुभव के फलस्वरूप भी विकासात्मक परिवर्तन होते हैं।

3. विकास प्रतिमानों के विषय में भविष्यवाणी की जा सकती है–बाल्यवसाा में विकास का जो एक निश्चित प्रतिमान बन जाता है वहीं आगे चलकर थोड़े-बहुत हेर-फेर के साथ भिन्न-भिन्न अवस्थाओं में विकसित होता है। बाल्यावस्था का मूलभूत प्रतिमान ही भविष्य में होने वाले विकास की आधार शिला है।

4. शारीरिक विकास के नियम–इसके दो प्रमुख नियम है: पहला नियम, सेफैलोकौडल लॉ। इस नियम के अनुसार, शारीरिक विकास पहले सिर के क्षेत्र में, फिर धड़, अन्त में पैरों के क्षेत्र में होता है। दूसरे नियम के अनुसार सुषुम्ना नाड़ी के पास के क्षेत्रों में पहले, फिर सुषुम्ना नाड़ी से दूर के क्षेत्रों में विकास होता हैं। दूसरे नियम को निकट शारीरिक विकास के दो निश्चित अनुक्रम होते हैं।

5. विकास सामान्य से विशिष्ट या जटिल की ओर–बालक की अनुक्रियाएँ सामान्य से विशिष्ट की ओर बढ़ती हैं। प्रारंभ में हाथ से वह गेंद पकड़ता है बाद में क्रिकेट के खेल खेलते समय मात्र कुछ उँगलियों का सहारा देकर गेंद पकड़ता है। बालक में किशोरावस्था में किशोर का गेंद पर विशिष्ट नियंत्रण होता है।

6. सन्तुलन और असन्तुलन का काल–विकास प्रतिमान किसी काल विशेष में कभी संतुलित होते हैं, कभी असंतुलित होते हैं। जब असंतुलन होता है तब बालक में तनाव, असुरक्षा, निर्णय आदि व्यवहार सम्बन्धी समस्याएँ उत्पन्न हो जाती हैं। जब संतुलन रहता है तो बालक का समायोजन सही होता है। अध्ययनों से पता गा है कि बालक में 2 वर्ष, 3 वर्ष, 4 वर्ष, 5 वर्ष तथा बालिकाओं के विकास में 18 माह, $2\frac{1}{2}$ वर्ष, $3\frac{1}{2}$, $4\frac{1}{2}$, $5\frac{1}{2}$ वर्ष संतुलन वर्ष माने जाते हैं और 6 वर्ष से लेकर वय:सन्धि का काल असंतुलन अवधि मानी जाती है।

7. बाल-विकास एक निरन्तर प्रक्रिया है।

8. विकास की गति कभी धीमी और कभी तीव्र हो जाती है।

9. विकास के भिन्न-भिन्न क्षेत्र होते हैं, जैसे शारीरिक विकास क्षेत्र, मानसिक विकास क्षेत्र आदि। परन्तु भिन्न-भिन्न क्षेत्रों में होनेवाले विकास में आपस में सह-सम्बन्ध होते हैं।

10. प्रत्येक बालक का विकास प्रतिमान अन्य बालकों जैसा होते हुए भी कुछ अर्थों में विशिष्ट होता है। सभी बालक किशोरावस्था में किशोरियों की ओर आकर्षित होते हैं, परन्तु यह आकर्षण अलग-अलग किशोर में अलग-अलग होता है, जिसका कारण उनके बीच वैयक्तिक भिन्नताएँ कुछ तो वंशानुक्रम कारणों के कारण और कुछ वातावरण के कारकों के मिले-जुले प्रभावों के होती है।

11. कुछ विकास-प्रतिमान अलग-अलग बालक में परिवर्तित होते रहते हैं, परन्तु कुछ स्थिर होते हैं। एक विशेष आयु में बच्चे लम्बे होते हैं, उनका कंठ स्वर बदलता है अथवा कुछ विशेष प्रकार के यौन-लक्षण दिखाई देते हैं, जैसे बालको को मूँछ-दाढ़ी निकलना तथा बालिकाओं को मासिक-धर्म होना। जब ये शारीरिक लक्षण एक बार प्रकट हो जाते हैं, अर्थात् यदि कद लम्बी है तो लम्बी ही रहती है। तो फिर वे सामान्यत: वैसे ही बने रहते हैं।

12. प्रत्येक अवस्था के कुद सामानय और कुद बालक-विशेष के कुद विशिष्ट शारीरिक और मानसिक विकास के लक्षण होते हैं। दाढ़ी-मूँछ निकलना या स्तन निकलना विकास-प्रतिमान के लक्षण है। स्तन निकलने पर सामान्य आरम्भ में बालिकाएँ शर्माती है परन्तु कुछ नहीं भी ले जाती है।

बाल-विकास एवं प्रकृति

प्रकृति में उस सम्पूर्ण वातावरण को सम्मिलित करते हैं, जो बालक के जन्म के पूर्व से प्रारम्भ होकर जीवनपर्यन्त चारों ओर दिखायी पड़ता है तथा अनुभव किया जाता है। प्रकृति के लिए ही वातावरण शब्द का प्रयोग किया जा सकता है। यह वातावरण बालक की वृद्धि एवं विकास को सदैव प्रभावित करता है। वातावरण बालक को वृद्धि एवं विकास के लिए आधार प्रदान करता है। बालक का व्यवहार भी वातावरण के अनुकूल होता है। वातावरण का क्षेत्र व्यापक एवं विस्तृत है। वातावरण में प्राकृतिक एवं सामाजिक दोनों ही वातावरण में सम्मिलित रहते हैं। प्राकृतिक वातावरण में पृथ्वी, जल, वायु, जलवायु, जीव-जन्तु एवं वनस्पति आदि सम्मिलित रहते हैं। बालक को माँ के गर्भ में भी एक वातावरण प्राप्त होता है, जो उसकी वृद्धि एवं विकास को प्रभावित करता है। माता-पिता की मानसिक दशा, भोजन एवं स्वास्थ्य का प्रभाव भी बाल-विकास में परिलक्षित होता है।

जन्म के बाद बालक का सम्पर्क विभिन्न प्राकृतिक परिस्थितियों, जैसे-गर्मी, सर्दी, तूफान अदि से होता है। बाल-विकास में सामाजिक वातावरण का भी महत्त्वपूर्ण स्थान होता है। सामाजिक वातावरण में घर, परिवार, विद्यालय एवं समाज का वातावरण आता है। ये सभी संकाय बाल-विकास को प्रभावित करते हैं। इनके सदस्यों के व्यवहार, रहन-सहन, भोजन, स्वास्थ्य एवं मानसिक दशाओं का बालक के विकास पर प्रत्यक्ष प्रभाव पड़ता है।

इस प्रकार स्पष्ट है कि प्रकृति बाल-विकास को माँ के गर्भ से लेकर बड़े होने तक प्रभावित करती है। प्रकृति का बाल-विकास के सभी पक्षों, यथा—शारीरिक, गामक, मानसिक, संवेगात्मक तथा भाषायी एवं सामाजिक विकास में महत्त्वपूर्ण स्थान होता है। प्रकृति ही बाल-विकास की दिशा एवं मात्रा का निर्धारण करती है।

□□□

2

गर्भकालीन अवस्था में शारीरिक विकास

(Social Development in Prenatal Period)

मानव प्राणी का प्रारम्भ स्त्री के अण्ड में पुरुष के शुक्र-संयोग से होता है। मानव भ्रूण को विकसित होने में लगभग 9 मास लगते हैं। जब यह पूर्ण परिपक्व हो जाता है तो माँ के गर्भ से बाहर आता है, उस समय इसका भार लगभग 7 से 8 पौण्ड तक होता है। जन्म पूर्व-काल की विकास अवस्थाओं को तीन भागों में बाँटा जा सकता है—

1. जीव-धारण अवस्था—गर्भ धारण स्थिति के बाद दो सप्ताह तक का काल जीव-धारण अवस्था कहलाता है। इस काल में यह अण्डे जैसे रूप का होता है। इस अवस्था में इसमें किसी प्रकार की वृद्धि नहीं होती है, किन्तु रासायनिक प्रक्रियाओं के कारण उसमें लगातार कोषों का विभाजन होता रहता है।

2. प्राथमिक भ्रूणावस्था—यह अवस्था दो सप्ताह से लेकर आठवें सप्ताह तक रहती है। इस अवस्था में कोष समूहों में तीन परतों का विकास हो जाता है जो कि शरीर के विभिन्न अंगों की रचना के लिए उत्तरदायी होती हैं। बाह्य परत से त्वचा, नाखून, बाल, दाँत, ग्रन्थियाँ, मध्य परत से माँसपेशियाँ, नाड़ियाँ तथा अन्य अंग और आन्तरिक परत से फेफड़े तथा वाचन अंगों का विकास होता है। 8 सप्ताह के बाद इस पिण्ड की लम्बाई लगभग 2 इंच और भार 2 ग्राम हो जाता है। तीसरे सप्ताह से हृदय की धड़कन आरम्भ हो जाती है। इस काल में चेहरे के सभी अवयवों; जैसे—सिर, आँख, कान, नाक, मुँह आदि का निर्माण आरम्भ हो जाता है।

3. भ्रूणावस्था—तीसरे माह से लेकर जन्म लेने तक की अवस्था भ्रूणावस्था कहलाती है। इस अवस्था में भ्रूण का निरन्तर विकास होता रहता है। आठ माह की आयु में भ्रूण की लम्बाई 16 से 18 इंच तक और भार 4 से 5 पौण्ड हो जाता है। जन्म के समय भ्रूण की लम्बाई 18 से 20 इंच तक होती है। वजन 6 से 8 पौण्ड तक होता है। इस अवस्था में माँसपेशियाँ विकसित होने लगती हैं एवं मूत्राशय तथा गुर्दा कार्य करने लगता है। पाँचवें माह में हाथ-पैर

के नाखून निकलने लगते हैं। सातवें माह से भ्रूण में हलचल करने की प्रकृति पैदा हो जाती है। इस अवस्था में भ्रूण में सवंदेनशीलता का विकास हो जाता है। 9 माह की अवस्था तक भ्रूण पूर्णत: विकसित हो जाता है और उसकी रचना बड़ी जटिल हो जाती है।

भ्रूण की वृद्धि-- गर्भ की स्थिति माता तथा पिता के डिम्बाणु तथा शुक्राणु के संयोग से होती है। भ्रूण की वृद्धि शुरु के 8 से 12 हफ्ते तक तेजी से होती है। इस समय तक भ्रूण 2 इंच लम्बा रहता है और वह अपने चारों ओर उपस्थित ऊतकों से पोषण प्राप्त करता है। इसके पश्चात् भ्रूण की वृद्धि अत्यन्त तीव्र गति से होती है। 40 हफ्ते तक पूर्ण विकसित भ्रूण का भार 7 पौंड हो जाता है, जबकि 12 हफ्ते तक इसका भार केवल 1/2 औंस था। इस दशा में भ्रूण को निर्माणकारक पौष्टिक तत्वों की अत्याधिक आवश्यकता होती है। गर्भकाल के अन्तिम दिनों में भ्रूण के समस्त अंगों का निर्माण तेजी से होता है। अस्थियों तथा माँसपेशियों का निर्माण, रक्त का बनना, मस्तिष्क का विकास तथा अन्य ऊतकों का निर्माण इन दिनों होता है। भ्रूण अपनी पौष्टिक तत्वों की आवश्यकता पूर्ण करने के लिए माता पर निर्भर रहता है, माता के रक्त से ही उसे सभी आवश्यक तत्वों की प्राप्ति होती है।

अत: गर्भकाल से धात्री स्थिति तक स्त्रियों को अधिक एवं पौष्टिक भोज्य पदार्थों की आवश्यकता होती है। इस समय पौष्टिक तत्वों की न्यूनता होने से भ्रूण की वृद्धि एवं विकास पूर्ण नहीं हो पाता।

गर्भकाल में माता के शारीरिक भार में परिवर्तन- भ्रूण के विकास के साथ-साथ माता का, शारीरिक भार भी बढ़ता है। इस अवस्था में गर्भाशय, गर्भनाल तथा स्तन विकसित होते है, साथ ही शरीर में पानी और वसा की मात्रा भी बढ़ जाती है। गर्भकाल के शुरु के 20 हफ्ते तक शरीर का भार 8 पौंड तथा अन्तिम हफ्तों में 1 पौंड प्रति हफ्ता के दर से बढ़ना चाहिए। पूरे गर्भकाल में शारीरिक भार में 24 से 28 पौंड तक वृद्धि होनी चाहिए। एक गर्भवती स्त्री के भार में हुई वृद्धि होती है-

नवजात शिशु का भार- 'वेनकाल चेलम' ने बताया है कि नवजात शिशु के शरीर का भार और गर्भवती के भोजन में प्रत्यक्ष रूप से सम्बन्ध हैं। उन्होंने आगे कहा कि पौष्टिक भोजन ग्रहण करने वाली माता के बच्चे का भार अधिक होगा। उच्च स्तरीय वर्ग की स्त्रियों के शिशुओं का भार 3.18 कि. तथा निम्नस्तरीय वर्ग की स्त्रियों के शिशुओं का भार कम होता है, उदाहरणार्थ- 2.78 कि. । वेनकात चेलम ने आगे कहा कि गर्भकाल में उचित पौष्टिक तत्व न ग्रहण करने से शिशु का पूर्ण विकास नहीं हो पाता तथा उनका भार भी कम रहता है।

गर्भकाल में पौष्टिक तत्वों की आवश्यकता

कैलोरीज- गर्भकाल में वेसल मेटाबोलिक दर में वृद्धि होती है। भ्रूण की वृद्धि एवं विकास के लिए भी अतिरिक्त उष्मा की आवश्यकता होती है। इसके साथ-साथ गर्भवती के शारीरिक भार में वृद्धि होती है तथा उसे बढ़े हुए शरीर को हिलाने-डुलाने के लिए भी अधिक उष्मा की आवश्यकता होती है। गर्भवती पूर्ण गर्भकाल तक सामान्य स्थितियों के अनुसार

क्रियाशील रहती है। इस प्रकार एक गर्भवती को उसकी क्रियाशीलता के साथ-साथ अतिरिक्त उष्मा जो कि प्रतिदिन 300 कैलोरीज है, लेनी चाहिए।

प्रोटीन- गर्भकाल में भ्रूण की पूर्ण वृद्धि एवं विकास के लिए अतिरिक्त प्रोटीन की आवश्यकता होती है। गर्भवती के शरीर में होने वाली तोड़-फोड़ के लिए भी उसे प्रोटीन की आवश्यकता होती है। प्रोटीन की आवश्यकता आखिरी के छः महीनों में अधिक होती है, क्योंकि इसी समय भ्रूण के शरीर में प्रोटीन जमा होती है प्रतिदिन भ्रूण के शरीर पर 1.4 ग्राम प्रोटीन जमा होती है, अतः गर्भवती को अपने आहार में 5 ग्राम अतिरिक्त प्राणिज्य प्रोटीन लेनी चाहिए। हमारे देश में प्रोटीन का मुख्य स्रोत अनाज तथा दालें हैं। वनस्पति प्रोटीन का शरीर में पूर्ण उपयोग नहीं होता अतः गर्भवती को 10 ग्राम वनस्पति प्रोटीन लेनी चाहिए ताकि उसकी प्रोटीन की अतिरिक्त आवश्यकता पूर्ण हो सके।

कैलशियम- भ्रूण की अस्थि निर्माण के लिए गर्भवती को अतिरिक्त कैलशियम की आवश्यकता होती है। एफ०ए०ओ०/डब्ल्यू० एच० ओ० ग्रुप (1962) ने कहा कि पूरे गर्भकाल में भ्रूण में 30 ग्राम कैलशियम जमा होता है। अतः गर्भवती को 500 से 600 मि. ग्राम अतिरिक्त कैलशियम की आवश्यकता होती। कैलशियम की अतिरिक्त आवश्यकता आखिरी के तीन महीने में होती है। गर्भवती के लिए 500-600 मि. ग्राम प्रतिदिन अतिरिक्त कैलशियम निर्धारित किया है।

लौह लवण- भ्रूण के रक्त के निर्माण के लिये लौह लवण की आवश्यकता होती है। गर्भकाल में लौह लवण की अधिक आवश्यकता छः महीने के बाद होती है। गर्भकाल में 10 मि० ग्राम प्रतिदिन अतिरिक्त लौह लवण निर्धारित किया है।

विटामिन 'ए'- शरीर की समस्त क्रियाओं को नियमिन करने के लिए विटामिन 'ए' की अधिक आवश्यकता होती है। विटामिन 'ए' वृद्धि के लिए भी उपयोगी होता है। इसकी आहार में कमी का प्रभाव नवजात शिशु की आँखों पर पड़ सकता है। गर्भवती के लिए अतिरिक्त विटामिन 'ए' निर्धारित नहीं किया। आहार में भोज्य पदार्थ अधिक ग्रहण करने से इसकी पूर्ति हो जाती है।

थायमिन- भ्रूण की वृद्धि के लिए थायमिन की आवश्यकता होती है नवजात शिशु के शरीर में थायमिन की थोड़ी मात्रा संचित रहती है, फिर भी गर्भवती को अतिरिक्त थायमिन की आवश्यकता होती है। एक्सपर्ट ग्रुप ने 0.2 मि० ग्राम प्रतिदिन अतिरिक्त थायमिन निर्धारित किया ताकि गर्भवती को थायमिन की माँग पूरी हो सके ।

रीबोफ्लेविन- गर्भवती के लिए 0.2 मि० ग्राम प्रतिदिन अतिरिक्त रीबोफ्लेविन निर्धारित किया है।

एस्कार्बिक अम्ल- भ्रूण से आर बी सी निर्माण के लिए एस्कार्बिक अम्ल की आवश्यकता होती है। एक्सपर्ट ग्रुप का कहना है कि सामान्य स्त्री के लिए आवश्यक विटामिन 'सी' से ही गर्भकाल की आवश्यकता पूर्ण हो जाती है, अतः इस काल में अतिरिक्त विटामिन 'सी' की आवश्यकता नहीं होती।

बालक के शरीर की संरचना

संपूर्ण मानव-शरीर बाह्य दृष्टि से एक इकाई (शरीर) दिखाई पडता है, परंतु भिन्न-भिन्न भागों के आकार अथवा कार्य भिन्न-भिन्न होते है। प्रत्येक भाग का नाम भी भिन्न-भिन्न है। यों ऊपर से देखने पर समस्त शरीर त्वचा से ढँका रहता है, पर त्वचा के नीचे मांस, मांस के नीचे अस्थियों का ढाँचा और ढाँचे के भीतर अनाक इन्द्रियाँया अंग व्यवस्थित है। परंतु ऊपरी बनावट तथा बाहरी अध्ययन के दृष्टिकोण से शरीर के स्थूल रूप को पाँच प्रमुख भागों में विभाजित किया जा सकता है-

1 सिर (Head) : शरीर के ऊपरी भाग में सिर स्थित है। यह ग्रीवा द्वारा धड से जुडा रहता है। सिर में भी दो भाग होते है। एक भाग को खोपडी (Skull) और दूसरे को चेहरा या आनन (Face) कहते है। खोपडी चिपटी अस्थियों की बनी एक खोखले गोलाकार डिब्बे के समान होती है, जिसे कपाल (Cranium) तथा खोखले भाग को कपाल-गुहा (Cranial Cavity) कहते है। इसी खोखले भाग में मस्तिष्क (Brain) अवस्थित रहता है। ऊपर की कडी अस्थियां मस्तिष्क को बाहरी आघातों से सुरक्षित रखती है। मस्तिष्क अत्यन्त सुकुमार तथा कोमल होता है, इसीलिए प्रकृति ने उसे कडे आवरण से ढक रखा है, ताकि वह क्षतिग्रस्त नहीं होने पाए। इस तरह हम देखते है कि अस्थियों के बने कवच (खोपडी) से यह ढँका रहता है। मस्तिष्क ही हमारे सभी कार्यों को नियमित तथा नियंत्रित करता है। इसीलिए प्रकृति ने इसे इस तरह सुरक्षित रखा है। सिर का सम्मुख भाग आनन बनाता है। यह भी अस्थियों के संयोंग से बना रहता है, परंतु यह भाग कहीं दबा हुआ, तो कहीं ऊपर की ओर निकला रहता है। केवल सम्मुख भाग को छोडकर सिर के अन्य भाग समतल रहते है। आनन में ही नेत्र, नासिका, कपोल, मुख, चिबुक तथा दोनों बगल दो कान रहते है।

2 ग्रीवा या गर्दन : ग्रीवा के माध्यम से सिर धड़ से मिला रहता है। यह अस्थियों, तंत्रिकाओं और मांसपेशियों के संयोग से बनी रहती है। इसीलिए यह लचीली होती है। इसके भीतर दो नलियाँ रहती है, जो मुँह और नाक से जुड़ी रहती है। पीछे की ओर ग्रासनली (Oesophagus) रहती है, जिसके माध्यम से आमाशय में अन्न-जल पहुँचता है। श्वासनली (Trachea) सामने की ओर होती है, जिसका काम श्वसन वायु को फेफड़े में पहुँचाना तथा निकालना रहता है। ग्रीवा के पीछे की ओर कशेरूकदंड या रीढ (Vertebral coloumn) चली गई है, जिसके भीतर मेरूरज्जु (Spinal cord) होती है। ग्रासनली तथा श्वासनली के अतिरिक्त गर्दन से होकर रक्त-नलिकाएँ भी गई है। इस तरह ग्रीवा में श्वासनली सामने की ओर तथा इससे सटी पीछे की ओर ग्रासनली रहती है और अन्त में सबसे पीछे कशेरूकदंड स्थित रहता है।

3 धड (Trunk) : यह शरीर का सबसे खोखला भाग है, जिसके भीतर अनेक अंगों के रहते की व्यवस्था रहती है। धड़ एक क्षैतिज विभाजक पेशी द्वारा, जिसे मध्यपट या मध्यच्छद पेशी (Diaphragm muscle) कहते है, दो भागों में ऊपर और नीचे की और विभक्त रहता है। ऊपर वाले भाग को वक्ष (Thorex) तथा नीचे वाले भाग को उदर (Abdomen) कहते है।

वक्ष-अस्थियों का स्थान एक पिंजडे के समान होता है। इसके पीछे की ओर कशेरूकदंड, बगल में पसलियाँ (Ribs), सामने उरोस्थि सीने की हड्डी (Sternum), ऊपर अंसमेखला (Pectral girdle) तथा नीचे की ओर मध्यच्छद पेशी की दीवार होती है। वक्ष के भीतर फुफ्फुस या फेफडे (Lungs), हृदय (Heart), श्वास-प्रणाली, महाधमनी, महाशिराएँ स्थित रहती है। ग्रासनली इसके पीछे की ओर से होकर मध्यच्छदा को पार करती हुई नीचे की ओर उदर में चली जाती है। धड़ के नीचे वाला भाग, जो मध्यच्छदा से प्रारंभ होकर श्रोणि तक चला जाता है, उसे उदर कहते है। यह भाग ऊपर से मुलायम होता है, क्योंकि इसमें सामने की ओर अस्थियाँ नहीं होतीं। सामने की ओर पेशियों की एक दीवार होती है। इसके भीतर दाहिने भाग में यकृत (Liver), यकृत से सटा हुआ पित्ताशय (Gall-bladder), बाईं ओर पेट या आमाशय, अग्राशय या क्लोम (Pancreas), आमाशय से निकलने वाली क्षुद्रांत्र या छोटी आँत (Small intestine), वृहदांत्र (Large instentine), यकृत, प्लीहा और दो वृक्क रहते है। उदर के नीचे वाले भाग को श्रोणि कहते हैं। इसी भाग में मूत्राशय, गर्भाशय, स्त्रियों के जननांग, अंडाशय इत्यादि स्थित रहते है।

4 उर्ध्व शाखाएँ (Upper extremities) :धड के ऊपर वाले भाग में बाईं और दाईं ओर दो शाखाएँ लगी रहती है। जहाँ पर ये शाखाएँ धड से जुडी रहती है, दसे कंधा कहते है। कंधे से जुडी हुई दोनों शाखाओं को बाहु कहते है। बाईं ओर की शाखा को बायाँ हाथ और दाईं ओर की शाखा को दायाँ हाथ कहते है। हाथ के ऊपर वाला भाग, जो बीच की केहुनी (Elbow) से ऊपर रहता है, उसे बाहु (Arm) और निचले भाग को अग्रबाहु (Fore arm) कहते है। जिस स्थान पर बाहु और अग्रबाहु जुडे रहते है, उसे केहुनी कहते है। अग्रबाहु और हथेली, कलाई (Wrist) द्वारा संबंधित रहती है। प्रत्येक हथेली में पाँच-पाँच उँगलियाँ तथा प्रत्येक उँगली के ऊपरी भाग में नाखून होते है।

5 अधोशाखा (Lower extremities) : धड के निचले भाग में दो पैर लगे रहते है, जो धड से एक विशेष प्रकार से संबंधित रहते है। पैर के ऊपरी भाग को जंघा (Thigh) , निचले भाग को टाँग और दोनों को जोडने वाले भाग को घुटना (Knee) कीते है। टाँग और पाँव जहाँ संबंधित रहते है, उस भाग को टखना (Ankel) कहते है। पाँव की निचली सतह को, जो चलने पर जमीन से सटी रहती है, पैर का तलवा कहते है। यह मुलायम होता है। प्रत्येक पाँव में हथेली की भाँति पाँच-पाँच उँगलियाँ होती है, जिनके ऊपरी सिरे पर नाखून रहते है।

शरीर के तंत्र (System of the Body)

मानव-शरीर कोशिकाओं का समूह है, जिसका अध्ययन अगले अध्याय में किया जाएगा। कोशिकाओं का समूह डिंब के निरंतर विभाजन से बनता है, जो गर्भाशय में ही आरंभ हो जाता है तथा गर्भाशय से बाहर निकलने पर भी विभाजन की प्रक्रिया होती रहती है। इस तरह विभाजन होते-होते शरीर में असंख्य कोशिकाओं का निर्माण हो जाता है। शरीर के विभिन्न

प्रकार के कार्यों के लिए कोशिकाओं की रचना विभिन्न प्रकार की होती है। एक प्रकार का कार्य एक ही प्रकार की कोशिकाओं द्वारा संपादित होता है। एक ही प्रकार के कार्य करने वाले एक ही आकार की कोशिकाओं के समूहों को ऊतक कहते हैं, जैसे, तंत्रिका ऊतक, अस्थि ऊतक, उपकला ऊतक, पेशीय ऊतक, संयोगी ऊतक आदि।

जब विभिन्न प्रकार के ऊतक मिलकर शरीर का कोई ऐसा भाग निर्मित करते है, जो अपने विशेष आकार तथा कार्य में अन्य भागों से पृथक रहता है, उस भाग को अंग (Organ) कहते है, जैसे-हृदय, नेत्र, कर्ण, बाहु आदि। प्रत्येक का अपना अलग विशिष्ट आकार एवं कार्द है। कार्य के अनुसार उनके विशिष्टआकार होते है। आँखों का काम देखना, कानों का काम सुनना, दाँतों का काम चबाना, हृदय का काम शरीर में रक्त पहुँचाना आदि रहता है। प्रत्येक की बनावट में कोई समता नहीं होती। प्रत्येक का कार्य अलग-अलग होते हुए भी उनमें पारस्परिक सामंजस्य है, जिससे शरीर की विभिन्न क्रियाएँ संपादित होती है। आपस में सामंजस्य रहते हुए भी सभी अंग अपना-अपना कार्य स्वतंत्र रूप से करते है, जिससे ज्ञात होता है कि सभी अंगों का एक ही लक्ष्य है-शरीर को सुचारू रूप से चलाना। इस तरह हम देखते है कि अपने-अपने कार्य के अतिरिक्त प्रत्येक अंग दूसरे के कार्य में सहायक है। प्रत्येक अंग न केवल अपना विशेष कार्य करता है वरन् वह अन्य अंगों से तालमेल बैठाकर अपना कार्य करता है। इस प्रकार कई अंग एक साथ मिलकर एक विशेष और बड़े कार्य को करते है। उदाहरणस्वरूप दाँतों द्वारा भोजन सुक्ष्म किया जाता है और ग्रासनली से होकर आमाशय में चला जाता है। पचाशय, क्षुद्रांत्र, वृहदांत्र, यकृत, अग्राशय आदि अंग अपना-अपना कार्य करते है और भोजन को शरीरोपयोगी बना देते है। इस तरह एक से अधिक अंग एक विंशिष्ट क्रिया संपन्न करते है। अत:, शरीर के उन अंगों के समूह को संस्थान या तंत्र (System) कहते है, जो मिलकर एक इकाई के रूप में कोई सर्वनिष्ठ काम करते है। इस प्रकार शरीर के भिन्न-भिन्न बड़े और विशेष कार्य भिन्न-भिन्न तंत्रों द्वारा निरंतर संपादित होते रहते है। शरीर के विभिन्न अंग इसी प्रकार के अनेक तंत्रों में वर्गीकृत किये गए है। इनमें से प्रत्येक अंग न केवल अपना कार्य करता है वरन् अन्य तंत्रों के साथ समन्वित होकर भी कार्य करता है जिसके परिमाणस्वरूप सभी तंत्र मिलकर पूरे शरीर को सुचारू रूप से कार्य करने में सहायक होते है। इसी प्रकार मनुष्य का शरीर उसी रीति से कार्य करता है जिस प्रकार कोई सुसंगठित समाजश्रम-विभाजन तथा विशेषीकरण के आधार पर अपना कार्य करता है।

संपूर्ण शरीर के अंगों को उनकी क्रियाओं के सामूहिक रूप को दृष्टिगत करके कुछ प्रमुख तंत्रों में इस प्रकार विभाजित किया गया है-

1. कंकाल-तंत्र (Skeietal System)
2. पेशी-तंत्र (Muscular System)
3. पाचन-तंत्र (Digestive System)
4. परिसंचरण-तंत्र (Circulatry System)

5. श्वसन-तंत्र (Respiration System)

6. तंत्रिका-तंत्र (Nervous System)

7. उत्सर्गी-तंत्र (Excretory system)

8. अंत:स्त्रावी-तंत्र (Endocrine System)

9. प्रजनन-तंत्र (Reproductive System)

10. त्वचीय-तंत्र (Cutaneous System)

11. लसीका-तंत्र (Lymphatic System)

12. विशिष्ट ज्ञानेन्द्रिय-तंत्र (System of Special Sense organs)

1. कंकाल-तंत्र (Skeietal System) -कंकाल-तंत्र में शरीर की संपूर्ण अस्थियाँ सम्मिलित है। शरीर में छोटी, लम्बी, चपटी तथा टेढ़ी-मेढ़ी अनेक अस्थियाँ है, जो पेशियों से ढ़ँकी रहती है। अस्थियों के बने इस ढ़ाँचे को ही 'कंकाल' कहते है। इसी तंत्र में मानव शरीर की अस्थियों का ढाँचा तथा अस्थियों के जोड़ आते है, जो अन्य जीवों से भिन्न होते है। अस्थियों के साथ ही शरीर के सभी अंगों का सम्बन्ध रहता है और अस्थियों के कारण भिन्न-भिन्न रूप होते है। अस्थियाँ कोमल अंगों को सहारा देती है, नाजुक अंगों की रक्षा करती है और पेशीय क्रियाओं के लिए लिवर का काम करती है। संपूर्ण शरीर छोटी-बड़ी कुल 206 अलग-अलग अस्थियाँ रहती है। शरीर के ऊपर से त्वचा और मांस हटा देने से अस्थियों का ढ़ाँचा ही शेष रह जाता है। ढ़ाँचा ही शेष रह जाता है। ढ़ाँचा कठोर तथा अचल नहीं होता। कठोर अस्थियों के बने रहने के उपरांत भी इसमें कई जोड़ है, जहाँ से शरीर के अंग मुड़ते तथा घूमते है। अस्थियाँ आपस में पट्टियों अथवा स्नायुओं द्वारा जुड़ी रहती है, जिनसे जोड़ या सन्धियाँ बनती है। इन सन्धियों के द्वारा ही शरीर के विभिन्न प्रकार के संचालन संभव होते है। संपूर्ण अस्थियों का वजन शरीर-भार का होता है। बच्चे के अस्थि-कंकाल में अस्थियों की संख्या अधिक रहती है और आयु के क्रमिक विकास के साथ वे आपस में जुटती जाती है और उनकी संख्या कम हो जाती है।

सिर चिपटी अस्थियों के संयोग से बना हुआ है, जो एक ड़िब्बे के समान होता है। इसे 'कपाल-गुहा' कहते है, जिसके भीतर मस्तिष्क स्थित रहता है। सामने की ओर कुछ छोटी-बड़ी अस्थियाँ आपस में मिल कर आनन बनाती है जिसमें नेत्र, नासिका और जबड़ा व्यवस्थित रहते है। हमारे दाँत जबड़े की अस्थियों में लगे रहते है। सिर के निचले तथा पिछले भाग से छोटी-छोटी अस्थ्यिों का एक समूह नीचे की ओर ग्रीवा तथा पीठ से होते हुए श्रोणि तक चला जाता है। ऊपर से देखने में यह एक लम्बी अस्थि के समान दिखाई पड़ता है परन्तु इसमें अनेक जोड़ होते है इसे कशेरूकदंड़, मेरूदंड़, रीढ़ या पृष्ठवंश (Verteble Coloumn) कहते है। रीढ़ की अस्थियाँ अलग-अलग होती है, जसे एक पक्तिं में एक के ऊपर एक व्यवस्थित रहती है जिन्हें कशेरूका (Vertebra) करते है। रीढ़ द्वारा ही सिर श्रोणि की अस्थियों से जुड़कर एक स्तंभ का आकार ले लेता है। सामने की ओर वक्ष में अनेक पतली, लंबी और

धनुषाकार अस्थियाँ पीछे से सामने की ओर फैली रहती है जिन्हें पसलियाँ (Ribs) कहते है। पसलियाँ पीछे की ओर कशेरूकों से जुड़ी रहती है और सामने की ओर उरोस्थि (Sternum) से मिलती है। कुछ पसलियाँ आपस में उपास्थि (Cartilage) द्वारा जुड़ कर एक हो जाती है। इस प्रकार इनका संबंध उरोस्थि से सीधे नहीं होता , बल्कि अप्रत्यक्ष रूप से से ये उरोस्थि से संबंधित है। इस तरह हम देखते है कि वक्ष एक बड़े पिजंड़े के समान पीछे कशेरूकों, दोनों बगल पसलियों तथा सामने की ओर उरास्थि के संयोग से बना हुआ है, जिसे वक्षगुहा (Thoracic Cavity) कहते है। वक्षगुहा में ही हृदय तथा फेफड़े सुरक्षित रहते है। वक्ष के ऊपरी भाग में सामने दोनों तरफ एक-एक हँसुली की अस्थि तिरछे रूप में रहती है जिसे जत्रुक (Clavicle) कहते है। जत्रुकास्थि, उरोस्थि से उपांस्थि द्वारा जुडी रहती है और दोनों ओर के कंधे तक चली जाती है तथा कंधे की अस्थि से जुड़ जाती है। ये अस्थियाँ पतली होती है तथा सुगमतापूर्वक इधर-उधर घुमाई जा सकती है। कंधे की अस्थि अंसफलक (Scapula) कहते है जिससे बाहु की अस्थियाँ जुड़ी रहती है। जत्रुक और अंसफलक के संयोग से कंधा बनता है। रीढ़ के निचले भाग के साथ श्रोणि अस्थियाँ जुड़ी रहती है जिन्हें नितंबास्थियाँ या श्रोणिमेखला कहते है। जहाँ पर रीढ़ की अस्थियाँ श्रोणि की अस्थियों से मिलती है, वहाँ एक कटोरे के समान गढ़ा बन जाता है, जिसे श्रोणिगुहा (Pelvic Cavity) कहते है। जिस भाग पर बैठने का आसन बनता है उसे आसनास्थि (Ischium) कहते है। मर्दो और औरतों के श्रोणि की अस्थियों में अन्तर रहता है। श्रोणि अस्थियों के साथ ही टाँगें जुड़ी रहती है।

मेरूदंड़ के कशेरूक सिर से लेकर कमर तक फैली रहती है। प्रत्येक कशेरूक में एक छिद्र होता है। इस तरह स्तम्भ की पूरी लम्बाई में एक नली बन जाती है। इस नली से होकर सुषुम्रा (Spinal Cord) मस्तिष्क से मिलती है। एक कशेरूक दूसरे कशेरूक पर इस तरह व्यवस्थित रहता है कि प्रत्येक का घेरा एक दूसरे पर ठिकाने से बैठ जाता है। दो कशेरूकों के बीच उपास्थि की गद्दी होती है, जो कशेरूकों को रगड़ और धक्के से बचाती है तथा कशेरूकदंड़ को लचीला बना देती है।

2. पेशी-तंत्र (Muscular system) : हमारे शरीर में त्वचा के नीचे माँस होता है, जो पेशी ऊतकों का बना रहता है। त्वचा के नीचे अस्थियों पर मढ़ी रहती है। इसके अतिरिक्त भीतर के अंग, जैसे हृदय, आहार-नाल, आमाशय, आँत, मूत्राशय आदि भी पेशी ऊतकों से बने हुए है। संपूर्ण शरीर में विभिन्न प्रकार की पाँच सौ से अधिक पेशियाँ है। इन पेशियों के कारण ही हम शरीर के अंगों को चलाते-फिराते तथा हिलाते-डुलाते है। इनका वजन हमारे शरीर के वजन से प्राय: 1: 3 के अनुपात में होता है। पेशियों की आकृति भी शरीर के विभिन्न भागों में भिन्न- भिन्न होती है। त्वचा के आवरण के कारण हम पेशियों को ऊपर से देख नहीं पाते, परंतु व्यायाम पर ये जगह-जगह उभरी हुई दृष्टिगोचर होने लगती है। पेशियों से अस्थियाँ ढँकी रहती है और ये इनकी सुरक्षा करती है। पेशियाँ ही शरीर को सुन्दर और सुडौल बनाती है। शरीर के प्रत्येक कार्य में पेशियाँ ही गतिशील होती है। सोते समय भी मनुष्य का

वक्ष श्वसन के कारण ऊपर-नीचे होता रहता है, हृदय में स्पंदन होता है। ये सब कार्य पेशियों में के कारण होते है। पेशियाँ शरीर को कोई आवरण नहीं होता, बल्कि यह माँस के लोथड़े के समान संपूर्ण शरीर में फैली रहती है।

इनकी आकृति शरीर के विभिन्न भागों में भिन्न-भिन्न प्रकार की होती है। कोई लंबी होती है, तो कोई चौड़ी, कोई गोल और मोटी होती है, तो कोई पतली। कुछ पेशियाँ सिरों पर पतली और बीच में मोटी होती है तथा कुछ चौकोर होती है, तो कुछ तिकोनी। प्रगंड़िका (Humerus) पर लगी द्विशिरस्का पेशियाँ (Biceps Muscles) मोटी होती है। उदर की दीवार में लगी रेक्ट्स पेशी पतली तह के रूप में उदर पर फैली रहती है।

पेशियाँ रज्जु के समान कंड़रा (Tendon) द्वारा दोनों छोरों पर दो अस्थियों से जुड़ी रहती है। अगर इन कंड़राओं को हटा दिया जाये, तो ये अस्थियों से अलग हो जायेंगी। पेशियों में संकुचन और प्रसारण-गुण होता है। पेशियों की इन्हीं क्रियाओं के कारण हमारे अंग क्रियाशील होते है। उनमें गति उत्पन्न करना पेशियों का ही काम है। प्रत्येक पेशी की कंड़राएँ दो अस्थियों में जुड़ी रहती है। इसीलिए पेशियों में संकुचन, एक अस्थि को दूसरी के पास खींच लेता है और इस तरह अंगों में गति उत्पन्न होती है।

कुछ पेशियों का संबंध तंत्रिकाओं द्वारा मस्तिष्क से होता है और ये हमारे इच्छानुसार काम करती है। ऐसी पेशियों को ऐच्छिक (Voluntary) पेशी कहते है। ये मनुष्य की इच्छाओं के अधीन रहती है। जैसे-हाथ-पैर की पेशियाँ। हम अपने इच्छानुसार हाथ-पैर चलाते है, जिससे इच्छाधीन पेशियों में गति उत्पन्न होती है। ये पेशियाँ अस्थियों से जुड़ी रहती है। अनैच्छिक (Involuntary) पेशियाँ वे है, जो मनुष्य की इच्छा के अनुसार काम नहीं करती है। हमारे शरीर में निरंतर कुछ कार्य ऐसे भी होते रहते है, जिन पर हमारा नियंत्रण नहीं रहता है। जैसे-श्वास लेना, आहार का पचना, रक्त का शरीर में संचरण होना आदि। अनैच्छिक पेशियों का संबंध ऊतकों से रहता है। ये अस्थियों से जुड़ी नहीं रहतीं।

3. पाचन-तंत्र (Digestive System) : हम जो कुछ भी खाते है, वह उसी रूप में शरीर से बाहर मल के रूप में नहीं निकलता। यह पच कर तरल रूप में परिवर्तित हो जाता है और शरीरोपयोगी बन जाता है। भोजन का आवशोषण पाचन-क्रिया में हो जाता है शेष भाग में मल के रूप में बाहर निकल जाता है। पाचन-तंत्र में मुख, ग्रासनली, आमाशय, पक्वाशय, यकृत, विभिन्न ग्रंथियाँ और अग्न्याशय (Pancreas) सम्मिलित है। पचे हुए भोजन का अवशोषण-कार्य क्षुद्रांत्र में होता है। पाचन-तंत्र का कार्य अविलेय भोजनों को विलेय रूप में परिवर्तित करना होता है। ग्रासनली (Oesophagus) एक नली के समान हाती है जो मुँह से आरंभ होकर ग्रीवा एवं वक्ष से होती हुई उदर में चली जाती है। यह नली कहीं पतली, तो कहीं मोटी है। इसकी लंबाई औसत 26 से. मी. होती है। मुखगुहा में चबाया हुआ भोजन सबसे पहले ग्रासनली में पहुँचता है। ग्रसनली में पचाने के लिए पाचक रस नहीं बनता। इसका प्रमुख कार्य भोजन को आमाशय तक पहुँचाना रहता है इस नली से निगला हुआ भोजन सुगमता से धीरे-धीरे खिसकता हुआ आमाशय में पहुँचता है। शरीर में आमाशय मध्यच्छद

पेशी के नीचे और यकृत के समीप बाईं ओर होता है। यह स्वत: सिकुड़ता तथा फैलता रहता है। इस फलने और सिकुड़ने से एक मंथन-क्रिया होती रहती है जिससे भोजन के नन्हें-नन्हें कण अत्यन्त सूक्ष्म बन जाते है। आमाशय की ग्रंथियों से पाचक रस निकलता है, जिसे 'जठर-रस' कहते है। जठर-रस भोजन को आमाशय के भीतर अर्धतरल अवस्था में कर देता है। आमाशय के निचले भाग से आंत्र (Intestine) आरंभ होता है। आंत्र का ऊपरी भाग 'क्षुद्रांत्र' (Small intestine) कहलाता है, जिसकी लंबाई 6.5 मीटर होती है। नीचे के 1.5 मीटर लंबे भाग को वृहदांत्र (Large intestine) कहते है। वृहदांत्र गुदा-द्वार तक विस्तृत रहता है। परंतु, इसका मार्ग (नली) क्षुद्रांत्र की अपेक्षा अधिक फैला रहता है। क्षुद्रांत्र में क्षुद्रांत्र की ग्रंथियाँ (Glands), अग्न्याशय, यकृत के स्राव (इरेप्सिन, पेप्सीन, ट्राइप्सिन) भोजन पर अपनी क्रिया कर आसानी से पचा डालते है और शेष भाग गुदाद्वार से मल के रूप में बाहर निकल जाता है। पाचन-क्रिया प्राय: क्षुद्रांत्र में ही समाप्त हो जाती है। वृहदांत्र अवशिष्ट पदार्थ से जलीय भाग अधिक मात्रा में शोषित करता है।

4. परिसंचरण-तंत्र (Circulatory system) : शरीर में रक्त-परिसंचरण की उपस्थिति का पता, सर्वप्रथम 1628 ई. में सर विलियम हार्वे ने लगाया। उनके अनुसार हृदय और रक्तनलिकाओं की रचना जिस प्रकार देखी जाती है, इससे यह मानना पड़ता है कि रक्त शरीर में एक संवृत चक्र में संचरित होता है। हृदय के कोष्ठों की रचना को देखते हुए यह ज्ञात होता है कि रक्त हृदय में एक ही मार्ग से आता है और दूसरे मार्ग से हृदय से बाहर निकलता है। रक्त में यह गति निरंतर इसी दशा में होती रहती है। हृदय रक्त को पंप करके शरीर के विभिन्न अंगों में भेजकर ऊतकों को खाद्य और आक्सीजन समरित करता है तथा ऊतकों द्वारा उत्पन्न उच्छिष्ट पदार्थो को पुन: ग्रहण करता है। इसके पश्चात् हृदय इन उच्छिष्ट पदार्थों को उत्सर्गी अंगों, जैसे कि वृक्कों को भेज देता है, जो इन्हें शरीर के बाहर निकाल देते है। रक्त हृदय से एक प्रकार की नलिकाओं द्वारा संपूर्ण शरीर में संचरित होता है और दूसरे प्रकार की नलिकाओं द्वारा दूसरी ओर से हृदय में आता है। इसी क्रिया को 'रक्त-परिसंचरण-क्रिया' कहते है और रक्त को शरीर के प्रत्येक भाग में पहुँचाने और वापस लाने वाले तंत्र को 'रक्त-परिसंचरण-तंत्र' कहते है। इस तंत्र के अन्तर्गत हृदय (Heart),रक्तवाहिनी नलियाँ (Blood Vesels),धमनी (Artery),शिराएँ (Veins) ,केशिकाएँ (Capillaries) आदि सम्मिलित है।

हृदय अनैच्छिक पेशियों का बना एक थैले के समान है, जिसमें निरन्तर संकुचन तथा प्रसारण होता रहता है। यह एक मिनट में 12 बार संकोच और प्रसार करता है। इस क्रिया में जो-जो परिवर्तन होते हैं, वे एक चक्र के रप में चलते रहते हैं तथा रक्त निरंतर रक्व-वाहिकाओं में धकेला जाता हे। हृदय से रक्त को बार ले जाने वाली रक्तवाहिकाओं को धमनियाँ कहते हैं। ये धमनियाँ आरम्भ में मोटी होती है और क्रमश: शाखाओं एवं प्रशाखओं में विभक्त होकर महीन नलिकाओं के रूप में शरीर में फैली हुई हैं। मोटी नली को महाधमनी कहते हैं। महीन पतली नलिकाओं को धमनियाकाएँ कहते हैं। अंत में ये धमनियकाएँ अनेक शाखाओं और प्रशाखाओं में विभक्त होकर ऊतकों में अगणित सूक्ष्म कोशिकाओं में परिणत हो जाती

है जो जाल के सदृश्य दिखाई देती हैं। कोशिकाएँ आपस में मिलकर तनुशिराएँ बनाती है। तत्पश्चात् तनुशिराएँ आपस में मिलती जाती हैं तथा एक दूसरें में जुटकर मोटी नलियाँ बना देती हैं और अंत में महाशिराओं का निर्माण हो जाता है। इन्हीं शिराओं द्वारा अशुद्ध रक्त हृदय के दाहिने ग्राहक कोष्ठ में पहुँचता है। रक्त के पोषक तत्त्व ऊतकों में छनते हैं और ऊतकों में उत्पन्न विकार तथा कार्बन-डाइ-ऑक्साइड रक्त में मिलता है और शिराओं द्वारा हृदय में पुनः पहुँच जाता है। शिरीय रक्त हृदय द्वारा फेफड़ों को भेज दिया जाता है ताकि उसे ऑक्सीजन का फिर से संभरण मिल सके। यह क्रम हमेशा चलता रहता है। शरीर में रक्त को पूरा भ्रमण करने में औसतन 15 सेकण्ड ही लगते हैं।

5. **श्वसन तंत्र**-जीवन-यापन करने के लिए वायु अत्यधिक आवश्यक है। श्वास लेने से वायु हमारे शरीर में प्रवेश करती है और श्वास छोड़ने से पुनः वायु बाहर निकल जाती है। यह क्रम जन्म से मृत्यु तक अविराम चलता रहता है। श्वास लेने के क्रम में शिरीयरक्त वायु से ऑक्सीजन ग्रहण करता है और श्वास छोड़ने के क्रम में अपने भीतर उत्पन्न कार्बन-डाइ-ऑक्साइड और आद्रता को बाहर निकाल देता है। इसी क्रिया को श्वसन क्रिया कहते हैं और जो भाग इस कार्य में सहायता करते हैं उन्हें सामूहिक रूप में श्वसन-तंत्र कहते है। इस क्रिया में निम्नलिखित अंग भाग लेते है- नासिका, उपजिह्वा, श्वास-प्रणाल, फुफ्फुस (फेफड़े), प्लूरा, मध्यच्छदा, पर्शुकायें आदि। प्रश्वसन (inspiration) से ताजी हवा तेजी से फेफड़ों में प्रवेश करती है और वक्ष की गुहा, वक्ष तथा डायफ्राम की पेशियों की क्रिया से फैल जाती है। निःश्वसन (inspiration) के दौरान फेफड़ों की हवा बाहर निकल जाती है और पेशियाँ शिथिल होकर वक्ष में पुनः संकुचन उत्पन्न करती है। श्वास लेने पर वायु नाक के छिद्रों से होकर क्रमशः श्वास-प्रणाल, श्वसनी, श्वसिका होती हुई फेफड़े में जाती है और श्वास छोड़ने पर उसी मार्ग से बाहर निकल जाती है। श्वास-प्रणाल की दो शाखाएँ वक्ष के पास से जाती है। एक शाखा बाएँ तथा एक शाखा दाएँ फेफड़े में जाती है। प्रत्येक शाखा को उप-नली या श्वसनी कहते है। प्रत्येक श्वसनी फेफड़े में प्रवेश कर अनेक पतली-पतली शाखाओं तथा प्रशाखाओं में विभक्त हो जाती है। ये इतनी सूक्ष्म हो जाती है कि यंत्र के बिना दिखाई नहीं पड़तीं। ये सूक्ष्म शाखाएँ अन्त में गुच्छे-गुच्छे बटुए की तरह बन जाती है। इन बटुओं को कीप, वायुकोष या कोष्ठिका कहते है। श्वास द्वारा ली गई वायु इसी वायुकोष में आती है, जहाँ पर बारीक कोशिकाओं की सहायता से आक्सीजन तथा कार्बन-डाई-आक्साइड गैसों का अदल-बदल तथा रक्त का शुद्धिकरण होता है।

रक्त ऊतकों को आक्सीजन पहुँचाता है। ऊतकों में उत्पन्न कार्बन-डाइ-आक्साइड केशिकाओं और फिर तनुशिराओं के रक्त में प्रवेश कर शिराओं द्वारा हृदय में पहुँचता है। रक्त हृदय से धमनियों द्वारा फेफडे में प्रवेश करती है और वायुकोषों की झिरझिरी दीवारों की केशिकाओं में पहुँच कर आक्सीजन ले लेता है और कार्बन-डाइ-आक्साइड छोड़ देता है। छोड़ा हुआ कार्बन-डाइ-आक्साइड वायुकोषों में प्रवेश कर निःश्वसन द्वारा बाहर निकल जाता है। इस तरह आक्सीजनयुक्त रक्त फेफडों की शिराओं द्वारा हृदय में पहुँचता है और वहाँ से सभी

ऊतकों में धमनियों के माध्यम से चला जाता है। फुफ्फुसों में वायु-परिवर्तन की क्रिया जीवित अवस्था में लगातार चलती रहती है।

6. तंत्रिका-तंत्र - शरीर रूपी जटिल यंत्र के विभिन्न अंगों तथा तंत्रों के कार्य में सामंजस्य बनाए रखना तथा उन पर नियंत्रण रखना तंत्रिका तंत्र का काम है। यह शरीर का सबसे महत्वपूर्ण तंत्र है, जिसके आधीन सभी तंत्र रहते है। शरीर में असंख्य कोशिकाएँ एक छोर से दूसरे छोर तक फैली रहती है, जिन पर तंत्रिका-तंत्र नियंत्रण रखता है। तंत्रिकाओं द्वारा संवेदना त्वचा से मस्तिष्क तथा मस्तिष्क से पेशियों तक पहुँच जाती है। इसी तंत्र द्वारा बाह्य जगत् की सूचनाएँ या शरीर में उत्पन्न संवेदनाएँ मस्तिष्क तक पहुँचती है। मस्तिष्क सुषुम्ना से निकली तंत्रिकाएँ समस्त शरीर में फैली हुई है, जो सम्मिलित रूप से 'तंत्रिका तंत्र', 'नाड़ी तंत्र' या 'वात तंत्र' बनाती है। इन अवयवों द्वारा ही बाह्य सूचनाओं का संकलन तथा अंगों का नियमानुसार संचालन होता है। कर्ण, नासिका, नेत्र, त्वचा आदि तंत्रिका तंतुओं द्वारा मस्तिष्क से संबंधित है, जहाँ, ये बाह्य सूचनाएँ तथा संवेदनाएँ पहुँचती है। ये बिजली के तारों के समान मस्तिष्क में सूचनाएँ ले जाती है तथा मस्तिष्क की आज्ञाएँ भिन्न-भिन्न अंगों तथा ग्रंथिओं को पहुँचाती है, जिससे अंगों का संचालन होता है। अगर हमारे पैर में काँटा चुभता है या मच्छर काटता है तो हम पैर तुरंत हटा लेते है या हाथ से मारते है। काँटा चुभने से या मच्छर काटने से पैर की त्वचा में स्थित कोशिकाओं के जीवद्रव्य में हलचल मचती है, जिसकी सूचना तंत्रिकाओं द्वारा मस्तिष्क में पहुँच जाती है। मस्तिष्क की उत्तेजना कारण पैर की पेशियों में खिंचाव होता है और हम पैर हटा लेते है। इस तरह हम देखते है कि तंत्रिका तंत्र विभिन्न अंगोंमें पारस्परिक सामंजस्य, शरीर के समस्त कार्यों पर नियंत्रण, बाह्य वातावरण के प्रति सक्रियता तथा बाह्य जगत् से सूचनाओं का संकलन कर समस्त अंगों का नियमानुसार संचालन करता है।

7. उतसर्गी तंत्र - आहार के अपाच्य अंश तथा पाचन--क्रिया से उत्पन्न निकृष्ट पदार्थ शरीर से बाहर निकलते रहते है। भोजन द्वारा हमें स्टार्च, शर्करा तथा वसा मिलता रहता है जो कार्बन, हाइड्रोजन तथा आक्सीजन से गठित होता है। शरीर में चयापचय के उपरांत इनसे कार्बन-डाइ-आक्साइड तथा जल बनता है। प्रोटीन के चयापचय के उपरांत शरीरमें कार्बन-डाइ-आक्साइड, जल नेत्रजन के यौगिक जैसे, यूरिया, यूरिक अम्ल, क्रियेटिन तथा क्रियेटिनीन जमा होते रहते है। कोशिकाओं द्वारा आक्सीकरण हो जाने पर कुछ ऐसे पदार्थ शरीर में बच जाते है, जिनका अधिक होना हानिकारक होता है। अत: उनके नियमित रूप से निकलने की व्यवस्था होती है। इनका आधिक्य शरीर की कार्यक्षमता में बाधक होता है। इनका अधिकांश कोशिकाओं में रिसकर ऊतकीय तरल तथा रक्त में आ जाता है। पानी सहित इनका अधिकांश, रक्त के वृक्कों से बहते समय छनकर अलग हो जाता है। वृक्कीय नलिकाओं से प्रवाहित होते समय जलीय विलयन में मिले अवशिष्ट पदार्थ से मूत्र बन जाता है, जो वृक्क से नलिकाओं द्वारा मूत्राशय में चला जाता है, जहाँ से मूत्रमार्ग द्वारा शरीर से निकल जाता है। इस क्रिया को संपादित करने वाले तंत्र को 'उत्सर्गी-तंत्र' कहते है। उत्सर्जन अंग मलाशय, फुफ्फुस, यकृत, त्वचा तथा वृक्क है। फुफ्फुस द्वारा उच्छ्वसित वायु में से कार्बन-डाइ-आक्साइड तथा पानी का

अतिरिक्त अंश, वाष्प के रूप में निकलता है। त्वचा द्वारा पसीने की ग्रंथियों से पानी तथा लवणों का उत्सर्जन होता है।

8. अन्तःस्त्रावी-तंत्र – शारीर के भीतर निरंतर रासायनिक क्रियाएँ होती रहती है। सभी रासायनिक पदार्थों का उत्पादन शरीर की ग्रंथियों में होता है। ये ग्रंथियाँ रासायनिक कार्यशालाएँ है, जहाँ विभिन्न अंगों के कार्य को सुचारू रूप से रखने तथा उनकी सक्रियता कोक बनाए रखने के लिए आवश्यक पदार्थ तैयार होते है। आमाशय तथा आंत्र में स्थित छोटी ग्रंथियों से पाचक रसों का स्त्राव होता है, श्लेष्मिक ग्रंथियाँ श्लेष्मा का स्त्राव करती है, मुंह की लार ग्रंथियों से लार का स्त्राव होता है। इन ग्रंथियों का स्त्राव सीधे अंग के भीतर ही निकलता है या किसी विशेष नलिका या प्रणाली द्वारा विभिन्न अंगों में पहुँचता है। इनके अतिरिक्त शरीर में कुछ ऐसी अन्य ग्रंथियाँ भी है,जिनका स्त्राव सीधे किसी अंग में नहीं पहुँचता और न उनमें से कोई नलिका ही निकली है। वरन सीधे रक्त प्रवाह में गिरते है। ये ग्रंथियाँ शरीर के विभिन्न भागों में रहती है। ऐसी ग्रंथियों अंतःस्त्रावी कहते है। हारमोन इन्हीं अंतःस्त्रावी ग्रंथियों के स्त्राव को कहते है, जो ग्रंथियों से निकलने वाली कोशिकाओं के रक्त में मिलकर संपूर्ण शरीर में पहुँच जाता है। ऐसी सभी ग्रंथियों को सामूहिक रूवसे 'अंतःस्त्रावी-तंत्र' कहते है। शरीर में निम्नलिखित सात महत्वपूर्ण अंतःस्त्रावी ग्रंथियाँ है-अवटु ग्रंथि, पराअवटु ग्रंथियाँ, अग्न्याशय, पीयूषिका या पीयूष ग्रंथि, अधिवृक्क, लिंग ग्रंथियाँ, थाइमस। अझिकांशतः अंतःस्त्रावी एक-दूसरे की सक्रियताओं को प्रभावित करती रहती है तथा उनसे प्रभावित होती है। पीयूष ग्रंथि से निकला हुआ स्त्राव अन्य अंतःस्त्रावी अंगों की वृद्धि को तथा उनके स्त्राव को नियंत्रित करता है। अवटु ग्रंथि समस्त कोशिकाओं में आक्सीकरण की चाल को नियंत्रित करती है। अधिवृक्क ग्रंथियाँ रक्त के महत्वपूर्ण खनिजों की मात्रा को नियमित करती है। अंतःस्त्रावी ग्रंथियों की अतिक्रियाशीलता या अल्पक्रियाशीलता से गंभीर स्थिती उत्पन्न हो सकती है। कभी-कभी तो मृत्यु होने की संभावना रहती है। अग्न्याशय की अल्पक्रियाशीलता से मधुमेह नामक रोग हो जाता है। अवटु अल्पक्रियाशीलता से घेंघा तथा अतिक्रियाशीलता से नेत्रोत्सेधी गलगंड नामक रोग हो जाता है। अतः ग्रंथियों से निकले स्त्राव की मात्रा न अधिक और न कम होनी चाहिए, इनका नियंत्रण अधिक महत्वपूर्ण है। इनकी सामान्य क्रियाशीलता अच्छे स्वास्थ्य की सूचक है।

9. प्रजनन-तंत्र – संसार के सभी सजीव अपने-जैसे अन्य जीव उत्पन्न करते है। प्राणी की उत्पत्ति का नाम प्रजनन है। विभिन्न सजीवों में अपनी जाति की उत्पत्ति करने की व्यवस्था अलग-अलग है। पुरूष तथा स्त्री के शरीर में प्रजनन-कार्य के लिए कुछ विशेष अंग होते है, जिसे 'प्रजनन-तंत्र' कहते है। जनन अंग पुरूष और स्त्रियों में भिन्न होते है। पुरूष के वृषण से शुक्राणु निकलता है और स्त्री की डिम्ब-ग्रंथि से डिम्ब। पुरुष की शुक्राणु कोशिकाएँ वृषण में उत्पन्न होती है और स्त्रियों की अंड-कोशिकाएँ अंडाशयों में। मैथुन के पश्चात शुक्राणु कोशिका एक अंड कोशिा के साथ संयुक्त हो जाती है, तब एक संयुक्त कोशिका का निर्माण होता है। संयुक्त कोशिका धीरे-धीरे विभाजित होकर विभिन्न ऊतकों, अंगों तथा तंत्रों में पुनः विभाजित

होकर एक जीव का रूप धारण कर लेती है, जो गर्भाशय में शिशु के रूप में विकसित होता है और पूर्ण शिशु बनकर जन्म लेता है।

10. त्वचीय-तंत्र-त्वचा का बाहरी स्तर हम देखते है। संपूर्ण शरीर त्वचा से ढ़का रहता है। बाहरी भाग स्तरित उपकला के कड़े स्तरों से बना रहता है। त्वचा में पाँच भिन्न-भिन्न प्रकार की तंत्रिकाओं के छोर पाये जाते है, जिनसे त्वचा-ज्ञान या त्वचा संवेद-स्पर्श, ऊष्मा, दाब, शीत और पीड़ा का ज्ञान होता है। अगर हम सुई की नोंक को त्वचा के ऊपर हल्के से फेरें, तो हमें स्पर्श का अनुभव होता है। इसका प्रमुख कारण स्पर्श अनुभव करने वाले संवेदी तंत्रिका के स्पर्शकण का उत्तेजित होना होता है। ये त्वचा के गहरे तल पर होते है। सुई को अधिक दबाने से पीड़ा अनुभव होती है, गर्मी तथा ठंडक अनुभव करने के लिए त्वचा के अंदर उपचर्म के नीचे विशेष अंतांग होते है। संरचना के अनुसार त्वचा दो मुख्य स्तरों में बाँटी जाती है- बाह्य त्वचा और अंतस्त्वचा। बाह्यत्वचा कहीं मोटी, तो कहीं पतली होती है। बाह्य त्वचा के आंतरिक स्तरों में कुछ लसिका वाहिकाएँ होती है। इनमें रक्त-वाहिकाएँ और तंतु नहीं होते। ऊपरी स्तर पर अनेक छिद्र होते है, जिनसे पसीना निकलता है। बाह्य त्वचा से सटा आंतरिक संयोजी ऊतकों और प्रत्यास्थ-ऊतकों का बना रहता है। इसी स्तर में रक्त वाहिकाएँ, लसीका वाहिकाएँ एवं तंत्रिका-तंतु फले रहते है।

11. लसीका-तंत्र -शरीर में छोटी-छोटी पतली भित्तियों वाली अनेक वाहिकाएँ जाल के समान फैली रहती है, जिनमें उजला तरल पदार्थ सदा बहता रहता है। ये ऊतकीय अवकाशों से तरल को क्षरित करती है। इन नलिकाओं को लसिका वाहिकाएँ कहते है तथा उनमें बहने वाले पदार्थ को लसीका कहते है। कोशिका तथा रक्त के बीच कोशिका की दीवार होती है। रक्त-केशिकाओं की पतली दीवार से छनकर, यह उजला तरल पदार्थ, बाहर निकल जाता है और कोशिकाओं के चारों ओर बीच की खाली जगह को भर देता है। लसीका वस्तुतः रक्त-प्लाविका का कुछ छना हुआ अंश होता है। इसी के द्वारा रकत का पोषक तत्व और आक्सीजन कोशिकाओं में पहुँच जाता है और कोशिकाओं का वर्ज्य पदार्थ लसीका में जमा हो जाता है। लसीका वाहिकाएँ एक दूसरे से मिलकर अधिक बड़ी लसीका वाहिकाएँ बनाती है। हृदय के निचले भाग से निकली सभी लसीका वाहिकाएँ मिलकर एक मुख्य मोटी वक्ष लसीका वाहिनी बनाती है, जिसकी दो शाखाएँ होकर जत्रुकास्थि के पीछे बाहों से आने वाली शिराओं में खुल जाती है। इस तरह से निकला द्रव पुनः रक्त में मिल जाता है। बड़ी लसीका वाहिकाओं के मार्ग में कुछ अपवृद्धियाँ होती है, जिन्हें लसीका ग्रंथियाँ कहते है। लसीका वाहिकाएँ थोड़ी-थोड़ी दूर पर लसीका ग्रंथियों से एक ओर जुड़ी तथा दूसरी ओर निकली रहती है। लसीका वाहिनियों में लसीका का प्रवाह पेशयों के संकुचन तथा फैलाव से ही होता है। लसीका का प्रवाह बहुत ही धीमा होता है। लसीका वाहिकाओं में कपाटिका लगी रहती है, लसीका को उल्टी तरफ बहने से रोकती है। इस तरह लसीका बहाव सदा एक ही दिशा में रहता है। लसीका-कणिकाओं की उत्पत्ति लसीका ग्रंथियों में ही होती है। इन ग्रंथियों से बहने वाली लसीका में यदि कोई विषैला पदार्थ रहता है, तो लसीका-कणिकाएँ उसे नष्ट कर देती है। इस

प्रकार लसीका ग्रंथियाँ विषैले तथा हानिकारक पदार्थों को रक्त में मिलने से रोकती है।

12. विशिष्ट-ज्ञानेन्द्रिय तंत्र -जिन अंगों से हमें पर्यावरण एवं प्रतिवेश का ज्ञान होता है, उन्हें ज्ञानेन्द्रियाँ कहते है। ज्ञानेन्द्रियों के द्वारा, हम देख कर, सुन कर, छू कर, चख कर तथा सूंघ कर सभी वस्तुओं का ज्ञान प्राप्त कर सकते है। वस्तुतः हमारी ज्ञानेन्द्रियाँ ही, बाह्य जगत को समझने के माध्यम है। ज्ञानेन्द्रियाँ पाँच है-1. नेत्र, 2. कर्ण, 3. त्वचा, 4. जिह्वा तथा 5. नासिका। इन अंगों में ही संवेदना से संबंधित विशिष्ट अंग अवस्थित है। इनके शेष अन्य उपांग आवेगों के संवाहन के माध्यम मात्र है। इन अंगों का तंत्रिकाओं से संबंध रहता है। संबद्ध उद्दीपन की उत्तेजनाओं का संवहन तंत्रिकाएँ करती है। तंत्रिकाएँ 'तंत्रिकी-प्रेरणा' को मस्तिष्क के संबद्ध विशिष्ट केंद्र तक पारेषित करती है। मस्तिष्क के ये केंद्र तंत्रिकी-प्रेरणा को विश्लेषित करके एवं अनुवादित करके विभिन्न प्रकार की संवेदनाओं की अनुभूति कराते है। मस्तिष्क में इन कार्यों के लिए दृष्टि केंद्र, श्रवण केंद्र, घ्राण केंद्र, स्पर्श केंद्र तथ स्वाद केंद्र उपस्थित रहते है।

दृष्टि-संवेदना - इसका विशिष्ट अंग नेत्र है। ज्ञानेन्द्रियों में नेत्रों का सबसे प्रमुख और विशिष्ट स्थान है। प्रकृति ने इसकी सुरक्षा और देखरेख का भी पूरा-पूरा प्रबंध कर दिया है। विकिरण से प्रभावित होकर आँखों से प्रकाश-ज्ञान का बोध होता है। अक्षिगोलक में कई एक अन्य अंग भी होते है जो प्रकाश-किरणों के वर्तनांक माध्यम का काम करते है, इन्हीं के द्वारा वर्तित होकर प्रकाश की किरणें आँखों के भीतर दृष्टि पटल पर केंद्रीभूत होकर, बिंब का निर्माण करती है। दृष्टि पटल में शंकु एवं श्लाका नामक सांवेदनिक कोशिकाएँ रहती है जो दृष्टि- तंत्रिका से भी संबंधित रहता है। शंकु एवं श्लाका कोशिकाएँ प्रकाश-किरणों से उत्तेजित होती है। दृष्टि-तंत्रिका के सूत्र तंत्रिकीआवेगों को मस्तिष्क से दृष्टि-केंद्र तक पहुँचाते है जहाँ अनुवादित होकर हमें दृष्टि-संज्ञा का बोध होता है।

श्रवणेंद्रिय - इसका अंग कर्ण है। कम्पित वस्तु ध्वनि की सृष्टि करती है और कान इसे आवाज के रूप में ग्रहण करते है। श्रवण तंत्रिकाएँ इसे श्रवण-केंद्र तक पारेषित करती है। मस्तिष्क के द्वारा ये तंत्रिकी आवेग अनुवादित होते है और हमें श्रवण संवेदना की अनुभूति होती है। कर्ण के कुछ अंग ध्वनि को संग्रहीत करते है तथा अन्य कुछ अंग इन्हें स्पंदन के रूप में श्रवण के विशिष्ट भाग 'कार्टी अंग' तक पहुँचाते है। कार्टी अंग अन्तःकर्ण के कोक्लिया में अवस्थित रहता है। वहाँ स्थित अन्तर्लसीका तरल भी तरंगित हो उठता है, जिससे वहाँ की संवेदनशील रोमयुक्त कोशिकाएँ उत्तेजित हो उठती है। इन उत्तेजनाओं को तंत्रिकाएँ मस्तिष्क के श्रवण-केंद्र तक पुँचाती है, जहाँ अनुवादित होकर ये श्रवण-संवेदना को बोध कराती है।

घ्राणेन्द्रिय -इसका अंग नासिका में स्थित रहता है। नासिका के ऊपरी भाग में घ्राण उपकला रहती है। इसी में विशेष प्रकार की घ्राण कोशिकाएँ रहती है। प्रत्येक कोशिका के ऊपर एक बाल सदृश उभार रहता है। घ्राण-कोशिकाओं का संबंध घ्राण तंत्रिका के द्वारा मस्तिष्क के घ्राण-केंद्र से रहता है। केवल वाष्पशील वस्तुओं की गंध का ही हमें अनुभव होता है, क्योंकि वस्तुओं से उत्पन्न सौरभ के अणु जो वातावरण में बिखरते रहते है, जब घ्राण

कोशिकाओं के बाल सदृश उभार का संस्पर्श करते है, तब ही वे उत्तेजित होते है और घ्राण तंत्रिकाओं के सूत्र, इन तंत्रिकी आवेंगों को मस्तिष्क के घ्राण केंद्र तक पारेषित करते है। मस्तिष्क के द्वारा ही किसी भी प्रकार की गन्ध की संज्ञा की अनुभूति होती है।

स्वादेन्द्रिय : स्वादेन्द्रिय का अंग जिह्वा है। जिह्वा की ऊपरी सतह रूखड़ी होती है तथा उस पर अंकुर होते है। प्रत्येक जीह्वांकुर में बहुत सी रसज्ञ-कलियाँ होती हैं। रसज्ञ-कलिकाएँ संवेदनशील रसज्ञ कोशिकाओं का समूह होती है। इनकी उत्तेजना का संवाहन, स्वाद-तंत्रिका, (जो सातवीं कापालिक तंत्रिका की शाखा होती है) के सूत्रों द्वारा, मस्तिष्क के स्वाद-केंद्र तक होता है। यहीं से स्वाद की अनुभूति होती है।

स्पर्शेन्द्रिय : स्पर्शेन्द्रिय का अंग त्वचा है। स्पर्श की संवेदना के अंतर्गत कई प्रकार की संवेदनाएँ आती है। ताप, पीड़ा, दाब की अनुभूति के भी अंग त्वचा में होते है। वस्तुतः प्रत्येक प्रकार के त्वक-संवेदन के कुछ विशिष्ट अंतांग होते है। इन्हें ही इस प्रकार की संवेदना के संग्राहक कहते है। अंतांग-विशेष उद्दीपनों से उत्तेजित होते है तथा इनके आवेगों का संवाहन, तंत्रिकी सूत्र, जो इनसे संबधित रहते है, वही मस्तिष्क तक करते है। मस्तिष्क में विश्लेषण होता है और विशेष संज्ञा का बोध होता है। शरीर में स्वक संवेदनाओं के अलग-अलग बिन्दु होते है। ये बिन्दु किसी स्थान की त्वचा में अधिक होते है तथा कहीं-कहीं कम भी। स्पर्श, ताप, पीड़ा, दाब आदि संज्ञाओं के बोध के लिए संग्राहक अंग, स्पर्शकणिका, पैसिनी कणिका, क्रौज कन्द, रफीनी अंतांग, गाल्गी मेजोनी आदि होते है। ये सभी विभिन्न प्रकार की स्वक-संवेदनाओं के माध्यम है।

❑❑❑

3

शिशु का विकास

(Development of Neonate)

जन्म के बाद 6 वर्ष की आयु तक की अवस्था शैशवावस्था कहलाती है। इस अवस्था में जन्म से लेकर 6 वर्ष की आयु तक शारीरिक विकास तेज गति के साथ हो जाता है। **क्रो व क्रो** के अनुसार शैशवावस्था में शारीरिक विकास अग्रलिखित प्रकार से होता है—

1. भार—जन्म के समय और पूरी शैशवावस्था में बालक का भार बालिका से अधिक होता है। जन्म के समय बालक का भार लगभग 7.15 पौण्ड और बालिका का भार लगभग 7.13 पौण्ड होता है। जन्म के बाद एक सप्ताह के मध्य शिशु का भार कम हो जाता है किन्तु इसके बाद भार तीव्र गति से वृद्धि होती है। पहले 6 माह में शिशु का भार दुगुना और एक वर्ष के अन्त में तिगुना हो जाता है। दूसरे वर्ष में शिशु का भार केवल 1/2 पौण्ड प्रतिमास के हिसाब से बढ़ता है और पाँचवें वर्ष के अन्त में 38 एवं 43 पौण्ड के बीच में होता है।

2. लम्बाई—भार के समान ही लम्बाई की दृष्टि से भी बालक-बालिका से अधिक लम्बा होता है। जन्म के समय बालक की लम्बाई लगभग 20.5 इंच और बालिका की लम्बाई 20.3 इंच होती है। अगले 3 या 4 वर्षों में बालिकाओं की लम्बाई बालकों से अधिक हो जाती है। उसके बाद पुन: बालकों की लम्बाई बालिकाओं से आगे निकलने लगती है। पहले वर्ष में शिशु की लम्बाई लगभग 10 इंच और दूसरे वर्ष में 4 या 5 इंच बढ़ती है। तीसरे, चौथे और पाँचवें वर्ष में उसकी लम्बाई कम बढ़ती है।

3. सिर व मस्तिष्क—नवजात शिशु के सिर की लम्बाई उसके शरीर की कुल लम्बाई की 1/4 होती है। पहले दो वर्षों में सिर बहुत तीव्र गति से बढ़ता है, पर उसके बाद गति धीमी हो जाती है। जन्म के समय शिशु के मस्तिष्क का भार 350 ग्राम होता है और शरीर के भार के अनुपात में अधिक होता है। यह भार दो वर्ष में दुगुना और पाँच वर्ष में लगभग 80 प्रतिशत बढ़ जाता है। शेष 20 प्रतिशत भार में वृद्धि शैशवावस्था के बाद होती है।

4. हड्डियाँ—नवजात शिशु की हड्डियाँ छोटी और संख्या में 270 होती हैं। सम्पूर्ण शैशवावस्था में ये छोटी, कोमल, लचीली और भली प्रकार जुड़ी हुई नहीं होती हैं। ये कैलशियम

फॉस्फेट और अन्य खनिज पदार्थों की सहायता से दिन-प्रतिदिन कड़ी होती चली जाती हैं। इस प्रक्रिया को 'अस्थीकरण' को 'अस्थी-निर्माण' कहते हैं। बालकों की तुलना में बालिकाओं में अस्थीकरण की गति तीव्र होती है।

5. दाँत—जन्म के समय शिशु के मुख में एक भी दाँत नहीं होता है किन्तु 6 माह की आयु में उसके दूध के दाँत निकलने प्रारम्भ हो जाते हैं और 1 वर्ष की आयु तक उनकी संख्या 8 हो जाती है। लगभग 4 वर्ष की आयु तक शिशु के सभी दाँत निकल आते हैं।

6. माँसपेशियाँ—नवजात शिशु की माँसपेशियाँ अधिक विकसित नहीं होती हैं। आयु में वृद्धिके साथ-साथ इनके भार में भी वृद्धि होती जाती है। जन्म के समय माँसपेशियों का भार शरीर के कुल भार का 23 प्रतिशत होता है।

7. हृदय एवं धड़कन—भ्रूणावस्था में श्वास लेने के बारे में अभी तक ज्ञान प्राप्त नहीं हुआ है किन्तु जन्म के समय हृदय की धड़कन कभी तेज और कभी धीमी होती है। जैसे-जैसे हृदय बड़ा होता जाता है; वैसे-वैसे धड़कन में स्थिरता आती जाती है। पहले माह में शिशु के हृदय की धड़कन 1 मिनट में लगभग 140 बार होती है। लगभग 6 वर्ष की आयु में इनकी संख्या घटकर 100 हो जाती है।

8. आन्तरिक अंगों का विकास—जन्म के बाद ही शैशवावस्था में शरीर के आन्तरिक अंग; जैसे—फेफड़े, स्नायुमण्डल, नाड़ियाँ, पाचन अंग आदि में भी विकास आरम्भ हो जाता है। इन अंगों के विकास से बढ़ते हुए शरीर के साथ उनका सन्तुलन बराबर बना रहता है। शैशवावस्था में शिशु की यौनेन्द्रियों का विकास अत्यन्त धीमी गति से होता है।

9. विकास का महत्त्व—तीन वर्ष की आयु में शिशु के शरीर और मष्तिष्क में सन्तुलन आरम्भ हो जाता है, उसके शरीर के सब अंग कार्य करने लगते हैं और उसके हाथ एवं पैर मजबूत होने लगते हैं। फलस्वरूप, जैसा कि **Strang** ने लिखा है—''शिशु अपने दैनिक गृह कार्यों में लगभग आत्म-निर्भर हो जाते हैं। पाँच वर्ष के अन्त तक अनेक शिशु पर्याप्त स्वतन्त्रता और कुशलता प्राप्त कर लेते हैं।''

बाल्यावस्था में शारीरिक विकास

बाल्यावस्था 6 वर्ष से 12 वर्ष के मध्य का काल होता है। इस अवस्था का शिक्षा की दृष्टि से अत्यधिक महत्त्व है। **क्रो व क्रो** के अनुसार बाल्यावस्था में शारीरिक विकास निम्नलिखित प्रकार से होता है—

1. भार—बाल्यावस्था में बालक के भार में पर्याप्त वृद्धि होती है। 12 वर्ष के अन्त में उसका भार 80 और 95 पौण्ड के बीच में होता है। 9 या 10 वर्ष की आयु तक बालकों का भार बालिकाओं से अधिक होता है। उसके बाद बालिकाओं का भार अधिक होना आरम्भ हो जाता है।

2. लम्बाई—बाल्यावस्था में लम्बाई की गति शैशवावस्था की तुलना में धीमी रहती है। इस अवस्था में उसके शरीर की लम्बाई में 10 से 12 इंच तक की वृद्धि होती है। बालक-

बालिकाओं की लम्बाई में अन्तर 8 वर्ष की आयु से आरम्भ हो जाता है। 8 वर्ष की आयु से बालिका के शरीर की लम्बाई बालक से अधिक हो जाती है। यह अन्तर लगभग 1 इंच का रहता है।

3. हड्डियाँ—बाल्यावस्था में हड्डियों की संख्या एवं अस्थिकरण में वृद्धि होती है। इस अवस्था में हड्डियों की संख्या 270 से बढ़कर 350 हो जाती है। बालिकाओं में अस्थिकरण की प्रक्रिया में बालकों की अपेक्षा तीव्रता या तेजी रहती है।

4. सिर व मस्तिष्क—बाल्यावस्था में सिर के आकार में क्रमशः परिवर्तन होता रहता है। 5 वर्ष की आयु में सिर-प्रौढ़ आकार की 90 प्रतिशत और 10 वर्ष की आयु में 95 प्रतिशत होता है। बालक के मस्तिष्क के भार में भी परिवर्तन होता रहता है।

5. दाँत—**क्लीन और पामर** के अनुसार—"6 वर्ष की आयु में बालकों के स्थायी दाँत निकलने आरम्भ हो जाते हैं। 8 वर्ष की आयु में 7 दाँत, 10 वर्ष की आंयु में लगभग 15 दाँत और 12 वर्ष की आयु में 25 दाँत निकल आते हैं।"

6. पैर एवं भुजाएँ—इस अवस्था में पैरों का विकास हाथों की अपेक्षा कुछ मन्द गति से होता है।

7. आन्तरिक अंगों का विकास—आयु में वृद्धि के साथ आन्तरिक अवयवों का भी विकास होता है। 6 से 9 वर्ष की आयु फेफड़ों का आकार अधिक नहीं बढ़ता है। पाचन-क्रिया के अवयव 12 वर्ष की आयु में परिपक्व हो जाते हैं।

8. अन्य अंगों का विकास—इस अवस्था में माँसपेशियों का विकास धीरे-धीरे होता है। 9 वर्ष की आयु में बालक की माँसपेशियों का भार उसके शरीर के कुल भार का 27 प्रतिशत होता है। हृदय की धड़कन की गति में निरन्तर कमी होती जाती है। 12 वर्ष की आयु में धड़कन 1 मिनट में 85 बार होती है। बालक के कन्धे चौड़े, कूल्हे पतले एवं पैर सीधे और लम्बे होते हैं। बालिकाओं के कन्धे पतले, कूल्हे चौड़े और पैर कुछ अन्दर को झुके हुए होते हैं। 11 या 12 वर्ष की आयु में यौनांगों का विकास तीव्र गति से होता है।

9. विकास का महत्त्व—बाल्यावस्था में बालक के लगभग सब अंगों का विकास हो जाता है। फलस्वरूप, वह अपनी शारीरिक गति पर नियन्त्रण करना जान जाता है, अपने सभी कार्य स्वयं करने लगता है और दूसरों पर निर्भर नहीं रह जाता है।

किशोरावस्था में शारीरिक विकास

मानव विकास की विभिन्न अवस्थाओं में सर्वाधिक महत्त्व की अपेक्षा किशोरावस्था मानी जाती है। इस काल में शारीरिक, सामाजिक एवं सांवेगिक विकास बड़ी तेज गति से होते हैं। इस अवस्था का महत्त्व इसलिये भी है क्योंकि इस अवस्था में किशोर और किशोरियों में लैंगिक परिपक्वता का विकास होने से सन्तानोत्पादन की क्षमता का विकास होता है। **क्रो व क्रो** के अनुसार—किशोरावस्था में शारीरिक विकास अग्रलिखित प्रकार होता है—

1. भार—किशोरावस्था में बालकों का भार बालिकाओं से अधिक बढ़ता है। इस अवस्था के अन्त में बालकों का भार बालिकाओं से लगभग 25 पौण्ड अधिक होता है।

2. लम्बाई—इस अवस्था में बालक और बालिका की लम्बाई बहुत तेजी से बढ़ती है। बालक की लम्बाई 18 वर्ष तक और उसके बाद भी बढ़ती रहती है। बालिका अपनी अधिकतम लम्बाई पर लगभग 16 वर्ष की आयु में पहुँच जाती है।

3. सिर व मस्तिष्क—इस अवस्था में सिर और मस्तिष्क का विकास जारी रहता है। 15 या 16 वर्ष की आयु में सिर का लगभग पूर्ण विकास हो जाता है एवं मस्तिष्क का भार 1200 से 1400 ग्राम के बीच में होता है।

4. हड्डियाँ—14 वर्ष की अवधि तक हड्डियों की संख्या 350 तक हो जाती है। इस अवस्था में अस्थिकरण की प्रक्रिया पूर्ण हो जाती है। लड़कियों में अस्थिकरण की प्रक्रिया लड़कों की अपेक्षा दो वर्ष पूर्व ही पूर्ण हो जाती है। हड्डियों में पूरी मजबूती आ जाती है और कुछ छोटी हड्डियाँ एक-दूसरे से जुड़ जाती हैं।

5. दाँत—इस अवस्था में प्रवेश करने के समय बालकों और बालिकाओं के लगभग सब स्थायी दाँत निकल आते हैं। यदि उनके प्रजादन्त निकलने होते हैं, तो वे इस अवस्था के अन्त तक या प्रौढ़ावस्था के प्रारम्भ में निकलते हैं।

6. मुखाकृति का विकास—इस अवस्था में चेहरे के ऊपरी भाग में विकास तेज गति के साथ होता है। ललाट ऊँचा तथा चौड़ा हो जाता है नासिका लम्बी तथा उसके सिरे का भाग चौड़ा हो जाता है। मुख की चौड़ाई भी बढ़ती है। लड़कियों के चेहरे से प्रौढ़ता-सी टपकने लगती है।

7. त्वचा एवं बालों का विकास—किशोरावस्था में त्वचा मोटी हो जाती है। बालकों की अपेक्षा बालिकाओं के शरीर की त्वचा में चिकनाहट अधिक रहती और रंग गुलाबीपन लिए रहता है। लड़कों के शरीर पर बालों में वृद्धि होती है, किशोरों के सीने, बगल तथा गुप्तांगों पर बाल उगने लगते हैं, साथ ही दाढ़ी-मूँछें निकल आती हैं। किशोरियों के बगल तथा गुप्तांगों पर ही बाल उगते हैं।

8. वाणी-विकास—किशोरावस्था में लड़के एवं लड़कियों की आवाज में परिवर्तन होता है। किशोरों की आवाज भारी और कर्कश होने लगती है किन्तु किशोरियों की आवाज में कोमलता और मधुरता आने लगती है।

9. प्रजनन अंगों का विकास—किशोरावस्था में लड़के-लड़कियों के प्रजनन अंगों का पूर्ण विकास हो जाता है। लड़कियों में किशोरावस्था प्राप्त करने का मापदण्ड मासिक धर्म को माना जाता है। मासिक धर्म प्रारम्भ होने की आयु के सम्बन्ध में मतभेद है। **ब्रुश फाउण्डेशन** ने अध्ययन द्वारा निष्कर्ष निकाला कि प्रथम मासिक धर्म 12.2 वर्ष की आयु में होता है। वैसे वंशानुक्रम, जलवायु, मानसिक दशा आदि तत्त्व मासिक धर्म को प्रभावित करते हैं। लड़कियों में गर्भाशय का विकास 12 और 18 वर्ष की आयु के मध्य तेज गति से होता है। 11 या 12 वर्ष

की आयु में गर्भाशय का भार 5.3 ग्राम होता है जो 16 वर्ष की आयु में बढ़कर 43 ग्राम हो जाता है। लड़कों के गुप्तांग में भी वृद्धि होती है। लड़कों में किशोरावस्था की पहचान पहला वीर्यपात (Night fall) है। लड़कियों के वक्षस्थल उभरने लगते हैं और स्तनों का विकास होने लगता है। इसी प्रकार लड़कों के स्तनों की घुण्डियाँ विकसित हो जाती हैं।

10. अन्य अंगों का विकास—इस अवस्था में माँसपेशियों का विकास तीव्र गति से होता है। 12 वर्ष की आयु में माँसपेशियों का भार कुल शरीर के भार का लगभग 33 प्रतिशत और 16 वर्ष की आयु में लगभग 44 प्रतिशत होता है। हृदय की धड़कन में निरन्तर कमी होती जाती है। जिस समय बालक प्रौढ़ावस्था में प्रवेश करता है, उस समय उसके हृदय की धड़कन 1 मिनट में 72 बार होती है। बालकों के सीने और कन्धे एवं बालिकाओं के वक्षस्थल और कूल्हे चौड़े हो जाते हैं। बालकों में स्वप्नदोष और बालिकाओं में मासिक धर्म का आरम्भ हो जाता है।

11. विकास का महत्त्व—इस अवस्था के अन्त तक बालकों और बालिकाओं की ज्ञानेन्द्रियों और कर्मेन्द्रियों का पूर्ण विकास हो जाता है और वे युवावस्था में प्रवेश करते हैं। **Strang** के शब्दों में—''किशोरावस्था, व्यक्ति के विकास का महत्त्वपूर्ण काल है। इस काल में अधिकांश बालकों और बालिकाओं में शारीरिक परिपक्वता आ जाती है अर्थात् वे सन्तान उत्पन्न करने के योग्य हो जाते हैं और वे शारीरिक आकृति में प्रौढ़ों के समान हो जाते हैं।''

अभिवृद्धि और शारीरिक अनुपात

एक शिशु बालक और किशोर में शारीरिक अनुपात की दृष्टि से बहुत अन्तर होता है। बाल्यावस्था में एक बालक का सिर उसके शरीर की लम्बाई से अनुपातत: किशोरावस्था की तुलना में अधिक बड़ा होता है। जन्म के समय बालक के सिर का अनुपात उसके शरीर की लम्बाई का एक-चौथाई होता है, किन्तु किशोर की परिपक्वावस्था के समय इसका अनुपात एक का आठवाँ भाग होता है। बाल्यावस्था में टाँगें अपेक्षाकृत छोटी होती हैं, शरीर की सम्पूर्ण लम्बाई के साथ उनका तीन-आठ (3: 8) का अनुपात होता है। किन्तु किशोर की प्रौढ़ता पर उनका अनुपात 1:2 हो जाता है।

इस प्रकार प्रकृति किशोर को अपने चारों तरफ के वातावरण में व्यवस्थित करने के उपयुक्त बनाती जाती है। उसकी टाँगें उसकी महान् सम्पत्ति होती हैं। उनकी अभिवृद्धि इसलिए होती है कि किशोर अपने शरीर का अधिक से अधिक सन्तुलन प्राप्त कर सके। उसके हाथ और पैरों की अभिव्यक्ति का अनुपात उम्र की दृष्टि से सिर के बढ़ने की अपेक्षा अधिक होता है।

बालक और बालिकाओं की शारीरिक वृद्धि में अन्तर
(Difference in Physical Growtfof Boys & Girls)

बाल्यावस्था में शारीरिक दृष्टि से बालिकाएँ बालकों से अधिक विकसित होती हैं। एक सामान्य बालक की तुलना में एक बालिका में एक या डेढ़ वर्ष पहले ही यौनांग विकसित हो

जाते हैं और उसे ऋतुस्राव होने लगता है। अनुपाततः बालिकाएँ बाल्यावस्था की एक ही उम्र में बालकों से अधिक भारी और लम्बी होती हैं।

बालिकाओं की यह पूर्व प्रौढ़ता बहुत-सी मनोवैज्ञानिक समस्याओं को जन्म देती है। एक ही उम्र की लड़की दूसरे बालकों को छोटा समझती है और उनके नटखट व्यवहार पर खीझ उठती है तथा अपने को बड़ा समझती है। इसमें विषमलिंगीय आकर्षण बालकों से प्रथम उत्पन्न हो जाता है, किन्तु इससे यह तात्पर्य नहीं है कि बालिकाओं को मैथुन का अनुभव प्रथम और अधिक होता है। हमारी संस्कृति में बालिकाओं पर लगाए गए नियन्त्रण उन्हें बुराइयों से बचा लेते हैं और दोषों से मुक्त रखते हैं। जिन पाठशालाओं में बालक और बालिकाओं की सह-शिक्षा होती है, वहाँ के अध्यापकों को बालिकाओं की इन मनोवैज्ञानिक समस्याओं का पूरा-पूरा ध्यान रखना चाहिए। इसीलिए बालक और बालिकाओं के लिए एक प्रकार का पाठ्यक्रम और एक ही प्रकार की शिक्षा अधिक उपयोगी नहीं होती, क्योंकि उनके विकास की प्रक्रिया में बहुत भिन्नता है। अतः शिक्षा, बालक और बालिकाओं के शारीरिक और मानसिक विकास को ध्यान में रखकर देनी चाहिए।

शारीरिक विकास को प्रभावित करने वाले कारक

क्रो व क्रो ने लिखा है—"स्वस्थ विकास का निवास की उत्तम दशाओं से घनिष्ठ सम्बन्ध है। उचित या अनुचित प्रकार से आयोजित मनोरंजन और विश्राम, अपौष्टिक भोजन, कम हवादार निवास-स्थान एवं दोषपूर्ण वंशानुक्रम के समान तत्त्व स्वस्थ विकास में बाधक होते हैं।"

यहाँ शारीरिक विकास को प्रभावित करने वाले मुख्य कारकों का विवेचन अग्रलिखित प्रकार से है—

1. वंशानुक्रम—माता-पिता के स्वास्थ्य और शारीरिक रचना का प्रभाव उनके बच्चों पर भी पड़ता है। यदि वे रोगी और निर्बल हैं, तो उनके बच्चे भी वैसे ही होते हैं। स्वस्थ माता-पिता की सन्तान का ही स्वस्थ शारीरिक विकास होता है।

2. वातावरण—**क्रो व क्रो** ने लिखा है—"बालक के स्वाभाविक विकास में वातावरण के तत्त्व सहायक या बाधक होते हैं।" इस प्रकार के मुख्य तत्त्व हैं—शुद्ध वायु, पर्याप्त धूप और स्वच्छता, स्वास्थ्यप्रद जलवायु, घर में माता-पिता का प्यार आदि। तंग गलियों और बन्द मकानों में रहने वाले बालक किसी-न-किसी रोग का शिकार बनकर अपने स्वास्थ्य को खो देते हैं। पर्याप्त धूप का सेवन करने वाले बालकों को सर्दी, जुकाम, खाँसी और आँखों की कमजोरी आदि रोग कभी नहीं होते हैं। स्वच्छता सुन्दर स्वास्थ्य का आधार है। यदि बालक का शरीर, पहनने के वस्त्र, रहने का स्थान, खाने का भोजन आदि स्वच्छ होते हैं, तो उसका शारीरिक विकास द्रुतगति से होता चला जाता है।

3. पौष्टिक भोजन—बालकों को पौष्टिक भोजन मिलने पर उनका शारीरिक विकास तेज गति से होता है और बालक की धमनियों में शक्ति का संचार होता है। अतः बालक के

उत्तम शारीरिक विकास के लिए पौष्टिक भोजन दिया जाना आवश्यक है। **सोरेन्सन** का कथन है—"पौष्टिक भोजन थकान का प्रबल शत्रु और शारीरिक विकास का परम मित्र है।"

4. जाति—जातिगत भेद का शारीरिक विकास की गति पर प्रभाव पड़ता है; उदाहरण के लिए, यूरोपवासियों की अपेक्षा भारतीयों में शारीरिक परिपक्वता शीघ्र आती है।

5. नियमित दिनचर्या—नियमित दिनचर्या उत्तम स्वास्थ्य की आधारशिला है। बालक के खाने, सोने, खेलने, पढ़ने आदि का समय निश्चित होना चाहिये। इन सब कार्यों के नियमित समय पर होने से उसके स्वस्थ विकास में बहुत ही कम बाधायें आती हैं।

6. निद्रा व विश्राम—शरीर के स्वस्थ विकास के लिए निद्रा और विश्राम अनिवार्य हैं। अत: शिशु को अधिक से अधिक सोने देना चाहिए। तीन या चार वर्ष के शिशु के लिए 12 घण्टे की निद्रा आवश्यक है। बाल्यावस्था और किशोरावस्था में क्रमश: लगभग 10 घण्टे और 8 घण्टे की निद्रा पर्याप्त होती है। थकान बालक के शारीरिक विकास में बाधा उत्पन्न करती है। अतएव बालक को इतना विश्राम मिलना चाहिए, जिससे वह अपनी शारीरिक थकान से मुक्त हो सके। थकान गहरी निद्रा से ही दूर होती है।

7. मानसिक तनाव—बालक के शारीरिक विकास पर मानसिक तनाव का भी प्रभाव पड़ता है। इसका अधिकतर प्रभाव बालक शरीर के भार पर पड़ता है।

8. प्रेम—बालक के उचित शारीरिक विकास पर प्रेम का भी प्रभाव पड़ता है। यदि उसे अपने माता-पिता का प्रेम नहीं मिलता है, तो वह दु:खी रहने लगता है। यदि उसके माता-पिता की अल्पायु में मृत्यु हो जाती है, तो उसे असह्य कष्टों का सामना करना पड़ता है। दोनों दशाओं में उसके शरीर का सन्तुलित विकास होना असम्भव हो जाता है। शिक्षक को भी बालक के प्रति प्रेम का व्यवहार करना चाहिए। किन्तु माता-पिता का अत्यधिक प्रेम बालक को बिगाड़ भी सकता है।

9. शारीरिक स्वास्थ्य—**पावर और हार्डी** ने लिखा है—"शरीर की स्वस्थता बालक के शरीर के विकास को अधिक प्रभावित करती है। शरीर यदि बीमारियों का घर बन गया तो वह अनाज के कीड़े की भाँति शरीर को खोखला बना देती है और बच्चे का शारीरिक विकास अवरुद्धहो जाता है।"

10. सुरक्षा—शिशु या बालक के सम्यक् विकास के लिये उसमें सुरक्षा की भावना होना अति आवश्यक है। इस भावना के अभाव में वह भय का अनुभव करने लगता है और आत्म-विश्वास खो बैठता है। ये दोनों बातें उसके विकास को अवरुद्ध कर देती हैं।

11. खेल व व्यायाम—शरीर को स्वस्थ रखने के लिए खेल और व्यायाम अति आवश्यक है। शैशवावस्था में तो बालक स्वयं अपने हाथ-पैर चलाकर या जमीन पर चलकर अपना व्यायाम पूरा कर लेता है, परन्तु बाल्यावस्था एवं किशोरावस्था में बालकों और किशोरों के लिए खुले वातावरण में खेल और व्यायाम की उचित व्यवस्था की जानी चाहिए।

12. अन्य कारक—शारीरिक विकास को प्रभावित करने वाले अन्य कारक हैं—(i) रोग या दुर्घटना के कारण शरीर में उत्पन्न होने वाली विकृति, (ii) अच्छी और खराब जलवायु, (iii) दोषपूर्ण सामाजिक परम्पराएँ, जैसे—बाल-विवाह, (iv) गर्भिणी माता का स्वास्थ्य, (v) पारिवारिक रहन-सहन और आर्थिक स्थिति।

इस प्रकार शारीरिक विकास और उसको प्रभावित करने वाले कारको का ज्ञान प्राप्त करके ही शिक्षक और अभिभावक बालक के शरीर की रचना और स्वरूप को जान सकते हैं। यह ज्ञान प्राप्त करना उसके लिए आवश्यक है, इसका कारण बताते हुए **क्रो व क्रो** ने लिखा है—

"बालक सर्वप्रथम शरीरधारी प्राणी है। उसकी शारीरिक रचना उसके व्यवहार और दृष्टिकोणों के विकास का आधार है। अत: उसके शारीरिक विकास के रूपों का अध्ययन आवश्यक है।"

शारीरिक विकास और शिक्षा व्यवस्था

बालक के व्यक्तित्व के सन्तुलित विकास के लिए उत्तम शारीरिक विकास आवश्यक है, क्योंकि यह व्यक्तित्व का ही अंग है। अत: इस पर माता-पिता एवं शिक्षक दोनों को ही ध्यान देना चाहिए। शारीरिक विकास के लिए इस प्रकार की शिक्षा व्यवस्था होनी चाहिए—

1. शारीरिक रचना का ज्ञान—बालकों को उनकी शारीरिक रचना से सम्बन्धित सभी अवयवों का ज्ञान कराना चाहिए। इस प्रकार का ज्ञान उनको अपने शरीर का विकास ठीक प्रकार से करने में सहायता देता है।

2. स्वास्थ्य परीक्षा—विद्यालय में बालकों के स्वास्थ्य की समय-समय पर जाँच करवानी चाहिए। इसके लिए योग्य एवं प्रशिक्षित चिकित्सक की सहायता लेनी चाहिए तथा प्रत्येक बालक के स्वास्थ्य का विवरण रखना चाहिए।

3. खेलने की व्यवस्था—विद्यालय में बालकों के खेल एवं व्यायाम की समुचित व्यवस्था की जानी चाहिए। साथ ही अध्यापकों को बालकों को खेलने के लिए प्रोत्साहित करना चाहिए।

4. विकास में विभिन्नता का ज्ञान—बालकों के शारीरिक विकास में विभिन्नता रहती है। कुछ बालकों में शारीरिक अभिवृद्धि तेज गति से होती है तो कुछ में मन्द गति से अथवा कुछ बालकों में वृद्धि शीघ्र प्रारम्भ हो जाती है तो कुछ में विलम्ब से। इस बात का ज्ञान बालकों को कराना चाहिए जिससे कि मन्द गति या विलम्ब से शारीरिक विकास वाले बालक निराशा तथा हीनता की भावना से बच सकें।

5. स्वास्थ्य शिक्षा—विद्यालयी शिक्षा के अंग के रूप में स्वास्थ्य शिक्षा नियमित रूप से दी जानी चाहिए। स्वास्थ्य शिक्षा की उपयोगिता, शरीर की सफाई, साफ वस्त्र तथा भोजन आदि के बारे में बच्चों को ज्ञान देना चाहिए।

□□□

4

बाल-विकास एवं पोषण

(Child Development and Poshan)

प्रकृति प्रदत्त उत्तम भोजन बालक की वृद्धि एवं विकास के लिए महत्त्वपूर्ण कारक होता है। पोषण बाल-विकास की दिशा निर्धारित करता है। अच्छे स्वास्थ्य और बाल-विकास का गहरा सम्बन्ध होता और अच्छे स्वास्थ्य के लिए सन्तुलित भोजन की आवश्यकता होती है। सन्तुलित भोजन से तात्पर्य, उस भोजन से है जिसमें उत्तम स्वस्थ्य एवं विकास के लिए आवश्यक सभी तत्त्व निहित हों। इसके अभाव में बालक कुपोषण का शिकार हो जाता है और उसकी वृद्धि एवं विकास अवरुद्ध हो जाता है। बाल-विकास में भोजन के महत्त्व को इस प्रकार स्पष्ट कर सकते हैं :-

1. सन्तुलित एवं आवश्यक तत्त्वों से युक्त भोजन—बालक की वृद्धि एवं विकास के लिए सन्तुलित एवं आवश्यक तत्त्वों से युक्त भोजन का होना आवश्यक है। भोजन के प्रमुख अवयव इस प्रकार हैं—कार्बोहाइड्रेट, वसा, प्रोटीन, विटामिन, खनिज लवण तथा जल। शक्ति के लिए वसा एवं कार्बोहाइड्रेट, वृद्धि के लिये प्रोटीन, रोग प्रतिरोधात्मक क्षमता के लिए खनिज लवण एवं विटामिन। ये अवयव सन्तुलित भोजन के माध्यम से बालक की वृद्धि और विकास में सहायक होते हैं। जन्म के समय माँ का दूध सन्तुलित आहार का कार्य करता है। आयु में वृद्धि के साथ-साथ उसे प्राकृतिक आहार की आवश्यकता होती है। प्राकृतिक आहार में सभी अवयवों की पर्याप्त मात्रा आवश्यक होती है।

2. भोजन के समय एवं आदतों का प्रभाव—निश्चित मात्रा में एवं निर्धारित समय पर ग्रहण किया गया भोजन पोषण में सहायक होता है। अधिक एवं असमय लिया गया भोजन विभिन्न शारीरिक विकारों को जन्म देता है। जिससे वृद्धि एवं विकास पर प्रतिकूल असर पड़ता है। भोजन में फलों, सब्जियों, कच्चे अनाजों एवं अंकुरित अनाजों की पर्याप्त मात्रा बच्चों के पोषण को बढ़ाती है एवं स्वास्थ्यवर्धक होती है।

3. पर्याप्त मात्रा में भोजन की व्यवस्था—प्रत्येक बालक को पौष्टिक भोजन पर्याप्त मात्रा में मिलना चाहिए, जिससे उसकी वृद्धि एवं विकास में नियमितता बनी रहे। भोजन में

बालकों की रुचि एवं इच्छा का भी ध्यान रखना चाहिए। बालकों को आसानी से पचने वाला एवं हल्का भोजन देना चाहिए।

4. पोषण एवं शारीरिक तथा मानसिक स्वास्थ्य—आयु में वृद्धि के साथ-साथ पोषण के स्तरों में परिवर्तन आता रहता है। पोषण शारीरिक संरचना एवं मानसिक स्वास्थ्य को प्रभावित करता है। पोषण से मनुष्य के आकार, भार एवं लम्बाई में वृद्धि होती है। समुचित पोषण से व्यक्ति की हड्डियाँ, दाँत एवं माँसपेशियाँ मजबूत एवं सुदृढ़ होती हैं। पोषण से बालकों का शारीरिक स्वास्थ्य बना रहता है तथा रोग प्रतिरोधक क्षमता बढ़ जाती है। पोषण से कार्य-कुशलता भी प्रभावित होती है। समुचित पोषण के अभाव में बालकों का शारीरिक एवं मानसिक स्वास्थ्य ठीक नहीं रहता है। इस प्रकार स्पष्ट है कि बाल-विकास में पोषण की महत्त्वपूर्ण भूमिका होती है।

बाल-विकास में कुपोषण बाधक होता है, कुपोषण के अग्रलिखित कारण होते हैं—

1. भोजन में पर्याप्त पोषक तत्त्वों का अभाव, जैसे—कार्बोहाइड्रेट, प्रोटीन, वसा एवं खनिज लवणों की कमी कुपोषण को जन्म देती है।
2. असमय एवं अधिक मात्रा में लिया गया भोजन कुपोषण का जनक होता है।
3. अत्यधिक कार्य भार या कार्य की कमी भी कुपोषण को पैदा करती है।
4. पर्याप्त आराम न मिलना किसी-न-किसी शारीरिक विकार को जन्म देता है।
5. समुचित मात्रा में भोजन का अभाव भी कुपोषण का कारण होता है।
6. घर की परिस्थितियाँ एवं वातावरण यदि प्रतिकूल हैं तो इसका सीधा प्रभाव बालक के शारीरिक एवं मानसिक स्वास्थ्य पर पड़ता है।
7. भोजन में फल, सब्जियों एवं दालों का अभाव कुपोषण का कारण होता है।
8. भोजन में अत्यधिक मिर्च, मसालों का प्रयोग भी विभिन्न शारीरिक रोगों को जन्म देता है।
9. अनेक बुरी आदतें, जैसे—धूम्रपान, तम्बाकू का सेवन, परिश्रम का अभाव, शराब तथा मादक दवाओं का प्रयोग, एड्स के खतरे से सम्बन्धित व्यवहार भी कुपोषण को जन्म देते हैं जिससे बालक की वृद्धिएवं विकास प्रभावित होता है।

वंशानुक्रम का अर्थ व परिभाषा

सामान्य रूप में यह स्वीकार किया जाता है कि जैसे—माता-पिता होते हैं, वैसी ही उनकी सन्तान होती है। इसका तात्पर्य यह है कि बालक की आकृति, रूप, रंग विद्वता आदि अपने माता-पिता से मिलती-जुलती होती है अर्थात् बालक को शारीरिक और मानसिक गुण अपने माता-पिता से प्राप्त होते हैं। यदि माता-पिता विद्वान हैं तो बालक भी विद्वान होता है। परन्तु कई बार यह भी देखने में आता है कि विद्वान माता-पिता का बालक मूर्ख और मूर्ख माता-पिता का बालक विद्वान होता है। इसका कारण यह है कि बालक न केवल अपने

माता-पिता से वरन् उनसे पहले के पूर्वजों से भी अनेक शारीरिक और मानसिक गुण प्राप्त करता है। इसी को वंशानुक्रम, वंश परम्परा, पैतृकता, आनुवंशिकता आदि नामों से अभिहित किया जाता है।

वंशानुक्रम के अर्थ को स्पष्ट करने वाली कुछ परिभाषाएँ इस प्रकार हैं :—

1. वुडवर्थ—"वंशानुक्रम में वे सभी बातें आ जाती हैं, जो जीवन का आरम्भ करते समय , जन्म के समय नहीं, वरन् गर्भाधान के समय, जन्म से लगभग नौ माह पूर्व, व्यक्ति में उपस्थित थीं।"

2. डगलस व हॉलैण्ड—"एक व्यक्ति के वंशानुक्रम में वे सब शारीरिक बनावटें, शारीरिक विशेषताएँ, क्रियाएँ या क्षमताएँ सम्मिलित रहती हैं, जिनको वह अपने माता-पिता, अन्य पूर्वजों या प्रजाति से प्राप्त करता है।"

3. एच.ए. पेटरसन—"वंशानुक्रम को इस प्रकार परिभाषित किया जा सकता है कि व्यक्ति अपने माता-पिता के माध्यम से पूर्वजों के जो कुछ गुण प्राप्त करता है, वही वंशानुक्रम कहलाता है।"

4. बी.एन. झा—"वंशानुक्रम व्यक्ति की जन्मजात विशेषताओं का पूर्ण योग है।"

5. एनी. एनास्टमी—"वंशानुक्रम के तत्त्व जन्म के बहुत बाद तक व्यक्ति के विकास को प्रभावित कर सकते हैं और वास्तव में यह प्रभाव जीवनपर्यन्त चलता है।"

6. जेम्स ड्रेवर—"माता-पिता की शारीरिक और मानसिक विशेषताओं का सन्तानों में संक्रमित होना ही वंशानुक्रम है।"

इस प्रकार स्पष्ट है कि व्यक्ति को अपने माता-पिता से प्राप्त गुण ही वंशानुक्रम नहीं होते अपितु उनके माध्यम से पूर्वजों के गुणों की प्राप्ति भी वंशानुक्रम के अन्तर्गत आती है। अतः मानव व्यवहार का वह पूर्ण संगठित रूप, जो बालक में उसके माता-पिता और पूर्वजों द्वारा हस्तान्तरित होता है, को वंशानुक्रम कहते हैं।

वंशानुक्रम की प्रक्रिया या यन्त्र-रचना

मानव शरीर की बनावट सम्बन्धी यन्त्र-रचना बड़ी जटिल है। जीवशास्त्रियों के मतानुसार मानव शरीर की रचना कोषों (Cells) से होती है अर्थात् शरीर कोषों का योग होता है। प्रारम्भ में गर्भावस्था में भ्रूण का निर्माण केवल एक कोष से होता है, जिसे संयुक्त कोष कहते हैं। इस संयुक्त कोष का निर्माण दो 'उत्पादक कोषों' (Germ Cells) के योग से होता है। इनमें से एक कोष पिता का होता है, जिसे 'शुक्र कोष' कहते हैं, दूसरा कोष माता का होता है, जिसे 'अण्ड' कहते हैं। 'संयुक्त कोष' और 'उत्पादक कोष' 2, 4, 8, 16, 32..... के क्रम में संख्या में बढ़ते जाते हैं। 'शुक्र' और 'अण्ड' दोनों ही उत्पादक-कोषों के रूप में कुछ गुण या दोषों का हस्तान्तरण करते हैं। ये गुण या दोष भ्रूण में प्रवेश कर जाते हैं और जन्म के बाद वंशानुक्रम कहलाते हैं।

अनेक अध्ययनों एवं शोधों से स्पष्ट हो गया है कि पुरुष और स्त्री के प्रत्येक कोष में 23–23 गुणसूत्र (Chromosomes) होते हैं। इस कार 'संयुक्त-कोष' में गुणसूत्रों के 23 जोड़े होते हैं। इन 'गुणसूत्रों' के सम्बन्ध में मन (Munn) ने लिखा है—"हमारी सब असंख्य परम्परागत विशेषताएँ इन 46 गुणसूत्रों में निहित रहती हैं। ये विशेषताएँ गुणसूत्रों में विद्यमान पित्र्यैकों (Genes) में होती हैं।"

प्रत्येक 'गुणसूत्र' में 40 से 100 तक 'पित्र्यैक' होते हैं। प्रत्येक 'पित्र्यैक' एक गुण या विशेषता को निर्धारित करता है। इसीलिये, इन 'पित्र्यैकों' को 'वंशानुक्रम निर्धारक' (Heredity Determiners) कहते हैं। ये 'पित्र्यैक' ही शारीरिक और मानसिक गुणों को एक पीढ़ी से दूसरी पीढ़ी को पहुँचाते हैं। इनके महत्त्व के सम्बन्ध में सोरेन्सन (Sorenson) का मत है—"पित्र्यैक, बच्चों की प्रमुख विशेषताओं और गुणों को निर्धारित करते हैं। पित्र्यैकों के सम्मेलन के परिणाम को ही हम वंशानुक्रम कहते हैं।"

वंशानुक्रम के नियम

वंशानुक्रम के सम्बन्ध में निम्नलिखित नियम या धारणाएँ प्रचलित हैं ...

1. बीजकोष की निरन्तरता का नियम
2. समानता का नियम
3. विभिन्नता का नियम
4. प्रत्यागमन का नियम
5. अर्जित गुणों के संक्रमण का नियम
6. मैंडल का नियम

1. **बीजकोष की निरन्तरता का नियम**—इस नियम का प्रतिपादक बीसमैन नामक वैज्ञानिक था। इस नियम के अनुसार—मानव की उत्पत्ति बीज-कोषों से होती है और बालक को जन्म देने वाला बीजकोष कभी नष्ट नहीं होता है। वीसमैन के अनुसार—बीजकोष का कार्य केवल उत्पादक कोषों का निर्माण करना है। जो बीजकोष बालक को अपने माता-पिता से मिलता है, उसको वह अगली पीढ़ी को हस्तान्तरित कर देता है। इस प्रकार बीजकोष पीढ़ी-दर-पीढ़ी चलता रहता है।

आधुनिक युग में वीसमैन के इस नियम को स्वीकार नहीं किया जाता है। इसकी आलोचना करते हुए **B.N. Jha** ने लिखा है—"इस सिद्धान्त के अनुसार माता-पिता बालक के जन्मदाता न होकर केवल बीजकोष के संरक्षक हैं, जिसे वे अपनी सन्तान को देते हैं। बीजकोष एक पीढ़ी से दूसरी पीढ़ी को इस प्रकार हस्तान्तरित किया जाता है, जैसे—रुपया एक बैंक से निकालकर दूसरे में रख दिया जाता हो। वीसमैन का सिद्धान्त न तो वंशानुक्रम की सम्पूर्ण प्रक्रिया की व्याख्या करता है और न सन्तोषजनक ही है।"

2. **समानता का नियम** —इस नियम के अनुसार जिस प्रकार के माता-पिता होते हैं वैसी ही उनकी सन्तान होती है। इस नियम का तात्पर्य है कि बुद्धिमान माता-पिता के बुद्धिमान और मन्द-बुद्धि माता-पिता के मन्द-बुद्धि बच्चे होते हैं। इसी प्रकार गौर वर्ण माता-पिता के बच्चे गौर वर्ण और श्याम वर्ण माता-पिता के बच्चे श्याम वर्ण होते हैं। इसी प्रकार नाटे कद के माता-पिता की सन्तान नाटी तथा लम्बे कद वाले माता-पिता की सन्तान लम्बे कद वाली होती है। इस नियम के अर्थ को स्पष्ट करते हुए **सेरेन्सन** ने लिखा है—"बुद्धिमान माता-पिता के बच्चे बुद्धिमान, साधारण माता-पिता के बच्चे साधारण और मन्द-बुद्धिमाता-पिता के बच्चे मन्द-बुद्धि होते हैं। इसी प्रकार, शारीरिक रचना की दृष्टि से भी बच्चे माता-पिता के समान होते हैं।"

किन्तु दैनिक जीवन में जो अपवाद प्राप्त होते हैं, उनसे इस नियम की सत्यता में सन्देह पैदा होता है। यह भी देखने में आता है कि कभी-कभी श्याम वर्ण माता-पिता के गौर वर्ण सन्तति या नाटे कद के माता-पिता के लम्बे कद के बच्चे होते हैं।

3. **विभिन्नता का नियम** —इस नियम से समानता के नियम के दोष को दूर करने का प्रयास किया गया है। इस नियम के अनुसार, बालक अपने माता-पिता के बिल्कुल समान न होकर उनसे कुछ-न-कुछ भिन्न अवश्य होते हैं। इसी प्रकार, एक ही माता-पिता के बालक एक-दूसरे के समान होते हुए भी बुद्धि, रंग और स्वभाव में एक-दूसरे से भिन्न होते हैं। उदाहरणार्थ—श्याम वर्ण माता-पिता के गौर वर्ण बच्चे होना अथवा एक ही माता-पिता के कुछ श्याम वर्ण तथा कुछ गौर वर्ण बच्चे होना। एक ही माता-पिता के कुछ बच्चे तीव्र बुद्धि वाले तथा कुछ मन्द बुद्धि वाले अथवा कुछ शारीरिक दृष्टि से हृष्ट-पुष्ट तथा कुछ कमजोर शरीर वाले होते हैं। इसका कारण बताते हुए **सोरेन्सन** ने लिखा है—"इस विभिन्नता का कारण माता-पिता के उत्पादक कोषों की विशिष्टतायें हैं। उत्पादक कोषों में अनेक पित्र्यैक होते हैं, जो विभिन्न प्रकार से संयुक्त होकर एक-दूसरे से भिन्न बच्चों का निर्माण करते हैं।"

4. **प्रत्यागमन का नियम**—इस नियम के अनुसार, बालक में अपने माता-पिता से विपरीत गुण पाये जाते हैं अर्थात् मन्द-बुद्धि माता-पिता की सन्तानों के प्रतिभाशाली होने एवं प्रतिभाशाली माता-पिता की सन्तानों के मन्द-बुद्धि होने में यही नियम कारण है। इसके अर्थ को स्पष्ट करते हुए **सोरेन्सन** ने लिखा है—"बहुत प्रतिभाशाली माता-पिता के बच्चों में कम प्रतिभाशाली होने की प्रवृत्ति और बहुत निम्न कोटि के माता-पिता के बच्चों में कम निम्न कोटि के होने की प्रवृत्ति ही प्रत्यागमन है।" प्रकृति का एक नियम यह है कि वह विशिष्ट गुणों के बजाय सामान्य गुणों का अधिक वितरण करके एक जाति के प्राणियों को एक ही स्तर पर रखने का प्रयास करती है। इस नियम के अनुसार, बालक अपने माता-पिता के विशिष्ट गुणों का परित्याग करके सामान्य गुणों को ग्रहण करते हैं। यही कारण है कि महान् लोगों की सन्तान उनके समान महान् नहीं होती है। प्रत्यागमन के प्रमुख कारण इस प्रकार हैं—

(1) माता अथवा पिता जो अत्यन्त प्रतिभाशाली होते हैं, उनके अन्दर अपने पितरों के प्रातिभ बीजकोषों का संयोग होता है जो उन्हें प्रतिभा-सम्पन्न बना देता है। पिता के सर्वोत्कृष्ट गुण जब माता के सर्वोत्कृष्ट गुणवाहक पित्रैकों में मिलते हैं तो प्रतिभासम्पन्न बालक का जन्म होता है। परन्तु इस प्रकार के सम्पन्न प्रतिभावान माता-पिता में सामान्य अथवा न्यून कोटि के बीजकोष होते हैं जो उस संयोग की अपेक्षा जिससे उसका जन्म हुआ, हीन होते हैं। अतः माता-पिता के संयोग से जो बालक उत्पन्न होते हैं, उनमें निम्न कोटि के गुणों का प्रादुर्भाव हो जाता है।

(2) प्रतिभावान माता अथवा पिता का दूसरे ऐसे व्यक्ति से समागम होता है जिसमें उसके समान प्रतिभा उत्पादक तत्त्व नहीं हैं तो समागम में उस प्रकार के उत्कृष्ट बीजकोषों का मेल नहीं हो सकता, जैसा कि दो प्रतिभावान व्यक्तियों के संयोग से होता है। फलस्वरूप, बालक उतना प्रतिभावान नहीं होता, जितने उसके पितर हैं।

(3) इसी प्रकार दो मूर्खों के बीजकोष उन बीजकोषों के संयोग से अच्छे भी हो सकते हैं जिनसे कि वे स्वयं उत्पन्न हुए, अतः इस प्रकार के माता-पिता की सन्तानें उनसे कहीं बुद्धिमान होंगी, क्योंकि वे सामान्य की तरफ विकसित होंगी।

5. अर्जित गुणों के संक्रमण का नियम —इस नियम के अनुसार, माता-पिता द्वारा अर्जित गुणों का संक्रमण उनकी सन्तति को होता है। इसकी पुष्टि करते हुए **लामार्क** ने लिखा है—"व्यक्तियों द्वारा अपने जीवन में जो कुछ भी अर्जित किया जाता है, वह उनके द्वारा उत्पन्न किये जाने वाले व्यक्तियों को संक्रमित किया जाता है।" इसका उदाहरण प्रस्तुत करते हुए **लामार्क** ने लिखा है कि जिराफ पशु की गर्दन आरम्भ में बहुत कुछ घोड़े के समान थी, परन्तु कुछ विशेष परिस्थितियों के कारण वह लम्बी हो गई और कालान्तर में उसकी लम्बी गर्दन का गुण अगली पीढ़ी में संक्रमित होने लगा। **Pavlov** ने सफेद चूहों पर प्रयोग करने के बाद निष्कर्ष निकाला कि प्रथम पीढ़ी के चूहे 30 बार घण्टी बजने पर भोजन खाने के लिए आते थे किन्तु पाँचवीं पीढ़ी के चूहे केवल 5 बार ही घण्टी के बजने पर भोजन खाने के लिए आने लगे।

Mc Dougal ने भी एक प्रयोग चूहों पर करके इस धारणा की पुष्टि की। उसने चूहों को पानी के एक बड़े टब में छोड़ दिया जिससे निकलने के लिए दो मार्ग थे—एक मार्ग प्रकाशयुक्त था तथा दूसरे में अँधेरा था। प्रकाशयुक्त मार्ग में विद्युत का झटका लगने की व्यवस्था थी। चूहे प्रकाशयुक्त मार्ग से बाहर निकलने का प्रयास करते थे परन्तु इस मार्ग में विद्युत का झटका लगने के कारण वापस लौट आते थे। इसके बाद उन्होंने बाहर निकलने के लिए अँधेरा मार्ग ढूँढ़ निकाला। इस परीक्षण में मैक्डूगल ने देखा कि प्रथम पीढ़ी के चूहों ने अन्धकारपूर्ण मार्ग को ढूँढ़ने में 165 बार भूल की। किन्तु 23वीं पीढ़ी के चूहों ने 25 बार त्रुटि करके अँधेरे मार्ग को ढूँढ़ निकाला।

Harrison ने पतंगों पर प्रयोग किया। उसने पतंगों को दो समूहों में बाँटा। इनमें से एक समूह को मैदान में उगने वाले पत्तों पर, द्वितीय समूह के पतंगों को फैक्टरी के निकट उगे पत्तों

पर पाला। कुछ दिनों के बाद उसने पाया कि द्वितीय समूह के पतंगों का रंग धुएँ के कारण काला हो गया है। इसका परिणाम यह रहा कि एक पीढ़ी से दूसरी पीढ़ी के पतंगों का रंग काला होता गया। इन प्रयोग से सिद्ध होता है कि कुछ अर्जित गुणों का संक्रमण हो सकता है। किन्तु यह ध्यान रहे कि वे ही अर्जित गुण संक्रमित होते हैं जिनका प्रभाव बीजकोषों पर पड़ता है।

वर्तमान में विकासवाद का अर्जित गुणों के संक्रमण का सिद्धान्त स्वीकार नहीं किया जाता है। इस सम्बन्ध में **वुडवर्थ** ने लिखा है—''वंशानुक्रम की प्रक्रिया के अपने आधुनिक ज्ञान से सम्पन्न होने पर यह बात प्राय: असम्भव जान पड़ती है कि अर्जित गुणों को संक्रमित किया जा सके। यदि आप कोई भाषा बोलना सीख लें, तो क्या आप पित्र्यैकों द्वारा इस ज्ञान को अपने बच्चे को संक्रमित कर सकते हैं ? इस प्रकार के किसी प्रमाण की पुष्टि नहीं हुई है। क्षय या सूजाक ऐसा रोग, जो बहुधा परिवारों में पाया जाता है, संक्रमित नहीं होता है। बालक को यह रोग परिवार के पर्यावरण में छूत से होता है।''

6. **मैंडल का नियम** (Mendal's Law)—चैकोस्लोवाकिया के पादरी विद्वान ग्रेगर जॉन मैंडल ने अपने प्रयोगों के आधार पर यह नियम निकाला कि वर्ण संकर प्राणी या वस्तुएँ अपने मौलिक या सामान्य रूप की ओर अग्रसर होती हैं अर्थात् प्रकृति सर्वदा सन्तुलित अवस्था बनाये रखने का प्रयास करती है। चूँकि यह नियम मैंडल महोदय द्वारा प्रतिपादित किया गया, अत: उसको '**मैंडल का नियम**' या '**मैंडलवाद**' भी कहते हैं। मैंडल महोदय ने ये प्रयोग मटरों एवं चूहों पर किए।

(1) मैंडल का चूहों पर प्रयोग—मैंडल ने चूहों पर भी उसी प्रकार का प्रयोग किया। उन्होंने काले और सफेद चूहों का संकरण करवाया तो उनसे उत्पन्न होने वाले सभी चूहे काले थे। इसके बाद उसने इन वर्णसंकर काले चूहों का परस्पर समागम करवाया तो उनसे काले एवं सफेद दोनों प्रकार के चूहे पैदा हुए। इनका अनुपात 3:1 का था। इनमें से तीन चूहे काले थे और एक सफेद था। सफेद चूहों के परस्पर समागम से सभी सफेद बच्चे पैदा हुए। किन्तु काले वर्ण संकर चूहों में से एक तिहाई ने काले रंग के तथा दो-तिहाई ने काले और सफेद दोनों प्रकार के बच्चों को जन्म दिया।

(2) मटरों पर प्रयोग—मैंडल ने अपने गिरजे के बगीचे में बड़ी और छोटी मटरें बराबर संख्या में मिलाकर बोयीं। उगने वाली मटरों में सब वर्णसंकर जाति की थीं। मैंडल ने इन वर्णसंकर मटरों को फिर बोया और इस प्रकार उसने उगने वाली मटरों को कई बार बोया। अन्त में, उसे ऐसी मटरें मिलीं, जो वर्णसंकर होने के बजाय शुद्ध थीं।

इस प्रकार, इन दोनों प्रयोगों से निष्कर्ष निकलता है कि नर और मादा के गुण-सूत्रों में से कुछ व्यक्त तथा कुछ सुप्त रूप में होते हैं। व्यक्त गुण के अभाव में सुप्त-गुण प्रधान हो जाता है। मैंडल के नियम को प्रधान प्रकार की ओर प्रत्यागमन का नियम भी कहा जाता है।

बालक पर वंशानुक्रम का प्रभाव

अनेक मनोवैज्ञानिकों ने वंशानुक्रम के महत्त्व के सम्बन्ध में अनेक अध्ययन और परीक्षण किये हैं। इनके आधार पर उन्होंने सिद्ध किया है कि बालक के व्यक्तित्व के प्रत्येक पहलू पर वंशानुक्रम का प्रभाव पड़ता है। वंशानुक्रम के प्रभाव को इस प्रकार व्यक्त कर सकते हैं—

1. **शारीरिक लक्षणों का प्रभाव**—कार्ल पियर्सन आदि मनोवैज्ञानिकों ने परीक्षणों के आधार पर यह निष्कर्ष निकाला कि वंशानुक्रम ही शारीरिक लक्षणों को निर्धारित करता है। उसने अपने प्रयोग के द्वारा यह मत व्यक्त किया कि माता-पिता की शारीरिक ऊँचाई कम या अधिक होने के साथ-साथ बच्चों की शारीरिक ऊँचाई कम या अधिक होती है। इसी प्रकार अन्य शारीरिक लक्षणों, जैसे—रूप, रंग, चेहरे की बनावट, सिर की बनावट, बालों का रंग एवं शरीर के अन्य अंगों की बनावट में विविधता या विभिन्नताएँ देखने को मिलती हैं। उदाहरणार्थ—भारत के उत्तरी पर्वतीय क्षेत्र के निवासी नाटे कद के, चपटी नाक तथा पीत वर्ण के होते हैं। पर्वतों से लगे मैदानी भागों के निवासियों की शारीरिक रचना उनसे भिन्न होती है। इस भिन्नता का कारण वंशानुक्रम का प्रभाव ही है।

2. **मूल शक्तियों पर प्रभाव**—**थॉर्नडाइक** का मत है कि बालक की मूल शक्तियों का प्रधान कारण उसका वंशानुक्रम होता है।

3. **स्वभाव पर प्रभाव**—मानव के स्वभाव पर भी वंशानुक्रम का प्रभाव पड़ता है। अब यह प्रयोगों द्वारा सिद्ध हो गया है कि स्वभाव आन्तरिक चालकों द्वारा नियन्त्रित होता है। इन आन्तरिक चालकों की गति पर ग्रन्थियों का प्रभाव पड़ता है। ग्रन्थि स्राव ही स्वभाव को अप्रत्यक्ष रूप में प्रभावित करती है। ग्रन्थियों की रचना एवं उनका स्राव वंशानुक्रम से प्रभावित होता है।

4. **महानता का प्रभाव**—**गाल्टन** के मतानुसार व्यक्ति की महानता का कारण उसका वंशानुक्रम ही होता है। यह वंशानुक्रम का ही परिणाम है कि व्यक्तियों के शारीरिक और मानसिक लक्षणों में विभिन्नता दिखाई देती है। व्यक्ति की ऊँचाई, वर्ण, वजन, स्वास्थ्य, बुद्धि, मानसिक शक्ति आदि उसके वंशानुक्रम पर आधारित रहते हैं। **गाल्टन** ने लिखा भी है कि "महान् न्यायाधीशों, राजनीतिज्ञों, सैनिक पदाधिकारियों, साहित्यकारों, वैज्ञानिकों और खिलाड़ियों के जीवन-चरित्रों का अध्ययन करने से ज्ञात होता है कि इनके परिवारों में इन्हीं क्षेत्रों में प्रशंसा प्राप्त अन्य व्यक्ति भी हुए हैं।"

5. **प्रजाति की श्रेष्ठता पर प्रभाव**—**Klinberb** के मतानुसार, बुद्धि की श्रेष्ठता का कारण प्रजाति होती है। इसी कारण अमरीका की श्वेत प्रजाति, नीग्रो प्रजाति से श्रेष्ठ है।

6. **चरित्र पर प्रभाव**—**Dugdale** का मत है कि चरित्रहीन माता-पिता की सन्तान चरित्रहीन होती है। उसने इस मत की पुष्टि सन् 1877 ई. में Jukes के वंशजों का अध्ययन करके की। सन् 1720 ई. में न्यूयार्क में जन्म लेने वाला ज्यूक्स एक चरित्रहीन मनुष्य था और उसकी पत्नी भी उसी के समान चरित्रहीन थी। इन दोनों के वंशजों के सम्बन्ध में **नन** (Nunn) ने लिखा है—"पाँच पीढ़ियों में लगभग 1,000 व्यक्तियों में से 300 बाल्यावस्था में मर गए,

310 ने 2,300 वर्ष दरिद्र-ग्रहों में व्यतीत किये, 440 रोग के कारण मर गए, 130 (जिनमें 7 हत्या करने वाले थे) दण्ड प्राप्त अपराधी थे और केवल 20 ने कोई व्यवसाय करना सीखा।''

7. सामाजिक स्थिति पर प्रभाव—वंशानुक्रम सामाजिक स्थिति या प्रतिष्ठ को भी प्रभावित करता है। **विनशिप** (Winship) के मतानुसार, गुणवान और प्रतिष्ठित माता-पिता की सन्तान प्रतिष्ठा प्राप्त करती है। उसने रिचर्ड एडवर्ड के परिवार का अध्ययन किया। रिचर्ड एक योग्य, गुणवान और प्रतिष्ठित व्यक्ति था, उसने एलिजाबेथ नामक स्त्री से विवाह किया, वह भी उसी के समान थी। इन दोनों के वंशजों ने विधानसभा के सदस्यों, महाविद्यालयों के अध्यक्षों आदि के प्रतिष्ठित पदों को प्राप्त किया। उनका एक वंशज अमरीका का उप-राष्ट्रपति बना।

8. बुद्धिपर प्रभाव—अनेक मनोवैज्ञानिकों ने अपने अध्ययनों से स्पष्ट किया है कि बुद्धि वंशानुक्रम द्वारा निर्धारित होती है। **गोडार्ड** का मत है कि मन्द-बुद्धि माता-पिता की सन्तान मन्द-बुद्धि और तीव्र-बुद्धिमाता-पिता की संतान तीव्र-बुद्धिवाली होती है। उसने इसकी पुष्टि के लिए Kallikak नामक एक सैनिक के वंशजों का अध्ययन किया। कालीकाक ने पहले एक मन्द-बुद्धि स्त्री से और कुछ समय के बाद एक तीव्र-बुद्धिवाली स्त्री से विवाह किया। पहली स्त्री के 480 वंशजों में से 143 मन्द-बुद्धि, 46 सामान्य, 36 अवैध सन्तान, 32 वेश्याएँ, 24 शराबी, 8 वेश्यालय-स्वामी, 3 मृगी रोग वाले और 3 अपराधी थे। दूसरी स्त्री के 496 वंशजों में से केवल 3 मन्द-बुद्धि और चरित्रहीन थे। शेष ने व्यवसासियों, डॉक्टरों, शिक्षकों, वकीलों आदि के रूप में समाज में सम्मानित और प्रतिष्ठित स्थान प्राप्त किये।

9. व्यावसायिक योग्यता पर प्रभाव—व्यावसायिक योग्यता पर भी वंशानुक्रम का प्रभाव पड़ता है। जे. मैकीन कैटेल नामक विद्वान ने अमेरिका के 885 वैज्ञानिक परिवारों का अध्ययन करने पर पाया कि उनमें से 2/5 व्यवसायी वर्ग के, 1/2 उत्पादक वर्ग के और केवल 1/4 कृषि वर्ग के थे। इसी प्रकार का एक और सर्वेक्षण अमेरिका में उन स्वामियों, भागीदारों और उच्च अधिकारियों का किया गया जो पाँच लाख डालर से अधिक बिक्री वाली कम्पनियों से सम्बन्धित थे। इस सर्वेक्षण से पता चला कि 36% बड़े व्यापारियों के, 21.7% सामान्य व्यापारियों के, 12.4% कृषकों के, 5% क्लर्कों के, 8% कुशल और 22% अकुशल श्रमिकों के पुत्र थे। इस प्रकार स्पष्ट है कि उच्च परिवार वाले अधिक व्यावसायिक योग्यता रखते हैं।

वंशानुक्रम के संचयी प्रभाव पर प्रकाश डालते हुए, **Kolesnik** ने लिखा है—''जिस सीमा तक व्यक्ति की शारीरिक रचना को उसके पित्र्यैक निश्चित करते हैं, उस सीमा तक उसके मस्तिष्क एवं स्नायु-संस्थान की रचना, उसके अन्य शारीरिक लक्षण, उसकी खेलकूद सम्बन्धी कुशलता और उसकी गणित सम्बन्धी योग्यता—ये सभी बातें उसके वंशानुक्रम पर निर्भर होती हैं, पर ये बातें उसके वातावरण पर कहीं अधिक निर्भर करती हैं।''

वातावरण का अर्थ व परिभाषा

सामान्य रूप में 'वातावरण' शब्द का प्रयोग अपने चारों तरफ की परिस्थितियों या 'पर्यावरण' के अर्थ में किया जाता है। 'पर्यावरण' दो शब्दों से मिलकर बना है—'परि' +

'आवरण'। 'परि' का अर्थ है—'चारों ओर' एवं 'आवरण' का अर्थ है 'ढकने वाला'। इस प्रकार, 'पर्यावरण' या 'वातावरण' वह वस्तु है, जो चारों ओर से ढ़के या घेरे हुए है। अतः यह कहा जा सकता है कि हमारे चारों ओर जो कुछ है, वह हमारा वातावरण है। इसमें वे सब तत्त्व सम्मिलित रहते हैं, जो व्यक्ति के जीवन और व्यवहार को प्रभावित करते हैं।

बालक के व्यक्तित्व के विकास में वातावरण की महत्त्वपूर्ण भूमिका होती है। वंशानुक्रम के अध्ययन से यह भी स्पष्ट हो गया है कि बालक वंशानुक्रम से अनेक शक्तियाँ एवं क्षमताएँ ग्रहण करता है किन्तु इन शक्तियों का विकास वातावरण पर निर्भर करता है। यदि बालक को अच्छा वातवरण मिलता है तो वह अपनी शक्तियों का विकास करके प्रतिष्ठित जीवन व्यतीत कर सकता है। वातावरण को ही पोषक अथवा पर्यावरण कहते हैं।

वातावरण के अर्थ को स्पष्ट करने के लिए कुछ विद्वानों ने इसकी परिभाषाएँ अग्रलिखित प्रकार से दी हैं—

1. **वुडवर्थ**—''वातावरण में वे सब बाह्य तत्त्व आ जाते हैं, जिन्होंने व्यक्ति को जीवन आरम्भ करने के समय से प्रभावित किया है।''

2. **जे.एस. रॉस**—''वातावरण एक बाह्य शक्ति है जो हमें प्रभावित करती है।''

3. **बोरिंग, लैंगफेल्ड व वेल्ड**—''एक व्यक्ति के वातावरण के अन्तर्गत उन सभी उत्तेजनाओं का योग आ जाता है जिनका वह जन्म से मृत्यु तक ग्रहण करता है।''

4. **डगलस व हॉलैण्ड**—''वातावरण शब्द का प्रयोग उन सब बाह्य शक्तियों, प्रभावों और दशाओं का सामूहिक रूप से वर्णन करने के लिए किाय जाता है, जो जीवित प्राणियों के जीवन, स्वभाव, व्यवहार, बुद्धि, विकास और परिपक्वता पर प्रभाव डालते हैं।''

S5. एनी एनास्टासी—''वातावरण में वे सभी वस्तुएँ सम्मिलित हैं जो व्यक्ति के पित्रैक के अतिरिक्त उसके सभी पक्षों को प्रभावित करती हैं।''

इस प्रकार इन परिभाषाओं से स्पष्ट है कि वातावरण किसी एक तत्त्व या शक्ति का प्रतिफल नहीं होता है। इसकी रचना में अनेक तत्त्व या शक्तियों का सामूहिक रूप में हाथ होता है जो बालक के विकास को गर्भकाल से ही प्रभावित करते हैं। वातावरण की रचना करने वाले तत्त्वों के आधार पर वातावरण के दो मुख्य प्रकार हैं—(i) भौगोलिक वातावरण, एवं (ii) सामाजिक वातावरण। भौगोलिक वातावरण में प्रकृति के सभी तत्त्व जैसे-स्थिति, स्थलाकृति, जलवायु, मिट्टी, खनिज, वनस्पति एवं जीव-जन्तु सम्मिलित किए जाते हैं। भौगोलिक वातावरण मानव के क्रिया-कलापों को प्रभावित करता है। सामाजिक वातावरण मानव समुदायों की उपलब्धि का प्रतिफल होता है। इसके अन्तर्गत रीति-रिवाज, परम्पराएँ, भाषा, शिष्टाचार आदि आते हैं। सामाजिक वातावरण के दो रूप किये जा सकते हैं—(i) सांस्कृतिक वातावरण, (ii) मानसिक वातावरण। सांस्कृतिक वातावरण शिष्टाचार का प्रशिक्षण देता है, जबकि मानसिक वातावरण बालक की मानसिक योग्यताओं के विकास में योगदान करता है। इस प्रकार ये सभी प्रकार के वातावरण व्यक्ति के जीवन के विभिन्न पक्षों, जैसे—शारीरिक, सामाजिक, मानसिक एवं आर्थिक पक्षों को प्रभावित करते हैं।

वातावरण के महत्त्व को नकारा नहीं जा सकता। कुछ विद्वानों का मत है कि मानव विकास में वंशानुक्रम के समान ही वातावरण भी महत्त्वपूर्ण है। **ओवन** का विचार है कि व्यक्ति के व्यक्तित्व-विकास में वातावरण का प्रमुख स्थान है। **जॉन लॉक** जैसे विद्वान ने तो वातवरण को ही सर्वोपरि माना है। उनके अनुसार बालक का मस्तिष्क जन्म के समय कोरी स्लेट के समान होता है। वातावरण के सम्पर्क में आने पर मस्तिष्क रूपी स्लेट पर ज्ञान अंकित होना प्रारम्भ हो जाता है। प्रसिद्ध व्यवहारवादी मनोवैज्ञानिक वाटसन ने तो यहाँ तक कहा कि मुझे नवजात शिशु दे दो, मैं उसे डॉक्टर, प्रोफेसर, वकील, कलाकार, व्यापारी जो चाहूँ, बना सकता हूँ। इस प्रकार मनोवैज्ञानिक वंशानुक्रम की पूर्ण उपेक्षा करके वातावरण को सर्वोपरि मानते हैं।

बालक पर वातावरण का प्रभाव

वातावरण के महत्त्व के सम्बन्ध में अनेक मनोवैज्ञानिकों ने परीक्षण किए हैं। इनके आधार पर उन्होंने सिद्धकिया है कि बालक के व्यक्तित्व के प्रत्येक पहल पर भौगोलिक, सामाजिक और सांस्कृतिक वातावरण का व्यापक प्रभाव पड़ता है। भारतीय मनोवैज्ञानिकों द्वारा किए गए एक अध्ययन के अनुसार 1971 की आई.ए.एस. की परीक्षा में उत्तीर्ण होने वाले छात्रों में से आधे से अधिक के अभिभावकों की मासिक आय 1 हजार रुपये से अधिक थी और 44% ने पब्लिक स्कूलों में शिक्षा प्राप्त की थी। बालक पर वातावरण के प्रभाव को इस प्रकार स्पष्ट कर सकते हैं—

1. शारीरिक अन्तर पर प्रभाव—विश्व के विभिन्न भागों में रहने वाले लोगों के शरीर में विभिन्नताएँ देखने को मिलती हैं। इन विभिन्नताओं का कारण वंशानुक्रम न होकर वातावरण होता है। **फ्रेंज बोस** (Franz Boas) ने अनेक उदाहरणों द्वारा सिद्ध किया है कि जो जापानी और यहूदी, अमरीका में अनेक पीढ़ियों से निवास कर रहे हैं, उनकी लम्बाई भौगोलिक वातावरण के कारण बढ़ गई है।

2. मानसिक विकास पर प्रभाव—वातावरण का मानसिक विकास पर भी प्रभाव पड़ता है। समुचित वातावरण के अभाव में मानसिक विकास की गति अवरुद्धहो जाती है। इसके लिए नगरीय और ग्रामीण क्षेत्र के बालकों का उदाहरण लिया जा सकता है। नगरीय बालकों की अपेक्षा ग्रामीण बालकों की योग्यता का विस्तार कम होता है। **गोर्डन** (Gordon) ने नदियों के किनारे रहने वाले बच्चों का अध्ययन करके पाया कि इन बच्चों का वातावरण गन्दा और समाज के अच्छे प्रभावों से दूर था, जिससे इन बच्चों का मानसिक विकास यथोच्चित नहीं हो सका।

3. प्रजाति की श्रेष्ठता पर प्रभाव—**क्लार्क** के मतानुसार कुछ प्रजातियों की बौद्धिक श्रेष्ठता का कारण वंशानुक्रम न होकर वातावरण है। उसने यह अमरीका के कुछ गोरे और नीग्रो लोगों की बुद्धि परीक्षा लेकर सिद्ध किया। **क्लार्क** के समान अन्य अनेक विद्वानों का मत है कि नीग्रो प्रजाति का बुद्धि-स्तर इसलिए निम्न है, क्योंकि उनको अमरीका की श्वेत प्रजाति के समान शैक्षिक, आर्थिक, सांस्कृतिक और सामाजिक वातावरण उपलब्ध नहीं है।

4. **बुद्धिपर प्रभाव**—**कैंडोल** का मत है कि बुद्धिके विकास में वंशानुक्रम की अपेक्षा वातावरण का प्रभाव कहीं अधिक पड़ता है। उसने यह बात 552 विद्वानों का अध्ययन करके सिद्धकी। ये विद्वान् लन्दन की 'रॉयल सोसायटी' पेरिस की 'विज्ञान अकादमी' और बर्लिन की 'रॉयल अकादमी' के सदस्य थे। इन सदस्यों को प्राप्त होने वाले वातावरण के सम्बन्ध में **कैंडोल** ने लिखा है—"अधिकांश सदस्य धनी और अवकाश-प्राप्त वर्गों से थे। उनको शिक्षा की सुविधायें थीं और उनको शिक्षित जनता एवं उदार सरकार से प्रोत्साहन मिला।"

स्टीफेन्स के मतानुसार जिन बालकों को निम्न वातावरण से हटाकर उत्तम वातावरण में रखा जाता है, उन सब की बुद्धि-लब्धि में वृद्धि हो जाती है। वातावरण परिवर्तन के समय बालक की आयु जितनी कम होती है, उसमें प्राय: उतना ही अधिक विशेष परिवर्तन होता है।

5. **व्यावसायिक दक्षता पर प्रभाव**—वातावरण का व्यावसायिक दक्षता पर भी प्रभाव पड़ता है। उत्तम वातावरण में पलने वाले बालकों में व्यावसायिक दक्षता का विकास भी तेजी से होता है।

6. **व्यक्तित्व पर प्रभाव**—**कूले** के मतानुसार व्यक्तित्व के निर्माण में वंशानुक्रम की अपेक्षा वातावरण का प्रभाव अधिक पड़ता है। उसने सिद्ध किया कि कोई भी व्यक्ति उपयुक्त वातावरण में रहकर अपने व्यक्तित्व का निर्माण करके महान् बन सकता है। उसने यूरोप के 71 साहित्यकारों के उदाहरण देकर बताया कि **Bunyan** और **Burns** का जन्म निर्धन परिवारों में हुआ था, फिर भी वे अपने व्यक्तित्व का निर्माण करके महान् बन सके। इसका कारण केवल यह था कि उनके माता-पिता ने उनको उत्तम वातावरण में रखा।

7. **अनाथ बच्चों पर प्रभाव**—समाज-कल्याण केन्द्रों में अनाथ और परावलम्बी बच्चे आते हैं। वे साधारणत: निम्न परिवारों के होते हैं, पर केन्द्रों में उनका अच्छी विधि से पालन किया जाता है, इनको अच्छे वातावरण में रखा जाता है और उनके साथ अच्छा व्यवहार किया जाता है। इस प्रकार के वातावरण में पाले जाने वाले बच्चों के सम्बन्ध में **वुडवर्थ** ने लिखा है—"वे समग्र रूप से अपने माता-पिता से अच्छे ही सिद्ध होते हैं।"

8. **जुड़वाँ बच्चों पर प्रभाव**—जुड़वाँ बच्चों के शारीरिक लक्षणों, मानसिक शक्तियों और शैक्षणिक योग्यताओं में अत्यधिक समानता होती है। **Newman, Freeman** और **Holzinger** ने 20 जोड़े जुड़वाँ बच्चों को अलग-अलग वातावरण में रख कर उनका अध्ययन किया। उन्होंने एक जोड़े के एक बच्चे को गाँव के फार्म पर और दूसरे को नगर में रखा। बड़े होने पर दोनों बच्चों में पर्याप्त अन्तर पाया गया। फार्म का बच्चा—अशिष्ट, चिन्ताग्रस्त और कम बुद्धिमान था। उसके विपरीत, नगर का बच्चा शिष्ट, चिन्तामुक्त और अधिक बुद्धिमान था।

स्टीफेन्स का मत है—"इस प्रकार के अध्ययनों से हम यह निर्णय कर सकते हैं कि पर्याप्त वातावरण का बुद्धि पर साधारण प्रभाव होता है और उपलब्धि पर अधिक विशेष प्रभाव होता है।"

9. बालक पर बहुमुखी प्रभाव—वातावरण बालक के शारीरिक, मानसिक, सामाजिक, संवेगात्मक आदि सभी अंगों पर प्रभाव डालता है। इसकी पुष्टि 'एवेरॉन के जंगली बालक' के उदाहरण से की जा सकती है। इस बालक को जन्म के बाद ही भेड़िया उठा ले गया था और उसका पालन-पोषण जंगली पशुओं के बीच में हुआ था। कुछ शिकारियों ने उसे सन् 1799 ई. में पकड़ लिया। उस समय उसकी आयु 11 या 12 वर्ष थी। उसकी आकृति पशुओं की सी थी और वह उनके समान हाथों-पैरों से चलता था। वह कच्चा माँस खाता था। उसमें मनुष्य के समान बोलने और विचार करने की शक्ति नहीं थी। उसको मनुष्य के समान सभ्य और शिक्षित बनाने के सब प्रयास विफल हुए।

वातावरण के प्रभाव का उल्लेख करते हुए **स्टीफेन्स** ने लिखा है—"एक बच्चा जितने अधिक समय उत्तम पर्यावरण में रहता है, वह उतना ही अधिक उस पर्यावरण की ओर प्रवृत्त होता है। यदि एक बच्चा चतुर माता-पिता के साथ अधिक समय तक रहता है, तो वह उतना ही अधिक चतुर होता है। इसी प्रकार, जितने अधिक समय वह हानिकारक पर्यावरण में रहता है, प्रायः उतना ही वह राष्ट्रीय मान से नीचे गिर जाता है। पहली दृष्टि में, इसमें पर्यावरण के प्रभाव का निःसन्देह प्रमाण प्राप्त होता है। परन्तु, हमें इस बात को भी याद रखना चाहिए कि पिता के साथ बच्चे की सामानता, लम्बाई में और दाढ़ी के रंग में भी आयु के साथ बढ़ती जाएगी, अर्थात् उक्त समानता की वृद्धि का कुछ अंश आनुवंशिकता की परिपक्वता के कारण हो सकता है।"

वंशानुक्रम और वातावरण का सापेक्ष महत्त्व

वंशानुक्रम और वातावरण के सापेक्ष महत्त्व के बारे में विद्वानों में मतभेद है। कुछ विद्वानों का मत हैं कि कुछ गुण वंशानुगत होते हैं जिन पर वातावरण का कोई प्रभाव नहीं पड़ता है। ऐसे विद्वान वंशानुक्रम को वतावरण से सर्वोपरि मानते हैं। इसके विपरीत व्यवहारवादी मनोवैज्ञानिक जैसे **गाल्टन, वाटसन** आदि के अनुसार वातावरण अधिक महत्त्वपूर्ण होता है। उनका विश्वास है कि वंशानुक्रम का मानव की योग्यताएँ, क्षमताएँ तथा शारीरिक विशेषताएँ निर्धारित करने में कोई योगदान नहीं होता। इस प्रकार, दोनों प्रकार के विचार प्रकट करने वाले विद्वानों को आज के युग में कट्टरपंथी माना जाता है।

अब यह स्वीकार किया जाने लगा है कि 'वंशानुक्रम' और 'वातावरण' दोनों ही महान् शक्तियाँ। ये दोनों ही मानव विकास को प्रभावित करती हैं। वंशानुक्रम और वातावरण परस्पर एक-दूसरे पर निर्भर हैं। वंशानुक्रम एक प्रकार से बीजारोपण करता है और वातावरण उसके अंकुरण के बाद उसकी वृद्धि में सहायता पहुँचाता है। यदि वंशानुक्रम से किसी बालक को बौद्धिक शक्ति प्राप्त नहीं हुई है तो उत्तम वातावरण भी उसमें बुद्धि का विकास नहीं कर सकता है। इसी प्रकार उच्च बौद्धिक शक्ति वाला बालक गन्दे वातावरण में रखा जाए तो भी उसका बौद्धिक विकास सम्भव नहीं है। इस प्रकार ये दोनों ही एक-दूसरे पर निर्भर हैं। बालक की शिक्षा और विकास में वंशानुक्रम और वातावरण के सापेक्षिक महत्त्व को निम्नलिखित प्रकार से व्यक्त किया जा सकता है।

1. वंशानुक्रम व वातावरण की अपृथक्ता—जिस प्रकार आत्मा और शरीर का सम्बन्ध होता है उसी प्रकार वंशानुक्रम और वातावरण का सम्बन्ध होता है अत: इनको एक-दूसरे से पृथक् नहीं किया जा सकता है। बालक के सम्यक् विकास के लिए वंशानुक्रम और वातावरण का संयोग अनिवार्य है। इस सम्बन्ध में **मैकाइवर एवं पेज** ने लिखा है—"जीवन की प्रत्येक घटना दोनों का परिणाम होती है। इनमें से एक, परिणाम के लिए उतना ही आवश्यक है, जितना की दूसरा। इनमें से किसी को न तो घटाया जा सकता है और न ही अलग ही किया जा सकता है।"

2. वंशानुक्रम व वातावरण का समान महत्त्व—वंशानुक्रम और वातावरण का समान महत्त्व होता है। ये परस्पर विरोधी न होकर एक-दूसरे के पूरक होते हैं। वंशानुक्रम बालक को अनेक प्रकार की शक्तियों से विभूषित करता है और वातावरण उन शक्तियों के विकास में सहयोग प्रदान करता है। जिस प्रकार मोटरकार के लिए इन्जन और पेट्रोल का समान महत्त्व है, उसी प्रकार बालक के विकास के लिए वंशानुक्रम और वातावरण का समान महत्त्व है। इस सम्बन्ध में **वुडवर्थ** ने ठीक ही लिखा है—"यह पूछने का कोई मतलब नहीं निकलता है कि व्यक्ति के विकास के लिए वंशानुक्रम और वातावरण में से कौन अधिक महत्त्वपूर्ण है ? दोनों में से प्रत्येक पूर्ण रूप से अनिवार्य है।"

3. वंशानुक्रम व वातावरण की पारस्परिक निर्भरता—वंशानुक्रम और वातावरण में पारस्परिक निर्भरता होती है। ये एक-दूसरे के सहयोगी, पूरक और सहायक होते हैं। बालक को जो मूल प्रवृत्तियाँ वंशानुक्रम से प्राप्त होती हैं, उनका विकास वातावरण में होता है। बालक के सम्पूर्ण व्यवहार की सृष्टि—वंशानुक्रम और वातावरण की अन्त:क्रिया द्वारा होती है। **Morse & Wingo** का मत है—"मानव व्यवहार की प्रत्येक विशेषता वंशानुक्रम और वातावरण की अन्तर्क्रिया का फल है।"

4. वंशानुक्रम व वातावरण के प्रभावों में अन्तर करना असम्भव—यह बता पाना सम्भव नहीं है कि बालक की शिक्षा और विकास में वंशानुक्रम और वातावरण का कितना प्रभाव है। वंशानुक्रम में वे सभी बातें आ जाती हैं, जो व्यक्ति के जन्म के समय नहीं, वरन् गर्भाधान के समय उपस्थित थीं। इस प्रकार, वातावरण में वे सब बाह्य तत्त्व आ जाते हैं, जो व्यक्ति को जन्म के समय से प्रभावित करते हैं। अत: **वुडवर्थ** ने लिखा है—"व्यक्ति के जीवन और विकास पर प्रभाव डालने वाली प्रत्येक बात वंशानुक्रम और वातावरण के क्षेत्र में आ जाती है। पर ये बातें इतनी पेचीदा ढंग से संयुक्त रहती हैं कि बहुधा वंशानुक्रम और वातावरण के प्रभावों में अन्तर करना असम्भव हो जाता है।"

5. बालक वंशानुक्रम व वातावरण की उपज—बालक का विकास वंशानुक्रम और वातावरण दोनों पर निर्भर करता है अत: बालक इन दोनों में से किसी एक की उपज न होकर दोनों की उपज है। वह वंशानुक्रम और वातावरण का योगफल न होकर गुणनफल होता है। **वुडवर्थ** (Woodworth) का कथन है—"वंशानुक्रम और वातावरण का सम्बन्ध जोड़ के समान न होकर गुणा के समान अधिक है। अत: व्यक्ति इन दोनों तत्त्वों का गुणनफल है, योगफल नहीं।"

इस प्रकार निष्कर्ष रूप में स्पष्ट है कि बालक के विकास के लिए वंशानुक्रम और वातावरण का समान महत्त्व है। उसके निर्माण में दोनों का समान योग होता है। इनमें से एक की भी अनुपस्थिति में उसका सम्यक् विकास असम्भव है। गैरेट का कथन है—"इससे अधिक निश्चित बात और कोई नहीं है कि वंशानुक्रम और वातावरण एक-दूसरे को सहयोग देने वाले प्रभाव हैं और दोनों ही बालक की सफलता के लिए अनिवार्य हैं।"

इसी प्रकार लैंडिस एवं लैंडिस ने कहा है कि—"वंशानुक्रम हमको हमारी कार्यशील पूँजी प्रदान करता है और वातावरण हमको इस पूँजी के विनियोग के अवसर प्रदान करता है।"

वंशानुक्रम और वातावरण का ज्ञान और शिक्षक

वंशानुक्रम और वातावरण का शिक्षा-मनोविज्ञान में महत्त्वपूर्ण स्थान है। इन दोनों ही घटकों का ज्ञान एक अध्यापक के लिए आवश्यक होता है। शिक्षण को सरल एवं प्रभावी बनाने में इनकी सहायता बहुत महत्त्व रखती है।

(क) वंशानुक्रम का ज्ञान

1. वंशानुक्रम के कारण बालकों की जन्मजात क्षमताओं में अन्तर होता है। वंशानुक्रम के ज्ञान से शिक्षक इनकी जन्मजात योग्यताओं का पता लगा सकता है और उनके अनुसार व्यवहार का निर्माण कर सकता है।
2. वंशानुक्रम के कारण बालकों में शारीरिक विभिन्नता होती है। शिक्षक इस ज्ञान से सम्पन्न होकर उनके शारीरिक विकास में योग दे सकता है।
3. वंशानुक्रम के कारण बालकों में अनेक प्रकार की विभिन्नताएँ पाई जाती हैं। इन विभिन्नताओं का ज्ञान शिक्षक को कक्षा-अध्यापन के साथ-साथ शिक्षण सामग्री का गठन करने में सहायक होता है। इसके साथ ही शिक्षक विद्यालय में विविध प्रकार की पाठ्य-सहगामी क्रियाओं का आयोजन करने में भी सफल हो सकते हैं।
4. वंशानुक्रम के कारण बालक और बालिकाओं में लिंगीय भेद होता है, जिसके कारण विभिन्न विषयों में उनकी योग्यता कम या अधिक होती है। शिक्षक इस ज्ञान से युक्त होकर उनके लिए उपयुक्त विषयों के अध्ययन की व्यवस्था करा सकता है।
5. वंशानुक्रम बालकों के सीखने की गति को भी प्रभावित करता है। इसके परिणामस्वरूप कुछ बालक शीघ्र सीख लेते हैं तो कुछ विलम्ब से। इस तथ्य से अवगत होने पर अध्यापक अपनी कार्य-प्रणाली निश्चित कर सकता है।
6. बुद्धि, रुचि, अभिवृत्ति एवं योग्यताएँ जन्मजात होती हैं। इनका ज्ञान होने पर अध्यापक बालकों को उचित शैक्षिक एवं व्यावसायिक निर्देशन दे सकता है।

7. बालकों को वंशानुक्रम से कुछ प्रवृत्तियाँ प्राप्त होती हैं, जो वांछनीय और अवांछनीय दोनों प्रकार की होती हैं। शिक्षक इन प्रवृत्तियों का अध्ययन करके वांछनीय प्रवृत्तियों का विकास और अवांछनीय प्रवृत्तियों का दमन या मार्गान्तीकरण कर सकता है।
8. **वुडवर्थ के अनुसार**—देहाती बालकों की अपेक्षा शहरी बालकों के मानसिक स्तर की श्रेष्ठता आंशिक रूप से वंशानुक्रम के कारण होती है। शिक्षक इस ज्ञान से युक्त होकर अपने शिक्षण को उनके मानसिक स्तरों के अनुरूप बना सकता है।
9. वंशानुक्रम का नियम यह भी बताता है कि योग्य माता-पिता के बच्चे अयोग्य और अयोग्य माता-पिता के बच्चे योग्य हो सकते हैं। इस नियम को भली-भाँति समझने वाला शिक्षक ही बालकों के प्रति उचित प्रकार का व्यवहार कर सकता है।

(ख) वातावरण का ज्ञान

1. वंशानुक्रम की भाँति वातावरण का ज्ञान भी शिक्षक के लिये उपयोगी होता है। शिक्षा के अनेक साधनों में से परिवार भी बालक की शिक्षा का एक महत्त्वपूर्ण साधन है। परिवार का वातावरण जैसा होगा, बालक पर वैसा ही उसका प्रभाव पड़ेगा। परिवार के वातावरण के कारण अनेक बालक विद्यालय में समस्यात्मक बालक हो जाते हैं। अतएव शिक्षक को बालक के परिवार के वातावरण का ज्ञान प्राप्त करके बालक को समस्यात्मक बनने से बचाना चाहिए।
2. बालक अपने परिवार के अलावा पड़ौस, मोहल्ले और खेल के मैदान में पर्याप्त समय व्यतीत करता है और इनसे प्रभावित होता है। शिक्षक इन स्थानों के वातावरण को ध्यान में रखकर ही बालक का उचित पथ-प्रदर्शन कर सकता है।
3. वातावरण ही बालकों में अच्छी आदतों का विकास करके उनमें नैतिक एवं चारित्रिक बल बढ़ाता है। अतएव शिक्षक को विद्यालय में अनुकूल वातावरण उत्पन्न करना चाहिए।
4. **सोरेन्सन के अनुसार**—शिक्षा का उत्तम वातावरण बालकों की बुद्धिऔर ज्ञान में उपयुक्त एवं प्रशंसनीय योग देता है। इस बात का ज्ञान रखने वाला शिक्षक अपने छात्रों के लिए उत्तम शैक्षिक वातावरण प्रदान कने की चेष्टा कर सकता है।
5. बालकों में कुसमायोजन की समस्याएँ वातावरण के कारण ही पैदा होती हैं। इसलिए अध्यापक को चाहिए कि वह बालकों से सम्बन्धित वातावरण का अध्ययन करके कुसमायोजन के कारणों का निदान करे और उसके उपचार हेतु उपयुक्त वातावरण की रचना करे।
6. व्यक्ति जन्म से ही एक निश्चित सांस्कृतिक वातावरण में रहता है और उसके आदर्शों के अनुरूप ही आचरण करता है। इस तथ्य को जानने वाला शिक्षक, बालक को अपना सांस्कृतिक विकास करने में योग दे सकता है।
7. अनुकूल वातावरण में बालक का विकास होता है और वह उत्कर्ष की ओर बढ़ता है। इस बात को समझने वाला शिक्षक अपने छात्रों की रुचियों, प्रवृत्तियों और क्षमताओं के

अनुकूल वातावरण प्रदान कर उनको उत्कर्ष की ओर बढ़ने में सहायता दे सकता है।

8. वातावरण, बालक के विकास की दिशा निश्चित करता है। वातावरण ही यह निश्चित करता है कि बालक बड़ा होकर अच्छा या बुरा, चरित्रवान् या चरित्रहीन, संयमी या व्यभिचारी, व्यापारी या साहित्यकार, देशप्रेमी या देशद्रोही बनेगा। इस तथ्य पर विचार एवं मनन करने वाला शिक्षक अपने छात्रों के लिए ऐसे वातावरण का सृजन कर सकता है जिससे उनका विकास उचित दिशा में हो।

9. वातावरण का बालक की भावनाओं पर व्यापक प्रभाव पड़ता है और इनसे उनके चरित्र का निर्माण भी होता है। इस कथन में विश्वास करके शिक्षक, बालकों के लिये ऐसे वातावरण का निर्माण कर सकता है, जिससे न केवल उसकी भावनाओं का सन्तुलित विकास हो वरन् उसके चरित्र का भी निर्माण हो।

10. लोकतन्त्र की सफलता के लिए आवश्यक है कि यहाँ के नागरिकों को अपने कर्त्तव्य और अधिकारों का ज्ञान हो, वे राष्ट्रीयता की भावना से ओतप्रोत हों, अपने विचारों की अभिव्यक्ति कर सकें और उनका नैतिक मनोबल ऊँचा हो। इन समस्त गुणों का विकास शिक्षक विद्यालय में अनुकूल वातावरण पैदा करके ही कर सकता है।

11. प्रत्येक समाज का एक विशिष्ट वातावरण होता है। बालक को इसी समाज के वातावरण से समायोजन या अनुकूलन करना पड़ता है। इस बात से भली-भाँति परिचित होने वाला शिक्षक, विद्यालय को लघु समाज का रूप प्रदान करके बालकों को अपने वृहत् समाज के वातावरण से अनुकूलन करने की शिक्षा दे सकता है।

इस प्रकार विवेचनोपरान्त स्पष्ट है कि शिक्षक के लिए वंशानुक्रम और वातावरण दोनों का ज्ञान अत्यधिक महत्त्वपूर्ण है। इस प्रकार के ज्ञान से युक्त होकर ही वह अपने छात्रों का वांछित और सन्तुलित विकास कर सकता है। इस सम्बन्ध में **सोरेन्सन** का मत है—''शिक्षक के लिये मानव-विकास पर वंशानुक्रम और वातावरण के सापेक्षिक प्रभाव और पारस्परिक सम्बन्ध का ज्ञान विशेष महत्त्व रखता है।''

विद्यालय के सामाजिक वातावरण को प्रभावित करने वाले कारक

विद्यालय के सामाजिक वातावरण को प्रभावित करने वाले कारक अग्रलिखित हैं—

1. शिक्षा एवं छात्र सम्बन्ध।
2. अध्याापक-अभिभावक संघ।
3. विद्यालय की भौतिक सुविधाएँ एवं संसाधन।
4. शिक्षकों की बौद्धिक नैतिकता।
5. प्रशिक्षित एवं योग्य शिक्षक।
6. शिक्षकों के आदर्श व व्यवहार।

7. मानवीय-सम्बन्ध।
8. पाठ्य-सहगामी क्रियाएँ।
9. शैक्षिक खेलों का अयोजन।
10. शिक्षण विधियाँ।
11. संस्थागत योजना।
12. छात्रों का स्तर।
13. अनुशासन-व्यवस्था।
14. कक्षाओं का वातावरण।
15. प्रेरकों का प्रयोग (पुरस्कार एवं दण्ड)।
16. बालकों की रुचि।
17. व्यक्तिगत विभिन्नताओं के अनुसार शिक्षा-व्यवस्था।
18. सामूहिक कार्यक्रमों का आयोजन।
19. पाठ्यक्रम एवं पाठ्य-सामग्री।
20. दृश्य-श्रव्य सामग्री (रेडियो, टेपरिकार्डर, टेलीविजन, विडियोटेप, कम्प्यूटर, चार्ट्स, चित्र, स्लाइड्स, फिल्म स्ट्रिप आदि) का प्रयोग।
21 शैक्षिक-भ्रमण।
22. व्यावसायिक पथ-प्रदर्शन।
23. विद्यालय में स्वस्थ परम्पराओं का विकास।
24. छात्र-संघ।

बाल विकास

विकास को प्रेरित करने वाले घटक

विभिन्न कारक विकास को प्रभावित करते हैं। वंशागत नाड़ी-मण्डल की रचना सम्भावित विकास की गति और सीमा को निश्चित करती है। कुछ अन्य भौतिक दशायें या व्यक्तिगत और वातावरण सम्बन्धी कारक मानव विकास को तीव्र या मन्द कर सकते हैं। बाल-विकास को प्रभावित करने वाले प्रमुख घटक इस प्रकार हैं—

1. **वंशानुक्रम**—बालक का विकास वंशानुक्रम से उपलब्ध गुण एवं क्षमताओं पर निर्भर करता है। **Thorndike** और **Schewesinger** ने अपने अध्ययनों द्वारा सिद्धकर दिया है कि बालक वंशानुक्रम से कुछ गुण और योग्यताएँ प्राप्त करता है, जिनमें वातावरण किसी प्रकार का अन्तर नहीं कर सकता है। इसी विचार का समर्थन करते हुए, **Gates & Others** ने लिखा है—''किसी व्यक्ति का उससे अधिक विकास नहीं हो सकता, जितना कि उसका वंशानुक्रम सम्भव बनाता है।''

2. वातवरण—वातावरण भी बाल-विकास को प्रभावित या प्रेरित करने वाला मुख्य घटक है। बालक के विकास में भौगोलिक वातावरण का काफी प्रभाव पड़ता है। उचित विकास के लिए शुद्ध हवा, जल तथा पर्याप्त प्रकाश की आवश्यकता होती है। गन्दे वातावरण में रहने वाले बालकों का विकास सामान्य रूप में नहीं हो पाता जबकि प्राकृतिक वातावरण में पले बालक, जो शुद्ध हवा, जल तथा पर्याप्त प्रकाश पाते हैं, सामान्य रूप से विकसित होते हैं।

सामाजिक वातावरण का प्रभाव भी बाल-विकास में महत्त्वपूर्ण होता है। बालक का पहला सामाजिक सम्पर्क अपने परिवार के सदस्यों, विशेषकर माता-पिता या परिचारिका से होता है। बालक के प्रति माता-पिता की मनोवृत्ति का प्रभाव उसके मानसिक, सांवेगिक तथा सामाजिक विकास पर पड़ता है। यदि माता-पिता का व्यवहार बालकों के प्रति आनन्ददायक तथा सन्तोषप्रद होता है तो उनका सामाजिक और मानसिक विकास सन्तुलित रहता है।

परिवार में एक से अधिक बालक रहने पर बालक अनुकरण द्वारा बहुत कुछ सीख लेता है। अकेला बालक कम सीख पाता है, क्योंकि अकेले बालक को पारिवारिक वातावरण में खेलने हेतु उचित अवसर प्राप्त नहीं होते हैं। समाज में अन्य साथियों का प्रभाव भी उसके सामाजिक विकास पर पड़ता है। विद्यालय में शिक्षक तथा सहपाठी का सम्बन्ध भी कम महत्त्व नहीं रखता। संघ, पुस्तकालय, खेल के मैदान तथा दल का वातावरण बाल विकास को बहुत प्रभावित करते हैं। सांस्कृतिक वातावरण भी बाल-विकास में महत्त्वपूर्ण होता हैं। हर संस्कृति में बालकों के पालन-पोषण का ढंग समान नहीं रहता। परम्परागत रीति-रिवाज, विश्वास, धार्मिक मत एवं परिपाटी, भाषा, मान्यता, वेशभूषा तथा जीवन-शैली आदि द्वारा व्यक्ति का विकास काफी प्रभावित होता है।

3. बुद्धि—बुद्धि की बाल-विकास में महत्त्वपूर्ण भूमिका होती है। तीव्र बुद्धि के बालक तत्परता से सीखते हैं एवं उनमें परिपक्वता शीघ्र आती है। इसके विपरीत मन्द-बुद्धि बालकों का शारीरिक विकास भले ही हो जाए किन्तु उनमें सामाजिक, नैतिक, सांवेगिक तथा मानसिक विकास की गति बड़ी धीमी होती है।

अनेक मनोवैज्ञानिकों ने अपने अध्ययनों से सिद्धकिया है कि कुशाग्र बुद्धि वाले बालकों का शारीरिक एवं मानसिक विकास मन्द-बुद्धि वालों की अपेक्षा अधिक तेज गति से होता है। कुशाग्र बुद्धि बालक शीघ्र बोलने एवं चलने लगते हैं। प्रतिभाशाली बालक 11 माह में, सामान्य बुद्धि बालक 16 माह की आयु में और मन्दबुद्धि बालक 24 माह की आयु में बोलना सीखता है।

4. लिंग—बालकों के शारीरिक एवं मानसिक विकास में लिंग भेद का प्रभाव भी पड़ता है। यौन या लैंगिक भिन्नता के कारण लड़के-लड़कियों का शारीरिक तथा मानसिक विकास समान रूप से नहीं होता। जन्म के समय बालकों का आकार बड़ा होता है किन्तु बाद में बालिकाओं में शारीरिक विकास की गति तीव्र होती है।

5. अन्तः स्रावी ग्रन्थियाँ—बालक के शरीर में अनेक अन्तः स्रावी ग्रन्थियाँ होती हैं जिनसे विशेष प्रकार के रस का स्राव होता है। यही रस बालक के विकास को प्रभावित करता

है। यदि ये ग्रन्थियाँ रस का स्राव ठीक प्रकार से न करें तो बालक का विकास अवरुद्धहो जाता है; उदाहरण के लिए, गल-ग्रन्थि (Thyroid Gland) से स्त्रावित रस थाइरॉक्सिन बालक के कद को प्रभावित करता है। इससे उत्पन्न होने वाला रस यदि स्रावित न हो तो बालक बौना रह जाता है।

6. जन्म-क्रम—बालक के विकास पर परिवार में जन्म-क्रम का प्रभाव पड़ता है। अध्ययनों से पता चला है कि परिवार में जन्म लेने वाले प्रथम बालक की अपेक्षा दूसरे, तीसरे बालक का विकास तेज गति से होता है। इसका कारण यह होता है कि बाद के बालक अपने से पूर्व जन्मे बालकों से अनुकरण द्वारा अनेक बातें शीघ्र सीख लेते हैं।

7. भयंकर रोग एवं चोट—भयंकर रोग एवं चोट के कारण भी बालक का विकास सामान्य रूप में नहीं हो पाता है। शारीरिक क्षति या दोष के कारण विकास तो अवरुद्ध होता ही है, मानसिक पक्ष में हीनता की भावना आ जाती है, जो व्यक्तित्व के समुचित विकास के लिए बाधक सिद्ध होती है। बालक के सिर में चोट लगने के कारण उसका मानसिक विकास अवरुद्ध हो जाता है। यदि माता ने गर्भ के समय नशीले पदार्थों का सेवन किया है तो उसका प्रभाव बालक पर पड़ता है।

8. पोषाहार—बालक के सामान्य विकास के लिए उपयुक्त पालन-पोषण तथा पोष्टिक आहार की आवश्यकता होती है। प्राय: सभी परिवारों में समान रूप से बालकों के पोषण या भोजन पर ध्यान नहीं दिया जाता है कि उसमें स्वास्थ्य के लिए आवश्यक चीजें हैं या नहीं। शारीरिक विकास के लिए प्रोटीन, कैल्सियम तथा विटामिन आदि बहुत आवश्यक हैं जिनके अभाव में बच्चे अस्वस्थ हो जाते हैं और समयानुसार कोई विशेष प्रकार का विकासात्मक परिवर्तन नहीं हो पाता। बाल्यावस्था में उचित पौष्टिक आहार प्राप्त होने के फलस्वरूप व्यक्तित्व-विकास सामान्य रूप से होता है।

सन् 1955 में **वाटर लू** ने अफ्रीका और भारत के बालकों के विकास पर कुपोषण के प्रभाव का अध्ययन करके निष्कर्ष निकाला कि कुपोषण से बालकों का शारीरिक एवं मानसिक विकास अवरुद्ध हो जाता है।

9. शुद्ध वायु एवं प्रकाश—शुद्ध वायु एवं प्रकाश न मिलने पर बालक अनेक रोगों का शिकार बन जाता है और इसके परिणामस्वरूप उसके विकास में व्यवधान उत्पन्न हो जाता है।

10. प्रजाति—प्रजातीय प्रभाव के कारण बालकों के विकास में विभिन्नताएँ पाई जाती हैं। अध्ययनों से पता चला है कि उत्तरी यूरोप की अपेक्षा भूमध्यसागरीय बच्चों का विकास तेज गति से होता है। युंग ने भी प्रजातीय प्रभाव को बाल-विकास में महत्त्वपूर्ण माना है। गर्म जलवायु में रहने वाले बालकों का शारीरिक विकास ठण्डी जलवायु में रहने वाले बालकों की अपेक्षा शीघ्र होता है।

अभिवृद्धि एवं विकास

'अभिवृद्धि' एवं 'विकास' दोनों ही भ्रम पैदा करने वाले शब्द हैं। इसलिए दोनों में अन्तर समझ लेना आवश्यक है। **सोरेन्सन** के अनुसार—सामान्य रूप से, 'अभिवृद्धि' शब्द का प्रयोग शरीर और उसके अङ्गों के भार और आकार में वृद्धि के लिये किया जाता है। इस वृद्धि को नापा और तोला जा सकता है। 'विकास' का सम्बन्ध 'अभिवृद्धि' से अवश्य होता है, पर यह शरीर के अंगों में होने वाले परिवर्तनों को विशेष रूप से व्यक्त करता है; उदाहरणार्थ, हड्डियों के आकार में वृद्धि होती है, पर कड़ी हो जाने के कारण उनके स्वरूप में भी परिवर्तन हो जाता है।

G.A. हैडफील्ड ने इनके अन्तर को स्पष्ट करते हुए लिखा है कि विकास रूप व आकार में परिवर्तन है जबकि अभिवृद्धि आकार का बढ़ना है। विकास एक व्यापक अर्थ वाला शब्द है जिसमें 'अभिवृद्धि' का भाव सदैव निहित रहता है। अभिवृद्धि एवं विकास दोनों परस्पर जुड़े हुए हैं। अभिवृद्धि की अनुपस्थिति में विकास भी अवरुद्ध हो जाता है।

'अभिवृद्धि' और 'विकास' की प्रक्रियाएँ उसी समय से आरम्भ हो जाती हैं, जिस समय से बालक का गर्भाधान होता है। ये प्रक्रियाएँ आजीवन चलती रहती हैं। फलस्वरूप, वह विकास की विभिन्न अवस्थाओं में से गुजरता है, जिनमें उसका शारीरिक, मानसिक और सामाजिक विकास होता है। अत: हम **हरलॉक (Hurlock)** के शब्दों में कह सकते हैं—"विकास, अभिवृद्धि तक ही सीमित नहीं है। इसके बजाय, इसमें प्रौढ़ावस्था के लक्ष्य की ओर परिवर्तनों का प्रगतिशील क्रम निहित रहता है। विकास के परिणामस्वरूप व्यक्ति में नवीन विशेषतायें और नवीन योग्यताएँ प्रकट होती हैं।"

कुछ लोगों का विचार है कि परिपक्वावस्था के बाद परिवर्तन रूक जाता है; किन्तु यह त्रुटिपूर्ण है, परिवर्तन का क्रम तो परिपक्व होने के बाद भी चलता रहता है। यह अवश्य है कि उसकी गति धीमी हो जाती है। विकास की कुछ अन्य परिभाषाएँ इस प्रकार हैं—

गोर्डन के अनुसार—"विकास एक ऐसी प्रक्रिया है, जो व्यक्ति के जन्म से लेकर उस समय तक चलती रहती है जब तक कि वह पूर्ण विकास को प्राप्त नहीं कर लेता है।"

गैसेल के अनुसार—"विकास एक प्रकार का परिवर्तन है जिसके द्वारा बालकों में नवीन गुणों एवं क्षमताओं का विकास होता है।"

विकास क्रम में होने वाले परिवर्तन

विकास क्रम में होने वाले परिवर्तन चार वर्गों में बाँटे जा सकते हैं—

1. आकार परिवर्तन—जन्म के बाद जैसे-जैसे बालक की आयु बढ़ती जाती है, उसके शरीर में परिवर्तन होता जाता है। शरीर के ये परिवर्तन-बाह्य एवं आन्तरिक दोनों अवयवों में होते हैं। शरीर की लम्बाई, चौड़ाई एवं भार में वृद्धि होती है। आन्तरिक अंग, जैसे—हृदय, मस्तिष्क, उदर, फेफेड़ों आदि का आकार भी बढ़ता है। शारीरिक परिवर्तनों के साथ-साथ

मानसिक परिवर्तन भी होते हैं आयु में वृद्धि के साथ-साथ बालक का शब्दकोष बढ़ता है और स्मरण शक्ति का भी विस्तार होता है।

2. अंग-प्रत्यगों के अनुपात में परिवर्तन—बालक एवं वयस्क के अंग-प्रत्यंगों के अनुपात में अन्तर होता है। बाल्यावस्था में हाथ-पैर की अपेक्षा सिर बड़ा होता है किन्तु किशोरावस्था आने पर यह अनुपात वयस्कों के समान होता है इसी प्रकार का अन्तर मानसिक विकास में भी देखने को मिलता है। प्रारम्भ में बालक काल्पनिक जगत में घूमता है किन्तु किशोरावस्था के बाद वह वास्तविक जगत में आ जाता है। बाल्यावस्था में बालक आत्म-केन्द्रित होता है, किशोरावस्था में वह विषमलिंगी में रुचि लेने लगता है।

3. कुछ चिह्नों का लोप—विकास के साथ ही थाइमस ग्रन्थि, दूध के दाँत आदि का लोप हो जाता है। इसके साथ ही वह बाल-क्रियाओं एवं क्रीड़ाओं को भी त्याग देता है।

4. नवीन चिह्नों का उदय—आयु में वृद्धि के साथ बालक में अनेक नवीन शारीरिक एवं मानसिक चिह्न प्रकट होते हैं; उदाहरणार्थ, स्थायी दाँतों का उगना। इसके साथ ही लैंगिक चेतना का भी विकास होता है। किशोरावस्था में चेहरे एवं गुप्तांगों पर बाल उगने प्रारम्भ हो जाते हैं।

अभिवृद्धि व विकास के सिद्धान्त

गैरिसन एवं अन्य के अनुसार—"जब बालक विकास की एक अवस्था से दूसरी में प्रवेश करता है, तब हम उसमें कुछ परिवर्तन देखते हैं। अध्ययनों ने सिद्ध कर दिया है कि इन परिवर्तनों में पर्याप्त निश्चित सिद्धान्तों का अनुसरण करने की प्रवृत्ति होती है। इन्हीं को विकास के सिद्धान्त कहा जाता है।"

इन सिद्धान्तों का वर्णन इस प्रकार है—

1. निरन्तर विकास का सिद्धान्त—इस सिद्धान्त के अनुसार, विकास की प्रक्रिया अविराम गति से निरन्तर चलती रहती है। पर यह गति कभी तीव्र और कभी मन्द होती है; उदाहरणार्थ, प्रथम तीन वर्षों में बालक के विकास की प्रक्रिया बहुत तीव्र रहती है और उसके बाद मन्द पड़ जाती है। इसी प्रकार, शरीर के कुछ भागों का विकास तीव्र गति से और कुछ का मन्द गति से होता है। पर विकास की प्रक्रिया चलती अवश्य रहती है, जिसके फलस्वरूप व्यक्ति में कोई आकस्मिक परिवर्तन नहीं होता है। **Skinner** के शब्दों में—"विकास प्रक्रियाओं की निरन्तरता का सिद्धान्त केवल इस तथ्य पर बल देता है कि व्यक्ति में कोई आकस्मिक परिवर्तन नहीं होता है।"

2. विकास की विभिन्न गति का सिद्धान्त—डगलस एवं हॉलैण्ड ने इस सिद्धान्त को स्पष्ट करते हुए लिखा है—विभिन्न व्यक्तियों के विकास की गति में विभिन्नता होती है और यह विभिन्नता विकास के सम्पूर्ण काल में यथावत् बनी रहती है; उदाहरणार्थ, जो व्यक्ति जन्म के समय लम्बा होता है, वह साधारणत: बड़ा होने पर भी लम्बा रहता है और जो छोटा होता है, वह साधारणत: छोटा रहता है।

3. विकास-क्रम का सिद्धान्त—इस सिद्धान्त के अनुसार, बालक का गामक और भाषा सम्बन्धी आदि विकास एक निश्चित क्रम में होता है। **Shirley, Gesell, Piaget, Amis** आदि के परीक्षणों ने यह बात सिद्ध कर दी है; उदाहरणार्थ, 32 से 36 माह का बालक वृत्त को उल्टा (Counter Clock-Wise), 60 माह का बालक सीधा (Clock-Wise) और 72 माह का फिर उल्टा बनाता है। इसी प्रकार, जन्म के समय वह केवल रोना जानता है। 3 माह में वह गले से एक विशेष प्रकार की आवाज निकालने लगता है। 6 माह में वह आनन्द की ध्वनि करने लगता है। 7 माह में वह अपने माता-पिता के लिए 'पा', 'बा', 'मा', 'दा' आदि शब्दों का प्रयोग करने लगता है।

4. विकास दिशा का सिद्धान्त—इस सिद्धान्त के अनुसार बालक का विकास सिर से पैर की दिशा में होता है; उदाहरणार्थ, अपने जीवन के प्रथम सप्ताह में बालक केवल अपने सिर को उठा पाता है। पहले तीन माह में वह अपने नेत्रों की गति पर नियन्त्रण करना सीख जाता है। 6 माह में वह अपने हाथों की गतियों पर अधिकार कर लेता है। 9 माह में वह सहारा लेकर बैठने लगता है। 12 माह में वह स्वयं बैठने और घिसट कर चलने लगता है। एक वर्ष का हो जाने पर उसका अपने पैरों पर नियन्त्रण हो जाता है और वह खड़ा होने लगता है। इस प्रकार जो शिशु अपने जन्म के प्रथम सप्ताह में केवल अपने सिर को उठा पाता था, एक वर्ष के बाद खड़ा होने और 18 माह के बाद चलने लगता है। इसी सिद्धान्त को केन्द्र से परिधि की ओर विकास का सिद्धान्त कहते हैं।

5. एकीकरण का सिद्धान्त—इस सिद्धान्त के अनुसार, बालक अपने सम्पूर्ण अंग को और फिर अंग के भागों को चलाना सीखता है। उसके बाद वह उन भागों में एकीकरण करना सीखता है; उदाहरणार्थ, वह पहले पूरे हाथ को, फिर उँगलियों को और फिर हाथ एवं उँगलियों को एक साथ चलाना सीखता है। इस प्रकार, जैसा कि **Kuppuswamy** ने लिखा है—"विकास में पूर्ण से अंगों की ओर, एवं अंगों से पूर्ण की ओर गति निहित रहती है। विभिन्न अंगों का एकीकरण ही गतियों की सरलता को सम्भव बनाता है।"

6. परस्पर सम्बन्ध का सिद्धान्त—इस सिद्धान्त के अनुसार, बालक के शारीरिक, मानसिक, संवेगात्मक आदि पहलुओं के विकास में परस्पर सम्बन्ध होता है; उदाहरणार्थ, जब बालक का शारीरिक विकास होता है, तब वह घिसट कर, बैठकर और पैरों से चलता है। इस शारीरिक विकास के साथ-साथ उसकी रुचियों, ध्यान के केन्द्रीकरण और व्यवहार में परिवर्तन होते हैं। इन परिवर्तनों के साथ-साथ उसमें गामक और भाषा-सम्बन्धी विकास भी होता है। अत: गैरीसन एवं अन्य का कथन है—"शरीर सम्बन्धी दृष्टिकोण व्यक्ति के विभिन्न अंगों के विकास में सामंजस्य और परस्पर सम्बन्ध पर बल देता है।"

7. वैयक्तिक विभिन्नताओं का सिद्धान्त—इस सिद्धान्त के अनुसार प्रत्येक बालक और बालिका के विकास का अपना स्वयं का स्वरूप होता है, जिसमें वैयक्तिक विभिन्नताओं का होना स्वाभाविक होता है। एक ही आयु के दो बालकों, दो बालिकाओं या एक बालक और एक बालिका के शारीरिक, मानसिक, सामाजिक आदि विकास में वैयक्तिक विभिन्नताओं

की उपस्थिति स्पष्ट रूप से दृष्टिगोचर होती है। इसीलिए Skinner ने लिखा है—''विकास के स्वरूपों में व्यापक वैयक्तिक विभिन्नताएँ होती हैं।''

8. समान प्रतिमान का सिद्धान्त—एक जाति के जीवों में विकास का एक क्रम पाया जाता है और विकास की गति का प्रतिमान भी समान रहता है। मानव जाति के विकास पर भी यह सिद्धान्त लागू होता है। **गैसेल** ने भी इस सिद्धान्त का समर्थन करते हुए कहा है कि ''यद्यपि दो व्यक्ति समान नहीं होते हैं किन्तु सभी सामान्य बालकों में विकास का क्रम समान होता है।'' विश्व के सभी भागों में बालकों का गर्भावस्था या जन्म के बाद विकास का क्रम सिर से पैर की ओर होता है। इस सिद्धान्त का अर्थ स्पष्ट करते हुए Hurlock ने लिखा है—''प्रत्येक जाति, चाहे वह पशुजाति हो या मानवजाति, अपनी जाति के अनुरूप विकास के प्रतिमान का अनुसरण करती है।'' उदाहरणार्थ, संसार के प्रत्येक भाग में मानव जाति के शिशुओं के विकास का प्रतिपादन एक ही है और उसमें किसी प्रकार का अन्तर होना सम्भव नहीं है।

9. सामान्य व विशिष्ट प्रतिक्रियाओं का सिद्धान्त—इस सिद्धान्त के अनुसार, बालक का विकास सामान्य प्रतिक्रियाओं से विशिष्ट प्रतिक्रियाओं की ओर होता है; उदाहरणार्थ, नवजात शिशु अपने शरीर के किसी एक अंग का संचालन करने से पूर्व अपने पूरे शरीर का संचालन करता है और किसी विशेष वस्तु की ओर इशारा करने से पूर्व अपने हाथों को सामान्य रूप से चलाता है। Hurlock का कथन है—''विकास की सब अवस्थाओं में बालक की प्रतिक्रियाएँ विशिष्ट बनने से पूर्व सामान्य प्रकार की होती हैं।''

10. वंशानुक्रम व वातावरण की अन्तःक्रिया का सिद्धान्त—इस सिद्धान्त के अनुसार, बालक का विकास न केवल वंशानुक्रम के कारण और न केवल वातावरण के कारण, वरन् दोनों की अन्तःक्रिया के कारण होता है। इसकी पुष्टि करते हुए **स्किनर** ने लिखा है—''यह सिद्धकिया जा चुका है कि वंशानुक्रम उन सीमाओं को निश्चित करता है, जिनसे आगे बालक का विकास नहीं किया जा सकता है। इसी प्रकार, यह प्रमाणित किया जा चुका है कि जीवन के प्रारम्भिक वर्षों में दूषित, वातावरण, कुपोषण या गम्भीर रोग जन्मजात योग्यताओं को कुण्ठित या निर्बल बना सकते हैं।''

विकास की मुख्य अवस्थाएँ

विकास एक प्रक्रिया है और विकास की प्रक्रिया में बालक कुछ सोपानों या अवस्थाओं में से गुजरता है। इनके सम्बन्ध में मनोवैज्ञानिकों में मतभेद हैं। सामान्य रूप से इनका वर्गीकरण चार भागों में किया जाता है; यथा—

1. शैशवावस्था
2. बाल्यावस्था
3. किशोरावस्था
4. प्रौढ़ावस्था

Cole के अनुसार विकास की अवस्थाओं का वर्गीकरण इस प्रकार है—

1. शैशवावस्था
2. प्रारम्भिक बाल्यावस्था
3. मध्य बाल्यावस्था
4. पूर्व किशोरावस्था या उत्तर बाल्यावस्था
5. प्रारम्भिक किशोरावस्था
6. मध्य-किशोरावस्था
7. उत्तर-किशोरावस्था
8. प्रारम्भिक प्रौढ़ावस्था
9. मध्य-प्रौढ़ावस्था
10. उत्तर-प्रौढ़ावस्था
11. प्रारम्भिक वृद्धावस्था
12. वृद्धावस्था

विकास के मुख्य पहलू

विकास की प्रत्येक अवस्था में बालक में अनेक प्रकार के परिवर्तन होते हैं। इस दृष्टि से प्रत्येक अवस्था को निम्नलिखित मुख्य पहलुओं में विभाजित किया जा सकता है—

1. शारीरिक विकास
2. मानसिक विकास
3. सामाजिक विकास
4. संवेगात्मक विकास
5. चारित्रिक विकास

बाल-विकास का स्वरूप

'बाल-विकास' मनोविज्ञान का एक जटिल विषय है, क्योंकि बालक की शारीरिक बनावट जितनी सरल दिखायी देती है, उसका व्यवहार उतना ही जटिल होता है। बालक में होने वाले परिवर्तन केवल शारीरिक पक्ष तक ही सीमित नहीं रहते हैं, बल्कि आयु बढ़ने के साथ-साथ बुद्धि, विवेक, इच्छा, रुचि, संवेग तथा मनोवृत्ति आदि में भी परिवर्तन आते हैं और परिवर्तन ही प्रकृति का नियम है। इस प्रकार, व्यावहारिक दृष्टि से जैविक संरचना एवं मानसिक क्रियाओं में सुनिश्चित रूप से होने वाले परिवर्तनों को ही 'विकास' कहते हैं।

विकास एक सतत चलने वाली प्रक्रिया है जो गर्भावस्था से प्रारम्भ होकर जीवनपर्यन्त चलती रहती है। विकास की विभिन्न अवस्थाओं में बालक में शारीरिक, मानसिक, संवेगात्मक,

सामाजिक एवं चारित्रिक विकास होता है। इस विकास के तीन पक्ष होते हैं—1. संज्ञानात्मक, 2. भावात्मक, और 3. उद्यमात्मक या गत्यात्मक या क्रियात्मक। इस प्रकार किसी भी विकास के तीन स्वरूप हो सकते हैं—संज्ञानात्मक, भावात्मक, उद्यमात्मक, या गत्यात्मक या क्रियात्मक।

जेम्स ड्रेवर के अनुसार—'संकल्प-शक्ति' सुव्यवस्थित आत्मा का गतिशील पक्ष है। संकल्प-शक्ति व्यक्ति के चरित्र का आधार है। आवश्यकता पड़ने पर बालक की प्रशंसा करना उसकी संकल्प-शक्ति के विकास में हितकर है। संकल्प-शक्ति के तीन अंग होते हैं—1. संज्ञानमूलक, 2. भावमूलक, और 3. उद्यममूलक। संकल्प-शक्ति की शिक्षा में तीनों ही अंगों पर ध्यान देना चाहिए। उद्यममूलक पक्ष पर विशेष ध्यान देना आवश्यक है परन्तु यह ध्यान रखते हुए कि अन्य दो पक्षों की पूर्णतया अवहेलना न हो। संज्ञानमूलक पक्ष पर ध्यान न देने से बालक बिना सोचे-विचारे ही कार्य करने को तत्पर हो जाता है। दूसरी ओर भावमूलक पक्ष पर अधिक बल देने से बालक में भावुकता अधिक आ सकती है। यद्यपि चरित्र-विकास में उद्यममूलक पक्ष का विशेष महत्त्व है। इस प्रकार मूल-प्रवृत्तियों के समान संकल्प-शक्ति के भी ये तीन अंग होते हैं। विकास के इन स्वरूपों का विस्तृत विवेचन इस प्रकार है—

1. संज्ञामूलक—सामान्य रूप में उद्दीपक-जगत् की जानकारी या ज्ञान को ही संज्ञान कहते हैं। मनोविज्ञान में संज्ञान का महत्त्वपूर्ण स्थान होता है। उद्दीपक जगत् में कल्पना, चिन्तन, तर्क, प्रत्यक्षीकरण तथा स्मृति आदि प्रक्रियाएँ सम्मिलित रहती हैं।

बालक में संज्ञानात्मक प्रक्रियाओं का विकास जन्म से ही प्रारम्भ हो जाता है। वह इन प्रक्रियाओं की सहायता से वातावरण की विशेषताओं एवं तत्त्वों की जानकारी प्राप्त करता है। बालक के व्यवहार में परिवर्तन हेतु एवं समायोजन करने के लिए इन तत्त्वों की समुचित जानकारी आवश्यक होती है। संज्ञानवादी मनोवैज्ञानिकों ने संज्ञान को सूचनाओं के क्रियान्वयन की एक विधि माना है। कोई भी व्यक्ति वातावरण में उद्दीपकों द्वारा प्रभावित होकर सीधे-सीधे प्रतिक्रिया नहीं करता। पहले वह उन उद्दीपकों को ग्रहण करता है तथा उनकी व्याख्या करता है। इस व्याख्या के परिणामस्वरूप बाह्य उद्दीपक व्यक्ति की संज्ञानात्मक संरचना में व्यवस्थित हो जाते हैं। इस प्रकार व्यक्ति के भीतर विकसित संज्ञानात्मक संरचना परिवेशीय उद्दीपकों तथा व्यवहार के बीच मध्यस्थता का कार्य करती है।

संज्ञानमूलक पक्ष के विकास के लिए यह आवश्यक है कि बालक को विचार-विमर्श करने की, सोच-समझकर कार्य करने की, कार्यों के परिणामों पर विचार करने की और आत्म-संयम की शिक्षा दी जाए। संज्ञानमूलक पक्ष की शिक्षा के अभाव में बालक किसी कार्य को सोच-समझकर नहीं कर सकता। विचार-विमर्श की अधिकता भी हानिकारक है।

(i) संज्ञानात्मक विकास का प्रथम चरण—संज्ञानात्मक विकास के स्वरूप को स्पष्ट करने में पियाजे ने महत्त्वपूर्ण योगदान दिया है। उनके मतानुसार शिशु कुछ पाशविक प्रवृत्तियों के साथ जन्म लेता है, उसे बाहरी जगत् के बारे में कोई ज्ञान नहीं होता है। किन्तु समय बीतने के साथ-साथ वह अपनी ज्ञानेन्द्रियों की सहायता से इस बाह्य जगत् का ज्ञान करना प्रारम्भ कर देता है। जन्म से लेकर दो वर्ष तक की अवस्था में शिशु उद्दीपक जगत् का ज्ञान केवल अपनी

संवेदनाओं तथा शारीरिक क्रियाओं की सहायता से प्राप्त करता है। यह संज्ञानात्मक विकास की प्रथम अवस्था कहलाती है। जन्म के समय शिशु में केवल सहज क्रियाएँ ही पायी जाती हैं। इन सहज क्रियाओं की सहायता से बच्चा ध्वनियों, वस्तुओं तथा गंधों का अनुभव करता है। दो वर्ष की अवधि समाप्त होते-होते बच्चे के अन्दर विचार तथा कल्पना का प्रवेश प्रारम्भ हो जाता है।

(ii) संज्ञानात्मक विकास का द्वितीय चरण—इस संज्ञान का समय दो वर्ष की उम्र से लेकर छ: वर्ष तक की उम्र होता है। इस दौरान बालक दूसरों के सम्पर्क से ज्ञान प्राप्त करने लगता है। इस समय वह खेल, अनुकरण, चित्र निर्माण तथा भाषा के माध्यम से वस्तुओं के सम्बन्ध में जानकारी प्राप्त करता है। इस अवस्था में बालक रटकर अनेक चीजें याद कर लेता है, परन्तु ऐसा क्यों होता है ? इसकी जानकारी उसे नहीं होती है। उदाहरणार्थ, बच्चा रटकर याद कर लेता है कि पाँच और पाँच दस होते हैं, परन्तु उसे यह जानकारी या ज्ञान नहीं होता है कि यह कैसे होता है ?

(iii) संज्ञानात्मक विकास का तृतीय चरण—सात से बारह वर्ष तक की अवस्था तक संज्ञानात्मक विकास की तृतीय अवस्था मानी जाती है। यह अवस्था पूर्ववर्ती अवस्थाओं से विकसित होती है। इस अवस्था में बालक तार्किक चिन्तन करने योग्य हो जाता है, किन्तु यह तर्क स्थूल वस्तुओं तक ही सीमित होता है। इस अवस्था में बालक में दो वस्तुओं में समानता अथवा भिन्नता को समझने की क्षमता का विकास हो जाता है।

(iv) संज्ञानात्मक विकास का अन्तिम चरण—यह अवस्था बारह वर्ष के बाद प्रारम्भ होती है। यह तार्किक चिन्तन की अवस्था होती है। इस अवस्था में बालक उद्दीपकों की अनुपस्थिति में भी उनके बारे में चिन्तन करने में समर्थ हो जाता है। अमूर्त चिन्तन इस अवस्था की प्रमुख विशेषता होती है। इस अवस्था में किशोर के विचार संगठित एवं परिपक्व हो जाते हैं।

2. भावमूलक—मनोविज्ञान मन का विज्ञान है तथा मनोवैज्ञानिक मन एवं भाव को एक ही सिक्के के दो पहलू मानते हैं। भावमूलक पक्ष को विकास का प्रथम चरण माना जाता है। इस पक्ष पर अधिक बल देने से व्यक्ति में भावुकता आती है। अत्यधिक भावुक व्यक्ति सदा भावों में लीन रहता है, वह कुछ कर नहीं सकता। इसके विपरीत इस पक्ष पर ध्यान न देने से व्यक्ति के उचित संवेगों का विकास असम्भव है। भावना से क्रिया करने में शक्ति मिलती है। अत: इसको बिल्कुल नष्ट नहीं किया जा सकता। ये भावनाएँ समाज विरोधी तथा समाज हित की हो सकती हैं। समाज विरोधी भावनाओं का मार्गान्तरीकरण करना मनोविज्ञान का विशिष्ट कार्य है तथा शिक्षा-मनोविज्ञान उन भावमूलक भावनाओं को पहचान कर उनको सापेक्ष रूप में विकसित करता है। घर, परिवार, विद्यालय एवं समाज में बालक की भावमूलक प्रवृत्तियों को उचित दिशा दे सकते हैं तथा उनकी अन्त:निहित शक्तियों को परिष्कृत कर उन्हें सुयोग्य नागरिक बनाने में सहायक हो सकते हैं। भावमूलक प्रवृत्ति का दमन न करके मार्गान्तरीकरण एवं शोधन करना चाहिए।

3. उद्यममूलक—बालक के चारित्रिक विकास में उद्यममूलक पक्ष का विशेष महत्त्व होता है। उसमें उद्यम करने की प्रवृत्ति जन्मजात होती है। वह अपने सम्पूर्ण वातावरण में उद्यम करते हुए जन समुदाय को देखता है तथा उद्यम करते हुए बालक की अन्तः प्रवृत्ति सदैव जाग्रत रहती है। इस जाग्रत अवस्था को विकसित करने में परिवार, शिक्षक एवं विद्यालय अपना योगदान प्रदान करते हैं। यह भी देखा जाता है कि बालक उद्यम या पूर्ण प्रयास करना चाहता है परन्तु उसको दिशा बोध नहीं होता है। वह यह निश्चय नहीं कर पाता है कि कौनसा उद्यम अपेक्षित है तथा कौनसा उपेक्षित। ऐसी स्थिति में परिवार, शिक्षक एवं विद्यालय का दायित्व है कि बालक की उद्यममूलक प्रवृत्तियों का सकारात्मक मार्गान्तरीकरण करें। उद्यमूलक प्रवृत्तियों के दमन एवं उपेक्षा के कारण ही हमारे समाज में अपराधी बालकों की संख्या में निरन्तर वृद्धि हो रही है, जिससे हमारी शिक्षा के विकास का स्तर लगातार गिर रहा है। अतः उद्यममूलक प्रवृत्तियों का विकास तभी सम्भव है, जबकि अभिभावक, शिक्षक, विद्यालय तथा समाज आदि सभी उद्यममूलक विकास हेतु अपेक्षित एवं अनिवार्य वातावरण का निर्माण करें तथा बालक की इस अन्तर्निहित प्रवृत्ति पर ध्यान दें।

इस प्रकार स्पष्ट है कि ध्यान या अवधान एक मानसिक क्रिया है। अवधान की क्रिया से हमें कुछ ज्ञान होता है, यह संज्ञानमूलक पक्ष है। हमें अवधान की वस्तु में रुचि होती है, यह अवधान का भावमूलक पक्ष है। हम किसी कार्य को करते हैं या करने की चेष्टा करते हैं, यह उद्यममूलक पक्ष है। मानव की ज्ञानात्मक क्रियाओं के परिणामवरूप ही उसका बौद्धिक विकास होता हैं। जन्मजात और सीखे हुए क्रियात्मक आवेगों से उसका गठन होता है। स्थायीभाव प्रेम तथा घृणा दोनों के प्रति हो सकते हैं। चरित्र निर्माण में स्थायीभावों का सर्वोच्च स्थान होता है। इस प्रकार स्पष्ट है कि किसी भी विकास के विकसित होने में संज्ञानमूलक, भावमूलक एवं उद्यममूलक पक्ष का योगदान रहता है।

(जीवन का सबसे महत्त्वपूर्ण काल)

शिशु के जन्म से लेकर पाँच वर्ष तक की आयु के समय को शैशवावस्था कहते हैं। शैशवावस्था बालक के विकास का आधार होने के कारण अधिकांश मनोवैज्ञानिकों को अध्ययन हेतु अपनी ओर आकर्षित करती रही है।

क्रो व **क्रो** ने लिखा है कि—"बीसवीं शताब्दी को 'बालक की शताब्दी' कहा जाता है।"

आधुनिक शताब्दी को 'बालक की शताब्दी' कहे जाने का कारण यह है कि इस शताब्दी में मनोवैज्ञानिकों ने बालक और उसके विकास की अवस्थाओं के सम्बन्ध में अनेक गम्भीर और विस्तृत अध्ययन किये हैं। इनके फलस्वरूप वे इस निष्कर्ष पर पहुँचे कि सब अवस्थाओं में शैशवावस्था सबसे अधिक महत्त्वपूर्ण है। उनका कहना है कि यह अवस्था वह आधार है, जिस पर बालक के भावी जीवन का निर्माण किया जा सकता है। इस अवस्था में उसका जितना अधिक निरीक्षण और निर्देशन किया जाता है, उतना ही अधिक उत्तम उसका विकास और जीवन होता है।

शैशवावस्था के महत्त्व के सम्बन्ध में विभिन्न विद्वानों के विचार इस प्रकार हैं—

1. एडलर—"बालक के जन्म के कुछ माह बाद ही यह निश्चित किया जा सकता है कि जीवन में उसका क्या स्थान है।"

2. स्ट्रैंग—"जीवन के प्रथम दो वर्षों में बालक अपने भावी जीवन का शिलान्यास करता है। यद्यपि किसी भी आयु में उसमें परिवर्तन हो सकता है, पर प्रारम्भिक प्रवृत्तियाँ और प्रतिमान सदैव बने रहते हैं।"

3. गुडएनफ—"व्यक्ति का जितना भी मानसिक विकास होता है, उसका आधा तीन वर्ष की आयु तक हो जाता है।"

शैशवावस्था की विशेषताएँ

1. मानसिक क्रियाओं की तीव्रता—शिशु की मानसिक क्रियाओं; जैसे—ध्यान, स्मृति, कल्पना, संवेदना और प्रत्यक्षीकरण आदि के विकास में पर्याप्त तीव्रता होती है। तीन वर्ष तक की आयु में लगभग सब मानसिक शक्तियाँ कार्य करने लगती हैं। शैशवावस्था में बालक यद्यपि मानसिक दृष्टि से पूर्ण विकसित नहीं होता है लेकिन फिर भी कुछ मानसिक योग्यताओं का विकास इस काल में आरम्भ हो जाता है। उसमें निरीक्षण और तुलना की क्रियाएँ तीन वर्ष की आयु तक विकसित रूप ग्रहण कर लेती है। चार-पाँच वर्ष की आयु तक निर्णयात्मक क्रियाएँ भी तीव्र हो जाती हैं।

2. शारीरिक विकास में तीव्रता—शैशवावस्था के प्रथम तीन वर्षों में शिशु का शारीरिक विकास अत्यन्त तेज गति से होता है। उसके भार और लम्बाई में वृद्धिहोती है। तीन वर्ष के बाद विकास की गति धीमी हो जाती है। उसकी इन्द्रियों, कर्मेन्द्रियों, आन्तरिक अंगों, माँसपेशियों आदि का क्रमिक विकास होता है।

3. सीखने की प्रक्रिया में तीव्रता—शिशु की सीखने की प्रक्रिया में बहुत तीव्रता होती है और वह अनेक आवश्यक बातों को सीख लेता है। **Gesell** का कथन है—"बालक प्रथम 6-वर्षों में बाद के 12 वर्षों से दूना सीख लेता है।"

4. कल्पना की सजीवता—शैशवावस्था में बालक अधिक कल्पनाशील होता है। इस अवस्था में उसकी काल्पनिक कहानियों में रुचि होती है। **Kuppuswamy** का कथन है—"चार वर्ष के बालक के सम्बन्ध में एक अति महत्त्वपूर्ण बात है—इसकी कल्पना की सजीवता। वह सत्य और असत्य में अन्तर नहीं कर पाता है। फलस्वरूप, वह असत्यभाषी जान पड़ता है।"

5. पराश्रितता—जन्म के बाद शिशु कुछ समय तक असहाय अवस्था में रहता है। उसे भोजन और अन्य शारीरिक आवश्यकताओं के अलावा प्रेम और सहानुभूति पाने के लिए भी दूसरों पर निर्भर रहना पड़ता है। वह मुख्यत: अपने माता-पिता और विशेष रूप से अपनी माता पर निर्भर रहता है। **रॉस (Ross)** का कथन है कि शिशु को शारीरिक आवश्यकताओं के लिए तो निर्भर रहना ही पड़ता है किन्तु सांवेगिक आवश्यकताओं के लिए भी वह पराश्रित रहता है।

6. नैतिकता का अभाव—शैशवावस्था में नैतिकता का अभाव पाया जाता है। शिशु को उचित और अनुचित, अच्छी और बुरी बातों का ज्ञान नहीं होता है। वह उन्हीं कार्यों को करना चाहता है, जिनमें उसको आनन्द आता है, भले ही वे अवांछनीय हों। इस प्रकार, उसमें नैतिकता का पूर्ण अभाव होता है।

7. मूल-प्रवृत्तियों पर आधारित व्यवहार—शैशवावस्था में किये जाने वाले सभी प्रकार के व्यवहार का आधार मूल-प्रवृत्तियाँ होती हैं। यदि शिशु को किसी बात पर क्रोध आ जाता है, तो वह उसको वाणी या क्रिया द्वारा व्यक्त करता है। यदि उसे भूख लगती है, तो उसे जो भी वस्तु मिलती है, उसी को अपने मुँह में रख लेता है।

8. आत्म-प्रेम की भावना—शिशु में आत्म-प्रेम की भावना बहुत प्रबल होती है। वह अपने माता-पिता, भाई-बहिन आदि का प्रेम प्राप्त करना चाहता है। पर साथ ही वह यह भी चाहता है कि प्रेम उसके अलावा और किसी को न मिले। यदि और किसी के प्रति प्रेम व्यक्त किया जाता है, तो उसे उससे ईर्ष्या हो जाती है।

9. आत्म-गौरव की प्रवृत्ति—शिशु में आत्म-गौरव की प्रवृत्ति प्रबल रूप में पायी जाती है। वह दूसरों से प्रशंसा प्राप्त करने के लिए उनके सामने अपनी विभिन्न योग्यताओं का प्रदर्शन करता है। वह जो भी कार्य करता है, उसका वर्णन अपने माता-पिता के सामने करता है। उनके द्वारा प्रशंसा किये जाने पर गौरव का अनुभव करता है।

10. सामाजिक भावना का विकास—शिशु में तीन वर्ष की आयु के बाद सामाजिक भावना का विकास होता हैं। वह बच्चों के साथ खेलना पसन्द करता है। वह दूसरे बच्चों को अपने खिलौनों से खिलाने लगता है। **Valentine** का मत है—"चार या पाँच वर्ष के बालक में अपने छोटे भाइयों, बहिनों या साथियों की रक्षा करने की प्रवृत्ति होती है। वह 2 से 5 वर्ष तक के बच्चों के साथ खेलना पसन्द करता है। वह अपनी वस्तुओं में दूसरों को साझीदार बनाता है। वह दूसरे बच्चों के अधिकारों की रक्षा करता है और दु:ख में उनको सान्त्वना देने का प्रयास करता है।"

11. दूसरे बालकों में रुचि या अरुचि—शिशु में दूसरे बालकों के प्रति रुचि या अरुचि उत्पन्न हो जाती है। इस सम्बन्ध में **Skinner** (स्किनर) ने लिखा है—"बालक एक वर्ष का होने से पूर्व ही अपने साथियों में रुचि व्यक्त करने लगता है। आरम्भ में इस रुचि का स्वरूप अनिश्चित होता है, पर शीघ्र ही यह अधिक निश्चित रूप धारण कर लेती है और रुचि एवं अरुचि के रूप में प्रकट होने लगती है।"

12. संवेगों का प्रदर्शन—शिशु में जन्म के समय 'उत्तेजना' के अलावा और कोई संवेग नहीं होता है। **Bridges** ने 1932 में अपने अध्ययनों के आधार पर यह घोषित किया कि दो वर्ष की आयु तक लगभग सभी संवेगों का विकास हो जाता है। बाल-मनोवैज्ञानिकों के अनुसार शिशु में मुख्यत: चार संवेग होते हैं—भय, क्रोध, प्रेम और पीड़ा।

13. दोहराने की प्रवृत्ति—शिशु में शब्द और गतियों को दोहराने की प्रवृत्ति बहुत प्रबल होती है। उसको कार्यों को दोहराने में आनन्द आता है। यह प्रवृत्ति उसमें कुशलता प्राप्त

करने के उद्देश्य से पायी जाती है। शिशु जो खेल खेलता है, उसको बार-बार खेलकर आनन्दित होता है। इसी प्रकार देखा जाता है कि नर्सरी विद्यालयों में शिशु एक ही शब्द को बार-बार उच्च स्वर में बोलने में प्रसन्नता अनुभव करते हैं।

14. **काम-प्रवृत्ति**—सामान्य लोगों का विचार है कि शैशवावस्था में यौन अंगों का विकास अधिक न होने से उनमें यौन भावना का विकास नहीं होता है। किन्तु बाल-मनोवैज्ञानिकों का कहना है कि शिशु में काम-प्रवृत्ति बहुत प्रबल होती है, पर वयस्कों के समान वह उसको व्यक्त नहीं कर पाता है। **फ्रॉयड** का मत है कि यौन भावना का विकास इसी अवस्था से प्रारम्भ हो जाता है। इस अवस्था में आत्म-प्रेम की प्रधानता होती है। वह अपने शरीर के अंगों का स्पर्श करके सुख प्राप्त करता है। अँगूठा चूसने की क्रिया उसकी यौन-भावना की द्योतक होती है। 3-4 वर्ष की आयु में शिशु अपने माता-पिता से प्रेम करने लगते हैं। **फ्रॉयड** के अनुसार इस अवस्था में भिन्न लिंगीय प्रेम पैदा होता है। बालक अपनी माता को और बालिका अपने पिता को अधिक प्रेम करती है। मनोविश्लेषणवादियों ने इस प्रकार के प्रेम को दो ग्रन्थियों के नाम से पुकारा है—बालिकाओं का पिता को प्रेम करना और माता को घृणा करना, '**मातृ विरोधी ग्रन्थि**' (Electra Complex) और बालक का माता को प्रेम तथा पिता को घृणा करना '**पितृ विरोधी ग्रन्थि**' (Oedipus Complex) कहा जाता है।

15. **अनुकरण द्वारा सीखने की प्रवृत्ति**—शिशु में अनुकरण द्वारा सीखने की प्रवृत्ति होती है। वह अपने माता-पिता, भाई-बहिन आदि के कार्यों को देखकर व्यवहार में अनुकरण करता है। यदि वह ऐसा नहीं कर पाता है, तो रोकर या चिल्लाकर अपनी असमर्थता प्रकट करता है। अनुकरण द्वारा सीखने की प्रवृत्ति उसे अपना विकास करने में सहायता देती है।

16. **जिज्ञासा की प्रवृत्ति**—शिशु में जिज्ञासा की प्रवृत्ति का बाहुल्य होता है। वह अपने खिलौने का विभिन्न प्रकार से प्रयोग करता है। वह उसको फर्श पर फेंक सकता है। वह उसके भागों को अलग-अलग कर सकता है। वह बहुधा अपने खिलौनों को विभिन्न विधियों से रखने का प्रयत्न करता है। इस प्रकार की क्रियाओं द्वारा वह अपनी जिज्ञासा को सन्तुष्ट करने की चेष्टा करता है। अपरिचित वातावरण के बारे में ज्ञान प्राप्त करने की उसे बड़ी लालसा रहती है। इसके लिए वह अपने माता-पिता से क्यों, क्या, कैसे आदि प्रश्न पूछता है। जिज्ञासावश ही वह माता-पिता के साथ बाहर घूमने के लिए जाना पसन्द करता है।

17. **अकेले व साथ खेलने की प्रवृत्ति**—शिशु में पहले अकेले और फिर साथ खेलने की प्रवृत्ति होती है। इस प्रवृत्ति में होने वाले परिवर्तन का वर्णन करते हुए **क्रो व क्रो** ने लिखा है—"बहुत ही छोटा शिशु अकेला खेलता है। धीरे-धीरे वह दूसरे बालकों के समीप खेलने की अवस्था में से गुजरता है। अन्त में, वह अपनी आयु के बालकों के साथ खेलने में महान् आनन्द का अनुभव करता है।"

शैशवावस्था में शिक्षा का स्वरूप
(Nature of Education in Infancy)

मनोवैज्ञानिकों के मतानुसार शैशवावस्था में बालक के सीखने की गति तीव्र हो जाने के कारण अध्यापक एवं अभिभावक के लिए शिशु के सीखने पर ध्यान देना प्रमुख कर्त्तव्य हो

जाता है। **वेलेन्टाइन** ने शैशवावस्था को "सीखने का आदर्श काल" (Ideal period for learning) माना है। **वाटसन** ने कहा है—"शैशवावस्था में सीखने की सीमा और तीव्रता, विकास की ओर किसी अवस्था की तुलना में बहुत अधिक होती है।"

इस कथन के महत्त्व को ध्यान में रखकर शैशवावस्था में शिक्षा का आयोजन निम्नांकित प्रकार से किया जाना चाहिए—

1. **समुचित वातावरण**—शिशु पर परिवार, पड़ोस तथा विद्यालय के वातावरण का गहरा प्रभाव पड़ता है। शिशु अपने विकास के लिए शान्त, स्वस्थ और सुरक्षित वातावरण चाहता है। अत: घर और विद्यालय में उसे इस प्रकार का वातावरण प्रदान किया जाना चाहिए।

2. **शारीरिक विकास के अवसर**—शिशु का शारीरिक विकास तीव्र गति से होता है। अतएव माता-पिता को उसके स्वास्थ्य पर पूरा ध्यान देना चाहिए। शैशवावस्था में पालन-पोषण पर ध्यान देना अधिक महत्त्वपूर्ण होता है। उसके शरीर में कोई विकार पैदा नहीं होना चाहिए तथा साथ ही उसको शारीरिक व्यायाम के लिए भी अवसर प्रदान करने चाहिए।

3. **उचित व्यवहार**—शिशु अपनी आवश्यकताओं की पूर्ति के लिए दूसरों पर निर्भर रहता है। उसके माता-पिता और शिक्षक को उसकी इस असहाय स्थिति से लाभ नहीं उठाना चाहिए, क्योंकि उनके व्यवहार का शिशु के विकास पर प्रभाव पड़ता है। अत: उन्हें उसे डाँटना या पीटना नहीं चाहिए और न उसे भय तथा क्रोध दिखाना चाहिए। इसके विपरीत, उन्हें उसके प्रति सदैव प्रेम, दया, शिष्टता और सहानुभूति पूर्ण व्यवहार करना चाहिए।

4. **जिज्ञासा की सन्तुष्टि**—**क्रो व क्रो** के अनुसार—"शिशु शीघ्र ही अपने आस-पास की वस्तुओं के सम्बन्ध में अपनी जिज्ञासा व्यक्त करने लगता है।" वह उनके विषय में अनेक प्रकार के प्रश्न पूछकर अपनी जिज्ञासा को शान्त करना चाहता है। उसके माता-पिता और शिक्षक को उसके प्रश्नों के उचित उत्तर देकर उसकी जिज्ञासा को शान्त करना चाहिए। अधिक प्रश्न पूछने पर माता-पिता और शिक्षक शिशु को डाँट देते हैं, ऐसा व्यवहार उचित नहीं होता है।

5. **वास्तविकता का ज्ञान**—शिशु, कल्पना के जगत् में विचरण करता है और उसी को वास्तविक संसार समझता है। अत: उसे ऐसे विषयों की शिक्षा दी जानी चाहिए, जो उसे वास्तविकता के निकट लायें। मॉण्टेसरी-पद्धति में परियों की कहानियों को इसलिए स्थान नहीं दिया गया है, क्योंकि वे बालक को वास्तविकता से दूर ले जाती हैं।

6. **आत्म-निर्भरता का विकास**—आत्म-निर्भरता से शिशु को स्वयं सीखने, काम करने और विकास करने की प्रेरणा मिलती है। अत: उसको स्वतन्त्रता प्रदान करके आत्म-निर्भर बनने का अवसर दिया जाना चाहिए। शिशु जन्म के बाद कुछ समय तक पराश्रित रहता है किन्तु आयु में वृद्धि के साथ उसमें स्वालम्बी बनने की प्रवृत्ति बढ़ती जाती है। शिक्षक का यह कर्त्तव्य है कि वह बालक की स्वावलम्बन की प्रवृत्ति का अधिक से अधिक विकास करे। शिशु को स्वयं विकसित होने की प्रेरणा देनी चाहिए। पाठ्यक्रम में इस प्रकार की क्रियाओं की व्यवस्था होनी चाहिए, जिनमें शिशुओं को स्वयं कार्य करने का अवसर प्राप्त हो सके।

7. आत्म-प्रदर्शन का अवसर—शिशु में आत्म-प्रदर्शन की भावना बहुत तीव्र होती है। अतएव अध्यापकों एवं माता-पिता को आत्म-प्रदर्शन के लिए अधिक से अधिक अवसर प्रदान करने चाहिए, जिनके द्वारा वह अपनी भावना को व्यक्त कर सके।

8. निहित गुणों का विकास—शिशु में अनेक निहित गुण होते हैं। अत: उसे इस प्रकार की शिक्षा दी जानी चाहिए, जिससे उसमें इन गुणों का विकास हो। यही कारण है कि आधुनिक युग में शिशु शिक्षा के प्रति विशेष ध्यान दिया जा रहा है।

9. सामाजिक भावना का विकास—शैशवावस्था के अन्तिम भाग में शिशु दूसरे बालकों के साथ मिलना-जुलना और खेलना पसन्द कर सकता है। उसे इन बातों का अवसर दिया जाना चाहिए, ताकि उसमें सामाजिक भावना का विकास हो।

10. मानसिक क्रियाओं का अवसर—शिशु में मानसिक क्रियाओं की तीव्रता होती है। अत: उसे सोचने-विचारने के अधिक से अधिक अवसर दिए जाने चाहिए।

11. मूल-प्रवृत्तियों को प्रोत्साहन—शिशु का व्यवहार मूल-प्रवृत्तियों पर आधारित होता है। अत: उनका दमन न करके सभी सम्भव विधियों से प्रोत्साहित किया जाना चाहिए। इनका दमन करने से शिशु का विकास अवरुद्ध हो जाता है।

12. अच्छी आदतों का निर्माण—**Dryden** का कथन है—"पहले हम अपनी आदतों का निर्माण करते हैं और फिर हमारी आदतें हमारा निर्माण करती हैं।" शिशु के माता-पिता और शिक्षक को इस सारगर्भित वाक्य को सदैव याद रखना चाहिए। अत: उन्हें उसमें सत्य बोलने, बड़ों का आदर करने, समय पर काम करने और इसी प्रकार की अन्य अच्छी आदतों का निर्माण करना चाहिए।

13. क्रिया द्वारा शिक्षा—शिशु में क्रियाशीलता अधिक होती है। उसकी इस प्रवृत्ति का अध्यापक को लाभ उठाना चाहिए। वह क्रिया के द्वारा शीघ्रता से नवीन ज्ञान सीखता है। इसलिए विद्यालय में 'क्रिया द्वारा सीखने' पर अधिक बल देना चाहिए।

14. खेल द्वारा शिक्षा—शिशु को खेल द्वारा शिक्षा दी जानी चाहिए। इसका कारण बताते हुए **Strang** ने लिखा है—"शिशु अपने और अपने संसार के बारे में अधिकांश बातें खेल द्वारा सीखता है।"

15. चित्रों व कहानियों द्वारा शिक्षा—शिशु की शिक्षा में कहानियों और सचित्र पुस्तकों का विशिष्ट स्थान होना चाहिए। इसके कारण पर प्रकाश डालते हुए **क्रो** व **क्रो** ने लिखा है—"पाँच वर्ष का शिशु कहानी सुनते समय उससे सम्बन्धित चित्रों को पुस्तक में देखना पसन्द करता है।"

16. विभिन्न अंगों की शिक्षा—शिशु की ज्ञानेन्द्रियों और कर्मेन्द्रियों की शिक्षा की व्यवस्था की जानी चाहिए। इसका समर्थन करते हुए रूसो ने लिखा है—"बालक के हाथ, पैर और नेत्र उसके प्रारम्भिक शिक्षक हैं। इन्हीं के द्वारा वह पाँच वर्ष में ही पहचान कर सकता है, सोच सकता है और याद कर सकता है।"

भारत में शिशु-शिक्षा या पूर्व-प्राथमिक शिक्षा के विस्तार की सिफारिश करते हुए 'शिक्षा-आयोग' ने लिखा है—"तीन और दस के बीच के वर्ष बालक के शारीरिक, संवेगात्मक और मानसिक विकास के लिए सबसे अधिक महत्त्वपूर्ण हैं। अतः हम पूर्व-प्राथमिक शिक्षा के अधिक से अधिक सम्भव विस्तार की आवश्यकता को स्वीकार करते हैं।"

बाल्यावस्था : जीवन का अनोखा काल

शैशवावस्था के बाद बालक बाल्यावस्था में प्रवेश करता है। 6 वर्ष की आयु से किशोरावस्था आरम्भ होने तक का समय बाल्यावस्था कहलाता है। मानव विकास की अवस्थाओं में बाल्यावस्था का विशेष महत्त्व है। **Blair, Jones & Simpson** का मत है कि "व्यक्ति के दृष्टिकोण, मूल्य एवं आदर्शों का निर्माण बाल्यावस्था में ही हो जाता है।" अतएव बाल्यावस्था का शिक्षा-व्यवस्था में प्रमुख स्थान है। 6 वर्ष की आयु तक बालक का मानसिक विकास भी इतना हो जाता है कि इस आयु पर बालक की औपचारिक शिक्षा को प्रारम्भ किया जा सकता है। बाल्यावस्था को प्रारम्भिक शिक्षा का काल भी कहा जा सकता है। **कोल व ब्रूस** ने बाल्यावस्था को जीवन का 'अनोखा काल' बताते हुए लिखा है—"वास्तव में माता-पिता के लिए बाल-विकास की इस अवस्था को समझना कठिन है।"

इस अवस्था में बालक में अनेक अनोखे परिवर्तन होते हैं; उदाहरणार्थ, 6 वर्ष की आयु में बालक का स्वभाव बहुत उग्र होता है और वह लगभग सब बातों का उत्तर 'न' या 'नहीं' में देता है। 7 वर्ष की आयु में वह उदासीन होता है और अकेला रहना पसन्द करता है। 8 वर्ष की आयु में उसमें अन्य बालकों से सामाजिक सम्बन्ध स्थापित करने की भावना बहुत प्रबल होती है। 9 से 12 वर्ष तक की आयु में विद्यालय में उसके लिए कोई आकर्षण नहीं रह जाता है। वह कोई नियमित कार्य न करके, कोई महान् और रोमांचकारी कार्य करना चाहता है।

बाल्यावस्था की मुख्य विशेषताएँ

1. शारीरिक व मानसिक स्थिरता—6 या 7 वर्ष की आयु के बाद बालक के शारीरिक और मानसिक विकास में स्थिरता या स्थायित्व आ जाता है। यह स्थिरता या स्थायित्व उसकी शारीरिक और मानसिक शक्तियों को दृढ़ता प्रदान करता है। फलस्वरूप, उसका मस्तिष्क परिपक्व-सा और वह स्वयं वयस्क सा जान पड़ता है। इसलिये **Ross** ने बाल्यावस्था को **'मिथ्या-पक्वता'** (Pseudo-Maturity) का काल बताते हुए लिखा है—"शारीरिक और मानसिक स्थिरता बाल्यावस्था की सबसे महत्त्वपूर्ण विशेषता है।"

2. मानसिक योग्यताओं में वृद्धि—बाल्यावस्था में बालक की मानसिक योग्यताओं में निरन्तर वृद्धिहोती है। वह साधारण बातों पर अधिक देर तक अपने ध्यान को केन्द्रित कर सकता है। उसकी संवेदना और प्रत्यक्षीकरण की शक्तियों में वृद्धिहोती है। वह विभिन्न बातों के बारे में तर्क और विचार करने लगता है। उसमें अपने पूर्व अनुभवों को याद रखने की योग्यता उत्पन्न हो जाती है।

3. प्रबल जिज्ञासा प्रवृत्ति—बाल्यावस्था में बालक के चारों ओर के वातावरण में विस्तार होने से उसमें नवीन विस्तृत वातावरण को जानने की जिज्ञासा और भी अधिक प्रबल हो जाती है। वह जिन वस्तुओं के सम्पर्क में आता है, उनके बारे में प्रश्न पूछकर हर तरह की जानकारी प्राप्त करना चाहता है। उसके ये प्रश्न शैशवावस्था के साधारण प्रश्नों से भिन्न होते हैं। अब वह शिशु के समान यह नहीं पूछता है—'वह क्या है ?' इसके विपरीत, वह पूछता है—'यह ऐसे क्यों है ?' या 'यह ऐसे कैसे हुआ है ?'

4. वास्तविक जगत् से सम्बन्ध—इस अवस्था में बालक शैशवावस्था के काल्पनिक जगत् का परित्याग करके वास्तविक जगत् में प्रवेश करता है। वह उसकी प्रत्येक वस्तु से आकर्षित होकर उसका ज्ञान प्राप्त करना चाहता है। **स्ट्रैंग** के अनुसार—"बालक अपने को अति विशाल संसार में पाता है और उसके बारे में जल्दी से जल्दी जानकारी प्राप्त करना चाहता है।"

5. संग्रह या संचय करने की प्रवृत्ति—बाल्यावस्था में बालकों और बालिकाओं में संग्रह करने की प्रवृत्ति बहुत पाई जाती है। इस अवस्था में जो भी नवीन वस्तुएँ बालक को मिलती हैं, उनका वह संग्रह करने लगता है। बालक विशेष रूप से काँच की गोलियों, टिकटों, खाली माचिसों, डिब्बों, मशीनों के भागों और पत्थर के टुकड़ों का संचय करते हैं। बालिकाओं में चित्रों, खिलौनों, गुड़ियों और कपड़ों के टुकड़ों का संग्रह करने की प्रवृत्ति पाई जाती है।

6. संवेगों का दमन व प्रदर्शन—बालक अपने संवेगों पर अधिकार रखना एवं अच्छी और बुरी भावनाओं में अन्तर करना जान जाता है। वह उन भावनाओं का दमन करता है, जिनको उसके माता-पिता और बड़े लोग पसन्द नहीं करते हैं; जैसे—काम-सम्बन्धी भावनाएँ।

7. रचनात्मक कार्यों में आनन्द—बालक को रचनात्मक कार्यों में विशेष आनन्द आता है। वह साधारणत: घर से बाहर किसी प्रकार का कार्य करना चाहता है; जैसे—खेत में काम करना या औजारों से लकड़ी की वस्तुएँ बनाना। इसके विपरीत, बालिका घर में ही कोई-न-कोई कार्य करना चाहती है; जैसे—सिलाई करना, कढ़ाई करना आदि।

8. निरुद्देश्य भ्रमण की प्रवृत्ति—बालक में बिना किसी उद्देश्य के इधर-उधर घूमने की प्रवृत्ति बहुत अधिक होती है। मनोवैज्ञानिक **Burt** ने बताया है कि लगभग 9 वर्ष की आयु के बाद बालक में भ्रमण की प्रवृत्ति अधिक विकसित होती है। वह निरुद्देश्य घूमने में आनन्दित होता है। अपनी इस प्रवृत्ति की सन्तुष्टि के लिए कुछ बालक प्राय: पाठशाला छोड़कर भाग जाते हैं या घर से गायब हो जाते हैं। भ्रमण की प्रवृत्ति का विकास शायद जिज्ञासा की सन्तुष्टि या नवीन खोज की दृष्टि से होता है।

9. काम-प्रवृत्ति की न्यूनता—बालक में काम-प्रवृत्ति की न्यूनता होती है। वह अपना अधिकांश समय मिलने-जुलने, खेलने-कूदने और पढ़ने-लिखने में व्यतीत करता है। अत: वह बहुत ही कम अवसरों पर अपनी काम-प्रवृत्ति का प्रदर्शन कर पाता है। इस अवस्था में पितृ-भक्ति और मातृ-भक्ति का भाव भी समाप्त हो जाता है।

10. सामूहिक प्रवृत्ति की प्रबलता—बालक में सामूहिक प्रवृत्ति बहुत प्रबल होती है। वह अपना अधिक से अधिक समय दूसरे बालकों के साथ व्यतीत करने का प्रयास करता है। **Ross** के अनुसार—"बालक प्राय: अनिवार्य रूप से किसी-न-किसी समूह का सदस्य हो जाता है, जो अच्छे खेल खेलने और ऐसे कार्य करने के लिए नियमित रूप से एकत्र होता है, जिनके बारे में बड़ी आयु के लोगों को कुछ भी नहीं बताया जाता है।"

11. सामूहिक खेलों में रुचि—बालक को सामूहिक खेलों में अत्यधिक रुचि होती है। आठ वर्ष की उम्र के बाद बालक-बालिकाएँ अपने समूह के बालक-बालिकाओं में ही खेलना पसन्द करते हैं। इस आयु में लैंगिक भिन्नता अपना प्रभाव प्रकट करने लगती है। अतएव बालकों का समूह बालिकाओं के समूह से पृथक् होता है। खेल के समय बालिकाओं की अपेक्षा बालकों में झगड़े अधिक होते हैं। बालक साहसयुक्त कार्य करना पसन्द करते हैं, इसके विपरीत बालिकाएँ बालकों से भिन्न सरल कार्य करना पसन्द करती हैं। 11 से 12 वर्ष की आयु में बालक दलीय खेलों में भाग लेने लगता है। **स्ट्रैंग** का विचार है—"ऐसा शायद ही कोई खेल हो, जिसे दस वर्ष के बालक न खेलते हों।"

12. रुचियों में परिवर्तन—बालक की रुचियों में निरन्तर परिवर्तन होता रहता है। वे स्थाई रूप धारण न करके वातावरण के परिवर्तन के साथ परिवर्तित होती रहती हैं। उसमें कुछ विशिष्ट रुचियाँ उत्पन्न होती हैं परन्तु वे भी अस्थायी होती हैं। **कोल एवं ब्रूस** ने लिखा है—"6 से 12 वर्ष की अवधि की एक अपूर्व विशेषता है—मानसिक रुचियों में स्पष्ट परिवर्तन।"

13. दुराग्रह और उपद्रव की प्रवृत्ति—इस अवस्था में बालक कठोर अनुशासन को पसन्द नहीं करते हैं। उनमें दुराग्रह और उपद्रव की प्रवृत्ति प्रबल हो जाती है। कभी-कभी बालक विद्यालय से पलायन भी कर जाते हैं।

14. बहिर्मुखी व्यक्तित्व का विकास—शैशवावस्था में बालक का व्यक्तित्व अन्तर्मुखी होता है, क्योंकि वह एकान्तप्रिय और केवल अपने में रुचि लेने वाला होता है। इसके विपरीत, बाल्यावस्था में उसका व्यक्तित्व बहिर्मुखी हो जाता है, क्योंकि बाह्य जगत् में उसकी रुचि उत्पन्न हो जाती है। अत: वह अन्य व्यक्तियों, वस्तुओं और कार्यों का अधिक से अधिक परिचय प्राप्त करना चाहता है।

15. सामाजिक गुणों का विकास—बालक में सामूहिकता की प्रवृत्ति विकसित होने के कारण उसमें अनेक सामाजिक गुणों का विकास होने लगता है; जैसे—सहयोग, सद्भावना, सहनशीलता, आज्ञाकारिता आदि। उसमें सहकारिता की भावना पैदा हो जाती है। वह अपने समूह के सदस्यों के प्रति प्रेम प्रकट करने लगता है।

16. नैतिक गुणों का विकास—वाल्यावस्था के प्रारम्भ में ही बालक में नैतिक गुणों का विकास प्रारम्भ हो जाता है। उसमें नैतिक चेतना पैदा हो जाती है। वह अच्छे और बुरे कार्यों में भेद करने लगता है। शिष्टाचार के नियमों को अपने व्यवहार में लाता है। आज्ञापालन की प्रवृत्ति बढ़ जाती है। माता-पिता एवं अध्यापकों का आदर-सम्मान करने लगता है। किन्तु दल का प्रभाव इतना प्रबल होता है कि बालक दल द्वारा मान्यता प्राप्त सदाचार के नियमों का

पालन करता है। कभी-कभी यह भी होता है कि बालक समूह के लिए माता-पिता अथवा अध्यापकों के सामने झूठ बोलने में भी शंका नहीं करते हैं।

बाल्यावस्था में शिक्षा का स्वरूप

बाल्यावस्था के प्रारम्भ के साथ ही बालक की औपचारिक शिक्षा का श्रीगणेश होता है। यह अवस्था किशोरावस्था के लिए आधार तैयार करती है। इस सम्बन्ध में **ब्लेयर, जोन्स** व **सिम्पसन** ने लिखा है—"बाल्यावस्था वह समय है, जब व्यक्ति के आधारभूत दृष्टिकोणों, मूल्यों और आदर्शों का बहुत सीमा तक निर्माण होता है।"

यहाँ जिस निर्माण की ओर संकेत किया गया है, उसका उत्तरदायित्व बालक के शिक्षक, माता-पिता और समाज पर है। अत: उसकी शिक्षा का स्वरूप निश्चित करते समय उन्हें अग्रलिखित बातों को ध्यान में रखना चाहिए—

1. भाषा के ज्ञान पर बल—इस अवस्था में बालकों को भाषा का ज्ञान अधिक से अधिक दिया जाना चाहिए। इसी सम्बन्ध में **Strang** ने लिखा है—"इस अवस्था में बालकों को भाषा में बहुत रुचि होती है।"

2. उपयुक्त विषयों का चुनाव—बालक के लिए कुछ ऐसे विषयों का अध्ययन आवश्यक है, जो उसकी आवश्यकताओं की पूर्ति कर सकें और उसके लिए लाभप्रद भी हों। इस विचार से अग्रलिखित विषयों का चुनाव किया जाना चाहिए—भाषा, सामाजिक-अध्ययन, अंकगणित, विज्ञान, चित्रकला, ड्राइंग, सुलेख, पत्र-लेखन और निबन्ध-रचना।

3. रोचक विषय सामग्री—विभिन्न बालकों की भिन्न-भिन्न रुचियाँ होती हैं तथा रुचियाँ परिवर्तनशील होती हैं। अत: उनकी विषय-सामग्री में रोचकता और विभिन्नता होनी चाहिए। उनकी पुस्तकों की विषय-सामग्री का सम्बन्ध—पशु, नाटक, हास्य-विनोद, वार्तालाप, वीर पुरुष, साहसी कार्य और आश्चर्यजनक बातों से होना चाहिए।

4. रचनात्मक कार्यों की व्यवस्था—बालकों में रचनात्मकता की प्रवृत्ति अधिक तीव्र होती है। इसलिए विद्यालय में रचनात्मक कार्य करने की व्यवस्था पर अध्यापकों को ध्यान देना चाहिए। रचनात्मक कार्य द्वारा बालकों में हस्तकौशल के प्रति रुचि उत्पन्न की जा सकती है तथा इस प्रकार कुशलता का विकास किया जा सकता है।

5. जिज्ञासा की सन्तुष्टि—बालकों में जिज्ञासा की प्रवृत्ति प्रबल होती है। इस प्रवृत्ति का लाभ उठाकर अध्यापक को उनका ध्यान अध्ययन बिन्दु और पाठ की ओर केन्द्रित करने का प्रयास करना चाहिए। विषय-सामग्री एवं क्रियाओं का चयन बालकों की जिज्ञासाओं को सन्तुष्ट करने की दृष्टि से करना चाहिए।

6. सामूहिक प्रवृत्ति की तुष्टि—बालक में समूह में रहने की प्रबल प्रवृत्ति होती है। वह अन्य बालकों से मिलना-जुलना और उनके साथ कार्य करना या खेलना चाहता है। उसे इन सब बातों का अवसर देने के लिए विद्यालय में सामूहिक कार्यों और सामूहिक खेलों का उचित आयोजन किया जाना चाहिए। इन सामूहिक कार्यों में भाग लेते समय बालक में उदारता,

सहकारिता, नेतृत्व आदि गुणों के विकास पर अध्यापक को ध्यान देना चाहिए। सामूहिक प्रवृत्ति के महत्त्व को स्पष्ट करते हुए **Kolesnik** ने लिखा है—"सामूहिक खेल और शारीरिक व्यायाम प्राथमिक विद्यालय के पाठ्यक्रम के अभिन्न अंग होने चाहिए।"

7. पाठ्य-विषय व शिक्षण-विधि में परिवर्तन—इस अवस्था में बालक की रुचियों में निरन्तर परिवर्तन होता रहता है। अत: पाठ्य-विषय और शिक्षण-विधि में उसकी रुचियों के अनुसार परिवर्तन किया जाना आवश्यक है। ऐसा न करने से उसमें शिक्षण के प्रति कोई आकर्षण नहीं रह जाता है। फलस्वरूप, उसकी मानसिक प्रगति रुक जाती है।

8. पाठ्यक्रम-सहगामी क्रियाओं की व्यवस्था—बालक की विभिन्न मानसिक रुचियों को सन्तुष्ट करके उसकी सुप्त शक्तियों का अधिकतम विकास किया जा सकता है। इस कार्य में सफलता प्राप्त करने के लिए विद्यालय में अधिक से अधिक पाठ्यक्रम-सहगामी क्रियाओं का संचालन किया जाना चाहिए।

9. पर्यटन व स्काउटिंग की व्यवस्था—इस आयु के बालकों में घूमने की प्रवृत्ति अधिक पायी जाती है। बालक निरुद्देश्य घूमते-फिरते हैं। उनकी इस प्रवृत्ति को सन्तुष्ट करने के लिए पर्यटन और स्काउटिंग को उसकी शिक्षा का अभिन्न अंग बनाया जाना चाहिए। भ्रमण का आयोजन ऐतिहासिक स्थलों अथवा प्राकृतिक स्थानों के निरीक्षण से सम्बन्धित होना चाहिए। भ्रमण के समय बालकों की निरीक्षण-शक्ति के विकास पर अध्यापक को ध्यान देना चाहिए।

10. संचय प्रवृत्ति को प्रोत्साहन—बालक में संचय करने की प्रवृत्ति होती है। उसे जो भी वस्तु अच्छी लगती है, उसी का वह संचय कर लेता है। उसके माता-पिता और शिक्षक का कर्त्तव्य है कि वे उसे शिक्षाप्रद वस्तुओं का संग्रह करने के लिए प्रोत्साहित करें। बालकों की संग्रह-प्रवृत्ति का अवदमन नहीं करना चाहिए।

11. सामाजिक गुणों का विकास—किलपैट्रिक ने बाल्यावस्था को "प्रतिद्वन्द्वात्मक समाजीकरण" का काल माना है। विद्यालय में खेलकूद एवं सांस्कृतिक कार्यक्रमों द्वारा बालकों में सामाजिक गुणों, यथा—अनुशासन, आत्म-नियन्त्रण, सहानुभूति, प्रतिस्पर्धा, सहयोग आदि का अधिकतम विकास किया जाना चाहिए। बालकों को एक-दूसरे का सम्मान करने का पाठ सिखाना चाहिए।

12. नैतिक शिक्षा एवं नैतिकता का विकास—**Piaget** ने अपने अध्ययनों के आधार पर बताया है कि लगभग 8 वर्ष का बालक अपने नैतिक मूल्यों का निर्माण और समाज के नैतिक नियमों में विश्वास करने लगता है। उसे इन मूल्यों का उचित निर्माण और इन नियमों में दृढ़ विश्वास रखने के लिए नियमित रूप से नैतिक शिक्षा दी जानी चाहिए। उनके पाठ्यक्रमों में धार्मिक तथा राष्ट्रीय नेताओं की जीवनी भी सम्मिलित करनी चाहिए। बालक के शिष्ट आचरण की प्रशंसा करनी चाहिए। उसके द्वारा सम्पन्न बुरे कार्यों की निन्दा करके ऐसे कार्यों की पुनरावृत्ति के लिए निरुत्साहित करना चाहिए। इस स्तर पर कहानी-विधि द्वारा बालकों में नैतिक गुण विकतिस किये जा सकते हैं। इस सम्बन्ध में **Kolesnik** ने लिखा है—"बालक को आनन्द प्रदान करने वाली सरल कहानियों द्वारा नैतिक शिक्षा दी जानी चाहिए।"

13. क्रिया व खेल द्वारा शिक्षा—सभी शिक्षा-शास्त्री बालक की स्वाभाविक क्रियाशीलता और खेल-प्रवृत्ति में विश्वास करते हैं। अत: उसकी शिक्षा का स्वरूप ऐसा होना चाहिए, जिससे वह स्वयं क्रिया और खेल द्वारा ज्ञान का अर्जन करे।

14. शारीरिक विकास—शारीरिक विकास पर भी विद्यालय में ध्यान देना चाहिए। इसके लिए आवश्यक है कि विद्यालय में शारीरिक व्यायाम की व्यवस्था हो। समय-समय पर विद्यालय में योग्य चिकित्सक द्वारा बालकों के स्वास्थ्य का परीक्षण करने की व्यवस्था होनी चाहिए।

15. प्रेम व सहानुभूति पर आधारित शिक्षा—बालक अनुकरण द्वारा बहुत सीखता है। इस अवस्था में दमनात्मक अनुशासन उसकी स्वच्छन्दता में बाधा उत्पन्न करता है। बालक कठोर अनुशासन को पसन्द नहीं करता है। वह शारीरिक दण्ड, बल-प्रयोग और डाँट-डपट से घृणा करता है। वह उपदेश नहीं सुनना चाहता है। वह धमकियों की चिन्ता नहीं करता है। अत: उसकी शिक्षा इनमें से किसी पर आधारित न होकर प्रेम और सहानुभूति पर आधारित होनी चाहिए।

16. संवेगों के प्रदर्शन का अवसर—कोल व ब्रूस ने बाल्यावस्था को ''संवेगात्मक विकास का अनोखा काल'' माना है। यह विकास तभी संभव है, जब बालक के संवेगों का दमन न किया जाए। ऐसा करने से उसमें भावना-ग्रन्थियों का निर्माण हो जाता है। अत: स्ट्रैंग का परामर्श है—''बालकों को सामाजिक स्वीकृति प्राप्त अपने संवेगों का दमन करने के बजाय तृप्त करने में सहायता दी जानी चाहिए, क्योंकि संवेगात्मक भावना और प्रदर्शन उनके सम्पूर्ण जीवन का आधार होता है।''

फ्रायड और उसके अनुयायियों ने बाल्यावस्था को बालक का निर्माणकारी काल मानकर इस अवस्था को अत्यधिक महत्त्व दिया है। उनका कहना है कि इस अवस्था में बालक जिन वैयक्तिक, सामाजिक और शिक्षा सम्बन्धी आदतों एवं व्यवहार के प्रतिमानों का निर्माण कर लेता है, उनको रूपान्तरित करना बहुत कठिन हो जाता है। इस दृष्टि से प्राथमिक शिक्षा प्रदान करने वाले शिक्षकों पर बालकों का निर्माण करने का महान् उत्तरदायित्व है। लगभग ऐसे ही विचारों को व्यक्त करते हुए **ब्लेयर, जोन्स व सिम्पसन** ने लिखा है—''शैक्षिक दृष्टिकोण से जीवन-चक्र में बाल्यावस्था से अधिक महत्त्वपूर्ण और कोई अवस्था नहीं है। जो अध्यापक इस अवस्था से बालकों को शिक्षा देते हैं, उन्हें बालकों का उनकी आधारभूत आवश्यकताओं का, उनकी समस्याओं का और उन परिस्थितियों का पूर्ण ज्ञान होना चाहिए, जो उनके व्यवहार को रूपान्तरित और परिवर्तित करती हैं।''

किशोरावस्था

(Adolescence)

किशोरावस्था जीवन का बसन्त काल है। इस अवस्था में व्यक्ति न तो बालक होता है और न ही प्रौढ़। यह बाल्यावस्था और प्रौढ़ावस्था के मध्य का काल है। व्यक्ति के विकास की

विभिन्न अवस्थाओं में किशोरावस्था अत्यधिक महत्त्वपूर्ण अवस्था मानी जाती है। इस अवस्था में प्रवेश करने पर बाल्यावस्था में अर्जित स्थिरता पुनः अस्थिरता में बदलने लगती है और शारीरिक एवं मानसिक अवस्था अव्यवस्था का रूप धारण करने लगती है। अध्यापक एवं माता-पिता बालक की इस अवस्था से अधिक भयभीत रहते हैं क्योंकि किशोर इस अवस्था में अनेक समस्याएँ उत्पन्न करता है और विभिन्न प्रकार के उत्पात मचाता है। किशोरावस्था का उद्भव प्रत्येक व्यक्ति के जीवन में अनिवार्य रूप से आता है किन्तु इसके जटिल स्वरूप का उद्गम राष्ट्र की संस्कृति और आधुनिक जटिल सभ्यता से माना जाता है। एनसाइक्लोपीडिया ऑफ साइकोलोजी में भी इसी तथ्य पर जोर दिया गया है कि—"सभी वर्गों के नवयुवक की प्रमुख विशेषता—किशोरावस्था आधुनिक सभ्यता और संस्कृति की उपज है।"

मनोवैज्ञानिक **जी. स्टेनले हाल** का कथन है कि—"किशोरावस्था व्यक्ति के जीवन का वह काल है जब व्यक्ति के व्यक्तित्व का नया जन्म होता है।" इस आयु में होने वाले तीव्र तथा विशिष्ट परिवर्तन बालक के व्यक्तित्व को पूर्णतः बदल देते हैं। इन परिवर्तनों की तीव्रता के कारण हॉल ने इस अवस्था को तूफान और दबाव का काल कहा है। क्योंकि इस काल में किशोर में अस्थिरता, सांवेगिकता और अनिश्चितता का प्राबल्य रहता है। अतएव इनके परिणामस्वरूप किशोर के व्यवहार में असामान्यता प्रकट होने लगती है। बाद में वैज्ञानिक शोधों ने उपर्युक्त प्राचीन दृष्टिकोण को अस्वीकृत कर दिया। वैज्ञानिक शोधों से स्पष्ट हुआ कि किशोरावस्था में विकास क्रमशः होता है। बाल्यावस्था किशोरावस्था की तैयारी का काल होता है। बाल्यावस्था के गुणों का विकास किशोरावस्था में होता है। इसलिये यह सोचना कि किशोरावस्था में परिवर्तन अकस्मात् आता है, दोषपूर्ण है।

अंग्रेजी शब्द 'Adolescence' की उत्पत्ति लेटिन भाषा के शब्द 'Adolescere' हुई है जिसका तात्पर्य 'वृद्धि' (To grow) से है। इसका हिन्दी पर्यायवाची शब्द 'किशोर' है। यहाँ वृद्धि से तात्पर्य परिपक्वता की ओर बढ़ने से है। यहाँ केवल शारीरिक परिवक्वता से तात्पर्य नहीं है अपितु इसमें मानसिक परिपक्वता भी सम्मिलित है। मानसिक परिपक्वता के साथ-साथ व्यक्ति सामाजिक और संवेगात्मक परिपक्वता भी प्राप्त करता है। इस प्रकार, स्पष्ट है कि किशोरावस्था वह काल है जो बाल्यावस्था के बाद व्यक्ति के जीवन में आता है और जिस काल में व्यक्ति के व्यक्तित्व के सभी पक्षों का विकास तीव्र गति के साथ होता है।

किशोरावस्था की आयु

ब्लेयर, जॉन्स व सिम्पसन के विचारानुसार—"किशोरावस्था प्रत्येक व्यक्ति के जीवन में वह काल है, जो बाल्यावस्था के अन्त में आरम्भ होकर प्रौढ़ावस्था के प्रारम्भ में समाप्त होता है।" मनोवैज्ञानिकों का कहना है कि इस अवस्था की अवधि साधारणतः 7 या 8 वर्ष से 12 से 18 वर्ष तक की आयु होती है। इस अवस्था के आरम्भ होने की आयु—लिंग, प्रजाति, जलवायु, संस्कृति, व्यक्ति के स्वास्थ्य आदि पर निर्भर करती है। सामान्यतः बालकों की किशोरावस्था लगभग 13 वर्ष की आयु में और बालिकाओं की लगभग 12 वर्ष की आयु में आरम्भ होती है। भारत में यह आयु पश्चिम के ठण्डे देशों की अपेक्षा एक वर्ष पहले आरम्भ हो जाती है।

किशोरावस्था की आयु के बारे में विभिन्न मत हैं। **हरलॉक** के अनुसार, किशोरावस्था के काल निम्नलिखित हैं—

(1) पूर्व किशोरावस्था

(2) प्रारम्भिक किशोरावस्था

(3) उत्तर किशोरावस्था

एनसाइक्लोपीडिया ऑफ साइकोलोजी के अनुसार लड़कियों की किशोरावस्था का काल 13 से 21 वर्ष और लड़कों की किशोरावस्था का काल 15 से 21 वर्ष के मध्य रहता है। किशोरावस्था की आयु में लिंग के आधार पर भिन्नता पाई जाती है। लड़कियों में लड़कों की अपेक्षा किशोरावस्था का प्रादुर्भाव शीघ्र होता है। **Hurlock** के अनुसार लड़के-लड़कियों की आयु किशोरावस्था में अग्रलिखित प्रकार रहती है—

1. पूर्व किशोरावस्था—लड़के 11 से 12½ वर्ष या 13 वर्ष, लड़कियाँ 10 से 11 वर्ष या 12 से 16 वर्ष।

2. प्रारम्भिक किशोरावस्था—लड़के 13 से 17 वर्ष, लड़कियाँ 17 से 20 या 21 वर्ष।

3. उत्तर किशोरावस्था—18 से 21 वर्ष।

इस आयु के निर्धारण पर जलवायु और सामाजिक दशाओं का भी प्रभाव पड़ता है। ठण्डे देशों की अपेक्षा गर्म देशों के बालकों में कैशोर्य के लक्षण कुछ शीघ्र प्रकट होने लगते हैं। भारत में लड़कियों में कैशोर्य के प्रारम्भ का लक्षण उनका प्रथम मासिक धर्म माना जाता है। किन्तु लड़कों में किशोरावस्था में दाढ़ी-मूँछों के स्थान पर रोमावलियाँ दिखाई देने लगती हैं। यह तथ्य यहाँ पर भी ध्यान में रखना चाहिए कि व्यक्तिगत भिन्नता के कारण विभिन्न व्यक्तियों में कैशोर्य के लक्षण भिन्न-भिन्न आयु पर प्रकट होते हैं।

किशोरावस्था के विकास के सिद्धान्त

किशोरावस्था में बालकों और बालिकाओं में क्रान्तिकारी शारीरिक, मानसिक, सामाजिक और संवेगात्मक परिवर्तन होते हैं। इन परिवर्तनों के सम्बन्ध में दो सिद्धान्त प्रचलित हैं, यथा—

1. आकस्मिक विकास का सिद्धान्त (Theory of Saltatory Development)—इस सिद्धान्त के समर्थक **Stanley Hall** नामक बाल-विशेषज्ञ हैं। इन्होंने 1904 में अपनी "Adolescence" नामक पुस्तक प्रकाशित की। इसमें उसने लिखा है कि किशोरावस्था में नाना प्रकार के क्रान्तिकारी परिवर्तनों के परिणामस्वरूप जो नवीनताएँ अथवा विशेषताएँ आती हैं वे एकदम नवीन हुआ करती हैं। इनका पूर्व अवस्थाओं से कोई सम्बन्ध नहीं होता है। **Stanley Hall** के शब्दों में—"किशोर में जो शारीरिक, मानसिक और संवेगात्मक परिवर्तन होते हैं, वे अकस्मात् होते हैं।"

2. क्रमिक विकास का सिद्धान्त (Theory of Gradual Development)—इस सिद्धान्त के समर्थकों में King, Throndike और Hollingwortf हैं। इन विद्वानों का मत है

कि किशोरावस्था में शारीरिक, मानसिक और संवेगात्मक परिवर्तन निरन्तर और क्रमशः होते हैं या किशोरावस्था में शारीरिक एवं मानसिक परिवर्तन के फलस्वरूप जो नवीनताएँ आती हैं वे क्रमशः धीरे-धीरे आती हैं। इस सम्बन्ध में **King** ने लिखा है—"जिस प्रकार एक ऋतु का आगमन दूसरी ऋतु के अन्त में होता है, पर जिस प्रकार पहली ऋतु में ही दूसरी ऋतु के आगमन के चिह्न दिखाई देने लगते हैं, उसी प्रकार बाल्यावस्था और किशोरावस्था एक-दूसरी से सम्बन्धित रहती हैं।"

किशोरावस्था के अध्ययन की आवश्यकता

किशोरावस्था माता-पिता, शिक्षक एवं स्वयं बालक के लिए भी समस्या-प्रधान होती है। यह वह समय होता है जब व्यक्ति सांसारिक जीवन के लिए तैयारी करता है। समस्या का प्रमुख कारण यह है कि किशोरावस्था, बाल्यावस्था और प्रौढ़ावस्था के मध्य का काल है। इसको परिवर्तन का काल भी कहते हैं। किन्तु इस तथ्य से अवगत होते हुए भी माता-पिता उसको बालक के समान समझते हैं और उसी के अनुरूप व्यवहार करते हैं। उसको स्वतन्त्र रूप से कार्य करने के अयोग्य समझते हैं और कभी-कभी उससे प्रौढ़ जैसा व्यवहार करने की अपेक्षा करते हैं। यदि किशोर ऐसा करने में असमर्थ रहता है तो उसे प्रताड़ित करते हैं। कई बार यह कहते हुए भी सुने जाते हैं कि तुम इतने बड़े हो गए हो फिर भी यह काम नहीं कर सकते। इस प्रकार का व्यवहार किशोर को परेशानी में डाल देता है। उसमें अनेक संवेगात्मक ग्रन्थियाँ पैदा हो जाती हैं।

किशोरावस्था जब परिवर्तन का काल है तो इस परिवर्तन के साथ-साथ व्यवस्थापन की समस्या किशोर के सामने आती है। जितनी तीव्र गति से परिवर्तन होता है उतना ही कठिन उनके साथ समायोजन हो जाता है। शारीरिक अवयवों में वृद्धिके साथ-साथ बालक की रुचियों में भी परिवर्तन होता है। अब उसकी रुचि विषमलिंग के सदस्य, सामाजिक क्रियाओं आदि में बढ़ जाती है। माता-पिता इस तथ्य को भूलाकर उससे बाल्यावस्था जैसे व्यवहार की आशा करते हैं। किशोरावस्था को ठीक प्रकार से न समझने के कारण माता-पिता का किशोरों के प्रति व्यवहार, किशोर में अनेक समस्याओं को जन्म देने में सहायक होता है।

किशोरावस्था में अस्थिरता के कारण किशोर को अनेक समस्याओं का सामना करना पड़ता है। उसमें मानसिक द्वन्द्व की स्थिति पैदा हो जाती है। सामान्यतया किशोर सामाजिक वातावरण के साथ समायोजन की समस्या अनुभव करता है। वह स्वतन्त्र रहना पसन्द करता है किन्तु शीघ्र ही माता-पिता के संरक्षण की आवश्यकता अनुभव करता है। गैरीसन एवं कनिंघम के अनुसार, किशोरियों की आयु में वृद्धि के साथ समस्याओं में भी वृद्धिहोती है जबकि किशोरों की समस्याओं में कमी की प्रवृत्ति देखी जाती है। किशोरों की समस्याओं को पहचानने और समझने का प्रयास माता-पिता और शिक्षक दोनों को ही करना चाहिए, जिससे समय पर ही उनका समाधान किया जा सके।

इस अवस्था में बाल-अपराध की प्रवृत्ति अधिक बढ़ जाती है। अनेक अपराध किशोर कुसमायोजन के फलस्वरूप करता है। किशोरों में विद्यालय से भागने की प्रवृत्ति विकसित हो जाती है। इसी द्वन्द्वता के कारण किशोरों के समूहों में परस्पर मारपीट भी हो जाती है। अनुशासनहीनता, तोड़-फोड़ आदि कार्यों में किशोर संलग्न रहते हैं। किशोरों की अपराध प्रवृत्ति को रोकने के लिए किशोरों को समझना आवश्यक है।

किशोरावस्था में काम-भावना अधिक प्रबल रहती है। किशोर विषम-लिंगी के प्रति अधिक आकर्षित होने लगते हैं। इस आकर्षण के परिणामस्वरूप प्रेम पैदा होता है। अधिकांश किशोरों को काम-भावना का उचित ज्ञान न होने के कारण वे विषम लिंगी के प्रति सही दृष्टिकोण बनाने में असफल रहते हैं। यही स्थिति किशोरियों की रहती है। इस अवस्था में समस्या यह रहती है कि किशोरों को काम-शिक्षा किस प्रकार दी जाय। **Hurlock** के अनुसार—किशोरावस्था, अप्रसन्नता से युक्त काल है। इस आयु में सामाजिक दबाव, समायोजन की समस्या, सम्मान का अभाव, आदर्श एवं विषमलिंगी प्रेम में असफलता आदि कारक किशोर में अप्रसन्नता को जन्म देते हैं। अप्रसन्नता के परिणामस्वरूप किशोर का व्यवहार सामान्य नहीं रहता है। उपर्युक्त कारणों का ज्ञान प्राप्त करके माता-पिता तथा शिक्षकों को चाहिए कि वे किशोर के लिए सामान्य परिस्थितियाँ पैदा करें।

किशोरावस्था की मुख्य विशेषताएँ

बिग व हन्ट के शब्दों में—"किशोरावस्था की विशेषताओं को सर्वोत्तम रूप से व्यक्त करने वाला एक शब्द है—'परिवर्तन'। परिवर्तन—शारीरिक, सामाजिक और मनोवैज्ञानिक होता है।"

यहाँ जिन परिवर्तनों की ओर संकेत किया गया है, उनसे सम्बन्धित विशेषताएँ अग्रलिखित हैं—

1. शारीरिक विकास—किशोरावस्था को शारीरिक विकास का सर्वश्रेष्ठ काल माना जाता है। इस काल में किशोर के शरीर में अनेक महत्त्वपूर्ण परिवर्तन होते हैं; जैसे—भार और लम्बाई में तीव्र वृद्धि, माँसपेशियों और शारीरिक ढाँचे में दृढ़ता, किशोर में दाढ़ी और मूँछ की रोमावलियों एवं किशोरी में प्रथम मासिक स्त्राव के दर्शन। इस अवस्था में किशोरों के कन्धे तथा किशोरियों के कूल्हे एवं वक्ष-स्थल चौड़े होने लगते हैं। **कोलेसनिक** का कथन है—"किशोर और किशोरियों, दोनों को अपने शरीर और स्वास्थ्य की विशेष चिन्ता रहती है। किशारों के लिए सबल, स्वस्थ और उत्साही बनना एवं किशोरियों के लिये अपनी आकृति को नारी जातीय आकर्षण प्रदान करना महत्त्वपूर्ण होता है।"

2. मानसिक और बौद्धिक विकास—किशोरावस्था में मानसिक विकास अधिक तीव्र गति से होता है। बुद्धि का विकास इस अवस्था में चरम बिन्दु पर पहुँच जाता है। किशोर में विविध मानसिक योग्यताएँ विकसित होती हैं। चिन्तन, तर्क और निर्णय शक्ति बढ़ जाती है। वह अध्यापकों और अभिभावकों की बात को आँख बन्द करके स्वीकार नहीं करता है अपितु

उस पर चिन्तन करने के बाद स्वीकार करता है। नैतिकता या धर्म के क्षेत्र में परम्परागत विश्वास में वह सन्देह करना प्रारम्भ कर देता है। किशोर, धर्म की सभी गुप्त बातों से परिचित होना चाहता है। दूसरे शब्दों में, किशोर का चिन्तन अमूर्त जगत के बारे में भी होना प्रारम्भ हो जाता है। किशोर में ध्यान केन्द्रित करने की क्षमता भी बढ़ जाती है और घटनाओं को अधिक समय तक याद भी रखने लगता है अर्थात् उसकी स्मृति का विस्तार हो जाता है। किशोरावस्था की महत्त्वपूर्ण घटनाएँ प्रौढ़ावस्था में भी उसके स्मृतिपटल पर अंकित रहती हैं। **कोलेसनिक** ने लिखा है—''किशोर की मानसिक जिज्ञासा का विकास होता है। अत: वह सामाजिक, आर्थिक, राजनीतिक और अन्तर्राष्ट्रीय समस्याओं में रुचि लेने लगता है। वह इन समस्याओं के सम्बन्ध में अपने विचारों का निर्माण भी करता है।''

3. कल्पना की बहुलता—किशोरावस्था में कल्पना की प्रधानता रहती है। वह दिवास्वप्न की दुनिया में विचरण करता है। दिवास्वप्न बालक को प्रेरणा भी देते हैं और साथ ही उसकी इच्छाओं की आंशिक सन्तुष्टि में सहायक होते हैं। दिवास्वप्न के आधार पर किशोर कविता, कहानी, लेख आदि लिखने के लिए प्रेरित होता है। इसी प्रकार जिन कार्यों को करने में वह स्वयं को अक्षम पाता है, उनको वह दिवास्वप्न के माध्यम से पूरा करके कुछ सन्तोष का अनुभव करता है। किन्तु दिवास्वप्न की बहुलता किशोरों के लिये हानिकारक भी होती है। दिवास्वप्न दृष्टा किशोर व्यावहारिक जीवन में असफल रहते हैं। कल्पना-शक्ति का विकसित होना तभी अच्छा रहता है जबकि उसके द्वारा साहित्यिक रचनाओं की ओर उनका मार्गान्तीकरण किया जाए।

4. घनिष्ठ व व्यक्तिगत मित्रता—किसी समूह का सदस्य होते हुए भी किशोर केवल एक या दो बालकों से घनिष्ठ सम्बन्ध रखता है, जो उसके परम मित्र होते हैं और जिनसे वह अपनी समस्याओं के बारे में स्पष्ट रूप से बातचीत करता है। **वेलेन्टाइन** (Valentine) का कथन है—''घनिष्ठ और व्यक्तिगत मित्रता उत्तर किशोरावस्था की विशेषता है।''

5. व्यवहार में भिन्नता—किशोर में आवेगों और संवेगों की बहुत प्रबलता होती है। यही कारण है कि वह विभिन्न अवसरों पर विभिन्न प्रकार का व्यवहार करता है; उदाहरणार्थ, किसी समय वह अत्यधिक क्रियाशील होता है और किसी समय अत्यधिक काहिल, किसी परिस्थिति में असाधारण रूप से उत्साहपूर्ण और किसी में असाधारण रूप से उत्साहहीन। **B.N. Jha** ने लिखा है—''हमारे सबके संवेगात्मक व्यवहार में कुछ विरोध होता है, पर किशोरावस्था में यह व्यवहार विशेष रूप से स्पष्ट होता है।''

6. संवेगात्मक विकास—किशोर अत्यधिक भावुक होता है। **Ross** का कथन है कि किशोर अत्यन्त संवेगात्मक जीवन व्यतीत करता है, यद्यपि इस अवस्था में किशोर में काफी मानसिक विकास हो जाता है। किन्तु फिर भी संवेगों का प्रभाव उनके व्यवहार पर देखा जा सकता है। यदि संवेग सुखात्मक होते हैं तो किशोर में शक्ति का स्रोत फूट पड़ता है; उदाहरण के लिए, यदि किशोर को आनन्द की अनुभूति होती है तो वह अन्य कार्यों को और अधिक कुशलता से पूरा करता है। यदि किशोर दु:खात्मक संवेग, जैसे—क्रोध, चिन्ता, वैमनस्य और

भय आदि का अनुभव करता है तो उसके कार्य निरुद्देश्य तथा जल्दबाजी में होंगे। इनका उसके शारीरिक एवं मानसिक विकास पर भी प्रभाव पड़ता है। कभी-कभी दुःखात्मक संवेगों के कारण किशोरों में खिन्नता इतनी अधिक बढ़ जाती है कि वे जीवन से निराश हो जाते हैं और आत्महत्या तक करने की सोचने लगते हैं। किशोरों में आत्मचेतना या आत्मसम्मान की भावना अधिक होती है। इनको ठेस पहुँचने पर वह अत्यधिक दुःखी या कुण्ठित हो जाता है। किशोरों की अपेक्षा किशोरियाँ अधिक भावुक होती हैं। इस अवस्था में काम-भावना प्रबल होती है। प्रेम में असफलता या प्रेम में किसी एक पक्ष के धोखा देने पर किशोर अत्यधिक भावुक हो उठते हैं। उनमें खिन्नता चरम सीमा तक पहुँच जाती है।

7. स्थिरता व समायोजन का अभाव—**Ross** ने किशोरावस्था को शैशवावस्था का पुनरावर्त्तन कहा है, क्योंकि किशोर बहुत कुछ शिशु के समान होता है। उसकी बाल्यावस्था की स्थिरता समाप्त हो जाती है और वह एक बार फिर शिशु के समान अस्थिर हो जाता है। उसके व्यवहार में इतनी उद्विग्नता आ जाती है कि वह शिशु के समान अन्य व्यक्तियों और अपने वातावरण से समायोजन नहीं कर पाता है। अतः **Ross** का मत है—"शिशु के समान किशोर को अपने वातावरण से समायोजन करने का कार्य फिर आरम्भ करना पड़ता है।"

8. चिन्ताओं में वृद्धि—उत्तर किशोरावस्था में चिन्ताओं का प्रबल प्रभाव रहता है। किशोर मुख्यतः सुन्दरता, अध्ययन, शादी तथा भविष्य के व्यवसाय के लिए अधिक चिन्तित रहते हैं। **सकैलेरियन** के अनुसार, 12 से 17 वर्ष की आयु के मध्य किशोर अध्ययन और भविष्य के प्रति, 18 से 21 वर्ष के मध्य में वह शादी तथा व्यवसाय के बारे में चिन्तित रहता है।

9. स्वतन्त्रता व विद्रोह की भावना—किशोर में शारीरिक और मानसिक स्वतन्त्रता की प्रबल भावना होती है। किशोर में स्वाभिमान की भावना का विकास हो जाता है। अब वह माता-पिता तथा अध्यापक के नियन्त्रण को पसन्द नहीं करता है। वह बड़ों के आदेशों, विभिन्न परम्पराओं, रीति-रिवाजों और अन्ध-विश्वासों के बन्धनों में न बन्धकर स्वतन्त्र जीवन व्यतीत करना चाहता है। अतः यदि उस पर किसी प्रकार का प्रतिबन्ध लगाया जाता है, तो उसमें विद्रोह की ज्वाला फूट पड़ती है। **B.N. Jha** ने लिखा है—"किशोर में नवीन जीवन-दर्शन के प्रादुर्भाव से उसमें आत्म-सम्मान की प्रबल प्रवृत्ति दृष्टिगोचर होती है। वह अपने को बन्धनों से मुक्त रखना पसन्द करता है।"

Kolesnik का कथन है—"किशोर, प्रौढ़ों को अपने मार्ग में बाधा समझता है, जो उसे अपनी स्वतन्त्रता का लक्ष्य प्राप्त करने से रोकते हैं।"

10. काम-शक्ति की परिपक्वता—कामेन्द्रियों की परिपक्वता और काम-शक्ति का विकास किशोरावस्था की सबसे महत्त्वपूर्ण विशेषताओं में से एक है। इस अवस्था के पूर्व काल में बालकों और बालिकाओं में समान लिंगी के प्रति बहुत आकर्षण होता है। इस अवस्था के उत्तर काल में यह आकर्षण विषमलिंगी के प्रति प्रबल रुचि का रूप धारण कर लेता है। फलस्वरूप, कुछ किशोर और किशोरियाँ लिंगीय सम्भोग का आनन्द लेते हैं। **Gates & Others**

का मत है—"लगभग 40 प्रतिशत बालकों को एक या इससे अधिक बार का विषमलिंगीय अनुभव होता है।"

1 !. **समूह को महत्त्व**—किशोरावस्था में सामूहिकता की भावना में भी वृद्धिहोती है। किशोर बालक-बालिका अपने मित्रों के साथ रहने तथा उनकी प्रशंसा प्राप्त करने के बड़े इच्छुक रहते हैं। किशोर जिस समूह का सदस्य होता है, उसको वह अपने परिवार और विद्यालय से अधिक महत्त्वपूर्ण समझता है। यदि उसके माता-पिता और समूह के दृष्टिकोणों में अन्तर होता है, तो वह समूह के ही दृष्टिकोणों को श्रेष्ठतर समझता है और उन्हीं के अनुसार अपने व्यवहार, रुचियों, इच्छाओं आदि में परिवर्तन करता है। **Bigge & Hunt** के अनुसार—"जिन समूहों से किशोरों का सम्बन्ध होता है, उनसे उनके लगभग सभी कार्य प्रभावित होते हैं। समूह उनकी भाषा, नैतिक मूल्यों, वस्त्र पहनने की आदतों और भोजन करने की विधियों को प्रभावित करते हैं।" इस प्रकार, समूह उनके लिए सामाजिक प्रशिक्षण के स्थल होते हैं।

12. **रुचियों में परिवर्तन व स्थिरता**—आयु में वृद्धिके साथ रुचियों में भी परिवर्तन होता है। **E.K. Strong** के अनुसार, 15 वर्ष की आयु तक किशोरों की रुचियों में निरन्तर परिवर्तन होता रहता है, पर उसके बाद उनकी रुचियों में स्थिरता आ जाती है। **Valentine** के अनुसार—किशोर बालकों और बालिकाओं की रुचियों में समानता भी होती है और विभिन्नता भी; उदाहरणार्थ, बालकों और बालिकाओं में अग्रांकित रुचियाँ समान होती हैं—पत्र-पत्रिकायें, कहानियाँ, नाटक और उपन्यास पढ़ना, सिनेमा देखना, रेडियो सुनना, शरीर को अलंकृत करना, विषमलिंगी से प्रेम करना आदि। बालकों को खेलकूद और व्यायाम में विशेष रुचि होती है। उनके विपरीत, बालिकाओं में कढ़ाई-बुनाई, नृत्य, संगीत और शृंगार के प्रति विशेष आकर्षण होता है। **डॉ. रामशकल पाण्डे** ने भारतीय किशोर की रुचियों का अध्ययन करने के बाद निष्कर्ष निकाला कि शारीरिक स्वास्थ्य, अध्ययन और चरित्र रुचियों के ऐसे क्षेत्र हैं जिनको छात्रों ने प्रधानता प्रदान की किन्तु बातचीत, संगीत तथा काम-क्रियाओं में कम रुचि प्रकट की।

13. **वीर-पूजा**—किशोरों में वीर-पूजा की भावना विकसित हो जाती है। वे आदर्श पुरुष का अनुकरण प्रारम्भ कर देते हैं। अपने को अपने आदर्श पुरुष के अनुरूप बनाने का प्रयास करने लगते हैं। आदर्श पुरुष विभिन्न क्षेत्रों से सम्बन्धित हो सकते हैं; जैसे—सिनेमा का अभिनेता या अभिनेत्री, ऐतिहासिक वीर-पुरुष या धार्मिक नेता, राजनीतिक नेता या विद्वान। भारत में आजकल अधिकांशत: किशोर या किशोरी का आदर्श पुरुष सिने जगत् का अभिनेता या अभिनेत्री होती है। वे उसी के अनुरूप बनने के लिए वैसे ही वस्त्र पहनना, उसी की तरह बाल रखना तथा उसी की भाँति बोलना प्रारम्भ कर देते हैं। कॉलेज में किशोर या किशोरियों का आदर्श पुरुष कोई अध्यापक या अध्यापिका होती है जो उनको अधिक प्रभावित करते हैं। किशोर अपने आदर्श व्यक्ति का गुणगान करते नहीं थकते हैं। कभी-कभी इस वीर-पूजा की परिणति प्रेम के रूप में देखी जाती है।

14. अपराध-प्रवृत्ति का विकास—किशोरावस्था में बालक में अपने जीवन-दर्शन, नये अनुभवों की इच्छा, निराशा, असफलता, प्रेम के अभाव आदि के कारण अपराध-प्रवृत्ति का विकास होता है। **Valentine** का विचार है—"किशोरावस्था, अपराध-प्रवृत्ति के विकास का नाजुक समय है। पक्के अपरापधियों की एक विशाल संख्या किशोरावस्था में ही अपने व्यावसायिक जीवन को गम्भीरता-पूर्वक आरम्भ करती है।"

15. स्थिति व महत्त्व की अभिलाषा—किशोर में महत्त्वपूर्ण व्यक्ति बनने और प्रौढ़ों के समान निश्चित स्थिति प्राप्त करने की अत्यधिक अभिलाषा होती है। **ब्लेयर, जॉन्स व सिम्पसन** के शब्दों में—"किशोर महत्त्वपूर्ण बनना, अपने समूह में स्थिति प्राप्त करना और श्रेष्ठ व्यक्ति के रूप में स्वीकार किया जाना चाहता है।"

16. समाज-सेवा की भावना—किशोरावस्था में बालक में सामाजिक चेतना काफी विकसित हो जाती है। वह समाज में व्यवस्थित होने का प्रयास करता है। किशोर में समाज-सेवा की भावना अत्यन्त तीव्र होती है। इस सम्बन्ध में **रॉस** (Ross) ने लिखा है—"किशोर, समाज-सेवा के आदर्शों का निर्माण और पोषण करता है। उसका उदार हृदय मानव-जाति के प्रेम से ओतप्रोत होता है और वह आदर्श समाज का निर्माण करने में सहायता देने के लिए उद्विग्न रहता है।"

17. ईश्वर व धर्म में विश्वास—किशोरावस्था के आरम्भ में बालकों को धर्म और ईश्वर में आस्था नहीं होती है। इनके सम्बन्ध में उनमें इतनी शंकायें उत्पन्न होती हैं कि वे उनका समाधान नहीं कर पाते हैं। पर धीरे-धीरे उनमें धर्म में विश्वास उत्पन्न हो जाता है और वे ईश्वर की सत्ता को स्वीकार करने लगते हैं।

18. जीवन-दर्शन का निर्माण—किशोरावस्था से पूर्व बालक अच्छी और बुरी, सत्य और असत्य, नैतिक और अनैतिक बातों के बारे में नाना प्रकार के प्रश्न पूछता है। किशोर होने पर वह स्वयं इन बातों पर विचार करने लगता है जिसके फलस्वरूप अपने जीवन-दर्शन का निर्माण करता है। वह ऐसे सिद्धान्तों का निर्माण करना चाहता है, जिनकी सहायता से वह अपने जीवन में कुछ बातों का निर्णय कर सके। उसे इस कार्य में सहायता देने के उद्देश्य से ही आधुनिक युग में युवक आन्दोलनों का संगठन किया जाता है।

19. व्यवसाय के चुनाव—किशोरावस्था में बालक में आत्म-निर्भर बनने का भाव विकसित होने के कारण वह भावी व्यवसाय के चयन के लिए चिन्तित रहता है। इस सम्बन्ध में **Strang** का कथन है—"जब छात्र हाई स्कूल में होता है, तब वह किसी व्यवसाय को चुनने, उसके लिए तैयारी करने, उसमें प्रवेश करने और उसमें उन्नति करने के लिए अधिक-ही-अधिक चिन्तित होता जाता है।"

20. यौन-विकास—किशोरावस्था का महत्त्वपूर्ण लक्षण यौनिक विकास है। इस काल में किशोर या किशोरी के यौन अंगों में पर्याप्त वृद्धिहोने से उनमें प्रजनन शक्ति आ जाती है। मनोवैज्ञानिकों का मत है कि शैशवावस्था की यौन-भावना की पुनरावृत्ति किशोरावस्था में आरम्भ होती है। शैशवकालीन यौन-भावना बाल्यावस्था में सुसुप्त अवस्था में रहती है इसकी जागृति

किशोरावस्था में होती है। इसीलिए किशोरकाल को यौन-भावना का जागृति काल कहते हैं। यौन-भावना का इस काल में विस्फोट-सा होता है। किशोर पर काम-प्रवृत्ति का ज्वार सा चढ़ जाता है। किशोर में यौन-विकास की तीन प्रमुख अवस्थाएँ होती हैं, जो इस प्रकार हैं—

(i) स्व-प्रेम—किशोरकाल में यौन-विकास की प्रारम्भिक अवस्था स्व-प्रेम की होती है। स्व-प्रेम के दो रूप होते हैं—एक रूप के अनुसार किशोर अपने को सबसे अधिक सुन्दर मानता है। इस सुन्दरता को बढ़ाने के लिए वह सौन्दर्य-प्रसाधनों का प्रयोग करता है। बार-बार दर्पण में अपने शरीर को देखकर प्रफुल्लित होता है। कभी अपने बालों को संवारता है तो कभी बार-बार वस्त्र बदलकर देखता है कि कौन-सा वस्त्र उसके शरीर की सुन्दरता को अधिक बढ़ाता है। **फ्रॉयड** ने इस स्थिति को Narcissism की स्थिति कहा है। दूसरे रूप के अनुसार-किशोर अपने लिंग अवयवों का स्पर्श करके यौनिक आनन्द की अनुभूति करता है। अब उसको लिंग-अवयवों का स्पर्श करने पर गुदगुदी-सी अनुभव होती है। ऐसा करने से किशोर में हस्त-मैथुन जैसी गन्दी आदत का विकास हो जाता है। यह हस्त-मैथुन की आदत केवल लड़कों में ही नहीं होती है अपितु लड़कियाँ भी इसकी शिकार बनती हैं। आजकल मनोवैज्ञानिक हस्त-मैथुन को स्वाभाविक क्रिया मानते हैं। किन्तु फिर भी इस प्रकार के अप्राकृतिक कार्यों को प्रोत्साहन नहीं देना चाहिए।

(ii) समलिंगीय कामुकता—यौन विकास की दूसरी अवस्था समलिंगी कामुकता भी है। इस अवस्था में समान लिंग के व्यक्तियों में परस्पर प्रेम होता है। लड़के-लड़कों के साथ और लड़कियाँ-लड़कियों के साथ रहना, घूमना, खाना, बातचीत करना पसन्द करते हैं। वे आपस में चुम्बन लेते हुए भी देखे जाते हैं। यहाँ तक कि दोनों लिंग के व्यक्ति परस्पर अपने समलिंग के गुप्तांगों को उत्तेजित करने के कार्य में संलग्न पाये जाते हैं। समलिंगीय कामुकता के लिए कुछ कारक उत्तरदायी होते हैं। एक कारण समलिंगीय कामुकता का लड़के-लड़कियों को एक-दूसरे से दूर रखने से सम्बन्धित है। जब विषमलिंगी के साथ मेल-जोल बढ़ाने का अवसर नहीं मिलता है तो किशोरावस्था में बालक काम-प्रवृत्ति की सन्तुष्टी समलिंगीय प्रेम के द्वारा करते हैं। भारतीय समाज में यही स्थिति है। यहाँ लड़कों को लड़कियों से पृथक् रखा जाता है। अतएव वे समलिंगी को ही कामुकता की सन्तुष्टि का साधन मानने लगते हैं। समलिंगीय कामुकता उन विद्यालयों में पाई जाती है जहाँ सह-शिक्षा का अभाव रहता है। सह-शिक्षा के अभाव के कारण विषमलिंगी के प्रति आकर्षित होने तथा प्रेम करने का अवसर नहीं मिलता है। रेमजे झिंगरन और किंसे ने अपने अनुसन्धानों के आधार पर निष्कर्ष निकाला कि समलिंगीय कामुकता प्रारम्भिक किशोरावस्था में अधिक पाई जाती है। **किंसे** का मत है कि लगभग एक-चौथाई किशोरों में समलिंगीय कामुकता का प्रभाव रहता है। समलिंगीय कामुकता शीघ्र परिपक्व होने वाले लड़कों में देर से परिपक्व होने वालों की अपेक्षा अधिक प्रबल रहती है। कभी-कभी समलिंगीय कामुकता की प्रवृत्ति किशोरकाल के बाद प्रौढ़काल (प्रौढ़ावस्था) में भी प्रवेश कर जाती है। इस प्रकार की अवस्था शोचनीय होती है। इस प्रकार का अप्राकृतिक कार्य प्राकृतिक विषमलिंगी कामुकता में बाधक बन जाता है।

(iii) विषमलिंगी कामुकता—यौन-प्रवृत्ति की परिपक्व अवस्था विषमलिंगी कामुकता है जो उत्तर किशोरावस्था में विकसित होती है। यौन सम्बन्धों की यह प्राकृतिक एवं स्वाभाविक दशा है। इस स्थिति में किशोर लड़के-लड़कियों की ओर, और लड़कियाँ-लड़कों की ओर आकर्षित होती हैं, वे परस्पर बातें करते हैं और मिलते-जुलते हैं। घनिष्ठता अधिक बढ़ने पर वे सिनेमा देखते, चुम्बन करते तथा आलिंगन करते हुए देखे जाते हैं। यहाँ तक कि कुछ शादी से पूर्व ही सम्भोग क्रिया में रत पाये जाते हैं। यह स्थिति भयानक होती है। इस स्थिति को सभी समाज हेय दृष्टि से देखते हैं। वैसे शारीरिक सम्बन्ध करने के भय से अभिभावक लड़के-लड़कियों के मिलने पर नियन्त्रण लगाते हैं। इसके कारण लड़के-लड़कियों में अनुशासनहीनता फैलती है। यदि लड़के-लड़कियों को सामूहिक रूप में कार्य करने हेतु प्रोत्साहित किया जाय तो उनमें यौन-सम्बन्धों के प्रति स्वस्थ दृष्टिकोण पैदा किया जा सकता है।

इस प्रकार, हम देखते हैं कि किशोरावस्था में बालक में अनेक नवीन विशेषताओं के दर्शन होते हैं। इनके सम्बन्ध में **स्टैनले हाल** ने लिखा है—"किशोरावस्था एक नया जन्म है, क्योंकि इसी में उच्चतर और श्रेष्ठतर मानव विशेषताओं के दर्शन होते हैं।"

किशोरावस्था : जीवन का सबसे कठिन काल

किलपैट्रिक का कथन है—"इस बात पर कोई मतभेद नहीं हो सकता है कि किशोरावस्था जीवन का सबसे कठिन काल है।" इस कथन की पुष्टि में निम्नलिखित तर्क दिये जा सकते हैं—

1. इस अवस्था में समायोजन न कर सकने के कारण मृत्यु-दर और मानसिक रोगों की संख्या अन्य अवस्थाओं की तुलना में बहुत अधिक होती है।
2. इस अवस्था में किशोर के आवेगों और संवेगों में इतनी परिवर्तनशीलता होती है कि वह प्राय: विरोधी व्यवहार करता है, जिससे उसे समझना कठिन हो जाता है।
3. इस अवस्था में अपराध-प्रवृत्ति अपनी पराकाष्ठा पर पहुँच जाती है और नशीली वस्तुओं का प्रयोग आरम्भ हो जाता है।
4. इस अवस्था में किशोर अपने मूल्यों, आदर्शों, संवेगों में संघर्ष का अनुभव करता है, जिसके फलस्वरूप वह अपने को कभी-कभी मुश्किल स्थिति में पाता है।
5. इस अवस्था में किशोर, बाल्यावस्था और प्रौढ़ावस्था-दोनों अवस्थाओं में रहता है। अत: उसे न तो बालक समझा जाता है और न प्रौढ़।
6. इस अवस्था में किशोर का शारीरिक विकास इतनी तीव्र गति से होता है कि उसमें क्रोध, घृणा, चिड़चिड़ापन, उदासीनता आदि दुर्गुण उत्पन्न हो जाते हैं।
7. इस अवस्था में किशोर का पारिवारिक जीवन कष्टमय होता है, क्योंकि स्वतन्त्रता का इच्छुक होने पर भी उसे स्वतन्त्रता नहीं मिलती है और उससे बड़ों की आज्ञा मानने की आशा की जाती है।

8. इस अवस्था में किशोर के संवेगों, रुचियों, भावनाओं, दृष्टिकोणों आदि में इतनी अधिक परिवर्तनशीलता और अस्थिरता होती है, जितनी उसमें पहले कभी नहीं थी।
9. इस अवस्था में किशोर में अनेक अप्रिय बातें होती हैं; जैसे—उद्दण्डता, कठोरता, भुक्खड़पन, पशुओं के प्रति, निष्ठुरता, आत्म-प्रदर्शन की प्रवृत्ति, गन्दगी और अव्यवस्था की आदतें एवं कल्पना और दिवास्वप्नों में विचरण।
10. इस अवस्था में किशोर को अनेक जटिल समस्याओं का सामना करना पड़ता है; जैसे—अपनी आयु के बालकों और बालिकाओं से नये सम्बन्ध स्थापित करना, माता-पिता के नियन्त्रण से मुक्त होकर स्वतन्त्र जीवन व्यतीत करने की इच्छा करना, योग्य नागरिक बनने के लिए उचित कुशलताओं को प्राप्त करना, जीवन के प्रति निश्चित दृष्टिकोण का निर्माण करना एवं विवाह, पारिवारिक जीवन और भावी व्यवसाय के लिए नौकरी करना।

किशोरावस्था की समस्याएँ

King के अनुसार—जिस प्रकार एक ऋतु का आगमन दूसरी ऋतु के पश्चात् होता है किन्तु प्रथम ऋतु में आगामी ऋतु के आने के लक्षण दिखाई देने लगते हैं, ठीक उसी प्रकार विकास की विभिन्न अवस्थाएँ एक-दूसरे से सम्बन्धित हैं।

स्टेनली हाल के अनुसार किशोरावस्था का शैशव या बाल्यकाल से कोई सम्बन्ध नहीं होता है। उनके शब्दों में "किशोर अथवा किशोरी में जो शारीरिक एवं मानसिक परिवर्तन होते हैं, वे एकदम अकस्मात ही आते हैं।" इसी कारण **Hall** ने किशोरावस्था को संघर्ष, तूफान, तनाव एवं विरोध की अवस्था कहा है। किशोरावस्था में अनेक समस्याएँ उत्पन्न होती हैं, इनको तीन भागों में विभाजित किया जा सकता है—(1) काम-प्रवृत्ति सम्बन्धी समस्याएँ, (2) वातावरण से समायोजन की समस्याएँ, और (3) व्यावसायिक समस्याएँ।

1. काम-प्रवृत्ति से सम्बन्धित समस्याएँ—आज सभी यह स्वीकार करते हैं कि किशोर बालक और बालिकाओं की समस्याएँ प्रायः काम से सम्बन्ध रखती हैं। आज भारतीय परिवारों का जैसा वातावरण है, उसके अनुसार काम सम्बन्धी बातों का बड़ी प्रबलता से दमन किया जा सकता है। किशोरों के मन में काम-प्रवृत्ति के प्रति जिज्ञासा की भावना होती है। परिणामतः वे काम सम्बन्धी बातों की जानकारी अन्य साधनों द्वारा प्राप्त करते हैं, जो अग्रलिखित हो सकते हैं—

(i) मित्रों तथा साथियों से इस सम्बन्ध में पूछना,
(ii) कामुकतापूर्ण साहित्य का अध्ययन,
(iii) चलचित्रों तथा बाजारों में बिकने वाले नग्न चित्रों को देखना,
(iv) पशुओं की मैथुन प्रक्रिया को देखना।

किशोरों को इस प्रकार का जो ज्ञान होता है वह अपूर्ण होता है, इसलिए उनका काम सम्बन्धी विकास उचित दिशा में नहीं होता। विद्यालयों में पायी जाने वाली काम सम्बन्धी समस्याओं का स्वरूप इस प्रकार होता है—

(i) काम सम्बन्धी वातावरण, (ii) कामुकतापूर्ण बातें, (iii) शौचालय की दीवारों पर गन्दी बातें लिखना, (iv) गन्दे चित्र बनाना, (v) भिन्न-लिंगीय व्यक्ति से बातचीत करने की समस्या, (vi) प्रेम की समस्या, (vii) समलिंगीय मैथुन, (viii) भिन्न-लिंगीय मैथुन, (ix) हस्तमैथुन।

काम सम्बन्धी शिक्षा

कुछ मनोवैज्ञानिकों की धारणा है कि विद्यालय में सामूहिक स्तर पर काम सम्बन्धी शिक्षा नहीं दी जा सकती, क्योंकि किशोरावस्था में बालक शारीरिक तथा मानसिक दृष्टि से एक-दूसरे से भिन्न होते हैं। इसके विपरीत आधुनिक मनोवैज्ञानिकों का यह मत है कि— ''यदि हम शारीरिक तथा मानसिक दृष्टि से किशोरों को स्वस्थ तथा सुयोग्य नागरिक बनाना चाहते हैं, तो उनको काम सम्बन्धी शिक्षा किसी न किसी रूप में अवश्य दी जानी चाहिए।''

इस प्रश्न से सम्बन्धित अन्य प्रश्न जुड़े हुए हैं, जैसे—काम-सम्बन्धी शिक्षा किस स्तर से प्रारम्भ की जाए ? काम-शिक्षा कौन दें ? काम-शिक्षक के क्या-क्या गुण होने चाहिए ? आदि। किन्तु इस सम्बन्ध में निम्नलिखित बातें विचारणीय हैं—

1. काम-शिक्षा को पाठ्यचर्चाओं का एक भाग बनाया जाना चाहिए।
2. छात्रों तथा छात्राओं के लिए स्वास्थ्य तथा शरीर विज्ञान अनिवार्य विषय हों, क्योंकि इन विषयों के माध्यम से उन्हें काम-सम्बन्धी शिक्षा सरलता से दी जा सकती है।
3. काम-सम्बन्धी शिक्षा देते समय, अन्य पाठ्य विषयों से सम्बन्धित करके ही पढ़ाना चाहिए।
4. कभी-कभी विद्यालय में यौन-सम्बन्धी विषयों पर वाद-विवाद भी कराए जा सकते हैं।
5. समय-समय पर विद्यालय में विषय विशेषज्ञों को बुलाकर इस विषय पर व्याख्यान कराए जाएँ।
6. छात्राओं के लिए गृह-विज्ञान की व्यवस्था की जाए। गृह-विज्ञान पढ़ाते समय उन्हें प्रजनन की प्रक्रिया से भी अवगत कराया जा सकता है।

2. वातावरण से समायोजन की समस्याएँ—किशोर बालकों का वातावरण प्रायः दो प्रकार का होता है—(i) घर का वातावरण, और (ii) विद्यालय का वातावरण।

साधारण बालकों से बौद्धिक स्तर ऊँचा होने के कारण किशोर उनके साथ रहना पसन्द नहीं करते हैं। ये वयस्कों के साथ रहना चाहते हैं। परन्तु वे उनको अभी भी अबोध समझते हैं। इस कारण किशोरों का मन क्षोभ से भर उठता है और वातावरण के साथ समायोजन बनाए रखना उनके लिए कठिन हो जाता है। इस अवस्था में किशोर एवं किशोरी विषमलिंग की ओर आकर्षित होते हैं। ऐसी अवस्था में कई सामाजिक बाधाएँ तथा चिन्ताएँ उनके समक्ष उत्पन्न हो जाती हैं। अतः किशोर के साथ स्नेह एवं सहानुभूतिपूर्ण व्यवहार करना चाहिए। किशोर इस योग्य हो जाता है कि उसे उत्तरदायित्वपूर्ण कार्य सौंपे जाने चाहिए।

3. व्यावसायिक समस्याएँ—किशोरावस्था में किशोर जीवन की समस्याओं, रहस्यों तथा पेचिदगियों को भली-भाँति समझ सकता है। आज देश के समक्ष सबसे बड़ी समस्या यह है कि किस प्रकार शिक्षा की समाप्ति पर छात्र-छात्राएँ आत्म-निर्भर बन सकेंगे। देश में करोड़ों की संख्या में बेकार लोगों को देखकर, किशोर का मन भी अपने भावी जीवन के लिए चिन्तित हो उठता है। उसके स्वप्न तभी साकार होते हैं जब किसी न किसी ऐसे व्यवसाय को अपना सके जो उसकी रुचियों और क्षमताओं के अनुरूप हो। परन्तु यह बात तभी सम्भव हो सकती है जबकि विद्यालय में शैक्षिक निर्देशन तथा व्यावसायिक निर्देशन की समुचित व्यवस्था हो और पाठ्यचर्चाओं में इस प्रकार के विषयों का आयोजन किया जाए, जिनके आधार पर यह भविष्य में अपनी रुचियों, योग्यताओं और क्षमताओं के अनुरूप किसी व्यवसाय को अपना सके।

किशोरावस्था में शिक्षा का स्वरूप

किशोरावस्था की विशेषताओं के अध्ययन से स्पष्ट है कि यह एक ऐसा काल है जिसके कारण बालक में शक्ति का ज्वार-सा उठता है। इस शक्ति का उपयोग करने के लिए शिक्षा के सही स्वरूप पर ध्यान देना चाहिए जो उनकी आवश्यकताओं की सन्तुष्टि में सहायक हो। किशोरावस्था में शिक्षा के सम्बन्ध में हैडो रिपोर्ट (Hadow Report) में लिखा गया है—

"ग्यारह या बारह वर्ष की आयु में बालक की नसों में ज्वार उठना शुरू हो जाता है। इसको किशोरावस्था के नाम से पुकारा जाता है। यदि इस ज्वार का बाढ़ के समय ही उपयोग कर लिया जाए एवं इसकी शक्ति और धारा के साथ-साथ नई यात्रा आरम्भ कर दी जाए, तो सफलता प्राप्त की जा सकती है।"

इन शब्दों से स्पष्ट हो जाता है कि किशोरावस्था आरम्भ होने के समय से ही शिक्षा को एक निश्चित स्वरूप प्रदान किया जाना अनिवार्य है। इस शिक्षा का स्वरूप इस प्रकार होना चाहिए—

1. शारीरिक विकास के लिए शिक्षा—किशोरावस्था में शारीरिक विकास तीव्र गति से होता है। इस अवस्था में शरीर में अनेक क्रान्तिकारी परिवर्तन होते हैं, जिनको उचित दिशा प्रदान करके शरीर को सबल और सुडौल बनाने का उत्तरदायित्व विद्यालय पर है। अत: उसे अग्रलिखित का आयोजन करना चाहिए—(i) शारीरिक और स्वास्थ्य शिक्षा, (ii) विभिन्न प्रकार के शारीरिक व्यायाम, (iii) सभी प्रकार के खेलकूद आदि।

B.N. Jha के शब्दों में—"यदि इस समय बालकों को व्यायामहीन छोड़ दिया जाए तो शेष जीवन भर के लिए फूला हुआ शरीर ही परिणामस्वरूप हाथ लगता है।"

2. मानसिक विकास के लिए शिक्षा—किशोर की मानसिक शक्तियों का सर्वोत्तम और अधिकतम विकास करने के लिए शिक्षा का स्वरूप उसकी रुचियों, रूझानों, दृष्टिकोणों और योग्यताओं के अनुरूप होना चाहिए। अत: उसकी शिक्षा में अग्रलिखित को स्थान दिया जाना चाहिए—(i) कला, विज्ञान, साहित्य, भूगोल, इतिहास आदि सामान्य विद्यालय विषय,

(ii) किशोर की जिज्ञासा को सन्तुष्ट करने और उसकी निरीक्षण-शक्ति और प्रशिक्षित करने के लिए प्राकृतिक एवं ऐतिहासिक आदि स्थानों का भ्रमण, (iii) उसकी रुचियों, कल्पनाओं और दिवास्वप्नों को साकार बनाने के लिए पर्यटन, वाद-विवाद, कविता-लेखन, साहित्यिक गोष्ठी आदि पाठ्यक्रम सहगामी क्रियाएँ।

3. संवेगात्मक विकास के लिए शिक्षा—किशोर नाना प्रकार के संवेगों से संघर्ष करता हुआ अपने जीवन के दिनों को व्यतीत करता है। किशोर में क्रोध, भय, चिन्ता, द्वेष, प्रेम आदि संवेग प्रबल रूप में पाये जाते हैं। किशोर अपने संवेगों का प्रदर्शन विभिन्न रूपों में करते हैं। इन संवेगों में से कुछ उत्तम और कुछ निकृष्ट होते हैं। किशोरों की भावनाओं और संवेगों की उपेक्षा नहीं करनी चाहिए। उनके संवेगों का अवदमन नहीं करना चाहिए। अत: शिक्षा में इस प्रकार के विषयों और पाठ्यक्रम-सहगामी क्रियाओं को स्थान दिया जाना चाहिए, जो निकृष्ट संवेगों का दमन या मार्गान्तीकरण और उत्तम संवेगों का विकास करें। इस उद्देश्य से कला, विज्ञान, साहित्य, संगीत, सांस्कृतिक कार्यक्रम आदि की सुन्दर व्यवस्था की जानी चाहिए।

4. सामाजिक सम्बन्धों की शिक्षा—किशोर अपने समूह को अत्यधिक महत्त्व देता है और उससे आचार-व्यवहार की अनेक बातें सीखता है। अत: विद्यालय में ऐसे समूहों का संगठन किया जाना चाहिए, जिनकी सदस्यता गहण करके किशोर उत्तम सामाजिक व्यवहार और सम्बन्धों के पाठ सीख सके। किशोर को सामाजिक व्यवस्थापन में सहयोग देने की दृष्टि से उसमें सामाजिक गुणों के विकास पर ध्यान देना चाहिए। किशोर में भी सामूहिकता की भावना होती है। विद्यालयों में सामूहिक शिक्षण पर अध्यापकों को बल देना चाहिये। इसके द्वारा उनमें स्नेह, सहयोग, सहकारिता आदि गुणों का विकास किया जा सकता है। प्रोजेक्ट मैथड के द्वारा अध्यापक किशोरों में उत्तरदायित्व की भावना का विकास कर सकता है। इसके माध्यम से उनमें नेतृत्व के गुण भी विकसित किये जा सकते हैं। इस प्रकार, सामाजिक सम्बन्धों की शिक्षा के लिए सामूहिक क्रियायें, सामूहिक खेल और स्काउटिंग अत्यधिक उपयोगी सिद्धहो सकते हैं।

5. व्यक्तिगत विभिन्नताओं के अनुसार शिक्षा—किशोरों में व्यक्तिगत विभिन्नताओं और आवश्यकताओं को सभी मनोवैज्ञानिकों ने स्वीकार किया है। अत: विद्यालयों में उपयुक्त एवं विभिन्न पाठ्यक्रमों की व्यवस्था की जानी चाहिए, जिससे किशोरों की व्यक्तिगत माँगों को पूर्ण किया जा सके। इस बात पर बल देते हुए **माध्यमिक शिक्षा आयोग** ने लिखा है—"हमारे माध्यमिक विद्यालयों को छात्रों की विभिन्न प्रवृत्तियों, रुचियों और योग्यताओं को पूर्ण करने के लिए विभिन्न शैक्षिक कार्यक्रमों की व्यवस्था करनी चाहिए।"

6. धार्मिक व नैतिक शिक्षा—किशोर के मस्तिष्क में विरोधी विचारों में निरन्तर द्वन्द्व होता रहता है। परिणामत:, वह उचित व्यवहार के सम्बन्ध में किसी निश्चित निष्कर्ष पर नहीं पहुँच पाता है। अत: उसे उदार, धार्मिक और नैतिक शिक्षा दी जानी चाहिए, ताकि वह उचित और अनुचित में अन्तर करके अपने व्यवहार को समाज के नैतिक मूल्यों के अनुकूल बना

सके। इसीलिए कोठारी आयोग ने माध्यमिक विद्यालयों में नैतिक और आध्यात्मिक मूल्यों की शिक्षा की सिफारिश की है। नैतिकता की शिक्षा सैद्धान्तिक न होकर व्यावहारिक होनी चाहिये। सत्य, आत्म-नियन्त्रण, कर्त्तव्य, न्याय, समय की पाबन्दी आदि का अभ्यास छात्रों को करवाना चाहिए। अध्यापकों को भी उपदेश के स्थान पर उदाहरण प्रस्तुत करने चाहिए।

7. पूर्व-व्यावसायिक शिक्षा—किशोर सामान्यत: अपने भविष्य के बारे में चिन्तित रहता है। वह अपने भावी जीवन में किसी-न-किसी व्यवसाय में प्रवेश करने की योजना बनाता है। पर वह यह नहीं जानता है कि कौनसा व्यवसाय उसके लिए उपयुक्त है या अधिक लाभप्रद है। उसे इस बात का ज्ञान प्रदान करने के लिए विद्यालय में कुछ व्यवसायों की प्रारम्भिक शिक्षा दी जानी चाहिए। अध्यापकों को अध्यापन के समय विभिन्न व्यवसायों से सम्बन्धित सूचनाएँ छात्रों को व्यवसाय से परिचित कराने की दृष्टि से देनी चाहिए। हमारे देश के बहु-उद्देशीय विद्यालयों में व्यावसायिक विषयों की शिक्षा की व्यवस्था की गई है।

8. जीवन-दर्शन की शिक्षा—किशोर अपने जीवन-दर्शन का निर्माण करना चाहता है, परन्तु उचित पथ-प्रदर्शन के अभाव में वह ऐसा करने में असमर्थ रहता है। इस कार्य का उत्तरदायित्व विद्यालय पर है। इसका समर्थन करते हुए **ब्लेयर, जॉन्स व सिम्पसन** ने लिखा है—"किशोर को हमारे जनतन्त्रीय दर्शन के अनुरूप जीवन के प्रति दृष्टिकोणों का विकास करने में सहायता देने का महान् उत्तरदायित्व विद्यालय पर है।"

9. बालक व बालिकाओं के पाठ्यक्रमों में विभिन्नता—बालकों और बालिकाओं के पाठ्यक्रमों में विभिन्नता होनी अति आवश्यक है। इसका कारण बताते हुए **B.N. Jha** ने लिखा है—"लिंग-भेद के कारण और इस विचार से कि बालकों और बालिकाओं को भावी जीवन में समाज में विभिन्न कार्य करने हैं, दोनों के पाठ्यक्रम में विभिन्नता होनी चाहिए।"

10. उपयुक्त शिक्षण-विधियों का प्रयोग—किशोरावस्था में बुद्धिका विकास चरम बिन्दु पर होता है। उसकी समस्त मानसिक योग्यताएँ विकसित हो जाती हैं। अतएव अध्यापकों को ऐसी शिक्षण-विधियों का प्रयोग करना चाहिये, जिनमें छात्रों को स्वयं परीक्षण, निरीक्षण, विचार और तर्क करने की शक्तियों का अभ्यास करने का अवसर मिल सके। इस अवस्था में भी करके सीखने पर जोर देना चाहिये। किशोर की कल्पना-शक्ति भी विकसित होती है। अतएव अध्यापक अपने शिक्षण में उसका भी उपयोग कर सकता है। किशोरों को आत्म-प्रदर्शन का अवसर देना चाहिए। इसके लिए विद्यालय में पाठ्य-सहगामी क्रियाओं के संगठन पर ध्यान देना चाहिये। शिक्षण-विधियों की उपयुक्तता के सम्बन्ध में **Ross** ने लिखा है—"विषयों का शिक्षण व्यावहारिक ढंग से किया जाना चाहिए और उनका दैनिक जीवन की बातों से प्रत्यक्ष सम्बन्ध स्थापित किया जाना चाहिए।"

11. यौन-शिक्षा—किशोरावस्था में काम-प्रवृत्ति का ज्वार-सा आता है। किशोर की अनेक समस्याओं की जड़ उसकी काम-प्रवृत्ति होती है। इसी के कारण किशोर के संवेग, रुचि, व्यवहार आदि में अस्थिरता आती है। आधुनिक मनोवैज्ञानिकों की राय है कि किशोर की काम-प्रवृत्ति को अच्छी दिशा की ओर परिवर्तित अथवा परिमार्जित करने के लिए उसे यौन-शिक्षा देना नितान्त आवश्यक है।

किशोरावस्था का प्रारम्भ ही लड़के और लड़कियों में भय तथा उद्वेग पैदा कर देता है। किशोरों को किशोरावस्था में स्वप्नदोष होता है जिसके कारण उसके वीर्य का स्राव होता है। लड़कियों में मासिक धर्म होता है जिसके अन्तर्गत रक्तस्राव होता है। इनका ज्ञान न होने से ऐसी दशा में दोनों ही बहुत घबराते हैं। इसको वे एक प्रकार की बीमारी मानते हैं। लड़कियों को मासिक धर्म का ज्ञान न होने से ऐसी स्थिति में वे अत्यधिक लज्जा और शर्म अनुभव करती हैं। अतएव इस अवस्था में रजस्वला होने से पूर्व ही किशोरियों को तथा वीर्यपात होने से पूर्व किशोरों को यौनांगों की रचना, उनके कार्य तथा रजोदर्शन एवं वीर्य सम्बन्धी ज्ञान दे देना चाहिए।

यौन-शिक्षा देकर लड़के-लड़कियों में विषमलिंगी के प्रति स्वस्थ दृष्टिकोण पैदा करना चाहिए। उनको सन्तानोत्पत्ति की प्रक्रिया का भी ज्ञान कराना चाहिए। किन्तु ये सभी ज्ञान कराते समय यह ध्यान अवश्य रखा जाए कि यौन-शिक्षा उनके लिए उत्तेजना देने वाली न हो जाए। इसके साथ ही आवश्यक है कि नैतिक एवं चारित्रिक शिक्षा की व्यवस्था हो। कुछ विद्वानों का मत है कि सह-शिक्षा पर जोर देना चाहिए। सह-शिक्षा द्वारा काम-सम्बन्धी अनेक भ्रम स्वतः ही दूर हो जाते हैं। यौन-शिक्षा देने के लिए घर पर माता-पिता और विद्यालय में अध्यापक को यह कर्त्तव्य पूरा करना चाहिए।

अध्यापकों को चाहिए कि वे किशोरों को ऐसे रचनात्मक कार्यों में लगाएँ जिनसे किशोरों की काम-शक्ति का मार्ग परिवर्तित हो जाए। साहित्य, कला, संगीत, समाज-सेवा आदि कर्म ऐसे हैं जिनमें किशोरों को संलग्न करने से उनकी काम-शक्ति का मार्गान्तरीकरण हो जाता है। यौन-शिक्षा की आवश्यकता और विधि पर अपना मत प्रकट करते हुए रॉस (Ross) ने लिखा है—"यौन-शिक्षा की परम आवश्यकता को कोई भी अस्वीकार नहीं कर सकता है। इस बात की आवश्यकता है कि किशोर को एक ऐसे वयस्क द्वारा गोपनीय शिक्षा दी जाय, जिस पर उसे पूर्ण विश्वास हो। "

12. किशोर के प्रति वयस्क का-सा व्यवहार—किशोर को न तो बालक समझना चाहिए और न उसके प्रति बालक का-सा व्यवहार करना चाहिए। इसके विपरीत, उसके प्रति वयस्क का-सा व्यवहार किया जाना चाहिए। इसका कारण बताते हुए **ब्लेयर, जॉन्स व सिम्पसन** ने लिखा है—"जिन किशोरों के प्रति वयस्क का-सा जितना ही अधिक व्यवहार किया जाता है, उतना ही अधिक वे वयस्कों का-सा व्यवहार करते हैं।"

13. शैक्षिक भ्रमण की व्यवस्था—किशोरों को अनेक प्रकार की सरस्वती यात्राओं को करने का अवसर प्रदान करना चाहिए जिनसे उनका ज्ञान-वर्धन हो, उनके सम्पर्क में वृद्धिहो एवं सामाजिक और नैतिक विकास हो। शिक्षकों को चाहिए कि अवकाश के दिनों में वे किशोर बालकों को नाना प्रकार के ऐतिहासिक, प्रसिद्धएवं प्राकृतिक स्थानों पर ले जाकर अनेक प्रकार से उन्हें ज्ञानार्जन करने के अवसर दें।

14. किशोर के महत्त्व को मान्यता—किशोर में उचित महत्त्व और उचित स्थिति प्राप्त करने की प्रबल इच्छा होती है। उसकी इस इच्छा को पूर्ण करने के लिए उसे उत्तरदायित्व

के कार्य दिये जाने चाहिए। इस उद्देश्य से सामाजिक क्रियाओं, छात्र-स्वशासन और युवक गोष्ठियों का संगठन किया जाना चाहिए।

15. मानवीयता का विकास—किशोर में मानवीयता का विकास करना चाहिए। **गॉडफ्रे** के शब्दों में—"किशोर शिक्षालयों का यह भी कर्त्तव्य है कि वे व्यापक दृष्टिकोण का पोषण करें, अंगोपांग तथा समस्त रूप दोनों को अवगत करें एवं अच्छे विचारकों, अच्छे कार्यकर्त्ताओं और अच्छे व्याारियों का निर्माण करने के साथ-साथ उन सभी को उतने ही अच्छे पुरुष एवं नारी बना सकें।"

16. अपराध-प्रवृत्ति पर अंकुश—किशोर में अपराध करने की प्रवृत्ति का मुख्य कारण है—निराशा। इस कारण को दूर करके इस पर अंकुश लगाया जा सकता है। विद्यालय, उसको अपनी उपयोगिता का अनुभव कराके उसकी निराशा को कम कर सकता है और इस प्रकार उसकी अपराध-प्रवृत्ति पर अंकुश लगा सकता है या कम कर सकता है।

17. किशोर-निर्देशन—स्किनर के अनुसार—"किशोर को निर्णय करने का कोई अनुभव नहीं होता है।" अत: वह स्वयं किसी बात का निर्णय नहीं कर पाता है और चाहता है कि कोई उसे इस कार्य में निर्देशन और परामर्श दे। यह उत्तरदायित्व उसके अध्यापकों और अभिभावकों को लेना चाहिए।

18. पाठ्य-सहगामी योजना—किशोर के शारीरिक, मानसिक, भावात्मक, नैतिक एवं सामाजिक विकास के लिए पाठ्य-सहगामी क्रियाओं की विशेष आवश्यकता होती है। इनके द्वारा किशोरों की पाशविक मूल-प्रवृत्तियों का शोधन होता है, उनका जीवन सक्रिय एवं साहसिक होता है तथा उनमें सहयोग की भावना का विकास होता है।

19. स्वशासन एवं आत्म-नियन्त्रण—किशोरावस्था में अनुशासन ऊपर से नहीं थोपना चाहिए। किशोर अपने ऊपर नियन्त्रण के विरोध में विद्रोह करते हैं और अनुशासनहीनता की समस्या पैदा करते हैं। किशोर को स्वशासन के लिए प्रेरित करना चाहिए। विद्यालय में अनुशासन समिति गठित करके उसमें छात्रों के कुछ प्रतिनिधि रखने चाहिए। जितने भी उत्सवों एवं कार्यक्रमों का आयोजन होता है, उनका प्रबन्ध एवं संचालन छात्रों के हाथ में रहना चाहिए। ऐसा करने से उनमें उत्तरदायित्व की भावना विकसित होती है तथा आत्म-नियन्त्रण करना सीखते हैं।

इस प्रकार स्पष्ट है कि किशोरावस्था, जीवन का सबसे कठिन और नाजुक काल है। इस अवस्था में बालक का झुकाव जिस ओर हो जाता है, उसी दिशा में वह जीवन के आगे बढ़ता है। वह धार्मिक या अधार्मिक, देश-प्रेमी या देश-द्रोही, अध्यवसायी या अकर्मण्य कुछ भी बन सकता है। इसी अवस्था में संसार के सब महान् पुरुषों ने अपने भावी जीवन का संकल्प किया है। महात्मा गाँधी ने अपने जीवन में सत्य का अनुसरण करने की प्रतिज्ञा इसी अवस्था में की थी। अत: बालकों के भावी भाग्य और उत्कृष्ट जीवन के निर्माण में इस अवस्था की गरिमा से अपने ध्यान को एक क्षण के लिये भी विचलित न करके अध्यापकों और अभिभावकों को उनकी शिक्षा का सुनियोजन और सुसंचालन करना अपना परम पुनीत कर्त्तव्य समझना चाहिये। उन्हें **वेलेन्टाइन** (Valentine) के इस वाक्य को अपना आदर्श सूत्र मानना चाहिये—

"मनोवैज्ञानिकों द्वारा बहुत समय तक उपदेश दिये जाने के बाद अन्त में यह बात व्यापक रूप से स्वीकार की जाने लगी है कि शैक्षिक दृष्टिकोण से किशोरावस्था का अत्यधिक महत्त्व है।"

शारीरिक विकास

विभिन्न मनोवैज्ञानिकों द्वारा बालक के शारीरिक परिवर्तनों को व्यक्त करने के लिए तीन विभिन्न शब्दों का प्रयोग किया जाता है—विकास, अभिवृद्धिऔर परिपक्वता। Mereditइस प्रकार के विभिन्न शब्दों के प्रयोग को निरर्थक और पर्यायवाची मानता है। **Kolesnik** ने भी यही मत प्रकट करते हुए लिखा है—"विकास, अभिवृद्धि, परिपक्वता और अधिगम—ये सब शब्द शारीरिक, मानसिक, सामाजिक, संवेगात्मक, और नैतिक परिवर्तनों का उल्लेख करते हैं, जिनका व्यक्ति अपने जीवन में आगे बढ़ते समय अनुभव करता है।"

हमारे देश में सर्वांगीण विकास की उपेक्षा करके केवल मानसिक विकास पर ही अधिक बल दिया जाता है। ऐसा करने से शिक्षक उस कथन की उपेक्षा करते हैं कि—"स्वस्थ शरीर में स्वस्थ मस्तिष्क निवास करता है।" शारीरिक विकास भी उतना ही महत्त्वपूर्ण है जितना मानसिक विकास। अध्यापक को शारीरिक रचना एवं उसके विकास का ज्ञान होना भी महत्त्वपूर्ण है क्योंकि मानव व्यवहार को निर्धारित करने वाले तत्त्वों को स्पष्ट करते हुए लिखा है—"बालक प्रथमतः एक शरीरधारी प्राणी है। उसका व्यवहार एवं अभिवृत्तियों का विकास उसकी शारीरिक रचना पर आधारित रहता है। अतएव उसके शारीरिक प्रतिरूपों का अध्ययन करना आवश्यक हो जाता है।"

□□□

5

गामक-विकास
(Motor Development)

बालक का सर्वांगीण विकास उसके गतिवाही विकास पर बहुत अधिक अवलम्बित होता है। गामक विकास से हमारा अभिप्राय—"बालक की शक्ति, गति और माँसपेशियों के विकास से तथा पैरों के उचित उपयोग की क्षमता आ जाने से है।" बालक का संवेगात्मक व्यवहार एवं उसका मानसिक विकास बहुत हद तक उसके गतिवाही विकास पर आधारित होता है। बालक समुचित गामक विकास द्वारा ही अपने को समाज के अनुरूप बनाना सीखता है। बालक अपनी बौद्धिक जिज्ञासा की शान्ति वस्तुओं की खोज तथा उनके उपयोग से करता है। वह दूसरे से व्यवहार करने के ढंग को सीखता है, उनसे सहयोग करने की भावना को ग्रहण करता है। ये सभी बातें बालक में समुचित गामक व्यवहार के सीखने पर ही आती है। जीवन के किसी क्षेत्र में बालक की सफलता और असफलता इस बात पर निर्भर करती है कि वह गामक योग्यताओं का प्रयोग किसी कार्य में कैसे और कब करता है ?

मानव शिशु जन्म के समय पूर्णत: निरीह होता है। वह अपनी प्रत्येक आवश्यकता की पूर्ति दूसरों के माध्यम से ही करता है। आरम्भ में बालक की गतियाँ आकस्मिक रहती हैं, क्योंकि हाथ-पैरों पर उसका नियन्त्रण नहीं होता है। पर उम्र में वृद्धि के साथ-साथ वह अपनी माँसपेशियों की गतिविधियों पर नियन्त्रण करना सीखने लगता है और इस नियन्त्रण के कारण उसकी क्रियाओं में विशिष्टता दिखलाई देने लगती है। इस प्रकार माँसपेशियों की गति पर नियन्त्रण को **हरलॉक** नामक मनोवैज्ञानिक ने गामक विकास न मानकर इससे भी आगे की कल्पना की है। **Crow & Crow** के अनुसार गामक विकास का तात्पर्य उन शारीरिक क्रियाओं से है जो नाड़ियों एवं माँसपेशियों की क्रियाओं के समन्वय द्वारा सम्भव होती हैं। इन दोनों के सम्बन्ध में बालक की क्रियाओं में और अधिक स्थिरता तथा स्पष्टता आ जाती है। इस प्रकार, संक्षेप में कहा जा सकता है कि बालक में क्रियाएँ करने की क्षमता के विकास को ही गामक विकास कहते हैं।

गतिवाही विकास बाल्यावस्था में तीव्र गति से होता है। गामक कौशल का विकास बालक में सामान्य से विशिष्ट की ओर होता है। पहले बालक सामान्य और साधारण कार्यों को करना सीखता है, फिर विशिष्ट कार्यों को। बालक अत्यन्त छोटी उम्र में ही उन नैपुण्यों को सीखने का प्रयास करता है, जिनसे उनमें आत्म-साहाय्य और आत्म-निर्भरता की भावना का विकास होता है। बालकों को आत्म-निर्भर बनाने वाले कार्य करते समय डाँटना नहीं चाहिए। कुछ कार्यों को करने में बालक-बालिकाओं से श्रेष्ठ होते हैं जिनमें केवल शारीरिक शक्ति की ही आवश्यकता होती है। किन्तु किन्हीं दूसरे कार्यों में लड़कियाँ भी लड़कों से श्रेष्ठ होती हैं। यद्यपि बालक और बालिकाओं की गामक शक्तियों में अन्तर होता है, फिर भी कुछ ऐसे कार्यों का आयोजन होना चाहिए जहाँ बराबर की हैसियत से बालक और बालिकाएँ कार्य में भाग ले सकें।

गामक विकास का महत्त्व

गामक विकास केवल इसलिए महत्त्वपूर्ण नहीं है कि इसका सम्बन्ध शारीरिक और मानसिक विकास से है, वरन् स्वयं इसकी परम उपयोगिता है और इसी कारण यह किसी भी व्यक्ति के जीवन में अत्यन्त उपयोगी और महत्त्वपूर्ण समझा जाता है। कोई बालक उच्च स्तरीय मानसिक कार्यों के करने के योग्य न हो, उसमें उच्च बौद्धिक धरातल के कार्यों के करने की क्षमता न हो, किन्तु वह गामक योग्यताओं में पूर्ण समर्थ हो, ऐसा बालक उन कार्यों के करने के अयोग्य ठहराया जा सकता है, जिनमें उच्च बौद्धिक धरातल अथवा प्रतिभा की आवश्यकता होती है; किन्तु वह एक कुशल कारीगर, दक्ष शिल्पकार और योग्य मिस्त्री बन सकता है।

गामक क्रियाओं के विकास से बालक की गतियों के क्षेत्र में विस्तार होता है। चलने की गति का विकास होने से वह एक स्थान से दूसरे स्थान पर जा सकता है। इस प्रकार वह अपने साथियों से सम्बन्ध स्थापित करता है। उनके साथ विभिन्न प्रकार के खेल खेलता है। इस प्रकार गामक विकास बालक के वातावरण के साथ समायोजन करने में सहायता करता है। गामक क्रियाओं में स्थिरता बढ़ने से वह अनेक कार्य स्वयं करने लगता है जिससे उसकी आत्मनिर्भरता में वृद्धिहोती है। विभिन्न प्रकार की खेलकूद सम्बन्धी क्रियाओं में भाग लेने से बालक में सामाजिक कुशलता का विकास होता है। क्रियाओं के विशिष्टीकरण से बालक की शक्ति का अपव्यय होने से बचता है। गामक विकास के कारण बालक में बौद्धिक समताएँ विकसित होती हैं।

गामक-कौशल का विकास

बाल्यावस्था में गामक विकास बड़ी शीघ्रता से होता है। बालक जब 1½ वर्ष या 18 माह का होता है, तब वह सरलता से चलना सीख लेता है। दूसरे और तीसरे वर्ष में वह दौड़ना, चढ़ना, उछलना-कूदना, सन्तुलन रखना और नृत्य करना भी सीख लेता है। बालक जब भी कोई नयी चीज सीखता है, तो वह लगातार उसका अभ्यास करता है तथा बड़ों से उस कार्य की स्वीकृति प्राप्त करता है कि वह दौड़ना या खेलना सीख गया है अथवा वह ठीक से सन्तुलन रखना सीख गया है।

समय-समय पर बालक अपनी माँसपेशियों के ठीक-ठीक और समुचित प्रयोग के नये-नये ढंग सीखता है। हम देखते हैं कि 2 वर्ष का बालक ईंटों का छोटा मकान बना सकता है। 3 वर्ष का एक बालक किसी वृत्त की आसानी से अनुकृति कर सकता है, वह एक वृत्तीय मानवी रेखाकृति भी बना सकता है। वह एक बड़ा वृत्त का गोला बनाकर उसमें दो छोटे-छोटे गोले पैरों के लिए तथा दो छोटे-छोटे आँखों के लिए बनाने की क्षमता रखता है। 4 वर्ष का एक बालक समकोण वाले वर्ग की नकल कर उसे बना सकता है तथा 5 वर्षीय बालक मानव की बाह्य रूपरेखा, उसके हाथ-पैर, आँखें और गर्दन का संकेत मात्र देकर बना सकता है।

गामक कौशल का विकास बालक में सामान्य से विशिष्ट कार्य की तरफ होता है। सर्वप्रथम बालक सरल, सामान्य और साधारण कार्यों को करना सीखता है, फिर विशिष्ट कार्यों को। समय बीतने के साथ-साथ वह ऐसे कार्यों को करना सीखना चाहता है जो सामान्य और विशेष कार्यों का मिश्रण हो। कहने का आशय यह है कि 'सरल से कठिन' और 'कठिन से सरल' एवं ऐसे कार्य जिनमें ऐसी कई क्रियाएँ सम्मिलित हों जो वह पहले सीख चुका है, करने का प्रयत्न करता है। पहले बालक चलना सीखता है, अभ्यास द्वारा उसमें कुशलता आने पर वह दौड़ना सीखता है। वह वस्तुओं को अपने हाथ से पकड़ना सीखता है, धीरे-धीरे वह दौड़ते हुए भी गेंद को पकड़ना सीख लेता है। यह दौड़ते हुए गेंद को पकड़ने का कार्य दो विशिष्ट क्रियाओं का एकीकरण है। जिन्हें उसने पहले सीख लिया है—(i) दौड़ना, और (ii) गेंद को पकड़ना। इस प्रकार के कार्य करने में शरीर की विभिन्न माँसपेशियों, हाथ-पैर और नेत्रों के समन्वय की आवश्यकता होती है।

बालकों में रंग, आकार, परिभाषा, मात्रा आदि के प्रति प्रारम्भ से ही रुचि पैदा हो जाती है। **मैडम मॉन्टेसरी** ने अपनी शिक्षा की 'मॉन्टेसरी प्रणाली' में छोटे बालकों की इसी प्रवृत्ति का लाभ उठाया है और उन्हें चमकीली विभिन्न रंग वाली वस्तुओं के माध्यम से सिखाने पर बल दिया है। एक दो वर्ष के बालक को ईंटों और कंकड़ों को बक्स में भरने और प्यालों को छिद्रों में रखने में ही आनन्द आता है। 3 वर्ष की आयु में वह विभिन्न रंगों तथा वस्तुओं के आकार में तुलना करता है और उनमें आनन्द लेता है। 4 वर्ष की उम्र में बालक तीन-चार साधारण टुकड़ों वाली चित्र-खण्ड पहेली को बनाना सीख लेता है। एक 5 वर्ष का बालक साधारण रंगों के नाम बता सकता है; जैसे—हरा, लाल, पीला, नीला आदि। कुछ अक्षरों तथा अंकों की भिन्नता को भी बता सकता है।

गामक विकास की विशेषताएँ

बालकों में पाई जाने वाली गामक विकास की विशेषताएँ, इस प्रकार होती हैं—

1. सामान्य से विशिष्ट की ओर—बालक पहले सामान्य या सरल क्रियाएँ करना सीखता है तदनन्तर वह विशिष्ट या कठिन क्रियाओं को करता है। बालक सर्वप्रथम चलना सीखता है। इस पर पूर्ण नियन्त्रण होने पर वह दौड़ना आरम्भ करता है।

2. क्रमबद्धता—बालक के गामक विकास में क्रमबद्धता होती है। यह अकस्मात् नहीं होता है। गामक विकास के सम्बन्ध में दो सिद्धान्त हैं। प्रथम—'सिर से पैर की ओर' का

सिद्धान्त। इस सिद्धान्त के अनुसार विकास का क्रम सिर से आरम्भ होता है, इसके बाद भुजाओं, हाथ, धड़ तथा पैरों का विकास होता है। दूसरा—'केन्द्र-बिन्दु से बाहर की ओर' का सिद्धान्त है, इसके अनुसार विकास की क्रिया केन्द्र में पहले प्रारम्भ होती है; जैसे—बालक पैरों के बल चलने से पूर्व टाँगों की माँसपेशियों पर नियन्त्रण करना सीख लेता है।

3. अभ्यास—बालक माँसपेशियों पर नियन्त्रण अभ्यास से प्राप्त करता है। बालक उठकर खड़ा होता है और पुन: गिर जाता है, किन्तु इस क्रिया को बार-बार दोहराने से वह खड़ा होने में निपुण हो जाता है।

4. वैयक्तिक विभिन्नता—यद्यपि गामक विकास एक निश्चित क्रम से होता है, फिर भी वैयक्तिक विभिन्नताएँ देखने को मिलती हैं। हम देखते हैं कि कुछ बालक अपनी आयु के बालकों की तुलना में विलम्ब से चलना आरम्भ करते हैं।

गामक क्रिया और लिंगभेद

Jenkins एवं साथी विद्वानों का मत है कि एक सामान्य बालक सामान्य बालिका से शक्ति, गति और अन्य गामक नैपुण्य की परीक्षाओं में अधिक उत्कृष्ट सिद्धहोता है। गामक-शक्ति के प्रदर्शन में बालकों की यह वरीयता दो कारणों से प्रतीत होती है—(i) उसके जन्मजात कारणों से, तथा (ii) सांस्कृतिक प्रभाव से।

बालक प्रारम्भ से ही सामाजिक कार्यों में भाग लेना प्रारम्भ कर देते हैं किन्तु हमारी संस्कृति लड़कियों को इस प्रकार का प्रोत्साहन नहीं देती। वे आरम्भ से ही घर की चारदीवारी के अन्दर बन्द रहती हैं, उनका कार्य क्षेत्र केवल अपना घर ही होता है। यदि कोई लड़की सामाजिक कार्यों में अधिक भाग लेती है तो समाज उसे हेय दृष्टि से देखता है। सम्भवत: हमारे समाज ने स्त्री के चरित्र का मानदण्ड घर की दीवारों के अन्दर बन्द रहना ही बना रखा है। शारीरिक दृष्टि से भी लड़कियाँ बालकों के समान कठिन कार्यों को करने में समर्थ नहीं होती हैं। युवावस्था में भी उनके हाथ-पैर और शारीरिक आकृति बालकों की अपेक्षा अनुपातत: छोटी होती है, किन्तु उनकी गर्दन बालकों की अपेक्षा लम्बी होती है।

जैसे-जैसे बालक-बालिकाओं की आयु बढ़ती जाती है, वैसे-वैसे उनकी गतिवाही शक्तियों में अन्तर बढ़ता जाता है। बालिकाओं में 14 वर्ष की आयु में गामक शक्तियों का विकास अपने चरम बिन्दु पर पहुँच जाता है। बालकों में यह विकास 17 वर्ष तक होता रहता है।

बालिकाएँ बालकों से उन मिश्रित कार्यों में आगे निकल जाती हैं, जिनमें मात्र शारीरिक शक्ति की आवश्यकता नहीं पड़ती। **एम. मैकफॉर्लेन** (M. McFarlane) ने एक अध्ययन द्वारा पता लगाया कि बालक-बालिकाओं से ऐसे संकार्यों में बहुत आगे निकल जाते हैं; जैसे—लकड़ी के टुकड़ों को इकट्ठा करना, जिनसे एक पहियेदार गाड़ी बनती हो। इसी प्रकार लड़कियाँ कपड़े के टुकड़ों को एकत्रित करने में लड़कों से बहुत आगे निकल जाती हैं; इन टुकड़ों से मिलकर कोई वस्त्र बनता है और शारीरिक शक्ति की अधिक आवश्यकता नहीं होती।

गतिवाही कौशल एवं बालक में आत्मनिर्भरता की भावना

प्रारम्भिक जीवन में ही बालक उस निपुणता को प्राप्त करने का प्रयास करता है, जिससे उसमें आत्म-निर्भरता की भावना आ जाए। उदाहरणार्थ, प्रत्येक बालक को उसकी माँ दूध पिलाती है किन्तु धीरे-धीरे बालक उस बर्तन को स्वयं पकड़ना सीखता है, जिससे वह दूध पीता है अथवा खाना खाता है। समय बीतने के साथ-साथ, फिर एक दिन वह ऐसी स्थिति में पहुँच जाता है कि स्वयं अपने हाथ से भोजन करने लगता है। इसके बाद वह स्वयं अपने हाथ से ही भोजन करना पसन्द करता है, वह नहीं चाहता कि कोई दूसरा उसे भोजन कराए। माता-पिता को यह बात पसन्द नहीं होती, क्योंकि आरम्भ में स्वयं अपने हाथ से खाते समय बालक की माँसपेशियाँ संगठित एवं सन्तुलित रूप से कार्य नहीं कर पाती हैं और दूध छलक जाता है, सब्जी बिखर जाती है तथा बर्तन टूट जाते हैं। ऐसी स्थिति में माता-पिता बालकों को डाँटते हैं, जो कि बिल्कुल ही गलत और अमनोवैज्ञानिक होता है।

उदाहरणार्थ, एक 4 वर्षीय बालक जो स्वयं स्नान करता था तथा अपने बालों को भी स्वयं संवारता और कंघी करता था, बिना माँ की सहायता लिए ही वस्त्र पहनना अधिक पसन्द करता था। माँ के चाहने पर भी वह उससे कुछ भी करवाना नहीं चाहता था। पर ऐसा करते समय वह काम को बिगाड़ देता था। कभी पानी उडेल देता तो कभी वस्त्रों को अस्त-व्यस्त कर देता था। कभी-कभी तो तेल भी बिखेर देता था। यद्यपि माँ यह कतई पसन्द नहीं करती थी, फिर भी पुत्र उसी को चाहता था।

इस प्रकार के कार्यों से बालक के गतिवाही कौशल का विकास होता है और कुछ समय बाद उन कार्यों को करने में वह दक्षता प्राप्त कर लेता है। माता-पिता बालकों को यदि ऐसे कार्यों को करने में बाधा पहुँचाते हैं तो बालक को अधिक हानि पहुँचाते हुए उनके गतिवाही विकास में बाधक बनते हैं। क्योंकि ये क्रियाएँ ही बालक को आत्म-निर्भरता प्राप्त करने में सहायता पहुँचाती हैं, अतः माता-पिता को उसमें रुकावट नहीं डालनी चाहिए।

विभिन्न गामक योग्यताओं का विकास-क्रम

बालकों में गामक क्रियाओं के विकास का क्रम अग्रलिखित प्रकार से होता है—

1. सिर के क्षेत्र का गामक विकास—सिर के क्षेत्र से सम्बन्धित तीन क्रियाएँ प्रमुख हैं—(अ) सिर को उठाना, (ब) आँख गतिविधि, और (स) मुस्कुराना। नवजात शिशु जन्म से मात्र 20 मिनट बाद अपना सिर क्षणमात्र के लिए ऊपर उठा सकता है। चार माह के शिशु को यदि किसी के सहारे बिठाया जाए तो वह अपने सिर को सीधा कर सकता है। 6 महीने में शिशु बिना किसी सहायता के अपना सिर उठाने में समर्थ होता है। गर्दन तथा उसकी माँसपेशियों के विकसित होने पर वह अपनी गर्दन को इधर-उधर घुमाने लगता है।

इसी प्रकार जन्म के समय शिशु की आँख की गतिविधि असम्बद्धहोती है। किन्तु दूसरे महीने के अन्त तक शिशु अपनी दृष्टि को किसी स्थिर वस्तु पर केन्द्रित कर सकता है। तीसरे महीने के अन्त तक गतिशील वस्तुओं पर वह अपनी दृष्टि दौड़ा सकता है।

त्वकीय उत्तेजना होने पर एक सप्ताह का बालक मुस्कुराने लगता है। किन्तु तीन माह की अवस्था में ही वह किसी को हँसते देखकर मुस्कुराने की सहज क्रिया सम्पन्न कर पाता है।

2. भुजाओं तथा हाथों का गामक विकास—नवजात शिशु में जन्म के समय से ही भुजाओं तथा हाथों में गति पाई जाती है। वह अपनी भुजाओं तथा हाथों को इधर-उधर फैंकता है तथा हाथ की उँगलियों को खोलता तथा बन्द करता है। **शेरमैन और शेरमैन** के अनुसार दूसरे सप्ताह तक हाथों की क्रिया संयोजित हो जाती है। इसके बाद बालक में किसी वस्तु को देखकर पकड़ने की क्रिया आरम्भ होती है किन्तु आँख तथा हाथ में समन्वय न होने के कारण पकड़ने में असमर्थ रहता है। 6 माह की आयु में शिशु की दृष्टि तथा हाथों में पर्याप्त समन्वय हो जाने से वह वस्तु को पकड़कर मुख तक ले जाता है। **लिपमैन** के अनुसार सातवें माह में बालक में एक से अधिक वस्तुओं को पकड़ने की क्षमता का विकास हो जाता है। एक वर्ष की आयु में बालक प्याले या कप से स्वयं दूध पीने लगता है। दो वर्ष की आयु में वह स्वयं खाना खाने लगता है। तीन वर्ष की आयु तक बालक पहने कपड़े उतारने लग जाता है। पाँच वर्ष की आयु तक बालक कपड़ों के बटन खोलना सीख जाता है। तीन वर्ष की आयु तक बालक रेखाएँ खींचना सीख पाता है। पाँच वर्ष की आयु में बालक अक्षर लिखने लगता है। चार वर्ष की आयु में बालक वस्तुओं को उठाकर दूसरे स्थान पर रखना सीख जाता है तथा साथ ही अपने खिलौनों को सम्भाल कर रखना सीख जाता है।

3. धड़ का गामक विकास—जन्म के दो माह बाद बालक अपने शरीर को थोड़ा-बहुत घुमाने में समर्थ हो जाता है। यदि उसे करवट के सहारे लेटा दिया जाए तो वह पीठ के बल अपने आप लेट सकता है। छः भाह की आयु में बालक करवट बदल सकता है। इसी प्रकार बैठने की क्रिया में बालक तभी समर्थ हो जाता है जबकि उसके पृष्ठ भाग की माँसपेशियाँ उचित रूप में विकसित हो जाएँ। **गैसेल और थाम्पसन** के अनुसार 5 माह की आयु में बालक दूसरे किसी सहारे से बैठने लगता है और 9-10 माह में वह स्वयं बैठने लगता है। लड़कियों में इस प्रकार की सामर्थ्य लड़कों की अपेक्षा पहले आ जाती है।

4. पैरों का गामक विकास—बालक अपने पैरों को चलाने की क्रिया भ्रूणावस्था में ही प्रारम्भ कर देता है। जन्म के बाद कुछ माह तक लेटे हुए ही बालक अपने पैरों को उछाल-उछाल कर पैरों की माँसपेशियों पर नियन्त्रण करना सीख लेता है। 9 से 15 माह की आयु तक बालक की हड्डियाँ, टाँगें, धड़ तथा अन्य माँसपेशियाँ इतनी विकसित हो जाती हैं कि वह चलने का प्रयास करने लगता है। सर्वप्रथम बालक अपने पैरों तथा हाथों की सहायता से शरीर को आगे बढ़ाने का प्रयास करता है और लुढ़क जाता है। 6 माह की आयु में बालक बैठे-बैठे अपने पैर, भुजाओं तथा हाथों की सहायता से खिसकना आरम्भ होता है। सातवें से आठवें माह के बीच बालक हाथों व पैरों की सहायता से घुटनों के बल रेंगना प्रारम्भ करता है। 10 माह की आयु में बालक डगमगाते हुए खड़े होने का अभ्यास करता है। खड़े होने के बाद वह चलना प्रारम्भ करता है। दो वर्ष की आयु में बालक चलने में कुशल हो जाता है

और दौड़ने भी लगता है। तीन वर्ष की अवस्था से ही बालक सीढ़ियों पर चढ़ना प्रारम्भ कर देते हैं।

विभिन्न अवस्थाओं में गामक विकास

शैशवावस्था—इस प्रारम्भिक अवस्था में बालक जन्म के कुछ दिन बाद ही हाथों-पैरों को चलाना प्रारम्भ कर देता है। नेत्र की गतिविधि, मुस्कुराना, सिर को उठाना आदि का विकास होता है। वह वस्तुओं को पकड़ना सीखता है। बैठने, रेंगने, खड़े होने तथा चलने सम्बन्धी क्रियाओं में बालक अभ्यास द्वारा दक्षता प्राप्त करता है। बालक इस अवस्था में रेखाएँ खींचना भी आरम्भ कर देते हैं।

बाल्यावस्था—इस अवस्था में आने से बालक की शैशवावस्था की क्रियाओं में सुडौलता आती है और शरीर के विभिन्न अवयवों में समन्वय बढ़ता है। बालक अपने अनेक कार्य स्वयं ही करने लगता है। खाना, वस्त्र पहनना, नहाना तथा बाल सँवारना आदि कार्य बालक स्वयं करना सीख लेता है। इस अवस्था में स्फूर्ति अधिक होने से बालक ऐसे खेलों में भाग लेता है जिनमें शारीरिक श्रम की आवश्यकता अधिक होती है। साथ ही बालक विभिन्न कौशलों में रुचि लेने लगते हैं।

किशोरावस्था—किशोरावस्था में बालकों की रुचि समाज द्वारा स्वीकृत कौशल, खेलकूद, नृत्य आदि गामक क्रियाओं में अधिक बढ़ जाती है। प्रतियोगिता वाले खेल बालकों को रुचिकर लगते हैं। हाथ और आँख में समन्वय अधिक बढ़ जाने से किशोर विशिष्ट कौशलों में दक्षता प्राप्त करने का प्रयास करते हैं।

गामक योग्यताओं का आपस में सम्बन्ध

यदि किसी व्यक्ति में एक प्रकार की गामक सामर्थ्य अधिक है तो वह आवश्यक नहीं कि अन्य प्रकार की गामक योग्यताएँ भी उसमें उसी कोटि की शक्तिशाली होंगी, जब तक कि कोई ऐसा विशिष्ट कार्य न हो, जिसमें सभी गामक योग्यताओं; जैसे—शक्ति, गति, माँसपेशियों आदि की आवश्यकता पड़ती हो। अत: एक व्यक्ति की कोई विशेष सामर्थ्य दूसरी गामक योग्यता से अधिक बलशाली हो सकती है। प्रत्येक व्यक्ति गामक नैपुण्य के प्रयोग में दूसरे से भिन्न हो सकता है। कुछ व्यक्ति बहुत-से विविध गामक नैपुण्यों के प्रदर्शन में अत्यन्त श्रेष्ठ हो सकते हैं जबकि दूसरे लोग केवल एक विशिष्ट गामक कौशल के प्रदर्शन में ही सिद्धहस्त और परम दक्ष हो सकते हैं। अत: शैक्षिक कार्यक्रमों का आयोजन सामान्य गामक योग्यता के आधार पर न होकर, सम्पूर्ण गामक योग्यताओं के आधार पर होना चाहिए।

वामहस्तता

(सोरेन्सन) का कथन है कि 6 या 7 बालकों में से एक बालक वामहस्ता (Left Handed) होता है। पर इस वामहस्तता (Left Handedness) का कारण क्या होता है ? कुछ लोगों के मतानुसार तो यह जन्मजात होती है, परन्तु कुछ अन्य लोगों की धारणा यह है कि बालक के जीवन के प्रारम्भ के पूर्वानुभवों के कारण यह आदत पड़ जाती है।

वास्तविकता यह होती है कि बालक जन्म के कुछ महीनों तक न तो वामहस्ता होते हैं और न ही दक्षिणहस्ता। वे अपने दोनों हाथों का प्रयोग आवश्यकतानुसार करते हैं, किन्तु समय बीतने के साथ-साथ जैसे-जैसे वे बढ़ते हैं वैसे-वैसे वे किसी एक हाथ दाएँ या बाएँ का प्रयोग करना प्रारम्भ कर देते हैं और वे वामहस्ता या दक्षिणहस्ता बन जाते हैं। कुछ बालकों में यह अभिवृत्ति किसी प्राकृतिक प्रवृत्ति के कारण भी हो सकती है। उनके नाड़ीमण्डल की रचना में ऐसी कुछ विशेषता हो सकती है, जिससे वे वामहस्त का ही प्रयोग करते हैं और वामहस्ता बन जाते हैं।

इस दक्षिणहस्तता वाले संसार में बालक अपने आप दक्षिणहस्ता बन जाता है। वातावरण के प्रभाव के कारण बालक दक्षिणहस्तता को ही ग्रहण कर लेता है। यदि बालक खाने-पीने में बाँये हाथ का प्रयोग करता भी है तो उसे अभिभावक डाँट देते हैं। यदि बालकों को इस बारे में स्वतन्त्र छोड़ दिया जाये तो वे वामहस्तता को भी अपना सकते हैं।

शिक्षा के क्षेत्र में यह हस्तता एक विचित्र समस्या उपस्थित कर देती है। यदि कोई बालक वामहस्ता है तो उसके साथ क्या करना चाहिए ? अधिकांशतः यही उचित समझा जाता है कि उसे वामहस्ता ही बना रहने दिया जाय जिससे वह अपने बाएँ हाथ का प्रयोग निपुणता से कर सके। यदि यह आवश्यक ही हो कि उसकी वामहस्तता को बदला जाए तो यह उसके शैशवकाल में ही करना चाहिए क्योंकि एक बार बालक में वामहस्तता की आदत पड़ जाती है तो फिर आगे जीवन में उसे बदलने में बड़ी कठिनाई होती है और इसका बालक के मन और शरीर पर भी बुरा प्रभाव पड़ सकता है।

गामक विकास और शिक्षा

बालक के व्यक्तित्व के सन्तुलित विकास में शारीरिक क्रियाओं का महत्त्वपूर्ण योगदान होता है। गामक क्रियाएँ शरीर के विभिन्न अवयवों के सुडौल विकास में सहायक होती हैं। गामक क्रियाओं द्वारा ही विभिन्न इन्द्रियों में समन्वय बढ़ता है जिसके परिणामस्वरूप बालक विभिन्न कौशलों में दक्षता प्राप्त करता है। अतः यह आवश्यक हो जाता है कि विद्यालय में मानसिक विषयों को सिखाने के साथ-साथ ऐसी क्रियाओं का आयोजन किया जाना चाहिए जिनसे बालक के गामक विकास में सहायता मिले। गामक क्रियाओं द्वारा बालक के हस्तकौशल में वृद्धिहोती है। इनमें से ही अनेक हस्तकौशल भविष्य में बालकों की जीविकोपार्जन के आधार बनते हैं। आजकल विद्यालयों में भी अधिकांश समय गामक क्रियाओं के विकास के लिए दिया जाता है। अतः गामक कौशलों के सीखने में सहायता प्रदान करते समय अध्यापकों को अग्रलिखित बातों को ध्यान में रखना चाहिए—

1. **प्रभावशाली विधियों का ज्ञान**—अध्यापक को गामक कौशल प्राप्त करने की उपयुक्त विधियों का ज्ञान होना आवश्यक है। ऐसा होने पर वह छात्रों में विश्वास पैदा कर सकता है। छात्र भी विश्वस्त होने पर अध्यापक द्वारा निर्देशित मार्ग पर चलकर उन कौशलों में कुशलता प्राप्त करने का निश्चय करते हैं।

2. प्रभावशाली तकनीकों का अभ्यास—आरम्भ में बालक किसी गामक कौशल को सीख़ने में प्रभावशाली विधियों का ठीक प्रकार से प्रयोग नहीं कर पाता है। अतः वह गामक कौशल में पर्याप्त सफलता न प्राप्त करने के कारण हतोत्साहित होने लगता है। ऐसी स्थिति में अध्यापक द्वारा बालक को प्रोत्साहन मिलना चाहिये। गामक कौशल को सीखने की प्रारम्भिक अवस्था में बालक तेजी के साथ प्रगति करता है। इसके बाद अपनी तकनीक को अभ्यास द्वारा परिष्कृत करता है। अतः इस समय सीखने में बहुत कम प्रगति होती है। इस धीमे प्रगतिकाल को सीखने की वक्ररेखा में पठार कहते हैं। कुशल अध्यापक इस पठार की रचना के कारणों का पता लगाकर इनको दूर करता है। गामक कौशल को अर्जित करने के क्रमिक सोपान, अभ्यास की सुव्यवस्था तथा सीखने में बाधक भौतिक तत्त्वों को दूर करके अध्यापक छात्रों को गामक कौशल में निरन्तर प्रगति करने में सहायता प्रदान करता है।

3. कटु आलोचना का त्याग—बालक की छोटी-छोटी गलतियों पर डाँटना-फटकारना, आलोचना करना और दण्ड देना आदि उचित नहीं है। ऐसा करने से बालक में कुण्ठा पैदा हो जाती है, जो गामक कौशल के विकास में बाधक होती है।

4. कौशल प्राप्त करने के लिए गति और यथार्थता—गामक कौशल सीखने में गति और यथार्थता दोनों ही लक्ष्य होने चाहिए। गति प्राप्त करने के लिए यथार्थता का परित्याग कर देना ठीक नहीं है। आरम्भ में सीखने वाले को धीरे-धीरे गलतियाँ न करते हुए काम करने का अभ्यास करवाना चाहिए। निरन्तर अभ्यास द्वारा छोटी-छोटी त्रुटियाँ सुधर जाती हैं। किसी गामक क्रिया या लगातार अभ्यास हो जाने के बाद वह स्वचलित जैसी हो जाती है; उदाहरणार्थ—एक कुशल साइकिल चालक भीड़ में से किसी ओर देखते हुए साइकिल को निकाल ले जाता है क्योंकि उसके पैर स्वाभाविक रूप से चलते रहते हैं।

5. उपयुक्त अभ्यास की आवश्यकता—किसी गामक क्रिया को सीखने के लिए उसको बार-बार दोहराना ही पर्याप्त नहीं है। किन्तु उसके लिए लगातार उपयुक्त अभ्यास की भी आवश्यकता होती हैं। अभ्यास के परिणामों पर अनेक तत्त्वों का प्रभाव पड़ता है, जैसे—कौशल की प्रकृति या रूप, सीखने वाले की आयु और विशिष्ट रुचियाँ, सीखने की परिस्थितियाँ, अभ्यास के लिए उपलब्ध समय, अभ्यास के मध्य अवकाश तथा योग्यता का वांछित स्तर। अभ्यास सदैव ऐसी परिस्थितियों में करवाना चाहिए, जैसी दशाएँ बालक को वास्तविक जीवन में मिलती हैं। अभ्यास के समय उन्हीं वास्तविक यन्त्रों तथा उपकरणों का प्रयोग करवाना चाहिये, जिनका उपयोग बालक को किसी हस्तकौशल में करना है। सीखने की गति और कौशल की मात्रा छात्र की व्यक्तिगत योग्यता एवं रुचियों के अनुकूल होनी चाहिए। अभ्यास के कालांश की अवधि कौशल के प्रकार, आयु और योग्यता पर निर्भर करती है। किशोर या प्रौढ़ों की अपेक्षा बाल्यावस्था में अभ्यास का समय कम अवधि का होना चाहिए।

बालक का मानसिक विकास

बालक में शारीरिक, गामक और सामाजिक विकास के साथ-साथ मानसिक विकास भी होता है। बिना मानसिक विकास के उपयुक्त सामाजिक विकास सम्भव नहीं होता है।

मानसिक विकास से हमारा संकेत ऐसी क्रियाओं की ओर है जिनमें चिन्तन, प्रत्यक्षीकरण और समस्या का हल निहित होता है। यह मानसिक विकास ही बालकों को अनेक बौद्धिक कार्य करने का आधार प्रस्तुत करता है। मानसिक विकास के सम्बन्ध में **सोरेन्सन** ने लिखा है—"सामान्य मानसिक वृद्धिकी गति 5 वर्ष की आयु तक तीव्रतम, 5 से 10 वर्ष के मध्य तीव्र रहती है किन्तु 10 से 15 वर्ष के मध्य कम और 15 से 20 वर्ष के मध्य और कम हो जाती है।"

जन्म के समय शिशु का मस्तिष्क पूर्णतया अविकसित होता है, और वह अपने वातावरण एवं अपने आस-पास के व्यक्तियों के बारे में कुछ भी नहीं समझता है। जैसे-जैसे उसकी उम्र बढ़ती है, वैसे-वैसे उसके मस्तिष्क का विकास होता जाता है और वह वातावरण एवं व्यक्तियों के बारे में अधिक से अधिक ज्ञन प्राप्त करता जाता है। मानसिक विकास सभी बालकों में समान रूप से नहीं होता है। इसमें भी व्यक्तिगत भिन्नताएँ अपना प्रभाव दिखाती हैं। दो शिशुओं या बालकों के मानसिक विकास में समानता न होकर अन्तर होता है। इस सम्बन्ध में **हरलॉक** (Hurlock) ने लिखा है—"क्योंकि दो बालकों में समान मानसिक योग्यताएँ या समान अनुभव नहीं होते हैं, इसीलिए दो व्यक्तियों में किसी वस्तु या परिस्थिति का समान ज्ञान होने की आशा नहीं की जा सकती है।"

शैशवावस्था में मानसिक विकास

शैशवावस्था के प्रारम्भिक काल में बालक अपनी शारीरिक आवश्यकताओं की पूर्ति में संलग्न रहता है। इसलिए इस अवस्था में मानसिक विकास के स्थूल लक्षण दिखाई नहीं देते हैं। पर मनोवैज्ञानिकों का मत है कि शारीरिक विकास के साथ-साथ मानसिक विकास भी गतिशील रहता है। **Sorenson** के शब्दों में "जैसे-जैसे शिशु प्रतिदिन, प्रति मास, प्रति वर्ष बढ़ता जाता है, वैसे-वैसे उसकी मानसिक शक्तियों में परिवर्तन होता जाता है।" ये परिवर्तन इस प्रकार होते हैं, यथा—

1. जन्म के समय व पहला सप्ताह—**जॉन लॉक** का मत है—"नवजात शिशु का मस्तिष्क कोरे कागज के समान होता है, जिस पर अनुभव लिखता है। फिर भी शिशु जन्म के समय से ही कुछ कार्य जानता है; जैसे—छींकना, हिचकी लेना, दूध पीना, हाथ-पैर हिलाना, आराम न मिलने पर रोकर कष्ट प्रकट करना और अचानक जोर की आवाज सुनकर चौंकना।"

2. दूसरा सप्ताह—शिशु प्रकाश, चमकीली और बड़े आकार की वस्तुओं को ध्यान से देखता है।

3. पहला माह—शिशु कष्ट या भूख का अनुभव होने पर विभिन्न प्रकार से चिल्लाता है और हाथ में दी जाने वाली वस्तु को पकड़ने की चेष्टा करता है।

4. दूसरा माह—शिशु आवाज सुनने के लिए सिर घुमांता है। सब स्वरों की ध्वनियाँ उत्पन्न करता है और वस्तुओं को अधिक ध्यान से देखता है।

5. चौथा माह—शिशु सब व्यंजनों की ध्वनियाँ करता है, दी जाने वाली वस्तु को दोनों हाथों से पकड़ता है और खोये हुए खिलौने को खोजता है।

6. छठा माह—शिशु सुनी हुई आवाज का अनुकरण करता है, अपना नाम समझने लगता है एवं प्रेम और क्रोध में अन्तर जान जाता है।

7. आठ माह—शिशु अपनी पसन्द का खिलौना छाँटता है और दूसरे बच्चों के साथ खेलने में आनन्द लेता है।

8. दस माह—शिशु विभिन्न प्रकार की आवाजों और दूसरे शिशुओं की गतियों का अनुकरण करता है और अपना खिलौना छीने जाने पर विरोध करता है।

9. पहला वर्ष—शिशु चार-पाँच शब्द बोलता है और दूसरे व्यक्तियों की क्रियाओं का अनुकरण करता है।

10. दूसरा वर्ष—शिशु दो-दो शब्दों के छोटे-छोटे वाक्यों का प्रयोग करता है। दूसरे वर्ष के अन्त तक उसके पास 100 से 200 शब्दों तक का भण्डार हो जाता है।

11. तीसरा वर्ष—शिशु पूछने पर अपना नाम बताता है और सीधी या लम्बी रेखा देखकर वैसी ही रेखा खींचने का प्रयत्न करता है।

12. चौथा वर्ष—शिशु चार से दस तक गिनती गिन सकता है, छोटी और बड़ी रेखाओं में अन्तर जान जाता है, अक्षर लिखना आरम्भ कर देता है और वस्तुओं को क्रम से रखता है।

13. पाँचवाँ वर्ष—शिशु हल्की और भारी वस्तुओं एवं विभिन्न प्रकार के रंगों में अन्तर जान जाता है। वह अपना नाम लिखने लगता है, संयुक्त और जटिल वाक्य बोलने लगता है।

बाल्यावस्था में मानसिक विकास

6 से 12 वर्ष की आयु तक का काल बाल्यावस्था कहलाता है। इस अवस्था की मानसिक योग्यताओं के बारे में **क्रो व क्रो** ने लिखा है—''जब बालक लगभग 6 वर्ष का हो जाता है, तब उसकी मानसिक योग्यताओं का लगभग पूर्ण विकास हो जाता है।''

बालक में रुचि, जिज्ञासा, निर्णय, चिन्तन, स्मरण और समस्या समाधान के गुणों का पर्याप्त विकास हो जाता है। विभिन्न आयु स्तरों पर वह अपने गुणों का प्रदर्शन अग्रलिखित प्रकार से करता है—

1. छठा वर्ष—बालक बिना हिचकिचाहट के 20-25 तक की गिनती सुना देता है। सरल एवं सामान्य प्रश्नों के उत्तर दे देता है और शरीर के विभिन्न अंगों के नाम बता देता है। यदि उसे कोई चित्र दिखाया जाता है, तो वह उसमें बनी हुई वस्तुओं का वर्णन कर सकता है और उनमें समानताएँ और असमानताएँ भी बता सकता है।

2. सातवाँ वर्ष—अब बालक दो वस्तुओं में अन्तर बताने लगता है। वह लकड़ी और कोयला, जहाज और मोटरकार में अन्तर बता सकता है। वह छोटी-छोटी घटनाओं का वर्णन, जटिल वाक्यों का प्रयोग और साधारण समस्याओं का समाधान खोजने का प्रयत्न करने लगता है।

3. आठवाँ वर्ष—बालक में छोटी कहानियों और कविताओं को अच्छी तरह दोहराने, 15 से 20 शब्दों के वाक्यों को बिना गलती किये हुए बोलने, एक पैरे की कहानी पर 5 या 6 प्रश्नों के उत्तर देने और प्रतिदिन की साधारण समस्याओं का समाधान करने की योग्यता आ जाती है।

4. नवाँ वर्ष—9वें वर्ष में बालक को दिन, समय, तारीख, वर्ष और सिक्कों का ज्ञान हो जाता है। वह 5-6 तुकान्त शब्दों को बताने और 6-7 शब्दों को उल्टे क्रम में दोहराने में सफल होता है। वह सामान्य शब्दों का प्रयोग करने लगता है और देखी हुई फिल्म की 60 प्रतिशत बातें बता सकता है।

5. दसवाँ वर्ष—बालक को दैनिक जीवन के नियमों, परम्पराओं, सूचनाओं आदि का थोड़ा-बहुत ज्ञान हो जाता है। वह तीन मिनट में 60-70 शब्दों को बोल सकता है और छोटी-छोटी कहानियों को याद करके सुना सकता है।

6. ग्यारहवाँ वर्ष—11वें वर्ष में बालक दो वस्तुओं में समानता और असमानता बता सकता है। वह पशु-पक्षियों, कीड़े-मकोड़ों और कल-पुर्जों का निरीक्षण करके ज्ञान प्राप्त करने की कोशिश करता है। इस समय बालक में तर्क, जिज्ञासा और निरीक्षण की शक्तियों का पर्याप्त विकास हो जाता है।

7. बारहवाँ वर्ष—12वें वर्ष में बालक में कठिन शब्दों की व्याख्या करने और साधारण बातों के कारण बताने की योग्यता होती है। इस समय बालक में तर्क और समस्या समाधान की शक्ति का अधिक विकास हो जाता है।

किशोरावस्था में मानसिक विकास
(Mental Development in Adolescence)

12 से 18 वर्ष की आयु का काल किशोरावस्था माना जाता है। मानव के विकास की विभिन्न अवस्थाओं में किशोरावस्था सबसे अधिक महत्त्वपूर्ण मानी जाती है। **वुडवर्थ** के शब्दों में—"मानसिक विकास 15 से 20 वर्ष की आयु में अपनी उच्चतम सीमा पर पहुँच जाता है।" हम इस विकास से सम्बन्धित मुख्य अंगों पर प्रकाश डाल रहे हैं—

1. स्मृति का विकास—किशोरावस्था में बालक की स्मृति का अधिकतम विकास हो जाता है। **डब्ल्यू.एच. पाइली** के अनुसार, आयु के साथ-साथ स्मृति भी विकसित होती है। किशोरावस्था में बालक अनेक बातों, घटनाओं तथा तथ्यों को याद रख सकता है।

2. बुद्धिका अधिकतम विकास—किशोरावस्था में बुद्धिका अधिकतम विकास हो जाता है। यह विकास **Harmon** के अनुसार 15 वर्ष में, **Jones & Conrad** के अनुसार 16 वर्ष में और **Spearman** के अनुसार 14 से 16 वर्ष के बीच में होता है।

3. अवधान—किशोरावस्था में किसी वस्तु या विषय के प्रति ध्यान केन्द्रित करने की क्षमता का अधिक विकास हो जाता है। इस अवस्था में बालक किसी वस्तु पर अधिक समय तक ध्यान केन्द्रित रख सकता है। **क्रो व क्रो** के अनुसार—"सफल एकाग्रता किशोर की रुचियों से जुड़ी हुई है।"

4. मानसिक स्वतन्त्रता—किशोर के मानसिक विकास का एक मुख्य लक्षण है—मानसिक स्वतन्त्रता। वह रूढ़ियों, रीति-रिवाजों, अन्धविश्वासों और पुरानी परम्पराओं को अस्वीकार करके स्वतन्त्र जीवन व्यतीत करने का प्रयास करता है।

5. मानसिक योग्यताएँ—किशोर की मानसिक योग्यताओं का स्वरूप निश्चित हो जाता है। उसमें सोचने, समझने, विचार करने, अन्तर करने और समस्या का समाधान करने की योग्यतायें उत्पन्न हो जाती हैं। **एलिस क्रो** के अनुसार—"किशोर में उच्च मानसिक योग्यताओं का प्रयोग करने की क्षमता उत्पन्न हो जाती है, पर वह प्रौढ़ों के समान उनका प्रयोग नहीं कर पाता है।"

6. तर्क शक्ति का विकास—बुद्धि-विकास के फलस्वरूप किशोर में तर्क करने की शक्ति का पर्याप्त विकास हो जाता है। तर्क किए बिना वह किसी बात को स्वीकार करने के लिए तैयार नहीं होता है।

7. चिन्तन-शक्ति—किशोर में चिन्तन करने की शक्ति का विकास हो जाता है। इसकी सहायता से वह विभिन्न प्रश्नों और समस्याओं का हल खोजता है, परन्तु उसके हल साधारणतः गलत होते हैं। इसका कारण बताते हुए **एलिस क्रो** (Alice Crow) ने लिखा है—"किशोर का चिन्तन बहुधा शक्तिशाली पक्षपातों और पूर्व-निर्णयों से प्रभावित रहता है।"

8. कल्पना-शक्ति—किशोरावस्था में कल्पना-शक्ति का अत्यधिक विकास हो जाता है। कल्पना के बाहुल्य के कारण उसमें दिवा-स्वप्न देखने की प्रवृत्ति उत्पन्न हो जाती है। किशोर वास्तविक जगत् में रहते हुए भी कल्पना के संसार में विचरण करता है। कुछ किशोर अपनी कल्पना शक्ति को कला, संगीत, साहित्य और रचनात्मक कार्यों के द्वारा व्यक्त करते हैं। इस सम्बन्ध में **कार्ल सी. गैरीसन ने लिखा है**—"किशोरों की कल्पनाओं की अभिव्यक्ति उनकी कविता, कहानी, चित्र, संगीत आदि में देखी जा सकती है।" बालकों की अपेक्षा बालिकाओं में कल्पना शक्ति अधिक होती है।

9. भाषा पर अधिकार—किशोरावस्था में शब्दों का भण्डार अधिक होने से एवं शब्दों का सही प्रयोग कर सकने की क्षमता के विकसित हो जाने से किशोर का भाषा पर अधिकार हो जाता है। वह सुन्दर एवं शुद्धभाषा के माध्यम से अपने विचारों को अभिव्यक्त करने लगता है।

10. रुचियों की विविधता—आयु में वृद्धि के साथ रुचियों में विविधता प्रकट होने लगती है। किशोरावस्था में रुचियों का विकास तीव्र गति से होता है। किशोर और किशोरियों की रुचियों में अन्तर स्पष्ट होने लगता है। किशोरावस्था की प्रमुख रुचियाँ अग्रलिखित हैं—

(क) खेल सम्बन्धी रुचियाँ—किशोरावस्था में बालकों को साहसपूर्ण और दौड़-धूप वाले खेल अधिक पसन्द आते हैं; जैसे-दौड़ना, कूदना, तैरना आदि। किशोर और किशोरियों की खेल सम्बन्धी रुचि में भिन्नता आ जाती है। लड़के सामूहिक एवं अधिक परिश्रम वाले

खेल, जैसे—फुटबाल, हॉकी, कबड्डी आदि खेलना अधिक पसन्द करते हैं तथा लड़कियाँ ड्रामा, नृत्य एवं संगीत में अधिक रुचि लेती हैं। किशोर प्रतियोगितात्मक तथा मानसिक खेलों को भी अधिक पसन्द करते हैं।

(ख) वार्तालाप सम्बन्धी रुचियाँ—फ्रीज के अनुसार, किशोरावस्था में बातचीत के विषय प्रेम, लड़कियों, फैशन, चलचित्र, यात्रा, खेल आदि से सम्बन्धित होते हैं जबकि लड़कियाँ अपनी सहेलियों के मध्य लड़कों एवं सामाजिक क्रियाओं के सम्बन्ध में बातचीत करती हैं।

(ग) वाचन सम्बन्धी रुचियाँ—किशोरावस्था में वीर-पूजा की भावना पैदा हो जाने से किशोर महापुरुषों की जीवनी पढ़ने में अधिक रुचि लेने लगते हैं। इसके साथ-साथ उनकी रुचि ऐतिहासिक तथा साहस और रहस्ययुक्त कहानियों के पढ़ने में बढ़ती है। **टरमैन और लिमा** के अनुसार—"किशोरावस्था में काम-प्रवृत्ति बढ़ने के कारण लड़के और लड़कियाँ यौन-साहित्य के अध्ययन में अधिक रुचि लेते हैं।"

(घ) चलचित्र और रेडियो—किशोरावस्था में चलचित्र देखने और रेडियो के कार्यक्रम सुनने का शौक अधिक बढ़ जाता है। किशोर प्रेम-प्रधान और साहसिक चलचित्र देखना अधिक पसन्द करते हैं और किशोरियाँ संगीत, नृत्य, नाटक आदि में रुचि रखती हैं।

मानसिक विकास को प्रभावित करने वाले कारक
(Factors Influencing Mental Development)

मानसिक विकास को प्रभावित करने वाले कारकों में वंशानुगत कारकों के अतिरिक्त वातावरण सम्बन्धी कारक भी होते हैं। मानसिक विकास को प्रभावित करने वाले कारकों के सम्बन्ध में **क्रो व क्रो** ने लिखा है—"विभिन्न कारक मानसिक विकास को प्रभावित करते हैं। वंशानुगत नाड़ी-मण्डल की रचना सम्भावित विकास की गति और सीमा को निश्चित करती है। कुछ अन्य भौतिक दशायें या व्यक्तिगत और वातावरण-सम्बन्धी कारक मानसिक प्रगति को तीव्र या मन्द कर सकते हैं।"

1. वंशानुक्रम—**Thorndike & Schewesinger** ने अपने अध्ययनों से सिद्धकर दिया है कि बालक वंशानुक्रम से कुछ मानसिक गुण और योग्यतायें प्राप्त करता है, जिनमें वातावरण किसी प्रकार का अन्तर नहीं कर सकता है। इसी विचार का समर्थन करते हुए **Gates & Others** ने लिखा है—"किसी व्यक्ति का उससे अधिक विकास नहीं हो सकता है, जितना कि उसका वंशानुक्रम सम्भव बनाता है।"

2. वातावरण—कुछ मनोवैज्ञानिकों का मत है कि मानसिक योग्यतायें भले ही वंशानुगत हों किन्तु उनके विकास की गति अवश्य ही वातावरण के द्वारा प्रभावित होती है। वातावरण के अनेक प्रकार हो सकते हैं, यथा—

(क) परिवार का वातावरण—परिवार के वातावरण का बालक के मानसिक विकास से घनिष्ठ सम्बन्ध है। बालक अपना अधिकांश समय परिवार में ही व्यतीत करता है। अत: दु:खद और कलहपूर्ण वातावरण में बालक का उतना मानसिक विकास होना सम्भव नहीं है,

जितना कि सुखद और शान्त वातावरण में। इस सम्बन्ध में **Kuppuswamy** का मत है—"एक अच्छा परिवार, जिसमें माता-पिता में अच्छे सम्बन्ध होते हैं, जिसमें वे अपने बच्चों की रुचियों और आवश्यकताओं को समझते हैं, एवं जिसमें आनन्द और स्वतन्त्रता का वातावरण होता है, प्रत्येक सदस्य के मानसिक विकास में अत्यधिक योग देता है।"

(ख) पास-पड़ौस का वातावरण—बालक में जब चलने की गामक क्रिया का विकास हो जाता है तो वह परिवार के दायरे से निकलकर पड़ौस या मोहल्ले के बच्चों के साथ खेलने लगता है। इन संगी-साथियों के समूह का उसके मानसिक विकास पर कुछ न कुछ प्रभाव अवश्य पड़ता है।

(ग) विद्यालय का वातावरण—स्टार्कवेदर के मतानुसार, विद्यालय के वातावरण का बालक के मानसिक विकास पर विशेष प्रभाव पड़ता है। विद्यालय में अध्यापकों का स्नेहपूर्ण व्यवहार, उपयुक्त शिक्षण-पद्धति, रुचिकर पाठ्यक्रम तथा पाठ्यसहगामी क्रियाओं की व्यवस्था आदि समस्त कारक मानसिक विकास में अच्छा योगदान देते हैं। अच्छा विद्यालय, बालक के मानसिक विकास का वास्तविक और महत्त्वपूर्ण कारक है। **Kuppuswamy** के शब्दों में—"अच्छा विद्यालय ऐसा पाठ्यक्रम प्रस्तुत करता है, जो छात्रों की रुचियों और आवश्यकताओं को पूरा करने के लिए विभिन्न क्रियाओं से परिपूर्ण रहता है। ऐसा विद्यालय स्वस्थ मानसिक विकास का एक वास्तविक कारक है।"

(घ) सांस्कृतिक वातावरण—सांस्कृतिक विकास एवं सम्पन्नता भी मानसिक विकास को प्रभावित करती है। उच्च स्तर की संस्कृति बालक के विचार एवं चिन्तन को प्रभावित करती है।

3. परिवार की सामाजिक स्थिति—उच्च सामाजिक स्थिति वाले बालकों का मानसिक विकास अधिक होता है। इसका कारण यह है कि उनको मानसिक विकास के जो साधन उपलब्ध होते हैं, वे निम्न सामाजिक स्थिति वाले परिवार के बालकों के लिए दुर्लभ होते हैं। इसकी पुष्टि में **Strang** ने लिखा है—"उच्च सामाजिक स्थिति वाले परिवार के बच्चे बुद्धिकी मौखिक और लिखित परीक्षाओं में स्पष्ट रूप से श्रेष्ठ होते हैं।"

4. परिवार की आर्थिक स्थिति—Terman ने अपने परीक्षणों के आधार पर बताया है कि प्रतिभाशाली बालक दरिद्र क्षेत्रों से आने के बजाय अच्छी आर्थिक स्थिति वाले परिवारों से अधिक आते हैं। इसका कारण यह है कि इन बालकों को कुछ विशेष सुविधाएँ उपलब्ध रहती हैं; जैसे—उचित भोजन, उपचार के पर्याप्त साधन, उत्तम शैक्षिक अवसर, आर्थिक कष्ट से सुरक्षा आदि।

5. माता-पिता की शिक्षा—अशिक्षित माता-पिता की अपेक्षा शिक्षित माता-पिता का बालक के मानसिक विकास पर कहीं अधिक प्रभाव पड़ता है। **Strang** का कथन है—"माता-पिता की शिक्षा बच्चों की मानसिक योग्यता से निश्चित रूप से सम्बन्धित है।"

6. माता-पिता का व्यवसाय—सामान्यतः समाज में समानता एवं उच्च स्तर के व्यवसायों में संलग्न माता-पिता के बालकों में बुद्धि-लब्धि अधिक होती है। मैकनीटर के परीक्षण से

ज्ञात हुआ कि उच्च व्यवसाय वाले व्यक्तियों के बालकों की बुद्धि-लब्धि 115 थी और निम्न वर्ग के बालकों की बुद्धि-लब्धि 94 थी।

7. उचित प्रकार की शिक्षा—बालक के मानसिक विकास के लिए उचित प्रकार की शिक्षा अति आवश्यक है। ऐसी शिक्षा ही उसके मानसिक गुणों और शक्तियों का विकास करती है। **अरस्तू** का यह कथन पूर्णतया सत्य है—"शिक्षा-मनुष्य की शक्ति का, विशेष रूप से उसकी मानसिक शक्ति का विकास करती है।"

"Education develops man's faculty, especially his mind."

—**Aristotle**

8. शिक्षक—बालक के मानसिक विकास में शिक्षक का महत्त्वपूर्ण स्थान होता है। यदि शिक्षक का मानसिक स्वास्थ्य अच्छा है, यदि वह बालक के प्रति प्रेम और सहानुभूति का व्यवहार करता है, और यदि यह उचित शिक्षण विधियों का एवं उचित शिक्षण-सामग्री का प्रयोग करता है, तो बालक का मानसिक विकास होना स्वाभाविक है।

9. शारीरिक स्वास्थ्य—शारीरिक स्वास्थ्य, मानसिक विकास का मुख्य आधार है। निर्बल और अस्वस्थ बालक की अपेक्षा सबल और स्वस्थ बालक अधिक परिश्रम करके अपने मानसिक विकास की गति और सीमा में वृद्धिकर सकता है। इसीलिए, शारीरिक स्वास्थ्य पर अति प्राचीन काल से बल दिया जा रहा है। **अरस्तू** का यह कथन है—"स्वस्थ शरीर में ही स्वस्थ मस्तिष्क होता है।"

10. समाज—प्रत्येक बालक का जन्म किसी-न-किसी समाज में होता है। वही समाज उसके मानसिक विकास की गति और सीमा को निर्धारित करता है। यदि समाज में अच्छे विद्यालयों, पुस्तकालयों, वाचनालयों, बालभवनों, मनोरंजन के साधनों आदि की उत्तम व्यवस्था है, तो बालक का मस्तिष्क अविराम गति से विकसित होता चला जाता है।

इस प्रकार स्पष्ट है कि एक शिक्षक को बालक के मानसिक विकास क्रम का ज्ञान होना चाहिए। यह शिक्षक के लिए अत्यधिक उपयोगी होता है। इसकी पुष्टि में **सोरेन्सन** ने लिखा है—"शैक्षिक और मनोवैज्ञानिक दृष्टिकोणों से अध्यापक मानसिक विकास के क्रम के ज्ञान को अपने हित में प्रयोग कर सकता है। वह पाठ्यक्रम और शिक्षण को छात्र की स

मानसिक विकास और शिक्षा में उसका महत्त्व

बालक के मानसिक विकास की सम्यक् जानकारी से अध्यापक को उसे सुशिक्षित बनाने में बहुत सहायता मिलती है। अध्यापक जब यह ठीक-ठीक समझ लेता है कि बालक में किस अवस्था में कैसा और कितना मानसिक विकास होता है तथा अमुक विकास के स्तर पर बालक की अमुक प्रकार की मानसिक प्रौढ़ता होगी तो वह बालक के लिए उपयुक्त पाठ्यक्रम की योजना बनाने में सफल होता है जिसको बालक आसानी से और रुचिपूर्वक सीख सकता है। अतः बालक की अवस्था और मानसिक स्तर के आधार पर जो शिक्षक बालक को दी जाती है, वहीं मनोवैज्ञानिक और छात्रोपयोगी होती है, उसी से बालक में इष्ट व्यवहार लाया जा सकता है।

शिक्षक उन समस्त पुस्तकों का सही-सही आकलन कर सकता है जो विकास के किसी एक विशेष स्तर पर बालकों को पढ़ाई जा सकती हैं। एक बालक जो समुचित मानसिक विकास न होने के कारण 9-10 वर्ष की अवस्था में किसी कार्य में रुचि नहीं लेता, वही उसे 14 या 15 वर्ष की अवस्था में सरलतापूर्वक सीख सकता है। ऐसी परिस्थिति में अध्यापक बालक के मानसिक स्तर का अध्ययन कर उसे आयु के स्तर के अनुसार नहीं, वरन् उसके मानसिक स्तर के अनुसार ही सीखने के लिए कार्य देता है। ऐसा करने पर बालक अवश्य ही कृतकार्य होता है।

उम्र के विकास के साथ-साथ बालक का शब्द-भण्डार और उनके अर्थ की सम्यक् जानकारी बढ़ती है। अतः अध्यापक को पाठ्य-विषय के चुनाव में यह ध्यान रखना चाहिए कि बालक का शब्द-भण्डार विकास के किसी एक विशेष स्तर पर कितना होगा, उसी के अनुसार उसके लिए पाठ्यक्रम बनाना चाहिए, जिससे बालक मानसिक विकास के उस स्तर पर पाठ्य-विषय को भली-भाँति सीख सके।

20 से 40 वर्ष के बीच के समय में व्यक्ति का मानसिक विकास पूर्ण परिपक्वता को प्राप्त होता है। इस उम्र में व्यक्ति अपने कार्य-क्षेत्र में अत्यन्त दक्ष हो जाता है। मानसिक शक्तियाँ प्रौढ़ता को प्राप्त हो जाती हैं; इसलिए वह मानसिक दृष्टि से पूर्ण विकसित और सक्रिय हो जाता है तथा रचनात्मक कार्यों द्वारा वह अपने मानसिक विकास का पूरा-पूरा लाभ उठाता है।

40 वर्ष के उपरान्त भी मानसिक क्षमता बहुत अधिक रहती है, किन्तु वह उतनी उन्नत नहीं जितनी कि पहले थी, उसकी मात्रा में कुछ कमी आ जाती है। किन्तु फिर भी इस अवस्था में भी व्यक्ति उच्च मानसिक धरातल को प्राप्त कर सकता है। अतः शिक्षा का क्रम आजीवन चलना चाहिए। उसे उन्नति के मार्ग में आगे और आगे ही बढ़ना है, ज्ञान का अधिक से अधिक उपार्जन करना है जो केवल शिक्षा के माध्यम से ही सम्भव है। यदि अध्ययन का क्रम रुक जाता है या बाधा के कारण स्थगित हो जाता है तो प्रौढ़ व्यक्ति की मानसिक क्षमता अपेक्षाकृत कम हो जायेगी और वह अपने प्रौढ़ मानसिक विकास का पूर्ण लाभ नहीं उठा पायेगा। वह अपने वर्ग के व्यक्तियों से पिछड़ जायेगा।

□□□

6

भाषा-विकास

(Language Development)

मानवीय सभ्यता और संस्कृति के विकास का आधार भाषा ही है। भाषा भावाभिव्यक्ति का माध्यम है, जिसके द्वारा मनुष्य अपने विचारों को प्रकट करता है तथा दूसरों के विचारों को समझता है। भाषा मनुष्य की आवश्यकता पूर्ति का माध्यम है जिससे वह दूसरे लोगों से सम्पर्क स्थापित करता है। भाषा-विकास मानसिक विकास का द्योतक है। भाषा-विकास के साथ-साथ बालक में अपने वातावरण को जानने, अन्य क्रियाओं के सीखने की योग्यता भी उत्पन्न होती है। भाषा विकास बालक को संवेदना, प्रत्यक्षीकरण, संकल्पना निर्माण तथा समस्या समाधान जैसी अनेक मानसिक विकास की क्रियाओं में सहयोग प्रदान करता है।

भाषा की उत्पत्ति वाणी और बुद्धि के उचित संयोजन से होती है। भाषा हमारी अर्जित सम्पत्ति है। भाषा का प्रयोग बोलने और समझने के अतिरिक्त पढ़ने-लिखने में भी होता है। भाषा मानवीय ज्ञान की परिचायक होती है और अभिव्यक्ति से ज्ञान का परिचय मिलता है।

भाषा कौशल एवं बुद्धि में सम्बन्ध होता है। वे बालक जिनमें उच्च बुद्धिहोती है, भाषा कौशल में उत्तम होते हैं। जिन बालकों की बुद्धि कम होती है वे भाषा में भी पिछड़ जाते हैं। भाषा-विकास क्रम को अग्रांकित प्रकार से स्पष्ट कर सकते हैं-

1. ध्वनि पहचानना—भाषा विकास में सर्वप्रथम बालक ध्वनि पहचानना सीखता है। प्रारम्भ में कानों पर नियन्त्रण न होने के कारण वह ध्वनियों से आकर्षित नहीं होता है, किन्तु लगभग 6 माह की आयु में या उसके बाद वह ध्वनियाँ पहचानने लगता है।

2. ध्वनि उच्चारण—ध्वनि पहचानने पर बालक स्वयं वैसी ही ध्वनि करने लगता है। जन्म के समय बालक केवल चीख सकता है, यही ध्वनि उत्पन्न करने की क्षमता उसमें होती है। एक माह का होने पर वह विभिन्न प्रकार से विभिन्न कारणों पर चीखना प्रारम्भ कर देता है। कुशल माता या नर्स उसके चीखने को समझने लगती है। वह उसकी दर्द की चीख तथा भूख की चीख में अन्तर कर सकती है। जैसे ही बालक कुछ महीनों का होता है, वह बा-बा,

दा-दा, मा-मा आदि ध्वनियों का अस्पष्ट उच्चारण करने लगता है। 6-7 महीने की आयु में बालक अपना हर्ष, क्रोध आदि ध्वनि करके बतलाता है।

3. शब्दोच्चारण—एक वर्ष की आयु में बालक एक या दो अस्पष्ट शब्द बोलना सीख लेता है। इसके बाद उसके बोलने की शक्ति और शब्द-भण्डार में बड़ी तीव्र गति से वृद्धिहोती है। दो वर्ष की आयु में उसका शब्द भण्डार लगभग 270 शब्दों के आस-पास होता है। यह शब्द भण्डार तीन वर्ष में 896 शब्द, चार वर्ष में 1540 शब्द, पाँच वर्ष में 2070 शब्द, छः वर्ष में 2580 शब्द, सात वर्ष में 6000 शब्द तथा सत्रह वर्ष की आयु तक पहुँचते-पहुँचते उसका शब्द भण्डार 16,000 शब्दों तक पहुँच जाता है।

4. वाक्यों का प्रयोग—बालक की सम्पूर्ण विकास अवस्थाओं में उसका भाषा- ज्ञान बढ़ता रहता है। लगभग दो वर्ष की आयु में या उसके बाद वह कुछ छोटे-छोटे सरल एवं साधारण वाक्यों को दोहराना सीख लेता है, जो उसने अपने बड़ों से सुने हों। पाँच और छः वर्ष की अवस्था तक वह सरल और साधारण वाक्यों का प्रयोग करता है। धीरे-धीरे उसमें संयुक्त और जटिल वाक्यों को बोलने की प्रवृत्ति का उदय होता है। बालक शब्द के कई अर्थों को सीखना प्रारम्भ कर देता है। वह शब्द की सार्थकता और उसके महत्त्व को भी समझने लगता है। किन्तु सीखने की यह प्रक्रिया कभी पूर्ण नहीं होती, आजीवन चलती ही रहती है। प्रौढ़ावस्था में भी ऐसे बहुत से शब्द होते हैं जिन्हें बालक को सीखना होता है, यद्यपि वे उन शब्दों को जानते हैं और उनका प्रयोग भी करते हैं। किन्तु यह प्रयोग प्रायः अस्पष्टता और जटिलता को जन्म देता है।

5. लिखित भाषा का प्रयोग—चार-पाँच वर्ष की अवस्था में बालक भाषा को बोलने के साथ-साथ लिखना भी सीख लेता है। भाषा को समझने और बोलने की अपेक्षा लिखने में प्रत्यक्ष प्रयत्नों की आवश्यकता होती है। लिखने में बालक को मानसिक शक्तियों, हाथ और आँख की क्रियाओं का समायोजन करना पड़ता है।

6. भाषा विकास की पूर्णावस्था—जब बालक भाषा समझने, बोलने, पढ़ने और लिखने लगता है तो वह भाषा विकास की पूर्णावस्था प्राप्त कर लेता है। इसके लिए किसी आयु विशेष का निर्धारण करना कठिन है। यह बहुत कुछ अभ्यास पर निर्भर करता है।

भाषा विकास के सम्बन्ध में **गैरिसन** ने लिखा है—"स्कूल जाने से पहले बच्चों में भाषा ज्ञान का विकास उनके बौद्धिक विकास की सबसे अच्छी कसौटी है। भाषा का विकास भी विकास के अन्य पहलुओं के लाक्षणिक सिद्धान्तों के अनुसार होता है। यह विकास परिपाक तथा अधिगम दोनों के फलस्वरूप होता है और इसमें नई अनुक्रियाएँ सीखनी होती हैं और पहले सीखी हुई अनुक्रियाओं का परिष्कार भी करना होता है।"

भाषा विकास एवं वातावरण

व्यक्ति का वातावरण में समायोजन और उसके शब्द-भण्डार का धनात्मक सह-सम्बन्ध (Positive Correlation) है। इससे तात्पर्य यह है कि जिस व्यक्ति का शब्द भण्डार अधिक

होगा, वह वातावरण में समायोजन भी अच्छी प्रकार से कर पायेगा। ऐसा इस कारण होता है कि अधिक शब्द-भण्डार उसे वातावरण को अच्छे ढंग से समझने में सहायता देता है। शब्द-भण्डार व्यक्ति की व्यावसायिक और सामाजिक स्थिति के निर्धारण में भी महत्त्वपूर्ण होता है। यह भी देखा गया है कि बड़े अफसरों का शब्द-भण्डार अधिक होता है। एक बालक की निहित विद्वत्ता का अच्छा सूचक उसका शब्द-भण्डार ही होता है। एक शिक्षक बालक की विद्वत्ता में वृद्धिउसका शब्द भण्डार बढ़ाकर कर सकता है। यदि स्पष्ट शब्द बिना तोड़े-मरोड़े प्रयोग किए जाएँ तो ये अच्छी समझ को उत्पन्न करते हैं तथा भाईचारे को बढ़ावा देते हैं। किन्तु कूटनीतिक भाषा अच्छे सम्बन्धों को समाप्त कर देती है।

ऐसे राष्ट्र जो समान भाषा बोलते हैं, आपस में अधिक नजदीक होते हैं बजाय उनकी जो विभिन्न भाषा बोलते हैं। यही बात हमारे देश में राज्यों के लिए महत्त्वपूर्ण है। यदि राज्य विभिन्न भाषा बोलते हैं तो आपसी प्रेम तथा सद्भावना में बाधा पड़ती है, किन्तु यदि एक राष्ट्रीय भाषा का प्रचलन हो जाये तो इनके अधिक नजदीक आने की सम्भावना रहती है। इसलिए संवेगात्मक एकता के लिए एक राष्ट्र-भाषा पर बल देते हैं। इसके अतिरिक्त त्रिभाषायी सूत्र भी मनोवैज्ञानिक दृष्टि से उपयुक्त होता है।

भाषा विकास अभिप्रेरण (Motivation), अनुबन्धन (Conditioning) तथा अनुकरण (Imitation) पर निर्भर रहता है। अतः शिक्षण में व्यक्तिगत आवश्यकताओं को ध्यान में रखना चाहिए। अर्थपूर्ण दोहराना हो एवं अच्छे उदाहरण दिये जाएँ। शिक्षक के अनुभवों से भी बालक की भाषा-तत्परता में वृद्धि होती है।

भारत में भाषा-समस्या का हल अभी तक नहीं हुआ है। हिन्दी एवं अंग्रेजी, दोनों ही भाषाओं का प्रयोग अध्ययन और अध्यापन में चल रहा है। हमें यह देखना चाहिए कि यह द्विभाषीय वातावरण बालक के विकास एवं सीखने में क्या प्रभाव डालता है। हम एक दक्षिण भारतीय परिवार का उदाहरण लेते हैं, जिसमें तेलुगू और हिन्दी, दोनों का ही प्रयोग समान रूप से होता है, अथवा एक ऐसा परिवार है जहाँ माँ तेलुगू बोलने वाली दक्षिणी और पिता हिन्दी बोलने वाला उत्तर भारतीय है। ऐसे पारिवारिक वातावरण में बालक का भाषा-विकास कुछ समय के लिए रुकेगा, किन्तु बाद में द्विभाषीय वातावरण बालक के भाषा-विकास में बाधक नहीं होगा, वरन् बालक दो भाषाओं को साथ-साथ सीखकर लाभान्वित होगा।

इस प्रकार बालक के जन्म के समय से ही उसके द्वारा दो भाषाओं का साथ-साथ सीखना उसके लिए किसी भी प्रकार से हानिकारक नहीं होगा। ऐसी परिस्थिति में यदि बालक का भाषा-विकास उसकी शैशवावस्था में मन्द गति से होता है तो अभिभावकों को चिन्तित नहीं होना चाहिए। धीरे-धीरे बालक दोनों ही भाषाओं को सीखना प्रारम्भ कर देता है और उसका समुचित मानसिक विकास होता है। अतः स्पष्ट है कि भाषा विकास और वातावरण का गहरा अन्तः सम्बन्ध है।

भाषा-विकास के तत्त्व

भाषा-विकास के तत्त्वों को दो भागों में विभाजित कर सकते हैं—

1. वैयक्तिक और 2. सामाजिक आधार पर।

1. वैयक्तिक—(i) शारीरिक स्वास्थ्य-भाषा सीखने के लिए नेत्र, कर्ण, जिह्वा तथा दन्त महत्त्वपूर्ण अंग हैं, (ii) अनुकरण की क्षमता, (iii) बुद्धि-लब्धि, (iv) लिंग-भेद, (v) स्वतन्त्र अध्ययन और (vi) प्रेरणा।

2. सामाजिक—(i) घर, (ii) परिवार, (iii) समाज, (iv) पाठशाला

शैशवावस्था में भाषा-विकास

जन्म के समय बालक रुदन करता है, यही उसकी प्रथम भाषा होती है। इस समय वह स्वर-व्यंजन के ज्ञान को नहीं जानता है। प्रारम्भिक 25 सप्ताह तक शिशु जिस प्रकार की ध्वनियाँ निकालता है, उसमें स्वरों की संख्या ही अधिक होती है। 10वें मास तक शिशु पहला शब्द बोलने में समर्थ हो जाता है और उसे बार-बार दोहराता है। प्रथम वर्ष में बालक की भाषा समझना कठिन होता है। उसकी भाषा के अर्थ का केवल अनुमान किया जाता है। Me-Corthy के अध्ययनों के अनुसार 1½ वर्ष के बालक की 26 प्रतिशत भाषा समझ में आती है। आरम्भ में बालक के एक शब्द से ही वाक्य का बोध करना पड़ता है। **Skinner** के अनुसार—"विभिन्न आयु-स्तरों पर बच्चों के शब्द ज्ञान के गुणात्मक पक्षों के अध्ययन से पता चलता है कि शब्दों की परिभाषा के स्वरूप में वृद्धिहोती है।" **Smitf**कि अनुसार शैशवकाल में भाषा का विकास-क्रम—

बाल्यावस्था में भाषा-विकास

जैसे-जैसे बालकों की आयु में वृद्धि होती है उनके सीखने की गति में भी वृद्धि होती है। बाल्यावस्था में बालक शब्द से लेकर वाक्य-विन्यास तक की सभी क्रियाएँ सीख लेता है। लड़कों की तुलना में लड़कियों के वाक्यों में शब्द संख्या अधिक होती है। तुलनात्मक दृष्टि से लड़कियों में भाषा-विकास लड़कों की अपेक्षा अधिक गति से होता है। सीशोर के अनुसार बाल्यावस्था में भाषा-विकास क्रम इस प्रकार है—

किशोरावस्था में भाषा-विकास

किशोरावस्था में शारीरिक परिवर्तनों के फलस्वरूप अनेक संवेगों की उत्पत्ति होती है, जिनका प्रभाव भाषा-विकास पर पड़ता है। किशोरों में साहित्यिक अध्ययन के प्रति रुचि उत्पन्न हो जाती है। उनमें कल्पना शक्ति का विकास होने से वे विभिन्न प्रकार की कहानियाँ, आदि लिखकर तथा चित्र बनाकर अपनी भावनाओं को अभिव्यक्त करते हैं।

किशोरावस्था में किशोर के शब्द-भण्डारण की क्षमता बढ़ जाती है। बालक भाषा को न केवल लिखकर अपितु बोलकर एवं उसमें नाटकीय तत्त्व उत्पन्न करके अधिगम को विकसित

करता है। भाषा के माध्यम से किशोर की संकल्पनाओं का विकास होता है। ये संकल्पनाएँ उसके भावी जीवन की तैयारी का प्रतीक होती हैं। किशोरावस्था तक बालक भाषा-प्रयोग के रहस्यों को अच्छी प्रकार से जान लेता है।

भाषा-विकास को प्रभावित करने वाले कारक

वाणी-दोष

व्यक्ति अपने मनोभावों एवं अनुभवों को वाणी द्वारा ही प्रकट करता है। विकलांग बालकों में वाणी-दोष वाले बालक भी पाये जाते हैं। ऐसे बालक या तो ठीक प्रकार से बोल नहीं पाते हैं अथवा उनके द्वारा बोली गई बात को श्रोता ठीक प्रकार से समझ नहीं पाते हैं। प्रमुख वाणी-दोषों को अग्रांकित प्रकार से स्पष्ट कर सकते हैं—

1. उच्चारण सम्बन्धी दोष—उच्चारण सम्बन्धी दोषों के अन्तर्गत बालक कुछ ध्वनियाँ नहीं निकाल पाते हैं। इनमें वे किसी शब्द के एक-दो अक्षरों को बोल देते हैं और बाकी को नहीं बोल पाते हैं या एक ध्वनि के लिए किसी दूसरी ध्वनि का प्रयोग करते हैं, जैसे 'त' को 'ट' आदि। इसी प्रकार 'शक्कर' को 'छक्कर', 'रोटी' को 'लोटी' कहते हैं।

2. हकलाना—ऐसे बालक निरन्तर और धारा-प्रवाह नहीं बोल पाते हैं। वे कुछ शब्दों या ध्वनियों की बार-बार आवृत्ति करते हैं और कुछ वर्णों पर बोलते हुए भी रुक जाते हैं। साथ-ही उनकी आँख और मुँह के रूप में भी परिवर्तन आ जाता है। इससे स्वास्थ्य अनियमित हो जाता है तथा माँसपेशियाँ भी तनावग्रस्त हो जाती हैं। ऐसे बालकों पर परिवार और वातावरण दोनों का प्रभाव पड़ता है।

3. आवाज की समस्या—कुछ बालक बहुत तेज या धीरे बोलते हैं, इससे भी उनका स्वर दोषपूर्ण हो जाता है। कुछ बालक नाक से बोलते हैं या श्वास ले-लेकर बोलते हैं। कुछ बालकों की आवाज में कसीलापन या भारीपन होता है।

4. देर से बोलना—साधारणत: बालक 9 से 15 माह के बीच ध्वनि उच्चारण शुरु कर देता है। देर से बोलना किसी-न-किसी विकार या दोष के कारण ही होता है।

5. ओष्ठ-विकृति—कुछ बालकों में ओष्ठ विकृति जन्म से तथा कुछ में बाद में हो जाती है जिससे वाणी में दोष उत्पन्न होते हैं।

6. श्रवण-विकृति—जो बालक अच्छी प्रकार से नहीं सुन पाते हैं वे बोल भी सही नहीं सकते हैं क्योंकि उनमें किसी ध्वनि को सही सुनने की क्षमता नहीं होती है।

वाणी-दोष के कारण

वाणी-दोष मुख्यत: निम्नलिखित कारणों से हो सकता है—

1. जन्म के समय विकार युक्त ओष्ठ हो जाना।
2. जबड़े तथा दाँतों का ऊबड़-खाबड़, टेढ़ा-मेढ़ा या ऊपर-नीचे होना भी वाणी-दोष का कारण है।

3. शैशवकालीन भाषा को दोहराने की प्रवृत्ति।
4. श्रवण दोष के कारण भी वाणी दोष हो जाता है।
5. मस्तिष्क सम्बन्धी दोष एवं दोषपूर्ण ग्रन्थियों के कारण भी वाणी-दोष हो जाता है।
6. लकवे जैसी बीमारियों के कारण भी वाणी दोष हो जाता है, क्योंकि इससे जीभ की माँसपेशियाँ विकृत हो जाती हैं।
7. भय का संचार भी वाणी-दोष का कारण है।
8. जल्दी-जल्दी बोलना, अस्पष्ट उच्चारण को उत्पन्न करता है।
9. उचित आराम की कमी।
10. संवेगात्मक कठिनाइयाँ भी वाणी दोष उत्पन्न करती हैं।
11. उचित शिक्षा और समुचित वातावरण का अभाव।
12. सन्तुलित एवं पौष्टिक भोजन की कमी।
13. मानसिक तनाव।
14. प्रेरणा का अभाव।
15. माता-पिता में से किसी एक की मृत्यु हो जाने से भी वाणी-दोष हो जाता है।
16. कठोर पारिवारिक अनुशासन तथा परिवार के सदस्यों में अच्छे सम्बन्ध न होना भी वाणी-दोष उत्पन्न करता है।

वाणी-दोषों को दूर करने के उपाय

बालकों के उचित व्यक्तित्व-विकास के लिए वाणी-दोषों को दूर करना परम आवश्यक है। उनको निम्न प्रकार से कम किया जा सकता है—

1. बालकों के शारीरिक दोषों को शल्य क्रिया द्वारा दूर करना चाहिए।
2. अभिभातकों को अपने बालकों की शिक्षा के प्रति जागरूक रहना चाहिए।
3. बालक अच्छे बोलने का अनुकरण करें।
4. घर तथा विद्यालय का वातावरण तनाव को कम करने वाला हो।
5. विशेष प्रकार की शिक्षा, जो बोलने में सहायक हो।
6. बालकों के अंगीय दोषों को दूर करने के लिए कला-विशेषज्ञ एवं मनोचिकित्सकों से परामर्श लेना चाहिए।
7. बालकों को निराशा एवं निरुत्साह से बचाकर आत्म-विश्वास उत्पन्न करना चाहिए।
8. बालकों को सही एवं गलत उच्चारण का अन्तर बताकर बोलने का अभ्यास कराना चाहिए।

वाणी-दोषों को दूर करने के लिए विद्यालय की भूमिका

1. बालक को अपनी कठिनाई पहचानने के लिए प्रेरणा देकर,
2. ग्रसितता के दोष पर अधिक जोर न देकर,
3. उचित और सही निदान के कारण दोष मालूम करके,
4. दोष के अनुसार अभ्यास देकर,
5. चिन्ता को दूर करके,
6. अन्य साथियों के समक्ष ग्रसित को व्याकुल न करके,
7. अध्यापकों को उनके दोष को दूर करने का प्रयत्न करना चाहिए, उन्हें चाहिए कि प्रसन्न करने वाली, शान्तिपूर्ण वाणी में उनसे बोलें,
8. शिक्षकों को बालकों के साथ सहानुभूतिपूर्ण व्यवहार करना चाहिए,
9. शुद्धउच्चारण पर बल देना चाहिए,
10. भय, संकोच तथा घबराहट का निवारण करना चाहिए।

□□□

7

सामाजिक विकास

(Social Development)

जन्म के समय शिशु असहाय होता है, वह कुछ मूल-शक्तियों को लेकर संसार में आता है। धीरे-धीरे उसके शारीरिक और मानसिक विकास के साथ-साथ सामाजिक विकास भी होता है। बालक के शारीरिक, मानसिक एवं सांवेगिक विकास का सामाजिक विकास से गहरा सम्बन्ध है। मानसिक विकास बालक के समाजीकरण में अधिक योगदान देता है। अपने परिवार के सदस्यों, अपने समूह के साथियों, अपने समाज की संस्थाओं और परम्पराओं एवं अपनी स्वयं की रुचियों की इच्छाओं से प्रभावित होकर वह अपने सामाजिक व्यवहार का निर्माण और सामाजिक विकास करता है। सामाजिक व्यवहार में स्थिरता न होकर परिवर्तनशीलता होती है। अत: समय और परिस्थितियों के अनुसार उसमें परिवर्तन होता रहता है और सामाजिक विकास एक निश्चित दिशा की ओर बढ़ता जाता है। इस प्रकार, समाजीकरण की प्रक्रिया निरन्तर चलती रहती है। **सारे व टेलफोर्ड** ने लिखा है—''समाजीकरण की प्रक्रिया दूसरे व्यक्तियों के साथ शिशु के प्रथम सम्पर्क से आरम्भ होती है और आजीवन चलती रहती है।''

मानव के व्यक्तित्व-विकास में समाज एवं वातावरण का योगदान महत्त्वपूर्ण होता है। इस महत्त्व को स्पष्ट करते हुए **एलेक्जेण्डर** ने लिखा है—''व्यक्तित्व का अस्तित्व शून्य में नहीं होता है। सामाजिक घटनाओं और प्रक्रियाओं द्वारा स्थापित प्रतिमानों के अनुरूप मानसिक क्रियाओं एवं व्यक्तित्व के गुणों को ढालने का कार्य निरन्तर चलता रहता है।''

सामाजिक विकास का अर्थ एवं परिभाषा

Hurlock के अनुसार—''कोई बालक सामाजिक पैदा नहीं होता है। सामाजिक सम्पर्क में आने के परिणामस्वरूप उसमें सामाजिकता के गुण विकसित होते हैं। समाज में रहकर वह समायोजन करना सीखता है। इस प्रकार समाजीकरण की प्रक्रिया बालक का सामाजिक विकास करने में महत्त्वपूर्ण भूमिका अदा करती है। सामाजिक परिस्थितियों के अनुकूल व्यवस्थित चरित्र निर्माण होना ही सामाजिक विकास है।''

सामाजिक विकास की व्याख्या करते हुए **सोरेन्सन** ने लिखा है—"सामाजिक अभिवृद्धि और विकास से हमारा तात्पर्य अपने साथ और दूसरों के साथ भली प्रकार चले चलने की बढ़ती हुई योग्यता से है।"

व्यक्ति की रुचि, अभिवृत्तियों, आदतों और आचार-व्यवहार में प्रौढ़ता प्राप्त करना भी सामाजिक विकास के अन्तर्गत आता है। आयु बढ़ने के साथ-साथ व्यक्ति के व्यक्तित्व के गुणों में परिवर्तन होते हैं। इस प्रकार के परिवर्तन व्यक्ति को वातावरण के साथ समायोजन स्थापित करने में सहायक होते हैं और इस प्रकार व्यक्ति समाज में रहकर सुव्यवस्थित जीवनयापन करने में समर्थ होता है। सामाजिक विकास के अर्थ को स्पष्ट करने के लिए कतिपय परिभाषाएँ इस प्रकार हैं—

1. फ्रीमैन व शॉवल के अनुसार—"सामाजिक विकास सीखने की वह प्रक्रिया है, जो समूह के स्तर, रहन-सहन तथा रीति-रिवाजों के अनुकूल अपने आपको ढ़ालने तथा एकता, मेलजोल और पारस्परिक सहयोग की भावना भरने में सहायक होती है।"

शैशवावस्था में सामाजिक विकास

जन्म के समय नवजात शिशु में सामाजिकता का कोई गुण नहीं होता है। **ब्रेकनरीज** के अनुसार, जन्म के समय शिशु में सामूहिक भावना विद्यमान नहीं होती है। इस समय तक उसको शारीरिक आवश्यकाताओं की पूर्ति की इच्छा रहती है। जब तक उसकी इन आवश्यकताओं की पूर्ति होती रहती है तो वह पूर्ति करने वालों की भी परवाह नहीं करता है। वह केवल कुछ तीव्र योजनाओं के प्रति प्रतिक्रिया प्रकट करता है। **क्रो व क्रो** ने लिखा है—"जन्म के समय शिशु सामाजिक या असामाजिक में से कैसा भी प्राणी नहीं होता है; परन्तु वह इस स्थिति में बहुत समय तक नहीं रहता है।" **बुहलर** के अनुसार, 2 माह के बच्चे में सामाजिक प्रतिक्रियाएँ प्रकट होने लगती हैं। शिशु की प्राथमिक, सामाजिक प्रतिक्रियाएँ वयस्कों के प्रति होती हैं। उसकी प्रतिक्रियाएँ अग्रलिखित क्रम से होती हैं—

1. दो माह का बालक आवाज पहचानने लगता है। किसी की आवाज सुनकर सिर घुमाने लगता है। यदि उसके सामने कोई मुस्कुराये तो वह भी मुस्कुराने लगता है।
2. तीन माह की अवस्था में बालक अपनी माँ को पहचानने लगता है।
3. चार माह की अवस्था में बालक दूसरों के साथ खेलने लगता है। किसी के बात करने पर मुस्कुराने लगता है। यदि खिलाने वाला व्यक्ति जाता है या उठकर चलता है तो उसी दिशा में देखने लगता है।
4. पाँचवें माह में बालक प्रेम और क्रोध को समझने लगता है या ऐसे व्यवहार को जानने लगता है। वह परिचित और अपरिचित में अन्तर करने लगता है।
5. छः माह की अवस्था में बालक परिचित को देखकर प्रसन्न होता है और अपरिचित को देखकर भय करने लगता है।

6. सातवें माह में बालक में आक्रामक व्यवहार के कुछ चिह्न प्रकट होने लगते हैं। वह वयस्कों का चश्मा या मूँछें पकड़कर खींचने लगता है।
7. आठवें तथा नवें माह से बालक दूसरों की आवाज एवं हाव-भाव का अनुकरण करने लगता है।
8. 10-11 माह का बालक दर्पण में अपनी छाया देखकर प्रसन्न होता है।
9. एक वर्ष के बालक को किसी काम को करने से मना किया जाए तो वह अपनी क्रिया रोक देता है।

ब्रेजेज और गैरीसन के अनुसार—2 वर्ष के शिशु दूसरे शिशुओं की ओर आकृष्ट होने लगते हैं। वे आपस में मिलकर खेलने की चेष्टा करते हैं। इस आयु में उनमें सहयोग का भाव पैदा होता है। बालक 2 वर्ष की आयु में परिवार के वयस्क सदस्यों के साथ काम करवाने लगता है। 2 वर्ष से लेकर 6 वर्ष की आयु के बीच बालक में सामाजिक-व्यवहार के विकास इस प्रकार होते हैं—

1. 3-4 वर्ष की अवस्था में बालक बड़ों की आशाओं और आदेशों का प्रतिरोध करना प्रारम्भ कर देता है। इसी को नकारात्मकता कहते हैं। नकारात्मक प्रकृति माता-पिता के कठोर अनुशासन के कारण होती है।
2. 2-4 वर्ष की आयु में बालकों में आक्रामक व्यवहार देखने को मिलता है। कुण्ठा, निराशा, खिन्नता आदि आक्रामक व्यवहार के जन्मदाता होते हैं। बालक दूसरों का ध्यान आकर्षित करने, अपना रौब जमाने तथा आत्म सुरक्षा की दृष्टि से आक्रामक व्यवहार प्रदर्शित करता है।
3. 4 वर्ष की आयु में बालक में प्रतिस्पर्धा का भाव पैदा हो जाता है जो कि 6 वर्ष की अवस्था में काफी विकसित हो जाता है। निम्न वर्ग के बालकों में प्रतिस्पर्धा का भाव तीव्र होता है।
4. 2-3 वर्ष की आयु के बालक आत्म-केन्द्रित और झगड़ालू होते हैं। परन्तु चौथे वर्ष में बालक में सहयोग की भावना विकसित हो जाती है और वह अन्य बच्चों के साथ मिलकर खेलना पसन्द करता है। इस आयु-स्तर से बालकों में सहानुभूति का भाव भी विकसित हो जाता है।
5. 6 वर्ष की आयु तक बालकों में स्वार्थपरता का भाव अधिक विकसित रूप में देखने को मिलता है। किन्तु इसके बाद सामूहिकता का भाव प्रबल हो जाने से स्वार्थपरता में ह्रास होने लगता है।

विद्यालय में प्रवेश लेने के बाद बालकों में सामूहिकता की भावना में वृद्धि होती है। विद्यालय में बालक किसी-न-किसी समूह का सदस्य होता है और उस समूह की आवश्यकताओं और माँगों के अनुकूल अपने को बनाने का प्रयत्न करता है।

बाल्यावस्था में सामाजिक विकास

बाल्यावस्था का समय 6 से 12 वर्ष की अवस्था तक माना जाता है। इस आयु में शैशवावस्था की तुलना में बालक का सामाजिक दायरा बढ़ जाता है। इस समय वह अपने परिवार के सदस्यों के साथ न रहकर अपने समवयस्क साथियों के साथ घूमने में अधिक आनन्द प्राप्त करता है। 6 वर्ष की आयु में अधिकांश बालक विद्यालय में प्रवेश प्राप्त करते हैं जहाँ उनको नवीन वातावरण तथा नए साथी मिलते हैं। यहाँ पर बालक नवीन वातावरण के साथ अनुकूलन करना तथा नए बालकों के साथ मित्रता स्थापित करना सीखता है। इस आयु पर बालकों में दल का निर्माण होता है। बालक टोली के मानकों के अनुसार काम करने लगता है तथा परिवार की अपेक्षा टोली को प्रधानता देता है। टोलियों में रहकर बालक समूह मनोविज्ञान के आधार पर वांछित या अवांछित कार्य करने में झिझकता नहीं है। टोली में रहकर बालक में विकसित होने वाले सामाजिक गुणों की चर्चा करते हुए **Hurlock** ने लिखा है कि "टोली साहस, न्याय, आत्म-नियन्त्रण, सद्भाव एवं नेता के प्रति आदरभाव आदि गुणों का विकास करती है।" बाल्यावस्था में प्रतिस्पर्धा की भावना उग्र रूप में पाई जाती है। प्रतिस्पर्धा के कारण बालकों में कभी-कभी परस्पर मारपीट हो जाती है। अधिकांश बालक इस प्रकार का व्यवहार अपना प्रभुत्व स्थापित करने की दृष्टि से करते हैं।

बाल्यावस्था में खिलाड़ीपन की उत्कृष्ट भावना होती है। बालक अपने दल की जीत के लिए भरसक प्रयत्न करते हैं। इससे उनमें अनुशासन की भावना विकसित होती है तथा साथ ही सहकारिता की भावना को भी बल मिलता है।

7-8 वर्ष की आयु तक बालक-बालिकाएँ साथ-साथ खेलते हैं किन्तु आठवें वर्ष के अन्त से वे समलिंगियों के साथ खेलना आरम्भ कर देते हैं। इस प्रकार की पृथकता किशोरावस्था से पूर्व तक ही रहती है।

किशोरावस्था में सामाजिक विकास

बालक जब किशोरावस्था में प्रवेश करता है तो उसमें शारीरिक, मानसिक एवं सांवेगिक विकास के साथ-साथ सामाजिक विकास की प्रक्रिया भी चलती रहती है। इस सम्बन्ध में **क्रो व क्रो** का कथन है कि—"बालक जब 13-14 वर्ष का होता है तो उसमें कुछ शारीरिक परिवर्तन तथा उसके प्रति दूसरों के और दूसरों के प्रति उसके दृष्टिकोण के निर्धारण से एक विकास प्रक्रिया प्रारम्भ होती है जो कि नव किशोर के अनुभवों में ही नहीं वरन् उसके सामाजिक सम्बन्धों में भी परिवर्तन लाती है।"

इस आयु में भिन्नता घनिष्ठता में बदलने लगती है। यह आवश्यक नहीं है कि बाल्यावस्था के मित्र ही इस अवस्था में भी मित्र बने रहें। किशोर अपने अनुकूल स्वभाव एवं समान रुचियों वाले किशोरों को ही अपना मित्र बनाता है। 14 वर्ष की अवस्था के बाद मित्रों की संख्या कम रह जाती है। **Hurlock** के अनुसार—किशोर में विषमलिंगियों से मित्रता बनाने की इच्छा प्रबल होने लगती है।

किशोरावस्था में विषमलिंगी आकर्षण बढ़ जाने के कारण वे एक-दूसरे को अपनी ओर आकर्षित करने के लिए अपनी वेशभूषा और श्रृंगार-सजावट पर अधिक ध्यान देने लगते हैं। लड़कियों में शारीरिक और सामाजिक परिपक्वता लड़कों से पहले आ जाती है। अतएव पूर्व किशोरावस्था में ही लड़की-लड़कों या किसी एक लड़के की ओर आकर्षित होने लगती है। लड़कों का ध्यान अपनी ओर आकर्षित करने के लिए लड़कियाँ लड़कों पर व्यंग्य कसने लगती हैं। इस प्रकार का विषमलिंगीय आकर्षण यकायक नहीं होता है; यह धीरे-धीरे होता है। इस प्रारम्भिक आकर्षण की अवस्था में लड़के-लड़कियों के सम्बन्ध कोई रूप धारण नहीं कर पाते हैं। वे एक-दूसरे को चाहते हुए भी संकुचित और लज्जित रहते हैं। इस अवस्था में किशोरों को विषमलिंगी के प्रति उचित दृष्टिकोण विकसित करने तथा सम्बन्धों का सही रूप स्थापित करने के लिए अपने से बड़ों के निर्देशन की आवश्यकता होती है।

इस आयु में सूमहों का गठन सामाजिक प्रयोजनों से होता है। इन समूहों के द्वारा नृत्य, संगीत, भ्रमण तथा अन्य अनेक प्रकार की पार्टियों का अयोजन होता है। इन समूहों में जोड़े बनाने की दृष्टि से लड़के-लड़कियों की संख्या अधिकांशतः समान होती है। इस प्रकार के समूह जिनमें लड़कियाँ भी सम्मिलित होती हैं, पश्चिमी देशों में गठित होते हैं। किशोरावस्था में इन समूहों के सदस्य समूह के प्रति वफादार रहते हैं। एक समूह के सदस्य सभी दृष्टियों से समान दिखलाई देने का प्रयत्न करते हैं।

इस अवस्था में वार्तालाप के विषय जीवन-दर्शन, राष्ट्रीय-अन्तर्राष्ट्रीय विषय, खेलकूद, काम-शास्त्र तथा व्यावसायिक योग्यताओं से सम्बन्धित होते हैं। इस आयु के लड़के-लड़कियों को विषमलिंगी के बारे में बात करने में अधिक आनन्द की अनुभूति होती है। किशोर अपने व्यवहार में वयस्कों के समान दिखलाई देना पसन्द करते हैं। किशोरों का अपने परिजनों से किसी-न-किसी विषय पर मतभेद और संघर्ष चलता रहता है। इस संघर्ष के लिए माता-पिता का किशोर के प्रति दृष्टिकोण उत्तरदायी होता है। माता-पिता इस अवस्था में भी उसके साथ बाल्यावस्था जैसा व्यवहार करते हैं, उसको हमेशा उपदेश जैसी बातें कहते रहते हैं तथा उसको ऐसे कार्य करने से मना करते हैं जिनको वे स्वयं करते रहते हैं। फिर भी किशोर में अपने परिवार के प्रति लगाव इतना अधिक होता है कि दूसरों के द्वारा अपने परिवार की आलोचना को सहन नहीं करता है।

किशोर अपने भावी व्यवसाय के चयन के बारे में चिन्तित रहते हैं। अधिकांशतः किशोर उन व्यवसायों में नियुक्ति चाहते हैं जिनकी समाज में अधिक प्रतिष्ठा होती है। इन व्यवसायों में प्राप्त होने वाली सफलता या असफलता भी उसके सामाजिक विकास को प्रभावित करती है। किशोरावस्था के अन्तिम समय तक किशोर तथा किशोरियों के सामाजिक व्यवहार में काफी मात्रा में परिपक्वता आ जाती है।

सामाजिक विकास को प्रभावित करने वाले कारक

बालक के सामाजिक विकास को प्रभावित करने वाले प्रमुख कारक अग्रांकित हैं—

1. शारीरिक विकास—शारीरिक विकास सामाजिक विकास में सहयोग देता है। जो बालक शारीरिक दृष्टि से हृष्ट-पुष्ट होते हैं और शारीरिक स्वास्थ्य ठीक होता है, वे सामाजिक

क्रियाओं में अधिक भाग लेकर अनेक लोगों के सम्पर्क में आते हैं। ऐसा करने से उनमें सामाजिक परिपक्वता का विकास होता है। इसके विपरीत जो बालक शारीरिक विकार युक्त होते हैं, उनमें हीनता की भावना उत्पन्न हो जाती है और वे सामाजिक कार्यों में भाग लेने में शंका महसूस करते हैं। इससे उनका सामाजिक विकास धीमा हो जाता है।

2. मानसिक विकास—मानसिक विकास भी सामाजिक विकास को प्रभावित करता है। कुशाग्र बुद्धि वाले बालक शीघ्रता से सामाजिक समायोजन करने में सफल हो जाते हैं। ये अधिक व्यवहार कुशल होते हैं तथा इनमें नेतृत्व के गुण भी पाये जाते हैं। मन्द-बुद्धिबालक में सामाजिक विकास भी मन्द गति से होता है।

3. संवेगात्मक विकास—क्रो व क्रो के अनुसार—संवेगात्मक और सामाजिक विकास साथ-साथ चलते हैं। संवेग बालक के व्यवहार को निर्धारित करते हैं। यह देखा जाता है कि क्रोधी बालक समूह के साथ समायोजन करने में असफल रहते हैं क्योंकि ऐसे बालकों के साथ अन्य कोई सहयोग करना नहीं चाहता। इसके विपरीत संयमी और विनोदी बालकों का सामाजिक विकास अधिक होता है।

4. पारिवारिक वातावरण—परिवार प्रथम शिक्षालय होता है, जहाँ बालक का समाजीकरण होता है। माता-पिता की मनोवृत्ति, उनका बालकों के प्रति व्यवहार, भाई-बहिन का पारस्परिक प्रेम, परिवार के आदर्श तथा बालकों के विचारों की अभिव्यक्ति की स्वतन्त्रता आदि ये सभी बातें बालक के सामाजिक विकास पर प्रभाव डालती हैं। दुराचारी सदस्यों वाले परिवारों के बालक सामाजिक विकास की दृष्टि से पिछड़ जाते हैं।

5. सांस्कृतिक वातावरण—बालकों के सामाजिक व्यवहार में भिन्नता के लिए सांस्कृतिक वातावरण भी उत्तरदायी होता है। बालक पर उन रीति-रिवाजों एवं परम्पराओं का प्रभाव पड़ता है जिनमें उसका पालन-पोषण होता है। उदाहरण के लिए, भारत एवं पश्चिमी देशों की संस्कृति में बहुत अन्तर है। इसके परिणामस्वरूप भारत में किशोर और किशोरियाँ परस्पर इतना नहीं मिल पाते हैं जितना कि पश्चिमी देशों में। इसी प्रकार ग्रामीण एवं नगरीय वातावरण की भिन्नता भी बालकों के सामाजिक विकास में अन्तर पैदा करती है।

6. आर्थिक स्थिति—माता-पिता की आर्थिक स्थिति का बालक के सामाजिक विकास पर उचित या अनुचित प्रभाव पड़ता है; उदाहरण के लिए, धनी माता-पिता के बालक अच्छे पड़ोस में रहते हैं; अच्छे व्यक्तियों में मिलते-जुलते हैं और अच्छे विद्यालयों में शिक्षा प्राप्त करते हैं। स्वाभाविक रूप से ऐसे बालकों का विकास उन बालकों से अधिक होता है, जिन्हें निर्धन माता-पिता की सन्तान होने के कारण इस प्रकार की किसी भी सुविधा से वंचित रहना पड़ता है।

7. सामाजिक व्यवस्था—सामाजिक व्यवस्था बालक के सामाजिक विकास को एक निश्चित दिशा प्रदान करती है। समाज के कार्य, आदर्श और प्रतिमान बालक के दृष्टिकोणों का निर्माण करते हैं। यही कारण है कि ग्राम और नगर, जनतन्त्र और अधिनायकतन्त्र में बालक का सामाजिक विकास विभिन्न प्रकार से होता है।

8. विद्यालय—बालक के सामाजिक विकास के दृष्टिकोण से परिवार के बाद विद्यालय का स्थान सबसे अधिक महत्त्वपूर्ण है। यदि विद्यालय का वातावरण जनतन्त्रीय है, तो बालक का सामाजिक विकास अविराम गति से उत्तम रूप ग्रहण करता चला जाता है। इसके विपरीत यदि विद्यालय का वातावरण एकतन्त्रीय सिद्धान्तों के अनुसार दण्ड और दमन पर आधारित है, तो बालक का सामाजिक विकास कुण्ठित हो जाता है।

9. शिक्षक—बालक के सामाजिक विकास को शिक्षक बहुत प्रभावित करता है। यदि शिक्षक शिष्ट, शान्त और सहयोगी है, तो उसके छात्र भी उसी के समान व्यवहार करते हैं। योग्य शिक्षकों का सम्पर्क बालक के सामाजिक विकास पर निश्चित प्रभाव डालता है। इस सम्बन्ध में **Strang** ने लिखा है—"वास्तविक सामाजिक ग्रहणशीलता और योग्यता वाले शिक्षकों से दैनिक सम्पर्क बालक के सामाजिक विकास में अतिशय योग देता है।"

10. खेलकूद—बालक के सामाजिक विकास में खेलकूद का विशेष स्थान है। खेल द्वारा ही वह अपनी सामाजिक प्रवृत्तियों और सामाजिक व्यवहार का प्रदर्शन करता है। खेल द्वारा ही उसमें उन सामाजिक गुणों का विकास होता है, जिनकी उसको आजीवन आवश्यकता रहती है। अतः खेल के अभाव में बालक का सामाजिक विकास पीछे रह जाना स्वाभाविक है। **Skinner & Harriman** के शब्दों में—"खेल का मैदान बालक का निर्माण-स्थल है। वहाँ उसे प्रदान किये जाने वाले सामाजिक और यान्त्रिक उपकरण उसके सामाजिक विकास को निश्चित करने में सहायता देते हैं।"

11. समूह या टोली—समूह या टोली के सदस्य के रूप में बालक इतना व्यवहार-कुशल हो जाता है कि समाज में प्रवेश करने के बाद उसे किसी प्रकार की कठिनाई का अनुभव नहीं होता है। **Hurlock** ने ठीक ही कहा है—"समूह के प्रभावों के कारण बालक सामाजिक व्यवहार का ऐसा महत्त्वपूर्ण प्रशिक्षण प्राप्त करता है, जैसा प्रौढ़-समाज द्वारा निर्धारित की गई दशाओं में उतनी सफलता से प्राप्त नहीं किया जा सकता है।"

12. अन्य कारक—बालक के सामाजिक जीवन को प्रभावित करने वाले अन्य कारक हैं—रेडियो, सिनेमा, समाचार-पत्र, पत्रिकायें और संस्कृति।

इस प्रकार स्पष्ट है कि सामाजिक विकास का बालक के शारीरिक, मानसिक और संवेगात्मक विकास अर्थात् उसके व्यक्तित्व के पूर्ण विकास से घनिष्ठ सम्बन्ध है। उसके शरीर की रचना, उसके स्वास्थ्य की दशा, उसके मस्तिष्क की तत्परता की सीमा और उसके संवेगों का स्वरूप, उसके सामाजिक विकास को वांछनीय या अवांछनीय बनाता है। इस सम्बन्ध में **गेट्स** एवं अन्य का विचार है कि—"सामाजिक प्राणी के रूप में व्यक्ति के व्यवहार का विकास उसके व्यक्तित्व के विकास के रूप में होता है।"

सामाजिक समायोजन

मनुष्य एक सामाजिक प्राणी है जो कि सामाजिक-भौतिक परिवेश में जन्म लेता है एवं पलता-बढ़ता है। सामाजिक समायोजन का तात्पर्य एक ऐसी दशा से है, जिसमें हम सामान्यतः दूसरे व्यक्तियों के साथ समायोजन करने में सक्षम होते हैं, विशेष रूप से उस समूह के साथ,

जिससे हम जुड़े होते हैं। सामाजिक रूप से समायोजित व्यक्ति सामाजिक सम्बन्ध बनाने में कुशल होता है। उसकी दूसरों के बारे में सकारात्मक सोच होती है। जब बच्चे बड़े होने लगते हैं, तो उनसे सामाजिक जीवन की अपेक्षाओं के प्रति समायोजित होने एवं अपने आयु वर्ग के अनुरूप व्यवहार करने की प्रत्याशा की जाती है। बालकों द्वारा प्रदर्शित सामाजिक समायोजन का स्तर पारिवारिक परिवेश की गुणवत्ता, अभिप्रेरणा एवं निर्देशन पर निर्भर करता है। कोई व्यक्ति किस सीमा तक सामाजिक समायोजन प्राप्त करने में सफल होता है, इसका निर्धारण अग्रलिखित मानदण्डों के आधार पर किया जा सकता है—

1. व्यवहार—जब एक यक्ति का व्यवहार अथवा उसका प्रत्यक्ष निष्पादन उस समूह के सदस्यों की प्रत्याशाओं के अनुसार होता है, जिससे वह जुड़ा होता है, तब हम उस व्यक्ति को समायोजित कहते हैं।

2. विभिन्न समूहों के साथ समायोजन—एक व्यक्ति विभिन्न समूहों के साथ कार्य अथवा अन्त:क्रिया करता है, अतएव एक व्यक्ति जो विभिन्न समूहों के साथ, जिनके साथ कार्य करता है, यदि उचित रूप से समायोजन स्थापित कर लेता है, तो उसे सुसमायोजित कहा जा सकता है।

3. समूहों एवं व्यक्तियों के बारे में सकारात्मक सोच—हमें लोगों के बारे में सकारात्मक दृष्टिकोण, सामाजिक भागीदारी तथा समूह की स्थिति में व्यवहार करने की आवश्यकता होती है।

4. वैयक्तिक प्रसन्नता—जब हम ठीक से समायोजित होते हैं, तब अपनी भूमिका के निष्पादन से सन्तुष्ट एवं प्रसन्न महसूस करते हैं।

सामाजिक समायोजन के लिए बालक की सामाजिक विशेषताओं को ध्यान में रखकर उचित प्रकार की शिक्षा की व्यवस्था करनी चाहिए, जो कि इस प्रकार हो सकती है—

1. बालक को संसार की वास्तविकताओं से परिचित कराना चाहिए। शिक्षकों का यह कर्त्तव्य है कि वे बालकों को वास्तविक संसार की जानकारी प्रदान कर उनको दिवा-स्वप्नों से दूर रखें।
2. शिक्षकों को बालकों में नैतिक गुणों का विकास करना चाहिए, जिनसे उनका चरित्र-निर्माण हो सके। इस उद्देश्य की प्राप्ति के लिए बालकों को नियमित नैतिक शिक्षा प्रदान करनी चाहिए।
3. शिक्षकों को चाहिए कि वे बालकों में सामाजिकता की भावना और सामाजिक गुणों का विकास करें, उनमें भातृत्व, प्रेम, दया, सहयोग एवं सहानुभूति जैसे गुणों का विकास करना चाहिए। शिक्षकों द्वारा विद्यालय में ऐसी क्रियाओं का आयोजन किया जाना चाहिए, जिनसे बालकों में आत्म-नियन्त्रण, आत्मानुशासन, सहयोग एवं सद्‌भाव की भावना का विकास हो सके।

4. शिक्षकों को बालकों के सामाजिक समायोजन में सहयोग करते हुए उनके संवेगों का शोधन करना चाहिए, जिससे उनके व्यक्तित्व का विकास अवरुद्धन हो। बालकों को सामाजिक स्वीकृति वाले संवेगों के प्रदर्शन का अवसर देना चाहिए।
5. शिक्षकों को बालकों के निष्प्रयोजन घूमने की प्रवृत्ति पर अंकुश लगाकर, उनको रचनात्मक कार्यों में लगाना चाहिए तथा विद्यालय में भी समय-समय पर विभिन्न प्रकार के रचनात्मक कार्यों की व्यवस्था की जानी चाहिए।
6. सामूहिक खेल भी सामाजिक समायोजन का एक महत्त्वपूर्ण कारक है। बालकों की सामूहिक खेलों में रुचि होती है अतः विद्यालय में इनकी व्यवस्था की जानी चाहिए।
7. बालक को विभिन्न प्रकार के सामाजिक एवं सार्वजनिक कार्यक्रमों में भाग लेने की स्वीकृति प्रदान कर उसमें सामाजिकता का विकास करना चाहिए। बालक की विभिन्न सामाजिक रुचियों का विकास करने के लिए विद्यालय में विभिन्न कार्यक्रमों का आयोजन किया जाना चाहिए।
8. माता-पिता का व्यवहार बालकों के साथ जैसा होता है वैसा ही बालकों का व्यक्तित्व हो जाता है अतः नियन्त्रण एवं स्नेह की समुचित मात्रा का प्रयोग होना चाहिए। बालकों के सामाजिक समायोजन के लिए प्रभुत्ववादी और उदारवादी शैली का मिश्रित रूप होना चाहिए।
9. सामाजिक समायोजन में धर्म, संस्कृति, मित्र मण्डली, पुरस्कार एवं दण्ड, रीति-रिंवाज एवं परम्पराओं का भी महत्त्वपूर्ण योगदान होता है।
10. पालन केन्द्र एवं प्रचार माध्यमों द्वारा भी सामाजिक समायोजन में सहायता मिलती है।

भिन्नता

बच्चे अपने माता-पिता की सच्ची प्रतिकृति नहीं हुआ करते। वे अपनी आकृति और बनावट में माता-पिता से कुछ-न-कुछ भिन्न अवश्य होते हैं। इस भिन्नता का कारण माता-पिता के बीजकोषों की विशिष्टताएँ हुआ करती हैं। बीज कोषों के अन्दर पित्रैक या जीन्स होते हैं, जो विभिन्न संयोजनों से मिलने तथा आपस में विभिन्न होने के कारण ऐसी सन्तानों को जन्म देते हैं जो आपस में भिन्न होती हैं। एक ही माता-पिता के बालकों में भिन्न-भिन्न पित्रैक संयोजन के कारण उनमें आपस मे भिन्नता आ जाती है। एक ही माता-पिता कभी गोरी सन्तान को और कभी काली सन्तान को जन्म देते हैं। गोरेपन और कालेपन का निश्चय पित्रैक के संयोजन से होता है। विकास का क्रम एक समान हो सकता है किन्तु विकास की गति शैशवावस्था एवं किशोरावस्था में तीव्र रहती है। बाल्यावस्था में यह गति मन्द पड़ जाती है। इसी प्रकार बालक एवं बालिकाओं की विकास गति में भिन्नता होती है।

नेतृत्व

मानव के किसी भी प्रकार के सामाजिक वर्ग में या पशुओं के झुण्ड में कोई-न-कोई एक ऐसा प्राणी होता है जिसका शारीरिक और मानसिक स्वास्थ्य सामान्य से बहुत अधिक

और उच्च कोटि का होता है, जो समुदाय या झुण्ड का नेतृत्व करता है, मानवीय समुदायों में नेता प्राय: सामाजिक दृष्टि से सर्वाधिक व्यवस्थित होता है। वह यह जानता है कि किस साथी से किस प्रकार से व्यवहार करना है। उसमें सामाजिक भावना का विकास होता है।

एक छोटे बालक के व्यवहार में नेतृत्व की भावना अत्यन्त प्रारम्भिक अवस्था में ही पायी जाती है। बालक अपनी प्रभावशाली प्रकृति के कारण दूसरे बालकों पर अधिकार जमाना चाहता है, दूसरों से अपनी आज्ञानुसार कार्य कराना चाहता है। वह बालक को एक विशेष प्रकार से खड़े होने के लिए आदेश देता है अथवा अपने सुझाव के अनुकूल कार्य करने के लिए उन्हें निर्देश देता है। नेतृत्व की यह भावना इस अवस्था में बिल्कुल प्रारम्भिक दशा में होती है। बालक में अपना लीडर चुनने की पूर्ण क्षमता इस समय तक नहीं होती है। प्रभावशाली एवं दूसरों पर छा जाने वाला बालक स्वयं उनका नेता बन बैठता है और दूसरे बालकों को उसकी आज्ञा का पालन करना ही पड़ता है, चाहे वह उपयुक्त नेता हो या न हो।

बाल्यावस्था के उत्तरकाल में वही बालक नेता नहीं हो सकता जो निर्देश देता हो और दूसरों को आज्ञा मानने के लिए बाध्य करता हो वरन् अधिकतर वही होता है जो शान्तिपूर्वक अपने निर्देशों को उनके समक्ष प्रकट करता है और उन्हें भावी कल्याण तथा सफलता का मार्ग बाध्यता से नहीं, सहानुभूति से सिखाता है। यह स्वयं प्रत्यक्ष रूप से बालकों को निर्देश नहीं देता, वरन् किसी दूसरे बालक को जो उसके आदर्श को अक्षरश: मानता हो, नेतृत्व करने के लिए प्रेरित करता है और उसके माध्यम से अपने विचारों को दूसरों से मनवाता है।

इस प्रकार नेतृत्व एक प्रक्रिया है जिसके द्वारा समूह का एक व्यक्ति अन्य सदस्यों को समूह के विशिष्ट लक्ष्य पाने की दिशा में प्रभावित करता है। दूसरे शब्दों में, नेतृत्व प्रभाव से जुड़ा हुआ है। नेतृत्व लोगों के बीच विशिष्ट प्रकार के सम्बन्ध को रेखांकित करता है। इसका स्वरूप पारस्परिक होता है। नेता अनुयायियों से प्रभावित होते हैं तथा उनको प्रभावित भी करते हैं। चूँकि नेतृत्व एक सामाजिक प्रक्रिया है जो समूह के सम्बन्धों के बारे में निश्चित भूमिका निभाने पर निर्भर करती है।

नेता की पहचान एवं गुण

नेता की पहचान की प्रमुख कसौटी 'प्रभाव' है जिसे व्यक्ति अपने अनुयायियों पर डालता है। अत: नेता को इस तरह परिभाषित कर सकते हैं—"नेता समूह के वे सदस्य होते हैं जो समूह के क्रियाकलापों को प्रभावित करते हैं।" इस परिभाषा के अनुसार—

1. समूह के सभी सदस्य (कुछ अंश तक) नेता होते हैं क्योंकि प्रत्येक सदस्य एक हद तक दूसरे सदस्यों के क्रियाकलापों को प्रभावित करता है। वे सदस्य जो समूह को अधिक मात्रा में प्रभावित करते हैं, नेता कहलाते हैं।
2. अत: किसी भी क्रिया की भाँति नेतृत्व भी दो दिशाओं में कार्य करता है। यदि नेता अनुयायी को प्रभावित करता है तो दूसरी ओर अनुयायी भी नेता को प्रभावित करते हैं।

3. इस बात की आवश्यकता है कि नेता, जो एक व्यक्ति के रूप में सार्थक प्रभाव डालता है तथा समूह का औपचारिक अध्यक्ष, जिसका बहुत कम प्रभाव होता है, दोनों के बीच अन्तर किया जाए। दूसरे शब्दों में, सभी औपचारिक नेता वास्तविक नेता नहीं होते।

समूह में केन्द्रीय स्थान रखने के कारण नेता समूह के लक्ष्यों की विचारधारा, संगठन एवं समूह सदस्यों के क्रियाकलापों को आकार देने तथा दिशा प्रदान करने में महत्त्वपूर्ण भूमिका निभाता है। सामान्य रूप से, प्रभाव डालने की क्षमता समूह के एक या कुछ ही सदस्यों में निहित होती है न कि सभी सदस्यों में वितरित।

नेता में अन्य व्यक्तियों से भिन्न कुछ विशेष गुण होते हैं। इन गुणों का प्रकार उस वर्ग के ऊपर निर्भर होता है, जिसका वह नेता चुना जाता है तथा ये विशेषताएँ उन परिस्थितियों पर भी आधारित होती हैं जिनमें उसका चुनाव होता है। उदाहरण के लिए, क्रिकेट कप्तान का चुनाव होता है तो बालक उस विद्यार्थी को चुनेंगे जो क्रिकेट खेलने में भी सिद्धहस्त हो और साथियों के साथ मैत्रीपूर्ण व्यवहार करता हो तथा ईमानदार भी हो। प्राय: यह देखा जाता है कि यदि कॉलेज छात्र-संघ का चुनाव वाद-विवाद प्रतियोगिता के उपरान्त हुआ है तो वही अध्यक्ष चुना जाता है जो भाषण कला में निपुण और योग्य ठहरता है।

प्राय: जो नेता चुना जाता है, वह समाज के सामान्य सदस्यों में विशिष्ट होता है। उसका शारीरिक बल और गठन समुदाय के दूसरे सदस्यों से कहीं अधिक पुष्ट होता है। किन्तु यह सिद्धानत सार्वभौमिक नहीं है। कक्षा-प्रतिनिधि के चुनाव में शारीरिक विशेषताओं पर ध्यान न देकर प्रतिभा और विद्वत्ता आदि गुणों को महत्त्व दिया जाता है। उस समय कक्षा एक ऐसे बालक को प्रतिनिधि चुनेगी जो प्रत्युत्पन्न मतिधारी हो तथा अपने बौद्धिक वैभव से दूसरों को प्रभावित कर सकता हो एवं अपने साथियों के साथ मैत्रीपूर्ण व्यवहार करता हो और उसका ध्यान भी रखता हो।

नेता में ऊर्जा, आत्मविश्वास, सृजनात्मकता, लचीलापन, ईमानदारी, एकता एवं शीलता जैसे गुण विद्यमान रहते हैं। नेता प्राय: उन बालकों में से होता है जो अपने व्यक्तिगत घेरे में ही स्वयं केन्द्रित नहीं रहता, वरन् दूसरे बालकों का भी ध्यान रखता है। उसके विचारों का केन्द्र दूसरे बालक ही बनते हैं। ऐसे व्यक्ति बहिर्मुखी कहलाते हैं तथा उन व्यक्तियों से बहुत अधिक लाभ उठाते हैं, जो आत्म केन्द्रित और केवल अपनी ही सुख-सुविधा की कामना करने वाले होते हैं। जो बालक नेता चुने जाने की इच्छा रखता है उसमें सामाजिक कार्य करने के प्रति रुचि होनी चाहिए। उसे परिश्रमी होना चाहिए और दूसरों की सहायता के लिए सदैव तैयार रहना चाहिए। बालक किसी भी आलसी और आत्म-केन्द्रित व्यक्ति को अपना नेता बनाना स्वीकार नहीं करेंगे। केवल वे ही व्यक्ति नेता बनने में सफल हो सकते हैं जो कठिन परिश्रमी होते हैं। नेता अनवरत अध्यवसाय में विश्वास रखने वाला तथा सतत प्रयत्नशील होना चाहिए। यह भी सम्भव हो सकता है कि जो बालक धनी-मानी और सम्पन्न कुल से आते हैं, वे नेता चुन लिए जाएँ। जो बालक अधिक खर्चीले और धन-सम्पन्न होते हैं, वे गरीब बालकों

की अपेक्षा अधिक लाभ उठाते हैं। वे अपेक्षाकृत सामाजिक परिस्थितियों में अपने को अधिक समायोजित कर लेते हैं। इसी कारण अन्य बालकों द्वारा पसन्द किए जाते हैं। साथ ही गरीब बालकों को धन कमाने की भी आवश्यकता बनी रहती है, अत: वे अपने समय का थोड़ा भाग ही सामाजिक कार्यों में दे पाते हैं। अधिकतर समय उन्हें अपने अध्ययन और धनोपार्जन में ध्यान देना पड़ता है अत: उनके नेता बनने की सम्भावना कम रहती है।

एक अच्छे नेता में बुद्धिमत्ता, आकर्षक, व्यक्तित्व, किसी एक क्षेत्र में सिद्धहस्त होना, बहिर्मुखी होना, कठिन परिश्रमी एवं अध्यवसायी तथा सामाजिक और आर्थिक स्तर का उच्च होना, ये गुण विद्यमान रहते हैं।

कक्षा में अध्यापक का नेता के रूप में होना

अध्यापक कक्षा का एक स्वीकृत नेता माना जाता है। उसके ज्ञान, योग्यता, परिणाम, शक्ति बुद्धिमत्ता आदि के विकसित होने से उसे बिना किसी विरोध के नेता मान लिया जाता है। किन्तु बहुत-से अध्यापक अपने दुर्बल व्यक्तित्व, शर्मीले स्वभाव और आत्म-संयमी होने के कारण, अपना यह उपयोगी अधिकार छोड़ बैठते हैं। तब कक्षा के अन्य शोचनीय एवं ऊर्जस्वित बालक नेता बनने का प्रयास करते हैं। यह अत्यन्त हीन और शोचनीय स्थिति होती है तथा अध्यापक को बहुत कष्ट पहुँचाती है। जो अध्यापक अपनी कक्षा में नेतृत्व को खो बैठता है, वह कक्षा का सामना विश्वासपूर्वक और दृढ़ता से नहीं कर सकता। फलस्वरूप, उसकी कक्षा में अनुशासनहीनता फैलती है और शिक्षा का ध्येय भी समाप्त हो सकता है।

अध्यापकों को अपने नेतृत्व के बारे में अत्यन्त सावधान होना चाहिए। उन्हें अनुशासनहीनता की परिस्थिति को दूर करने के लिए अथवा उसे न आने देने के लिए अग्रलिखित उपायों को अपनाना चाहिए—

1. अध्यापकों को किसी भी प्रकार की घटना अथवा परिस्थिति के लिए पहले से तैयार रहना चाहिए, जिससे कोई भी घटना असावधानी के कारण न हो; और यदि होगी भी, तो उसे अत्यन्त मनोवैज्ञानिक ढंग से सुलझाना चाहिए। आकुलता और उलझन के चिह्न उसके चेहरे पर दिखाई नहीं देने चाहिए।
2. कक्षा का स्वाभविक रूप से एक नेता होता है, जो अध्यापक होना चाहिए। उसे बालकों का सहयोग और विश्वास प्रारम्भ से ही प्राप्त कर लेना चाहिए। पहले उसे अनुशासनहीन बालकों के प्रति निरंकुश भी होना चाहिए। इसके बाद उसे मैत्री और साहचर्य की भावना को अपनाना चाहिए, जिससे बालकों की अध्यापक में श्रद्धा बढ़े।
3. अध्यापक को सदैव इस बात के लिए सावधान रहना चाहिए कि बालकों से साहचर्य जैसा भाव प्रदर्शित करते हुए भी उसका व्यवहार एक अध्यापक की तरह ही हो, उसे बालकों की तरह व्यवहार नहीं करना चाहिए जैसा कि बालक बालकों में करते हैं। ऐसा करने से उसका सम्मान कम हो जाता है। उसे बालकों में रहते हुए भी उनसे अलग रहना चाहिए। जो अध्यापक ऐसा नहीं करते हैं, बालक उन्हें नेता भले ही स्वीकार कर

लें किन्तु उनका सम्मान नहीं करते। ऐसे व्यवहार के द्वारा अध्यापक स्वयं प्रौढ़ समाज के लिए अनुपयुक्त सिद्ध होता है।

4. अध्यापक को ऐसे बालकों को जो नेता बनने की क्षमता रखते हैं, उपयुक्त अवसर प्रदान करना चाहिए, जिससे वे अपनी इस शक्ति का उचित उपयोग और विकास कर सकें तथा भविष्य में समाज के लिए अच्छे नेता बन सकें। अध्यापक को चाहिए, ऐसे बालकों को बहुमुखी कार्यों में लगायें। किसी ऐसे कार्य का नेतृत्व उसे सौंपा जाए जिसके लिए वह सर्वथा योग्य हो; जैसे—हॉकी या फुटबाल के दल का नायक बनाना। इसी प्रकार से जो बालक साहित्यिक रुचि रखता है और कुशल नेता बनने की उसमें योग्यता है तो उसे साहित्यिक परिषद् का प्रधान अथवा वाद-विवाद प्रतियोगिताओं का संयोजक बनाना चाहिए। कभी-कभी अध्यापक को नेता के स्थान पर अनुयायी का भी कार्य करना पड़ता है और नेता का कार्यभार बालक सम्भालता है।

5. अध्यापक को बालक के सुझावों का स्वागत करना चाहिए और उन पर पूरा-पूरा ध्यान देना चाहिए। प्रायः वे सुझाव ठीक भी होते हैं, अतएव अध्यापकों को तदनुकूल ही कार्य करना चाहिए।

वास्तव में, एक अच्छा अध्यापक वही होता है जो कक्षा का नेतृत्व तो सदैव अपने हाथ में रखता है, किन्तु समयानुकूल उसे समर्थ बालकों को भी सौंप देता है और अपने सम्मान एवं पद में किंचित् भी कमी किए बिना वह बालकों में साहचर्य की भावना का विकास करता है। अध्यापक को इस प्रकार व्यवहार करना चाहिए कि दूसरे बालकों को नेतृत्व सौंप देने पर भी वे यही अनुभव करते रहें कि अध्यापक ही उनका नेता है, यद्यपि उस समय उसका स्थान एक तटस्थ दृष्टा और निर्देशक के रूप में होना चाहिए।

❑❑❑

8

संवेगात्मक-विकास

(Emotional Development)

बालक के शारीरिक एवं गामक विकास के साथ-साथ उसका संवेगात्मक, सामाजिक एवं मानसिक विकास भी होता रहता है। संवेगों का मानव-जीवन में बड़ा महत्त्व होता है। ऐसी मान्यता है कि संवेग मानव व्यवहार के प्रेरक होते हैं। संवेग कभी तो बालक को कार्य करने की प्रेरणा देते हैं और कभी कार्य करने में बाधक बन जाते हैं। तीव्र संवेग मानसिक तनाव पैदा करके बालकों के ध्यान को भंग कर देते हैं। इससे बालक दत्तचित्त होकर अध्ययन करने में असफल रहता है। संवेगों का बालक के सामाजिक समायोजन पर भी प्रभाव पड़ता है। कभी-कभी बालकों के कुसमायोजन के लिए संवेगों का प्रभाव उत्तरदायी होता है। बालक के संवेगात्मक व्यवहार के आधार संवेग ही होते हैं। प्रेम, हर्ष और उत्सुकता के समान अभिनन्दनीय संवेग बालक के सामाजिक, मानसिक और शारीरिक विकास में योग देते हैं जबकि भय, क्रोध और ईर्ष्या जैसे निन्दनीय संवेग उसके विकास को विकृत और कुण्ठित कर सकते हैं। इस सम्बन्ध में **गेट्स व अन्य** ने लिखा है—"बालक का संवेगात्मक व्यवहार उसके विकास के अन्य पहलुओं के अनुरूप होता है और उनसे उसका अन्त: सम्बन्ध होता है।"

संवेग का अर्थ

अंग्रेजी शब्द Emotion का हिन्दी रूपान्तर ही संवेग होता है। इसकी उत्पत्ति लैटिन भाषा के शब्द 'इमोवरी' (Emovere) से हुई, जिसका अर्थ होता है—'उत्तेजित करना।' इस विश्लेषण के अनुसार व्यक्ति की 'उत्तेजित-अवस्था' को संवेग कहा जा सकता है। संवेग के अर्थ को स्पष्ट करने वाली कतिपय परिभाषाएँ इस प्रकार हैं—

1. आर्थर टी. जर्सील्ड—"संवेग शब्द किसी भी प्रकार से आवेश में आने, भड़क उठने अथवा उत्तेजित होने की दशा को सूचित करता है।"

इस प्रकार, स्पष्ट है कि संवेग एक गत्यात्मक आन्तरिक समायोजन है जो व्यक्ति के सन्तोष, रक्षा एवं भलाई के लिए क्रियाशील रहता है।

संवेगों की विशेषताएँ

संवेगों की अग्रलिखित विशेषताएँ होती हैं—

1. संवेग आजीवन प्रकट होते हैं अतः इनमें व्यापकता रहती है।
2. संवेगों में तीव्रता रहती है जिससे नियत्रण में कमी आ जाती है।
3. संवेगों के साथ शारीरिक परिवर्तन सम्बन्धित रहते हैं।
4. संवेगों का मूल-प्रवृत्तियों से घनिष्ठ सम्बन्ध होता है।
5. संवेगों में सुख-दुःख की भावना निहित रहती है।
6. संवेग व्यक्तिगत विभिन्नताओं के आधार पर वैयक्तिक होते हैं।
7. संवेग बार-बार प्रकट होते हैं।
8. संवेगों के प्रभाव से व्यक्ति अप्रत्याशित कार्य कर डालता है।
9. संवेगों का सम्बन्ध मनोदशा से होता है।
10. संवेगों के प्रभाव से व्यक्ति का व्यवहार परिवर्तित होता है।
11. संवेगों की दशा में व्यक्ति की विचार-शक्ति प्रायः समाप्त हो जाती है।
12. संवेगों के प्रभाव से मानसिक दशा में परिवर्तन होता है।

शैशवावस्था में संवेगात्मक विकास

Spitz के अनुसार—''संवेग जन्म से ही विद्यमान नहीं रहते हैं। मानव-व्यक्तित्व के किसी भी अंग के समान उनका विकास होता है।'' **ब्रजेज** के अनुसार—''शिशु में जन्म के समय केवल उत्तेजना होती है और 2 वर्ष की आयु तक उसमें लगभग सभी संवेगों का विकास हो जाता है।'' शिशु के संवेगात्मक विकास के सम्बन्ध में अग्रलिखित बातें उल्लेखनीय हैं—

1. शिशु जन्म के समय से ही संवेगात्मक व्यवहार की अभिव्यक्ति करता है। जैसे- -रोना, चिल्लाना, हाथ-पैर पटकना आदि इसके रूप हैं।
2. शिशु के संवेगों में आरम्भ में अत्यधिक तीव्रता होती है। धीरे-धीरे इसमें कमी होती चली जाती है, जैसे—2 या 3 माह का शिशु भूख लगने पर तब तक रोता है, जब तक उसको दूध नहीं मिल जाता, परन्तु 4 या 5 वर्ष का शिशु इस प्रकार का व्यवहार नहीं करता।
3. शिशु के संवेगों में पहले अस्पष्टता होती है, परन्तु धीरे-धीरे उनमें स्पष्टता आती जाती है, जैसे—प्रारम्भिक 3 सप्ताहों में उसकी चिल्लाहट से उसका संवेग स्पष्ट नहीं होता है। 5 सप्ताह के शिशु की भूख, कष्ट और क्रोध की चिल्लाहटों में अन्तर हो जाता है और उसकी माँ उसका अर्थ समझने लगती है।
4. शिशु के संवेगात्मक व्यवहार में अत्यधिक अस्थिरता रहती है। उसका संवेग कुछ ही समय के लिए रहता है और फिर सहसा समाप्त हो जाता है। उदाहरण के लिए, रोता

हुआ शिशु खिलौना पाकर तुरन्त रोना बन्द करके हँसने लगता है। आयु बढ़ने के साथ-साथ शिशु के संवेगात्मक व्यवहार में स्थिरता आती जाती है।

5. शिशु के संवेगात्मक विकास में क्रमशः परिवर्तना होता चला जाता है; उदाहरणार्थ, आरम्भ में शिशु प्रसन्न होने पर मुस्कुराता है। कुछ समय के बाद वह अपनी प्रसन्नता को हँसकर, विभिन्न प्रकार की ध्वनियाँ उत्पन्न करके या बोलकर व्यक्त करता है।
6. **जॉन्स** के अनुसार, दो वर्ष का शिशु साँप से नहीं डरता है, परन्तु धीरे-धीरे उसमें भय का विकास हो जाता है। 3 वर्ष की आयु में वह अँधेरे से, पशुओं से और अकेले रहने से डरता है। 5 वर्ष की आयु तक वह अपने भय पर नियन्त्रण नहीं कर पाता है।
7. **जस्टिन** के अनुसार, 3 वर्ष की आयु से शिशु में अपने साथियों के प्रति प्रेम का विकास हो जाता है और वह उनके साथ हँसता और खेलता है।
8. **एलिस क्रो** के अनुसार, शिशु अपने साथियों और बड़े लोगों के व्यवहार (संवेगात्मक) का अनुकरण करता है। उसे उन्हीं बातों से भय लगता है, जिनसे उनको लगता है। वह क्रोध का क्रोध से और प्रेम का प्रेम से उत्तर देता है। वह अपनी माता और अपने किसी प्रिय साथी के अतिरिक्त और किसी के प्रति सहानुभूति प्रकट नहीं करता है।
9. **स्किनर व हेरिमेन** के अनुसार—"शिशु का संवेगात्मक व्यवहार धीरे-धीरे अधिक निश्चित और स्पष्ट होता जाता है। उसके व्यवहार के विकास की सामान्य दिशा अनिश्चित और अस्पष्ट से विशिष्ट की ओर की होती है।"

बाल्यावस्था में संवेगात्मक विकास

क्रो व क्रो का मत है—"बाल्यावस्था के सम्पूर्ण वर्षों में संवेगों की अभिव्यक्ति में निरन्तर परिवर्तन होते रहते हैं।" इन परिवर्तनों तथा संवेगात्मक विकास पर इनके प्रभाव को इस प्रकार व्यक्त कर सकते हैं—

1. बालक के संवेगों में शिष्टता आ जाती है और उसमें उनका दमन करने की क्षमता उत्पन्न हो जाती है। अतः वह अपने माता-पिता, शिक्षक तथा बड़ों के सामने उन संवेगों को प्रकट नहीं होने देता है जिनको वे पसन्द नहीं करते हैं।
2. बालक के संवेग अधिक निश्चित और कम शक्तिशाली हो जाते हैं। वे बालक को शैशवावस्था के समान उत्तेजित नहीं कर पाते हैं; उदाहरणार्थ, 6 वर्ष की आयु में बालक का अपने भय और क्रोध पर नियन्त्रण हो जाता है।
3. बाल्यावस्था में बालक विभिन्न समूहों का सदस्य होता है। इन समूहों में साधारणतः पारस्परिक घृणा, द्वेष और ईर्ष्या पाई जाती है। बालक इन अवांछनीय संवेगों से प्रभावित हुए बिना नहीं बचता है। अतः वह दूसरे बालकों के प्रति अपने व्यवहार में इन संवेगों को व्यक्त करने लगता है।
4. बालक के संवेगात्मक विकास पर विद्यालय के वातावरण का व्यापक प्रभाव पड़ता है; उदाहरण के लिए, आदर्श, स्वतन्त्र और स्वस्थ वातावरण उसके संवेगों का परिष्कार करता है, जबकि भय, आतंक और कठोरता के वातावरण में ऐसा होना असम्भव है।

5. बालक के संवेगात्मक विकास में शिक्षक का बहुत महत्त्वपूर्ण स्थान होता है। अप्रिय व्यवहार, शारीरिक दण्ड और कठोर अनुशासन में विश्वास करने वाला शिक्षक, बालक में मानसिक ग्रन्थियों का निर्माण कर देता है, जो उसके संवेगात्मक विकास को विकृत कर देती हैं।
6. **एलिस क्रो** के मतानुसार—बालक अपने दोषों के परिणामों को सोचकर चिन्तित हो जाता है और अपने से अधिक भाग्यशाली बालकों से ईर्ष्या करता है। वह अपने प्रति अपने परिवार के सदस्यों के व्यवहार को कठोर मानता है, क्योंकि उसके विचार से वे उसके कार्यों को समझ नहीं पाते हैं।

   एलिस क्रो के ही मतानुसार—"बालक सामान्य रूप से प्रसन्न रहता है और दूसरों के प्रति उसका विद्वेष अस्थाई होता है।"
7. बालक में मानसिक विकास के कारण समझ बढ़ जाती है, अब यह उत्तेजना पैदा करने वाली परिस्थितियों से सचेत हो जाता है।
8. बालक में भाषा का विकास होने से अब क्रिया की अपेक्षा अपने भावों को भाषा के माध्यम से प्रकट करता है।
9. बाल्यावस्था में अनेक संवेग बालक को हास्यास्पद बना देते हैं। साथ ही विद्यालय तथा परिवार के सदस्य उसको संवेगात्मक व्यवहार के लिए ताड़ना देते रहते हैं। इन कारणों से बालक अपने संवेगों को छिपाने लगता है किन्तु संवेगों को छिपाना ठीक नहीं माना जाता है।

किशोरावस्था में संवेगात्मक विकास

किशोरावस्था की अवधि 12 से 18 वर्ष तक मानी जाती है। इस आयु स्तर पर सांवेगिक विकास तीव्र गति से होता है। **कोल व ब्रूस** का विचार है—"किशोरावस्था के आगमन का मुख्य संकेत संवेगात्मक विकास में तीव्र परिवर्तन हैं।" इस समय किशोर समायोजन की समस्या अनुभव करने लगता है क्योंकि बाल्यावस्था की समायोजन सम्बन्धी विधियाँ इस आयु पर उपयोगी सिद्धनहीं होती हैं। इस अवस्था में चिन्तन एवं कार्य करने की पुरानी आदतों को त्याग कर नवीन आदतों को ग्रहण करने की प्रक्रिया के कारण संवेग तीव्र होते हैं। इस अवस्था में संवेगों को उत्पन्न करने वाली परिस्थितियों में भी परिवर्तन हो जाता है। बहुत-सी बातें जो बाल्यावस्था में उसको आनन्दित करती थी, वे ही अब उसके क्रोध का कारण बन जाती हैं। परिवर्तन के साथ-साथ विकास के अन्य रूप भी हैं, यथा—

1. किशोर में प्रेम, दया, क्रोध, सहानुभूति आदि संवेग अस्थायी रूप धारण कर लेते हैं। वह इन पर नियन्त्रण नहीं रख पाता है। अत: वह साधारणतया अन्यायी व्यक्ति के प्रति क्रोध और दु:खी व्यक्ति के प्रति दया की अभिव्यक्ति करता है।
2. किशोर की शारीरिक शक्ति की उसके संवेगों पर स्पष्ट छाप होती है; उदाहरणार्थ, सबल और स्वस्थ किशोर में संवेगात्मक स्थिरता एवं निर्बल और अस्वस्थ किशोर में संवेगात्मक अस्थिरता पाई जाती है।

3. अनेक परिस्थितियों में जब किशोर स्वयं को समायोजित करने के अयोग्य पाता है तो वह सांवेगिक अस्थिरता से पीड़ित हो उठता है।

4. **एलिस क्रो** के अनुसार—किशोर अनेक बातों के बारे में चिन्तित रहता है; उदाहरणार्थ, उसे अपनी आकृति, स्वास्थ्य, सम्मान, धन-प्राप्ति, शैक्षिक प्रगति, सामाजिक सफलता और अपनी कमियों की सदैव चिन्ता रहती है।

5. **क्रो व क्रो** के अनुसार—किशोर के ज्ञान, रुचियों, इच्छाओं आदि की वृद्धि के साथ संवेगों को उत्पन्न करने वाली घटनाओं या परिस्थितियों में परिवर्तन हो जाता है; उदाहरणार्थ, बाल्यावस्था में बाल-विवाह जैसी कुरीति उसके लिए मनोरंजन का कारण हो सकती है, पर किशोरावस्था में यही कुरीति उसके क्रोध को प्रज्ज्वलित कर सकती है।

6. अनेक विचारों वाले अपने माता-पिता से स्नेहयुक्त सम्बन्ध न होने के कारण अन्तर्द्वन्द्व और अपर्याप्त प्रशिक्षण के परिणामस्वरूप उसमें अनेक अशिष्ट संवेग पैदा होते हैं।

7. किशोर न तो बालक समझा जाता है और न ही प्रौढ़। अत: उसे अपने संवेगात्मक जीवन में वातावरण से अनुकूलन करने में बहुत कठिनाई होती है। यदि वह अपने प्रयास में असफल हो जाता है, तो वह घोर निराशा का शिकार बन जाता है। ऐसी दशा में वह या तो घर से भाग जाता है या आत्महत्या की बात सोचता है।

8. किशोरावस्था में विषमलिंगी के साथ सम्बन्ध स्थापित करने की भावना पैदा होती है किन्तु किशोर चिन्तित रहता है कि विषमलिंगी के साथ क्या और कैसे बात की जाए ? उसका व्यवहार कैसा हो ? ये सब बातें उसमें उत्तेजना पैदा करती हैं।

9. **बी.एन.झा के अनुसार**—"किशोरावस्था में बालक और बालिका, दोनों में काम-प्रवृत्ति बहुत तीव्र हो जाती है और उनके संवेगात्मक व्यवहार पर असाधारण प्रभाव डालती है।" तथा "किशोरावस्था में संवेगात्मक विकास इतना विचित्र होता है कि किशोर एक ही परिस्थिति में विभिन्न अवसरों पर विभिन्न प्रकार का व्यवहार करता है। जो परिस्थिति उसे एक अवसर पर उल्लास से भर देती है, वही परिस्थिति दूसरे अवसर पर उसे खिन्न कर देती है।"

संवेगात्मक विकास को प्रभावित करने वाले कारक

हरलॉक के मतानुसार—"प्रत्येक बालक में संवेगशीलता की दशा उसके स्वास्थ्य, दिन के समय और वातावरण-सम्बन्धी प्रभावों जैसे कारकों पर निर्भर रहने के कारण समय-समय पर परिवर्तित होती रहती है।"

1. स्वास्थ्य—उत्तम स्वास्थ्य वाले बालकों में संवेगों पर नियन्त्रण रखने की क्षमता अधिक होती है। **क्रो व क्रो** के शब्दों में—"बालक के स्वास्थ्य की दशा का उसकी संवेगात्मक प्रतिक्रियाओं से घनिष्ठ सम्बन्ध होता है।" अच्छे स्वास्थ्य वाले बालकों की अपेक्षा बहुत बीमार रहने वाले बालकों के संवेगात्मक व्यवहार में अधिक अस्थिरता होती है।

2. मानसिक योग्यता—अधिक मानसिक योग्यता वाले बालकों का संवेगात्मक क्षेत्र अधिक विस्तृत होता है। वे भविष्य के सुखों और दुःखों, भयों और आपत्तियों का अनुभव कर सकते हैं। **हरलॉक** का कथन है—"साधारणतया निम्नतर मानसिक स्तरों के बालकों में उसी आयु के प्रतिभाशाली बालकों की अपेक्षा संवेगात्मक नियन्त्रण कम होता है।"

3. थकान—अत्यधिक थकान बालक के संवेगात्मक व्यवहार को प्रभावित करती है। **क्रो व क्रो** के मतानुसार—"जब बालक थका हुआ होता है, तब उसमें क्रोध या चिड़चिड़ेपन के समान अवांछनीय संवेगात्मक व्यवहार की प्रवृत्ति होती है।" थकान का प्रमुख कारण अपूर्ण पोषण होता है।

4. माता-पिता का दृष्टिकोण—बालक के प्रति माता-पिता का दृष्टिकोण उसके संवेगात्मक व्यवहार को प्रभावित करता है। इस सम्बन्ध में **क्रो व क्रो** ने लिखा है—"बच्चों की उपेक्षा करना, बहुत समय तक घर से बाहर रहना, बच्चों के बारे में आवश्यकता से अधिक चिन्तित रहना, बच्चों के सामने उनके रोगों के बारे में बातचीत करना, बच्चों की आवश्यकता से अधिक रक्षा करना, बच्चों को अपनी इच्छा के अनुसार कोई भी कार्य करने से रोकना, बच्चों को प्रौढ़ों के समान नए अनुभव न करने देना और बच्चों को सम्पूर्ण घर के प्रेम का पात्र बनाना—माता-पिता की ये सब बातें बच्चों को अवांछनीय संवेगात्मक व्यवहार के विकास में योग देती हैं।"

5. परिवार—**हरलॉक** के विचार से बालक का परिवार उसके संवेगात्मक विकास को तीन प्रकार से प्रभावित करता है। पहला, यदि परिवार के सदस्य अत्यधिक संवेगात्मक होते हैं, तो बालक भी उसी प्रकार का हो जाता है। दूसरा, यदि परिवार में शान्ति, सुरक्षा और आनन्द के कारण उत्तेजना उत्पन्न नहीं होती है, तो बालक के संवेगात्मक विकास का रूप सन्तुलित होता है। तीसरा, यदि परिवार में लड़ाई-झगड़े होना, मिलने-जुलने वालों का बहुत आना और मनोरंजन का कार्यक्रम बनते रहना, साधारण घटनाएँ हैं, तो बालक के संवेगों में उत्तेजना उत्पन्न हो जाती है।

6. सामाजिक स्थिति—सामाजिक स्थिति भी बालकों के संवेगात्मक व्यवहार को प्रभावित करती है। इस सम्बन्ध **क्रो व क्रो** ने लिखा है—"सामाजिक स्थिति और संवेगात्मक स्थिरता में घनिष्ठ सम्बन्ध होता है। निम्न सामाजिक स्थिति के बालकों में उच्च सामाजिक स्थिति के बालकों की अपेक्षा अधिक असन्तुलन और अधिक संवेगात्मक अस्थिरता होती है।"

7. सामाजिक स्वीकृति—बालक के कार्यों की सामाजिक स्वीकृति का उसके संवेगात्मक विकास से प्रत्यक्ष सम्बन्ध होता है। इसको स्पष्ट करते हुए **क्रो व क्रो** ने लिखा है—"यदि बालक को अपने कार्यों की सामाजिक स्वीकृति नहीं मिलती है, तो उसके संवेगात्मक व्यवहार में उग्रता या शिथिलता आ जाती है।"

8. अभिलाषा—माता-पिता को अपने बालक से बड़ी-बड़ी आशाएँ होती हैं। स्वयं बालक में कोई-न-कोई अभिलाषा होती है। यदि उसकी अभिलाषा पूर्ण नहीं होती है, तो वह

निराशा के सागर में डुबकियाँ लगाने लगता है। साथ ही, उसे अपने भग्नाशा माता-पिता की कटु आलोचना सुननी पड़ती है। ऐसी दशा में उसमें संवेगात्मक तनाव उत्पन्न हो जाता है। **Carmichael** का कथन है—"कोई भी बात जो बालक के आत्म-विश्वास को कम करती है, या उसके आत्म-सम्मान को ठेस पहुँचाती है, या उसके कार्य में बाधा उपस्थित करती है, या उसके द्वारा महत्त्वपूर्ण समझे जाने वाले लक्ष्यों की प्राप्ति में अवरोध उत्पन्न करती है, उसकी चिन्तित और भयभीत रहने की प्रवृत्ति में वृद्धिकर सकती है।"

9. निर्धनता—गरीबी, बालक में अनेक अशोभनीय संवेगों को स्थायी और शक्तिशाली रूप प्रदान कर देती है। वह विद्यालय में धनी बालकों की वेशभूषा देखता है, उनके आनन्दपूर्ण जीवन की कहानियाँ सुनता है, उनके सुख और ऐश्वर्य की वस्तुओं का अवलोकन करता है। फलस्वरूप, उसमें द्वेष और ईर्ष्या के संवेग सशक्त रूप धारण करके उस पर अपना सतत अधिकार स्थापित कर लेते हैं।

10. विद्यालय—विद्यालय का भी बालक के संवेगात्मक विकास पर गहरा प्रभाव पड़ता है। बालक की विभिन्न क्रियाएँ उसके विभिन्न संवेगों को अभिव्यक्त करती हैं। यदि विद्यालय के कार्यक्रम उसके संवेगों के अनुकूल होते हैं, तो उसे उसमें आनन्द का अनुभव होता है। फलस्वरूप, उसके संवेगों का स्वस्थ विकास होता है। इसके विपरीत, यदि उसे विद्यालय के कार्यक्रमों में असफल होने या अपने दोषों के प्रकटीकरण का भय होता है, तो उसमें घृणा, क्रोध और चिड़चिड़ेपन का स्थायी निवास हो जाता है। **Jersid** ने ठीक ही लिखा है—"परिवार के बाद विद्यालय ही सम्भवत: वह दूसरा स्थान है, जो व्यक्ति की उन भावनाओं पर आधारभूत प्रभाव डालता है, जिनका निर्माण वह अपने और दूसरों के प्रति करता है।"

11. शिक्षक—शिक्षक का बालक के संवेगात्मक विकास पर स्पष्ट एवं महत्त्वपूर्ण प्रभाव पड़ता है। वह बालक के समक्ष अच्छे या बुरे उदाहरण देकर उसको साहसी या कायर, क्रोधी या सहनशील, झगड़ालू या शान्तिप्रिय बना सकता है। वह उसमें अच्छी आदतों का निर्माण करके और अच्छे आदर्शों का अनुसरण करने की इच्छा उत्पन्न करके, अपने संवेगों पर नियन्त्रण रखने की क्षमता का विकास कर सकता है।

12. अन्य कारक—बालक के संवेगात्मक व्यवहार को प्रभावित करने वाले अन्य कारक भी होते हैं, जैसे—अत्यधिक कार्य, कार्य में अनावश्यक बाधा, अपमानजनक व्यवहार, व्यक्तिगत घटनाएँ, बालक की रुचि एवं इच्छा, शारीरिक आक्रमण एवं मनोदशा।

इस प्रकार स्पष्ट है कि संवेगों का बालक के जीवन में अति महत्त्वपूर्ण स्थान होता है। श्रेष्ठ संवेगों पर आधारित व्यवहार बालक के स्वास्थ्य को समुन्नत, मानसिक दृष्टिकोण को उदार, कार्य करने की इच्छा को बलवती और सामाजिक सम्बन्धों को मधुर बनाते हैं। इसके विपरीत, क्षुद्र संवेगों पर आश्रित व्यवहार बालक के शारीरिक, मानसिक और सामाजिक विकास पर क्षतिप्रद प्रभाव डालकर उसको विकृत कर देते हैं। अत: शिक्षकों और अभिभावकों को बालकों और बालिकाओं के संवेगात्मक व्यवहारों के कारणों का अध्ययन करके उनका समुचित पथ-प्रदर्शन करना चाहिए, जिससे उनका विकास सही दिशा की ओर अग्रसर होकर उसमें

संवेगात्मक परिपक्वता उत्पन्न करे और इस प्रकार उनके जीवन को सुखी, सफल और समृद्धबनाए। इस सम्बन्ध में **थाम्पसन** का परामर्श है—"जो वयस्क स्वयं कुछ सीमा तक विवेकपूर्ण रह सकते हैं, उन्हें बालकों और बालिकाओं के प्रतिमानों और मनोवैज्ञानिक विकास को प्रभावित करने के लिए अधिक उत्तम अवसर सुलभ रहते हैं।"

संवेगों के प्रकार

प्रत्येक मनुष्य को सुख-दुःख, पीड़ा आदि की अनुभूति होती है, इस अनुभूति के प्रबल रूप धारण करने पर उसे संवेग कहा जाता है। संवेगात्मक प्रवृत्ति का बढ़ा हुआ रूप ही संवेग होता है। **मैक्डूगल** के शब्दों में—"संवेग मूल-प्रवृत्ति का अपरिवर्तनशील तथा आवश्यक पहलू है।"

नन के अनुसार—"संवेग संवेदना का एक रूप है जो विश्व में हमारे सप्रयोजन व्यवहार को प्रभावित करता है।"

रॉस के मतानुसार—"संवेग अनुभव का रागात्मक पहलू है, जिसे हम अन्त: प्रेक्षण द्वारा ही प्राप्त करते हैं।"

इस प्रकार स्पष्ट है कि—

1. संवेग कभी भी उत्पन्न हो सकते हैं।
2. संवेग शरीर को उत्तेजित करते हैं।
3. संवेग शरीर में बाधाएँ पैदा करते हैं।
4. संवेग का आधार मनोवैज्ञानिक होता है।
5. संवेग व्यावहारिक परिवर्तन का कारण होते हैं।
6. संवेग आन्तरिक अथवा बाह्य उद्दीपन का परिणाम होते हैं।

संवेगात्मक विकास और शिक्षा
(Emotional Development & Education)

बालक के सन्तुलित विकास में संवेगों का महत्त्वपूर्ण स्थान होता है। संवेग व्यक्ति की अभिवृत्ति, जीवन-मूल्य और भविष्य के व्यवहार को प्रभावित करते हैं। संवेगों के अच्छे और बुरे दोनों प्रकार के प्रभाव होते हैं। संवेग प्रेरणा और आनन्द के स्रोत होते हैं तथा साथ ही शरीर को शक्ति प्रदान करते हैं। अत: यह आवश्यक है कि संवेगों के उचित विकास पर विद्यालय में ध्यान दिया जाना चाहिए। शिक्षक, बालक के संवेगों के प्रति ध्यान देकर उनका अत्यधिक हित कर सकता है, जिसे इस प्रकार स्पष्ट कर सकते हैं—

1. शिक्षक को अध्यापन के समय संवेगों का लाभ उठाना चाहिए। संवेगों को जगाकर अध्यापक पाठ को रोचक और प्रभावोत्पादक बना सकता है।
2. बालकों के वांछनीय संवेगों का अवदमन नहीं करना चाहिए। ऐसा करने से बालकों के

व्यवहार में अस्थिरता और विद्रोही भावनाओं का उद्वेक हो जाता है। अत: शिक्षक को बालकों को संवेगों पर नियन्त्रण करने का प्रशिक्षण देना चाहिए।

3. शिक्षक का व्यवहार छात्रों के सांवेगिक विकास में महत्त्वपूर्ण भूमिका अदा करता है। शिक्षक को अपने छात्रों के प्रति सहानुभूति रखनी चाहिए। ऐसे व्यवहार के द्वारा वह बालकों को विनीत तथा शिष्ट आचरण करने की प्रेरणा दे सकता है। अध्यापक को भयावह वातावरण नहीं रखना चाहिए।

4. शिक्षकों को विद्यालय में नाटक, वाद-विवाद या अन्य उत्सवों का आयोजन करके छात्रों को आत्म-प्रदर्शन के लिए अधिक अवसर देने चाहिए।

5. शिक्षक बालकों के संवेगों का ज्ञान प्राप्त करके उपयुक्त पाठ्यक्रम का निर्माण करने में सफलता प्राप्त कर सकता है।

6. शिक्षक, बालकों में उचित संवेगों का विकास करके उनमें उत्तम विचारों, आदर्शों, गुणों और रुचियों का विकास कर सकता है।

7. शिक्षक, बालकों के भय, क्रोध आदि अवांछित संवेगों का मार्गान्तीकरण करके उनको अच्छे कार्य करने के लिए प्रेरित कर सकता है।

8. शिक्षक, भ्रमण या देशाटन का आयोजन करके बालकों की घुमक्कड़ प्रवृत्ति को सन्तुष्टि प्रदान कर सकते हैं।

9. **झा** के अनुसार—शिक्षक, बालकों के संवेगों को परिष्कृत करके उनको समाज के अनुकूल व्यवहार करने की क्षमता प्रदान कर सकता है।

10. **ब्लेयर व अन्य** के अनुसार—शिक्षक, बालकों में उपयुक्त संवेगों को जाग्रत करके, उनको महान् कार्यों को करने की प्रेरणा दे सकता है।

11. शिक्षक को विद्यालय में बालकों को उत्तरदायित्वपूर्ण कार्य सौंपने चाहिए।

12. **रॉस** के अनुसार—शिक्षक, बालकों में वांछनीय संवेगों का विकास करके उनमें कला, साहित्य, संगीत और अन्य सुन्दर वस्तुओं के प्रति प्रेम उत्पन्न कर सकता है। बालकों को समाचार पत्र तथा अन्य साहित्य का अध्ययन करने की प्रेरणा देनी चाहिए। किशोरों को ललित कला की ओर आकर्षित करना चाहिए।

इस प्रकार स्पष्ट है कि संवेग के अभाव में मानव मस्तिष्क अपनी किसी भी शक्ति को प्राप्त करने में असमर्थ रहता है। अत: शिक्षक का यह प्रमुख कर्त्तव्य है कि वह बालकों में उचित संवेगों का निर्माण और विकास करे। इस सम्बन्ध में **बी.एन. झा** ने लिखा है—"बालकों में संवेगों को जाग्रत करने का शिक्षक का कार्य बहुत महत्त्वपूर्ण है।"

क्रो व क्रो ने संवेग के महत्त्व को स्पष्ट करते हुए लिखा है—"संवेग व्यक्ति के व्यवहार की दिशा को निश्चित करते हैं जो जीवन की किसी भी परिस्थिति में पैदा हो सकते हैं।"

☐☐☐

9

नैतिक विकास
(Moral Development)

मनुष्य एक सामाजिक प्राणी है अत: समाज में रहते हुए उसे अपना आचरण विभिन्न सामाजिक नियमों के अन्तर्गत नियन्त्रित रखना पड़ता है। ये सामाजिक नियम उचित-अनुचित या सही-गलत का बोध कराते हैं कि व्यक्ति को क्या करना चाहिए और क्या नहीं करना चाहिए। इस प्रकार के नियम नैतिकता की ओर संकेत करते हैं। सत्य, ईमानदारी, माता-पिता एवं गुरु की आज्ञा की पालना एवं सम्मान नैतिकता के अन्तर्गत आते हैं। ये नैतिक नियम और विचार व्यक्ति के व्यवहार एवं चरित्र को परिष्कृत करते हैं। नैतिकता कर्त्तव्य की भावना का विकास करती है, जैसे—असत्य भाषण न करना, चोरी न करना जीवों एवं प्रकृति पर दया करना आदि।

नित्य जीवन में हम सभी अनेक नैतिक प्रश्नों का सामना करते हैं; जैसे—मुझे क्या करना चाहिए ? क्या ऐसा व्यवहार करना उचित होगा ? सामान्यत: हम लोगों को किसी कार्य के सही अथवा गलत होने के बारे में निर्णय लेने की आवश्यकता पड़ती है। विकास के क्रम में हम लोग व्यवहार के अनेक नियमों को सीखते हैं, जिनके आधार पर सही और गलत के बीच अन्तर किया जाता है। नैतिक विकास का सम्बन्ध सामाजिक नियमों एवं मानदण्डों को अर्जित करने से है जो सही को गलत से अलग करते हैं। नैतिकता के अर्थ को स्पष्ट करते हुए मैकाइवर एवं पेज ने लिखा है—"समुचित अर्थ में नैतिकता उन नैतिक नियमों का समूह है जिनके आधार पर व्यक्ति की आत्मा सही-गलत का आभास करती है।"

इस प्रकार स्पष्ट है कि नैतिकता, मूल्यों, विश्वासों तथा सही अथवा गलत के बारे में निर्णय कर सकने की एक व्यवस्था है। इसमें संज्ञानात्मक, भावात्मक एवं व्यावहारिक तीन घटक होते हैं।

नैतिकता का महत्त्व

नैतिकता के महत्त्व को अग्रलिखित प्रकार से समझ सकते हैं—

नैतिकता विभिन्न सामाजिक नियमों एवं परम्पराओं की व्यवस्था होती है। जिसे समाज

की स्वीकृति प्राप्त होती है। नैतिकता इन नियमों एवं परम्पराओं के माध्यम से समाज के सदस्यों का व्यवहार एवं आचरण निर्धारित करने में अत्यधिक उपयोगी है। नैतिकता देश, काल एवं परिस्थितियों के अनुसार कार्य करने के ढंग को सुनिश्चित करती है। नैतिकता से गलत एवं बुरे कार्यों की निषिद्धता सिद्धहोती है। नैतिकता कर्त्तव्यों एवं दायित्वों का निर्धारण करती है। यह सभ्य समाज को आधार प्रदान करती है। व्यक्ति के व्यक्तित्व एवं चरित्र-निर्माण में नैतिकता का महत्त्वपूर्ण स्थान होता है। यह मानवीय व्यवहार के नियमों को तर्कपूर्ण आधार प्रदान करती है। सामाजिक प्रथाओं एवं रूढ़ियों की वैधता का आधार नैतिक नियम ही होते हैं। नैतिकता सत्य एवं वैध कार्यों का पोषण करती है।

इस प्रकार स्पष्ट है कि सामाजिक मान्यताओं एवं व्यवहार की उचितता बतलाने में नैतिकता का महत्त्वपूर्ण स्थान होता है। नैतिकता सामाजिक प्रगति का आधार है।

पियाजे और कोहलबर्ग ने व्यक्ति के नैतिक प्राणी बनने की प्रक्रिया की विस्तार से व्याख्या की है। इसी सन्दर्भ में यहाँ प्रस्तुत है—

पियाजे का नैतिक विकास का सिद्धान्त

पियाजे महोदय के अनुसार बालक की दूसरे व्यक्तियों के प्रति उन्मुखता आत्म-केन्द्रित होने से समाज-केन्द्रित होने की ओर धीमे-धीमे बढ़ती है। तात्पर्य यह है कि बालक जैसे-जैसे वृद्धिप्राप्त करता जाता है, उसका नैतिक विकास अपने मन में बनाये स्थायी नियमों से हटकर समाज के परिवर्तनशील नियमों की ओर होता जाता है जो समाज में रहने वाले प्राणियों के हित से सम्बन्धित रहते हैं।

बालक अपने प्रारम्भिक वर्षों में सही या गलत की ओर स्थायी रूप से विचार रखता है। एक छः वर्ष का बालक, जब उससे यह पूछा जाता है कि "गोली टीच" खेलने के नियमों में क्या कभी कोई परिवर्तन लाया जा सकता है तो वह बिना झिझक कहता है "नहीं" क्योंकि उसके पिता तथा दादा ने इसी ढंग से इस खेल को खेला है अतएव इसके खेलने के नियम पवित्र हैं।

दूसरी तरफ एक बारह या तेरह वर्षीय बालक इस प्रश्न का उत्तर "अवश्य" शब्द में देगा। उसके अनुसार नियम बदले जा सकते हैं यदि सब खिलाड़ी इन्हें बदलने को तैयार हों। अतएव उसमें यह प्रत्यय विकसित हो गया है नियम आपसी समझौते के परिणामस्वरूप होते हैं।

पियाजे महोदय के विचार में छोटा बालक एक असभ्य प्रकार से प्रतिकारात्मक न्याय के नैतिक विचार से नियन्त्रित होता है। खराब आदमी को सजा मिलनी ही चाहिए। वह यह विचार नहीं कर पाता कि वह व्यक्ति खराब क्यों हुआ या उसने कोई कानून क्यों तोड़ा। यदि कानून तोड़ा है तो बिना सजा के नहीं बचा जा सकता । दूसरी तरफ एक कैशोर अपने नैतिक निर्णय औचित्य के आधार पर लेता है। सजा व्यक्ति के जुर्म के सम्बन्ध में उत्तरदायित्व पर निर्भर होनी चाहिए। एक छोटे लड़के ने अगर रोटी पानी में गिरा दी है तो छोटा बालक उसे

दूसरी रोटी देने के पक्ष में नहीं होगा। उसे रोटी गिराने की सजा मिलनी ही चाहिए जबकि एक कैशोर उस बालक की छोटी आयु को ध्यान में रखकर दूसरी रोटी देने को सहमत हो जाएगा।

सन् 1932 में प्रकाशित पियाजे की पुस्तक 'The Moral Judgement of The Child' नैतिकता के संज्ञानात्मक पक्ष पर बल देती है। उसके अनुसार, नैतिकता 'न्याय की भावना' एवं 'सामाजिक व्यवस्था के नियमों तथा आचारों के लिए आदर' से जुड़ी होती है। छः से बारह वर्ष की आयु के बीच के बच्चों के अध्ययन के द्वारा उसने दो तरह की नैतिक उन्मुखता की पहचान की, जो कि इस प्रकार है—

1. परकेन्द्रित उन्मुखता—यह तीन और छः वर्ष की आयु के बीच के बच्चों में पाई जाती है। इस अवधि में बच्चे वयस्कों के प्रति एकतरफा आदर प्रदर्शित करते हैं। बच्चे बड़ों को नियमों के स्रोत के रूप में देखते हैं। इस अवधि में बच्चे यह मानते हैं कि नियम माता-पिता या अधिकार सम्पन्न व्यक्तियों द्वारा बनाए जाते हैं तथा अमूर्त होते हैं। इसका कारण यह है कि छोटे बच्चों की सोच आत्म-केन्द्रित होती है तथा माता-पिता स्वयं द्वारा निर्धारित नियमों को अपनाने के लिए बच्चों पर दबाव भी डालते हैं। इस अवधि में बच्चों के लिए अपने से बड़े बुजुर्गों की आज्ञा का पालन करना अच्छा माना जाता है। नियमों और आज्ञा की अवहेलना करना या न मानना अच्छा नहीं माना जाता।

2. स्वायत्त उन्मुखता—यह नैतिकता का अधिक परिपक्व रूप है। इसकी विशेषता तार्किकता, न्याय तथा परस्पर आदरभाव की उपस्थिति है। मूर्त संक्रियात्मक अवधि में बच्चों की अहंकेन्द्रिकता लुप्त हो जाती है तथा वे दूसरों के नजरिये को स्वीकार करने लगते हैं। वे स्वतन्त्र रूप से सोचने एवं तर्क करने की क्षमता भी विकसित कर लेते हैं। अब बच्चे यह समझने लगते हैं कि नियम लोगों के बीच आपसी सहयोग से बनते हैं तथा वे किसी सत्ता से नहीं प्राप्त होते।

कोहलबर्ग का नैतिक विकास का सिद्धान्त

लारेन्स कोहलबर्ग का सिद्धान्त पियाजे द्वारा नैतिकता तथा संज्ञानात्मक विकास की विभिन्न अवस्थाओं पर किए गए कार्यों से अत्यन्त प्रभावित है। पियाजे की भाँति ही कोहलबर्ग बालक के नैतिक विकास को विशिष्ट से सामान्य की ओर आत्मकेन्द्रित तथा तुरन्त की ओर से दूसरों की भलाई जो सामान्य नियमों में गुँथी होती है, की ओर अग्रसर होता हुआ मानता है। उसने जो अपने अनुसन्धान किये जिनमें बालकों तथा किशोरों से साक्षात्कार की विधि अपनाई गई, उसे इस निष्कर्ष पर ले आये कि बालक के नैतिक विकास के निम्नस्तर होते हैं—

स्तर 1 : दण्ड और आज्ञा सम्बन्धी निर्धारण—इस स्तर पर बालक प्राथमिक रूप से अपने को कठिनाई से दूर रखने पर ही ध्यान देता है और इस प्रकार से अपने को दर्द से, अपनी स्वतन्त्रता में रुकावट से तथा दुश्चिंतता से बचाता है। यह स्तर, पियाजे जो अपने वर्णन में वस्तुनिष्ठ उत्तरदायित्व का स्वर कहता है, उसकी भाँति है।

स्तर 2 : साधक सहायक-आपेक्षिक निर्धारण—बालक इस स्तर पर भी अपनी आवश्यकताओं की ओर ही ध्यानशील रहता है। किन्तु यह समझ लेता है कि दूसरों के भी अधिकार होते हैं। इस कारण वह कभी-कभी ऐसा समझौता करने को तैयार हो जाता है जो सबकी आवश्यकताओं की बराबरी से पूरा करने की ओर प्रयास है।

रीत्यानुसार नैतिकता स्तर (Conventional Morality)

स्तर 3: अच्छी लड़की / अच्छा लड़का निर्धारण : सुनहरा नियम—इस स्तर पर बालक दूसरों की शुभकामनाओं को पसन्द करने लगता है। वह सामाजिक नियमों के रूढ़िवादी प्रतिरूपों के अनुरूप अपने को कर लेता है और अपने निर्णय लेने में दूसरों के और अपने इरादों को ध्यान में रखता है। दूसरों को प्रसन्न करने और उनकी स्वीकृति प्राप्त करने की चेष्ट करता है। पियाजे जिसे व्यक्तिगत उत्तरदायित्व कहता है वह इस स्तर पर प्रकट होता है।

स्तर 4: नियम तथा व्यवस्था निर्धारण—बालक यह जान लेता है कि सामाजिक व्यवस्था व्यक्तियों की अपने कर्त्तव्य को निभाने की तथा कानून का आदर करने की इच्छा पर निर्भर होती है।

रीत्यानुसार पश्चात् स्तर (Post-conventional Morality)

स्तर 5: सामाजिक ठेका निर्धारण—सही कार्य उन स्तरों, आवश्यकताओं एवं अधिकारों के अनुरूप परिभाषित होते हैं जिन पर समाज एक मत हो जाता है। एक उचित विधि से इन नियमों को बदला जा सकता है। अतएव जो निर्णय इस स्तर पर लिए जाते हैं वे इन चार से अधिक लचीले होते हैं। अधिकतर प्रौढ़ व्यक्ति इस स्तर पर कार्य करने योग्य होते हैं, यदि हर समय नहीं तो कभी-कभी।

स्तर 6 : सार्वभौमिक-नैतिक सिद्धान्त निर्धारण—इस स्तर पर व्यक्ति विकल्प चुनने में न केवल समाज के नियमों को ध्यान में रखता है वरन् वह सीमा भी जिस तक सार्वभौमिक नैतिक सिद्धान्त प्रयोग होते हैं। बहुत अति की घटनाओं में व्यक्ति इन नियमों को बनाए रखने के लिए अपना सब कुछ त्यागने को यहाँ तक कि शहीद बनने को भी तैयार हो जाता है। बहुत कम ही व्यक्ति नैतिकता की इस सीढ़ी तक पहुँच पाते हैं।

कोहलबर्ग के परीक्षणों ने उसको विश्वास दिला दिया है कि व्यक्ति इन स्तरों से अवश्य होकर गुजरता है। तात्पर्य यह है कि एक बालक स्तर दो से नैतिकता प्रारम्भ नहीं कर सकता। उसे पहले स्तर एक (1) से गुजरना होगा। इसके साथ ही साथ यह पाया गया है कि एक व्यक्ति बिना इसके कि किस प्रौढ़ता के स्तर पर है, अनेक निर्धारणों के अनुसार निर्णय लेता है। जैसे एक आठ वर्षीय बालक स्तर तीन पर अधिकतर अपने नैतिक निर्णय लेता है किन्तु तनाव की स्थिति में वह दो स्तर या एक स्तर पीछे की ओर निर्णय लेने लगता है।

बालक के नैतिक विकास को प्रभावित करने वाले कारक

बालक के नैतिक विकास को प्रभावित करने वाले कारकों में प्रमुख अग्रलिखित हैं—

1. परिवार—बालक की नैतिकता का विकास परिवार से ही शुरू होता है। बालक के सीखने का प्रथम सोपान परिवार ही होता है। परिवार के सदस्यों का व्यवहार ही उसका आदर्श

होता है। बालक का नैतिक व्यवहार परिवार के सदस्यों के मूल्य होते हैं। परिवार की सामाजिक एवं आर्थिक स्थिति भी बालक के नैतिक विकास को प्रभावित करती है। जिन परिवारों की सामाजिक स्थिति अच्छी होती है एवं जीवन स्तर उच्च होता है उनमें बालकों में नैतिकता का विकास अधिक और शीघ्र होता है।

2. विद्यालय—विद्यालय का वातावरण बालक के नैतिक विकास को बहुत अधिक प्रभावित करता है। शैशवावस्था के उपरान्त बालक के नैतिक विकास का उत्तरदायित्व विद्यालय का होता है। विद्यालय के अपने सामान्य नियम होते हैं, बालक को इन नियमों के अनुसार ही आचरण करना पड़ता है।

3. शिक्षक—शिक्षक बालकों में नैतिकता का विकास करते हैं। बालक अपने अध्यापकों को आदर्श मानकर उनके व्यवहार का अनुकरण क़रते हैं अतः शिक्षकों का व्यवहार एवं आदतें बालक के नैतिक विकास में सहयोग देती हैं।

4. पाठ्य-सहगामी क्रियाएँ—विद्यालय में समय-समय पर आयोजित होने वाले सांस्कृतिक कार्यक्रमों एवं आयोजनों द्वारा बालक अनेक नैतिक बातों का ग्रहण करते हैं। इसी प्रकार स्काउट, बालचर, एन.सी.सी. एवं एन.एस.एस. द्वारा भी बालकों में नैतिकता के विकास में सहयोग मिलता है।

5. खेल—बालक के नैतिक विकास में खेलों का बहुत महत्त्वपूर्ण स्थान है। खेल के मैदान में बालक अपने साथियों से सहयोग एवं सद्भावना तथा मित्रता का पाठ सीखता है। वहाँ बालक को निश्चित नियमों के अन्तर्गत खेलना पड़ता है जिससे उसे सही-गलत को जानने में सहायता मिलती है।

6. मनोरंजन—बालक मनोरंजन के अनेक साधनों का प्रयोग करता है। उत्तम साहित्य के अध्ययन से उसमें नैतिकता का विकास होता है। नैतिक साहित्य से सम्बन्धित नीति कथाएँ तथा कहानियाँ इस रूप में विशेष रूप से प्रभावित करती हैं जिससे बालकों में ईमानदारी, सत्य, देश-प्रेम एवं सहयोग तथा दया की भावना का विकास होता है, इसके विपरीत गन्दे एवं अश्लील चलचित्र के दर्शन तथा अश्लील साहित्य के अध्ययन से बालकों में नैतिकता का ह्रास होता है।

7. धर्म—धर्म में विश्वास व धार्मिक मान्यताओं के अनुसरण से भी बालकों में नैतिकता का विकास होता है। बालक के माता-पिता जिस धर्म के अनुयायी होते हैं बालक उस धर्म की मान्यताओं से अनेक प्रकार की नैतिक शिक्षा ग्रहण करता है तथा दूसरे धर्मों का सम्मान करना सीखता है।

8. बौद्धिक-स्तर—बालकों का बौद्धिक स्तर भी उनके नैतिक विकास को प्रभावित करता है। तेज एवं प्रखर बुद्धि बालकों में नैतिकता का विकास शीघ्र एवं अधिक होता है। नैतिकता एवं बुद्धि का घनिष्ठ साहचर्य होता है, प्रखर-बुद्धि बालक सही-गलत के अन्तर को शीघ्र समझ लेते हैं।

9. काम-प्रवृत्ति—बालक और बालिकाओं की काम-प्रवृत्ति का उनके नैतिक व्यवहार पर प्रभाव पड़ता है। किशोरावस्था में सांवेगिक अस्थिरता के कारण बालक-बालिकाएँ यौन-अपराध करने लगते हैं। इस प्रकार काम-प्रवृत्ति की अधिकता भी बालकों के नैतिक विकास को प्रभावित करती है।

10. अनुशासन—अनुशासन का स्तर भी बालक के नैतिक विकास को प्रभावित करता है। अनुशासन में रहने वाले बालकों में नैतिकता का विकास अधिक और शीघ्र होता है।

11. अन्य कारक—बालक के नैतिक विकास को प्रभावित करने वाले अन्य कारक हैं—(1) माता-पिता का व्यवहार, (2) दण्ड एवं पुरस्कार रूपी प्रेरक, (3) प्रेरणा, तथा (4) विभिन्न समूहों के सदस्यों का व्यवहार।

चारित्रिक विकास

चरित्र का अर्थ व परिभाषा (Meaning & Definition of Character)

चरित्र एक व्यक्ति द्वारा व्यक्तित्व के गुणों के पूर्ण योग का प्रदर्शन दूसरे व्यक्तियों के साथ अपने सम्बन्धों में करना समझा जा सकता है। चरित्र के अर्थ के सम्बन्ध में विद्वानों में पर्याप्त मतभेद है। **स्माइल्स** के अनुसार—"चरित्र आदतों का पुँज है।" **बाउले** के मत में—"चरित्र आत्म-नियन्त्रण की शक्ति है।" **नॉवलिस** का कथन है—"चरित्र पूर्णतया प्रशिक्षित इच्छा-शक्ति है।"

चरित्र की ये सभी परिभाषाएँ अपूर्ण और एकाँगी हैं, क्योंकि इनमें से कोई भी चरित्र के अर्थ की पूर्ण व्याख्या नहीं करती है।

इसी प्रकार, कुछ मनोवैज्ञानिकों ने चरित्र को व्यक्तित्व, नैतिकता या स्वभाव या इन सबका पूर्ण योग माना है। **Carmichael** के मतानुसार, 'चरित्र' न तो इनमें से कुछ है और न इन सबका पूर्ण योग है। 'चरित्र' के अर्थ को स्पष्ट करने के लिए कतिपय परिभाषाएँ इस प्रकार हैं—

1. बी.एन. झा—"चरित्र अर्जित प्रवृत्तियों का पूर्ण योग है। यह एक मानसिक रचना है, जो स्थाई और स्थिर रहती है एवं सदैव व्यवहार को प्रभावित करती है।"

2. कारमाइकेल—"चरित्र एक गतिशील धारणा है। यह व्यक्ति के दृष्टिकोणों और व्यवहार की विधियों का पूर्ण योग है।"

अच्छे चरित्र के लक्षण

(Traits of Good Character)

बाउले व अन्य ने अच्छे चरित्र के अग्रांकित लक्षण बताए हैं—

1. कर्मनिष्ठ—उत्तम या अच्छे चरित्र के व्यक्ति में कर्मनिष्ठता का गुण होता है। वह प्रत्येक कार्य को पूर्ण परिश्रम एवं लगन से करता है। कार्य भले ही नीरस हो, परन्तु वह उसे करने में किसी प्रकार की शिथिलता व्यक्त नहीं करता है।

2. उत्तरदायित्व की भावना—अच्छे चरित्र के व्यक्ति में उत्तरदायित्व की भावना निहित होती है। वह अनेक परिस्थितियों का सामना करके भी अपने दायित्वों का निर्वहन करता है।

3. अन्तःकरण की शुद्धता—ऐसे चरित्र वाले व्यक्ति में अन्तःकरण की शुद्धता होती है। वह छल, कपट एवं दुराचार से सर्वथा रहित होता है।

4. आत्म-नियन्त्रण—अच्छे चरित्र वाले व्यक्ति में आत्म-नियन्त्रण का गुण होता है। उसे अपने विचारों, व्यवहारों, इच्छाओं, भावनाओं आदि पर अधिकार होता है। वह मुश्किल परिस्थितियों में भी विचलित नहीं होता है।

5. विश्वसनीयता—अच्छे चरित्र वाले व्यक्ति में विश्वसनीयता का गुण भी पाया जाता है और प्रत्येक परिस्थिति में उसका विश्वास किया जा सकता है। इसका कारण यह है कि वह सदैव किसी आदर्श या सिद्धान्त के अनुसार कार्य करता है। वह किसी सनक या क्षणिक विचार के कारण उससे विचलित नहीं होता है। इसके अतिरिक्त, वह एक-सी परिस्थितियों में एक-सा ही व्यवहार करता है। उसके व्यवहार को देखकर उसके परिणाम की भविष्यवाणी की जा सकती है।

6. कार्य में दृढ़ता—अच्छे चरित्र के व्यक्ति का एक विशेष गुण होता है—कार्य में दृढ़ता। वह जिस कार्य को आरम्भ करता है, उसे पूर्ण अवश्य करता है। वह उसे न तो स्थगित करता है और न ही अधूरा छोड़ता है।

सार रूप में, बाउले व अन्य के शब्दों में कह सकते हैं—''चरित्र के ये गुण और लक्षण, विद्यालय-कार्य और सामाजिक जीवन-दोनों में प्रत्यक्ष रूप से बहुत महत्त्वपूर्ण हैं। जिन छात्रों में ये गुण होते हैं, वे अपनी मानसिक शक्तियों का, जो भी उनमें होती हैं, अधिकतम प्रयोग करते हैं।''

चरित्र-निर्माण करने वाले कारक

चरित्र-निर्माण करने वाले कारकों के सम्बन्ध में **स्किनर व हैरीमन** ने लिखा है—''चरित्र का निर्माण करने वाले कारक एकाकी रूप से नहीं, वरन् सम्मिलित रूप से कार्य करते हैं।''

इन कारकों का विवेचन इस प्रकार है; यथा—

1. संवेग—मूलप्रवृत्तियों का संवेगों से घनिष्ठ सम्बन्ध होता है। इस कारण व्यक्ति में कुछ संवेग स्थायी बनकर गुणों या अवगुणों का रूप धारण करते हैं; जैसे—क्रोध आदि।

2. मूलप्रवृत्तियाँ—मूलप्रवृत्तियाँ, चरित्र निर्माण की मुख्य आधार होती हैं। जिस व्यक्ति में जो मूल प्रवृत्तियाँ शक्तिशाली होती हैं, उन्हीं के अनुरूप उसमें गुण पाये जाते हैं; उदाहरणार्थ, 'आत्म-प्रदर्शन' की मूलप्रवृत्ति के कारण व्यक्ति में पद, शक्ति और सम्मान के लिए संघर्ष करने का गुण पाया जाता है।

3. अर्जित प्रवृत्तियाँ—व्यक्ति जिस प्रकार के साथ-संगत एवं वातावरण में रहता है, वैसी ही मानसिक प्रवृत्तियाँ अर्जित करता है। यही कारण है कि कुछ व्यक्तियों में अच्छी और

कुछ में बुरी प्रवृत्तियाँ पाई जाती हैं। इन प्रवृत्तियों के अनुरूप ही उनके चरित्र का निर्माण होता है।

4. आदतें—व्यक्ति अपनी आदतों के अनुसार कार्य और व्यवहार करता है। उसकी आदतों को देखकर उसके चरित्र के गुण-दोषों का अनुमान लगाया जा सकता है। इसीलिए चरित्र को आदतों का पुँज कहा जाता है।

5. आनन्द—अच्छे कार्य और व्यवहार का कारण बालकों में पाया जाने वाला आनन्द होता है। आनन्द उसको सन्तुष्ट करके स्थाई रूप प्रदान करता है। अत: आनन्द का चारित्रिक निर्माण में महत्त्वपूर्ण योगदान होता है।

6. इच्छा-शक्ति—इच्छा-शक्ति की सरलता और निर्बलता के अनुसार ही व्यक्ति का चरित्र निर्बल या सबल होता है। दृढ़ इच्छा-शक्ति वाले व्यक्ति को अपने कार्यों, आदतों, विचारों आदि पर पूर्ण अधिकार होता है। इस सम्बन्ध में डमविल का कहना है—"इच्छा-शक्ति, चरित्र का सबसे महत्त्वपूर्ण अंग है।"

7. स्थाई-भाव—चरित्र का निर्माण करने के लिए स्थायीभावों को कच्चा माल माना जाता है। चरित्र, स्थायीभावों के योग के अलावा और कुछ नहीं है। जितने अच्छे स्थायीभाव भाव होते हैं, चरित्र भी उतना ही अच्छा होता है। **रेक्स व नाइट** के अनुसार—"चरित्र का आधार-स्थायी भावों का निर्माण और संगठन है।"

8. आत्म-सम्मान—चरित्र के वास्तविक निर्माण के लिए 'आत्म-सम्मान' के स्थायीभाव का होना सबसे अधिक आवश्यक है। **Mc Dougall** (मैक्डूगल) के अनुसार, इस स्थायीभाव का होना सबसे अधिक आवश्यक है तथा इसमें 'आत्म-प्रदर्शन' और अधीनता की प्रवृत्तियों का उचित सामंजस्य होना चाहिए। **डमविल** के मतानुसार, इस स्थायीभाव का सम्बन्ध स्वयं के विचार से है। यह तभी उत्पन्न होता है, जब सब स्थायीभावों का सर्वोच्च स्तर पर एकीकरण होता है। व्यक्ति की चारित्रिक श्रेष्ठता और निकृष्टता का आधार यही है। रॉस का कथन है—"जब आत्म-सम्मान नष्ट हो जाता है तब चरित्र छिन्न-भिन्न हो जाता है। इसका पुनर्निमाण करके ही चरित्र का पुनर्संगठन किया जा सकता है।"

9. मानसिक शक्ति—चरित्र निर्माण का एक मुख्य आधार है—मानसिक शक्ति। इसका कारण बताते हुए **स्टर्ट व ओकडन** ने लिखा है कि श्रेष्ठ मानसिक शक्ति वाला व्यक्ति अपने लक्ष्यों को प्राप्त करने में साधारणत: सफल और निम्न मानसिक शक्ति वाला व्यक्ति सामान्यत: असफल होता है।

10. स्वभाव—चरित्र निर्माण पर स्वभाव का प्रत्यक्ष प्रभाव पड़ता है। प्रसन्नचित्त वाला व्यक्ति आशावादी और खिन्न मन वाला व्यक्ति निराशावादी होता है। **रॉस** का मत है—"स्वभाव की जन्मजात विभिन्नताएँ वे ईंटें हैं, जिनके द्वारा चरित्र का निर्माण किया जा सकता है।"

11. वंशानुक्रम—व्यक्तियों को अनेक चारित्रिक विशेषताएँ वंशानुक्रम से प्राप्त होती हैं। इन विशेषताओं के कारण उनके चरित्र में विभिन्नता पाई जाती है। रॉस ने लिखा है-"ये

विशेषताएँ हमारे चरित्र को प्रभावित करती हैं, परन्तु उसके स्वरूप को निश्चित नहीं करती हैं।''

12. भौतिक व सामाजिक वातावरण—भौतिक वातावरण में भूमि की बनावट, जलवायु आदि और सामाजिक वातावरण के अन्तर्गत घर, विद्यालय, साथी, सामाजिक संस्थाएँ, रीति-रिवाज, रहन-सहन का स्तर आदि आते हैं। इन सभी का चरित्र निर्माण में महत्त्वपूर्ण स्थान होता है।

शैशवावस्था में चारित्रिक विकास

शैशवावस्था में चारित्रिक विकास का स्वरूप अग्रांकित होता है—

1. प्रारम्भिक तीन माह तक शिशु को सही-गलत आचरण के सम्बन्ध में किसी प्रकार का ज्ञान नहीं होता है।
2. एक वर्ष की आयु तक बड़े लोगों की इच्छानुसार आचरण करना जान जाता है।
3. दो वर्ष की आयु तक वह अपने कार्यों के अनुसार अपने को 'अच्छा लड़का' या 'खराब लड़का' समझने लगता है।
4. दो वर्ष की ही उम्र में वह बहुत स्वार्थी होता है और अपने खिलौने को किसी दूसरे बच्चे को नहीं देता है।
5. तीन वर्ष की उम्र तक वह अनैतिक प्राणी रहती है, परन्तु यह समझने लगता है कि उसे बड़ों की आज्ञा या आदेशों के अनुसार कार्य करना चाहिए क्योंकि ऐसा करने से ही उसका हित होता है।
6. चार वर्ष की आयु में वह उचित और अनुचित कार्यों में अन्तर समझने लगता है। अतः वह अपने टूटे हुए खिलौनों को छिपा देता है या उन्हें तोड़ने का आरोप किसी दूसरे पर लगाता है।
7. पाँच वर्ष की आयु में तो वह अपने माता-पिता की इच्छानुसार ही कार्य करने लगता है और उनके मूल्यों को बिना समझे हुए स्वीकार करने लगता है।

   निष्कर्ष रूप में क्रो व क्रो के शब्दों में कह सकते हैं-''जैसे-जैसे शिशु बड़ा होता जाता है, वैसे-वैसे अच्छाई और बुराई, आज्ञा-पालन और आज्ञा-उल्लंघन एवं ईमानदारी और बेईमानी उसके मौखिक शब्दकोष के अंग बनते जाते हैं।''

बाल्यावस्था में चारित्रिक विकास

बाल्यावस्था में बालक के चारित्रिक विकास का क्रम अग्रांकित प्रकार से होता है-

1. किसी समूह या संगठन का सदस्य होने के कारण बालक दूसरे बालकों के सम्पर्क में आता है। परिणामतः उसके आचरण में परिवर्तन होना आरम्भ हो जाता है।
2. बालक विभिन्न परिस्थितियों में सही और गलत में अन्तर करना सीख जाता है।

3. बालक ईमानदारी और न्याय के प्रति प्रबल भावनाएँ व्यक्त करने लगता है।
4. बालक परिवार के किसी एक विशेष सदस्य और विद्यालय के किसी एक विशेष शिक्षक की आज्ञा का अधिक तत्परता से पालन करता है।
5. बालक घर में स्वार्थपूर्ण और अनुचित, परन्तु विद्यालय में निःस्वार्थ और उचित व्यवहार करता है।
6. बालक कम से कम मौखिक रूप से चोरी करने, झूठ बोलने, धोखा देने, विभिन्न जीवों को कष्ट पहुँचाने और शेखी मारने की निन्दा करने लगता है।
7. बालक झूठ बोलना कम कर देता है, माता-पिता से अधिक धन प्राप्त करने के लिए उनके कार्य करता है और अपने से सम्बन्धित महत्त्वपूर्ण परिस्थितियों में सत्य बोलने का प्रयास करता है।
8. बालक कुछ सिद्धान्तों को समझने, स्वीकार करने और प्रयोग करने लगता है। वह इन सिद्धान्तों पर आधारित अपने व्यवहार के प्रभाव पर विचार करने लगता है।
9. **स्ट्रेंग** के अनुसार—"6, 7 और 8 वर्ष के बालकों में विवेक, न्याय, ईमानदारी और मूल्यों की भावना का विकास होने लगता है।"

निष्कर्ष रूप में हम **क्रो व क्रो के** शब्दों को उद्धृत कर सकते हैं—"बाल्यावस्था में बालकों में नैतिकता की सामान्य धारणाओं या नैतिक सिद्धान्तों के कुछ ज्ञान का विकास हो जाता है।"

किशोरावस्था में चारित्रिक विकास

किशोरावस्था में एक किशोर का चारित्रिक विकास अग्रांकित प्रकार से होता है—

1. किशोर अपने परिवार, समूह और पड़ोस के व्यक्तियों से सामंजस्य करने में कठिनाई का अनुभव करता है।
2. किशोर दूसरे व्यक्तियों से वार्तालाप करके अपने विचारों, मूल्यों, विश्वासों, धारणाओं और दृष्टिकोणों की तुलना करता है।
3. किशोर एक आदर्श व्यक्ति की कल्पना करके उसके समान बनने का प्रयास करता है।
4. किशोर अपने व्यवहार को निर्देशित करने के लिए वैयक्तिक, सामाजिक, नैतिक और आध्यात्मिक मूल्यों का निर्माण करता है।
5. **मेडिनस व जॉनसन** के अनुसार—किशोर धर्म की संकीर्णता को त्याग कर सहिष्णुता और मानवधर्म का समर्थन करता है। वह अपनी संस्कृति के व्यवहार के प्रतिमानों का तो अनुसरण करता है परन्तु उसके आधारभूत मूल्यों को स्वीकार नहीं करता है।
6. **किशोर की कुछ मुख्य चारित्रिक विशेषताएँ**—चिन्ता, उच्च आदर्श, शक्तिशाली कल्पना, आत्माभिमान, स्वतन्त्रता के प्रति प्रेम, धार्मिक रीति-रिवाजों में अविश्वास, प्रतिद्वन्द्विता की भावना, अधिकारियों के विरुद्धविद्रोह, विचारों की चंचलता, भावनाओं

की प्रबलता और मनोभावों में अकारण एवं आकस्मिक परिवर्तन आदि।

चारित्रिक विकास को प्रभावित करने वाले कारक

1. **वंशानुक्रम**—बालक के चारित्रिक विकास का एक मुख्य आधार होता है—उसका वंशानुक्रम। इस तथ्य की पुष्टि वंशानुकम से प्राप्त होने वाले मानसिक गुणों का उदाहरण देकर की जा सकती है। टरमैन ने अपने अध्ययनों से सिद्धकिया है कि प्रखर बुद्धिवाले बालकों में मन्द बुद्धिवाले बालकों की अपेक्षा सत्यता, ईमानदारी और इसी प्रकार के अन्य नैतिक गुण कहीं अधिक होते हैं। इससे कारमाइकेल ने यह निष्कर्ष निकाला है—"श्रेष्ठ बुद्धिवाले बालक निम्न बुद्धिवाले बालकों की अपेक्षा उत्तम चरित्र का निर्माण करने के लिए अधिक अच्छी परिस्थिति में होते हैं।"

2. **परिवार का वातावरण**—परिवार के वातावरण का बालक के चारित्रिक विकास से घनिष्ठ सम्बन्ध होता है। यदि परिवार में कोई-न-कोई निरन्तर रोगग्रस्त रहता है, यदि उसमें स्वच्छता को अनावश्यक कार्य समझा जाता है, यदि उसमें रहने का स्थान कम है और यदि उसमें निवास की उत्तम दशायें नहीं हैं तो बालक का चारित्रिक विकास शिथिल और विकृत हो जाता है। इसलिए बालक के चारित्रिक विकास में परिवार के वातावरण को महत्त्वपूर्ण मानते हुए **कारमाइकेल** ने लिखा है—"चरित्र को प्रभावित करने वाले वातावरण-सम्बन्धी कारकों की सूची में परिवार को प्रथम और सबसे अधिक महत्त्वपूर्ण स्थान दिया जाना चाहिए।"

3. **माता-पिता का दृष्टिकोण**—बालक के चरित्र का निर्माण और विकास बहुत कुछ उसके माता-पिता के दृष्टिकोण पर निर्भर करता है। यदि वे उसका तिरस्कार और अनदेखी करते हैं या उसके प्रति उदासीन रहते हैं, तो उसके चरित्र का विकास उचित या अनुचित किसी भी दिशा में हो सकता है परन्तु यदि वे उसके प्रति स्नेहपूर्ण व्यवहार करते हैं, उसकी आवश्यकताओं को पूरा करते हैं और अच्छी प्रकार से उसकी देखभाल करते हैं तो उसके चरित्र में अच्छे गुणों का विकास हो सकता है।

4. **परिवार के सदस्य**—बालक के चारित्रिक विकास में उसके परिवार के सदस्यों का अत्यन्त महत्त्वपूर्ण स्थान होता है। यदि पारिवारिक सदस्यों में अच्छे सम्बन्ध नहीं हैं तो बालक पर दुर्गुणों का प्रभाव पड़ता है, इसके विपरीत यदि परिवार में शान्ति, सहयोग और ईमानदारी का वातावरण है तो बालक में ये गुण आसानी से विकसित हो जाते हैं।

5. **परिवार की आर्थिक स्थिति**—परिवार की आर्थिक स्थिति बालक के चारित्रिक विकास को निश्चित रूप से प्रभावित करती है परन्तु यह आवश्यक नहीं है कि धनी परिवार के सभी बालक सच्चरित्र और निर्धन परिवार के सभी बालक दुश्चरित्र हों। इस सम्बन्ध में **कारमाइकेल** ने लिखा है—"यदि बालक पर उसके अभिभावकों का निरीक्षण ठीक है और यदि उसके साथी ठीक प्रकार के हैं, तो उस पर परिवार की आर्थिक स्थिति का प्रभाव बहुत कम पड़ता है।"

6. विद्यालय—विद्यालय बालक के चारित्रिक निर्माण और विकास का महत्त्वपूर्ण स्थान होता है। इसका कारण यह है कि बालक विद्यालय में प्रतिदिन 5 या 6 घण्टे व्यतीत करता है, अनेक बालकों के सम्पर्क में आता है और विभिन्न कार्यक्रमों एवं सामूहिक क्रियाओं में भाग लेता है। परिणामत:, उसमें वांछनीय या अवांछनीय दृष्टिकोणों का विकास होता है और उन्हीं के अनुरूप वह अपना चारित्रिक स्वरूप निर्धारित करता है। **स्किनर व हैरिमन** ने लिखा है—"चारित्रिक विकास से सम्बन्धित एक सबसे महत्त्वपूर्ण संस्था है—विद्यालय। परिवार के अलावा और किसी भी संस्था का बालक के जीवन में इतना महत्त्वपूर्ण स्थान नहीं है।"

7. शिक्षक—बालक के चारित्रिक विकास को उचित दिशा प्रदान करने में शिक्षक के महत्त्व को सभी के द्वारा स्वीकार किया जाता है। इसका कारण यह है कि बालक साधारणत: किसी-न-किसी शिक्षक को आदर्श मानकर उसका अनुकरण करने लगता है। अत: यदि शिक्षक उत्तम गुणों, आदर्शों और योग्यताओं वाला व्यक्ति है, तो बालक बहुत-कुछ उसी का प्रतिरूप हो जाता है।

8. साथी—घर पर प्रारम्भिक जीवन व्यतीत करने वाले बालक पर अपने साथियों का प्रभाव बहुत कम पड़ता है परन्तु जैसे ही वह शिक्षा प्राप्त करने के लिए बाहर विद्यालयों में जाता है तब यह प्रभाव प्रारम्भ हो जाता है और निरन्तर बना रहता है। कभी बालक पर अपने साथियों एवं समूह का दूषित प्रभाव भी हो जाता है जिससे वह खराब या बुरा आचरण करने लगता है। ऐसी स्थिति में उसका उत्तम चारित्रिक विकास नहीं हो पाता है।

9. धार्मिक शिक्षा—धार्मिक शिक्षा प्राप्त करने वाले और धार्मिक संस्थानों में अध्ययन करने वाले बालकों का चरित्र सामान्य विद्यालयों में शिक्षा ग्रहण करने वाले बालकों से श्रेष्ठतर होता है।

10. अन्य कारक—रेडियो, टी.वी., चलचित्र, मनोरंजन के साधन, कहानियाँ, समाचार-पत्र, स्काउटिंग और संस्कृति का प्रभाव भी बालक के चारित्रिक विकास पर पड़ता है। जैसा कि **क्रो व क्रो** ने लिखा है—"यदि चरित्र को प्रभावित करने वाले अन्य कारक दोषरहित हैं, तो ये कारक बालक के दृष्टिकोणों के स्वस्थ विकास के लिए भारी खतरे के कारण नहीं हैं।"

इस प्रकार स्पष्ट है कि बालक के चारित्रिक विकास को प्रभावित करने वाले कारकों का सम्बन्ध वंशानुक्रम और वातावरण दोनों से है। दोनों को समान महत्त्व देते हुए **कारमाइकेल** ने लिखा है—"किसी भी अवस्था में व्यक्ति का चारित्रिक विकास कुछ जन्मजात कारकों और कुछ वातावरण-सम्बन्धी दशाओं पर आधारित कारकों के एकीकरण का परिणाम है।"

स्किनर व हैरिमैन के अनुसार—"इस बात से कोई प्रयोजन नहीं है कि शिक्षा कहाँ दी जाती है या किसी प्रकार दी जाती है। बालक को दी जाने वाली सब शिक्षा को उसके चरित्र-निर्माण में अनिवार्य रूप से योग देना चाहिए।"

शिक्षा को बालक के चरित्र-निर्माण में योग देने के लिए अनेक विधियों को अपनाया जा सकता है; यथा—

1. बालक के अच्छे विचारों, इच्छाओं और प्रवृत्तियों को प्रोत्साहित करना चाहिए।
2. बालक को नियमित रूप से नैतिक शिक्षा देनी चाहिए।
3. बालक को उत्तम वातावरण में रखकर उसमें नैतिक गुणों का विकास करना चाहिए।
4. बालक को ऐसे वातावरण में रखना चाहिए, जिससे उसमें भय, धृणा, क्रोध आदि के समान अवांछनीय स्थायीभाव न उत्पन्न हों।
5. बालक के प्रति प्रेम, दया और सहानुभूतिपूर्ण व्यवहार करके उसमें इन स्थायीभावों का विकास करना चाहिए।
6. बालक को क्षुद्र स्थायीभावों से ऊपर उठाने के लिए उसमें उत्तम आदर्शों; सद्गुणों और अमूर्त्त स्थायीभावों का निर्माण करना चाहिए।
7. बालक में अच्छी आदतों का निर्माण करना चाहिए और उसकी इच्छाशक्ति को दृढ़ बनाने का प्रयास करना चाहिए।
8. बालक की मूल-प्रवृत्तियों का दमन नहीं करना चाहिए। ऐसा करने से उसके मस्तिष्क में ग्रन्थियों का निर्माण हो जाता है। फलत: उसमें दुर्गुण और बुरी प्रवृत्तियाँ उत्पन्न हो जाती हैं।
9. बालक की मूल-प्रवृत्तियों का शोधन, रूप परिवर्तन और प्रशिक्षण करके उत्तम संवेगों का निर्माण करना चाहिए।
10. बालक के चरित्र का विकास करने के लिए उसके व्यक्तित्व के सब अंगों का विकास करना चाहिए।
11. बालक में चरित्र निर्माण एवं विकास दूसरों के सम्पर्क में आने से होता है। अत: विद्यालय को सामाजिक क्रियाओं का आयोजन करके बालक को उनमें भाग लेने के लिए प्रोत्साहित करना चाहिए।
12. **वेलेन्टाइन** के अनुसार—"मनुष्य कुछ स्थायीभावों का जितना अधिक संगठन करता है, उतना ही अधिक वह अपने चरित्र की अभिव्यक्ति करता है।" अत: बालक में अधिक से अधिक स्थायीभावों का संगठन करने के लिए अग्रलिखित कार्य किये जाने चाहिए—

(1) उच्च आदर्शों और लक्ष्यों के लिए प्रेरणा देना, (2) महान् व्यक्तियों के विचारों और आदर्शों से परिचित कराना, (3) प्रसिद्ध वैज्ञानिकों, श्रेष्ठ साहित्यकारों आदि की जीवनियाँ सुनाना, (4) कार्य और सिद्धान्त के उत्तम उदाहरण प्रस्तुत करना आदि।

इस प्रकार स्पष्ट है कि विद्यालय में शिक्षा का आयोजन नियोजित रूप से करना चाहिए, जिससे बालक के चरित्र निर्माण में सहयोग प्राप्त हो सके।

नैतिक एवं चारित्रिक विकास को उन्नत करने के उपाय

आजकल नैतिक एवं चारित्रिक शिक्षा पर अत्यधिक जोर दिया जाता है। घर के अतिरिक्त स्कूल ही ऐसी संस्था है जहाँ बालक के चरित्र का निर्माण हो सकता है और स्कूल से यह आशा की जाती है कि अपने कर्त्तव्य का पालन करेगा। **हेविगहर्स्ट** (Havighurst) ने भी इस

पर अपना मत प्रकट किया है—"बालक की शिक्षा में नैतिक एवं चारित्रिक विकास सबसे महत्त्वशाली व सर्वप्रथम ध्यान देने योग्य विषय है।"

आधुनिक कार्य प्रणाली में स्कूलों में उन सभी उत्तरदायित्वों के पूर्ण होने की आशा की जाती है, जिनका आरम्भ घर से होता है। चारित्रिक व नैतिक शिक्षा, दोनों ही आजकल विद्यालयों के लिए महत्त्व के विषय समझे जाते हैं अतः स्पष्ट है कि—

1. एक शिक्षक को बालकों के अन्दर मूल्यवान नैतिक भावों के विकास के लिए चेष्टा करनी चाहिए। यह कार्य बड़े-बड़े नायक व नेताओं के जीवन व कार्यों के विषय में बताकर, इतिहास व साहित्य के पाठ पढ़ाकर, स्वयं के प्रति आदर की भावना का सृजन करके, देशभक्ति की भावना को उत्पन्न करके कर सकता है। शिक्षक को सर्वप्रथम इन गुणों का विकास स्वयं में करना चाहिए और तब विद्यार्थियों को अपना अनुकरण करने के लिए प्रोत्साहित करना चाहिए।

2. अध्यापक को चाहिए कि वह प्रत्येक छात्र को बोलने का अवसर प्रदान करे। प्रत्येक विद्यार्थी के प्रति आदर-भाव रखे जिससे प्रत्येक विद्यार्थी अध्यापक के द्वारा बताए मार्ग को अच्छी तरह से समझ सके। उसे यह देखना चाहिए कि प्रत्येक विद्यार्थी में आत्म-सम्मान का विकास होता है अथवा नहीं; क्योंकि जब आत्म-सम्मान ही नष्ट हो गया या इसका अवसर प्रदान नहीं किया गया, तब नैतिक एवं चारित्रिक विकास सम्भव नहीं होगा। एक व्यक्ति जिसमें आत्म-सम्मान की भावना का विकास नहीं हुआ है, वह बहुत कमजोर नैतिकता एवं चरित्र वाला होगा।

3. विद्यालय में वहाँ के नियम; सहयोगी खेल, खेल के नियम आदि सभी छात्र के नैतिक एवं चारित्रिक विकास में सहायक होते हैं। बालक में उच्च नैतिक विकास के लिए ये सभी बातें आवश्यक हैं।

4. शिक्षकों को प्रत्यक्ष साधनों को अपना कर नैतिक शिक्षा बड़े बालकों को देनी चाहिए। बालकों को नैतिक शिक्षा देते समय अग्रांकित बातों पर ध्यान देना चाहिए—

(1) बालक को शैशव तथा बाल्यकाल से ही नैतिक शिक्षा देनी चाहिए। इस समय माता-पिता बालक को सदाचरण और अच्छा रास्ता बता सकते हैं।

(2) इससे आगे बालक के कुछ बड़े होने पर उसे ऐसे व्यक्तियों के प्रति आदर व सम्मान की भावना रखने के लिए प्रोत्साहित करना चाहिए जो ईमानदार व सच्चरित्र हैं तथा जो बालक का पथ-प्रदर्शन कर सकते हैं। ऐसे व्यक्ति शिक्षक स्वयं भी हो सकते हैं।

(3) अन्तिम स्तर उस समय होता है, जब सच्चरित्र व्यक्ति के स्थान पर उन गुणों को महत्त्व या बल दिया जाता है, जिनका वह उपदेश देता है। इससे बालकों का ध्यान उस व्यक्ति पर केन्द्रित न होकर उसके गुणों पर केन्द्रित हो जाता है।

❑❑❑

10

सृजनात्मक विकास
(Creativity Development)

सृजनशीलता का अर्थ

सृजनशीलता का अर्थ विभिन्न विद्वानों ने अपने-अपने मतानुसार अलग-अलग दिया है। मनोवैज्ञानिक यह समझता है कि केवल प्रयोगशालाओं में कार्य करने वाला ही सृजनशील व्यक्ति है क्योंकि वही संसार को नये दृष्टिकोण से समझकर उसकी मौलिक व्याख्या करता है। एक अभियन्ता मानता है कि वही सृजनशील है क्योंकि प्रकृति के स्रोतों का वही मौलिक रूपों से उपयोग कर सकता है। चिकित्सक समझता है कि वही मौलिक है क्योंकि वह प्राकृतिक रोगों से छुटकारा दिलाता है, कृषक सृजनशील है क्योंकि वह प्रकृति से उपज प्राप्त करने का मौलिक कार्य करता है। इसी प्रकार अध्यापक सृजनशील है जो प्रकृति द्वारा दी गई मूल-प्रवृत्तियों से उत्पन्न व्यवहारों को सुधारकर उन्हें सामाजिक रूप प्रदान करता है। एक शिक्षार्थी भी अपने आपको सृजनशील समझता है। इस प्रकार सृजनशीलता के सम्बन्ध में अलग-अलग लोगों के अलग-अलग दृष्टिकोण हैं। इसके अतिरिक्त कुछ इसे कल्पना की दृष्टि से देखते हैं, कुछ चिन्तन की दृष्टि से, कुछ उत्पादन की दृष्टि से, कुछ मौलिकता की दृष्टि से तथा कुछ कार्य की दृष्टि से सृजनशीलता की व्याख्या करते हैं।

सृजनशीलता के तत्त्व

बालक में सृजनशीलता को निखारने के लिए उत्तरदायित्व निभाने वाले कतिपय तत्त्वों का विवरण अधोलिखित है—

1. माध्यम (Medium)—सृजनशीलता की अभिव्यक्ति के लिए विभिन्न माध्यमों की आवश्यकता होती है। किसी विशेष माध्यम से ही व्यक्ति अपनी सृजनशीलता का प्रदर्शन करता है। चिन्तन, तर्क, कल्पना, स्थूल कार्य, लेखन, वाचन, अध्यापन व मौलिक भाव भंगिमा या अन्य कोई क्रिया के माध्यम से व्यक्ति अपनी सृजनशीलता के गुण को अभिव्यक्ति देता है तथा इन्हीं माध्यमों की माप करके हम व्यक्ति की सृजनात्मकता का मापन करते हैं।

2. व्यवहार मापन—सृजनशीलता का मूलभूत तत्त्व व्यक्ति के मापन योग्य व्यवहार को मानते हैं। व्यक्ति की सृजनशीलता का पता उन व्यवहारों से लगता है जिनका वस्तुनिष्ठ, विश्वसनीय तथा वैध विधि से मापन किया जा सके। अमापनीय व्यवहारों का पता नहीं लगाया जा सकता, इसलिए इनका अध्ययन सम्भव नहीं है।

3. बौद्धिक स्तर—सृजनात्मक शक्ति के लिए उच्च बौद्धिक स्तर आवश्यक है। मौलिक, नवीन, परम्परागत विधि से हटकर कार्य करने का साहस केवल उच्च बौद्धिक स्तर वाले व्यक्ति ही कर सकते हैं। किन्तु सभी बुद्धिमान व्यक्ति सृजनशील हों, ऐसा नहीं है। सृजनशीलता के लिए उच्च बौद्धिक स्तर के अलावा कुछ अन्य तत्त्वों का होना भी जरूरी होता है।

4. मौलिकता एवं नवीनता—सृजनशीलता के लिए मौलिकता तथा नवीनता को अपनाते हुए कार्य करने की योग्यता अत्यावश्यक है। यदि उच्च बौद्धिक स्तर होते हुए भी हम परम्परागत तरीके से ही कार्य करते हैं, कोई सुधार नहीं लाते, कोई नवीनता नहीं लाते तो वह सृजनशीलता नहीं कही जायेगी। नवीनता व मौलिकता का नाम ही सृजनशीलता है।

5. सामाजिक स्वीकृति—सृजनशीलता सदैव सकारात्मक होती है। इसमें नकारात्मक पक्ष को शामिल नहीं किया जा सकता क्योंकि सृजनशील व्यक्ति द्वारा किये गये कार्य समाजोपयोगी हों तथा समाज को स्वीकार्य हों तभी उसे सृजनशीलता के रूप में मान्यता मिलती है। इलेक्ट्रॉनिक वोटिंग मशीन का आविष्कार करने वाला व्यक्ति सृजनशील है लेकिन इसमें छेड़छाड़ करके तकनीकी घोटाला करने वाला समाज की दृष्टि में सृजनशील नहीं कहा जा सकता।

6. कुशलता—कोई व्यक्ति सृजनात्मक कार्य तभी कर सकता है जब उसमें अमुक कार्य को करने की कुशलता हो। कुशल व्यक्ति ही अच्छा सृजनशील व्यक्ति बन सकता है।

7. वीरता—सृजनशीलता के लिए पर्याप्त हिम्मत होना जरूरी है। नवीन कार्य शुरू करने से पूर्व उस कार्य से सम्बन्धित कई आशंकाएँ एवं सम्भावनाएँ होती हैं जिनका सामना करने के लिए हर व्यक्ति को तैयार नहीं हो सकता और जो इस प्रकार की भावी घटनाओं को सहन करने की हिम्मत नहीं रखता है कुछ भी नवीन नहीं कर सकता। प्रारम्भिक असफलताओं से निराश न होते हुए, समाज की आलोचनाओं से अप्रभावित रहते हुए कार्य करने में आने वाली समस्याओं तथा कठिनाइयों का सामना करने का साहस जिस व्यक्ति में होगा, वही नवीन व मौलिक कार्य कर सकेगा तथा 'सृजनशील' कहलाने का हकदार बनेगा।

8. उपयुक्त कार्य क्षेत्र—अपने सृजनशीलता के गुण का प्रदर्शन करने के लिए उचित मंच या कार्यक्षेत्र का होना अपरिहार्य है। कोई भी व्यक्ति अपनी मौलिक व नवीन दक्षता का प्रदर्शन केवल उसी वक्त तक कर सकता है जब तक उसके लिए आवश्यक व उपयुक्त क्षेत्र निर्धारित हो।

एक भावी वैज्ञानिक अपनी सृजनशीलता के गुण के बल पर किसी नवीन वस्तु का आविष्कार तभी कर सकता है जब उसे वांछित संसाधन उपलब्ध हों तथा उचित वातावरण मिले। वह अपने निर्धारित क्षेत्र विशेष में आशातीत सफलताएँ प्राप्त कर सकता है।

सृजनशीलता के सिद्धान्त

विभिन्न विद्वानों ने अपनी विचारधारा के आधार पर मनोविज्ञान, साहचर्य व समग्रता को केन्द्र बिन्दु में रखते हुए सृजनशीलता के विभिन्न सिद्धान्तों का प्रतिपादन किया है। सृजनशीलता से सम्बन्धित प्रतिपादित कुछ सिद्धान्त अधोलिखित हैं—

1. मनोविश्लेषण (Psychoanalysis)—मनोविश्लेषणवाद के मूल-प्रवर्त्तक **फ्रायड** के अनुसार प्रत्येक प्राणी में कुछ न कुछ मूल-प्रवृत्तियाँ होती हैं और मूल प्रवृत्तिजन्य व्यवहारों में समानता होती है। जब कोई व्यक्ति मूल-प्रवत्तिजन्य कार्यों से हटकर कार्य करता है तो वह सृजनशील कहलाता है। मूल-प्रवृत्तिजन्य कार्यों से हटकर व्यक्ति केवल चेतन मन से ही कार्य कर सकता है। अत: सृजनशीलता में अचेतन मन का कोई स्थान नहीं होता है।

2. समग्रवादी (Gestalt)—समग्रवाद या पूर्णाकारवाद के अनुसार समस्त समस्या-प्रधान कार्यों का समाधान अन्तर्दृष्टि या सूझ-बूझ का परिणाम होता है। किसी समस्या का समाधान व्यक्ति के मस्तिष्क में अनायास ही आता है। इसी आधार पर समग्रवाद सृजनशीलता के सिद्धान्त का प्रतिपादन करता है कि सृजनशीलता का मुख्य आधार अन्तर्दृष्टि है जिसके द्वारा नवीन कार्यों या विचारों की कल्पना अनायास ही मस्तिष्क में आ जाती है।

3. साहचर्यवाद (Associationism)—साहचर्यवाद के अनुसार हम इसलिए सीखते हैं क्योंकि हम उपस्थित तत्त्वों के मध्य परस्पर सम्बन्ध स्थपित कर सकते हैं। यदि कोई उपलब्ध पदार्थों के मध्य साहचर्य स्थापित कर सकता है, वही नवीन तथा मौलिक पदार्थ का सृजन कर सकता है। प्रत्येक पदार्थ में कुछ न कुछ संयोग तथा प्रणालियाँ होती हैं। इन संयोगों तथा प्रणालियों का पुनर्गठन करना सृजनात्मकता है।

सृजनशीलता के सिद्धान्तों की एक दूसरे प्रकार से भी व्याख्या की जा सकती है जो निम्नलिखित प्रकार से है—

(1) जन्मजात शक्ति का विकास—इस सिद्धान्त के अनुसार सृजनात्मकता की शक्ति जन्मजात तथा प्रकृति-प्रदत्त होती है और इसी शक्ति के कारण सृजनशील व्यक्ति महान कार्य करते हैं।

(2) स्वप्रेरणा का सिद्धान्त—कुछ विद्वानों ने यह मत प्रतिपादित किया है कि सृजनात्मकता स्वप्रेरणा का परिणाम है। इस सिद्धान्त के अनुसार कुछ व्यक्ति किसी कार्य को मौलिक तथा नवीन ढंग से सम्पादित करने के लिए स्वयं ही प्रेरित हो जाते हैं और यह स्वप्रेरणा ही सृजनशील कार्य करवाती है।

(3) प्रतिष्ठा सिद्धान्त—कुछ व्यक्ति इसलिए सृजनात्मक कार्य करना चाहते हैं क्योंकि वे इन कार्यों के माध्यम से समाज में प्रतिष्ठा पाने के इच्छुक हैं। प्रतिष्ठा पाने की यह कामना ही सृजनात्मक कार्य करने को प्रेरित करती है।

(4) इच्छाशक्ति का सिद्धान्त—इस सिद्धान्त का 19वीं सदी में बोलबाला रहा । इस सिद्धान्त के अनुसार व्यक्ति इसलिए सृजनात्मक कार्य करता है क्योंकि उस कार्य के लिए उस व्यक्ति में प्रबल इच्छाशक्ति होती है।

सृजनशीलता एवं बुद्धि

अब तक 'प्रतिभावान' शब्द का प्रयोग सृजनशील एवं प्रखरबुद्धिदोनों ही प्रकार के बालकों के लिए किया जाता था किन्तु वर्तमान में हुए अनेक अध्ययनों एवं अनुसंधानों से स्पष्ट हो गया है कि सृजनशील तथा प्रखर बुद्धि बालकों में यथेष्ट अन्तर होता है। बुद्धिएवं सृजनशीलता के सम्बन्ध में निम्नांकित निष्कर्ष इन अध्ययनों से निकलते हैं—

1. प्रतिभाशाली एवं सृजनशील दोनों ही बालकों की बुद्धिलब्धि (I.Q.) उच्च होती है।
2. सभी प्रतिभाशाली बालक सृजनशील हों, यह आवश्यक नहीं है। प्रतिभाशाली होते हुए भी बालक में मौलिकता, साहस आदि गुणों का अभाव हो सकता है।
3. प्रत्येक सृजनशील बालक की बुद्धि लब्धि (I.Q.) उच्च होती है, अर्थात् सृजनशील बालक प्रखर बुद्धि वाले होते हैं, उनकी सामान्य मानसिक योग्यता पर्याप्त होती है तथा कुछ विशिष्ट योग्यताएँ भी पर्याप्त रूप से उच्च होती हैं।
4. एक समान बुद्धिलब्धि वाले सृजनशील बालकों की सृजनात्मक शक्ति में उल्लेखनीय अन्तर पाया जाता है।

सृजनशीलता एवं शिक्षा

प्रत्येक कक्षा में बालकों की सृजनशीलता पृथक-पृथक मात्रा में होती है। किन्तु कक्षा में एक-दो बालक ऐसे हो सकते हैं जिनमें सृजनशीलता की शक्ति या योग्यता पर्याप्त मात्रा में उच्च स्तर की हो। इस प्रकार के बालकों को सृजनशीलता के विकास हेतु आवश्यक मात्रा में उचित शिक्षा दी जानी चाहिए। यदि इन्हें उचित शिक्षा न दी जाए तो हो सकता है कि वह गुलाब बीहड़ रेगिस्तान में अधखिला ही मुरझा जाय या अपनी सृजनशीलता के द्वारा फूल पैदा करने के स्थान पर समाज के लिए कांटों के बीज बोए। समाज, राष्ट्र तथा व्यक्ति तीनों के हित को दृष्टि में रखते समय यह आवश्यक है कि सृजनशील बालकों के लिए उचित शिक्षा की व्यवस्था की जाय। इस प्रकार के बालकों की शिक्षा के सम्बन्ध में निम्नांकित तथ्य ध्यान में रखने चाहिए—

(1) अध्यापक की भूमिका (Role of the Teacher)—सर्वप्रथम अध्यापक को इन बालकों की ओर विशेष ध्यान देकर उन्हें सृजनात्मक शिक्षा प्रदान करनी चाहिए। इस सम्बन्ध में अध्यापक अधोलिखित भूमिका निभा सकता है—

(i) व्यक्तिगत विभिन्नताओं के आधार पर व्यक्तिगत शिक्षण करना।

(ii) सृजनात्मक बालकों की बातें सहानुभूति से सुनें, उनकी अद्‌भुत बातें व विचार सुनकर उत्तेजित होना सर्वदा अनुचित है।

(iii) सृजनशील बालकों के कार्यों में पूर्ण सहयोग प्रदान करते हुए उन्हें आवश्यक निर्देशन प्रदान करें।

(iv) अध्यापकों का व्यावसायिक विकास किया जाये। इस कार्य हेतु निम्न उपाय किये जा सकते हैं—-

(a) अध्यापकों को अपने विषय का नवीनतम ज्ञान होना चाहिए। उसे शिक्षण कला की आधुनिकतम प्रविधियों तथा प्रवृत्तियों से परिचित होना चाहिए।

(b) उसे सुसंस्कृत एवं सुशिक्षित होना चाहिए।

(c) समय-समय उनके लिए शैक्षिक नवाचार कार्यक्रमों का आयोजन करना चाहिए।

(d) उसे अपने क्षेत्र में नये-नये प्रयोग तथा शोध-कार्य करने हेतु प्रोत्साहित करते रहना चाहिए।

(e) प्रसार भाषणों, गोष्ठियों आदि का आयोजन करते रहना चाहिए।

(f) उसे अपने कार्य को निष्ठापूर्वक करते रहना चाहिए।

(v) अध्यापकों को सीखने के विभिन्न नियमों तथा सिद्धान्तों का पर्याप्त ज्ञान होना चाहिए।

(vi) अध्यापक को उच्च आदर्श तथा सिद्धान्तों वाला व्यक्ति होना आवश्यक है।

(vii) अध्यापक सृजनशील बालक को पर्याप्त स्वतन्त्रता प्रदान करे।

(viii) वह सृजनशील बालक को सृजनात्मक शिक्षण प्रदान करे।

(ix) अध्यापक अपसरण कार्यों तथा विचारों का विकास करने में बालक की सहायता करे।

2. विद्यालय की भूमिका (Role of the School)—सृजनशीलता के विकास के लिए विद्यालय निम्नांकित बातों में सहयोग दे सकता है—

(i) सृजनशील बालकों को स्वतन्त्र रूप से कार्य करने के अवसर तथा क्षेत्र प्रदान करें।

(ii) उनके कार्यों, उत्पादनों तथा विचारों को समस्त छात्रों को प्रदर्शित करने की समय-समय पर व्यवस्था करें।

(iii) विद्यालय का आन्तरिक व बाह्य वातावरण ऐसा हो जो सृजनशीलता के लिए उपयुक्त हो।

(iv) विद्यालय में स्व-अनुशासन की व्यवस्था लागू की जाए।

(v) अध्यापक-अभिभावक संघ बनाकर अभिभावकों के साथ सम्बन्ध बनाये रखने चाहिए।

(vi) प्रधानाध्याक तथा अध्यापक वर्ग में मधुर व मानवीय सम्बन्ध होने चाहिए।

(vii) संस्थागत योजना लागू करनी चाहिए।

(viii) बौद्धिक आक्रमण (Brain Storming) की व्यवस्था की जानी चाहिए। इस अवस्था

में किसी एक समस्या के समाधान के लिए एक गोलमेज पर बैठकर बौद्धिक विचार-विमर्श किया जाता है।

(ix) अध्यापकों में बौद्धिक नैतिकता का विकास किया जाये। इसके लिए एक आचार-संहिता बनाकर इसे लागू किया जाना चाहिए।

(x) शैक्षिक खेलों का आयोजन किया जा सकता है। शैक्षिक खेलों में बौद्धिक क्रिकेट, दस पत्तों का खेल तथा दौड़-पकड़ क्रमशः वर्तनी, भाषा शिक्षण तथा सामाजिक विषयों के लिए अधिक उपयोगी साबित हुए हैं।

□□□

11

बुद्धि परीक्षणों का विकास

(Development of Intelligence Tests)

यूनानी दार्शनिकों ने दर्शनशास्त्र में ही एक शाखा का विकास किया, जिसे हम शक्ति-मनोविज्ञान (Faculty Psychology) के नाम से पुकारते हैं। इसके विचारानुसार मनुष्य का मस्तिष्क अनेक शक्तियों में विभक्त है। ये शक्तियाँ विभिन्न कोष्ठों में निहित हैं। इस प्रकार बुद्धि के लिए भी एक कोष्ठ निर्धारित है, ऐसा कहकर शक्ति-मनोविज्ञान के अनुयायियों ने बुद्धि को सर्वप्रथम व्यवस्थित रूप से परिभाषित करने का प्रयत्न किया। परन्तु वर्तमान युग में शक्ति-मनोविज्ञान की विचारधाराओं को पूरी तरह अस्वीकार कर दिया गया है।

बुद्धि को परिभाषित करने में इसके उपरान्त स्टर्न (Stern) ने प्रयास किए तथा उन्होंने बुद्धि की परिभाषा देते हुए कहा–''बुद्धि एक व्यक्ति की सामान्य क्षमता है, जिसके द्वारा वह चेतनापूर्वक अपने विचारों को नवीन आवश्यकताओं से समायोजित करता है; यह नई समस्याओं तथा जीवन की परिस्थिति के प्रति सामान्य मानसिक ग्रहणशीलता है।''

("A general capacity of an individual consciously to adjust his thinking to new requirements, it is general mental adaptability to new problems and conditions of life."Stern.)

किन्तु स्टर्न की इस परिभाषा ने नई समस्यायें उत्पन्न कर दी; उदाहरण के लिए, 'ग्रहणशीलता' (Adaptability) क्या है? यह एक प्रक्रिया है जिसे सूक्ष्मता से नहीं मापा जा सकता है। स्टर्न के उपरान्त अनेक मनोवैज्ञानिकों ने बुद्धि की परिभाषा विभिन्न प्रकार से दी। इस प्रकार बुद्धि की परिभाषा से सम्बन्धित तीन स्पष्ट विचारधाराएँ प्रकट हो गयीं(1) कुछ इसे सीखने की क्षमता मानते हैं, (2) कुछ इसे भावात्मक सम्बोध मानने लगे, तथा (3) कुछ इसे समस्या की योग्यता मानने लगे।

इन विचारधाराओं के कारण 'जनरल ऑफ एजूकेशन साइकोलॉजी' (Journal of Educational Psychology) को बाध्य होकर एक वृहत् गोष्ठी (Symposium) की व्यवस्था करनी पड़ी। इसमें बुद्धि की प्रकृति तथा मापन पर विचार-विमर्श हुए। इस वृहत् गोष्ठी में बुद्धि

की विभिन्न परिभाषाएँ दी गयीं। टरमैन ने अपनी परिभाषा में कहा–''भावात्मक विचारों के अनुरूप चिन्तन क्रिया ही व्यक्ति की बुद्धि कहलाती है।''

("Ability to think in terms of abstract ideas defines the degree of an individual's intelligence.":Terman.)

टरमैन ने आगे कहा–''दो मानसिक विभिन्नतायें व्यक्तियों की सम्बोध (Concept) निर्माण-योग्यता तथा सम्बोधों का दुरूह स्थितियों में प्रयोग करने की क्षमता पर निर्भर करती हैं।''

("The intellecetual differences between two individuals can be defined in terms of their ability to relate these concepts to diverse situations.":Terman)

इस गोष्ठी में 16 मनोवैज्ञानिकों ने भाग लिया तथा सभी ने अपने विचार प्रकट किये। 'बुद्धि सीखने की क्षमता है'–ऐसे विचार **बकिंघम, डियरबोर्न** इत्यादि ने प्रकट किये है। 'बुद्धि समायोजन क्षमता; इस प्रकार के विचार काल्विन, पैटर्सन इत्यादि ने दिये; तथा हैगर्थी, थर्स्टन ने कहा कि 'बुद्धि अनेक तत्त्वों का समन्वय है।' किन्तु सब ने एकमत होकर यह स्वीकार किया कि 'बुद्धि एक अत्यन्त जटिल घटना-क्रिया है।

वुड्रो ने बुद्धि की परिभाषा अन्य रूप से हमारे सम्मुख प्रस्तुत की है। उन्होंने कहा–''बुद्धि क्षमतायें अर्जित करने की क्षमता है।''

("Intelligence is the capacity to acquire capacities." :Woodrow.)

इस प्रकार वर्तमान क्षमता मनुष्य के पूर्व ज्ञान पर निर्भर है तथा इसकी जाँच समायोजन की योग्यता के आधार पर की जाती है। समायोजन से वुड्रो का अर्थ उपयुक्त उद्देश्य प्राप्त करने के साधनों से है। इसी विचारधारा को स्वीकार करते हुए पिटनर ने कहा है–''बुद्धि नई स्थितियों के साथ समायोजन करने की योग्यता है।''

("Intelligence is the ability to adopt to new situations.")

कुछ अन्य विद्वानों ने बुद्धि की परिभाषा जन्मजात मानसिक प्रवृत्ति के आधार पर की है। ऐसी ही एक परिभाषा ब्लेक ने दी है। वे कहते हैं–''बुद्धि जन्मजात मानसिक प्रवृत्तियों (Innate dispositions) पर निर्भर है।''

("Intelligence depends upon the innate dispositions.")

प्रत्येक जन्मजात मानसिक प्रवृत्ति के दो पहलू होते हैं–(i) पर्यवेक्षण क्षमता (Efficiency of Perception), तथा (ii) प्रतिक्रिया की क्षमता (Efficiency of Reactions)। इस प्रकार की परिभाषा के अनुसार बुद्धि के कई रूप हो सकते हैं क्योंकि व्यक्ति में कई जन्मजात मानसिक प्रवृत्तियाँ हुआ करती हैं।

नीचे उपर्युक्त सिद्धान्तों का सामान्य परिचय दिया गया है–

1. एकल-तत्त्व सिद्धान्त (Uni-factor Theory)

बुद्धि एक सर्वशक्तिशाली मानसिक प्रक्रिया है जो सम्पूर्ण मानसिक कार्यों को प्रभावित करती है। ऐसे विचार फ्रान्स के निवासी अल्फ्रेड बिने ने सर्वप्रथम दिये। बिने के इन विचारों का अमरीका निवासी टरमैन, स्टर्न तथा जर्मन के एबिंधास ने समर्थन किया। इन विद्वानों के अनुसार बुद्धि एक ऐसी शक्ति है जो सभी मानसिक कार्यों को संचालित, संगठित तथा प्रभावित करती है। इस सिद्धान्त के अनुसार यदि किसी व्यक्ति में उच्च स्तरीय बौद्धिक क्षमतायें होती हैं तो वह सभी क्षेत्रों में दक्षता तथा निपुणता प्राप्त कर सकता है। बुद्धि रूपी इस सर्वशक्तिशाली मानसिक प्रक्रिया को इन विद्वानों ने अलग-अलग नामों से पुकारा है; उदाहरण के लिये, बिने ने बुद्धि के लिये निर्णय देने की योग्यता, स्टर्न ने 'नवीन स्थितियों के साथ समायोजन स्थापित करने की योग्यता' तथा टरमैन ने 'विचारने की योग्यता' शब्दों का प्रयोग किया है।

2. द्वि-तत्त्व सिद्धान्त (Two-factor Theory)

ब्रिटेन निवासी **स्पीयरमैन** ने सन् 1904 में अपने अनेक मनोवैज्ञानिक प्रयोगों के आधार पर बुद्धि के सम्बध में द्वि-तत्त्व सिद्धान्त का प्रतिपादन किया। स्पीयरमैन के अनुसार बुद्धि की संरचना दो तत्त्वों से मिलकर हुई है- एक सामान्य तत्त्व तथा अनेक विशिष्ट।

स्पीयरमैन के सिद्धान्त को हम दृष्टिकोण कह सकते हैं। **स्पीयरमैन** के अनुसार- "बुद्धि एक सर्वशक्तिमान सामान्य मानसिक शक्ति है जो समस्या-समाधान में हमारी सहायता करती है एवं परिस्थितियों से समायोजन करने में सहायक होती है।"

("Intelligence in all pervading mental power which help us to solve problems and make sucessful adjustemnts to new situations.")

स्पीयरमैन कहते हैं कि सामान्य (G) बुद्धि तत्त्व समस्त मानसिक क्रियाओं को प्रभावित करता है। सामान्य (G) बुद्धि तत्त्व स्थायी होता है किन्तु मनुष्य के अन्य विशिष्ट (Specific factors तत्त्व अर्थात्) अस्थिर होते हैं तथा एक ही व्यक्ति में एक ही समय में अनेक विशिष्ट तत्त्व विभिन्न मात्रा में पाये जाते हैं। इस प्रकार एक विशिष्ट समय में एक व्यक्ति में एक सामान्य तत्त्व तथा अनेक विशिष्ट तत्त्व होते हैं और यह सामान्य तत्त्व (G-factor) अन्य सभी विशिष्ट तत्त्वों को प्रभावित करता है। किसी विशिष्ट तत्त्व पर सामान्य तत्त्व का कितना प्रभाव है यह इस बात पर निर्भर करता है कि वह विशिष्ट तत्त्व सामान्य तत्त्व से कितनी मात्रा में सह-सम्बन्धित है।

स्पीयरमैन सिद्धान्त

रेखाचित्रों में विभिन्न विशिष्ट तत्त्व सामान्य तत्त्व से अलग-अलग मात्रा में सह-सम्बन्धित हैं। विशिष्ट तत्त्वों के घेरे में प्रदर्शित सफेद भाग विशिष्ट तत्त्व पर सामान्य तत्त्व के प्रभाव को इंगित करता है। सफेद भाग जितना अधिक है उतना ही अधिक विशिष्ट तत्त्व विशेष तथा सामान्य तत्त्व में सह-सम्बन्ध है।

स्पीयरमैन ने अपने द्वि-तत्त्व सिद्धान्त का कुछ समय पश्चात् संशोधन किया और दो तत्त्वों के स्थान पर तीन तत्त्वों का प्रतिपादन किया। स्पीयरमैन ने कहा कि सामान्य तथा विशिष्ट तत्त्वों के अतिरिक्त बुद्धि में एक तीसरा तत्त्व भी होता है। स्पीयरमैन ने इस तीसरे तत्त्व का नाम समूह तत्त्व दिया। **स्पीयरमैन** के अनुसार विभिन्न मानसिक योग्यतायें कुछ समूहों में विभक्त रहती हैं। एक समूह में सम्मिलित विशिष्ट योग्यताओं के मध्य उच्च धनात्मक सहसम्बन्ध होता है।

सह-तत्त्व सिद्धान्त (Multi-factor Theory)

थार्नडाइक के अनुसार बुद्धि अनेक तत्त्वों से मिलकर बनी है। इस दृष्टिकोण को हम आंतककारी दृष्टिकोण कह सकते हैं। क्योंकि बुद्धि कोई एक विशिष्ट सर्वशक्तिशाली मानसिक प्रक्रिया नहीं है वरन् यह अनेक शक्तियों का योग व समन्वय है। **थॉर्नडाइक** के अनुसार, ''बुद्धि अनेक जन्मजात योग्यताओं का मिश्रण है।'' ("Intelligence consists of a number of innate abilities.") और ये अनेक योग्यतायें एक-दूसरे से पूरी तरह स्वतन्त्र है। थॉनडाइक के अनुसार बुद्धि-परीक्षायें समय बुद्धि का माप न करके केवल मात्र कुछ सामान्य योग्यताओं का ही माप करती है। थॉर्नडाइक के मत में बुद्धि में प्रमुख रूप से आंकिक योग्यता, शाब्दिक योग्यता, तार्किक योग्यता, स्मृति, भाषा तथा भाषण-योग्यता तथा दैशिक योग्यता का योगदान अधिक रहता है। इसके अनुसार बद्धि में सामान्य तत्त्व जैसी कोई चीज नहीं होती वरन् सभी कार्यों में कुछ समान तत्त्व होते हैं और इसी कारण उनके परीक्षण-प्राप्तांक में अनुबन्ध होता है। जब दो या अधिक परीक्षण-प्राप्तांकों के मध्य उच्च धनात्मक सह-सम्बन्ध पाया जाता है तो इसका तात्पर्य है यह सह-सम्बन्ध किसी ऐसे सामान्य तत्त्व के कारण है जो सभी परीक्षणों में व्याप्त है। इस सामान्य तत्त्व की मात्रा सह-सम्बन्ध की मात्रा पर निर्भर करती है। सामान्य तत्त्व जितना अधिक होगा, उन सभी परीक्षणों में स-सम्बन्ध भी उतना ही अधिक होगा।

समूह-तत्त्व सिद्धान्त
(Group-factor Theory)

थर्स्टन ने बुद्धि के लिए समूह-तत्त्व के सिद्धान्त का प्रतिपादन किया। वास्तव में थर्स्टन का समूह तत्त्व सिद्धान्त, स्पीयरमैन के द्वि-तत्त्व सिद्धान्त तथा थॉर्नडाइक के बहु-तत्त्व सिद्धान्तों का मध्यवर्ती है। थर्स्टन ने तत्त्व विश्लेषण के आधार पर बुद्धि के लिए कहा कि यह आठ तत्त्वों में दो-तीन कारक मिलकर एक समूह बना लेते हैं। इन आठ मूल तत्त्वों के उन्होंने निम्न नाम दिये - (1) प्रेक्षण या दैशिक योग्यता (Spatial Ability), (2) अंक गणना योग्यता (Number Ability), (3) शाब्दिक योग्यता (Verbal Ability), (4) शब्द प्रवाह (Word fluency), (5) स्मृति (Memory), (6) पर्यवेक्षण गति (Perceptual Speed), (7) आगमन तर्क-शक्ति (Inductive Reasoning) तथा (8) निगमन तर्क-शक्ति (Deductive Reasoning)। इस प्रकार बुद्धि कोई एक इकाई नहीं है वरन् कई एक मूल योग्यताओं का योग है। केली तथा सिरिल बर्ट ने भी इस सिद्धान्त का अनुमोदन किया है।

न्यादर्श सिद्धान्त

(Sampling Theory)

थामसन ने बुद्धि के सम्बन्ध में न्यादर्श सिद्धान्त का प्रतिपादन किया। **थामसन** के अनुसार जब प्राणी कोई कार्य करता है तो उसके लिए वह अपनी योग्यताओं का प्रयोग करता है किन्तु वह अपनी सम्पूर्ण योग्यताओं का प्रयोग न करके उस योग्यता का एक प्रतिदर्श या न्यादर्श का प्रयोग करके ही उस कार्य को सम्पादित करने की चेष्टा करता है, इस कारण कार्य सम्पादन में उस सम्पूर्ण योग्यता के स्थान पर उस योग्यता के एक प्रतिदर्श की ही झलक मिलती है। हमारे पास मानसिक योग्यताओं का एक विशाल भण्डार होता है, उस भण्डार से हम किसी कार्य को करने हेतु एक छोटा-सा प्रतिदर्श ले लेते हैं तथा इन प्रतिदर्शों में जो सह-सम्बन्ध होता है यह सभी योग्यताओं के स्वतन्त्र मिश्रण के कारण से आता है।

पदानुक्रमिक सिद्धान्त

(Hierarchicla Theory)

सिरिल बर्ट तथा बर्नन ने बुद्धि के सम्बन्ध में पदानुक्रमिक सिद्धान्त का प्रतिपादन किया। इन विद्वानों ने बुद्धि का स्वरूप स्पष्ट करते हुए मानसिक योग्यताओं को क्रमिक महत्त्व प्रदान किया। इनके अनुसार मानसिक योग्यताओं में सामान्य योग्यता सबसे अधिक महत्त्वपूर्ण होती है। अत: इसे सर्वप्रथम क्रम दिया गया। इन्होंने सामान्य मानसिक योग्यता को दो खण्डों में विभाजित किया- (1) यान्त्रिक, क्रियात्मक, शारीरिक तथा दैशिक तथा (2) शाब्दिक, आंकिक तथा शैक्षिक। इन्होंने प्रथम समूह का नाम K.M. तथा दूसरे समूह का नाम V.D. दिया। बर्ट तथा बर्नन ने इन्हें पुन: उप-विभाजित किया और उप-खण्डों को पुन: विभाजित किया। इस प्रकार वे इन योग्यताओं को उप-विभाजित करते गये। प्रत्येक उप-विभाजन अपने पूर्व के उप-विभाजन से अपेक्षाकृत कम महत्त्वपूर्ण होता चला जाता है।

बुद्धि की परिभाषा विभिन्न लोगों ने भिन्न-भिन्न प्रकार से की है। उसमें आपस में कोई समनुरूपता नहीं है। वस्तुत: बुद्धि की उतनी ही परिभाषाएँ हैं, जितने कि इससे सम्बन्धित मनोवैज्ञानिक । किन्तु जन परिभाषाओं में अन्तर बाह्य हैं, वास्तविक नहीं। यहाँ कुछ विद्वानों की परिभाषाएँ दी जा रही हैं-

1. ''नवीन मनोशारीरिक संयोगों के आयोजन द्वारा अपेक्षाकृत नवीन परिस्थितियों में पुनर्व्यवस्थापन की शक्ति ही बुद्धि हैं''

2. '' उन कार्यों को करने की शक्ति जिनमें कठिनाई, जटिलता, उद्देश्य प्राप्ति की क्षमता, सामाजिक मूल्य एवं मौलिकता की अपेक्षा है तथा विशिष्टट परिस्थितियों में ऐसे कार्य करने की क्षमता, जिनमें शक्ति के केन्द्रीयकरण की एवं संवेगात्मक शक्तियों पर नियन्त्रण रखने की आवश्यकता हो उसे बुद्धि कहते हैं। ''

3. '' वास्तविक परिस्थिति के अनुसार अपेक्षित प्रतिक्रिया की योग्यता ही बुद्धि है। ''

4. "अमूर्त वस्तुओं के विषय में सोचने की क्षमता ही बुद्धि है।"

5. "वर्तमान की समस्याओं को सुलझाने में तथा भविष्य के सम्बन्ध में पूर्वाभास करने में अतीत के अनुभवों से लाभ उठाना ही बुद्धि है।"

यहाँ यह बात उल्लेखनीय है कि वंशानुगत योग्यता के रूप में बुद्धि तथा बुद्धि परीक्षाओं द्वारा मापी गई बुद्धि में अन्तर मानना चाहिए। वास्तव में यदि हम बुद्धि के सम्बन्ध में कुछ जानते हैं तो केवल उसी बुद्धि के सम्बन्ध में जो कुछ क्रियाओं द्वारा व्यक्त होती है अथवा बुद्धि परीक्षाओं द्वारा प्रदर्शित होती है। इसीलिए थार्नडाइक ने बुद्धि के तीन स्तर या प्रकार बतलाए हैं-

1. अमूर्त बुद्धि -पुस्तकीय ज्ञान के प्रति अपने को व्यवस्थित करने की क्षमता ही अमूर्त बुद्धि है। विद्यालय के वातावरण में बुद्धि परीक्षा सबसे अधिक सफल सिद्ध होता है। इस परीक्षा के द्वारा यह सफलतापूर्वक बताया जा सकता है कि बालक में कौन-कौन सी विशिष्ट योग्यताएँ हैं। रुझान परीक्षा के द्वारा बालक की रुचि और रुझान के बारे में हमें लाभदायक जानकारी प्राप्त होती है। अमूर्त बुद्धि स्वयं अपने को ज्ञानोपार्जन के प्रति रुझान, पढ़ने-लिखने और शब्दों एवं प्रतीकों के रूप में आने वाली समस्याओं को हल करने के द्वारा अपने को अभिव्यक्त करती है। यह वह शक्ति है, जो कि शब्दों और प्रतीकों के प्रति प्रभावशाली व्यवहार के रूप में व्यक्त होती है। जिस व्यक्ति में इस प्रकार की बुद्धि होगी यह पाठशाला के ज्ञानोपार्जन के वातावरण में सबसे अधिक सफल होगा।

कोई भी व्यक्ति अमूर्त बुद्धि की कितनी मात्रा से युक्त है, इसकी जानकारी निम्नलिखित विधि से की जा सकती है-

(क) बौद्धिक कार्यों में आने वाली कठिनाइयों के किस स्तर तक वह कठिन काय्र को कर सकता है।

(ख) समान कठिनाई के विविध बौद्धिक कार्यो की संख्या, जिन्हें वह कर सकता है।

(ग) किस वेग अथवा गति से वह इन कार्यो को पूरा कर सकता है।

इससे यह सिद्ध होता है कि अमूर्त बुद्धि त्रिमुखी है। स्तर, क्षेत्र और वेग अथवा गति ही उसके तीन विभिन्न आयाम हैं।

यह इस अमूर्त बुद्धि में किसी प्रकार की कमी हो तो इससे यह तात्पर्य नहीं कि अन्य दो प्रकार की बुद्धि में भी किसी प्रकार की कमी होगी। अमूर्त बुद्धि के कम होने पर भी अन्य प्रकार की बुद्धि ठीक हो सकती है। बुद्धि की मात्रा विभिन्न व्यक्तियों में उनकी अनुभव करने, समझने और याद करने की शक्ति के अनुसार कम या अधिक होती है। बुद्धि की यह विभिन्नता तर्क में प्रयुक्त प्रतीकों के सद्प्रयोग के ऊपर भी बहुत कुछ आश्रित होती है।

2. सामाजिक बुद्धि -अपने को समाज के अनुकूल व्यवस्थित करने की योग्यता ही सामाजिक बुद्धि है। यह दूसरे लोगों के साथ प्रभावपूर्ण व्यवहार करने की क्षमता है। दूसरों के साथ सदाचरण करने, उनसे मिल-जुल कर रहने, उनके साथ विकास के कार्यों में भाग लेने और सामाजिक कार्यों में रुचि लेने की योग्यता ही सामाजिक बुद्धि है।

जीवन में सफलता प्राप्त करने के लिए सामाजिक बुद्धि नितान्त आवश्यक होती है। बहुत से व्यक्ति ऐसे भी देखे जाते हैं जिनमें अमूर्त बुद्धि तो प्रतिभा की सीमा तक होती है, किन्तु सामाजिक बुद्धि के अभाव के कारण वे जीवन की विविध परिस्थितियों में पूर्ण सफलता प्राप्त नहीं कर पाते। फिर भी प्रायः अमूर्त बुद्धि और सामाजिक बुद्धि का विकास साथ-साथ ही होता है।

3. गामक अथवा यान्त्रिक बुद्धि –यह यन्त्रों और मशीनों के साथ अनुकूलन की योग्यता हे। इसके होने से व्यक्ति एक कुशल कारीगर, मिस्त्री, चालक अथवा दक्ष इंजीनियर हो सकता है। यह ऐसी शक्ति है जिसे द्वारा व्यक्ति उन परिस्थितियों में जिनका सम्बन्ध यन्त्रों अथवा भौतिक पदार्थों से होता है, अपने को सुव्यवस्थित कर लेता है। एक बालक जिसमें अपनी साइकिल ठीक करने, घड़ी को स्वयं बना लेने, यांत्रिक औजोरों के ठीक-ठीक प्रयोग करने की क्षमता है, उसके लिए यह कहा जाएगा कि उसमें यांत्रिक बुद्धि है।

विभिन्न व्यक्तियों में उनकी गामक बुद्धि में भी अन्तर पाया जाता है। कोई व्यक्ति छोटे से औजार को भी ठीक नहीं कर सकता, थोड़ी सी साइकिल बिगड़ गई, उन्हें पता ही नहीं, क्या खराबी है। साइकिल वाले की दुकान पर लिए चले जा रहे हैं। दूसरा व्यक्ति अपने घर की बिजली-सम्बन्धी खराबी स्वयं ठीक कर लेता है, साइकिल, घड़ी, मोटर आदि भी ठीक कर लेता है। हालांकि यह क्षमता अभ्यास के द्वारा बढ़ाई भी जा सकती है, किन्तु बहुत से लोग लम्बे अभ्यास के उपरान्त भी कुशल कारीगर, मिस्त्री एवं इंजीनियर नहीं बन पाते हैं जबकि दूसरे व्यक्ति थोड़े ही अभ्यास से यान्त्रिक कामों में दक्ष हो जाते हैं। जिन व्यक्तियों में गामक बुद्धि का विकास कम होता है, वे खेलों और अन्य शारीरिक कार्यों में भी कुशलतापूर्वक भाग नहीं ले सकते तथा हीन और दब्बू प्रकृति के होते हैं।

मानसिक आयु और बुद्धिलब्धि

मानसिक आयु-मानसिक आयु किसी व्यक्ति के द्वारा प्राप्त विकास की वह अभिव्यक्ति है, जो उसके आर्थों द्वारा जानी जाती है तथा किसी आयु विशेष में उसकी अपेक्षा होती है। इससे तात्पर्य है कि यदि किसी बालक की मानसिक आयु 8 वर्ष बतलाई गई है तो वह परीक्षा के अनुसार अपनी 8 वर्ष की आयु के ही सामान्य बालकों के समान कार्य करने में सफलता प्राप्त करे। इस प्रकार मानसिक आयु किसी विशिष्टट उम्र में उसकी मानसिक परिपक्वता को बतलाती है कि बालक अपनी वास्तविक आयु पर मानसिक दृष्टि से कितना प्रौढ़ हुआ है।

बुद्धिलब्धि

प्रत्येक व्यक्ति के पास बुद्धि की एक निश्चित मात्रा होती है। व्यक्ति के पास उलब्ध बुद्धि की मात्रा को बताने वाली संख्या बुद्धिलब्धि कहलाती है। इसे निम्न सूत्र से निकाला जाता है-

उदाहरण के लिए किसी बालकी की काल-क्रमिक आयु 14 वर्ष है तथा बुद्धि परीक्षण के आधार पर उसकी मानसिक आयु 16 वर्ष आती है तो उसकी बुद्धिलब्धि उपरोक्त सूत्र के अनुसार निम्न प्रकार होगी-

दशमलव के भाग पूर्णांक बनाने के लिए, सुविधा की दृष्टि से 100 से गुणा कर दिया जाता है।

बुद्धिलब्धि किसी भी बालक की मानसिक योग्यता को दर्शाती है। इससे यह ज्ञात होता है कि बालक का आयु के साथ-साथ मानसिक विकास किस मात्रा में हुआ है अर्थात् उसमें कितनी प्रतिभा है। आई.क्यू. तुलनात्मक या सापेक्ष स्थिति का सूचक मात्रा होता है। एक उच्च आई.क्यू. का अर्थ है कि बालक अपनी आयु-समूह के अन्य बालकों की तुलना में अच्छा कार्य कर रहा है। एक निम्न आई.क्यू. का अर्थ है कि बालक अपनी आयु-समूह के अन्य बालकों की तुलना में उत्तम कार्य नहीं कर रहा है।

बुद्धि के कारक सिद्धान्त

बुद्धि के सिद्धान्तों का वर्गीकरण उनके स्वीकृत आधारभूत तत्त्वों की संख्या के अनुसार किया गया है। इस आधार पर बुद्धि के निम्न चार सिद्धान्त हैं-

1. एक कारक सिद्धान्त -इस सिद्धान्त के अनुसार बुद्धि अपने में पूर्ण है एक अविभाज्य इकाई है। इस सिद्धान्त क अनुसार सम्पूण्र बुद्धि एक समय में सक्रिय होकर एक ही प्रकार कार्य सम्पन्न करती है किन्तु इस सिद्धान्त की आलोचना इस आधार पर की जाती है कि योग्यता की विभिन्न परीक्षाओं में कोई भी पूण्र सह-सम्बन्ध नहीं होता है। पृथक्-पृथक् प्रकार की मानसिक योग्यताओं के लिए पृथक् प्रकार की बुद्धि परीक्षा ली जाती है।

2. द्वि-कारक सिद्धान्त -इस सिद्धान्त के प्रतिपादक स्पीयर मैंन थे। इसके अनुसार बुद्धि दो भागों-सामान्य बुद्धि (त) तथा विशिष्ट बुद्धि से मिलकर बनी है। सामान्य बुद्धि सामान्य कार्य करती है परन्तु किसी विशिष्ट कार्य यथा कला-कौशल, शिल्प-कौशल आदि के लिए विशिष्ट बुद्धि की आवश्यकता पड़ती है।

3. त्रि-कारक सिद्धान्त -स्पीयर मैन ने आगे चलकर त और स कारकों के साथ एक समूह कारक को और जोड़ दिया। यह सामान्य बुद्धि और विशिष्ट बुद्धि के मध्य एक सर्वतोमुखी योग्यता होती है। यह सामान्य और विशिष्ट दोनों कारकों के बीच की खाई पाट देती है।

4. बहु-कारक सिद्धान्त -यह सिद्धान्त विस्तृत सांख्यिकीय विंश्लेषण पर आधारित है। थर्स्टन ने अपने शिष्यों की सहायता से गणित के आधार पर व्यक्ति के सहस्त्र गुणों के पृथक्करण और मापने की विधि निकाली। उनके अनुसर बुद्धि 9 प्रारम्भिक मानसिक योग्यताओं से मिलकर बनी होती हैं। वे इस प्रकार हैं-

1. दृष्टि अथवा दैशिक योग्यता,
2. प्रत्यक्ष ज्ञान योग्यता ,
3. संख्यात्मक योग्यता ,
4. तार्किक अथवा शाब्दिक योग्यता ,
5. शब्द प्रयोग में धारा प्रवाहित ,

6. स्मृति ,

7. आगमनात्मक योग्यता ,

8. निगमनात्मक योग्यता तथा

9. समस्या समाधान पर नियन्त्रण की योग्यता

अत: थर्स्टन ने यह सिद्धान्त प्रतिपादित किया कि बुद्धि अनेक प्रकार की होती है या इसके अनेक कारक होते हैं। इस सम्बन्ध में अभी तक कोई सहमति नहीं हो सकी है कि कारक क्या हैं तथा उनकी संख्या कितनी हैं। इस क्षेत्र में जुटे अनुसन्धान कर्त्ताओं तथा जे. ओ. कोनर, जे.जे. डेम्पस्टर, जे.ई. डोपेल्ट आदि ने कारकों का अपने ढंग से विश्लेषण किया है और संख्या बतलाई है।

अनेक प्रयोगों से यह सिद्ध हो चुका है कि मुनष्य की सामान्य योग्यता अथवा बुद्धि वंशानुगत होती है। वातावरण इस जन्मजात शक्ति के विकास के लिए उपयुक्त वातावरण का निर्माण करता है। वातावरण व्यक्ति में योग्यता उत्पन्न नहीं कर सकता। इस सम्बन्ध में निम्न विधियों का प्रयोग किया है–

1. **सह-सम्बन्ध प्रविधि** –इस प्रविधि में विभिन्न व्यक्तियों के समूह की बुद्धिपरीक्षा द्वारा उनके सह-सम्बन्ध और उनके रक्त सम्बन्ध की विभिन्न मात्रा का आकलन किया जाता है। इन परीक्षणों से यह सिद्ध होता है कि मानसिक और शारीरिक विषमताएँ सदैव आगामी पीढ़ी में संक्रमित होती है।

2. **परिवार-इतिहास अध्ययन** –गोडार्ड, गोल्टन नन आदि मनोवैज्ञानिकों ने बुद्धि के संक्रमण की सम्यक् जानकारी के लिए क्रमश: कालीकॉक, ज्यूकस एवं एडवर्ड परिवार का इतिहासपरक अध्ययन किया। कालीकॉक एक सामान्य कोटि का सिपाही था। युद्धकाल में एक निम्न कोटि की महिला से उसका सम्बन्ध हो गया। उससे उसके सन्तानें उत्पन्न हुई। युद्धोपरान्त उसने एक सम्भ्रान्त परिवार की श्रेष्ठ महिला से विवाह किया। इस प्रकार कालीकॉक के परिवार का सूत्रपात दो विभिन्न श्रेणी की महिलाओं-मन्दबुद्धि और प्रतिभाशाली से हुआ। प्रथम मन्दबुद्धि व निम्नकोटि महिला से उत्पन्न बंशजों की संख्या 480 थी। उनके अध्ययन से पता चला कि उनमें 143 मन्दबुद्धि, 46 सामान्य, 36 अवैध सन्तानें, 33 वेश्याएँ, 24 शराबी, 3 मिरगी के रोगी तथा 3 जघन्य अपराधी थे। दूसरी पत्नी से उत्पन्न वंशजों में 496 व्यक्ति हुआ। इनमें से 491 सामान्य अथवा प्रतिभाशाली थे, केवल 5 व्यक्ति मन्दबुद्धि एवं दुराचारी निकले।

3. **यमजैक-नियंत्रण-पद्धति** –इस पद्धति का प्रयोग गैरोल ने किया। उन्होनें पाया कि समरूप यमजों में शारीरिक और मानसिक गुणों में बहुत अधिक समरूपता एवं सादृश्य होता है।

4. **पोष्य बालकों पर प्रयोग** –इस सम्बन्ध में न्यूमैन, फ्रीमैन एवं हाल्जिंगर के अध्ययन उल्लेखनीय है। उन्होंने समरूप यमजों के जोड़ों को भिन्न वातावरण में पाला तथा प्रौढ़ होने

पर उनका अध्ययन किया। इन अध्ययनों से यह निष्कर्ष प्राप्त हुआ कि व्यक्ति के ऊपर सामाजिक और शैक्षिक परिस्थितियों का तो प्रभाव पड़ता है परन्तु वातावरण जन्मजात योग्यता बुद्धि में कोई अन्तर नहीं ला सकता।

बुद्धिलब्धि पर वातावरण का प्रभाव

यह सिद्ध करना कठिन नहीं है कि व्यक्ति के परीक्षण, प्राप्तांक, उस संस्कृति से, जिसमें कि व्यक्ति रहा है तथा उन अनुभवों से, जो कि परीक्षण के समय तक व्यक्ति को प्राप्त हुआ हैं, से प्रभावित होते हैं। यही कारण है कि पोलीनीशिया के बालक सुन्दरता में अन्तर नहीं कर सकते क्योंकि उन लोगों की धारणा के अनुसार सुन्दरता उन लोगों के लिए अपरिचित भाव है। वे ऊँचा या अच्छा उसे मानते हैं, जो उच्च वर्ण से सम्बन्धित है जबकि अंग्रेजी संस्कृति में पलकर बड़े हुए किशोर इस प्रकार के परीक्षण को सरलता से कर लेते हैं। इसी प्रकार भारतीय बालकों को यदि मनुष्य का चित्र खींचने को कहा जाता है, तो यूरोपीय बालकों की तुलना में उनका प्राप्तांक कम होगा लेकिन यदि उन्हीं बालकों को घोड़े का चित्र खींचने को कहा जाये तो उनका प्राप्तांक अधिक होगा। देहाती बालकों के भी प्राप्तांक नगरीय बालकों की तुलना में कम होते हैं। इसके दो कारण हें। पहला तो यह है कि वे द्रुत गति से कार्य नहीं करते। दूसरा यह है कि आम तौर पर बुद्धि परीक्षण शहरी अनुभवों पर आधारित होते हैं। बिने परीक्षण में दिए गए कए प्रश्न को जिसमें कि गेंद को मैदान में ढूँढने की बात हैं, देहाती बालक कठिनाई से समझ पाएँगे, क्योंकि उनके मस्तिष्क में तो मैदान से तात्पर्य खेती करने, मेढ़ बनाने आदि का स्थान है। इसके अतिरिक्त शहरी बालकों के लिए इन परीक्षणों में कोई नवीनता नहीं होती, वे तो इस प्रकार के परीक्षण देखते ही रहते हें, अत: परीक्षण सामने आते ही उत्तर लिखना शुरू कर देते हैं परन्तु देहाती बालकों के लिए उनमें नवीनता होती है अत: उनका कुछ समय उनकी जाँच परख में ही व्यय हो जाता है।

हाल ही में किए गए एक अध्ययन में तीन प्रकार के सह-सम्बन्धों को ध्यान में रखते हुए परीक्षण किए गए-

1. बालकों की बुद्धिलब्धि एवं उनके माता-पिता का शैक्षिक स्तर
2. दत्तक बालकों की बुद्धिलब्धि एवं उनके प्रकृत माता-पिता का शैक्षिक स्तर
3. दत्तक बालकों की बुद्धिलब्धि एवं उनके दत्तक माता-पिता का शैक्षिक स्तर

बालकों की भिन्न-भिन्न आयु में ये परीक्षण किए गए। इन अध्ययनों से ज्ञात हुआ कि बालक अपने प्रकृत माता-पिता पर अधिक जाते हें। दत्तक माता-पिता से तो उनका सम्बन्ध शून्य ही रहता है।

प्राचीनकाल से मनोवैज्ञानिकों की यह मान्यता है कि व्यक्ति के पास उतनी ही बुद्धि होती है, जितनी कि उसको वंशानुगतता से प्राप्त होती है, सम्पूर्ण वातावरण तो केवल उसकी उद्दीप्तता को बढ़ा या घटा सकता है। इस प्रकार वंशानुगतता का कारक वातावरण को पीछे धकेल देता है।

मानसिक बुद्धि

मानसिक वृद्धि के सम्बन्ध में दत्त-सामग्री व्यक्ति या व्यक्ति समूह पर कई वर्षों तक बुद्धि परीक्षणों के पश्चात् उपलब्ध होती है। फ्रीमैन एवं फ्लोरी ने शिकागों वृद्धि अध्ययन के आधार पर अपनी रिपोर्ट दी। इसमें सैकड़ों बालकों की लगातार कई वर्षों तक बुद्धि परीक्षा ली गई। इन बालकों का बार-बार परीक्षण लिया गया। चार मानकीकृत परीक्षणों का सम्मिलित रूप प्रयोग में लाया गया। ये चार मानकीकृत परीक्षण निम्नांकित थे-

(अ) शब्द भण्डार परीक्षण

(ब) सादृश्य परीक्षण

(स) समापन परीक्षण

(द) विलोम परीक्षण

मूल प्राप्तांक के ाअधार पर खींचे गए वृद्धि वक्रों से ज्ञात होता है कि मानसिक विकास 17 या 18 वर्ष तक की आयु तक होता रहता है। इनसे यह भी पता चलता है कि औसत योग्यता के बालकों में बौद्धिक वृद्धि प्रतिभाशाली की अपेक्षा अधिक समय तक होती रहती है।

यदि किसी बालक का मानसिक विकास मन्द गति से होता है तो इस निष्कर्ष पर नहीं पहुँच जाना चाहिए कि उसकी बुद्धि भी मन्द है। न हीं यह सोचना चाहिए कि यदि उसका विकास तेजी से होता है तो वह तीव्र बुद्धि है। बालकों में वृद्धि एवं विकास के भिन्न निर्धारक हैं। हो सकता है कि एक प्रतिभाशाली बालक आरम्भ में मन्द गति से चले, जबकि एक मन्द बुद्धि बालक आरम्भ में प्रभावशाली गति रखे। एक ही कालिक आयु के बालक अपनी परिपक्वता की आयु में भिन्न-भिन्न हो सकते हैं। श्रेष्ठ, औसत व मूढ बालकों का मानसिक विकास वृद्धि सर्वेक्षणों की अनुरूपता सिद्ध करता है।

मानसिक वृद्धि का सातत्य

अनुकूल शैक्षिक वातावरण का व्यक्ति की बुद्धिलब्धि पर क्या प्रभाव पढ़ता है, इसे भली भाँति जानने के लिए इस दिशा में बहुत से विद्वानों ने कार्य किया है। उन्होंने यह भी खोज करने का प्रयास किया कि सामान्य वातावरण का बुद्धिलब्धि पर क्या प्रभाव पड़ता है। इन सभी अध्ययन के आधार पर विद्वान् लोग इस निष्कर्ष पर आए कि उपयुक्त शैक्षिक वातावरण से बुद्धिलबिध में थोड़ी धनात्मक वृद्धि होने की सम्भावना होती है, जैसे किसी बालक को बुद्धिलब्धि 110 है तो उसे उपयुक्त वातावरण और अनुकूल प्रशिक्षण से 115 तक बढ़ाया जा सकता है।

यह भी देखा गया है कि बुद्धि परीखा की विभिन्न परीक्षा विधियों द्वारा एक ही व्यक्ति की विभिन्न बुद्धिलब्धि आती है। अतः अध्यापक को पहले से यह विचार नहीं कर लेना चाहिए कि एक बालक की बुद्धिलब्धि की मात्रा सभी बुद्धि-परीक्षाओं के परिणामस्वरूप समान होगी।

तथा एक ही बुद्धि परीक्षा विधि के दोहराने से यह भी आवश्यक नहीं कि समान निष्कष्र ही आएँ। परीक्षाओं के आधार पर यह भी देखा गया है कि व्यक्ति के विद्यालय में अवश्य ही शीघ्रं परिवर्तन होता है। यह परिवर्तन बुद्धि के उत्तरोत्तर विकास की दिशा में होता है। कॉलेज के विद्यार्थियों में बुद्धि परीक्षा धावाँक की भी अभिवृद्धि पाई जाती है।

बहुत से विद्वानों के अनुसन्धानों के आधार पर यह पूर्णतः सिद्ध हो चुका है कि विभिन्न व्यक्तियों की मानसिक योग्यताओं के विकास की गति में अन्तर होता है। उनमें विभिन्न मात्राओं में वृद्धि होती है। हॉरजाइक (Horzike) महोदय ने इस दिशा में अत्यन्त ही महत्त्वपूर्ण अध्ययन किया। उन्होंने 21 मास के बालकों से लेकर 72 मास के बालकों तक का अध्ययन किया। फ्रीमैन और फ्लोरे ने 8 वर्ष से 17 तर्ष तक के बालकों को अध्ययन और वैलमैन ने विद्यालय अवस्था के प्रथम से लेकर कॉलेज अवस्था तक का अध्ययन किया। इनका मत है कि विभिन्न बालकों में मानसिक विकास विभिन्न गति और मात्रा में होता है।

कुछ मनोवैज्ञानिकों ने वातावरण, बालक और उसके विकास का सम्यक् अध्ययन कर यह देखा कि अनुपयुक्त वातावरण बालक के मानसिक विकास में बाधा डालता है और उनकी अभिवृद्धि की गति को धीमी बना देता है। यही कारण है कि शिक्षित परिवार में उत्पन्न बालकों को यदि उपयुक्त वातावरण में नहीं रखा गया और उन्हें समुचित शिक्षा नहीं मिली तो उनकी बुद्धि-वृद्धि रुक जाती है और अशिक्षित कुल में उत्पन्न होने पर भी उचित वातावरण मिलने से उनकी बुद्धि में अधिक विकास होता है। इस दिशा में अनेक विशेष अध्ययन किया गए हैं, जिनमें अशर का केन्टुकी गिरि बालकों को अध्ययन, (1935), , शरमैन और के महोदय का "अलग-अलग रहते हुए ही पहाड़ी बालकों का अध्ययन (1935)" और व्हीलर का ईस्ट टेनेसी बालकों का अध्ययन आदि उल्लेखनीय हैं।

उपरोक्त अध्ययनों से यह सिद्ध होता है कि बुद्धिलब्धि परिवर्तनीय है किन्तु सदैव इस बात का ध्यान रखना चाहिएकि उसके परिवर्तन का यह क्षेत्र बहुत ही संकुचित है। एक व्यक्ति की बुद्धिलब्धि उसकी आयु के साथ बढ़ भी सकती है और घट भी सकती है किन्तु उसके विकास का ह्रस की मात्रा में जो परिवर्तन होगा वह बहुत थोड़ी सीमा तक होगा। अतः हम कह सकते हैं कि बुद्धिलब्धि लगभग स्थिर रहती है उसमें परिवर्तन अधिक से अधिक 10 अंक तक हो सकता है। चाहे स्वस्थ वातावरण से वह 10 अंक अधिक बढ़ जाए, चाहे दूषित वातावरण से 10 अंक घट जाए। इससे अधिक परिवर्तन की संभावना नहीं।

यदि बालकों की बुद्धिलब्धि में कुछ समय उपरान्त तक बहुत अन्तर दिखाई पड़ता है तो बुद्धि परीक्षा की विधि में कोई त्रुटि अवश्य होगी। परीक्षा स्वयं या तो अविश्वसनीय होगी या परीक्षक अयोग्य होगा। अथवा बालक क्लान्त, भयभीत या अविरोधी होगा। कभी-कभी उन व्यक्यिों की बुद्धिलब्धि में बहुत बड़ा परिवर्तन दिखाई पड़ता है जो पहले शारीरिक दोषों से ग्रसित थे किन्तु उन्हें अब मुक्ति मिल गई। यह दोष जैसे बहरापन, गूँगापन अथवा अन्धता आदि हैं।

बालक की प्रारम्भिक आयु में प्राप्त परीक्षण-प्राप्तांकों के आधार पर उसकी बुद्धिलब्धि के सम्बन्ध में भविष्यवाणी करना उचित नहीं है। इसका मुख्य कारण जैसाकि अन्डरसन ने बताया है, पूर्व विद्यालयी बालकों के लिए बुद्धि मापक उचित परीक्षणों का अभाव है।

किशोर काल में मानसिक वृद्धि के सम्बन्ध में किए गए अध्ययनों के आधार पर विभिन्न वक्र खींचे गए हैं। उन सभी में कुछ बातें समान हैं। पहला कारक जो समान है वह यह है कि किशोर काल में बुद्धि-वृद्धि में बाल्यकाल की अपेक्षा अधिक सातत्य होता है। इसके निम्न कारण हैं-

1. बाल्यकाल की तुलना में किशोरकाल में व्यक्ति को अधिक स्थिर वातावरण उपलब्ध होता है।

2. किशोरावस्था में प्रयुक्त परीक्षणों की प्रकृति

3. किशोरावस्था में प्रयुक्त परीक्षणों की जटिलता में वृद्धि

4. किशोरावस्था में किए गए परीक्षणों के सातत्य में वृद्धि

दूसरा कारक यह है कि किशोरावस्था में वृद्धि की दर घट जाती है। यौवनाम्भ के साथ भी शारीरिक एवं मानसिक वृद्धि वक्रों में एक तीव्र उठान आता है। जो कारक शारीरिक वृद्धि को प्रभावित करते हैं, वही मानसिक वृद्धि को भी प्रभावित करते हैं।

मानसिक वृद्धि की समापन आयु

बुद्धि की वृद्धि किस आयु पर आकर रुक जाती है, इस सम्बन्ध में बालक और किशोर विकास के अनुसंधाताओं ने अनेक अध्ययन किए हैं। प्रारम्भिक अनुसन्धानकर्त्ताओं के अनुसार मानसिक वृद्धि की सीमा तेरह से सोलह वर्ष की आयु के मध्य कहीं होती है। बाद में अनुसन्धानकर्त्ताओं ने इस आयु को क्रमशः बीस वर्ष तक ला दिया है। जोन्स एवं कोनार्ड के अध्ययन इस कथन की पुष्टि करते हैं। उनके अनुसार आरम्भिक वर्षों में मानसिक वृद्धि की गति तेज होती है। फिर सोलह वर्ष की आयु तक यह क्रमशः कम होती जाती है। उसके बाद इसमें निरन्तर कमी आती जाती है, जो उन्नीस या बीस वर्ष की आयु के बीच बिल्कुल ही रुक जाती है। बुद्धि के विकास के चरम बिन्दु पर पहुँचने से यह तात्पर्य नहीं है कि बीस वर्ष की आयु के पश्चात् बौद्धिक वृद्धि बिल्कुल ही समाप्त हो जाती है। थार्नडाइक के अनुसार यह योग्यता इसके बाद भी बढ़ सकती है। मानसिक वृद्धि की समापन आयु के सम्बन्ध में अभी कोई अन्तिम निर्णय नहीं हुआ है परन्तु सभी अध्ययन इस बात पर सहमत हैं कि किशोरावस्था के पश्चात् भी लिखित परीक्षणों के प्राप्तांकों में वृद्धि होती रहती है। वस्तुतः बाद में बुद्धि नहीं बढ़ती। ज्ञान एक अर्जित शक्ति है जो बुद्धि नहीं है। बुद्धि तो वह जन्मजात योग्यता है, जिसके द्वारा व्यक्ति किसी भी समस्या को हल करने के संभव साधनों को अपनी क्षमता के अनुसार जुटाता है, उसे हल करता है और अपने को वातावरण के अनुकूल व्यवस्थित करता है।

वैयक्तिक मानसिक योग्यताओं का विकास

प्राचीन काल में यह एक सर्वमान्य सत्य था कि मन अनेक क्षेत्रों में विभाजित है, जो कि मस्तिष्कमें स्थित रहते हैं। मस्तिष्क कई कार्यों को स्वतन्त्र रूप से कर सकता था तथा इनको इसी प्रकार सिखांया भी जा सकता था परन्तु आधुनिक अनुसन्धानों के परिणामस्वरूप ये मान्यताएँ भ्रान्ति मूलक सिद्ध हो चुकी है। हां कल्पना तथा तर्क सम्बन्धी क्षेत्र अब भी प्रचलित हैं। बुद्धि के अनेक विशिष्ट खण्ड हैं तथा स्मृति, कल्पना, सुझाव, तर्क आदि परन्तु ये सब पृथक् रूप से कार्य नहीं करते हैं। वास्तव में ये समस्त योग्यताएँ किसी एक अकेले खण्ड की अपेक्षा कुछ बुद्धि से सम्बन्धित होती हैं।

1. **स्मृति** –कुछ लोगों के अनुसार बाल्यावस्था स्मृति के लिए सुनहरा समय है जबकि प्रौढ़ावस्था तक्र के लिए। भिन्न मानसिक कार्यों के अध्ययन से पता चलता है कि स्मृति, तर्क-शक्ति, आलोचनात्मक चिन्तन, व्याख्यात्मक योग्यता व अन्य मानसिक कार्यों की व्यवस्थित रूप से वृद्धि होती है। इन कार्यों की वृद्धि भी सतत है, जो कि प्रारम्भिक आयु से शुरू होकर परिपक्वत तक चलती है परन्तु स्मृति के सम्बन्ध में कुछ मिथ्या धाराएँ हो गई हैं। इसके कई कारण हैं। प्रथम कारण यह है कि बालकों को जो भी याद करना होता है, उसे वे यन्त्रवत् याद कर लेते हैं। इस प्रक्रिया में वे प्रौढ़ों से आगे रहते हैं। दूसरी बात यह है कि बालकों में समझ व साहचय्र का विस्तार नहीं हुआ होता है, अत: अर्थपूर्ण स्थितियों में भी वे अटकते नहीं हैं और यन्त्रवत् याद किए चले जाते हैं। बालक की मानसिक गतिविधियाँ अधिक सीमित होती हैं अत: कुछ सामग्री को याद करने पर वे अधिक से अधिक समय दे सकते हैं। स्मृति-योग्यता के लिए खींच गया विकासात्मक वक्र अन्य मानसिंक योग्यताओं के वक्र से मिलता जुलता ही होता है। ये वक्र बताते हैं कि स्मृति-योग्यता में आयु तथा अनुभवों के साथ-साथ वृद्धि होती है।

कविता तथा अर्थहीन अक्षरों को याद करने में आयु के प्रभाव के सम्बन्ध में स्ट्राइड तथा ल ने अध्ययन किया था। दोनों ही प्रकार के स्मृति वक्र प्रकृति में समान थे। इन वक्रों से पता चलता है कि आयु के साथ-साथ स्मृति योग्यता में निरन्तर वृद्धि होती रहती हैं। स्मृति-योग्यता व मानसिक आयु के बीच में घनिष्ठ सह सम्बन्ध है।

2. **शब्द भण्डार वृद्धि** –अर्मन, थार्नडाइक एवं अन्य मनोवैज्ञानिकों द्वारा किए गए अध्ययन बताते हैं कि बाल्यावस्था से किशोरावस्था के बीच शब्द-भण्डार के आकार में निरन्तर व सतत वृद्धि होती है। शब्द-भण्डार के गुणात्मक पहलू पर किए गए अध्ययन बतलाते हैं कि शब्दों की परिभाषा के स्वरूप में भी वृद्धि होती है। किशोरावस्था में शब्द-भण्डर के सम्बन्ध में निदर्शन एवं दृष्टान्त की अनुक्रिया में उतार आता है। और इसके स्थान पर विलोम एवं पर्यायवाची शब्दों में वृद्धि होती है।

3. **संप्रत्य एवं सम्बन्ध की अवधारणा में वृद्धि** –मानसिक विकास की वृद्धि के साथ-साथ व्यक्ति में महत्त्वपूर्ण परिवर्तन आते हैं तथा वर्द्धमान किशोर की कारण-सम्बन्ध बोध की योग्यता में भी वृद्धि होती है। उस वृद्धि का शैक्षिक वृद्धि से भी घनिष्ठ सम्बन्ध है। यही कारण

है कि कक्षा 6 अथवा 7 के विद्यार्थी किसी समस्या को अधिक अच्छी तरह से समझ सकते हैं तथा उसका युक्ति संगत उपायों से समाधान भी करते हैं परन्तु छोटी कक्षाओं के विद्यार्थियों में इस क्षमता का अभाव होता है।

कल्पना एवं आलोचनात्मक चिन्तन

कल्पना एवं आलोचनात्मक चिन्तन को मापने के साधन एवं तकनीकों का अभाव है। इस कारण इन मानिसक कार्यों के विकास का अध्ययन करना कठिन है। तो भी अध्यापकों एवं माता-पिता को आयु के साथ बढ़ती कल्पना सम्बन्धी योग्यता का आभास हो ही जाता है। किशोर की कल्पना उसकी कविताओं, कहानियों, आरेखन एवं चित्रण, संगीत व अन्य रचनात्मक क्रियाओं में अभिव्यक्ति होती है। वर्नन की मान्यता है कि 11 वर्ष की आयु से पहले बालक चित्र-कथाओं को समझने एवं उनकी व्याख्या करने में पूर्णतः समर्थ नहीं होता है। उसकी कल्पना परिपक्वता को नहीं प्राप्त होती है। प्राक्किशोर द्वारा दी गई व्याख्या में मानसिक विकास की कमी के अतिरिक्त विगत अनुभवों का भी अभाव होता है। परन्तु आयु विकास के साथ अनुभवों में वृद्धि एवं मानसिक विकास होने से उसी चित्र कथा की व्याख्या अधिक स्पष्ट एवं सुन्दर हो जाती है।

आलोचनात्मक चिन्तन को मापने के लिए भी अनेक परीक्षण तैयार किया गए हैं। 1950 में सैन फ्रैन्सिस्कों खाड़ी क्षेत्रों के कक्षा 10, 11 एवं 12 के लगभग 1100 छात्रों को ये परीक्षण दिए गए। इन परीक्षणों के भिन्न-भिन्न भागों के लिए लड़के लड़कियों के प्राप्तांकों में भी अन्तर था। इससे यह निर्देशन प्राप्त होता है कि जिस कौशल का उनमें अभाव है, वे सिखाए जाने चाहिए। साधारणतः सभी विद्यालय इसे अपना दायित्व समझते हैं कि वे किशोर की आलोचनात्मक चिन्तन की योग्यता में वृद्धि करें। इसके लिए अनिवार्य है कि वे समस्या को पहचानना सीखें तथा उसके समाधान की ठोस विधियाँ खोजना सीखें। इससे यह अर्थ निकलता है कि आलोचनात्मक चिन्तन के लिए ज्ञान अथवा सूचना अनिवार्य है। किशोर में अलोचनात्मक चिन्तन करने की योग्यता के अभाव के लिए निम्न या निम्न में से कोई एक कारण हो सकता हे-

1. समस्या को समझने में असफल रहना,
2. समस्या के सम्बन्ध में पर्याप्त सूचना का अभाव,
3. समस्या से सम्बन्धित सामग्री के संयोजन की अनुपयुक्त विधि।
4. समस्या समाधान की ओर अपनाई गई अभिवृत्ति

अन्तर्दृष्टि एवं व्याख्याएँ

साहित्यिक व्याख्याएँ करने की योग्यता के परीक्षण के लिएकई विधियाँ अपनाई गई हैं। एक विधि में बालकों को एक सरल कविता दे दी जाती है। साथ ही उसके पाँच कथन होते हैं। बालक को कविता पर आधारित प्रश्न का सही उत्तर का चयन इन्हीं पाँच कथनों में से करना होता है। निम्न कविता की कक्षा छह के तीन चौथाई विद्यार्थियों ने सही व्याख्या की-

आह व हरी सेव

मैंने एक छोटी सेव खाई,

उसका स्वाद अच्छा था, फिर भी

मैं चाहता हूँ कि वे छोटी सेव

और मैं कभी नहीं मिले होते।

प्रश्न : वह क्यों चाहता है कि सेव उसे कभी नहीं मिली होती–

1. हरी सेव ने उसे लुभा लिया
2. हरी सेव खट्टी थी
3. सेव में कीड़े पड़े हुए थे
4. वह भूखा नहीं था
5. क्योंकि हरी सेव बालकों के लिए स्वास्थ्यप्रद नहीं है।

इस योग्यता के परीक्षण के लिए कार्टून्स की व्याख्या भी करवाई जाती है। इन विभिन्न परीक्षणों से यह निष्कर्ष निकलता है कि आयु की वृद्धि के साथ-साथ व्याख्याओं एवं अन्तर्दृष्टि के गुणों में भी निरन्तर वृद्धि होती है। इस सम्बन्ध में चार प्रकार के उत्तर प्राप्त होते हैं– दोहरान, वर्णन, मूर्त व्याख्या, अमूर्त व्याख़्या। अल्पायु स्तर पर दोहरान पाया जाता है। सरल कार्टून्स की व्याख्या कम आयु के बालक कर लेते हैं परन्तु परन्तु जटिल कार्टून्स की व्याख्या के लिए क्षमता अधिक आयु में ही प्राप्त होती हैं।

मानसिक वृद्धि के सह-सम्बन्ध

(1) मानसिक वृद्धि में शरीर रचना तथा स्वास्थ्य का सम्बन्ध-यह तो स्पष्ट है कि एक पक्ष की वृद्धि एक प्रेरक शक्ति के रूप में अन्य पक्षों को प्रभावित कर सकती है। बहुत लोगों के मतानुसार शारीरकि तथा मानसिक श्रेष्ठता दोनों साथ-साथ नहीं चलती। समाचार-पत्रों के व्यंग्य चित्रकार की प्रचलित रूढ़ धारणा के अनुसार आप कभी नहीं देखते कि एक फुटबाल का खिलाड़ी बुद्धिमान है अथवा एक प्रतिभाशाली बालक हृष्ट-पुष्ट है अथवा एक प्रज्ञात्मक नारी की आकृति आकर्षक है। उसके तथा उसके पाठकों के मान में फुटबाल का खिलाड़ी गूँगा होना चाहिए, बुद्धिमान बालक दुर्बल तथा फुस-फुसा होना चाहिए और प्रज्ञात्मक नारी देखने में साधारण होनी चाहिए।

जब लोगों ने इस समस्या का विधिवत् अध्ययन प्रारम्भ किया, तब उक्त सामान्य धारणा की असत्यता से वे विशेष रूप से प्रभावित हुए। वास्तव में इन पहले के विधिवत् अनुसन्धानों ने सर्वमान्य मत को एक प्रकार के दूसरे छोर की ओर धकेल दिया है। तेजस्वी व्यक्तियों का माध्यक स्वास्थ्य होता है, इस परिणाम से सन्तुष्ट होने की अपेक्षा, उन्होंने इस प्रकार का सुझाव दिया कि अधिकतर प्रतिभाशाली मुनष्यों की शारीरिक स्वस्थता भी विशेष श्रेष्ठ होती है। फ्रांसीस गाल्टन ने घोषणा की, कि जिन श्रेष्ठतम लोगों का अध्ययन उसने किया है, उनको

मिलाकर फुटबाल की एक सशक्त ह्यटीम बन सकती है। बाद में एल.एम. टर्मन तथा श्रीमती लेटा एस. हालिंगवर्थ ने भी उक्त विचार का प्रबल समर्थन किया और दुर्लभ प्रतिभावान व्यक्ति की कल्पना को अस्वीकार कर दिया। जिस समूह का अध्ययन उक्त अनुसंधानकर्त्ताओं ने किया, वे बच्चे शारीरिक दृष्टिकोंण से केवल सामान्य बच्चों के बराबर भी नहीं थें, बल्कि आकार तथा स्वास्थ्य दोनों में उनसे वस्तुतः श्रेष्ठ थे।

शारीरिक आकार

बुद्धि-लब्धि का ऊँचाई के साथ विशेष सम्बन्ध नहीं है। फिर भी साधारणतः यह पाया जाता है कि लम्बे व्यक्ति अधिक संख्या में बुद्धिमान होते हें। अन्य शारीरिक माप, भार और पेट की गोलाई का बुद्धि-लब्धि के साथ सह-सम्बन्ध नगण्य है।

सिर अथवा मस्तिष्क का आकार

सामान्य विवेचना से यह मत प्रकट होता है कि बुद्धि तथा सिर अथवा मस्तिष्क के आकार के बीच घनिष्ठ सम्बन्ध होना चाहिए। वास्तव में यह बात नहीं है। यदि हम एक जाति के पशुओं की तुलना अन्य जाति के पशुओं से करें, तब हम अवश्य देखते हैं कि औसत रूप से सीखने की योग्यता में वृद्धि प्रायः मस्तिष्क के विकास के साथ-साथ होती है। किन्तु अपनी मनुष्य जाति में इस प्रकार सम्बन्ध कुछ भी नहीं हैं। बुद्धि या उपलब्धि के साथ सिर अथवा मस्तिष्क के आकार का सम्बन्ध उससे अधिक घनिष्ठ नहीं है जो कि ऊँचाई या भार का बुद्धि या उपलब्धि के साथ है।

यदि आकार मात्र उचित नहीं है, तब मस्तिष्क का कौन सा गुण अथवा क्रिया है, जो बुद्धि को नियमित करती है? इसका उत्तर देना अधिक कठिन है। मस्तिष्क के साथ अनेक प्रकार की शल्य क्रियाओं द्वारा देखा गया है कि मस्तिष्क के विशेष क्षेत्रों में अधिक भाग के नष्ट होने से सामान्य बुद्धि के व्यवहार में कुछ भी नहीं अथवा बहुत कम परिवर्तन होता है। हमें इस बात को भी स्मरण रखना चाहिए, कि जिन रोगियों पर शल्य-क्रिया की गई, प्रायः उन सब में किसी प्रकार का दोष अवश्य रहा होगा, यथा मस्तिष्कीय रसौली अथवा व्यक्तित्व का विक्षोम। जो पूर्णतया सामान्य व्यक्ति होते हैं, साधारणतया उन पर मस्तिष्कीय शल्य-क्रिया नहीं की जाती।

मौखिक आकृति

फोटो को देखकर बुद्धि का अनुमान करने का मूल्य बहुत कम अथवा कुछ भी नहीं है। यह बात सच है चाहे उक्त निर्णय करने वाले साधारण सरल प्रेक्षक हों और चाहे वे चरित्र विश्लेषण का व्यवसाय करने वाले हों। केवल आकार के अनुमान मात्र की अपेक्षा, साक्षात् अभिव्यक्ति, अवधान की सचेत अवस्था, और व्यक्ति के सामान्य व्यवहार से अधिक यथार्थ तथ्य प्रकट हो सकते हैं। यह भी प्रासंगिक मनोरंजन की बात है कि जब लोग अधिक आकर्षक फोटोग्राफों का चुनाव करते हैं (बुद्धि के विषय की ओर ध्यान नहीं देते) तब वे बुद्धिमान् व्यक्तियों को चुनते हैं। दूसरे शब्दों में कहेंगे कि फोटोग्राफों से चुनाव करते समय यदि समय

बुद्धि की अपेक्षा सुन्दरता की खोज करें तब आपको बुद्धिमान् व्यक्तियों को चुनने की अधिक सम्भावना है

शरीर-गठन तथा बुद्धि के बीच सम्बन्धों की व्याख्या

जब कभी हम देखते हैं कि उपलब्धि का ह्रास प्रायः किसी शारीरिक दोष के साथ देखा जाता है, तब इस प्रकार के परिणाम पर एकदम विश्वास करना स्वाभाविक है, कि निम्न कोटि की उपलब्धि का कारण उक्त शारीरिक दोष है। यह बात सत्य भी हो सकती है परन्तु इन दोनों के बीच सरल तथा सीधे सम्बन्ध का निश्चय करने से पहले हमें अन्य सम्भव प्राक्कल्पनाओं पर भी विचार करना आवश्यक है। उदहरणतः यह प्रबल सम्भावना है कि उक्त भेद प्रायः हमारे परीक्षण के अनुपयुक्त होने के कारण पाए जाते हैं। यदि किसी बच्चे के सुनने या देखने में कुछ दोष हो, तो इस बात पर विश्वास करना कठिन हो जाता है, कि उसको परीक्षा देने की पर्याप्त सुवधिा थी। हमें किसी प्रकार के सामान्य कारण की भी ध्यान से खोज करनी चाहिए, यथा, गन्दी बस्ती के जीवन से शारीरिक दोष में वृद्धि की जोखिम भी है। गन्दी बस्तियों के जीवन से बुद्धिलब्धि भी सीमित हो सकती है, और किसी शारीरिक दोष के विक्षेप के बिना भी यह बौद्धिक दोष उत्पन्न कर सकता है। हमें इस बात का भी विचार करना चाहिए कि सीमित बुद्धि के कारण दुर्घटना तथ दुर्बल स्वास्थ्य दोनों की संभावना हो सकती है।

उपर्युक्त वैकल्पिक प्राक्कल्पनाओं में से प्रतिवर्तित कारणता। अर्थात् सीमित या अवाप्ति से शारीरकि रोगों की उत्पत्ति होती है पर बहुत कम काम किया गया है। सामान्य कारणों पर अनेक अनुसंधान किए गए हैं और इस बात का प्रमाण मिलता है कि शारीरिक दोष तथा बुद्धि के परस्पर सम्वन्ध के कुछ अंकों का सामान्य कारण आनुवंशिकता तथा पारिवारिक पृष्ठभूमि का प्रभाव है। विकलांग बच्चे कम भाग्यशाली पर्यावरण से आते हैं। इससे अधिक यह बात है कि उक्त पर्यावरण से आने वाले बच्चों को बुद्धि परीक्षा में उच्च अंक प्राप्त करने की कम सम्भावना है। इसका परिणाम यह हो सकता है कि गरीबी के कारण शारीरिक दोष तथा निम्न बौद्धिक स्तर दोनों उत्पन्न हो सकते हैं।

(2) सामाजिक वर्ग समूह -भिन्न-भिन्न सामाजिक वर्ग समूह में पाए जाने वाले वातावरण की विभिन्न स्थितियाँ, एक ओर जहाँ किशोर में कुछ योग्यताओं के विकास में सहायक होती हें, वहीं दूसरी ओर कुछ योग्यताओं का ह्रय भी कर देती हैं। विद्यालय में पढ़ाए जाने वाले कई पाठ पिछली कक्षाओं के अनुभवों के अतिरिक्त पारिवारिक पृष्ठभूमि से भी घनिष्ठ सम्बन्ध रखते हैं। यह मध्यवर्गीय पृष्ठभूमि से अधिक जुड़े होते हैं। अत मध्यवर्गीय परिवार के बालक इसमें श्रेष्ठ सिद्ध होते हें। मिडवेस्टर्न समुदाय के सभी 16 वर्षीय लड़के-लड़कियों को बुद्धि परीक्षण, अध्ययन परीक्षण, यांत्रिक अभिवृत्ति परीक्षण आदि दिए गए। इन परीक्षा परिणामों के विश्लेषण के आधार पर निम्न निष्कर्ष प्राप्त हुए-

1. इन परीक्षणों में केवल यांत्रिक परीक्षण को छोड़कर अन्य सभी में उच्च वर्गीय परिवार के लड़के-लड़कियों ने अच्छा कार्य किया।

2. नगरीय लड़के-लड़कियों ने ग्रामीण लड़के-लड़कियों की तुलना में अच्छा कार्य किया।

3. लिंग के आधार पर कोई भेदभाव नहीं पाया गया।

अधिकांश विद्यालय मध्यवर्गीय मूल्यों को प्रोत्साहन देते हैं, अतः स्वाभाविक है कि विद्यालय के अनेक कार्यक्रमों में मध्यवर्गीय विद्यार्थी अधिक सफलता प्राप्त करते हैं। निम्न वर्ग के बालक अधिकतर नुकसान में रह जाते हैं।

विद्यालयी उपलब्धि एवं बुद्धि

बुद्धि सम्बन्धी परीक्षणों एवं पारम्परिक उपलब्धि परीक्षणों की प्रकृति पर ध्यान से विचार किया जाए तो यह स्पष्ट हो जाता है कि उपलब्धि एवं बुद्धि के मध्य महत्त्वपूर्ण सम्बन्ध है। शैक्षिक स्तर की वृद्धि के साथ-साथ बुद्धि-लब्धि भी प्रगति की ओर बढ़ती जाती है। साधारणतः 90 या उससे कम बुद्धि-लब्धि वाले विद्यार्थी शिक्षा पूरी करने से पूर्व ही विद्यालय छोड़ देते हैं। इससे स्पष्ट है कि विद्यालय में सफलता प्राप्ति का बुद्धि-लबिध से घनिष्ठ सम्बन्ध है।

मानसिक वृद्धि ने सम्बन्धित समस्याएँ

मानसिक वृद्धि एवं विकास के लिए उत्तरदायी कारक हैं-(1) सामाजिक एवं बौद्धिक माँगों में वृद्धि, (2) अधिक दायित्व ग्रहण करने की आवश्यकता तथा (3) निर्णय लेने की आवश्यकता। अनेक किशोर चयन सम्बन्धी अनुभव की कमी, दायित्व ग्रहण करने की क्षमता का अभाव तथा उचित निर्देशन के अभाव में कठिनाइयों में पड़ जाते हैं। इन सबसे निपटने की पूर्ण तैयारी नहीं होने के कारण अनेक समस्याएँ उन्हें घेर लेती हैं।

ऐसे में किशोर के सामने चिन्ता व अकुलाहट भरा यह प्रश्न बना रहता है कि अपनी आवश्यकताओं की पूर्ति में उसे सफलता प्राप्त होगी अथवा नहीं। बैसे भी वर्तमान समाज की प्रकृति प्रतियोगिताओं से परिपूर्ण हैं, इसकी झलक विद्यालय के कार्यक्रमों एवं घर के वातवरण में भी स्पष्टतः परिलक्षित होती है। उच्च कक्षाओं के विद्यार्थियों के समक्ष सामान्यतः परीक्षा में उत्तीर्ण होने, उत्तम अंक प्राप्त करने, विद्यालय में सम्मान प्राप्त करने, महाविद्यालय में प्रवेश प्राप्त करने आदि समस्याएँ रहती है। इन सबकी माँग इतनी आवश्यक होती है कि किशोर वह भी भूल जाता है कि ये संब उसकी व्यक्गित मान्यताओं एवं मूल्यों से कितनी परे हैं। उसके सम्मुख तो यही चिन्ता बनी रहती है कि अध्यापक, अभिभावक एवं समकक्ष समूह के बालकों की दृष्टि से वह असफल सिद्ध नहीं हो जाए। विद्यालय में सफलता प्राप्त करना ही उसके लिए वास्तविक सफलता का मापदण्ड बन जाता है। यही कारण हे कि जे किशोर विद्यालय में असफल रह जाता है, उसमें व्यक्तिगत एंव सामाजिक कुसमायोजन एवं व्यवहारगत समस्याएँ पाई जाती हैं। किशोर समूहों के अध्ययनों से ज्ञात होता है कि वैयक्तिक समायोजन में बुद्धि की महत्ता या भूमिका नगण्य होती है। अनेक अन्य कारक इसके लिए उत्तरदायी हैं-

1. बालक की बुद्धि का पूर्ण स्तर ;

2. बालक के लिए निर्देशित गतिविधियों हेतु आवश्यक बुद्धि का स्तर ;

3. उसकी आकांक्षाओं से उत्पन्न सामाजिक दबाव ;

4. उसकी स्वयं की इच्छाएँ एवं आवश्यकताएँ ;

5. उसकी वास्तविक उपलब्धि।

ये सब कारक अनेक प्रकार से अन्यान्यश्रित हैं तथा इनके परिणामस्वरूप व्यवहार के जटिल प्रतिमान उभरते हैं।

प्रज्ञात्मक विसामान्यताएँ

परीक्षण आन्दोलन से जो महत्त्वपूर्ण निष्कर्ष सामने आता है, वह यह है कि बालक बौद्धिक प्रतिभा में एक दूसरे से असमान होते हैं। जैसा कि बतलाया जा चुका है, बौद्धिक उपलब्धि की कुछ सीमा 20 से 200 तक होती है। यह एक अविभाज्य श्रृंखला है परन्तु सुविधा की दृष्टि से इसे स्तरों में बाँट दिया गया है। 90 से 110 बुद्धिलब्धि वाले बालक सामान्य माने जाते हैं, उससे कम वाले मन्द बुद्धि एवं अधिक वाले शक्तिशाली ।

प्रज्ञात्मक विसामान्य बालक वे हैं जिनकी बुद्धि-लब्धि चरम सीमा पर है, इसलिए वे अपने समूह से पृथक् हैं। यहाँ हम इन्हीं विसामान्य बालकों के बारे में चर्चा करेंगे।

प्रतिभाशाली किशोर

ऐसे बालक जिनकी बुद्धि-लब्धि 120 से ऊपर होती है, प्रतिभाशाली होते हैं।

प्रतिभावान बालकों की मुख्य विशेषताएँ-निम्नलिखित विशेषताएँ प्रतिभावान बालकों में देखी गई हैं। ये विशेषताएँ टरमैन और होलिंगवर्थ की पुस्तकों के अध्ययन के आधार पर हैं। यथा-

1. उनके माँ बाप उच्च कुल के होते हैं। ये बालक अच्छी सामाजिक तथा आर्थिक स्थिति वाले परिवार में अधिक संख्या में पाए जाते हैं।

2. शारीरिक गुणों में भी वे अपनी उम्र के अन्य बालाकं की तुलना में प्रतिभावान होते हैं। वे पैदा होते समय औसतन दूसरे बालकों से अधिक बड़े होते हैं, जल्दी ही चलना आरम्भ कर देते हैं,उनकी साधारण स्वास्थ्य की स्थिति अच्छी होती है और उनमें किशोरावस्था के लक्षण शीघ्र आ जाते हैं।

3. उनमें से अधिकतर पढ़ाई में साधारण से अच्छे होते हैं। पढ़ने में उनकी वास्तविक रूचि होती है, वे ज्ञान प्राप्त करने में रुचि लेते हैं। इसी प्रकार प्रतिभावान बालक कला, गायन विद्या आदि में भी रुचि लेते हैं।

4. वे अमूर्त वस्तुओं में अधिक रुचि लेते हैं और इसी प्रकार कठिन विषयों में भी अधिक रुचि लेते हैं।

5. खेल में वे लोग अधिक रुचि नहीं लेते। वे लोग अपने से अधिक उम्र वाले साथियों के साथ चिन्तन-युक्त कार्यों में अधिक रुचि लेते हैं। वे लोग अपने पाठ्यक्रम से अधिक पढ़ने में रुचि लेते हैं।

6. व्यक्तित्व को मापने वाली बहुत सी परीक्षाओं में ये बालक निश्ति रूप से उत्तम होते हैं। वे बुद्धि में भी अति उत्तम होते हैं। इसी श्रेष्ठता का वर्गीकरण इस क्रम से किया जा सकता है (अ) इच्छा शक्ति सम्बन्धी, (ब) संवेगात्मक, (स) चारित्रिक, (र) शीरिक, (य) सामाजिक।

प्रतिभाशाली बालकों की शिक्षा

1. प्रतिभावान बालकों के लिए अपने को व्यवस्थापित करना कठिन होता है क्योंकि पाठशाला की परिस्थितियाँ विशेष प्रकार की होती है। अतः प्रतिभाशाली बालक के पढ़ने की तीव्र गति के लिए समुचित व्यवस्था करनी चाहिए। प्रतिभावान बालकों के लिए शिक्षा के प्राथमिक स्तर पर विशेष कक्षाओं का प्रबन्ध भी करना चाहिए।

2. यद्यपि विशेष कक्षाओं का होना आवश्यक है फिर भी ऐसे बालकों को दूसरों से मिलने का अवसर देना चाहिए, जो उनसे कम बुद्धि वाले हैं। जब वे बड़े हो जाएँगे तो इन्हीं लोगों के साथ उन्हें व्यवस्थापन करना पड़ेगा। अतः इस प्रकार के व्यवस्थापन के लिए पाठशाला के शिक्षा-काल में ही उन्हें अवसर देना चाहिए।

3. उन्हें कक्षा के बाहर की उन गतिविधियों में भी भाग लेने के अवसर देने चाहिए जो शिक्षा से सम्बन्धित नहीं होती। यह आशा की जा सकती है कि प्रतिभाशाली उनमें नेतृत्व करेंगे।

4. अध्यापकों को प्रतिभाशाली बालकों का संवेगात्मक सन्तुलन बनाए रखने में सहायता करनी चाहिए। इसके लिए उन्हें अभिभावकों का सहयोग प्राप्त करना चाहिए।

5. अध्यापन में ऐसे अभ्यासों को जो केवल दोहराने के लिए ही होते हैं, या तो कम कर देना चाहिए या हटा देना चाहिए।

6. प्रतिभावान के लिए किसी भी झूठी उत्प्रेरणा की आवश्यकता नहीं होती। यदि विषय सामग्री बौद्धिक रूप से उनके समक्ष उपस्थित की जाए तो उनकी बौद्धिक उत्सुकता सदैव बनी रहती हैं।

7. आम तौर से योजना विधि प्रतिभाशाली बालकों के लिए अधिक रूप से सफल सिद्ध हुई है। उन्हें योजना पर कार्य करने के लिए प्रेरित करना चाहिए, उन्हें नियन्त्रित करने तथा उसके अनुसार कार्य करने के लिए भी कहना चाहिए।

8. प्रतिभाशाली बालकों को पढ़ाने के लिए विशेष प्रकार से योग्य अध्यापकों की आवश्यकता होती है-जो स्वयं प्रखर बुद्धि के हों, उन्हें प्रतिभावान बालकों के मनोवैज्ञानिक अध्ययन का पूर्ण ज्ञान हो तथा ईर्ष्या और अन्ध-विश्वासों आदि मनोवृत्तियों से दूर हों।

इस प्रकार के प्रतिभावान बालकों के सम्बन्ध में एस. हालिंगवर्थ का कहना है कि प्रतिभावान बालकों को सभ्य समाज में स्थान देने के लिए हमें विशेष प्रकार से संस्कृति का उद्‌विकास बताना चाहिए। 8 अथवा 9 वर्ष के बालक इस संस्कृति की विशेषता को समझने के र्याय नहीं होते, अतः हमें उन्हें संस्कृति सम्बन्धी साधारण वस्तुएँ बतानी चाहिए जिन पर कि संस्कृति का प्रभाव पड़ता है। साधारण वस्तुओं में-भोजन, रक्षा, आवागमन और इसी प्रकार की वस्तुएँ सम्मिलित हैं। इस माध्यम से बालक उत्प्रेरित किए जा सकते हैं और उनके अन्तर की बौद्धिक उत्सुकता को सन्तुष्ट भी किया जा सकता है।

प्रतिभाशाली किशोर की समस्याएँ

प्रतिभाशाली किशोर को कई प्रकार की समस्याओं-बौद्धिक, व्यावसायिक, सामाजिक एवं संवेगात्मक का सामना करना पड़ता है। उसकी प्रमुख बोद्धिक समस्या यह है कि वह अपनी बुद्धि को तीव्रतर किस प्रकार करे। दूसरी समस्या है अपनी रुचियों को किस प्रकार असीमित बनाए। वह विश्व की सभी बातों में कुशलता प्राप्त करना चाहता है।

व्यक्तिगत स्तर पर अन्य किशोरों जैसी समस्याएँ तो उसके सामने हैं ही, परन्तु कुछ समस्याएँ वह स्वयं भी उत्पन्न कर लेता है। वह अपने साथियों से बुद्धि में तीव्र होता है अतः उनकी तुलना में वह अपना अध्ययन कार्य द्रुतगति से कर लेता है। उसे सब कुछ यद भी जल्दी से हो जाता है, अतः उन लोगों के प्रति जो मन्दबुद्धि हैं और पाठ समझने में समय लगते हैं, सहिष्णुता का व्यवहार करने की समस्या उसके लिए रहती है। एक और समस्या जो उसके सामने आती है, वह है स्वयं पर समस्त ध्यान केन्द्रित रखना। ऐसे किशोर अपने साथियों का ख्याल बहुत कम रखते हैं। अपनी प्रतिभा के कारण उसे जीवन के प्रत्येक क्षेत्र में सफलता ही सफलता प्राप्त होती है, इस कारण भी वह अकेला पड़ जाता है और केवल स्वयं की विशिष्ट रुचियों का ही ध्यान रखता है। इस प्रकार यथार्थ रूप में 2 प्रतिशत से अधिक बालक पाठशाली में इस श्रेणी के नहीं होते किन्तु इसमें कुछ बालक ऐसे भी हो सकते हैं, जिनकी बुद्धिलब्धि 180 और 190 भी हो सकती है। इस योग्यता के बालक भी हमारे सामने एकसमस्या का रूप ले सकते हैं क्योंकि उनकी स्वयं की समस्याएँ बड़ी जटिल होती हैं। साथ ही साथ उनके लिए विद्यालय व संगठन तथा प्रबन्ध किस प्रकार का हो, यह भी एक जटिल प्रश्न है।

इस प्रकार के बालक एक साधारण बालक से बहुत अधिक योग्य होते हैं। वे लोग उस कार्य को बहुत शीघ्र कर सकते हैं, जो उन्हें दिया जाता है। एक साधारण बालक उतनी गति से उन्हें समाप्त नहीं कर सकता। कक्षा में जहां उन्हें साधारण बालकों के साथ रखा जाता है अथवा औसत से भी निम्न बालकों के साथ, तो कक्षा उनके लिए अरूचिपूर्ग्र हो जाती है और उन्हें कक्षा के कार्य में कोई उत्प्रेरणा नहीं मिलती है। ऐ बालक पाठशाला के कार्य से कोई सम्बन्ध नहीं रखते और अशोभनीय कार्यों में पड़ जाते हैं। उनके अन्तर सुस्ती, बेचैनी और नटखटपन उत्पन्न हो जाता है।

ऐसे बालकों के व्यवस्थापन के लिए जो ढंग बताए जाते हैं, वे यह हैं-(1) उनको शीघ्र उन्नति का अवसर देना चाहिए। (2) उनको नीची कक्षाओं से शीघ्र ऊँची कक्षाओं में उत्तीर्ण होने के अवसर देना चाहिए किन्तु यहां समस्या यह हो जाती है कि ऐसी अवस्थाओं में वे बालक अपने से बहुत बड़े और अधिक उम्र के बालकों के मध्य में पहुँच जाते हैं और उनके साथ वे शारीरिक कार्यों में पूर्ण रूपेण भाग नहीं ले पाते। वे नेतृत्व भी नहीं कर पाते क्योंकि वे केवल अपनी उम्र के ही बालकों को अपनी योग्यताओं से प्रभावित कर सकते हैं। इस प्रकार उनका सामाजिक व्यवस्थापन पूर्णरूपेण नहीं हो पाता। अधिक उम्र के बालक उनका मजाक बनाते हैं क्योंकि वे शारीरिक दृष्टि से छोटे होते हैं। यही कारण है कि प्रतिभाशाली बालकों की शिक्षा के ये तत्त्व अध्यापकों के समक्ष समस्यात्मक रूप में आते हैं।

प्रतिभाशाली किशोरों की पहचान

प्रतिभाशाली बालकों को साधारण बालकों में से छाँट लेना भी बहुत कठिनाई उत्पन्न करता है। बालकों को छाँटने के वास्ते कई प्रकार की चेष्टाएँ की गई, जो निम्नलिखित हैं-

1. प्रतिभाशाली बालकों का अध्ययन करके यह पता लगाया गया है कि ऐसे बालक, जिनमें असाधारण योग्यता होती है, किस प्रकार के परिवारों में उत्पन्न होते हैं। यह पता लगा है कि ऐसे बालक उच्च कुल में अधिक उत्पन्न होते हैं। अधिकतर इनके माता-पिता, व्यापार या किसी स्वतन्त्र जीविका-उपार्जन के पेशे को अपनाए रहते हैं। छोटे पेशे को अपनाने वाले व्यक्तियों की संतानों में बहुत ही कम मात्रा में प्रतिभावान बालक होते हैं। प्रतिभावान लड़के और लड़कियाँ बराबर संख्या में पाए जाते हैं।

2. अध्यापकों का मत भी इस सम्बन्ध में लिया गया परन्तु वह अधिक उपयोगी तथा लाभदायक सिद्ध न हो सका। उन्होंने कक्षा में सबसे योग्य बालकों को ही प्रतिभावान बताना उचित समझा। इसी प्रकार परीक्षा का ढंग भी अधिक उपयोगी सिद्ध न हो सका। अध्यापक द्वारा व्यक्तिगत परीक्षा में बहुत प्रतिभावान बालक पिछड़ जाते हैं क्योंकि अध्यापक उनकी प्रतिभा को नहीं पहचान पाते और उनके उत्तरों को त्रुटिपूर्ण समझते हैं। प्रतिभा के साथ उसके विनाश के बीज भी जुड़े होते हैं। विद्यालय का यह कर्तव्य है कि वह इस प्रकार की आदतों के विकास पर नियंत्रण रखे तथा उनके और उनके साथियों के बीच बढ़ती दूरी को कम करने के प्रयास करें।

उनकी आधारभूत सामाजिक योग्यता में कहीं दोष नहीं होता है परन्तु कभी-कभी लापरवाही के कारण हो सकता है, वे अपनी सामाजिक योग्यताओं को विकसित नहीं करें। इससे उनके सम्मुख कुसमायोजन की समस्या उपस्थित हो सकती है। वे बौद्धिक कार्यों में व्यस्त रहने के कारण खेलकूद, नृत्य, संगीत व अन्य पाठ्येत्तर कार्यक्रमों में भाग नहीं ले सकते। इस प्रकार अपनी सामाजिक योग्यताओं को विकसित नहीं कर सकते।

मानसिक न्यूनता से ग्रसित किशोर

साधारण रूप से जिन बालकों की बुद्धि-लब्धि 60 से कम होती हैं, उन्हें हम मानसिक न्यूनता ग्रसितों की श्रेणी में रखते हैं। इस श्रेणी में 85 बुद्धिलब्धि तक के किशोर भी ले लिए जाते हैं।

बहुत से अभिभावक इस बात पर विश्वास नहीं करते कि उनके बालक मन्द बुद्धि हैं। उनका विचार यह होता है कि यदि बालक अच्छी प्रकार से अध्ययन नही कर पा रहा है तो वह उतनी मेहनत से नहीं पढ़ता जिनती कि उसे चाहिए। यदि कोई उनसे कहता है कि उनका बालक मानसिक रूप से अपूर्ण है तो वह उस पर क्रोधित होने लगते हैं। ऐसा बालक साधारण ज्ञान को प्राप्त करने में भी असमर्थ रहता है। अतः अध्यापक का प्रथम कर्तव्य यह है कि वह अभिभावकों को उनके बालकों के मानसिक विकास के सम्बन्ध में अवगत कराए, जिससे कि वे अपने बालक के लिए उचित शिक्षा की व्यवस्था के बारे में सोच सकें। बालकों की मानसिक योग्यता की परीक्षा नी चाहिए और अभिभावकों को इसका पूर्ण ज्ञान होना चाहिए। मन्द बुद्धि वाले बालकों प्रति अन्याय होगा, यदि उन्के अभिभावक उन्हें उनकी शक्ति से अधिक कार्य करने को बाध्य करें। बालक के अन्दर बहुत-सी संवेगात्मक समस्याएँ उत्पन्न हो जाएँगी और उसका व्यवस्थापन कठिन हो जाएगा।

मानसिक न्यूनता ग्रसितों के व्यवस्थापन की समस्या प्रतिभाशाली अथवा साधारण बालकों से बिल्कुल भिन्न हैं। मानसिक न्यूनता ग्रसितों के साथ हमारा व्यवहार बड़ा ही सहानुभूतिपूर्ण तथा धैर्यपूर्ण होना चाहिए। हमें उनके चरित्र का भली प्रकार विकास करने देना चाहिए।

पाठशाला में मूर्ख बालक कम होते हैं किन्तु अल्पबुद्धि तो बहुत से बालक होते हैं। यदि मानसिक न्यूनता ग्रसित बालक की साधारण पाठशाला में पढ़ाई आरम्भ करवा दी जाती है तो या तो उसकी अल्पबुद्धि उसके आगे बढ़ने में बाधक होगी अथवा वह निम्न श्रेणियों में ही रहेगा और अधिक समय नष्ट करेगा। पाठशालाओं में निम्न बुद्धि के बालक साधारण प्रसन्न नहीं रहते, क्योंकि वे अपने प्रतिभावान साथियों के समान शिक्षा में उन्नति नहीं कर पाते जब कि उनके अभिभावक इत्‍ सदैव उनसे यह आशा करते हैं कि वे प्रतियोगिता में प्रतिभावान का मुकाबला कर सकते हैं। इसका परिणाम यह होता है कि वे मानसिक क्षोभ के शिकार हो जाते हैं।

अतः यह आवश्यक है कि मानसिक न्यूनता ग्रसितों को पाठशाला में उचित शिक्षा का अवसर देना चाहिए। उनको साधारण शब्दकोश सिखाना चाहिए। उनके पढ़ने की सामग्री रुचिपूर्ण होनी चाहिए और साधारण रूप से शिक्षा तथा सीखना दोनों ही साथ साथ चलना चाहिए।

ऐसे मानसिक न्यूनता-ग्रसितों को व्यावसायिक शिक्षा भी देनी चाहिए, जिससे कि वे सफलता प्राप्त कर करें। उनको औद्योगिक शिक्षा देनी चाहिए जिससे कि वे उद्योग में सफल हो सकें और अपनी जीविका चला सकें।

जिन बालकों की बुद्धि लब्धि 55 से कम है, उनको विशेष प्रकार की पाठशाला में भेजना चाहिए जिससे कि वे विशेष प्रकार के अध्यापक के सम्पर्क में रह सकें। इस प्रकार से बालक अच्छी प्रकार से अपने को नियन्त्रित करना सीख सकते हैं और उचित आदतों को उत्पन्न करना भी सीख सकते हैं। उन्हें ऐसी उत्प्रेरणा हुए जो उन्हें नियन्त्रित करने वाली क्रियाओं में सहायता प्रदान करे सकें। उन्हें इस प्रकार के कार्यों को चाहिए, जिससे कि वे

अपनी जीवन सम्बन्धी अनिवार्य आवश्यकताओं को पूरा कर सकें, यद्यपि वे एकसफल नागरिक के रूप में विकसित नहीं किए जा सकते।

सृजनात्मकता

किशोरावस्था में व्यक्ति अनेक बौद्धिक क्षेत्रों में प्रगति करता है। बाल्यावस्था में वह जो कुछ सीखता है वह अनुकरण पर आधारित होता है। उसकी भाषा, बोलने चालने का ढंग, खेलकूद सभी वह दूसरों की देखा देखी सीखता है। विद्यालय में भी वह अनुकरण को ही अपनाता है। यहाँ तक कि जिन क्षेत्रों में यथा चित्रकारी, दस्तकारी आदि में जहां हम चाहते हैं कि वह कल्पनाशील बने, वह अनुकरण का मार्ग ही अपनाता है, क्योंकि यही वह एक मात्र मार्ग है जो कि वह आज तक अपनाता आया है।

व्यक्ति जो कुछ भी बनाता है वह एक प्रक्रिया का परिणाम होता है। सृजनात्मक वस्तु का निर्माण सृजन की प्रक्रिया से होता है। अनुकरणात्मक वस्तु अनुकरण की प्रक्रिया का परिणाम होती है। अनुकरण करने वाले व्यक्ति का यह लक्ष्य होता है कि वह किसी कार्य को करले। सृजनशील व्यक्ति का लक्ष्य कुछ नए निर्माण का होता है। अतः उत्पादन अनुकरण है या नवीन यह उस प्रक्रिया पर निर्भर करता है, जिसका कि वह परिणाम है।

इस प्रकार हमने देखा कि कि सृजनात्मकता सृजनात्मक प्रक्रिया पर आधारित होती है। सृजनात्मक प्रक्रिया का अर्थ है, "असम्बन्धित वस्तुओं में सम्बन्ध स्थापित करना"। व्यक्ति के निर्माण में सृजनात्मकता है, यदि निर्मित वस्तु उसे तुष्टि प्रदान करती हे, उसके लिए उपयोगी है और ऐसी असम्बन्धित वस्तुओं को सम्बन्धित करती हैं जो उसने अपने अनुभव में पहले कभी नहीं देखी हों और निर्मित वस्तु नवीन है, आश्चर्यजनक है।

हैंस सेले के अनुसार–वह सत्य होना चाहिए,........ वह विस्मयकारी होना चाहिए। अतः सृजनात्मक निर्माण में– 1. नवीनता, 2 सत्यता, 3 उपयोगिता एवं 4 विस्मय होना चाहिए। यह विध्वन्सक नहीं होना चाहिए। सृजनात्मक निर्माण से व्यक्ति को जीवन एवं सृजन का आनन्द व आदर प्राप्त होता है।

अतः सृजनात्मकता वह गुण है जो कि सभी व्यक्तियों में होता है और उनमें यह क्षमता भी होती है कि वे उसे प्रदर्शित कर सकें। वैयक्तिक विभिन्नताओं के कारण सृजनात्मकता के प्रकार एवं प्रदर्शन में अवश्य ही अन्तर रहता है। उचित शिक्षा द्वारा सृजनात्मकता के गुण में वृद्धि भी की जा सकती है।

सृजनात्मकता सम्बन्धी साहित्य के विश्लेषण पर इससे सम्बन्धी चार उपागम सामने आते हैं–

1. मानसिक प्रक्रिया–प्रथम उपागम के अनुसार सृजनात्मकता एक मानसिक प्रक्रिया है जो कि दो या दो से अधिक वस्तुओं के बीच नए या अब तक नहीं देखे गए सम्बन्धों को देखती है या निर्माण करती है देखे जा वाले वे पदार्थ ।जतना आधक दूर ह, उतनी ही अधिक सृजनशील यह मानसिक प्रक्रिया मानी जाएगी। इस प्रक्रिया के दो चरण हैं। प्रथम,

चरण में उन दो या दो से अधिक वस्तुओं को देखा जाता है और दूसरे, चरण में उनका संश्लेषण किया जा कर उन तत्वों का नए एवं मौलिक रूपों में सम्बन्ध स्थापित किया जाता है।

2. उत्पादन-दूसरे उपागम के अनुसार सृजनात्मकता मानसिक प्रक्रिया में नहीं है, बल्कि उत्पादन में है। यदि किसी मानसिक प्रक्रिया के फलस्वरूप किसी नवीन रचना अथवा कार्य का निर्माण नहीं होता है तो प्रक्रिया कभी भी सृजनात्मक नहीं कहला सकती। मानसिक प्रक्रिया तभी प्रकाश में आती है जबकि उत्पादन नवीन एवं उपयोगी है।

3. मानसिक योग्यताएँ-तीसरे उपागम के अनुसार सतृजनात्मकता की मानसिक योग्यताओं के रूप में परिभाषित किया गया है। यह विचारधारा गिलफोर्ड एवं उनके साथियों की है। उनके अनुसार सृजनात्मकता का अर्थ है वे मानसिक योग्यताएँ जो कि नए निर्माण या उत्पादन में लगी रहती है। ये मानसिक योग्यताएँ निम्न हैं-

1. धारा प्रवाहिता -एक बड़ी संख्या में विचारों को उत्पन्न करने की योग्यता।

2. लचीलापन-भिन्न विचारों को रखने की या भिन्न को प्रयोग में लाने की योग्यता।

3. मौलिकता-असाधारण अनुक्रियाओं को करने की तथा दूरगामी, असामान्य सह सम्बन्धों का स्थापित करने की योग्यता।

4. पुनर्परिभाषा-कोई भी बात जो पूर्व में कहो जा चुकी है उसे पुन: सामान्य स्थापित तीरके से भिन्न रूप से कहना।

5. समस्याओं की पहचान-सबसे प्रमुख बात है समस्याओं के प्रति संवेदनशील होना तथा उन्हें अभिव्यक्ति देना।

4. सृजनशील व्यक्ति की विशेषताएँ-चौथे उपागम के अनुसार सृजनात्मकता की परिभाषा सृजनशील व्यक्तित्व की विशेषताओं के रूप में की गई है। ये अनुसंधानकर्त्ता सृजनात्मक चिन्तन सम्बन्धी योग्यताओं के सन्दर्भ में सृजनात्मक उपलब्धि से सम्बन्धित व्यक्तिगत सम्बन्धी कारकों को भी महत्त्व देते हैं। ई. पॉल टोरेन्स ने व्यक्तियों के अनेक परीक्षण किए तथा- मिनेसोटा मल्टीफेजिक पर्सनेलिटी इन्वेन्टरी, थेमेटिक एपरसेप्शन टेस्ट, रोशाख परीक्षण आदि। इन परीक्षणों के आधार पर उन्होंने सृजनात्मक व्यक्तियों की उनसे कम सृजनात्मक व्यक्तियों से तुलना की। इस सर्वेक्षण के आधार पर टोरेन्स ने चौरासी विशेषताओं की सूची बनाई तथा सृजनात्मक व्यक्तित्व का वर्णन किया। कुछ विशेषताएँ इस प्रकार हैं- वे अव्यवस्था को स्वीकार करते हैं। रहस्य की ओर आकर्षित होते हैं, अद्वितीय बनाने की इच्छा रखते हैं, साहसी, दृढ़ निश्चयी, जिज्ञासु, एकान्तप्रिय, चुनौती लेने के इच्छुक आदि।

उपरोक्त चारों उपागमों के सूक्ष्म अध्ययन से ज्ञात होता हे कि सृजनात्मकता को समझने के लिए इन चारों को मिलाना अधिक उपयुक्त है। अलग-अलग रखने से सृजनात्मकता को भली प्रकार परिभाषित नहीं किया जा सकता। सृजनात्मकता एक ऐसी अद्वितीय मानसिक प्रक्रिया है जो अनकं मानसिक योग्यताओं और व्यक्तित्व की विशेषताओं की सहायता से मौलिक तथा नवीन पदार्थ का निर्माण करती है।

सृजनात्मक प्रक्रिया की चार मुख्य आवश्यकताएँ हैं-

1. अनुभवों के प्रति खुलापन -आसपास स्थित सामग्री का अनुभव करना। उनके प्रति आरम्भ में ही किसी प्रकार का निर्णय नहीं ले लेना चाहिए। बिना किसी गठन के वह जैसी है, उसी स्थिति में अनुभव करना चाहिए। इसके लिए व्यक्ति में आन्तरिक शांति होनी आवश्यक है। पुरानी परिभाषाएँ एवं रूढ़ि युक्तियाँ मार्ग में बाधाएँ बनती हैं। पुरानी मान्यताओं को त्याग कर तथा पुरानी परिभाषाओं को परिवर्तित करने से ही सृजनात्मकता की सम्भावना हो सकती है। सृजनात्मक व्यक्तियों में सामान्य से भिन्न रूप में सोचने की क्षमता अ य रूप से होती है।

2. अपने अनुभवों को केन्द्रित करना -अनुभवों को खुलेपन से क्षण करने के साथ ही जुड़ा है उनको केन्द्रित करने का कार्य। यह प्रयत्न सचेतन भी हो सकता है अथवा उत्तेजना आधारित भी। व्यक्ति अनुभवों से ही कुछ बनता है।

3. अनुशासन-जब केन्द्र बिन्दु प्राप्त कर लिया जाता है, नया काय म्भ होता है। यह अनुशासित ढंग से होना चाहिए। सृजनात्मक कार्य में अनुशासन अत्यन्त महत्त्वपूर्ण है। ये लोग अपने कार्य में इतने तल्लीन हो जाते हैं कि घंटों, दिनों यहाँ तक की महिनों काय्र में लगे रहते हैं, जब तक कि कुछ नए की खोज न हो जाए। इस अनुशासन म मुख्य सृजनशील व्यक्ति का स्व-अनुशासन है। निर्माण कार्य में तल्लीन व्यक्ति को शांति प्राप्त होती है। शान्त व्यक्ति अधिक समय तक कार्य कर सकता है।

4. समाप्ति-सृजनात्मक प्रक्रिया का बसे महत्त्वपूर्ण पहलू उसका समापन है। प्रश्न उठता है कि सृजनशील व्यक्ति को यह कैसे पता लगे कि वह कहा पर समाप्ति करे? यह एक बहुत बड़ा गुण है चाहे वह लेखक हो, व्यक्ता हो या चित्रकार हो, या वैज्ञानिक हो। किसी न किसी बिन्दु पर उसे अपने कार्य की समाप्ति करनी है तथा अपने निर्माण आनन्दपूर्ण वस्तु की घोषणा करनी है। यह निर्णय नितान्त वैयक्तिक एवं ऐच्छिक होता है। सृजनात्मक प्रक्रिया प्रारम्भ से अन्त तक स्व के अनुसार चलती है, अतः इसका समापन एक प्रकार से स्व की खोज कहला सकता है। यह उसकी सीमाओं की एवं व्यक्तियों की खोज है।

सृजनात्मकता एवं बुद्धि

यह प्रश्न स्वाभाविक है कि बुद्धि और सृजनात्मकता में क्या सह-सम्बन्ध है। इन सह सम्बन्धों से सम्बन्धित कई अध्ययन किए गए हैं। इसे अनुसार बुद्धि और सृजनात्मकता एक बिन्दु विशेष तक साथ-साथ चलती है, फिर पृथक्-पृथक् हो जाती है। वह बिन्दु क्या है, यह अभी कुछ निश्चित नहीं है। कुछ अनुमानों के अनुसार यह 120 है। इसके बाद अधिक सृजनशील एवं न्यून सृजनशील में अन्तर करना कठिन हो जाता है। उच्च सृजनशील व्यक्तियों की औसत से उच्च बुद्धि-लब्धि हो सकती है, परन्तु यह आवश्यक नहीं है कि वे उच्च उपलब्धि ही रखें। इसी प्रकार यह भी आवश्यक नहीं है कि उच्च बुद्धिलब्धि वाले व्यक्ति सृजनशीलता में श्रेष्ठ हों। इन अनुसंधानों से ज्ञात होता है कि बुद्धि और सृजनात्मकता का परस्पर सम्बन्ध है, परन्तु यह सम्बन्ध रेखीय नहीं है, अपितु वक्र-रेखीय है।

अत्यधिक बुद्धिमान एवं अत्यधिक सृजनशील किशोरों की शैक्षणिक उपलब्धि, व्यावसायिक चयन, व्यक्तित्व की विशेषताएँ तथा पारिवारिक पृष्ठभूमि में अन्तर होता है या नहीं, इस सम्बन्ध में गेटजल्स जेकसन आदि ने 1958 में अध्ययन किया। उन्होंने कक्षा 6 से 12 तक के विद्यालयी-क्षेत्रों का अध्ययन किया। उन्होंने छात्रों के दो समूह बनाए। प्रथम में उन छात्रों को रखा जिनका सृजनात्मकता का प्राप्तांक ऊपर से 20 प्रतिशत था, परन्तु बुद्धि का यह नहीं था। दूसरे समूह में वे किशोर थे जिनका बुद्धि का प्राप्तांक ऊपर से 20 प्रतिशत था परन्तु सृजनात्मकता का नहीं था। अनुसंधान र्त्ताओं ने पाया कि उच्च सृजनात्मकता वाले समूह की बुद्धिलब्धि 127 थी तथा उच्च बुद्धि व समूह की बुद्धिलब्धि 150 थी। इस प्रकार इन दो समूहों की बुद्धिलब्धि में 23 का अन्तर था परन्तु इनकी शैक्षिक उपलब्धियाँ समान उच्च स्तर की थी। यह अवश्य है कि उच्च सृजनात्मकता किशोरों का जीवन में सफलता की ओर कम झुकाव रहत है तथा आत्म-अभिव्यवि त् सृजनात्मकता की ओर अभिवृद्धि की ओर अधिक। कहानी कहने में तथा चित्रकथा करने में उन्होंने अधिक स्वर कल्पनाएँ, हिंसा, मजाक आदि दिखाए। इन दो समूहों की रिवारिक पृष्ठभूमि में भी अन्तर था। उच्च सृजनात्मक समूह के किशोर ऐसे परिवारों से नका कम पुस्तकीय ज्ञान था, कम शिक्षा थी तथा जो अपनी माता पर कम निर्भर थे।

टॉरेन्स ने भी 1962 व 1964 में इसी प्रकार का शोधकार्य किया और लगभग उपरोक्त ही निष्कर्ष निकाले।

किशोर में सृजनात्मकता का विकास

व्यक्ति सृजनात्मकता कब, कैसे और कहाँ सीखता है? किशोर किन परिस्थितियों में नए विचारों को सीखता है, नए निर्माण करता है? दूसरों के सृजनात्मकता व्यवहारों एवं विचारों को ग्रहण करता है? सृजनात्मकता के सम्बन्ध में महत्त्वपूर्ण क्या-क्या है? यह व्यक्ति के लिए महत्त्वपूर्ण है? इस प्रकार के अनेक प्रश्न हमारे सामने रहते हैं। मानवीय परिस्थितियों में सृजनात्मकता का अत्यधिक महत्त्व है। व्यक्ति इस अपूर्ण संसार में अपूर्ण आता है। उसका संसार की प्रगति के साथ-साथ विकास होता है। वह चिन्तन, मनन तथा क्रियाओं से घिरा है। सब में निरन्तर परिवर्तन आते रहते हैं। उसकी यह आन्तरिक भावना या आवश्यकता होती है कि जो कुछ भी चारों ओर चल रहा है, उसमें वह सक्रिय होकर भाग ले। शैशवावस्था से ही यह भावना व्यक्ति में आ जाती हे। आयु के साथ-साथ इस भावना में वृद्धि होती रहती है।

इस भावना की वृद्धि के लिए माता-पिता, अध्यापक एवं अन्य प्रौढ़ को सहयोग देना चाहिए।

सृजनात्मकता के विकास के सम्बन्ध में टॉरेन्स द्वारा किए गए अध्ययन से ज्ञात होता है कि सांस्कृतिक परिस्थितियों के अनुसार सृजनात्मकता चिन्तन एवं निर्माण में अन्तर आता है। मेरीकी समाज में पाँच, नौ तथा बारह वर्ष की ायु संक्रमण काल हैं, अतः इस आयु में सृजनात्मकता कम हो जाती है।

आयु का भी सृजनात्मक निर्माण पर प्रभाव पड़ता है। लेहमन द्वारा किया गया अध्ययन इस पर प्रकाश डालता है। उन्होंने गणित, संगीत, साहित्य, दर्शन, अभिनय, प्रबन्ध, राजनीति आदि के क्षेत्रों में उच्चतम उपलब्धि की आयु जाननी चाही। लेहमन इस निष्कर्ष पर पहुँचे कि व्यक्ति सृजनात्मकता की ऊँचाई पर तीस वर्ष की आयु तक पहुँच जाता है और इस आयु के बाद उसमें की आती जाती है। यद्यपि इसके कुछ अपवाद भी हैं। लेहमन ने यह भी बताया कि इसका कारण केवल आयु सीमा ही नहीं है बल्कि कुछ सामाजिक, संवेगात्मक एवं भौतिक कारक भी हैं जो कि आयु परिवर्तन के साथ जुड़े रहते हैं।

इन अन्वेषणों से इस बात की अनिवार्यता का पता चलता है कि किशोरावस्था में ही सृजनात्मकता को प्रोत्साहन दिया जाना चाहिए।

शिक्षक का यह प्रमुख कर्तव्य है कि वह बालक का सर्वांगीण विकास करे। उसकी सृजनात्मक प्रतिभा का भी वह विकास करे। सृजनात्मक किशोर का अध्यापन कर चरणों में किया जा सकता है। प्रथम चरण में उन सामान्य एवं विशिष्ट लक्ष्यों का निर्धारण करना चाहिए जो कि सृजनात्मक प्रतिभा को निर्देश दे सकें। दूसरे चरण में उन्हें विद्यालय में सृजनात्मक बालकों को पहचानने का कार्य करना है। तीसरे चरण में उनको सीखने के लिए उपयुक्त वातावरण प्रदान करना चाहिए। चौथे चरण में उन बालकों मे सृजनात्मकता को उत्तेजित करने का प्रयत्न करना चाहिए, जो उसे सहज में ही प्रदर्शित नहीं कर सकते हैं बुद्धि शब्द का सामान्य बोल-चाल की भाषा में बहुत अधिक प्रयोग होता है। हम आमतौर पर कहा करते हैं कि, ''वह बड़ा बुद्धिमान है'', ''वह तो बिल्कुल बेवकूफ है, उसमें तो बुद्धि है ही नहीं।'' ''अमुक व्यक्ति की तो बुद्धि ही मारी गयी है।'' इन सब वाक्यों से स्पष्ट होता है कि बुद्धि का क्षेत्र अति विस्तृत है। परन्तु ये सब अर्थ सामान्य दृष्टिकोण के अनुसार हैं। इसके अतिरिक्त 'बुद्धि' (Intelligence) शब्द का मनोविज्ञान से भी सम्बन्ध है। मनोविज्ञान के अन्तर्गत बुद्धि का शास्त्रीय अर्थ निर्धारित किया जाता है। अलग-अलग मनोवैज्ञानिकों ने बुद्धि की अलग-अलग परिभाषायें निर्धारित की हैं। कुछ मुख्य परिभाषाओं का यहाँ विवेचन किया जायेगा।

बुद्धि-परीक्षण

सर्वप्रथम 1875 में व्यक्तिगत भेद को मान्यता दी गई थी। इसके पश्चात् व्यक्तिगत भेद के सम्बन्ध में अनेक प्रयोग हुए। इनमें कौटिल तथा गाल्टन के नाम प्रमुख हैं। इन्होंने व्यक्तिगत भेदों से सम्बन्धित अनेक प्रयोग किये। परन्तु बुद्धि-मापन का कार्य प्रमुख रूप से बिने द्वारा प्रारम्भ किया गया।

बिने ने यह देखा कि कुछ छात्र कक्षा में बतायी गई बातों को अत्यन्त शीघ्रता एवं सफलता से सीख लेते हैं तथा कुछ छात्र अत्यन्त कुशलतापूर्वक समझाने पर भी पाठ्यवस्तु को नहीं समझ पाते हैं। अत: बिने यह जानना चाहते थे कि वह कौन-सी मानसिक शक्ति है जो इस सफलता एवं असफलता का कारण है। अत: उन्होंने अपने मित्र साइमन की सहायता से ऐसी परीक्षाओं के निर्माण का काम शुरू कर दिया जिनसे वे इस मानसिक शक्ति (बुद्धि) को माप

सकें इस प्रकार 1905 में सर्वप्रथम एक बुद्धि-परीक्षण निकला जिसमें कुल मिलाकर 30 प्रश्न थे जो कठिनाई के क्रम में रखे गये थे। इनका प्रयोग 50 छात्रों पर किया गया है। 1908 तथा 1911 में इस परीक्षण का संशोधन हुआ और 'मानसिक आयु' शब्द का प्रथम बार इनमें प्रयोग किया गया। 1911 में प्रश्नों की संख्या 54 कर दी गयी। इसके उपरान्त 1916 में बिने ने स्टेनफोर्ड विश्वविद्यालय में अपने सहयोगियों के साथ मिलकर बुद्धि-मापन का संशोधन किया और इसे 'स्टेनफोर्ड-बिनेटैस्ट' का नाम दिया। इनमें कुछ मिलाकर 90 प्रश्न थे। इस परीक्षण का प्रमापीकरण 1000 बालकों पर किया गया। स्टर्न ने इस सम्बन्ध में एक महत्त्वपूर्ण सुझाव दिया। उन्होंने बुद्धि-मापदण्ड के स्थान पर बुद्धिलब्धि का एक मौलिक सुझाव पेश किया। वे बुद्धि-माप हेतु बुद्धिलब्धि का प्रयोग करने लगे। इसके लिए उन्होंने निम्नलिखित सूत्र प्रस्तुत किया :

बु. ल. (I.Q.) = –f(मानसिक आयु –(M.A.–),वास्तविक आयु –(C.A.–) × 100

इस सूत्रानुसार मानसिक आयु में वास्तविक आयु का भाग देकर 100 का गुणा कर देते हैं। 100 का गुणा करने में दशमलव नहीं आ पाता, यही लाभ है। यदि किसी छात्र की बुद्धिलब्धि 100 है तो उसे सामान्य बुद्धि वाला छात्र कहेंगे तथा इससे अधिक होने पर उसे तीव्र बुद्धि वाला एंव कम होने पर मन्द बुद्धि वाला बालक कहेंगे। कुछ व्यक्तियों ने बुद्धिलब्धि के आधार पर भी बालकों का श्रेणी-विभाजन कर दिया है। इस प्रकार के कई श्रेणी-विभाजन इस समय देखने को प्राप्त होते हैं तथा अलग-अलग देशों में अलग-अलग श्रेणी-विभाजन किया गया है। नीचे इसी प्रकार का एक श्रेणी-विभाजन प्रस्तुत हैं:

जड़ (Idiots)	0 – 25 बु. ल.
मूढ़ (Imbeciles)	25–50 बु. ल.
मूर्ख (Morones)	50–70 बु. ल.
मन्द बुद्धि (Dull)	70 –90 बु. ल.
सामान्य (Average)	90–110 बु. ल.
उच्च बुद्धि (Superior)	110–125 बु. ल.
अति उच्च बुद्धि (Very superior)	125–140 बु. ल.
मेधावी या प्रतिभाशाली (Genious)	140 से ऊपर बु. ल.

इस प्रकार और भी अनेक वर्गीकरण के आधार बनाये गये परन्तु सबसे एक ही बात की धारणा होती है कि जिसकी बुद्धिलब्धि अधिक होगी, वही अधिक योग्य होगा।

धीरे-धीरे बिने टेस्टों का अनुवाद विभिन्न देशों में हुआ एवं अनेक देशों में इसको अपनाया गया था इसका अनुवाद किया गया था, इसी को आधार मानकर दूसरे टेस्ट बनाये गये; उदाहरण के लिए, टरमैन ने 1913–16 के मध्य संशोधित टेस्ट बनाया, 1922 में प्रो. बर्ट ने बिने टेस्ट का संशोधन किया।

भारत में बुद्धि-परीक्षण का इतिहास
(History of Intelligence Tests in India)

(i) शाब्दिक परीक्षण - भारत में बुद्धि-परीक्षण के निर्माण का इतिहास सन् 1922 से प्रारम्भ होता है जब एफ.जी. कालेज के आचार्य डॉ. सी. एच. राइस ने सर्वप्रथम 'हिन्दूस्तानी बिने परफारमेन्स पाइन्ट स्केल' का निर्माण किया। डॉ. राइस का यह प्रयास काफी सराहनीय था। किन्तु इसमें कुछ त्रुटियाँ थीं जिन्हें बम्बई के श्री बी.बी. कामथ ने सन् 1935 में दूर करने का प्रयास किया। श्री कामथ ने मराठी व कन्नड़-भाषी बालकों के लिए 'बम्बई-कर्नाटक रिवीजन ऑफ बिने परीक्षण' बनाया। इसी कालान्तर में पं. लज्जा शंकर झॉ ने सन् 1933 में 'सिम्पल मेन्टल टेस्ट' का प्रमापीकरण किया। इसका प्रमापीकरण 1000 बालकों पर किया जो 10 से 18 वर्ष की आयु के थे। 1936 में डॉ. एस. जलोटा ने बर्ट तथा टर्मन के परीक्षण के आधार पर अंग्रेज़ी भाषा में एक सामूहिक बुद्धि-परीक्षण का निर्माण किया। सेन्ट्रल ट्रेनिंग कॉलेज के श्री आर.आर. कुमारिया ने सन् 1937 ई. में उर्दू भाषा में एक सामूहिक बुद्धि परीक्षण बनाया। सन् 1937 ई. में ही श्री एल. के. शाह ने हिन्दी भाषा में 'सामूहिक मानसिक योग्यता परीक्षण' का निर्माण किया। तमिल भाषा में सन् 1938 ई. में श्री सी. टी. फिलिप ने एक 'सामूहिक शाब्दिक मानसिक योग्यता परीक्षण' का निर्माण किया।

द्वितीय विश्व-युद्धकाल में शाब्दिक तथा सामूहिक बुद्धि-परीक्षणों का बहुत अधिक निर्माण हुआ और इस काल में अनेक परीक्षणों का निर्माण किया गया। युद्ध काल के अन्तर्गत ही सन् 1943 ई. में पटना यूनीवार्सिटी के एस. एम. मोहसिन ने बुद्धि-परीक्षणों की एक श्रृंखला का निर्माण किया। धर्म समाज कालेज, अलीगढ़ के री झींगरन ने 'बुद्धिपामक परीक्षा' का निर्माण किया।

सन् 1950 -60 के मध्य केन्द्रीय शिक्षा-संस्थान दिल्ली तथा मनोवैज्ञानिकशाला, इलाहाबाद ने विभिन्न आयु-वर्ग के बालकों के लिए 'सामूहिक शाब्दिक बुद्धि-परीक्षण' अलग-अलग तैयार किये।

सन् 1960 ई. में डॉ. मोहनचन्द्र जोशी ने 100 पदों वाले 'सामान्य मानसिक योग्यता (बुद्धि) परीक्षण' का निर्माण किया, जिसका प्रमापीकरण 7,830 छात्रों पर किया गया। सन् 1964 ई. में डॉ. प्रयाग मेहता ने 'सामूहिक बुद्धि-परीक्षण' का निर्माण किया जिसका प्रमापीकरण उन्होंने 1800 बालकों पर किया। इसी समय डॉ. जलोटा ने अपने 'साधारण मानसिक योग्यता परीक्षण' का संशोधित रूप प्रस्तुत किया।

उपर्युक्त प्रयास केवल किशोरावस्था तक के बालकों की बुद्धि का माप करने की दिशा में हुए किन्तु सन् 1964 ई. में कलकत्ता के श्री मजूमदार ने वेश्लर-वैलव्यू वयस्क बुद्धि परीक्षण का बंगाली भाषा में अनुकूलन किया तथा 1970 में आगरा की (श्रीमती) जी. पी. शैरी ने 'वयस्क बुद्धि-परीक्षण' की रचना की। वेश्लर के बुद्धि-परीक्षण के समरूप ही सन् 1971 ई. में मुरादाबाद के श्री पी. एन. मेहरोत्रा ने एक मिश्रित प्रकार का बुद्धि-परीक्षण बनाया।

(ii) अशाब्दिक परीक्षण

अशाब्दिक बुद्धि-परीक्षण निर्माण की दिशा में सर्वप्रथम अहमदाबाद के प्रो. पटेल ने गुडएनफ ने 'ड्रा ए मैन टैस्ट' का गुजराती बालकों पर अनुकूलन किया। इसी प्रकार बड़ोदरा की प्रमिला पाठक ने 'ड्रा ए मैन टेस्ट' का भारतीय परिस्थितियों के लिए अनुकूलन किया। दिल्ली की सी.आई. ई. ने जेनकिन्स के अशाब्दिक बुद्धि-परीक्षण का भारतीयकरण किया। इसी प्रकार उत्तरप्रदेश, इलाहाबाद की मनोविज्ञानशाला ने रेबिन के प्रोग्रेसिव मेट्रिक्स तथा पिजन के अशाब्दिक परीक्षण का भारतीयकरण किया।

उक्त परीक्षणों के भारतीयकरण के अलावा कुछ विद्वानों ने अपने मौलिक परीक्षण भी बनाये। सन् 1918 में मेंजिल ने एक मौलिक अशाब्दिक परीक्षण बनाया। इसी प्रकार सन् 1942 में विकरी तथा ड्रेयर ने एक ऐसा ही परीक्षण बनाया। कलकत्ता यूनीवर्सिटी के श्री रामनाथ कुन्डू ने वयस्कों के लिए एक अशाब्दिक परीक्षण बनाया। सन् 1966 ई. में श्री अयोध्यानाथ मिश्र ने ह्यूमन फिगर 'ड्राइंग टेस्ट' का प्रमापीकरण किया। 1967 में कलकत्ता के एस. चटर्जी तथा एम. मुकर्जी ने एक परीक्षण बनाया। सन् 1968 में जौनपुर के श्री रघुवंश त्रिपाठी ने 'नॉन-वरबल ग्रुप टेस्ट ऑफ इंटेलीजेन्स' का निर्माण किया।

(iii) निष्पादन परीक्षण

भारत में निम्नांकित निष्पादन बुद्धि-परीक्षणों का भारतीयकरण तथा प्रमापीकरण हो चुका है–

1. **गोडर्ड फार्म बोर्ड** – पटेल व पानवाला ने गुजराती में किया।

2. **गुडएनफ का 'ड्राइंग ए मैन टेस्ट'**– उदयपुर के डॉ. श्रीमाली ने किया।

3. **कोह ब्लाक डिजायन टेस्ट** – मनोविज्ञान शाला इलाहाबाद ने संशोधन व भारतीयकरण किया।

4. **वेश्लर बुद्धि-परीक्षण**– कलकत्ता के श्री मजूमदार ने भारतीयकरण किया।

इसके अलावा मनोविज्ञानशाला इलाहाबाद तथा श्री चन्द्रमोहन भाटिया ने इस दिशा में मुछ मौलिक कार्य भी किये।

बुद्धि-परीक्षाओं का वर्गीकरण

(Classification of Intelligence Tests)

निर्देशन में परीक्षाएँ अत्यन्त महत्त्वपूर्ण हैं अत: निर्देशन को मापन एवं मूल्यांकन के सिद्धान्तों का पूर्ण ज्ञान होना आवश्यक है। हम यहाँ संक्षेप में बुद्धि-परीक्षाओं का वर्गीकरण करेंगे। इस सम्बन्ध में विस्तृत ज्ञान किसी भी मापन एवं मूल्यांकन की पुस्तक से प्राप्त किया जा सकता है। अपनी सुविधा एवं सरलता हेतु वर्गीकरण निम्न प्रकार से किया जा सकता है:

1. (अ) व्यक्तिगत परीक्षा (Individual Test), तथा

(आ) समूह परीक्षा (Group Test)

2. (अ) शक्ति परीक्षा, (Power Test), तथा

(आ) गति परीक्षा (Speed Test)।

3. (अ) शाब्दिक परीक्षा, (Verbal Test), तथा

(आ) क्रियात्मक परीक्षा (Performance Test)।

(1) (अ) व्यक्तिगत परीक्षा - इस प्रकार की परीक्षाएँ एक समय पर एक ही व्यक्ति पर प्रकाशित की जा सकती है। बिने की परीक्षा तथा उसे समस्त संशोधन व्यक्तिगत परीक्षाएँ थीं। इसी प्रकार जितनी भी क्रियात्मक परीक्षाएँ (Performance Tests) हैं, वे सभी व्यक्तिगत परीक्षाएँ हैं। इसके अलावा वैश्लर-वैलेव्यू बुद्धि-परीक्षण भी व्यक्तिगत परीक्षा है। प्रमुख कार्यात्मक तथा लिखित व्यक्तिगत परीक्षाएँ निम्नलिखित हैं :

1. बिने-स्टेनफोर्ड परीक्षण, 2. वैश्लर-वैलेव्यू परीक्षण, 3. बर्ट के तर्क-शक्ति परीक्षण, 4. मिनेसोटा पूर्व-विद्यालयपरीक्षण,, 5. मेरिल-पामर मानसिक परीक्षण, 6. जैसिल विकास अनुसूची, 7. कोहोज ब्लाक्स डिजाइन टैस्ट, तथा इसी प्रकार के अन्य क्रियात्मक टेस्ट, जिनकी सूची आगे दी जाएगी।

(आ) समूह परीक्षा - समूह परीक्षा वह है जो एक ही समय में पूरे समूह पर ली जा सकती है। जहाँ एक साथ अनेक व्यक्तियों का परीक्षण लेना आवश्यक होता है, वहाँ ये परीक्षण अत्यन्त उपयोगी सिद्ध हुए हैं। यदि नियमपूर्वक लिए जाएँ तो इनकी विश्वसनीयता भी कम नहीं है। ये परीक्षाएँ सेना, अनुसंन्धान, विद्यलय उद्योग इत्यादि में अति उपयोगी है इनमें सबसे अधिक सुविधा इस बात की है कि इनके प्रयोगों के लिए अति कुशल व्यक्तियों की जरूरत नहीं पड़ती है। सामूहिक परीक्षण प्रमुखता शाब्दिक होते हैं। ये केवल शाब्दिक होने के कारण भाषा-ज्ञान पर आधारित होते हैं, इस कारण इनका प्रयोग उन व्यक्तियों पर नहीं किया जा सकता, जो किन्हीं कारणों से भाषा का ज्ञान नहीं रखते हं। कुछ प्रमुख समूह परीक्षणों के नाम नीचे दिये जो हैं:

1. आर्मी-अल्फा परीक्षण,
2. आर्मी बीटा परीक्षण,
3. आर्मी जनरल क्लासीफिकेशन परीक्षण,
4. क्हूलमैन-एण्डरसन बुद्धि-परीक्षण,
5. टरमन ग्रुप टैस्ट ऑफ मेन्टल मैच्यूरिटी,
6. टरमन-मैक्नीमर टैस्ट ऑफ मेंन्टल एबिलिटी,
7. नार्थम्बरलैण्ड टेस्ट्स
8. डॉ. सोहनलाल की सामूहिक बुद्धि-परीक्षा,
9. प्रयाग मेहता का सामान्य बुद्धि-परीक्षण।

2. (अ) शक्ति परीक्षा - शक्ति-परीक्षा द्वारा किसी व्यक्ति की एक विशेष क्षेत्र से

सम्बन्धित शक्ति की परीक्षा ली जाती है। इस प्रकार की परीक्षाओं में सर्वप्रथम सरल प्रश्न दिये जाते हैं, तदुपरान्त प्रश्न क्रमशः जटिल होते चले जाते हैं। इस प्रकार के प्रश्न छात्र समयानुसार हल नहीं करते; अर्थात् इनको हल करने हेतु कोई समय निर्धारित नहीं किया जाता है।

(आ) गति-परीक्षण- इसमें शक्ति-परीक्षा के विपरीत समस्त प्रश्न जटिलता की दृष्टि से समान होते हैं परन्तु समस्त प्रश्न एक निर्धारित समय में करने पड़ते हैं। दिये समय में जो सबसे अधिक प्रश्न कर सकताहै वही सबसे अधिक अंक प्राप्त करता है। इस प्रकार ये परीक्षाएँ मानसिक गति का मापन करती हैं।

3. (अ) शाब्दिक परीक्षा – वे बुद्धि-परीक्षाएँ जिनके हल करने में शब्दों का प्रयोग करना पड़ता है, 'शाब्दिक परीक्षाएँ' कहलाती है'। शब्दों से हमारा तात्पर्य वर्णमाला के कुछ अक्षरों के योग से नहीं है, शब्दों में हम संख्याओं को भी सम्मिलित करते हैं। इस प्रकार इनसे शाब्दिक योग्यता का ज्ञान प्राप्त होता है।

(आ) क्रियात्मक परीक्षण – इस प्रकार की परीक्षाओं में समस्या का समाधान शब्दों द्वारा प्रकट नहीं करना पड़ता है, वरन् उसे कुछ कार्य करके हल करा पड़ता है। इन क्रियाओं में मनुष्य को कुछ क्रियाएँ करनी पड़त है; यथा- चित्र विधान (Picutre arrangement), चित्र-पूर्ति (Picture completion), चित्र में गलती निकालना, मनुष्य की आकृति खींचना वर्ग-निर्माण, इत्यादि। नीचे कुछ इस प्रकार की परीक्षाओं के नाम दिये जाते हैं-

1. फार्म बोई टेस्ट (Form Board Test)
2. पोर्टस मेज टेस्ट (Porteus Maza Tess)
3. क्यूब कन्सट्रक्शन टेस्ट (Cube Construction Test),
4. अलेक्जैण्डर्स टेस्ट (Alexander's pass-along Test)
5. पील्स ब्लाक्स टेस्ट (Peels Block Test,)
6. भाटियाज बैटरी ऑफ परफॉरमेन्स टेस्ट्स ऑफ इन्टेलिजेन्स (Bhatia's Battery of Performance Test of Intelligence)

बुद्धि-परीक्षण का निर्देशन में प्रयोग

सफल निर्देशन तभी सम्भव है जब व्यक्ति सम्बन्धी समस्त सूचनाएँ सही हों। सूचनाएँ, संग्रहीत करने के दो प्रकार के साधनों का उल्लेख किया जा चुका है- प्रमापीकृत, एवं अप्रमापीकृत। बुद्धि-परीक्षा प्रमापीकृत साधन है और इसके माध्यम से संग्रहीत सूचनाएँ भी प्रमापीकृत होती है। बुद्धि-परीक्षा द्वारा छात्रों की योग्यता, उनकी क्षमता, तथा अभियोग्यता इत्यादि से सम्बन्धित पूरी-पूरी सूचना प्राप्त हो जाती है। इन सूचनाओं के माध्यम से शैक्षिक तथा व्यवसाय-निर्देशन में सहायता प्राप्त होती है।

बुद्धि-परीक्षा के द्वारा यह ज्ञात किया जा सकता है कि कौन छात्र मन्द बुद्धि है, कौन सामान्य बुद्धि, तथा कौन प्रतिशाली है। इसी आधार पर हम छात्रों को शैक्षिक निर्देशन प्रदान

कर सकते हैं, उन्हें उनकी बुद्धि के अनुसार साहित्यिक, वैज्ञानिक तथा वाणिज्य इत्यादि पाठ्यक्रम का चयन करने को प्रोत्साहित कर सकते हैं। इसी प्रकार भावी जीवन में बुद्धि की मात्रानुसार-व्यवसाय चयन या किसी व्यवसाय-सम्बन्धी प्रशिक्षण प्राप्त करने की राय देकर उनका जीवन संभाल सकते हैं।

बुद्धि-परीक्षा द्वारा यह ज्ञात हो सकता है कि क्या लिंग का कोई प्रभाव बुद्धि पर पड़ता है? क्या पुरुष स्त्रियों से अधिक बुद्धिमान होते हैं या इसके विपरीत है, या लिंग का बुद्धि पर कोई प्रभव नहीं पड़ता है? इसी आधार पर हम स्त्री तथा पुरुषों के लिए अलग-अलग पाठ्यक्रम निर्धारित कर सकते हैं।

इस प्रकार बुद्धि-परीक्षाएँ शैक्षिक निर्देशन में निम्न कार्यों में अत्यन्त उपयोगी सिद्ध हुई हैं:

1. छात्रों का विभिन्न पाठ्यक्रम-चयन करने में।
2. छात्रों का वर्गीकरण करने में।
3. विद्यालय सफलता की भविष्यवाणी करने में।
4. असामान्य छात्रों का पता लगाने में।
5. छात्रवृत्ति प्रदान करने हेतु।
6. शिक्षक के कार्य की जाँच करने हेतु।
7. मन्द तथा प्रतिभाशाली छात्रों को अलग करने में।
8. निदान कार्य करने हेतु।

विभिन्न विषय बुद्धि की विभिन्न मात्रा चाहते हैं। कुछ विषयों के अध्ययन हेतु ऊँची बुद्धि चाहिए, जबकि कुछ विषयों में सामान्य बुद्धि से कार्य चल जाता है। इस प्रकार पहले छात्रों की बुद्धि की मात्रा ज्ञात की जाए, फिर उसके आधार पर उसे विषय-चयन कराया जाए तो अच्छे परिणाम निकल सकते हैं।

यदि एक ही कक्षा में मन्द तथा तीव्र बुद्धि वाले छात्र साथ-साथ बैठेंगे तो इसमें दोनों की ही क्षति होगी। यदि मन्द बुद्धि छात्रों के स्तर से अध्यापन कार्य कराया जाता है। तो तीव्र बुद्धि छात्र पाठ में रुचि न ही लेंगे तथा वे कक्षा में अनुशासन पालन न करेंगे। इस प्रकार वे पढ़ेंगे, न पढ़ने देंगे। इसके विपरीत, अगर तीव्र बुद्धि छात्रों के स्तर से अध्यापन कार्य किया जाता है तो मन्द बुद्धि छात्र कुछ भी न समझ पायेंगे। अत: वे कक्षा में शोर करेंगे। अत: यह आवश्यक है कि छात्रों का श्रेणी विभाजन उनकी बुद्धि के अनुसार हो।

बुद्धि-परीक्षा द्वारा हम निर्देशन कार्य हेतु यह ज्ञान कर सकते हैं कि छात्र विद्यालय में कहाँ तक सफलता प्राप्त कर सकता है। इस तरह शिक्षण छात्र मानसिक स्तर को ज्ञात कर सकतर है। बुद्धिलब्धि सीखने की क्षमता का सूचक है। छात्र कितना अन्दाजन सीख सकता है, इसका भान हमें I.Q. से ही हो जाता है।

बुद्धि-परीक्षा द्वारा असामान्य (जड़ तथा प्रतिभाशाली-दोनों ही) छात्रों को ज्ञात कर लेते हैं एवं उन्हें उसी के अनुसार निर्देशित करते हैं।

अनेक छात्रों को छात्रवृत्तियाँ बुद्धि-परीक्षा के परिणामों के आधार पर दी जाती हैं। इसी प्रकार निष्पत्ति-परीक्षा तथा बुद्धि-परीक्षा के परिणाम सामान होने चाहिए। यदि निष्पत्ति-परीक्षा में कोई छात्र बुद्धि-परीक्षा की अपेक्षा कम प्राप्तांक लाता है तो हम कहेंगे कि उसका शिक्षण ठीक नहीं हुआ है।

इस प्रकार हम देखते हैं कि बुद्धि-परीक्षा का महत्त्व शैक्षिक निर्देशन में अत्यन्त अधिक है। शैक्षिक निर्देशन के समान ही व्यवसाय-निर्देशन में भी बुद्धि-परीक्षा का अत्यन्त महत्त्व है।

व्यवसाय-निर्देशन में बुद्धि-परीक्षा का सबसे प्रमुख उपयोग व्यवसाय चयन से सम्बन्धित है। कुछ व्यवसाय अत्यन्त प्रतिभाशाली व्यक्ति चाहते हैं, कुछ व्यवसायों में मूर्खों से ही कार्य चल जाता है। अत: बुद्धि-परीक्षा द्वारा सर्वप्रथम यह ज्ञात किया जाता है कि कौन प्रतिभाशाली है तथा कौन मूर्ख। फिर उन्हें उसी के अनुसार व्यवसाय चयन कराने में सहायता प्रदान की जाती है।

इसी प्रकार बुद्धि-परीक्षा द्वारा उपयुक्त कार्य प्राप्त न होने पर असन्तुष्ट कर्मचारियों को ज्ञात किया जा सकता है। प्रशिक्षाणार्थ उपयुक्त व्यक्तियों का चयन किया जा सकता है तथा व्यक्ति को उपयुक्त व्यवसाय में प्रवेश दिलाया जा सकता है। इस प्रकार हम देखते हैं कि बुद्धि-परीक्षा का व्यवसाय-निर्देशन में भी पर्याप्त महत्त्व है। बर्ट ने कहा कि एक बुद्धिलब्धि वाला व्यक्ति समस्त कार्य नहीं कर सकता है।

प्रत्येक व्यवसाय हेतु अलग-अलग बुद्धिलब्धि होनी चाहिए। उन्होंने इसकी एक सूची भी दी कि किस व्यवसायी को कितनी बुद्धिलब्धि की आवश्यकता है। उन्होंने निम्नांकित सूची हमारे सम्मुख प्रस्तुत की है:

(1) वकील, डॉक्टर, अध्यापक जैसे उच्च प्रशासकीय व्यवसायों हेतु- 150 बुद्धिलब्धि वाले व्यक्तियों का चयन उपयुक्त है।

(2) निम्न श्रेणी के प्रशासकीय कार्य हेतु -130 से 150 के मध्य बुद्धिलब्धि आवश्यक है।

(3) क्लैरीकल काम के लिए; यथा- टाइपिस्ट, विक्रेता, नर्स आदि के लिए 115 से 130 तक बुद्धिलब्धि होनी चाहिए।

(4) दक्षतापूर्ण कार्य हेतु;यथा- दर्जी, बढ़ई, मुद्रक आदि के लिए; 100 से 115 तक बुद्धिलब्धि पर्याप्त है।

(5) अर्द्ध-दक्षतापूर्ण कार्य हेतु; यथा-नाई, खदान, कर्मचारी इत्यादि के लिए; 85 से 100 तक बुद्धिलब्धि से काम चल जाता है।

(6) अदक्षतापूर्ण कार्य हेतु; यथा- श्रमिक, पैकर आदि के लिए; 70 से 85 तक की बुद्धिलब्धि पर्याप्त है।

(7) निम्न कोटि के श्रमिक हेतु- 50- 70 के मध्य बुद्धिलब्धि आवश्यक है।

(8) जिनकी बुद्धिलब्धि 50 से कम है- वे कोई व्यवसाय स्वतन्त्र रूप से नहीं कर सकते हैं।

इस प्रकार व्यवसाय-निर्देश में बुद्धि-परीक्षण अत्यन्त उपयोगी है। इसके माध्यम से हम बुद्धिलब्धि (I.Q.) प्राप्त कर सकते हैं, फिर बुद्धिलब्धि से यह देख सकते हैं कि छात्र की योग्यता किस श्रेणी में कार्य करने को है; अर्थात् यदि उसकी बुद्धिलब्धि 120 है, तो हम कह सकते हैं कि वह किसी क्लैरीकल कार्य के लिए उपयुक्त व्यक्ति है। व्यक्ति किस समूह में है, इसका निर्धारण बुद्धिलब्धि की सहायता से हो सकता है। फिर अन्य विधियों से उनकी वास्तविक रुचि को भी ज्ञात किया जा सकता है एवं उसे उपयुक्त व्यवसाय में प्रवेश कराया जा सकता है।

यहाँ पर हमें थार्नडाइक की विचारधारा का अध्ययन भी कर लेना चाहिए। बुद्धि के सम्बन्ध में वे कहते हैं कि बुद्धिलब्धि (I.Q.) तो केवल बुद्धि के उच्छ्राव को ही बताती है। इसके अलावा वे कहते हैं कि बुद्धि का एक दूसरा पहलू भी है। बुद्धि कोई एक योग्यता नहीं है, यह तो अनेक योग्यताओं; यथा- सांख्यिकी योग्यता, स्मरण-शक्ति, पर्यवेक्षण शक्ति इत्यादि का मिश्रण है। इसको वे एक तकनीकी नाम देते हैं- बुद्धि-विस्तार। अब प्रश्न है कि क्या सभी व्यक्तियों की बुद्धि का विस्तार समान होता है? क्या समस्त व्यक्तियों की स्मरण-शक्ति या पर्यवेक्षण-शक्ति समान होती है? इसके उत्तर में हम कह सकते हैं कि समस्त व्यक्तियों का बुद्धि-विस्तार एक समान नहीं होता है। किसी व्यक्ति की स्मरण-शक्ति तीव्र होती है, तो किसी की मन्द, किसी व्यक्ति की पर्यवेक्षण शक्ति प्रखर होती है तो किसी की शिथिल। दूसरे, एक व्यक्ति की शाब्दिक योग्यता तीव्र हो सकती है और इसके विपरीत पर्यवेक्षण-शक्ति मन्द हो सकती है। उसकी स्मरण-शक्ति तीव्र हो सकती है पर कुशलतापूर्वक सांख्यिकी कार्यों को सम्पन्न नहीं कर पाता है। इस स्थिति में हम पुनः प्रश्न कर सकते हैं कि क्या ऐसा बालक मन्द बुद्धि बालक कहा जाएगा? इसका उत्तर हम पुनः नकरात्मक देते हुए कह सकते हैं कि इस प्रकार के बालक को मन्द-बुद्धि छात्र नहीं कह सकते हैं, क्योंकि प्रत्येक बुद्धि-परीक्षा किसी एक योग्यता पर अधिक प्रकाश डालती हैं। कोई परीक्षण स्मरण-शक्ति पर अधिक बल देता है तो कोई शाब्दिक योग्यता पर, और कोई पर्यवेक्षण शक्ति पर। इस प्रकार हम देखते हैं कि एक व्यक्ति में विभिन्न योग्यताएँ विभिन्न मात्रा में पायी जाती हैं। विभिन्न योग्यताओं मात्रा में पाया जाना ही बुद्धि-विस्तार कहलाता है।

निर्देशन की दृष्टि से बुद्धि का विस्तार भी अत्यन्त महत्त्वपूर्ण है। निर्देशन हेतु सर्वप्रथम छात्र की बुद्धि के विस्तार को ज्ञात करना चाहिए। देखना चाहिए कि उसमें कौन-कौन योग्यताएँ अधिक है तथा कौन-कौन कम। इसके लिए एक परीक्षा से कार्य नहीं चलेगा, बल्कि कई परीक्षाओं का प्रयोग करना पड़ेगा। जब तक व्यक्ति की विभिन्न योग्यताओं को ज्ञात नहीं कर लिया जाता है, तब तक उस व्यक्ति का पथ-निर्देशन भी असम्भव है। अतः निर्देशन कार्य के लिए बुद्धि-परीक्षण अत्यन्त आवश्यक तथा महत्त्वपूर्ण हैं। बुद्धि-मापन ठीक उसी प्रकार आवश्यक है, जिस प्रकार शरीर-मापन। यदि कोई व्यक्ति रक्तचाप, नाड़ी संस्थान की गति, या

शारीरिक गर्मी के मापन का विरोध करता है तो उसे हम अव्यवस्थित मस्तिष्क का व्यक्ति कहकर पुकारते हैं। यही शब्द हम उस व्यक्ति के लिए भी प्रयोग कर सकते हैं जो मानसिक योग्यताओं के मापन को व्यर्थ बताते हैं।

4. बौद्धिक स्तर की माप- बालक के आर्थिक व सामाजिक वातावरण का ज्ञान का प्राप्त कर लेने के पश्चात् निर्देशन को चाहिए की वह बालक के बौद्धिक स्तर का माप करें। निर्देशन में बौद्धिक स्तर का बडा महत्त्व है। कभी-कभी तो केवल बौद्धिक स्तर के आधार पर भी व्यक्तियों का श्रेणी-विभाजन करते हुए देखा जाता है। उदाहरण के लिये,हम बर्ट के श्रेणी-विभाजन को ले सकते हैं वे कहते हैं 150 बुद्धि-लब्धि वाले अच्छे प्रशासक,130-150 बु0 ल0 वाले अच्छे टेक्नीशियन,निम्न श्रेणी के अच्छे प्रशासक, 115-130 बु. ल. वाले अच्छे दक्ष श्रमिक होते हैं। बुद्धि के सम्बन्ध में माप करते समय ध्यान रखना चाहिए कि बुद्धि के दो तत्व होते हैं- 1 सामान्य बुद्धि-तत्व, तथा 2. विशिष्ट बुद्धि-तत्व । निर्देशन को दोनो ही तत्वों की माप पृथक-पृथक रूप से करनी चाहिए। निर्देशक बुद्धि के सामान्य तत्व की माप अनेक बुद्धि परीक्षणों द्वारा कर सकती हैं। इसके लिए निर्देशक को विभिन्न प्रकार के परीक्षणों का सहारा लेना चाहिए। उसे मौखिक बुद्धि-परीक्षण, सामूहिक बुद्धि-परीक्षण, शक्ति व गति परीक्षणों के अलावा क्रियात्मक परीक्षणों आदि सभी प्रकार के परीक्षणों की सहायता लेनी चाहिए। निर्देशक निम्नांकित परीक्षणों का प्रयोग कर सकता हैं-

विशिष्ट तत्वों की माप के लिए निर्देशक को अग्रलिखित विशिष्ट योग्यताओं की माप हेतु अलग-अलग से परीक्षण अपनाने चाहिए:

(1) यांत्रिक योग्यता हेतु निर्देशक निम्न परीक्षण का प्रयोग कर सकता हैं:

(2) लिपिक योग्यता- इसके लिए निम्नांकित परीक्षण प्रमुख हैं:

(3) संगीत योग्यता- इसके लिए उल्लेखनीय हैं।

(4) कला-योग्यता- इसके लिए का नाम उल्लेखनीय हैं।

इस प्रकार विभिन्न विशिष्ट योग्यताओं की माप करने के पश्चात निर्देशक गेस रूप से बालक की बुद्धि का पता लगा लेगा।

व्यक्तित्व की माप-

बुद्धि के दोनों पहलुओं का माप करने के पश्चात निर्देशक को बालक के व्यक्तिव का माप करना चाहिए। व्यक्तित्व की माप किस प्रकार तथा किन परीक्षणों के द्वारा की जानी चाहिए इसका उल्लेख आगे विस्तृत रूप से कर दिया गया हैं।

रुचि की माप-

निर्देशक को निर्देशन कार्य के लिए बालक की रुचि का भी पता लगा लेना चाहिए। इसके लिए उसकी रुचि का माप्र करना चाहिए। रुचि की माप के विषय में आगे विवेचना की गई हैं।

इस प्रकार बालक का अध्ययन विभिन्न पहलुओं से करके एक निष्कर्ष निकालना चाहिए। यदि हम बालक की विभिन्न मापों को ग्राफ पर अंकित करे तो एक छवि बन जायेगी। इसे हम पार्श्व-चित्र कहते हैं। इसका एक काल्पनिक नमूना आगे दिया गया हैं।

व्यक्ति के इस पार्श्व-चित्र की तुलना विभिन्न व्यवसायों के पार्श्व-चित्र से करनी चाहिए। जिस व्यवसाय के पार्श्व-चित्र के साथ इस पार्श्व चित्र की सर्वाधिक अनुरूपता हो, समझना चाहिए कि व्यक्तित्व उसी व्यवसाय के सर्वाधिक उपयुक्त हैं। यहाँ यह बात ध्यान में रखना चाहिए कि कभी भी व्यक्ति तथा व्यवसाय पार्श्व-चित्र शत प्रतिशत अनुरूप नहीं होते हैं।

(7) विद्यालय जीवन का अध्ययन

(8) स्वास्थ्य परीक्षण

(9) अन्तिम साक्षात्कार

समस्त प्रकार के मापन के पश्चात अन्त में पुनः एक साक्षात्कार करना चाहिए। इस साक्षात्कार में यदि निर्देशन का कोई शंका रह गई हैं, तो उसका समाधान करना चाहिए।

अपनी शंकाओं के समाधान, छात्र के सामाजिक व आर्थिक वातावरण तथा विभिन्न मापों के आधार पर अन्त में निर्देशक को अपना विवरण लिखकर प्रस्तुत करने चाहिए।

विद्यालय का दायित्व-

निर्देशन क्षेत्र में विद्यालय का एक महत्त्वपूर्ण स्थान हैं। अच्छे प्रशासन हेतु यह आवश्यक हैं कि प्रधानाचार्य दायित्वशाली शासक हो, जिससे विद्यालय के सम्पूर्ण कार्य सुचारू रूप से सम्पन्न हो सके । इस प्रकार निर्देशन सम्बन्धी समस्त कार्य, चाहे वे केन्द्रीय सरकार द्वारा संचालित हो या राज्य सरकार द्वारा संचालित हो कियाी अन्य संस्था द्वारा, उसी समय सफलता पूर्वक सम्पन्न किये जा सकते हैं जब प्रधानाध्यापक योग्य शासक हो। बिना योग्य प्रधानाध्यापक के अच्छी से अच्छी योजना भी सफल नहीं हो सकती हैं। समस्त संस्थाएँ प्रधानाध्यापक के माध्यम से ही कार्य करती हैं। इस प्रकार वही निर्देशन प्रोग्रामों का प्रमुख व्यक्ति हैं। अतः सर्वप्रथम यह आवश्यक हैं कि उसका निर्देशन में पूर्ण विश्वास हो तथा दिल में इस प्रोगाम को जायेगा। अतः सुविधा के लिये शैक्षिक निर्देशन प्रक्रिया को दो प्रकार की परिस्थितयों में शुरू कर सकते हैं। इन्ही दो प्रकार की परिस्थितयों के अनुसार ही शैक्षिक निर्देशन की विधियों को भी दो भागों में वर्गो में बाँट सकते हैं-

1. व्यक्तिगत निर्देशन विधियाँ
2. सामूहिक निर्देशन विधियाँ

1. व्यक्तिगत निर्देशन विधियाँ

विधियों के इस वर्ग में निर्देशन व्यक्तिगत स्तर पर सम्पर्क स्थापित करके प्रदान किया जाता हैं, इसमें विद्यांर्थी की शारीरिक, सामाजिक,संवेगात्मक,बौद्धिक तथा वैयक्तिक समस्याओं का अध्ययन किया जाता है। इसके लिये निम्नलिखित विधियों या प्रक्रिया का अनुकरण किया जाता है-

1. प्राथमिक साक्षात्कार- किसी भी विद्यार्थी के व्यक्तिगत स्वरूप के अध्ययन के लिये सबसे पहले प्राथमिक साक्षात्कार किया जाता है। इस प्राथमिक साक्षात्कार में शैक्षिक-निर्देशन समिति विद्यार्थी से सम्बन्धित सभी आवश्यक बातों शामिल है-

1. पारिवारिक वातावरण के बारे में

2. शिक्षा तथा व्यवसाय सम्बन्धी योजनाओं के बारे में ।

3. अवकाश समय में की जाने वाली गतिविधियों या क्रियाएँ। प्राथमिक साक्षात्कार का एक और उद्देश्य होता है- विद्यार्थी तथा निर्देशन करने वालों में मधुर सम्बन्धों को स्थापित करना।

2. विद्यार्थियों का संचित अभिलेख करना-विद्यार्थी के शैक्षिक निर्देशन के लिये विद्यार्थी से सम्बन्धित विभिन्न प्रकार की सूचनाओं का रिकार्ड रखना अति अनिवार्य है। इसे ही संचित अभिलेख कहते है। इस संचित अभिलेख में निम्नलिखित सूचनाएँ शामिल की जाती है-

1. बौद्धिक स्तर सम्बन्धी सूचनाएँ

2. रुचियाँ

3. अभिरुचियों

4. स्वास्थ्य तथा शारीरिक विकास सम्बन्धी सूचनाएँ।

5. विशेष मानसिक योग्यताएँ

6. शैक्षिक उपलब्धियाँ

7. पारिवारिक तथा आर्थिक परिस्थितियों

8. विद्यार्थी के माता-पिता के बारे में, मित्र-मंडली के बारे में तथा आस-पड़ौस के बारे में सूचनाएँ।

1. विद्यार्थी के व्यक्तित्व के बारे में अन्य पक्षों से सम्बन्धित।

उरोक्त जानकारियाँ प्रश्नावली तथा सामाजिक-आर्थिक स्तर पर सही करते रहना चाहिए क्योंकि प्रत्येक विद्यार्थी के बारे में नई सूचनाएँ अक्सर मिलती ही रहती हैं।

मनोवैज्ञानिक परीक्षण- शैक्षिक निर्देशन के लिये विद्यार्थी के मनोवैज्ञानिक पहलुओं का परीक्षणों द्वारा किया जा सकता है। ये परीक्षण निम्नलिखित हो सकते है-

1. बुद्धि परीक्षण- विभिन्न आयु स्तरों के लिये अलग अलग बुद्धि परीक्षण होते हैं। इन परीक्षणों द्वारा बच्चों में बुद्धि के स्तर का पता चल सकता है। ये परीक्षण व्यक्तिगत रूप से या सामूहिक रूप से किये जा सकते हैं।

2. अभिरुचि परीक्षण- हर प्रकार के निर्देशन को प्रदान करने के लिये विद्यार्थी की अभिरुचियों को जानना आवश्यक हैं। इन अभिरुचियों का ज्ञान अभिरुचि परीक्षणों द्वारा ही संभव होता हैं। इन अभिरुचि परीक्षणों द्वारा हमें यह पता चल सकता हैं कि विद्यार्थी भविष्य

में किस क्षेत्र मे सफल हो सकता हैं। अत: अभिरुचि परीक्षणों द्वारा हम विद्यार्थी के भविष्य की सफलताओं के बारे में अनुमान लगा सकते हैं। जबकि रुचि परीक्षणों द्वारा हम विद्यार्थी के मन के वर्तमान सुझाव के बारे मे पता चलता हैं।

3. रुचि परिसूचियाँ- रुचि परिसूचियों द्वारा बच्चों की रुचियों पता लगाया जाता हैं क्योंकि पाठ्यक्रम, विषयों तथा सहगामी क्रियाओं का चयन बच्चों की रुचियों पर भी निर्भर करता हैं। शैक्षिक निर्देशन में रुचियों पर भी निर्भर करता हैं। शैक्षिक निर्देशन में रुचियों की भूमिका बहुत ही महत्त्वपूर्ण हैं।

4. उपलब्धि परीक्षण- शैक्षिक निर्देशन में उपलब्धि परीक्षणों द्वारा बच्चों की शैक्षिक उपलब्धियों के बारे में तथ्य एकत्रित किये जाते हैं। इसके लिये विद्यार्थियों की मासिक, त्रैमासिक, छ:मासिक और वार्षिक परीक्षाओं में विद्यार्थी द्वारा प्राप्त अंकों को ही जाना जाता हैं।

5. व्यक्तित्व परीक्षण- शैक्षिक निर्देशन प्रदान करने के लिये बच्चों के व्यक्तित्व को जानना ही अनिवार्य होता हैं। उसके बिना निर्देशन प्रदान करना असंभव सा ही होता हैं। क्योकि क्रियाएँ में व्यक्ति के व्यक्तित्व की विशेषताओं की भूमिका प्रमुख होती हैं। व्यक्तित्व परीक्षण के लिये विभिन्न व्यक्तित्व परीक्षणों की रचना की गई हैं।

6. विद्यालयों या कालेजों सें सम्बन्धित सूचनाएँ एकत्रित करना- विद्यार्थी के विभिन्न पक्षों के बारे में सूचनाएँ एकत्रित करने के पश्चात विद्यालयों या कॉलेजों के विभिन्न पक्षों के बारें में सूचनाएँ इकटठी करना भी आवश्यक होता हैं। इसमें विभिन्न स्कूलों तथा कालेजों द्वारा चलाये जा रहे विषयों पाठ्यक्रमों तथा अन्य सुविधाओं के बारे में सूचनाएँ शामिल होती हैं । ऐसा इसलिये करना पडता हैं क्योकि वर्तमान वैज्ञानिक युग में विशेष विषयों की शिक्षा देने के लिये विशिष्ट प्रकार के विद्यालय या कॉलेज होते हैं। जैसे टैक्नीकल विद्यालयों में टैक्नीकल शिक्षा तथा कृषि विद्यालयों में कृषि सम्बन्धी शिक्षा दी जाती हैं। इसी प्रकार मैडीकल और इंजीनियरिंग कालेजों में अपने अपने विषयों को पढ़ाया जाता हैं। विद्यार्थियों को उनकी क्षमताओं और योग्यताओं के अनुसार पाठ्यक्रम, विषय तथा विद्यालय का चयन करने में सहायता मिलती हैं। अगर शैक्षिक निर्देशन में मिलेगा तो उसका विकास अच्छा होगा तथा व्यवसाय भी अच्छा होगा। उसके व्यावसायिक निर्देशन में विद्यालय की सेवाओं की आवश्यकता हैं ।

सृजनात्मकता

किशोरावस्था में व्यक्ति अनेक बौद्धिक क्षेत्रों में प्रगति करता है। बाल्यावस्था में वह जो कुछ सीखता है वह अनुकरण पर आधारित होता है। उसकी भाषा, बोलने चालने का ढंग, खेलकूद सभी वह दूसरों की देखा-देखी सीखता है। विद्यालय में भी वह अनुकरण को ही अपनाता है। यहाँ तक कि जिन क्षेत्रों में यथा चित्रकारी, दस्तकारी आदि में जहाँ हम चाहते हैं कि वह कल्पनाशील बने, वह अनुकरण का मार्ग ही अपनाता है, क्योंकि यही वह एक मात्र मार्ग है जो कि वह आज तक अपनाता आया है।

व्यक्ति जो कुछ भी बनाता है वह एक प्रक्रिया का परिणाम होता है। सृजनात्मक वस्तु का निर्माण सृजन की प्रक्रिया से होता है। अनुकरणात्मक वस्तु अनुकरण की प्रक्रिया का परिणाम होती है। अनुकरण करने वाले व्यक्ति का यह लक्ष्य होता है कि वह किसी कार्य को कर ले। सृजनशील व्यक्ति का लक्ष्य कुछ नए निर्माण का होता है। अत: उत्पादन अनुकरण है या नवीन यह उस प्रक्रिया पर निर्भर करता है, जिसका कि वह परिणाम है।

इस प्रकार हमने देखा कि सृजनात्मकता सृजनात्मक प्रक्रिया पर आधारित होती है। सृजनात्मक प्रक्रिया का अर्थ है, "असम्बन्धित वस्तुओं में सम्बन्ध स्थापित करना।" व्यक्ति के निर्माण में सृजनात्मकता है, यदि निर्मित वस्तु उसे तुष्टि प्रदान करती हे, उसके लिए उपयोगी है और ऐसी असम्बन्धित वस्तुओं को सम्बन्धित करती हैं जो उसने अपने अनुभव में पहले कभी नहीं देखी हों और निर्मित वस्तु नवीन है, आश्चर्यजनक है।

हैंस सेले के अनुसार–वह सत्य होना चाहिए,........ वह विस्मयकारी होना चाहिए। अत: सृजनात्मक निर्माण में– 1. नवीनता 2 सत्यता 3 उपयोगिता एवं 4 विस्मय होना चाहिए। यह विध्वन्सक नहीं होना चाहिए। सृजनात्मक निर्माण से व्यक्ति को जीवन एवं सृजन का आनन्द व आदर प्राप्त होता है।

अत: सृजनात्मकता वह गुण है जो कि सभी व्यक्तियों में होता है और उनमें यह क्षमता भी होती है कि वे उसे प्रदर्शित कर सकें। वैयक्तिक विभिन्नताओं के कारण सृजनात्मकता के प्रकार एवं प्रदर्शन में अवश्य ही अन्तर रहता है। उचित शिक्षा द्वारा सृजनात्मकता के गुण में वृद्धि भी की जा सकती है।

सृजनात्मकता सम्बन्धी साहित्य के विश्लेषण पर इससे सम्बन्धी चार उपागम सामने आते हैं–

1. मानसिक प्रक्रिया–प्रथम उपागम के अनुसार सृजनात्मकता एक मानसिक प्रक्रिया है जो कि दो या दो से अधिक वस्तुओं के बीच नए या अब तक नहीं देखे गए सम्बन्धों को देखती है या निर्माण करती है। सम्बन्ध देखे जाने वाले वे पदार्थ जितनी अधिक दूर हैं, उतनी ही अधिक सृजनशील यह मानसिक प्रक्रिया मानी जाएगी। इस प्रक्रिया के दो चरण हैं। प्रथम, चरण में उन दो या दो से अधिक वस्तुओं को देखा जाता है और दूसरे, चरण में उनका संश्लेषण किया जा कर उन तत्वों का नए एवं मौलिक रूपों में सम्बन्ध स्थापित किया जाता है।

2. उत्पादन–दूसरे उपागम के अनुसार सृजनात्मकता मानसिक प्रक्रिया में नहीं है, बल्कि उत्पादन में है। यदि किसी मानसिक प्रक्रिया के फलस्वरूप किसी नवीन रचना अथवा कार्य का निर्माण नहीं होता है तो प्रक्रिया कभी भी सृजनात्मक नहीं कहला सकती। मानसिक प्रक्रिया तभी प्रकाश में आती है जबकि उत्पादन नवीन एवं उपयोगी है।

3. मानसिक योग्यताएँ–तीसरे उपागम के अनुसार सृजनात्मकता की मानसिक योग्यताओं के रूप में परिभाषित किया गया है। यह विचारधारा गिल्फोर्ड एवं उनके साथियों की है। उनके अनुसार सृजनात्मकता का अर्थ है वे मानसिक योग्यताएँ जो कि नए निर्माण या उत्पादन

में लगी रहती है। ये मानसिक योग्यताएँ निम्न हैं-

1. **धारा प्रवाहिता** -एक बड़ी संख्या में विचारों को उत्पन्न करने की योग्यता।

2. **लचीलापन** -भिन्न विचारों को रखने की या भिन्न को प्रयोग में लाने की योग्यता।

3. **मौलिकता** -असाधारण अनुक्रियाओं को करने की तथा दूरगामी, असामान्य सह सम्बन्धों का स्थापित करने की योग्यता।

4. **पुनर्परिभाषा** -कोई भी बात जो पूर्व में कही जा चुकी है उसे पुनः सामान्य स्थापित तरीके से भिन्न रूप से कहना।

5. **समस्याओं की पहचान** -सबसे प्रमुख बात है समस्याओं के प्रति संवेदनशील होना तथा उन्हें अभिव्यक्ति देना।

4. **सृजनशील व्यक्ति की विशेषताएँ**-चौथे उपागम के अनुसार सृजनात्मकता की परिभाषा सृजनशील व्यक्तित्व की विशेषताओं के रूप में की गई है। ये अनुसंधानकर्ता सृजनात्मक चिन्तन सम्बन्धी योग्यताओं के सन्दर्भ में सृजनात्मक उपलब्धि से सम्बन्धित व्यक्तिगत सम्बन्धी कारकों को भी महत्त्व देते हैं। ई. पॉल टोरेन्स ने व्यक्तियों के अनेक परीक्षण किए तथा-मिनेसोटा मल्टीफेजिक पर्सनेलिटी इन्वेन्टरी , थेमेटिक एपरसेप्शन टेस्ट , रोशाख परीक्षण आदि। इन परीक्षणों के आधार पर उन्होंने सृजनात्मक व्यक्तियों की उनसे कम सृजनात्मक व्यक्तियों से तुलना की। इस सर्वेक्षण के आधार पर टोरेन्स ने चौरासी विशेषताओं की सूची बनाई तथा सृजनात्मक व्यक्तित्व का वर्णन किया। कुछ विशेषताएँ इस प्रकार हैं- वे अव्यवस्था को स्वीकार करते हैं। रहस्य की ओर आकर्षित होते हैं, अद्वितीय बनाने की इच्छा रखते हैं, साहसी, दृढ़ निश्चयी, जिज्ञासु, एकान्तप्रिय, चुनौती लेने के इच्छुक आदि।

उपरोक्त चारों उपागमों के सूक्ष्म अध्ययन से ज्ञात होता है कि सृजनात्मकता को समझने के लिए इन चारों को मिलाना अधिक उपयुक्त है। अलग-अलग रखने से सृजनात्मकता को भली प्रकार परिभाषित नहीं किया जा सकता। सृजनात्मकता एक ऐसी अद्वितीय मानसिक प्रक्रिया है जो अनेक मानसिक योग्यताओं और व्यक्तित्व की विशेषताओं की सहायता से मौलिक तथा नवीन पदार्थ का निर्माण करती है।

सृजनात्मक प्रक्रिया की चार मुख्य आवश्यकताएँ हैं-

1. **अनुभवों के प्रति खुलापन** -आसपास स्थित सामग्री का अनुभव करना। उनके प्रति आरम्भ में ही किसी प्रकार का निर्णय नहीं ले लेना चाहिए। बिना किसी गठन के वह जैसी है, उसी स्थिति में अनुभव करना चाहिए। इसके लिए व्यक्ति में आन्तरिक शांति होनी आवश्यक है। पुरानी परिभाषाएँ एवं रूढ़ि युक्तियाँ मार्ग में बाधाएँ बनती हैं। पुरानी मान्यताओं को त्याग कर तथा पुरानी परिभाषाओं को परिवर्तित करने से ही सृजनात्मकता की सम्भावना हो सकती है। सृजनात्मक व्यक्तियों में सामान्य से भिन्न रूप में सोचने की क्षमता अद्वितीय रूप से होती है।

2. अपने अनुभवों को केन्द्रित करना -अनुभवों को खुलेपन से निरीक्षण करने के साथ ही जुड़ा है उनको केन्द्रित करने का कार्य। यह प्रयत्न सचेतन भी हो सकता है अथवा उत्तेजना आधारित भी। व्यक्ति अनुभवों से ही कुछ बनता है।

3. अनुशासन-जब केन्द्र बिन्दु प्राप्त कर लिया जाता है, नया कार्य आरम्भ होता है। यह अनुशासित ढंग से होना चाहिए। सृजनात्मक कार्य में अनुशासन अत्यन्त महत्त्वपूर्ण है। ये लोग अपने कार्य में इतने तल्लीन हो जाते हैं कि घंटों, दिनों यहाँ तक की महिनों कार्य में लगे रहते हैं, जब तक कि कुछ नए की खोज न हो जाए। इस अनुशासन में मुख्य सृजनशील व्यक्ति का स्व-अनुशासन है। निर्माण कार्य में तल्लीन व्यक्ति को शांति प्राप्त होती है। शान्त व्यक्ति अधिक समय तक कार्य कर सकता है।

4. समाप्ति-सृजनात्मक प्रक्रिया का बसे महत्त्वपूर्ण पहलू उसका समापन है। प्रश्न उठता है कि सृजनशील व्यक्ति को यह कैसे पता लगे कि वह कहा पर समाप्ति करे? यह एक बहुत बड़ा गुण है चाहे वह लेखक हो, व्यक्ता हो या चित्रकार हो, या वैज्ञानिक हो। किसी न किसी बिन्दु पर उसे अपने कार्य की समाप्ति करनी है तथा अपने निर्माण आनन्दपूर्ण वस्तु की घोषणा करनी है। यह निर्णय नितान्त वैयक्तिक एवं ऐच्छिक होता है। सृजनात्मक प्रक्रिया प्रारम्भ से अन्त तक स्व के अनुसार चलती है, अतः इसका समापन एक प्रकार से स्व की खोज कहला सकता है। यह उसकी सीमाओं की एवं व्यक्तियों की खोज है।

सृजनात्मकता एवं बुद्धि

यह प्रश्न स्वाभाविक है कि बुद्धि और सृजनात्मकता में क्या सह-सम्बन्ध है। इन सह सम्बन्धों से सम्बन्धित कई अध्ययन किए गए हैं। इसके अनुसार बुद्धि और सृजनात्मकता एक बिन्दु विशेष तक साथ-साथ चलती है, फिर पृथक्-पृथक् हो जाती है। वह बिन्दु क्या है, यह अभी कुछ निश्चित नहीं है। कुछ अनुमानों के अुनसार यह 120 है। इसके बाद अधिक सृजनशील एवं न्यून सृजनशील में अन्तर करना कठिन हो जाता है। उच्च सृजनशील व्यक्तियों की औसत से उच्च बुद्धि-लब्धि हो सकती है, परन्तु यह आवश्यक नहीं है कि वे उच्च उपलब्धि ही रखें। इसी प्रकार यह भी आवश्यक नहीं है कि उच्च बुद्धिलब्धि वाले व्यक्ति सृजनशीलता में श्रेष्ठ हों। इन अनुसंधानों से ज्ञात होता है कि बुद्धि और सृजनात्मकता का परस्पर सम्बन्ध है, परन्तु यह सम्बन्ध रेखीय नहीं है, अपितु वक्र-रेखीय है।

अत्यधिक बुद्धिमान एवं अत्यधिक सृजनशील किशोरों की शैक्षणिक उपलब्धि, व्यावसायिक चयन, व्यक्तित्व की विशेषताएँ तथा पारिवारिक पृष्ठभूमि में अन्तर होता है या नहीं, इस सम्बन्ध में **गेटजल्स जेकसन** (Getzels Jackson) आदि ने 1958 में अध्ययन किया। उन्होंने कक्षा 6 से 12 तक के विद्यालयी-क्षेत्रों का अध्ययन किया। उन्होंने छात्रों के दो समूह बनाए। प्रथम उन छात्रों को रखा जिनका सृजनात्मकता का प्राप्तांक 20 प्रतिशत था, परन्तु बुद्धि का यह ड़ीं था। दूसरे समूह में वे किशोर थे जिनका बुद्धि का प्राप्तांक 20 प्रतिशत था परन्तु ज्ञनात्मकता का नहीं था। अनुसंधानकर्ताओं ने पाया कि उच्च सृजनात्मकता वाले समूह की बुद्धिलब्धि 127 थी तथा उच्च बुद्धि वाले समूह की बुद्धिलब्धि 150 थी। इस प्रकार इन दो

समूहों की बुद्धिलब्धि में 23 का अन्तर था, परन्तु इनकी शैक्षिक उपलब्धियाँ समान उच्च स्तर की थी। यह अवश्य है कि उच्च सृजनात्मकता किशोरों का जीवन में सफलता की ओर कम झुकाव रहता है तथा आत्म-अभिव्यक्ति अर्थात् सृजनात्मकता की ओर अभिवृद्धि की ओर अधिक। कहानी कहने में तथा चित्रकथा पूरी करने में उन्होंने अधिक स्वर कल्पनाएँ, हिंसा, मजाक आदि दिखाए। इन दो समूहों की पारिवारिक पृष्ठभूमि में भी अन्तर था। उच्च सृजनात्मक समूह के किशोर ऐसे परिवारों से थे जिनका कम पुस्तकीय ज्ञान था, कम शिक्षा थी तथा जो अपनी माता पर कम निर्भर थे।

टोरेन्स ने भी 1962 व 1964 में इसी प्रकार का शोधकार्य किया और लगभग उपरोक्त ही निष्कर्ष निकाले।

किशोर में सृजनात्मकता का विकास

व्यक्ति सृजनात्मकता कब, कैसे और कहाँ सीखता है? किशोर किन परिस्थितियों में नए विचारों को सीखता है, नए निर्माण करता है? दूसरों के सृजनात्मकता व्यवहारों एवं विचारों को ग्रहण करता है? सृजनात्मकता के सम्बन्ध में महत्त्वपूर्ण क्या-क्या है? यह व्यक्ति के लिए महत्त्वपूर्ण है? इस प्रकार के अनेक प्रश्न हमारे सामने रहते हैं। मानवीय परिस्थितियों में सृजनात्मकता का अत्यधिक महत्त्व है। व्यक्ति इस अपूर्ण संसार में अपूर्ण आता है। उसका संसार की प्रगति के साथ-साथ विकास होता है। वह चिन्तन, मनन तथा क्रियाओं से घिरा रहता है। इन सब में निरन्तर परिवर्तन आते रहते हैं। उसकी यह आन्तरिक भावना या आवश्यकता होती है कि जो कुछ भी चारों ओर चल रहा है, उसमें वह सक्रिय होकर भाग ले। शैशवावस्था से ही यह भावना व्यक्ति में आ जाती हे। आयु के साथ-साथ इस भावना में वृद्धि होती रहती है।

इस भावना की वृद्धि के लिए माता-पिता, अध्यापक एवं अन्य प्रौढ़ों को सहयोग देना चाहिए।

सृजनात्मकता के विकास के सम्बन्ध में टोरेन्स द्वारा किए गए अध्ययन से ज्ञात होता है कि सांस्कृतिक परिस्थितियों के अनुसार सृजनात्मकता चिन्तन एवं निर्माण में अन्तर आता है। अमरीकी समाज में पाँच, नौ तथा बारह वर्ष की आयु संक्रमण काल है, अतः इस आयु में सृजनात्मकता कम हो जाती है।

आयु का भी सृजनात्मक निर्माण पर प्रभाव पड़ता है। लेहमन द्वारा किया गया अध्ययन इस पर प्रकाश डालता है। उन्होंने गणित, संगीत, साहित्य, दर्शन, अभिनय, प्रबन्ध, राजनीति आदि के क्षेत्रों में उच्चतम उपलब्धि की आयु जाननी चाही। लेहमन इस निष्कर्ष पर पहुँचे कि व्यक्ति सृजनात्मकता की ऊँचाई पर तीस वर्ष की आयु तक पहुँच जाता है और इस आयु के बाद उसमें कमी आती जाती है। यद्यपि इसके कुछ अपवाद भी हैं। लेहमन ने यह भी बताया कि इसका कारण केवल आयु सीमा ही नहीं है बल्कि कुछ सामाजिक, संवेगात्मक एवं भौतिक कारक भी हैं जो कि आयु परिवर्तन के साथ जुड़े रहते हैं।

इन अन्वेषणों से इस बात की अनिवार्यता का पता चलता है कि किशोरावस्था में ही सृजनात्मकता को प्रोत्साहन दिया जाना चाहिए।

शिक्षक का यह प्रमुख कर्तव्य है कि वह बालक का सर्वांगीण विकास करे। उसकी सृजनात्मक प्रतिभा का भी वह विकास करे। सृजनात्मक किशोर का अध्यापन कई चरणों में किया जा सकता है। प्रथम चरण में उन सामान्य एवं विशिष्ट लक्ष्यों का निर्धारण करना चाहिए जो कि सृजनात्मक प्रतिभा को निर्देश दे सकें। दूसरे चरण में उन्हें विद्यालय में सृजनात्मक बालकों को पहचानने का कार्य करना है। तीसरे चरण में उनको सीखने के लिए उपयुक्त वातावरण प्रदान करना चाहिए। चौथे चरण में उन बालकों मे सृजनात्मकता को उत्तेजित करने का प्रयत्न करना चाहिए, जो उसे सहज में ही प्रदर्शित नहीं कर सकते हैं।

❑❑❑

12

खेल
(Play)

मानव की सामान्य एवं स्वाभाविक प्रवृत्तियों में खेल की प्रवृत्ति सबसे अधिक व्यापक और महत्त्वपूर्ण है। ''नालन्दा विशाल शब्द-सागर'' के अनुसार 'खेल' का सामान्य अर्थ है- 'चित्त की उमंग या मन-बहलाव या व्यायाम के लिए इधर-उधर उछल-कूद, दौड़ धूप या कोई साधारण कृत्य।' मनोवैज्ञानिकों ने 'खेल' का अर्थ निम्नलिखित प्रकार से व्यक्त किया है-

कुछ अन्य विद्वानों ने खेल को इस प्रकार परिभाषित किया है-

1. **जेम्स ड्रेवर**—''खेल में क्रिया का आनन्द और मूल्य स्वयं क्रिया में ही उपलब्ध होता है।''

2. **नन के अनुसार**—''रचनात्मक क्रियाशीलता की पर्याप्त मात्रा में प्रकटीकरण ही खेल है।''

3. **स्टर्न के अनुसार**—''ऐच्छिक तथा आत्म-प्रेरित क्रिया ही खेल है।''

4. **वैलेनटाइन के अनुसार**—''कार्य में आनन्द की प्राप्ति ही खेल है।''

खेल का महत्त्व

खेल के महत्व को बताते हुए क्रो व क्रो ने लिखा है-''स्वतन्त्र क्रिया, जो तुलनात्मक रूप से निरुद्देश्य जान पड़ती है, बालक के व्यक्तित्व के प्रत्येक अंग को प्रभावित करती है।''

खेल बालक के प्रत्येक अंग को किस प्रकार प्रभावित करता है, इसका संक्षिप्त वर्णन इस प्रकार है-

1. **शारीरिक महत्त्व**—खेल केवल मनोरंजन मात्र के लिए नहीं होते हैं। खेल से बालकों का शारीरिक विकास होता है। बालक जन्म के कुछ दिन बाद ही अपने हाथ पैर चलाना शुरू कर देता है। उसके बाद वह खिलौनों से खेलता है। पैदल चलने के साथ ही उछलने-कूदने जैसी क्रियाएँ करने लगता है। खेल से बालक को होने वाले शारीरिक लाभ इस प्रकार हैं- (i) भौतिक वातावरण का ज्ञान, (ii) रक्त का स्वतन्त्र संचार, (iii) शारीरिक बल एवं स्वास्थ्य

की प्राप्ति, (iv) शारीरिक अंगों एवं मांसपेशियों की सुडौलता, (v) रोगों से बचने की क्षमता आदि।

2. मानसिक विकास—खेल खेलते समय बालक का मस्तिष्क क्रियाशील रहता है, जिससे बालकों की ज्ञानेन्द्रियों का विकास होता है। खेल द्वारा बालकों में जिज्ञासा उत्पन्न होती है। खेल से बालक नियमों का ज्ञान प्राप्त करता है और उसमें तर्कशक्ति का विकास होता है। खेल से बालक को होने वाले मानसिक लाभ इस प्रकार हैं-(i) भाषा का विकास, (ii) मानसिक थकान का अन्त, (iii) मानसिक संतुलन की क्षमता, (iv) नये विचारों और परिस्थितियों का ज्ञान, (v) तर्क, स्मृति, कल्पना, चिन्तन आदि शक्तियों का विकास।

3. सामाजिक महत्त्व—खेल द्वारा बालकों में सामाजिकता की भावना का विकास होता है क्योंकि अधिकांश खेल समूह में खेले जाते हैं। खेल से आपसी मित्रता स्थापित होती है। खेल से बालक को होने वाले सामाजिक लाभ इस प्रकार हैं-(i) सामाजिक व्यवहार का ज्ञान, (ii) दूसरों की इच्छा का सम्मान, (iii) सामाजिक सम्पर्क की इच्छा-पूर्ति (iv) आत्म-हित से समूह हित को श्रेष्ठता, (v) सहयोग, सामञ्जस्य, सहिष्णुता, नेतृत्व, आज्ञाकारिता, उत्तरदायित्व, नि:स्वार्थता आदि गुणों का विकास।

4. संवेगात्मक महत्त्व—विभिन्न खेल भावनात्मक होते हैं। भावनात्मक खेलों द्वारा बालकों में संवेगों का विकास होता है। खेल द्वारा बालकों के मन में विभिन्न प्रकार के संवेग आते हैं। खेल से बालक को होने वाले संवेगात्मक लाभ इस प्रकार हैं-(i) दिवास्वप्न देखने की आदत का अन्त, (ii) संवेगों का नियंत्रण करने की क्षमता, (iii) लज्जा, कायरता, बचपन, चिड़चिड़ापन आदि दोषों का निवारण। संवेगात्मक महत्व के सम्बन्ध में Skinner & Harriman ने लिखा है—"खेल, संवेगों को स्थिरता प्रदान करने में सहायता देता है।"

संवेगात्मक और सामाजिक विकास साथ-साथ चलते हैं। संवेग बालक के व्यवहार को निर्धारित करते हैं। खेलों में रुचि रखने वाले और विनोदी बालकों का संवेगात्मक विकास अधिक होता है।

5. शैक्षिक महत्त्व—बालकों के समुचित विकास के लिए सह-शैक्षिक गतिविधियों के रूप में खेलों का विशिष्ट महत्त्व है। यद्यपि खेल प्रणाली का जन्मदाता फ्रॉबेल को माना जाता है, परन्तु आधुनिक युग में Henry Caldwell Cook संभवत: पहला व्यक्ति था, जिसने बालक को शिक्षा देने के लिये खेल प्रणाली का प्रबल समर्थन किया। इस प्रणाली में दृढ़ विश्वास प्रकट करते हुए **Caldwell** ने कहा–

"मेरा दृढ़ विश्वास है कि केवल वही कार्य करने के योग्य है, जो वास्तव में खेल है, क्योंकि खेल से मेरा अभिप्राय किसी कार्य को पूर्ण हृदय से करना है।"

काल्डवेल के अनुसार बालक कार्य को पूर्ण हृदय से तभी करता है, जब वह खेल में होता है। अत: उसके प्रत्येक कार्य के लिए खेल की विधि को अपनाना अनिवार्य है। खेल द्वारा किए जाने वाले कार्य से बालक की शारीरिक, मानसिक, सामाजिक और आध्यात्मिक शक्तियाँ

क्रियाशील होती हैं। उसके कार्य और विचार में सामंजस्य स्थापित होता है और वह प्रगति के पथ पर अग्रसर होता है। इस प्रकार काल्डवेल ने शिक्षण की एक नई विधि आरम्भ की, जिसे 'खेल-विधि' या 'खेल-शिक्षण-प्रणाली' कहा जाता है। इस विधि का अर्थ स्पष्ट करते हुए Hughes & Hughes ने लिखा है-

"वह विधि जो बालकों को उसी उत्साह से सीखने की क्षमता देती है, जो उसके स्वाभाविक खेल में पाई जाती है, प्राय: खेल-विधि कहलाती है।"

खेल से बालक को होने वाले लाभ इस प्रकार हैं-(i) विभिन्न प्रकार की वस्तुओं से खेलने के कारण उनके आकार, बनावट, रंग, उपयोगिता आदि का ज्ञान, (ii) खोज और संचय द्वारा ज्ञान की वृद्धि, (iii) रेडियो, चलचित्र, संग्रहालय द्वारा सूचनाओं की प्राप्ति, (iv) आत्म-अभिव्यक्ति का अवसर।

खेल-विधि पर आधारित शिक्षण-पद्धतियाँ निम्नलिखित हैं-

विभिन्न खेल आधारित शिक्षण पद्धतियों का प्रयोग करके शिक्षण को प्रभावी बनाया जाता है।

1. किंडरगार्टन पद्धति-यह पद्धति Froebel द्वारा प्रतिपादित की गई है। इस पद्धति में बालक को खेल-गीतों और उपहारों द्वारा शिक्षा दी जाती है। इन गीतों के आधार पर शिशु-खेल और शिशु-कार्य हैं। उपहारों में नाना प्रकार की वस्तुयें हैं,जैसे-ऊन की गेंदें, लकड़ी का गोला, तिकोनी तख्तियाँ, चतुर्भुज आदि।

2. माण्टेसरी पद्धति—यह पद्धति मारिया मॉन्टेसरी द्वारा प्रतिपादित की गई है। इस पद्धति में बालक विभिन्न प्रकार के उपकरणों से खेलकर अक्षरों, अङ्कगणित, रेखागणित आदि का ज्ञान प्रात करता है। खेल ही उसकी विभिन्न ज्ञानेन्द्रियों को प्रशिक्षित करता है।

3. ह्यूरिस्टिक पद्धति-यह पद्धति आर्मस्ट्राँग द्वारा प्रतिपादित की गई है। इस पद्धति में बालक-शिक्षक, निरीक्षण, यन्त्रों और पुस्तकों की सहायता से स्वयं ज्ञान का अर्जन करता है। Nunn का कथन है-

"क्योंकि ह्यूरिस्टिक पद्धति का उद्देश्य बालक को मौलिक अन्वेषक की स्थिति में रखना है, इसीलिए यह स्पष्ट रूप से खेल-विधि है।"

4. प्रोजेक्ट पद्धति-यह पद्धति किलपैट्रिक द्वारा प्रतिपादित की गई है। इस पद्धति में बालक किसी योजना को व्यक्तिगत या सामूहिक रूप में पूर्ण करता है; जैसे-मॉडल बनाना, अभिनय करना, कहानी पढ़ाना या सुनना आदि।

5. डाल्टन पद्धति-यह पद्धति Miss Helen Parkhurst द्वारा प्रतिपादित की गई है। इस पद्धति के अनुसार कार्य करते समय बालक के ऊपर समय-सारणी, कक्षा-नियमों, वार्षिक और अर्द्धवार्षिक परीक्षाओं एवं विभिन्न विषयों के निर्दिष्ट घण्टों का कोई प्रतिबन्ध नहीं लगाया जाता है।

6. अन्य शिक्षण-पद्धतियाँ–खेल पर आधारित अन्य शिक्षण पद्धतियाँ हैं–बेसिक शिक्षा, गैरी–योजना और विनेटिका योजना।

7. वैयक्तिक महत्त्व–खेलों द्वारा व्यक्ति के सम्पूर्ण व्यक्तित्व का विकास होता है। खेलों द्वारा स्वाभाविक प्रवृत्तियों एवं प्रकृतिप्रदत्त योग्यताओं का विकास होता है। इनसे पुस्तकीय ज्ञान के साथ-साथ व्यावहारिक ज्ञान की प्राप्ति होती है। खेलों से होने वाले शारीरिक, मानसिक, सामाजिक एवं संवेगात्मक विकास के कारण व्यक्तित्व का चतुर्मुखी विकास होता है।

8. नैतिक महत्त्व–खेलों द्वारा बालकों में नैतिकता का विकास होता है। इनसे सच्चाई, ईमानदारी, पारस्परिक सहयोग एवं सद्भाव जैसे नैतिक गुणों का विकास होता है। खेलों से बालकों को उचित-अनुचित कार्यों एवं कर्त्तव्यों का ज्ञान होता है। इनसे समूह के नैतिक स्तरों को मान्यता एवं विचारों, कार्यों, इच्छाओं पर नियंत्रण का प्रशिक्षण तथा आत्म-नियन्त्रण का प्रशिक्षण प्राप्त होता है। **हरलॉक** के अनुसार–"बालक के नैतिक प्रशिक्षण में खेल एक महत्त्वपूर्ण साधन है।"

9. बाल-अध्ययन में सहायता–बालक के खेलों को देखकर उसके सामाजिक सम्बन्धों का ज्ञान प्राप्त किया जाता है। बालक की व्यक्तिगत धारणाओं एवं रुचि तथा विशेष योग्यताओं का ज्ञान प्राप्त किया जाता है। इस प्रकार खेल बाल-अध्ययन में सहायक हैं।

10. खेल द्वारा चिकित्सा–खेल द्वारा विभिन्न प्रकार के रोगियों की चिकित्सा होती है, जैसे–मानसिक और संवेगात्मक सन्तुलन खोने वाले बालकों की चिकित्सा। बालकों को, भय, क्रोध, निराशा, मानसिक द्वन्द्व और असन्तुलन से मुक्त करने के लिए स्वतन्त्र खेलों का प्रयोग एवं चिकित्सालयों में मानसिक रोगियों की मनोरंजन द्वारा चिकित्सा की जाती है।

क्रो व क्रो के अनुसार–"मानसिक तनाव को दूर करने के लिए खेल का महत्त्व खेल द्वारा चिकित्सा के प्रयोग से सिद्ध हो जाता है।" इस प्रकार खेलों का विभिन्न क्षेत्रों में विशिष्ट महत्त्व है।

खेल के प्रकार

खेल के प्रकार विभिन्न मनोवैज्ञानिकों ने अलग-अलग बताए हैं, बालकों के खेलों को मोटे तौर पर दो भागों में विभाजित किया जा सकता है–

1. वैयक्तिक खेल, और 2. सामूहिक खेल। इन दोनों प्रकार के खेलों के आधार पर Karl Gross ने बालकोपयोगी खेलों का विस्तृत वर्णन प्रस्तुत किया है, उनमें से प्रमुख प्रकारों का उल्लेख इस प्रकार है–

1. परीक्षणात्मक खेल—इस प्रकार के खेलों में बालक वस्तुओं को उलट-पुलट कर देखता है या उनका परीक्षण करता है। इन खेलों का आधार जिज्ञासा की प्रवृत्ति है। ये खेल वैयक्तिक होते हैं।

2. गतिशील या क्रियात्मक खेल—इस प्रकार के खेलों में दौड़-भाग, उछल-कूद आदि आते हैं। ये खेल शरीर की गति का विकास करते हैं। ये वैयक्तिक एवं सामूहिक दोनों प्रकार के होते हैं।

3. रचनात्मक खेल—इस प्रकार के खेलों में बालक विभिन्न वस्तुओं का निर्माण करता है और ध्वंस करता है, जैसे–रेत या मिट्टी के घर, टीले, पहाड़ आदि बनाना और बिगाड़ना। इन खेलो का आधार रचनात्मकता की प्रवृत्ति है। ये खेल वैयक्तिक और सामूहिक दोनों ही प्रकार के होते हैं।

4. लड़ाई के खेल—इस प्रकार के खेलों में हार-जीत वाले खेलों को स्थान दिया जाता है, जैसे–फुटबाल, हॉकी, मुक्केबाजी, कबड्डी आदि। इन खेलों का सामान्य आधार प्रतियोगिता या युद्धप्रियता होती है। ये खेल साधारणतः सामूहिक होते हैं।

5. बौद्धिक खेल—इस प्रकार के खेलों का सम्बन्ध बुद्धि से होता है, जैसे–शतरंज, पहेलियाँ, चौपड़ आदि। इन खेलों द्वारा बुद्धि का विकास होता है। ये खेल वैयक्तिक एवं सामूहिक दोनों प्रकार के होते हैं।

6. अन्य प्रकार के खेल—प्रसिद्ध मनोवैज्ञानिक Hurlock ने विभिन्न अवस्थाओं के बालकों के कुछ अन्य प्रकार के महत्त्वपूर्ण खेलों का उल्लेख किया है, जैसे–

(i) स्वतंत्र ऐच्छिक खेल–बालकों के खेल किसी भी प्रकार से प्रतिबन्धित नहीं होते हैं अतः हरलॉक ने इनको स्वतंत्र और ऐच्छिक खेलों की संज्ञा दी है। ये प्रारम्भिक खेल हैं। बालक इनको अकेला एवं जब, जहाँ और जब तक चाहता है, खेलता है। वह इन खेलों को अपने शरीर के अङ्गों या खिलौनों से खेलता है। बालक खिलौनों को इच्छानुसार इधर-उधर फेंकता रहता है, वह उनकी सुरक्षा की भी परवाह नहीं करता है। यह सब करते हुए बालक आनन्द का अनुभव करता है। इनका समय एक वर्ष तक रहता है।

(ii) झूंठ-मूठ के खेल–इन खेलों में बालक किसी वयस्क के समान कार्य या व्यवहार करता है। वह विभिन्न वस्तुओं के विभिन्न नाम रखता है और उनसे बातें करता है। इनका समय दो से चार वर्ष तक रहता है। ये खेल कल्पना प्रधान होते हैं। उदाहरणार्थ–बालक तथा बालिका अध्यापक-अध्यापिका का खेल खेलते हैं। लड़कियाँ गुड़ियों से खेलती हैं, उनकी शादी रचाती हैं, उनको गोद में लेकर सुलाती हैं, मिट्टी का खाना पकाती हैं और लड़के सैनिक, नेता, डॉक्टर आदि की कल्पना करके खेलते हैं। बच्चे मोटर की कल्पना करते हैं और उसमें ड्राइवर व यात्रियों की कल्पना करके अपना खेल खेला करते हैं। इन सभी कार्यों में बालक उसकी कल्पना का अभिनय करते हैं, जिस प्रकार के क्रिया कलाप वे देखते हैं। प्रायः बच्चे अपने परिवार के सदस्यों की भूमिका का अभिनय करते हैं।

(iii) माता-पिता सम्बन्धी खेल–इन खेलों को बालक अपने माता-पिता या घर के सदस्यों के साथ खेलता है। इस अवस्था में उसमें अनेक गुणों का विकास होता है। उदाहरण के रूप में–आँख-मिचौनी।

(iv) संवेगात्मक खेल–इन खेलों में बालक विभिन्न संवेगों का अनुभव करता है और उनके अनुरूप अभिनय करता है, जैसे–वीरता का अभिनय।

Karl Gross एवं Hurlock द्वारा बताए गए प्रकारों के अलावा भी अन्य मनोवैज्ञानिकों ने कई प्रकार बतलाए हैं। मनोरंजन भी खेल के प्रकारों में अन्यतम समझा जाता है। बालकों

के लिए खेल मनोरंजन एवं स्वस्थ रहने का तरीका है। मनोरंजन एवं खेल दोनों लगभग समान ही हैं। दोनों ही अवकाश के समय प्रसन्नता प्राप्ति के साधन हैं। मनोरंजन में विभिन्न प्रकार के खेल आ जाते हैं। इसके अतिरिक्त सामूहिक खेलों से भी मनोरंजन होता है।

खेल-सिद्धान्त

बालक में खेलने की प्रवृत्ति क्यों पाई जाती है ? वह क्यों खेलता है और क्यों खेलना चाहता है ? इन प्रश्नों पर विद्वानों और मनोवैज्ञानिकों ने विचार करके, खेलों की उपयोगिता के आधार पर कुछ सिद्धान्तों का प्रतिपादन किया है, जिनमें से मुख्य निम्नलिखित हैं–

1. अतिरिक्त शक्ति का सिद्धान्त—यह सिद्धान्त सम्भवत: प्राचीनतम है। इस सिद्धान्त के प्रतिपादक जर्मन कवि शिलर एवं अंग्रेज दार्शनिक स्पेंसर माने जाते हैं। इसलिए, इस सिद्धान्त को 'शिलर एवं स्पेंसर का सिद्धान्त' भी कह दिया जाता है। बालक को निरन्तर और निरुद्देश्य खेलते देखकर इन विद्वानों ने यह निष्कर्ष निकाला कि वह कार्य से बची हुई अपनी शक्ति का प्रयोग खेल में करता है। जो शक्ति बालक प्रकृति द्वारा प्राप्त करता है, उसका अधिकांश भाग जीविका कमाने में तथा मुश्किल परिस्थितियों का सामना करने में नष्ट हो जाता है, जो अंश शेष रह जाता है और किसी काम नहीं आ सकता, वह खेल के द्वारा बाहर निकाल दिया जाता है। हरबर्ट स्पेंसर के अनुसार खेल और इंजन के सुरक्षा कपाट समान होते हैं। इस सिद्धान्त के समर्थन में Nunn ने लिखा है–"खेल साधारणत: अतिरिक्त शक्ति का प्रदर्शन माना जाता है।"

आधुनिक युग में इस सिद्धान्त की आलोचना की जाती है। Skinner एवं Harriman के अनुसार इसके तीन कारण हैं–(1) बीमार बालक में अतिरिक्त शक्ति नहीं होती है, फिर भी वह खेलता है या थके होने पर भी बालक उत्साह से खेलते हैं। (2) बहुत से खेल अतिरिक्त शक्ति चाहने के बजाय शक्ति प्रदान करते हैं। (3) विकास की विभिन्न अवस्थाओं में बालक की खेल सम्बन्धी रुचियाँ बदल जाती हैं।

2. पूर्व-अभिनय का सिद्धान्त—इस सिद्धान्त के प्रतिपादक Malebranche और मुख्य समर्थक प्रसिद्ध मनोवैज्ञानिक Karl Gross हैं। ग्रूस मानते हैं, कि बच्चे में भावी वयस्क जीवन की तैयारी करने की आन्तरिक प्रवृत्ति होती है। गुड़िया से खेलने वाली बालिका अज्ञात रूप से बच्चे की देखभाल करने का प्रशिक्षण प्राप्त करती है।

आधुनिक मनोवैज्ञानिक यह तो मानते हैं कि बालक में खेलने की आंतरिक प्रवृत्ति होती है, परन्तु वे यह नहीं मानते हैं कि वह खेल द्वारा ज्ञात या अज्ञात रूप में वयस्क जीवन की तैयारी करता है। Skinner & Harriman के अनुसार–"बालक खेल के द्वारा अनेक बातें सीखता है, पर वह ज्ञात या अज्ञात रूप से सीखने के लिए नहीं खेलता है।"

3. पुनरावृत्ति का सिद्धान्त—इस सिद्धान्त के प्रतिपादक G.S. Hall हैं। उनके मतानुसार–बालक अपने खेलों में प्रजातीय अनुभवों की पुनरावृत्ति करता है। दूसरे शब्दों में, वह अपने खेलों द्वारा अपने पूर्वजों के उन सब कार्यों को दोहराता है, जो वे आदिकाल से करते आ रहे

हैं। यदि हॉकी, फुटबाल, कबड्डी आदि खेलों के इतिहास पर दृष्टिपात करें तो यह स्पष्ट होता है कि ये खेल कुछेक वर्ष पुराने न होकर इससे भी कहीं अधिक पुराने हैं और कबड्डी आदि तो सदियों पुराने खेल हैं। ये खेल कई पीढ़ियों से चले आ रहे हैं जिन्हें हमारे पूर्वज खेला करते थे। बालक इन्हीं सब खेलों की पुनरावृत्ति करते हैं। अब इन खेलों में कई महत्त्वपूर्ण परिवर्तन हो गए हैं।

इस सिद्धान्त को कुछ समय तक स्वीकार किया गया, परन्तु अब त्याग दिया गया है। इसका कारण बताते हुए क्रो एवं क्रो ने लिखा है-"अब यह विश्वास नहीं किया जाता है कि बालक अर्जित लक्षणों और विशेषताओं को वंशानुक्रम से प्राप्त करते हैं।"

4. मूल-प्रवृत्ति का सिद्धान्त—इस सिद्धान्त के प्रतिपादक Mc Dougall हैं। उनके अनुसार, खेल का कारण मूलप्रवृत्तियों की परिपक्वता है।

5. पुनः प्राप्ति का सिद्धान्त—इस सिद्धान्त के प्रतिपादक बर्लिन निवासी Lazarus और समर्थक G.T.W. Patrick हैं। इस सिद्धान्त के अनुसार खेल द्वारा शक्ति की पुनः प्राप्ति होती है। खेल इसलिए खेला जाता है, जिससे कि व्यक्ति उस शक्ति को फिर प्राप्त कर ले, जो उसने कार्य करते समय थकने के कारण नष्ट कर दी है। इसलिए, बालक कार्य करने के बाद खेलना चाहता है। इस सिद्धान्त को स्वीकार न करने का कारण बताते हुए **बी.एन.झा** ने लिखा है-"बालक केवल खेल के लिए अनेक प्रकार के खेल खेलते हैं। यह सिद्धान्त हमें इसका कोई कारण नहीं बताता है।"

खेल कार्य से विश्राम देता है। इसलिए इस सिद्धान्त को "विश्राम सिद्धान्त" भी कहते हैं।

6. परिष्कार का सिद्धान्त—बालक वंशानुक्रम के द्वारा अपने पूर्वजों की प्रवृत्तियाँ प्राप्त करता है। खेल इनको बाहर निकालने या बालक का परिष्कार करने का एक साधन है। Ross ने कहा है-"खेल की क्रिया परिष्कार करती है। यह कुछ अवरुद्ध प्रवृत्तियों और संवेगों को बाहर निकालने का मार्ग प्रदान करती है, जिनको बाल्यकाल या वयस्क जीवन में पर्याप्त प्रत्यक्ष अभिव्यक्ति नहीं मिल सकती है।"

खेल की विशेषताएँ

खेल की निम्नलिखित विशेषताएँ हैं-

1. खेल एक जन्मजात और स्वाभाविक प्रवृत्ति हैं।
2. खेल, स्वतंत्र और आत्म-प्रेरित होता है।
3. खेल स्फूर्ति और आनन्द प्रदान करता है।
4. खेल में कुछ सीमा तक रचनात्मकता होती है।
5. खेल का क्रिया के सिवाय और कोई उद्देश्य नहीं होता है।
6. भाटिया के अनुसार-खेल स्वयं खेल के लिए खेला जाता है।
7. क्रो एवं क्रो के अनुसार-खेल, बालक की सम्पूर्ण रुचि और ध्यान को केन्द्रित कर लेता है।

8. जेम्स ड्रेवर के अनुसार–खेल एक शारीरिक और मानसिक क्रिया है।
9. खेल का उद्देश्य मनोरंजन होता है। इसका उद्देश्य क्रिया में निहित रहता है।
10. खेल का सम्बन्ध साधारणतः काल्पनिक जगत् से होता है।
11. खेल आयु बढ़ने के साथ कम होता है।
12. खेल से केवल उन्हीं को लाभ होता है, जो खेलते हैं।
13. खेल से आनन्द की प्राप्ति होती है।
14. खेल बन्द करवाने पर बालक में क्रोध और दु:ख उत्पन्न होते हैं।
15. खेल एक बन्धनरहित क्रिया है।

खेल को प्रभावित करने वाले घटक

खेल को प्रभावित करने वाले कारक या घटक निम्नलिखित हैं–

1. वातावरण—खेल को प्रभावित करने वाले कारकों में वातावरण का स्थान महत्त्वपूर्ण है। छोटी उम्र में बालक अपने घर में या पड़ोस में खेलते हैं, परन्तु उम्र बढ़ने के साथ वे गलियों में घर के पास खुले पड़े मैदानों में खेलने लगते हैं। जिन बालकों को समुचित एवं अच्छा वातावरण मिलता है वे अधिक खेलते हैं तथा इसके अभाव वाले बालक प्रायः कम खेलते हैं। कुछ बालकों के पास खिलौनों की कमी होती है तो कुछके के पास स्थानाभाव भी होता है। बालक जिस प्रकार के वातावरण में रहता है और जिन खेलों को खेलते देखता है प्रायः उन्हीं खेलों को खेलने लगता है। तंग स्थानों पर रहने वाले बालकों को खेलने के कम अवसर मिलते हैं। इस प्रकार वातावरण का बालकों के खेल जीवन पर व्यापक प्रभाव पड़ता है।

2. भौगोलिक स्थिति का अभाव—जिन प्रदेशों की जलवायु ठण्डी रहती है, उनमें प्रायः बालकों को खेलने के अधिक अवसर प्राप्त होते हैं, इसके विपरीत जिन प्रदेशों की जलवायु गर्म होती है, वहाँ बच्चों में खेल के प्रति कम रुचि होती है तथा अवसर भी कम प्राप्त होते हैं।

3. स्वास्थ्य का प्रभाव—जिन बालकों का स्वास्थ्य अच्छा होता है या जो शारीरिक एवं मानसिक दृष्टि से स्वस्थ होते हैं, वे बालक खेल में अधिक रुचि रखते हैं तथा अच्छे खिलाड़ी भी होते हैं अस्वस्थ एवं रोगी बालक स्वस्थ बालकों की अपेक्षा पिछड़ जाते हैं।

4. लिंग का प्रभाव—आरम्भ में तो बालक-बालिकाओं के खेल समान होते हैं, किन्तु दो-तीन वर्ष की अवस्था के बाद उनके खेलों में भिन्नता आने लगती है। बालक घर से बाहर खेलते हैं या गाड़ी बनाकर खेलते हैं और जिस प्रकार के कार्य अपने माता-पिता को करते हुए देखते हैं प्रायः उन्हीं को खेलों के रूप में करते हैं। बालिकाएँ प्रायः गुड़ियों से खेलती हैं, उनकी रुचि खाना बनाने, कढ़ाई-सिलाई एवं कम मेहनत वाले खेलों के प्रति अधिक होती है। बालिकाओं की अपेक्षा बालकों के खेलों में विविधता पाई जाती है।

5. खेल सम्बन्धी उपकरणों का प्रभाव—जब बालक के पास खिलौनों की कमी नहीं होती है या खिलौने उपलब्ध होने की स्थिति में बालकों के खेल रचनात्मक होते हैं। छोटे बालकों के लिए खेल उपकरणों में यदि गाड़ियाँ, सैनिक, गुड्डे-गुड़ियां तथा घरेलू पदार्थ प्रचुर

मात्रा में होते हैं तो बालक के खेल में प्राय: कल्पना का अंश अधिक होता है जबकि बालकों को टूटे पुराने खिलौने बार-बार दिए जाते हैं तो उनका मन उनसे ऊब जाता है। बड़े बालकों के लिए सामूहिक खेलों से सम्बन्धित उपकरणों की आवश्यकता होती है। इन उपकरणों के लिए पर्याप्त रुपयों की आवश्यकता होती है और सभी घरों में इनको खरीद पाना संभव नहीं हो पाता है। ऐसी अवस्था में ये बालक अपनी खेल रुचियों को दूसरी ओर मोड़ लेते हैं।

6. खाली समय—खाली समय बालक के खेलने की मात्रा का निर्धारण करता है। यदि बालक विद्यालय का कार्य अधिक करता है तथा साथ में उससे घर पर भी कार्य करवाया जाता है तो उसे खेलने के लिए बहुत कम समय मिलेगा। कई बार तो विद्यालयों में इतना गृह-कार्य दे दिया जाता है कि बालक उस कार्य को करते-करते ही थक जाते हैं या परीक्षाओं के दबाव के चलते उनको खेलने के लिए समय ही नहीं मिल पाता है क्योंकि आजकल निजी विद्यालयों में अनेक प्रकार की परीक्षाएँ होती रहती हैं, जैसे-साप्ताहिक मूल्यांकन परीक्षा, पाक्षिक एवं मासिक मूल्यांकन परीक्षाएँ आदि।

7. बुद्धि का प्रभाव—विभिन्न आयु स्तरों पर कुशाग्र बुद्धि के बालक अन्य बालकों की अपेक्षा खेलने में आगे होते हैं और अधिक खेल कौशल का प्रदर्शन करते हैं। कुशाग्र बुद्धि बालक उम्र बढ़ने के साथ ही बौद्धिक खेलों की ओर मन्द बुद्धि बालकों की अपेक्षा शीघ्र उन्मुख हो जाते हैं।

8. क्रियात्मक विकास—बालकों का खेल-कौशल उनके क्रियात्मक विकास पर निर्भर करता है। जिन बालकों का क्रियात्मक विकास अच्छा होता है, उनमें खेल-कौशलों का विकास भी अच्छा होता है। इस प्रकार के बालक खेल में अन्य बालकों की अपेक्षा अधिक तेज होते हैं।

9. ऋतु या मौसम का प्रभाव—बालकों के खेल ऋतुओं के अनुसार अधिक खेले जाते हैं। ग्रीष्म ऋतु में जल-विहार, नौका विहार, तैरना या खुले वातावरण में खेलना अधिक रोचक होता है। ग्रीष्म काल में वे ही खेल खेले जाते हैं जिन में कम शारीरिक परिश्रम करना पड़ता है। अधिक शारीरिक श्रम वाले खेल सर्दियों में खेले जाते हैं। बसन्त ऋतु में बालक खुले मैदानों में खेलना पसन्द करता है। पर्वतीय बालकों में सर्द ऋतु में बर्फ से खेलने में अधिक रुचि होती है। इस प्रकार खेलों पर ऋतु एवं मौसम का पर्याप्त प्रभाव पड़ता है।

10. सामाजिक एवं आर्थिक प्रभाव—बालक के खेलों पर सामाजिक एवं आर्थिक प्रभाव भी व्यापक मात्रा में पड़ते हैं। सम्पन्न एवं उच्च वर्ग के बालक क्रिकेट, हॉकी, फुटबाल, टेनिस एवं बैडमिंटन आदि खर्चीले खेल खेलते हैं जबकि निम्न एवं गरीब वर्ग के बालक कम लागत एवं खर्च वाले खेल खेलते हैं, जैसे गेन्द का खेल, कबड्डी एवं रस्सी का खेल आदि। उच्च वर्ग के बालक संगीत, नाटक एवं नाट्यकला आदि में अधिक भाग लेते हैं जबकि निम्न एवं मध्यम वर्ग के बालक प्राय: रामलीला, मेलों आदि में अधिक भाग लेते हैं।

11. परम्पराएँ—बालकों के खेलों पर परम्पराओं का भी प्रभाव पड़ता है। बालकों के बहुत से खेल परम्परा से प्रभावित होते हैं, जैसे-आँख मिचौनी, चोर-सिपाही आदि। प्राय: निर्धन एवं मध्यम वर्ग के बालक परम्परागत खेल ही खेलते हैं।

□□□

13

अवधानात्मक विकास
(Attention Development)

अवधान का अर्थ एवं परिभाषाएँ
(Meaning & Definitions of Attention)

हम अपनी सचेष्ट जिन्दगी के प्रत्येक क्षण में अनेक प्रकार के प्रत्यक्षीकरण, विचारों, और आवेगों का अनुभव करते हैं, लेकिन उनमें से बहुत कम हमारे मस्तिष्क में स्थान बना पाते हैं। जब कोई आदमी लिखने का कार्य करता है तो उसे लिखने में प्रवृत्त बताया जाता है, जबकि उसी समय अन्य वस्तुएँ भी उसकी सजगता के अन्तर्गत होती हैं। जिस कार्य को व्यक्ति करता है वह उसकी प्रमुख सजगता कही जाएगी और दूसरी वस्तुएँ उसकी सजगता की सीमा के अन्दर होंगी जिनके प्रति वह अर्द्ध-चेतन से सचेष्ट है।

'चेतना' व्यक्ति का स्वाभाविक गुण है। चेतना के कारण ही उसे विभिन्न वस्तुओं का ज्ञान होता है। यदि वह कमरे में बैठा हुआ पुस्तक बढ़ रहा है, तो उसे वहाँ की सब वस्तुओं की कुछ-न-कुछ चेतना अवश्य होती है; जैसे—मेज, कुर्सी, अल्मारी आदि। परन्तु उसी चेतना का केन्द्र वह पुस्तक है, जिसे वह पढ़ रहा है। चेतना के इस प्रकार किसी वस्तु पर केन्द्रित होने को 'अवधान' (Attention) कहते हैं। दूसरे शब्दों में, किसी वस्तु पर चेतना को केन्द्रित करने की मानसिक प्रक्रिया को 'अवधान' (Attention) कहते हैं।

'अवधान' के अर्थ को हम निम्नलिखित परिभाषाओं से पूर्ण रूप से स्पष्ट कर सकते हैं—

1. डमविल—''किसी दूसरी वस्तु के बजाय एक ही वस्तु पर चेतना का केन्द्रीयकरण अवधान है।''

अवधान के पहलू

आधुनिक मनोवैज्ञानिकों के अनुसार—अवधान में सचेत जीवन के तीन पहलू होते हैं—जानना, अनुभव करना और इच्छा करना (Knowling, Feeling & Willing)। किसी

कार्य के प्रति ध्यान देते समय, हमें उसका ज्ञान रहता है। हम रुचि के रूप में किसी भावना या संवेग से प्रेरित होकर, उसे करने में ध्यान लगाते हैं। जितनी देर हमारा ध्यान उस कार्य में लगा रहता है, उतनी देर हमारा मस्तिष्क क्रियाशील रहता है। इस प्रकार जैसा कि **भाटिया** ने लिखा है—"अवधान-ज्ञानात्मक, भावात्मक और क्रियात्मक होता है।"

"अवधान मानव चेतना की एक वरण प्रक्रिया है अथवा किसी विचार के मस्तिष्क में स्पष्ट रूप से अंकित करने की प्रक्रिया है। यह एक सतत् क्रमबद्धप्रक्रिया है जो मस्तिष्क में स्थित नाना प्रकार की विभिन्न वस्तुओं में से कभी एक को और कभी दूसरी को चेतना के ध्यान-केन्द्र में लाकर उपस्थित करती है।"

अवधान की दशाएँ

वे दशाएँ, जो एक वस्तु को दूसरी की अपेक्षा अधिक हमारे अवधान का केन्द्र बनाती हैं अथवा हम अनेक वस्तुओं को देखते हुए भी केवल एक ही वस्तु की ओर ध्यान देते हैं, इसका कारण होती हैं अवधान की दशाएँ। इनको हम दो भागों में बाँट सकते हैं—(1) बाह्य या वस्तुगत दशाएँ, (2) आन्तरिक या व्यक्तिगत दशाएँ।

1. **अवधान को केन्द्रित करने की बाह्य या वस्तुगत दशाएँ**—ये वस्तु की प्रकृति पर अवलम्बित रहती हैं। इनका विस्तृत विवेचन इस प्रकार है—

(i) गति—उद्दीपकता में परिवर्तन हमें आकर्षित करता है और उसके अन्दर ध्यान निहित रहता है। स्थिर वस्तु के बजाय चलती हुई वस्तु की ओर हमारा ध्यान जल्दी आकर्षित होता है। बैठे या खड़े हुए मनुष्य के बजाय भागते हुए मनुष्य की ओर हमारा ध्यान शीघ्र जाता है। दुकान की खिड़की में गतिमान कोई वस्तु, गतिहीन वस्तु की अपेक्षा हमारे ध्यान को अधिक आकर्षित करती है। विद्युत के प्रकाशक जो अपने रंग को बदलते रहते हैं, हमारे ध्यान को शीघ्र आकर्षित करते हैं।

(ii) अवधि—हमें जिस वस्तु को देखने का जितना अधिक समय मिलता है, उस पर हमारा ध्यान उतना ही अधिक केन्द्रित होता है। इसीलिए, शिक्षक पाठक की मुख्य-मुख्य बातों को श्याम-पट्ट पर लिखते हैं।

(iii) स्थिति—हम प्रतिदिन के मार्ग पर चलते हुए बहुत से मकानों के पास से गुजरते हैं, पर हमारा ध्यान उनकी ओर आकर्षित नहीं होता है। यदि किसी दिन हम उनमें से किसी मकान को गिरी हुई दशा या स्थिति में पाते हैं, तो हमारा ध्यान स्वयं ही उसकी ओर चला जाता है। इस प्रकार स्थिति दशा का अवधान में महत्त्वपूर्ण स्थान होता है।

(iv) तीव्रता—तीव्र उद्दीपकता भी ध्यान केन्द्रित कराती है या जो वस्तु जितनी तेज उत्तेजना उत्पन्न करती है, उतना ही अधिक हमारा ध्यान उसकी ओर आकर्षित होता है। एक अत्यन्त तेज आवाज, तीव्र प्रकाश और बहुत अच्छी व्यवस्था—धीमी आवाज, हल्का प्रकाश और शिथिल व्यवस्था की अपेक्षा अधिक आकर्षित करती है।

(v) विषमता–यदि हम सुन्दर व्यक्तियों के परिवार में किसी कुरूप व्यक्ति को देखते हैं, तो उसकी विषमता के कारण हमारा ध्यान उसकी ओर अवश्य जाता है।

(vi) नवीनता—हमारा ध्यान नवीन, अपरिचित तथा विचित्र वस्तु की ओर अवश्य आकर्षित होता है। वर्दी पहने हुए एक सिपाही को तैरने के तालाब में देखकर हम इच्छा न होते हुए भी एक बार देख लेंगे।

(vii) आकार—एक बड़े आकार वाली वस्तु की ओर हमारा ध्यान छोटी वस्तु की अपेक्षा शीघ्र जाता है। चौराहों पर बड़े-बड़े विज्ञापनों के लगाये जाने का कारण, उनकी ओर हमारे ध्यान को शीघ्र आकर्षित करना होता है।

(viii) व्यवस्थित रूप—ऐसी वस्तुएँ, जिनका निश्चित रूप और रेखाचित्र होता है, उन वस्तुओं की अपेक्षा जो अनिश्चित और अस्पष्ट हैं, हमारे ध्यान को अधिक आकर्षित करती हैं।

(ix) परिवर्तन—विद्यालय में शोर होना साधारण बात है परन्तु उसके किसी एक भाग में लगातार जोर का शोर होने के कारण वातावरण में परिवर्तन हो जाता है, तो हमारा ध्यान शोर की ओर अवश्य जाता है और हम उसका कारण भी जानना चाहते हैं।

(x) प्रकृति—अवधान का केन्द्रीयकरण वस्तु की प्रकृति पर निर्भर करता है। छोटे बच्चों का ध्यान रंग-बिरंगी वस्तुओं के प्रति बहुत सरलता से आकर्षित होता है।

(xi) पुनरावृत्ति—जो बात बार-बार दोहराई जाती है, उसकी ओर हमारा ध्यान जाना स्वाभाविक होता है। छात्रों के ध्यान को केन्द्रित रखने के लिए शिक्षक मुख्य-मुख्य बातों को दोहराता जाता है।

(xii) रहस्य—अवधान का केन्द्रीयकरण किसी बात के रहस्य पर निर्भर करता है। यदि दो मनुष्य सामान्य रूप से बातचीत करते हैं, तो हमारा ध्यान उनकी ओर नहीं जाता है। परन्तु यदि वे कोई गुप्त या रहस्यपूर्ण बात करने लगते हैं, तो हम उनकी बात ध्यान लगाकर सुनने का प्रयास करते हैं।

2. अवधान केन्द्रित करने की आन्तरिक दशाएँ या व्यक्तिगत दशाएँ—ये दशाएँ व्यक्ति की रुचि, इच्छा और मानसिक स्थिति पर निर्भर रहती हैं। इन दशाओं का क्रमशः वर्णन इस प्रकार हैं—

(i) रुचि—अवधान के केन्द्रीयकरण का सबसे मुख्य आधार हमारी रुचि है। इस सम्बन्ध में **Bhatia** ने लिखा है—"व्यक्तिगत दशाओं को एक शब्द, 'रुचि' में व्यक्त किया जा सकता है। हम उन्हीं वस्तुओं की ओर ध्यान देते हैं, जिनमें हमारी रुचि होती है। जिनमें हमारी रुचि नहीं होती है, उनकी ओर हम ध्यान नहीं देते हैं।"

(ii) ज्ञान—जिस व्यक्ति को जिस विषय का ज्ञान होता है, उस पर उसका ध्यान सरलता से केन्द्रित होता है। कलाकार को कला की वस्तुओं पर ध्यान केन्द्रित करने में कोई कठिनाई नहीं होती है।

(iii) लक्ष्य—व्यक्ति जिस कार्य के लक्ष्य को जानता है, उस पर उसका ध्यान स्वतः केन्द्रित हो जाता है। परीक्षा के दिनों में छात्रों का ध्यान अध्ययन पर केन्द्रित रहता है, क्योंकि इससे वे परीक्षा में उत्तीर्ण होने के अपने लक्ष्य को प्राप्त कर सकते हैं।

(iv) आदत—अवधान के केन्द्रीयकरण का एक आधार व्यक्ति की आदत है। जिस व्यक्ति को चार बजे फुटबाल खेलने की आदत है, उसका ध्यान तीन बजे से ही उस पर केन्द्रित हो जाता है और वह खेलने के लिए जाने की तैयारी करने लगता है।

(v) जिज्ञासा—व्यक्ति की जिस बात में जिज्ञासा होती है, उसमें वह ध्यान अवश्य देता है। जिस व्यक्ति की क्रिकेट मैचों के प्रति जिज्ञासा होती है, वह उनकी कमेन्ट्री अवश्य सुनता है।

(vi) प्रशिक्षण—रायबर्न के अनुसार—अवधान के केन्द्रीयकरण का एक आधार व्यक्ति का प्रशिक्षण है। व्यक्ति का ध्यान उसी बात पर केन्द्रित होता है, जिसका प्रशिक्षण उसे प्राप्त है। पहाड़ पर साथ-साथ यात्रा करते समय चित्रकार का ध्यान सुन्दर स्थानों की ओर एवं पर्वतारोही का ध्यान पहाड़ की ऊँचाई की ओर जाता है।

(vii) मनोवृत्ति—Rex & Knight के अनुसार—अवधान के केन्द्रीयकरण का एक आधार व्यक्ति की मनोवृत्ति है। यदि मालिक अपने नौकर से किसी कारण से रुष्ट हो जाता है, तो उसका ध्यान नौकर के छोटे-छोटे दोषों की ओर भी जाता है; जैसे—वह देर से क्यों आया है ? वह मैले कपड़े क्यों पहने हुए है ?

(viii) वंशानुक्रम—Reyburn के अनुसार—अवधान के केन्द्रीयकरण का एक आधार—व्यक्ति को वंशानुक्रम से प्राप्त गुणों पर निर्भर रहता है। शिकारी परिवार के व्यक्ति का ध्यान शिकार के जानवरों की ओर स्वाभाविक रूप से आकर्षित होता है।

(ix) आवश्यकता—जो वस्तु, व्यक्ति की आवश्यकता को पूर्ण करती है, उसकी ओर उसका ध्यान जाना स्वाभाविक है। भूखे व्यक्ति का भोजन की ओर ध्यान जाना कोई आश्चर्य की बात नहीं है।

(x) मूलप्रवृत्तियाँ—Rex & Knight के अनुसार—अवधान के केन्द्रीयकरण का एक मुख्य आधार—व्यक्ति की मूलप्रवृत्तियाँ हैं। यही कारण है कि विज्ञापनों के प्रति लोगों का ध्यान आकर्षित करने के लिए काम-प्रवृत्ति का सहारा लिया जाता है। इसीलिए विज्ञापनों में, सुन्दर युवतियों के चित्र होते हैं।

(xi) पूर्वानुभव—यदि व्यक्ति को किसी कार्य को करने का पूर्व-अनुभव होता है, तो उस पर उसका ध्यान सरलता से केन्द्रित हो जाता है। जिस बालक को पर्वत का मॉडल बनाने का कोई अनुभव नहीं है, उस पर वह अपना ध्यान केन्द्रित नहीं कर पाता है।

(xii) मस्तिष्क का विचार—Reyburn के अनुसार—हमारे मस्तिष्क में जिस समय जो विचार सर्वप्रधान है, उस समय हम उसी से सम्बन्धित बातों की ओर ध्यान देते हैं। यदि हमारे मस्तिष्क में अपने किसी रोग का विचार है, तो समाचार पत्र पढ़ते समय हमारा ध्यान औषधियों के विज्ञापनों की ओर अवश्य जाता है।

(xiii) संवेग—संवेग भी ध्यान के लिए एक आन्तरिक प्रेरणा है। यह संवेगों के सक्रिय होने के कारण ही है कि हम उन वस्तुओं की तरफ जो सामान्य जिन्दगी में पूर्णरूपेण हमारे ध्यान का केन्द्र बनती हैं, ध्यान लगाते हैं। उदाहरण के लिए जब हम प्रसन्न होते हैं, तो दूसरों की त्रुटियों या अवगुणों पर दृष्टिपात नहीं करते। लेकिन यही त्रुटियाँ जब हम क्रुद्धहोते हैं तो हमारे सम्मुख बहुत बड़ी मात्रा में आ खड़ी होती हैं। बहुत से संघर्षों का यही कारण है। क्रोध या भय में इन आवेगों का हमारे ऊपर पूर्ण अधिकार हो जाता है, और तब इन्हीं के आदेशानुसार हम कार्य करते हैं। हम अँधेरे में भयभीत हो उठते हैं, अत: हमारे आस-पास की गई अत्यन्त मद्धिम आवाज भी हमारे ध्यान को खींच लेती है।

(xiv) स्वभाव—विभिन्न प्रकृति वाले मनुष्यों का ध्यान विभिन्न वस्तुओं की ओर आकर्षित होता है। उदाहरणार्थ—एक भक्त को मन्दिर के अन्दर स्थापित ईश्वर की वेशभूषा में कोई भी परिवर्तन स्पष्ट दृष्टिगोचर हो जाता है, जबकि एक नास्तिक का ध्यान इस ओर कभी नहीं जाएगा।

अवधान के प्रकार

हम अवधान को तीन प्रकार से विभाजित कर सकते हैं—1. अनियमित, 2. ऐच्छिक और 3. अनैच्छिक।

1. अनियमित अवधान—यह अनैच्छिक एवं सहज होता है, जिसमें किसी प्रकार के प्रयत्न की आवश्यकता नहीं होती है। ध्यान का यह प्रारम्भिक रूप होता है। इस प्रकार के ध्यान को हमें सीखने की आवश्यकता नहीं। बहुधा छोटे बालकों का ध्यान इसी प्रकार का होता है। इस प्रकार का ध्यान अधिक समय तक नहीं रह पाता है क्योंकि जैसे ही किसी नवीन उद्दीपक का प्रादुर्भाव होता है, वैसे ही ध्यान में परिवर्तन हो जाता है। इसमें किसी प्रकार का निश्चित उद्देश्य नहीं होता है, और न उसमें वस्तु के प्रति कोई वास्तविक रुचि ही होती है, जो हमें आकर्षित करती है।

2. ऐच्छिक अवधान—यह अवधान का दूसरा प्रकार है। इसमें व्यक्ति कुछ बाह्य प्रेरणाओं से बाध्य होकर अवधान किसी वस्तु इत्यादि की ओर लगा देता है। बाह्य प्रेरणाएँ हैं, जैसे—पुरस्कार अथवा दण्ड। अवधान का यह प्रकार अस्वाभाविक, बाध्य तथा अरुचिकर हुआ करता है। प्राय: यह उन स्कूलों के बालकों में पाया जाता है, जिनकी रुचि तो स्कूल के काम में नहीं है, परन्तु वे बालक अपने कार्य को अध्यापकों के भय से करते हैं।

3. अनैच्छिक अवधान—यह अवधान का तीसरा प्रकार है। यह वस्तु में वास्तविक रुचि होने के कारण मनुष्य में विकसित होता है। मनुष्य में इसका विकास बिना किसी प्रयास के ही होता है। इस प्रकार का अवधान विद्यार्थी में उस समय परिलक्षित होता है जब वह किसी कार्य को उसमें रुचि के कारण करता है न कि इस कारण से करता है कि उस कार्य न करने पर उसे समाज द्वारा बहिष्कृत होने या दण्डित होने का भय है।

अवधान में विघ्न

विघ्नावस्था में ध्यान का कोई उद्दीपक विचारों के अथवा उस समय के उद्देश्यों के अनुकूल नहीं होता है। उस उद्दीपक में, जो ध्यान को भ्रमात्मक अवस्था में ले जाए, उन तत्त्वों का होना परमावश्यक है जो मनुष्य के ध्यान को पलट कर दूसरी ओर आकर्षित करने में सशक्त हों।

अनेक प्रयोगों से पता चला है कि ये विघ्नपूर्ण परिस्थितियाँ हमें कार्य करने में इतनी अधिक कठिनाई नहीं देती हैं जितनी कि हम कल्पना करते हैं। कुछ ऐसे मनुष्य भी होते हैं जो विभिन्न मानसिक कार्यों को कर सकते हैं भले ही जोर से आवाज हो रही हो। परन्तु कुछ ऐसे व्यक्ति भी पाये जाते हैं जो किसी प्रकार की बाधा को सहन नहीं कर सकते। थोड़ी-सी बाधा भी उन्हें क्रोधित बना देती है। वे तनिक सी आवाज पर नाराज हो जाते हैं।

प्राय: यह भी देखा गया है कि कुछ व्यक्तियों की इस अवस्था में कार्यक्षमता में वृद्धिहो जाती है। इसका शायद यही कारण है कि ये व्यक्ति अपने अन्दर काफी मात्रा में शक्ति एकत्रित रखते हैं जिसका वे विघ्नपूर्ण परिस्थितियों में प्रयोग करते हैं और इस प्रकार जो कार्य कर रहे हैं, उसमें संलग्न रहते हैं।

इन विघ्न डालने वाली अवस्थाओं पर कई प्रकार से विजय प्राप्त की जा सकती है। सबसे अच्छी और साधारण विधि यह है कि कार्य में अधिक शक्ति का प्रयोग किया जाए। यह शक्ति कार्य में तभी अधिक मात्रा में प्रयोग की जा सकती है जबकि उस कार्य को करने में रुचि उत्पन्न हो जाए। यदि यह सम्भव नहीं तो सबसे अच्छा यही होगा कि प्रेरणा को बढ़ाया जाय, जिसको कृत्रिम साधनों की सहायता से लिया जा सकता है; जैसे—इनाम, बोनस आदि। इसके अतिरिक्त दूसरा ढंग जिसके द्वारा इस पर विजय प्राप्त की जा सकती है, वह है—इस प्रकार की आदतों का निर्माण जो बाधा डालने वाले उत्तेजकों की ओर ध्यान न देने से सम्बन्धित हो। ऐसी आदतें उन लोगों में बन जाती हैं जो रेलवे-स्टेशन के पास रहते हैं। शोर या सीटी की आवाज इत्यादि उन लोगों की शान्ति को भंग नहीं करती।

बालकों का अवधान केन्द्रित करने के उपाय

बी.एन. झा का कथन है—"विद्यालय कार्य की एक मुख्य समस्या सदैव अवधान की समस्या रही है। इसीलिये नये शिक्षक को आरम्भ में यह आदेश दिया जाता है—'कक्षा के अवधान को केन्द्रित रखिये'।"

कक्षा या बालकों के अवधान को केन्द्रित या रखने के लिए निम्नलिखित उपायों को प्रयोग में लाया जा सकता है—

1. शान्त वातावरण—कोलाहल, बालकों के ध्यान को विचलित करता है। अत: उनके ध्यान को केन्द्रित रखने के लिए शिक्षक को कक्षा का वातावरण शान्त रखना चाहिए।

2. पाठ की तैयारी—पाठ को पढ़ाते समय कभी-कभी ऐसा अवसर भी आ जाता है, जब शिक्षक किसी बात को भली प्रकार से नहीं समझा पाता है। ऐसी दशा में वह बालकों के ध्यान को आकर्षित नहीं कर पाता है। अत: शिक्षक को प्रत्येक पाठ को पढ़ाने से पूर्व उसे अच्छी तरह से तैयार कर लेना चाहिए।

3. विषय में परिवर्तन—ध्यान चंचल होता है और बहुत समय तक एक विषय पर केन्द्रित नहीं रहता है। अत: शिक्षक को दो घण्टों में एक विषय लगातार न पढ़ाकर भिन्न-भिन्न विषय पढ़ाने चाहिए।

4. सहायक सामग्री का प्रयोग—सहायक सामग्री बालकों के ध्यान को केन्द्रित करने में सहायता करती है। अत: शिक्षक को पाठ से सम्बन्धित सहायक सामग्री का प्रयोग करना चाहिए।

5. विभिन्न विधियों का प्रयोग—बालकों को खेल, कार्य, प्रयोग और निरीक्षण में विशेष आनन्द आता है। अत: शिक्षक को बालकों का ध्यान आकर्षित करने के लिए आवश्यकतानुसार अग्रलिखित विधियों का प्रयोग करना चाहिए—खेल-विधि, क्रिया-विधि, प्रयोगात्मक-विधि और निरीक्षण-विधि।

6. बालकों की रुचियों के प्रति ध्यान—जो अध्यापक शिक्षण के समय बालकों की रुचियों का ध्यान रखता है, वह उनके ध्यान को केन्द्रित रखने में सफल होता है। अत: **Dumville** का सुझाव है—"पाठ का आरम्भ बालकों की स्वाभाविक रुचियों से कीजिए। फिर धीरे-धीरे अन्य विधियों में उनकी रुचि उत्पन्न कीजिए।"

7. बालकों के प्रति उचित व्यवहार—यदि बालकों के प्रति शिक्षक का व्यवहार कठोर होता है और वह उनको छोटी-छोटी बातों पर डाँटता है, तो वह उनके ध्यान को आकर्षित नहीं कर पाता है। अत: उसे बालकों के प्रति प्रेम, शिष्टता और सहानुभूतिपूर्ण व्यवहार करना चाहिए।

8. बालकों के पूर्व ज्ञान का नये ज्ञान से सम्बन्ध—बालकों के ध्यान को केन्द्रित रखने के लिए शिक्षक को नए विषय को पुराने विषय से सम्बन्धित करना चाहिए। इसका कारण बताते हुए **James** ने लिखा है—"बालक पुराने विषय पर अपना ध्यान केन्द्रित कर चुके हैं। अत: जब नए विषय को उससे सम्बन्धित कर दिया जाता है, तब उस पर उन्हें अपना ध्यान केन्द्रित करने में किसी भी प्रकार की कठिनाई नहीं होती है।"

9. बालक की प्रवृत्तियों का ज्ञान—Dumville के अनुसार—बालकों के ध्यान को केन्द्रित करने के लिए शिक्षक को उनकी सब प्रवृत्तियों का ज्ञान होना चाहिए। यदि वह इन प्रवृत्तियों को ध्यान में रखकर अपने शिक्षण का आयोजन करता है, तो वह बालकों के अवधान को केन्द्रित रख सकता है।

10. बालकों के प्रयास को प्रोत्साहन—यदि अध्यापक, बालकों को निष्क्रिय श्रोता बना देता है, तो वह अपने शिक्षण के प्रति उनके ध्यान को आकर्षित करने में असफल होता है। अत: **James** का परामर्श है—"बालकों के प्रयास की इच्छा को जीवित रखिए।" उनकी इस इच्छा को जीवित रखकर या उनको प्रयास के लिए प्रोत्साहित करके शिक्षक उनके ध्यान को सदैव प्राप्त कर सकता है।

रुचि

अंग्रेजी शब्द 'Interest' का हिन्दी रूपान्तर ही 'रुचि' होता है। 'Interest' की उत्पत्ति, लेटिन भाषा के शब्द, 'Interesse' से हुई है। **Stout** के अनुसार इसका अर्थ है—"इसके कारण अन्तर होता है।" ("It makes a difference.") **Ross** के अनुसार इस शब्द का अर्थ है—"यह महत्त्वपूर्ण होती है।" ("It matters.") या "इसमें लगाव होता है।" ("It concerns.")

इस प्रकार, जिस वस्तु में हमें रुचि होती है, वह हमारे लिए दूसरी वस्तुओं से भिन्न और महत्त्वपूर्ण होती है एवं हमें उससे लगाव होता है। रुचि को एक प्रेरक शक्ति नहीं कहा जा सकता है, जो हमारे ध्यान को व्यक्ति, वस्तु या क्रिया की तरफ उन्मुख करती है या इसे एक प्रभावपूर्ण अनुभव कहा जा सकता है, जो स्वयं अपनी ही सक्रियता से उत्तेजित होता है। दूसरे शब्दों में, रुचि किसी सक्रिया या सक्रियता की सहकारिता के परिणाम के कारण हो सकती है। अत: हम कह सकते हैं कि हम उन्हीं विषयों की ओर उन्मुख होते हैं, जो हमारे अन्दर रुचि को उत्पन्न करते हैं।

रुचियाँ प्रेरणाओं और संवेगात्मक प्रतिक्रियाओं से दृढ़तापूर्वक सम्बन्धित रहती हैं। स्वादिष्ट खाना बनाने में रुचि, अच्छे भोजन की इच्छा का स्तम्भ हो सकती है। 'रुचि' के अर्थ को अधिक स्पष्ट करने के लिए कुछ परिभाषाएँ इस प्रकार हैं—

बालकों में रुचि उत्पन्न करने के लिए उपाय

1. निरन्तर मौखिक शिक्षक और अत्यधिक पुनरावृत्ति पाठ को नीरस बना देती है। अत: शिक्षक को चाहिए कि वह बालकों को प्रयोग, निरीक्षण आदि के अवसर देकर कार्य में उनकी रुचि उत्पन्न करे।

2. बालकों को खेल और रचनात्मक कार्यों में विशेष रुचि होती है। अत: शिक्षक को खेल-विधि का प्रयोग करना चाहिए और बालकों से विभिन्न प्रकार की वस्तुएँ बनवानी चाहिए।

3. बालकों को उसी विषय में रुचि होती है, जिसका उनको पूर्वज्ञान होता है। अत: शिक्षक को ज्ञात से अज्ञात का सम्बन्ध जोड़कर उनकी रुचि को बनाए रखना चाहिए।

4. **भाटिया के अनुसार**—आयु के साथ-साथ बालकों की रुचि में परिवर्तन होता जाता है। अत: शिक्षक को बालकों की रुचि के अनुसार पाठ्य-विषय का आयोजन करना चाहिए।

5. **झा के अनुसार**—बालकों को अपनी मूल-प्रवृत्तियों, अभिवृत्तियों आदि से सम्बन्धित वस्तुओं में रुचि होती है। अत: शिक्षक को उनकी रुचि के अनुकूल चित्रों, स्थूल पदार्थों आदि का प्रयोग करना चाहिए।

6. बालकों की रुचि का मुख्य आधार उनकी जिज्ञासा की प्रवृत्ति होती है। अत: शिक्षक को इस प्रवृत्ति को जाग्रत रखने और तृप्त करने का प्रयास करना चाहिए।

7. Crow & Crow के अनुसार—निरन्तर एक ही विषय को पढ़ाने से बालक थकान का अनुभव करने लगते हैं और उसमें रुचि लेना बन्द कर देते हैं। अत: शिक्षक को उनकी रुचि के अनुसार विषय में परिवर्तन करना चाहिए।

8. Bhatia के अनुसार—बालकों को जो कुछ पढ़ाया जाता है, उसमें वे तभी रुचि लेते हैं, जब उनको उसके उद्देश्य और उपयोगिता की जानकारी होती है। अत: शिक्षक को पाठ आरम्भ करने से पहले इन दोनों बातों को बता देना चाहिए।

9. Bhatia के अनुसार—विभिन्नता, रोचकता को सुरक्षा प्रदान करती है। अत: शिक्षण के समय अध्यापक को निरन्तर पाठ्य-विषय की बातों को ही न बताकर उससे सम्बन्धित विभिन्न रोचक बातें भी बतानी चाहिए।

10. Skinner & Harriman के अनुसार—शिक्षण के समय बालकों में विभिन्न वस्तुओं, पशुओं, पक्षियों, मशीनों आदि में रुचि उत्पन्न हो जाती है। अत: शिक्षक को उन्हें भ्रमण के लिये ले जाकर उनकी रुचियों को तृप्त और विकसित करना चाहिए।

11. Kolesnik के अनुसार—बालकों को किसी विषय के शिक्षण में तभी रुचि आती है, जब उनको इस बात का ज्ञान हो जाता है कि उस विषय का उनसे क्या सम्बन्ध है, उसका उन पर क्या प्रभाव पड़ सकता है, वह उनके लक्ष्यों की प्राप्ति में कितनी सहायता दे सकता है और वह उनकी आवश्यकताओं को किस प्रकार पूर्ण कर सकता है। अत: शिक्षकों को बालकों और शिक्षण-विषय दोनों का ज्ञान होना चाहिए। **Kolesnik** के शब्दों में—"किसी विषय में छात्र की रुचि उत्पन्न करने के लिए, शिक्षक को छात्र के बारे में कुछ बातें और विषय के बारे में बहुत सी बातें जाननी चाहिए।"

❑❑❑

14

रुचि
(Interest)

अभिरुचि

विभिन्न व्यक्तियों में भिन्न-भिन्न अभिरुचियाँ पायी जाती हैं। व्यक्तिगत विभिन्नताओं का यही प्रमुख कारण होता है। अभिरुचियों या अभियोग्यताओं में विभिन्नता के कारण ही कोई व्यक्ति शिक्षक बनने की योग्यता रखता है तो कोई डॉक्टर या वकील बनने की योग्यता रखता है। यह सब प्रकृति-प्रदत्त एवं जन्मजात योग्यता होती है। मनोविज्ञान में इसी जन्मजात मानसिक विशिष्ट क्षमता को अभिरुचि के नाम से पुकारा जाता है या अभियोग्यता कहा जाता है। अभियोग्यता (अभिरुचि) के अर्थ को स्पष्ट करने के लिए कुछ परिभाषाएँ इस प्रकार हैं—

'अभिरुचि' या 'अभियोग्यता' एक वर्तमान स्थिति है जो भविष्य की ओर संकेत करती है। अध्यापकों या माता-पिता को यह कहते हुए सुना जाता है कि 'वह जन्मजात कवि है' या 'उसमें चित्रांकन की प्रतिभा है।' ये कथन स्पष्ट करते हैं कि ये व्यक्ति कुछ विशेष गुण या योग्यता रखते हैं जो कि अन्य में नहीं है। ये गुण ही या ये योग्यताएँ ही 'अभिरुचि' या 'अभियोग्यता' के नाम से जाने जाते हैं। वारेन द्वारा दी गई परिभाषा इस बात पर कोई प्रकाश नहीं डालती है कि यह अभिरुचि या अभियोग्यता जन्मजात है या अर्जित।

2. फ्रीमैन के अनुसार—"अभिरुचि (अभियोग्यता) एक स्थिति या विशेषताओं का समूह है जो यह इंगित करता है कि व्यक्ति किस विशेष ज्ञान, योग्यता या प्रतिक्रियाओं के समूह जैसे भाषा बोलने की योग्यता, संगीतज्ञ बनने या यान्त्रिक कार्य करने की योग्यता का विकास करता है।"

3. बिंघम के अनुसार—"अभिरुचि या अभिक्षमता किसी व्यक्ति के प्रशिक्षण के उपरान्त उसके ज्ञान, दक्षता या प्रतिक्रियाओं को सीखने की योग्यता है।"

4. ट्रेक्सलर के अनुसार—"अभिरुचि या अभियोग्यता वर्तमान दशा है जो व्यक्ति की भविष्य की क्षमताओं की ओर संकेत करती है।"

अभियोग्यता या अभिरुचि की विशेषताएँ

सुपर के अनुसार, अभियोग्यता या अभिरुचि में चार विशेषताएँ होती हैं—(1) विशिष्टता, (2) एकात्म रचना, (3) सीखने में सुविधा, (4) स्थिरता।

बिंघम ने अभियोग्यता या अभिरुचि की निम्नलिखित विशेषताएँ बतायी हैं—

(1) किसी व्यक्ति की अभियोग्यता या अभिरुचि वर्तमान दशा या गुणों का समुच्चय है जो उसकी क्षमताओं की ओर संकेत करती है। यह क्षमता जन्मजात तथा वातावरणजन्य दोनों प्रकार की परिस्थितियों की अन्तः प्रक्रिया पर निर्भर है।

(2) अभियोग्यता या अभिरुचि किसी कार्य में सम्भाव्य योग्यता से भी अधिक है। इसमें किसी कार्य को पूर्ण करने में समुपयुक्तता का भाव निहित है। एक व्यक्ति किसी व्यवसाय को यदि पसन्द नहीं करता है और न उसमें प्रवीणता ही पाता है तो कहा जा सकता है कि उस व्यवसाय में उसकी अभियोग्यता या अभिरुचि नहीं है।

(3) अभियोग्यता या अभिरुचि किसी वस्तु का नाम नहीं है। यह एक अमूर्त संज्ञा है। यह व्यक्ति के गुणों की ओर संकेत करती है। अभियोग्यता या अभिरुचि व्यक्तित्व का अंग है।

(4) अभियोग्यता वर्तमान वस्तुस्थिति होने पर भी भविष्य की ओर निर्देश करती है। यह गुणों का समुच्चय है जो क्षमताओं की ओर संकेत करता है। ये परीक्षाएँ सीधे भविष्य की सफलता का मापन नहीं करती हैं। इन परीक्षाओं के आँकड़े इन क्षमताओं के अनुमानांकन करने का साधन प्रस्तुत करते हैं।

(5) किसी व्यवसाय में प्रवीणता प्राप्त करने की तत्परता से ही अभियोग्यता का पता नहीं चलता। अभियोग्यता के साथ उस व्यवसाय में उस व्यक्ति की रुचि भी होनी चाहिए।

जॉन्स ने अभिरुचि या अभियोग्यता के सम्बन्ध में निम्नलिखित विचार प्रकट किये हैं— "अभियोग्यता या अभिरुचि एक योग्यता नहीं है परन्तु निश्चित योग्यताओं के सम्भावित विकास की भविष्यवाणी करने में सहायता करती है। अभियोग्यता या अभिरुचि परीक्षा योग्यताओं एवं दक्षताओं को प्रकट कर सकती है परन्तु लाक्षणिक योग्यताओं एवं दक्षताओं को प्रकट करने में ही परीक्षा का महत्त्व है।"

अभियोग्यता या अभिरुचि की प्रकृति

अभियोग्यता या अभिरुचि की प्रकृति निम्नांकित तीन मान्यताओं पर निर्भर करती है—

(1) किसी व्यक्ति की प्रत्येक कार्य के लिए क्षमता समान रूप से एक सी नहीं हो सकती। एक व्यक्ति कुछ कार्यों को अन्य कार्यों की अपेक्षा कुशलता एवं सरलता से कर लेता है। उसे एक कार्य को करने में रुचि होती है, सन्तोष प्राप्त होता है, जबकि अन्य कार्यों में वह रुचि तथा सन्तोष प्राप्त नहीं करता है। उदाहरणार्थ—एक व्यक्ति दक्ष शिक्षक है तो आवश्यक नहीं कि वह कुशल वकील भी बन सकता है। व्यक्तियों में भिन्न-भिन्न कार्यों के लिए भिन्न-भिन्न मात्रा में क्षमता होती है।

(2) एक ही कार्य के लिए व्यक्तियों में भिन्न-भिन्न मात्रा में क्षमता होती है। कहने का तात्पर्य यह है कि एक ही कार्य को करने के लिए दो व्यक्तियों में समान रूप से क्षमता नहीं होती है। यहाँ पर व्यक्तिगत विभिन्नता का सिद्धान्त लागू होता है। इसका प्रमुख कारण है कि प्रत्येक व्यक्ति में जन्मजात गुण समान रूप से नहीं पाये जाते हैं; उदाहरण के लिए, यदि एक व्यक्ति में कुशल चिकित्सक बनने की योग्यता है तो दूसरे व्यक्ति में इसी क्षमता का अभाव हो सकता है।

(3) किसी व्यक्ति की क्षमताएँ सापेक्ष रूप से स्थायी होती हैं। इन क्षमताओं में शीघ्रता से परिवर्तन नहीं होता है; उदाहरण के लिए, यदि एक व्यक्ति में अध्यापन के लिए अभिरुचि हो तथा चिकित्सा में अभिरुचि का अभाव हो तो सम्भव नहीं कि कुछ दिनों बाद वह एक दक्ष चिकित्सक बन जाए।

अभियोग्यता या अभिरुचि परीक्षण
(Aptitude Testing)

मनोवैज्ञानिकों ने विभिन्न प्रकार की अभियोग्यता या अभिरुचि परीक्षाओं का निर्माण किया है। इन अभियोग्यता परीक्षाओं का प्रयोग अधिकांशतः भिन्न-भिन्न व्यवसायों के सम्बन्ध में किया जाता है। कुछ अभिरुचि या अभियोग्यता परीक्षाओं का उपयोग विद्यालयों में भी किया जाता है। **श्री डी.एस. रावत** ने अपनी पुस्तक 'विद्यालयों में मापन तथा मूल्यांकन' में लिखा है कि "भिन्न-भिन्न प्रकार की अभिरुचि परीक्षाएँ विशिष्ट योग्यताओं के रूप में व्यक्ति की उन क्षमताओं की जाँच करती हैं जो उसे पैतृक सम्पत्ति और सर्वसाधारण के अनुभवों से प्राप्त होती हैं परन्तु उनको प्रशिक्षण अथवा शिक्षा द्वारा प्राप्त नहीं किया जा सकता है।" इस कथन से स्पष्ट होता है कि कुछ हद तक अभिरुचि या अभियोग्यता परीक्षाएँ बुद्धि-परीक्षा के समान होती हैं।"

कुछ प्रमुख अभिरुचि या अभियोग्यता परीक्षण इस प्रकार हैं—

क्लर्क व्यवसाय के लिए अभियोग्यता परीक्षण

सरकार तथा सार्वजनिक कार्यालयों में कार्य सुचारु रूप से चलाने के लिए कुशलतापूर्वक कार्य करने वाले व्यक्तियों की आवश्यकता होती है, ये व्यक्ति लिपिक ही होते हैं। लिपिक अभिरुचि या अभियोग्यता में अनेक गुणों का संग्रह होता है; यथा—**बिल** के अनुसार—"लिपिकीय कार्यों के अन्तर्गत सभी प्रकार के आँकड़ों को एकत्रित करना, वर्गीकरण करना एवं प्रस्तुत करना तथा किसी कार्य की योजना बनाने और आरम्भ करने में इन आँकड़ों का उपयोग करना है।"

Super ने लिपिक के लिए दो मुख्य गुणों का वर्णन किया है—(i) गति और (ii) शुद्धता। कार्यालय में जो व्यक्ति सांख्यिकी और शाब्दिक चिह्नों की गणना तीव्र गति तथा शुद्धता के साथ कर सकता है वही एक दक्ष लिपिक बनने की अभिरुचि या अभियोग्यता रखता है।

Bingham के अनुसार, चार विभिन्न प्रकार की योग्यताओं द्वारा लिपिक के कार्य की अभिरुचि या अभियोग्यता प्रकट होती है—

1. **पर्यवेक्षण**—कागज पर लिखे शब्दों एवं संख्याओं को शीघ्रता एवं शुद्धता से देखने की योग्यता।

2. **बौद्धिक**—शब्दों एवं चिह्नों के अर्थ को समझने की योग्यता।

3. **मानसिक दक्षता**—संख्याओं को शीघ्रता एवं शुद्धतापूर्वक जोड़ने तथा गुणा करने की दक्षता।

4. **यान्त्रिक योग्यता**—अँगुलियों तथा हाथों द्वारा कागज, पेन्सिल, टाइपराइटर आदि को सम्भालना।

लिपिक जीविका की अभिरुचि या अभियोग्यता का मापन करने के लिए अनेक परीक्षाएँ उपलब्ध हैं। इनमें से कुछ इस प्रकार हैं—

यान्त्रिक अभियोग्यता / अभिरुचि

विभिन्न अवयवों का मिश्रण ही यान्त्रिक अभियोग्यता या अभिरुचि है। इसके अन्तर्गत मुख्यत: तीन गुण आते हैं—

(1) स्थान सम्बन्धी बोध और कल्पना;

(2) हस्त निपुणता, जिसमें सभी अंगों का शुद्धएकीकरण;

(3) शक्ति, गति, धैर्य आदि की यान्त्रिक योग्यताएँ।

उपर्युक्त तीनों ही गुण यान्त्रिक व्यवसायों में चाहिए, लेकिन ये गुण समान मात्रा में नहीं होने चाहिए, उदाहरण के लिए, एक इंजीनियर के लिये प्रथम गुण अधिक आवश्यक है। इसी प्रकार एक श्रमिक में तीसरा गुण अधिक होना चाहिए। एक निर्देशन देने वाला व्यक्ति इन गुणों की मात्रा का मापन करता है और उसके आधार पर व्यक्तियों को उचित जीविका में प्रवेश का परामर्श देता है। अनेक यांत्रिक अभियोग्यता/अभिरुचि परीक्षाओं का निर्माण किया गया है; यथा—

(1) The Minnesota Mechanical Aptitude Test—इस परीक्षण का निर्माण सर्वप्रथम जूनियर हाई स्कूल के छात्रों के लिए हुआ था। इसमें 33 यान्त्रिक वस्तुएँ होती हैं जो तीन सन्दूकों में रखी रहती हैं। प्रथम में 9 वस्तुएँ, दूसरे में 8 वस्तुएँ तथा तीसरे में 16 वस्तुएँ रहती हैं। इसमें छात्र से विभिन्न भागों को जोड़ने के लिए कहा जाता है। प्रथम बॉक्स के लिए 18 मिनट, दूसरे को 21 मिनट 5 सैकिण्ड तथा तीसरे के लिए 16 मिनट का समय निश्चित है।

(2) Stenquist Test for Mechanical Aptitude—इस परीक्षा का निर्माण स्टैनक्विस्ट नामक व्यक्ति ने किया था। इस परीक्षा में भी निश्चित समय में निश्चित यान्त्रिक विधियों द्वारा कुछ हिस्सों को जोड़ने के लिए कहा जाता है। इन हिस्सों को जोड़ने की

गति उस जीविका के लिए उपयुक्तता निश्चित करती है। इसमें कुछ मशीनों के चित्र भी होते हैं जिनको पहचानने के लिए कहा जाता है।

(3) **Johnson's O' Connor's Wiggly Blocks Test**—इस परीक्षण का उपयोग इंजीनियर, ड्राफ्ट्समैन तथा उच्च तकनीकी व्यवसायों का प्रशिक्षण देने के लिए व्यक्तियों का चयन करने में होता है।

(4) **O' Rourke Mechanical Aptitude Test**—यह परीक्षा इस सिद्धान्त पर आधारित है कि जो व्यक्ति यान्त्रिक अभियोग्यता रखते हैं, वे उन व्यक्तियों की अपेक्षा मशीन सम्बन्धी ज्ञान शीघ्रता से सीख लेते हैं, जिनमें इस अभियोग्यता या अभिरुचि का अभाव होता है। परीक्षा के प्रथम भाग में चित्र तथा द्वितीय भाग में शाब्दिक प्रश्न हैं।

संगीत अभियोग्यता—संगीत अभियोग्यता या अभिरुचि का ज्ञान निम्नलिखित गुणों के उपस्थित होने पर लगता है—

1. **यान्त्रिक रूप**—किसी वाद्ययन्त्र को बनाने के लिए आवश्यक समस्त कार्य-कलापों का ज्ञान होना।

2. **चित्रांकन का रूप**—विभिन्न प्रकार की ज्ञानेन्द्रिय विभिन्नताओं का अनुभव करना।

3. **व्याख्यात्मक रूप**—मधुर लय के बारे में सौन्दर्यानुभूतिक निर्णय। संगीत अभिरुचि या अभियोग्यता ज्ञान करने के लिए कुछ परीक्षणों का निर्माण हुआ है।

Seashore Musical Test—आयोवा विश्वविद्यालय में 1916 में संगीत क्षमता का परीक्षण करने के लिए एक विभाग की स्थापना सीशोर ने की थी। सीशोर संगीत परीक्षाओं का निर्माण संगीत के विभिन्न अवयवों का मापन करने के लिए किया गया है। इस परीक्षण का निम्नलिखित आधारों पर मूल्यांकन किया जाता है—

(1) **संगीत अनुभूति**—इसमें प्रभाव का साधारण रूप तथा प्रशंसा का मिश्रित रूप सम्मिलित रहता है।

(अ) **प्रभाव का साधारण रूप**—(i) स्वर की ऊँचाई का ज्ञान, (ii) तीव्रता का ज्ञान, (iii) समय का ज्ञान, तथा (iv) विस्तार का ज्ञान।

(ब) **प्रशंसा का मिश्रित रूप**—(i) लय का ज्ञान, (ii) ध्वनि का ज्ञान, (iii) व्यंजन का ज्ञान, तथा (iv) स्वर की मात्रा का ज्ञान।

(2) **संगीतात्मक क्रियाएँ**—(i) स्वर की ऊँचाई पर नियन्त्रण, (ii) समय का नियन्त्रण, (iii) ध्वनि की मात्रा पर नियन्त्रण।

(3) **संगीतात्मक स्मृति**—(i) यान्त्रिक कल्पना, (ii) रचनात्मक कल्पना, (iii) सीखने की शक्ति, तथा (iv) स्मृति का विस्तार।

(4) **संगीतात्मक भावना**—(i) संगीतात्मक रुचि, (ii) संगीत में सांवेगिक आत्म-प्रदर्शन।

अभिरुचि या अभियोग्यता का महत्त्व
(Importance of Aptitude)

अभिरुचि या अभियोग्यता का मानव-जीवन में अत्यधिक महत्त्व है। किसी भी छात्र को निर्देशित करते समय अभियोग्यता विशेष महत्त्व रखती है। परामर्शदाता अभिरुचि या अभियोग्यता के ज्ञान के आधार पर ही उचित परामर्श देता है। छात्रों को किन व्यवसायों में प्रवेश लेना चाहिए, यह परामर्श तभी दिया जाता है जबकि छात्रों की क्षमताओं एवं अभिरुचियों का ज्ञान हो। विशेष अभिरुचि या अभियोग्यता परीक्षाओं की सहायता से विशेष जीविकाओं के लिए व्यक्तियों का चयन करने में सुविधा रहती है। इस प्रकार अभिरुचि या अभियोग्यता परीक्षाएँ नियुक्तिकर्त्ताओं की सहायक भी होती हैं। इन परीक्षाओं द्वारा असफल कर्मचारियों की संख्या में कमी की जा सकती है। कुछ व्यक्ति अभिरुचि या अभियोग्यता पर ध्यान दिए बिना ही किसी व्यवसाय में प्रवेश पा लेते हैं, फिर असफल होने पर व्यवसाय बदलते हैं जिससे समय एवं श्रम का अपव्यय होता है। इस अपव्यय की समस्या का निवारण करने के लिए अभियोग्यता या अभिरुचि परीक्षाएँ अनिवार्य हैं। अभिरुचि परीक्षाओं द्वारा अनुसंधान को तीव्रतर बनाया जाता है जिससे बालकों की विशिष्ट योग्यताओं को व्यर्थ में नष्ट होने से बचाया जा सकता है। अभिरुचि या अभियोग्यता के माध्यम से ही बालकों की कमजोरियों एवं दोषों का ज्ञान हो जाता है, जिससे उनके उपचार पर ध्यान दिया जा सकता है।

आदत

पूर्व में जो कार्य हमें कठिन लगता है, वह सीखने के बाद धीरे-धीरे सरल हो जाता है। जितनी अधिक उसकी पुनरावृत्ति करते हैं, उतना ही अधिक वह सरल हो जाता है। कुछ समय बाद ही हम उसे बिना ध्यान दिये, बिना प्रयास किये, बिना सोचे समझे, ज्यों का त्यों करने लगते हैं। इसी प्रकार के कार्य को आदत (Habit) कहते हैं। दूसरे शब्दों में—आदत एक सीखा हुआ कार्य या अर्जित व्यवहार है, जो स्वत: होता है।

आदतों के प्रकार

आदतें दो प्रकार की होती हैं—अच्छी और बुरी। इनका सम्बन्ध-जानने, सोचने, कार्य करने और अनुभव करने से होता है। वेलेन्टाइन ने इनका वर्गीकरण निम्नलिखित प्रकार से किया है—

1. यान्त्रिक आदतें—इनका सम्बन्ध शरीर की विभिन्न गतियों से होता है और इनको हम बिना किसी प्रकार के प्रयास के करते हैं; जैसे—कोट के बटन लगाना या जूते के फीते बाँधना आदि।

2. शारीरिक अभिलाषा-सम्बन्धी आदतें—इनका सम्बन्ध शरीर की अभिलाषाओं की पूर्ति से होता है; जैसे—सिगरेट पीना या पान खाना।

3. नाड़ी-मण्डल-सम्बन्धी आदतें—इनका सम्बन्ध मस्तिष्क के किसी विकास से होता है। ये व्यक्ति के संवेगात्मक असन्तुलन को व्यक्त करती हैं; जैसे—नाखून या कलम चबाना।

4. भाषा-सम्बन्धी आदतें—इनका सम्बन्ध बोलने से होता है। जिस प्रकार दूसरे बोलते हैं, उसी प्रकार बोलकर हम इन आदतों का निर्माण करते हैं। यदि शिक्षक शब्दों का गलत उच्चारण करता है, तो बालकों में भी वैसी ही आदत पड़ जाती है।

5. विचार-सम्बन्धी आदतें—इनका सम्बन्ध आंशिक रूप से व्यक्ति के ज्ञान और आंशिक रूप से उसकी रुचियों एवं इच्छाओं से होता है; जैसे—समय तत्परता, तर्क या कारण सम्बन्धी विचार।

6. भावना सम्बन्धी आदतें—इनका सम्बन्ध व्यक्ति की भावनाओं से होता है; जैसे—प्रेम, घृणा या सहानुभूति की भावना।

7. नैतिक आदतें—इनका सम्बन्ध नैतिकता से होता है; जैसे—सत्य बोलना या पवित्र जीवन व्यतीत करना।

आदतों का निर्माण
(Formation of Habits)

आदतों का निर्माण करने के लिए अनेक नियम, उपाय या सिद्धान्त हैं, जिनमें से मुख्य इस प्रकार हैं—

1. संकल्प—हम जिस कार्य को करने की आदत डालना चाहते हैं, उसके बारे में हमें दृढ़ संकल्प करना चाहिए। यदि हम सुबह दौड़ने की आदत डालना चाहते हैं, तो हमें यह प्रतिज्ञा करनी चाहिए कि हम दौड़ अवश्य करेंगे। **जेम्स** का परामर्श है—"हमें नये कार्य को अधिक से अधिक सम्भव दृढ़ता और निश्चय से आरम्भ करना चाहिए।"

2. क्रियाशीलता—हम जिस कार्य को करने की आदत डालना चाहते हैं, उसके लिए केवल संकल्प ही पर्याप्त नहीं है। संकल्प को कार्य-रूप में परिणत करना ही आवश्यक है। **जेम्स** का कथन है—"जो संकल्प आप करें, उसे प्रथम अवसर पर ही पूर्ण कीजिए।"

"Seize the very first opportunity to act on every resolution you make."
—**James**

3. निरन्तरता—हम जिस कार्य को करने की आदत डालना चाहते हैं, उसे हमें निरन्तर करते रहना चाहिए। उसमें कभी भी किसी प्रकार का विराम या शिथिलता नहीं आने देनी चाहिए। **जेम्स** के अनुसार-"जब तक नई आदत आपके जीवन में पूर्ण रूप से स्थायी न हो जाए, तब तक उसमें किसी प्रकार का अपवाद नहीं होने देना चाहिए।"

4. अभ्यास—हम जिस कार्य को करने की आदत डालना चाहते हैं, उसका हमें प्रतिदिन अभ्यास करना चाहिए। **जेम्स** का मत है—"प्रतिदिन थोड़े-से ऐच्छिक अभ्यास के द्वारा कार्य करने की शक्ति को जीवित रखिये।"

5. अच्छे उदाहरण—अच्छी आदतों का निर्माण करने के लिए अच्छे उदाहरण परम आवश्यक हैं। अत: शिक्षक को अच्छी आदतों के सम्बन्ध में उपदेश देने के बजाय बालकों के समक्ष अच्छे उदाहरण प्रस्तुत करने चाहिए। **जेम्स** का शिक्षक को परामर्श है—"अपने छात्रों को बहुत अधिक उपदेश मत दीजिए।"

"Don't preacftoo mucfto your pupils." **—James**

6. पुरस्कार—अच्छी आदतों का निर्माण करने में पुरस्कार का बहुत महत्त्वपूर्ण स्थान है। अत: बालकों को अच्छी आदतों का निर्माण करने के लिए पुरस्कार देकर प्रोत्साहित करना चाहिए। **भाटिया** के अनुसार—"बालकों को अच्छी आदतों का निर्माण करने के लिए पुरस्कार दिया जाना चाहिए।"

बुरी आदतों को तोड़ना
(Breaking Bad Habits)

स्टर्ट व ओकडन के अनुसार—"शिक्षक का कार्य न केवल आदतों का निर्माण करना है, वरन् उनको तोड़ना भी है।"

"The task of the educator is not only to form habits, but also to break them." **—Sturt & Oakden**

बुरी आदतों को तोड़ने के लिए शिक्षक और बालक निम्नलिखित विधियों का प्रयोग कर सकते हैं—

1. संकल्प—बालक को अपनी बुरी आदत को तोड़ने के लिए दृढ़ संकल्प करना चाहिए। **James** का सुझाव है कि उसे यह संकल्प एकान्त में न करके अपने मित्रों, सम्बन्धियों, माता-पिता आदि के समक्ष करना चाहिए।

2. आत्म-सुझाव—बालक आत्म-सुझाव द्वारा अपनी किसी भी बुरी आदत को तोड़ने में सफलता प्राप्त कर सकता है; उदाहरणार्थ, यदि वह सिगरेट पीने की आदत छोड़ना चाहता है, तो उसे अपने आप से यह कहते रहना चाहिए—"सिगरेट पीने से केन्सर हो जाता है। इसलिए मुझे सिगरेट पीना छोड़ देना चाहिए।"

3. ठीक अभ्यास—**Knight Dunlop** के अनुसार—यदि बालक में कोई गलत कार्य करने की आदत पड़ गई है, तो वह उसका ठीक अभ्यास करके उसका अन्त कर सकता है; उदाहरणार्थ, यदि वह कुछ शब्दों को गलत बोलता या लिखता है, तो उसे उनको बोलने या लिखने का सही अभ्यास करना चाहिए।

4. नई आदत का निर्माण—यदि बालक किसी बुरी आदत का परित्याग करना चाहता है, तो उसे उसके स्थान पर किसी नई और अच्छी आदत का निर्माण करना चाहिए। **Bhatia** के अनुसार—"अच्छी आदत, बुरी आदत के प्रकटीकरण को अवसर नहीं देती है। अत: उसका स्वयं ही अन्त हो जाता है।"

5. पुरानी आदत पर ध्यान—जब तक बालक अपनी पुरानी आदत को बिल्कुल न तोड़ दे, तब तक उसे उस पर अपना ध्यान केन्द्रित रखना चाहिए और उसके प्रति तनिक भी लापरवाह नहीं होना चाहिए।

6. आदत का एकदम या धीरे-धीरे त्याग—जेम्स के अनुसार—बालक कुछ आदतों का परित्याग उनको एकदम तोड़कर और कुछ को धीरे-धीरे तोड़कर कर सकता है; उदाहरणार्थ, यदि उसमें किसी नशीली वस्तु का प्रयोग करने की आदत है, तो वह उसका प्रयोग सदैव के लिए एकदम बन्द कर सकता है। यदि आदत इससे कम खराब है, तो वह धीरे-धीरे तोड़ सकता है। उदाहरण के लिए वह चाय पीना धीरे-धीरे कम करके बिल्कुल समाप्त कर सकता है।

7. अप्रत्यक्ष आलोचना—बालक में कुछ आदतें संवेगात्मक असन्तुलन के कारण होती हैं; जैसे—नाखून या कलम चबाना। शिक्षक इस प्रकार की आदत की अप्रत्यक्ष आलोचना करके उसको तुड़वा सकता है। उदाहरण देकर कि ''नाखून चबाना हानिकारक आदत है, क्योंकि नाखूनों की गन्दगी पेट में पहुँच कर हानि पहुँचाती है।''

8. संगति में परिवर्तन—कभी-कभी बालक में बुरे बालकों की संगति के कारण चोरी करने, झूठ बोलने, विद्यालय से भाग जाने जैसी बुरी आदतें पड़ जाती हैं। ऐसी दशा में शिक्षक को यह प्रयास करना चाहिए कि बालक बुरी संगति को छोड़ दे। उसे इस कार्य में बालक के माता-पिता का सहयोग प्राप्त करना चाहिए।

9. दण्ड—शिक्षक, दण्ड का प्रयोग करके बालक की बुरी आदत को तुड़वा सकता है। पर दण्ड गलत कार्य के तुरन्त बाद ही दिया जाना चाहिए। बहुत समय बाद दिये जाने वाले दण्ड को बालक अपने प्रति अन्याय समझता है। **बोरिंग, लैंडफेल्ड एवं वेल्ड** के मतानुसार—''कभी-कभी दण्ड आदतों को तोड़ने में लाभप्रद होता है, पर दण्ड उचित अवसर पर ही दिया जाना चाहिए।''

10. पुरस्कार—बालक की बुरी आदत तुड़वाने के लिए पुरस्कार का सफलता से प्रयोग किया जा सकता है। इस सम्बन्ध में **बोरिंग, लैंगफेल्ड व वेल्ड** ने लिखा है—''पुरस्कार, दण्ड से उत्तम है। प्रशंसा, निन्दा से उत्तम है।''

आदतों का शिक्षा व सीखने में महत्त्व

इस कथन द्वारा शिक्षा और सीखने में आदतों की उपादेयता प्रमाणित होती है। इसकी पुष्टि निम्नलिखित तथ्यों द्वारा की जा सकती है—

1. अच्छी आदतें बालक के सन्तुलित शारीरिक, मानसिक और संवेगात्मक विकास में योग देती हैं।
2. आदतें, बालक के चरित्र का निर्माण करती हैं। वह अपनी आदतों के कारण ही कर्मठ या अकर्मण्य, उदार या स्वार्थी, दयालु या कठोर बनता है। इसीलिये कहा गया है—''चरित्र आदतों का पुँज है।''

3. आदतें बालक के चरित्र के साथ-साथ व्यक्तित्व काभी निर्माण करती हैं। उनके अभाव में बालक का व्यक्तित्व प्रभावहीन हो जाता है। क्लेपर ने ठीक ही लिखा है—"आदतें व्यक्तित्व की आचरण हैं।"

4. आदतें बालक के स्वभाव का अंग बन जाती हैं। अत: उसे बाध्य होकर उन्हीं के अनुसार कार्य करना पड़ता है। ड्यूक ऑफ वेलिंगटन का विचार है—"आदत दूसरा स्वभाव है। आदत स्वभाव से दश गुना अधिक शक्तिशाली है।"

5. आदत, बालक को निश्चित सीमाओं के अन्तर्गत रखती है। अत: वह अनैतिक, अधार्मिक या असामाजिक कार्य नहीं करता है।

6. आदत, बालक में जीवन के कठिनतम कार्यों के प्रति घृणा उत्पन्न होने नहीं देती है। यही कारण है कि व्यक्ति अंधेरी खानों, हिमाच्छादित प्रदेशों और ऐसे ही अन्य स्थानों में कार्य करते हैं।

7. आदत, बालक को समाज से अनुकूलन और समाज-विरोधी कार्य न करने में सहायता देती है। इस प्रकार, आदत समाज के स्थायित्व में सहयोग देती है। **जेम्स** का यह कथन सत्य है—"आदत, समाज का विशाल चंक्र और उसकी परम संरक्षिका है।"

8. जब बालक को किसी कार्य को करने की आदत पड़ जाती है, तब उसे करने में उसको थकान का अनुभव नहीं होता है।

9. जब कोई सीखी हुई बात बालक की आदत में आ जाती है, तब उसको स्मरण रखने में उसे किसी प्रकार की कठिनाई का अनुभव नहीं होता है।

10. जब बालक में किसी कार्य को करने की आदत पड़ जाती है, तब वह उसे शीघ्रता, कुशलता और सरलता से कर लेता है। इससे होने वाले एक अन्य लाभ की ओर संकेत करते हुए **Ryburn** ने लिखा है—"आदत हममें जीवन के अधिक महत्त्वपूर्ण कार्यों के लिए समय और मानसिक शक्ति की बचत करने की क्षमता उत्पन्न करती है।"

उपर्युक्त पंक्तियों में शिक्षा और सीखने में आदत की उपयोगिता की पुष्टि अनेक तथ्यों से की है। किन्तु, हाल के शैक्षिक प्रयोगों ने यह प्रमाणित किया है कि शिक्षकों को बालकों में आदतों का निर्माण करने के बजाय शिक्षण की अधिक प्रभावशाली विधियों को खोजना और प्रयोग करना चाहिए। इसका कारण बनाते हुए, **मरसेल** ने लिखा है—"आदत का निर्माण केवल सन्तोष का चिन्ह है; और जब आदतों का निर्माण हो जाता है, तब अधिगम और उन्नति का मार्ग अवरुद्धहो जाता है।"

आदत की विशेषताएँ

आदत की प्रमुख चार विशेषताएँ प्रतीत होती हैं—

1. प्रतिक्रिया एक सरल रूप में होती है।
2. एक बार जब आदत बन जाती है तो प्रतिक्रिया बहुत कुछ स्वयमेव हो जाती है

जिसमें विचार और इच्छा की कोई आवश्यकता नहीं होती।

3. जो स्थिति एक आदत में सन्निहित होती है, वह भी सरल होती है।

4. एक आदत के बनने के लिए उस सीखने को, जिसकी आदत बनती है, अनेक बार दोहराया जाता है।

इन विशेषताओं के आधार पर **थायन** (Thyne) महोदय कहते हैं कि "एक आदत को सीखने की एक ऐसी क्रिया समझा जाता है जिसमें अपेक्षित रूप से एक साधारण प्रतिक्रिया एक आपेक्षिक साधारण प्रकार की स्थिति में होती है जो स्वयमेव होती है और बार-बार होती है।"

आदत के प्रभाव

आदत के मुख्यत: चार प्रभाव अग्रलिखित हैं—

(1) आदत कार्य को सरल बना देती है—जब कार्य बार-बार दोहरया जाता है तो वह सरल हो जाता है और बेकार की हलचलें छोड़ दी जाती हैं; जैसे—टाइप करने में आरम्भ में बहुत-सी बेकार की हलचलें होती हैं, परन्तु जैसे ही व्यक्ति टाइप सीख लेता है, वह सरलता से, निश्चित ढंग से 'की बोर्ड' पर हाथ चलाने लगता है।

(2) आदत कार्य को अधिक सही बना देती है—जैसे ही ठीक आदतें बन जाती हैं, कार्य के करने में त्रुटियाँ कम हो जाती हैं।

(3) आदत से थकावट कम होती है—अभ्यस्त कार्य सरलता और सुगमता से होते हैं, इसलिए उनको करने में थकावट उत्पन्न नहीं होती।

(4) आदत कार्य के लिए चेतन ध्यान की आवश्यकता को कम कर देती है—आदत बिना चेतन नियन्त्रण के होती रहती है। जो व्यक्ति घूमने का आदी है, घूमता भी रहता है और चेतन रूप से किसी कार्य या समस्या पर विचार भी करता रहता है।

अभ्यस्त कार्य से लाभ

शिक्षा के दृष्टिकोण से अच्छी आदतें बनाना बड़ा लाभदायक है। यदि आदतें अच्छी हैं तो व्यक्ति का नैतिक चरित्र भी अच्छा हो जाता है। आदत के सामाजिक महत्त्व के सम्बन्ध में **जेम्स** का विचार है कि—"आदत कार्य के लिए प्रबल गति-चक्र है तथा इसका मूल्यवान कट्टरवादी प्रतिनिधि है।"

"Habit is the enormous fly-wheel of society, its most precious conservative agent." —**W. James**

आदत के द्वारा ही हमारी परम्पराएँ एवं रीति-रिवाज स्थायी रहते हैं। इसके अतिरिक्त हमारे व्यक्तिगत जीवन की अनेक क्रियाएँ आदत के ही कारण हमारे अन्दर बिना तनाव उत्पन्न किए ही सम्पन्न हो जाती हैं।

अभ्यस्त कार्य से हानियाँ

अभ्यस्त कार्य करने में केवल लाभ ही नहीं, वरन् अनेक हानियाँ भी हैं। आदत की ही वजह से हम प्रगति करने से रुक जाते हैं। यह हमारी आदत के ही कारण होता है कि हम परिवर्तन को पसन्द नहीं करते हैं। कई बार हमारी आदतें इतनी शक्तिशाली हो जाती हैं कि उनको छोड़ना अत्यधिक कठिन होता है। एक अफीम या पोस्त खाने वाला व्यक्ति इसे छोड़ने के चाहे कितना ही उत्सुक दिखाई पड़े, परन्तु वह इस आदत को छोड़ नहीं पाता।

जेम्स के अनुसार आदत निर्माण के नियम

(Rules of Habit Formation According to James)

विलियम जेम्स (William James) आदत निर्माण के लिए निम्न चार नियम प्रतिपादित करते हैं—

(1) नई आदत बनाने के लिए यथासम्भव शक्तिशाली प्रेरणा-शक्ति से कार्य अभ्यास करो।

(2) कभी भी नियम का अपवाद मत करो, जब तक आदत स्थायी रूप से बन जाए।

(3) अपने निर्णय पर सबसे पहले अवसर पर कार्य करो।

(4) अपनी चेष्टा करने की शक्ति को प्रत्येक दिन स्वतन्त्र रूप से अभ्यास करके जीवित रखो।

आदत निर्माण के पद

आदत निर्माण के पदों को मुख्यत: पाँच प्रकार से वर्गीकृत किया जा सकता है—

1. उद्देश्य का प्रत्यक्षीकरण—आदत के निर्माण में पहला पद उद्देश्य का स्पष्ट प्रत्यक्षीकरण है। शिक्षक को बार-बार विद्यालय की क्रियाओं के तुरन्तकालीन तथा बुनियादी उद्देश्यों की ओर ध्यान दिलाना चाहिए। इस प्रकार बालक यह जान जायेंगे कि वे आदत निर्माण से क्या प्राप्त करने जा रहे हैं।

2. सही आरम्भ—यदि प्रारम्भ सही है तो आदत बनाने की चेष्ट बनी रहती है। शिक्षक को चाहिए कि नई क्रियाओं और नये प्रोजेक्ट को जोश के साथ ले। प्रत्येक शिक्षण की इकाई को इस प्रकार से प्रवेश कराये कि बालक उसमें रुचि लें। उदाहरण के लिए, यदि शिक्षक छात्रों में सफाई की आदत डालना चाहता है तो उसे चाहिए कि वह तुरन्त उसका छात्रों से अभ्यास कराये। सफाई के अभ्यास की ओर जो पहला पद होगा, वही आगे के विकास का मार्ग निर्धारित करेगा।

3. कार्य में स्थिरता—सही प्रारम्भ के बाद रुकना नहीं चाहिए। उस कार्य को बार-बार दोहराना चाहिए। आदत-निर्माण मुख्यत: दो बातों पर निर्भर है—अभिप्रेरणा एवं दोहराना। इसलिए नई आदत बनाने के निश्चिय का अनुसरण दोहराने से करना चाहिए। सफाई का अभ्यास प्रतिदिन बार-बार करना चाहिए। इस अभ्यास में कोई अपवाद नहीं होना चाहिए।

4. एक सुनिश्चित कार्यक्रम का अपनाना—पुरानी आदत को तोड़ने के स्थान पर यह चेष्टा करनी चाहिए कि उसका स्थानापन्न एक नई आदत से हो जाए। शिक्षक को आस्त्यात्मक व्यवहार को प्रोत्साहित करना चाहिए, न कि नास्त्यात्मक को। बालकों को इस बात की शर्म महसूस कराने के स्थान पर कि यह आदत अच्छी नहीं है, उनको नई आदत के लिए प्रोत्साहन देना अच्छा है।

5. कोई अपवाद नहीं—आदत निर्माण का अन्तिम पद यह है कि कोई भी अपवाद आदत के अभ्यास से नहीं होना चाहिए। दोहराना, स्थिरता तथा कोई अपवाद नहीं, साथ-साथ चलने चाहिए। एक अकेला अपवाद सारे प्रयास पर पानी फेर सकता है। यदि आप सिगरेट छोड़ना चाहते हैं और सोचते हैं कि केवल एक बार और पी लूँ, तो यह 'बार' ही आपके निश्चय को समाप्त कर देता है।

इस प्रकार आदत—किसी कार्य को स्थायी प्रकार से करना है। यह चेतन स्तर से बनना आरम्भ होती है परन्तु बार-बार अभ्यास के कारण स्वतः संचालित होने लगती है। यदि बालक में अच्छी आदतें होती हैं तो वे एक अच्छे प्रेरक के रूप में कार्य करती हैं। बुरी आदतें सीखने में अवरोध उत्पन्न करती हैं। आदतें स्वयं सीखी जाती हैं किन्तु एक बार सीखने के पश्चात् वह व्यवहार पर अपना नियन्त्रण जमा लेती हैं।

❑❑❑

15

व्यक्तित्व का विकास
(Personalty Development)

'व्यक्तित्व' शब्द बहुत व्यापक है और 'व्यक्तित्व' शब्द का प्रयोग विभिन्न अर्थों में किया जाता है। इस सम्बन्ध में अनेक धारणायें हैं। साधारण बोलचाल की भाषा में 'व्यक्तित्व' शब्द का प्रयोग-शारीरिक बनावट और सौन्दर्य के लिये किया जाता है। जब यह कहा जाता है कि 'अजय का व्यक्तित्व अच्छा है', तब प्राय: उसका अर्थ यह लगाया जाता है कि अजय की शारीरिक रचना बड़ी ही सुन्दर है, वह देखने में स्वस्थ, सुन्दर और युवा है। किन्तु यह विचार उन्हीं लोगों का है जो लोक-सेवा-आयोग में चुनाव मण्डल के समक्ष उपस्थित होते हैं। उनके अनुसार यदि कोई व्यक्ति सुन्दर है, अपने विचारों को व्यक्त कर सकता है, दूसरों को अपने ढंग से आकर्षित कर सकता है-तो वह अवश्य ही सफल हो सकता है, क्योंकि ये सब एक अच्छे व्यक्ति के गुण समझे जाते हैं। परन्तु वास्तविक रूप में यह विचार त्रुटिपूर्ण है। यह तो ठीक है कि व्यक्तित्व के अन्दर ये सभी बातें सम्मिलित हैं किन्तु कुछ शेष बातें और भी हैं, जो हमारे कहने कि 'अजय का व्यक्तित्व अच्छा है' में अन्तर्निहित हैं। कुछ लोग 'व्यक्ति' और 'व्यक्तित्व' को पर्यायवाची मानते हैं और एक का प्रयोग दूसरे के लिए करते हैं। कुछ मनुष्य 'व्यक्तित्व' में केवल एक या दो गुणों की उपस्थिति मानते हैं, जबकि दूसरे उसे अनेक अस्पष्ट गुणों, अनिश्चित लक्षणों और अनिर्णीत विशेषताओं का दुर्बोध संग्रह मानते हैं। ऐसे भी मनुष्य हैं, जो व्यक्तित्व को जन्म से प्राप्त होने वाली वस्तु मानते हैं। जिस पर वातावरण का कोई प्रभाव नहीं पड़ता है और जो मनुष्य के कार्यों में रमा रहता है।

जिस प्रकार सामान्य मनुष्यों की व्यक्तित्व के सम्बन्ध में विभिन्न धारणायें हैं, उसी प्रकार विद्वानों और मनोवैज्ञानिकों की भी हैं। यही कारण है कि उसे आज तक न तो किसी निशिचित अर्थ से सम्बद्ध किया जा सका है और न किसी निश्चित सीमा में बाँधा जा सकता है। साधारणत: यह स्वीकार किया जाता है कि व्यक्तित्व विचित्र है, जटिल है, व्याख्या से परे है।

व्यक्तित्व की सामान्य धारणा (General Concept of Personality)

'व्यक्तित्व' शब्द का उद्‌गम लैटिन भाषा के 'पर्सनेअर' शब्द से माना गया है, जिसका तात्पर्य 'ध्वनि करने के सदृश' से है। 'व्यक्तित्व' शब्द एक पात्र की आवाज को भी व्यक्त

करता है जो वेश बदले हुए होता है। ईसा से एक सदी पूर्व 'पर्सोना' शब्द व्यक्ति के कार्यों को स्पष्ट करने के लिए भी प्रयोग किया जाता था।

व्यक्तित्व शब्द की उत्पत्ति (Origin of Personality word)

'व्यक्तित्व' अंग्रेजी के "Personality" शब्द का रूपान्तर है। अंग्रेजी के इस शब्द की उत्पत्ति यूनानी भाषा के 'Persona' शब्द से ही हुई है, जिसका अर्थ है-'नकाब' (Mask)। यूनानी लोग नकाब पहनकर मंच पर अभिनय करते थे, ताकि दर्शकगण यह न जान सकें कि अभिनय करने वाला कौन है-दास, विदूषक, राजकुमार या राजनर्तकी। अभिनय करने वाले जिस प्रकार के पात्र का पार्ट करते थे, उसी प्रकार का नकाब पहन लेते थे।

Cicero द्वारा उल्लिखित अर्थ (Described Meaning By Cicero)

समय बीतने के साथ ही "Persona" शब्द का अर्थ परिवर्तित होता चला गया। ईसा पूर्व प्रथम शताब्दी में रोम के प्रसिद्ध लेखक और कूटनीतिज्ञ Cicero ने उसका प्रयोग चार अर्थों में किया।

(1) जैसा कि एक व्यक्ति दूसरे को दिखाई देता है पर वैसा वह वास्तव में है नहीं। (2) वह कार्य जो जीवन में कोई करता है, जैसे कि दार्शनिक; (3) व्यक्तिगत गुणों का संकलन, जो एक मनुष्य को उसके कार्य के योग्य बनाता है, (4) विशेषता और सम्मान, जैसा कि लेखन शैली में होता है। इस प्रकार, तेरहवीं शताब्दी तक 'Persona' शब्द का प्रयोग विभिन्न अर्थों में होता रहा। चौदहवीं शताब्दी में मनुष्य की मुख्य विशेषताओं का उल्लेख करने के लिए एक नये शब्द की आवश्यकता का अनुभव किया जाने लगा। इस आवश्यकता को पूर्ण करने के लिये 'Persona' को 'Personality' शब्द में रूपान्तरित कर दिया गया।

व्यक्तित्व का अर्थ (Meaning of Personality)

'व्यक्तित्व' शब्द में एक मनुष्य के न केवल शारीरिक और मानसिक गुणों का, वरन् उसके सामाजिक गुणों का भी समावेश होता है। पर इतना कहने से भी व्यक्तित्व का अर्थ पूर्ण नहीं होता है। कारण यह है कि यह तभी संभव है, जब एक समाज के सब सदस्यों के विचार, संवेगों के अनुभव और सामाजिक क्रियायें एक-सी हों। ऐसी दशा में व्यक्तित्व का प्रश्न ही नहीं रह जाता है। इसीलिये मनोवैज्ञानिकों का कथन है कि व्यक्तित्व-मानव के गुणों, लक्षणों, क्षमताओं, विशेषताओं आदि की संगठित इकाई है; जैसा कि मन ने लिखा है-

"व्यक्तित्व की परिभाषा, व्यक्ति के ढाँचे, व्यवहार की विधियों, रुचियों, अभिवृत्तियों, क्षमताओं, योग्यताओं और कुशलताओं के सबसे विशिष्ट एकीकरण के रूप में की जा सकती है।"

"Personality may be defined as the most characteristic integration of individual's structure, modes of behaviour, interests, attitudes, capacities, abilities and aptitudes."

—**Munn**

आधुनिकतम मनोवैज्ञानिक व्यक्तित्व को संगठित इकाई न मानकर गतिशील संगठन और एकीकरण की प्रक्रिया मानते हैं। **थॉर्प व शमलर** के अनुसार-

"जटिल पर एकीकृत प्रक्रिया के रूप में व्यक्तित्व की धारणा आधुनिक व्यावहारिक मनोविज्ञान की देन है।"

"The concept of personality as a complex but unified process is a contribution of modern empirical psychology."—**Thorp & Schmuller**

व्यक्तित्व की कुछ परिभाषाएँ इस प्रकार हैं–

1. बिग व हन्ट—"व्यक्तित्व एक व्यक्ति के सम्पूर्ण व्यवहार-प्रतिमान और इनकी विशेषताओं के योग का उल्लेख करता है।"

"Personality refers to the whole behavioural pattern of an individual—to the totality of the its characteristics."—**Bigge & Hunt**

2. ऑलपोर्ट—"व्यक्तित्व, व्यक्ति में उन मनोशारीरिक अवस्थाओं का गतिशील संगठन है, जो उसके पर्यावरण के साथ उसका अद्वितीय सामंजस्य निर्धारित करता है।"

"Personality is the dynamic organization within the individual of those pshyco-physical systems that determine the unique adjustments in his enviornment."

—**Allport**

3. ड्रेवर—"व्यक्तित्व शब्द का प्रयोग, व्यक्ति के शारीरिक, मानसिक, नैतिक और सामाजिक गुणों के सुसंगठित और गत्यात्मक संगठन के लिये किया जाता है, जिसे वह अन्य व्यक्तियों के साथ अपने सामाजिक जीवन के आदान-प्रदान में व्यक्त करता है।"

"Personality is a term used for the integrated and dynamic organization of the physical, mental, moral and social qualities of the individual, as the manifests itself to other people, in the give and take of social life."

—**Drever**

4. वारेन—"व्यक्तित्व व्यक्ति का सम्पूर्ण मानसिक संगठन है जो इसके विकास को किसी भी अवस्था से होता है।"

"Persoality is the entire mental organization of human being at any stage of his development."—**Warren**

5. रैक्स रॉक—"व्यक्तित्व समाज द्वारा मान्य तथा अमान्य गुणों का संतुलन है।"

"The balance between socially approved and disapproved traits."

—**Rex Rock**

इस प्रकार ये परिभाषाएँ यक्तित्व की स्पष्ट और सही रूप में व्याख्या करती हैं, व्यक्तित्व को सक्रिय बनाती है और व्यवस्थित व्यवहार की ओर इंगित करती हैं।

व्यक्तित्व के पहलू
(Aspects of Personality)

Garrison & others ने व्यक्तित्व के अधोलिखित पहलू बताये हैं–

1. क्रियात्मक पहलू—व्यक्तित्व के इस पहलू का सम्बन्ध मानव की क्रियाओं से है। ये क्रियाएँ उसकी भावुकता, शान्ति, विनोदप्रियता, मानसिक श्रेष्ठता आदि को व्यक्त करती हैं।

2. सामाजिक पहलू—व्यक्तित्व के इस पहलू का सम्बन्ध मानव द्वारा दूसरों पर डाले जाने वाले सामाजिक प्रभाव से है। इस पहलू में उन सब बातों का समावेश हो जाता है, जिनके कारण मानव दूसरों पर एक विशेष प्रकार का प्रभाव डालता है।

3. कारण-सम्बन्धी पहलू—व्यक्तित्व के इस पहलू का सम्बन्ध मानव के सामाजिक या असामाजिक कार्यों के कारणों और उन कार्यों के प्रति लोगों की प्रतिक्रियाओं से है। यदि उसके कार्य अच्छे हैं, तो लोग उसे पसन्द करते हैं, अन्यथा नहीं।

4. अन्य पहलू—व्यक्तित्व के अन्य पहलू हैं-दूसरों पर हमारा प्रभाव, हमारे जीवन में होने वाली बातों और घटनाओं का हम पर प्रभाव, हमारे गंभीर विचार, भावनाएँ और अभिवृत्तियाँ।

निष्कर्ष के रूप में, गैरिसन व अन्य ने लिखा है– ''ये सभी पहलू महत्त्वपूर्ण हैं। पर इनमें से कोई एक या सम्मिलित रूप से सब पूर्ण व्यक्तित्व का वर्णन नहीं करते हैं। व्यक्तित्व इन सबका और इनसे भी अधिक का योग है। यह सम्पूर्ण मानव है।''

व्यक्तित्व को प्रभावित करने वाले घटक (Factors Influencing Personality)

1. शारीरक रचना का प्रभाव—यद्यपि शरीर का बाह्य रूप, शक्ति, सुसंगठित रचना, माप, उचित अनुपात आदि व्यक्तित्व के स्पष्ट संकेत नहीं हैं, किन्तु फिर भी ये स्पष्ट रूप से व्यक्तित्व पर प्रभाव डालते हैं। शारीरिक रचना के अन्तर्गत शरीर के अंगों का पारस्परिक अनुपात, शरीर की लम्बाई और भार, नेत्रों और बालों का रंग, मुखाकृति आदि आते हैं। ये सभी किसी न किसी रूप में व्यक्तित्व के विकास को प्रभावित करते हैं। एक ठिगने कद का बालक, जिससे अन्य साथी उसके ठिगनेपन पर उसका मजाक उड़ाते हैं और फलतः उसके अन्दर यह विचार आ जाता है कि उसका ठिगनापन उसमें एक बड़ा दोष है, कद और माप को अधिक महत्ता देने लगता है जबकि इतनी अधिक महत्ता की आवश्यकता नहीं होती है। इसी प्रकार एक मोटा बालक या बालिका मोटेपन को एक भारी अभिशाप समझते हैं, यदि इस सम्बन्ध में उनकी हँसी उड़ाई जाती है। इस प्रकार उस बालक अथवा बालिका में संवेगात्मक असंतुलन के कारण एक अलग व्यक्तित्व का विकास हो जाता है, जबकि साधारण रूप में उसके व्यक्तित्व का विकास दूसरी प्रकार से होता है। इस प्रकार शारीरिक रचना का अस्पष्ट रूप में व्यक्तित्व पर प्रभाव पड़ता है, यद्यपि स्पष्ट रूप से शारीरिक रचना का कोई प्रभाव लक्षित नहीं होता जो व्यक्तित्व पर प्रभाव डालता हो। एक व्यक्ति के प्रति जो व्यवहार उसके साथियों द्वारा किये जाते हैं उनका आधार व्यक्ति की शारीरिक रचना होती है, वे सब उसके उन गुणों के समूह पर प्रभाव डालते हैं, जो उसके व्यक्तित्व का अंग होते हैं। शारीरिक रचना के प्रभाव के सन्दर्भ में एक अन्य उदाहरण यह भी है कि बहुत छोटे पैरों वाला मनुष्य अच्छ दौड़ने वाले के रूप में कभी भी यश की प्राप्ति नहीं कर सकता। **मैक्डूगल** ने लिखा है–

''हमें उन विशिष्टताओं के अप्रत्यक्ष प्रभावों को निश्चित रूप से स्वीकार करना पड़ेगा, जो मुख्य रूप से शारीरिक हैं।''

"Certainly we must recognise the indirect influences of peculiarities that are primarily and strictly of the body." —**Mc Dougall**

2. मानसिक घटक/कारक—व्यक्ति में जितनी अधिक मानसिक योग्यता होती है, उतना ही अधिक वह अपने व्यवहार को समाज के आदर्शों और प्रतिमानों के अनुकूल बनाने में सफल होता है। परिणामत: उसके व्यक्तित्व का उतना ही अधिक विकास होता है। उसकी तुलना में अल्प मानसिक योग्यता वाले व्यक्तित्व का विकास कहीं कम होता है।

बुद्धि, प्रेरक, तर्क, कल्पना, रुचि, इच्छाएँ, स्वभाव तथा ज्ञान आदि अनेक मनोवैज्ञानिक एवं मानसिक कारक व्यक्ति के व्यक्तित्व को प्रभावित करते हैं। **म्यूरहैण्ड** ने लिखा है–

''व्यक्तित्व में सम्पूर्ण व्यक्तित्व का समावेश होता है। व्यक्तित्व व्यक्ति के गठन, रुचि के प्रकारों, अभिवृत्तियों, व्यवहार, क्षमताओं, योग्यताओं और प्रवीणताओं का सबसे निराला संगठन है।''

प्रिन्स के अनुसार—''व्यक्तित्व, समस्त जन्मजात संस्कारों, आवेगों, प्रवृत्तियों, झुकावों एवं मूल-प्रवृत्तियों और अनुभव द्वारा अर्जित संस्कारों एवं प्रवृत्तियों का योग है।''

3. संवेगात्मक घटक/कारक—संवेगात्मक घटक भी व्यक्तित्व को प्रभावित करते हैं क्योंकि ये बालक के व्यवहार के आधार पर होते हैं। संवेगों का स्वरूप व्यापक और वैयक्तिक होता है। प्रेम, हर्ष और उत्सुकता के समान अभिनन्दनीय संवेग उसके शारीरिक, मानसिक और सामाजिक विकास में योग देते हैं, जबकि भय, क्रोध और ईर्ष्या जैसे निन्दनीय संवेग उसके विकास को विकृत और कुंठित कर देते हैं। इनका आधार मनोवैज्ञानिक होता है।

गैट्स एवं अन्य ने लिखा है–

''बालक का संवेगात्मक व्यवहार उसके विकास के अन्य पहलुओं के अनुरूप होता है और उनसे उसका अन्त: सम्बन्ध होता है।''

"The development of emotional behaviour parallels and is interrelated witfother aspects of a child's growth."—**Gates & others**

Spitz ने लिखा है–''संवेग जन्म से ही विद्यमान नहीं रहते हैं। मानव-व्यक्तित्व के किसी भी अंग के समान उनका विकास होता है।''

Skinner & Harriman के अनुसार–''शिशु का संवेगात्मक व्यवहार धीरे-धीरे अधिक निश्चित और स्पष्ट होता जाता है। उसके व्यवहार के विकास की सामान्य दिशा अनिश्चित और अस्पष्ट से विशिष्ट की ओर होती है।''

इस प्रकार संवेगों का बालक के व्यक्तित्व में अति महत्त्वपूर्ण स्थान है। श्रेष्ठ संवेगों से व्यक्तित्व में निखार आता है। संवेगात्मक अनुभूति के समय व्यक्ति में नाना प्रकार के शारीरिक परिवर्तन होने लगते हैं, जो व्यक्तित्व को प्रभावित करते हैं। शारीरिक स्वास्थ्य, चारित्रिक विकास एवं शिक्षा की व्यक्तित्व विकास में अहम् भूमिका होती है ।र

4. वातावरण एवं व्यक्तित्व विकास—वातावरण सम्बन्धी तत्त्व भी व्यक्ति के व्यक्तित्व पर प्रभाव डालते हैं। व्यक्ति के व्यक्तित्व के विकास में पर्यावरण जिसमें व्यक्ति रहता है और वह अनुभव जो दूसरों के सम्पर्क के कारण उत्पन्न होते हैं, अपना अमिट तथा स्पष्ट प्रभाव डालते हैं।

(i) भौतिक वातावरण का प्रभाव—भौतिक या प्राकृतिक वातावरण अलग-अलग देशों और प्रदेशों के निवासियों पर व्यक्तित्व की दृष्टि से अलग-अलग तरह का प्रभाव डालता है। यही कारण है कि मरुस्थल में निवास करने वाले, अरब और हिमाच्छादित टुण्ड्रा प्रदेश में रहने वाले एस्मिको लोगों की आदतों, शारीरिक बनावटों, जीवन की विधियों, रंग और स्वास्थ्य आदि में स्पष्ट अन्तर मिलता है। जिस जगह की जलवायु ठण्डी और प्रकृति सम्पन्न होती है वहाँ के लोग सुन्दर, स्वस्थ, परिश्रमी एवं बुद्धिमान होते हैं, इसके विपरीत जहाँ पर आवश्यकता से अधिक गर्मी पड़ती है वहाँ के लोग अस्वस्थ, आलसी काले एवं अबुद्धिमान होते हैं।

ऑगबर्न एवं निमकॉफ ने लिखा है–''व्यक्तित्व के विकास में भौतिक अथवा प्राकृतिक वातावरण को छोड़ा नहीं जा सकता है।''

"Natural environment can not be left out on account as in influence upon personality." —**Augburn & Nimkoff**

(ii) सामाजिक वातावरण का प्रभाव—बालक जन्म के समय मानव-पशु होता है। उसे न बोलना आता है और न कपड़े पहिनना। उसका न कोई आदर्श होता है और न वह किसी प्रकार का व्यवहार करना ही जानता है। पर सामाजिक वातावरण के सम्पर्क में रहकर उसमें धीरे-धीरे परिवर्तन होने लगता है। उसे अपनी भाषा, रहन-सहन के ढ़ंग, खाने-पीने की विधि, दूसरों के साथ व्यवहार करने के प्रतिमान, धार्मिक एवं नैतिक विचार आदि अनेक बातें समाज से प्राप्त होती हैं। इस प्रकार, समाज उसके व्यक्तित्व का निर्माण करता है।

Garrett के अनुसार–''जन्म के समय से ही बालक का व्यक्तित्व उस समाज के द्वारा जिसमें वह रहता है, निर्मित और परिवर्तित किया जाता है।''

(क) माता-पिता का प्रभाव—बालक की आवश्यकताओं को उसके माता-पिता पूरा करने का प्रयास करते हैं। बालक के माता-पिता का जैसा स्वभाव, चरित्र, व्यवहार एवं पारस्परिक सम्बन्ध होते हैं वैसा ही बालक के व्यक्तित्व का विकास होता है।

(ख) पारिवारिक सम्बन्ध—माता-पिता के अतिरिक्त बालक पर अन्य पारिवारिक सदस्यों का भी प्रभाव पड़ता है। यदि परिवार के सदस्य परिश्रमी, चरित्रवान एवं मिलजुल कर रहने वाले तथा बुद्धिमान होते हैं तो बालक के व्यक्तित्व के वांछित गुणों का विकास होता है और यदि उन गुणों का अभाव होता है तो बालक के व्यक्तित्व में नाना प्रकार के अवगुण विकसित हो जाते हैं।

(ग) पड़ोस का प्रभाव—बालक जब बड़ा होता है तो उसका पड़ौस से सम्पर्क बढ़ना शुरू हो जाता है, यदि पड़ोस अच्छा होता है तो बालक के व्यक्तित्व में अच्छे गुण विकसित हो जाते हैं।

(घ) इकलौता बालक—माता-पिता की एकमात्र सन्तान होने पर उसे माता-पिता का अधिक प्यार प्राप्त होता है, जिसके फलस्वरूप बालक परावलम्बी, हठी एवं असामाजिक हो जाता है।

(ङ) बालक का अपने गिरोह में कार्य—बचपन में बालक खेलने के लिए अनेक साथी बना लेता है। एक समूह में बालक स्वस्थ एवं साहसी प्रकृति का होता है, वह उस समूह/गिरोह के समस्त बालकों का नेतृत्व करता है एवं अन्य सब बालक उसके अनुगामी बन जाते हैं। इस प्रकार समूह का नेतृत्व करने वाला बालक बड़ा होने पर आत्मविश्वास, साहस, नेतृत्व एवं आत्म-निर्भरता जैसे गुणों से समन्वित हो जाता है।

(च) विद्यालय का प्रभाव—व्यक्तित्व के विकास पर विद्यालय की सभी बातों का प्रत्यक्ष और अप्रत्यक्ष प्रभाव पड़ता है, जैसे-पाठ्यक्रम अनुशासन, शिक्षक-छात्र सम्बन्ध, छात्र-छात्र सम्बन्ध, खेलकूद आदि। अनेक मनोवैज्ञानिकों की यह अटल धारणा है कि औपचारिक पाठ्यक्रम, कठोर अनुशासन, प्रेम और सहानुभूति शिक्षक एवं छात्रों के पारस्परिक वैमनस्यपूर्ण सम्बन्ध व्यक्तित्व को निश्चित रूप से कुंठित एवं विकृत कर देते हैं। **Crow & Crow** के शब्दों में-"बालक के विकसित होने वाले व्यक्तित्व पर विद्यालय के अनुभवों का प्रभाव उससे कहीं अधिक पड़ता है, जितना कि कुछ शिक्षकों का विचार है।"

(छ) पुस्तकें एवं तस्वीरें—बालक पुस्तकों एवं तस्वीरों द्वारा ज्ञानार्जन करते हैं। यदि बालक को अच्छी पुस्तकें पढ़ने को मिलती हैं तथा अच्छे चित्र देखने को मिलते हैं तो व्यक्तित्व में अच्छे गुणों की अभिवृद्धि हो जाती है।

(ज) क्लब एवं चलचित्र—बालक के व्यक्तित्व को प्रभावित करने में क्लबों एवं चलचित्रों का भी विशेष महत्त्व है क्योंकि उनके द्वारा वे केवल मनोरंजन ही प्राप्त नहीं करते हैं वरन् अपना शारीरिक, मानसिक एवं सामाजिक विकास भी करते हैं।

(झ) मेला—जब बालक छोटा होता है तो वह अपने माता-पिता के साथ मेले देखने जाता है। मेलों में बालकों को अनेक प्रकार की अच्छी-अच्छी चीजें देखने को मिलती हैं जिससे कि बालकों को अनेक वस्तुओं से परिचित होने का अवसर मिलता है। ये मेले व्यक्तित्व के विकास में महत्त्वपूर्ण स्थान रखते हैं।

(ञ) मन्दिर एवं चर्च—बालकों के व्यक्तित्व विकास में मन्दिर एवं चर्च भी महत्त्वपूर्ण प्रभाव डालते हैं। बालक जब बड़ा होता है तो वह मन्दिर अथवा चर्च आदि धार्मिक स्थलों पर जाकर पूजा करता है एवं अनेक प्रकार के अच्छे प्रवचन सुनता है कि जिससे उसके व्यक्तित्व का वांछित दिशा की ओर विकास होता है।

(ट) जीवन लक्ष्य का प्रभाव—आयु के साथ बालक का जीवन क्षेत्र बढ़ता है और उस पर नाना प्रकार की वस्तुएँ प्रभाव डालने लगती हैं। प्रौढ़ावस्था में वह अनेक स्थानों पर जाता है, नाना प्रकार की संस्कृतियों में पले हुए व्यक्तियों से मिलता है परिणामस्वरूप उसका मानसिक एवं सामाजिक विकास हो जाता है।

(ठ) आर्थिक स्थिति—प्राय: गरीब परिवार के बालकों में हीनता एवं असुरक्षित भाव विकसित हो जाते हैं। इसके विपरीत धनी परिवार के बालकों को खाने-पीने के लिए पौष्टिक भोजन मिलता है, पढ़ने के लिए अच्छा अवसर मिलता है, जिसके परिणामस्वरूप उनके व्यक्तित्व का अच्छा विकास होता है।

कहने का तात्पर्य है कि बालक के व्यक्तित्व का विकास सामाजिक वातावरण में ही उचित रूप से होता है। इस सम्बन्ध में जॉर्ज मीड ने लिखा है-

"अहं जो कि अपने आप का ही कर्म बन जाता है, आवश्यक रूप से एक सामाजिक ढाँचा है और यह सामाजिक ढाँचा सामाजिक अनुभव पर खड़ा है।"

"The self, as that whicfcan be object to itself, is essentially a social structure and it arises in social experiences."—**George Meed**

(iii) सांस्कृतिक वातावरण का प्रभाव—समाज व्यक्तित्व का निर्माण करता है। संस्कृति उसके स्वरूप को निश्चित करती है। प्रत्येक संस्कृति की अपनी मान्यतायें, रीति-रिवाज, रहन-सहन की विधियाँ, धर्म-कर्म आदि होते हैं। मनुष्य जिस संस्कृति में जन्म लेता है, जिसमें उसका लालन-पालन होता है, उसी के अनुरूप उसके व्यक्तित्व का स्वरूप निश्चित होता है। इस प्रकार, उसके व्यक्तित्व पर उसकी संस्कृति की अमिट छाप लग जाती है।

Boring & Langfeld, & Weld के अनुसार—"जिस संस्कृति में व्यक्ति का लालन-पालन होता है, उसका उसके व्यक्तित्व के लक्षणों पर सबसे अधिक व्यापक प्रकार का प्रभाव पड़ता है।"

ऑगबर्न एवं निमकॉफ के अनुसार-"सामूहिक जीवन सामान्य सम्बन्धों को निश्चित करता है, दूसरी तरफ संस्कृति मूर्त गुणों को निश्चित करती है।"

निष्कर्ष के रूप में, हम कह सकते हैं कि व्यक्तित्व के विकास पर अनेक कारकों का प्रभाव पड़ता है। इस प्रभाव के समग्र रूप का अध्ययन करके ही व्यक्तित्व के विकास की वास्तविक परिधियों का अनुमान लगाया जा सकता है। ऐसा करते समय इस तथ्य पर विशेष रूप से ध्यान रखना आवश्यक है कि व्यक्तित्व को प्रभावित करने वाले सबसे अधिक शक्तिशाली कारक पर्यावरण सम्बन्धी हैं। इस सम्बन्ध में थॉर्प एवं शमलर ने लिखा है-"भौतिक, सांस्कृतिक और सामाजिक वातारण-ये सब व्यक्तित्व के निर्माण में इतना प्रभावशाली कार्य करते हैं कि व्यक्तित्व को उसे आवृत्त रखने वाली बातों से पृथक् नहीं किया जा सकता है।"

"The physical, cultural and social envioronments all play sucfan influential part in personality formation that personality can not be distinguished from that whicfsurrounds it." —**Thorpe & Schmuller**

व्यक्तित्व-मापन
(Measurement of Personality)

व्यक्तित्व को अनेक गुणों या लक्षणों का संगठन माना जाता है। इन गुणों के कारण कोई मनुष्य उत्साहपूर्ण, तो कोई उत्साहहीन, कोई मिलनसार, तो कोई एकान्तप्रिय, कोई चिन्ताग्रस्त, तो कोई चिन्तामुक्त होता है।

Boring Langfeld & Weld के अनुसार–व्यक्तित्व मापन की सहायता से इन गुणों का ज्ञान प्राप्त करके चार लाभप्रद कार्य किये जा सकते हैं। पहला व्यक्तित्व के विकास से सम्बन्धित समस्याओं का समाधान किया जा सकता है। दूसरा–व्यक्ति को अपनी कठिनाइयों का निवारण करने के उपाय बताये जा सकते हैं। तीसरा–व्यक्ति को व्यक्तिगत रूप से सामञ्जस्य करने में सहायता दी जा सकती है। चौथा–विभिन्न पदों के लिए उपयुक्त व्यक्तियों का चुनाव किया जा सकता है।

इन लाभप्रद कार्यों को व्यावहारिक रूप प्रदान करने के लिए मनोवैज्ञानिकों ने व्यक्तित्व का मापन करने के लिए अनेक विधियों का निर्माण किया। इनके सम्बन्ध में **Eills** ने लिखा है–

''हमारे व्यक्तित्व के मनोविज्ञान ने अभी पर्याप्त प्रगति नहीं की है और इसलिए हमारे व्यक्तित्व-परीक्षण अभी तक अधिकांश रूप में जाँच की कसौटी पर हैं।''

व्यक्तित्व को मापना और निर्धारण करना, एक बहुत ही प्राचीन समस्या है। शताब्दियों से मनुष्य ने अपने तथा दूसरों के व्यक्तित्व और चरित्र की माप करने की विधियों का पता लगाने की चेष्टा की। उसने ऐसी विधि या साधन को चुना जो आज तक हमारी प्रत्येक संस्कृति में कुछ महत्व रखते हैं। ये साधन कपाल विद्या, आकृति विद्या, आलेखीय विद्या, हस्तरेखा विद्या आदि हैं। इन्हीं के द्वारा चरित्र को पढ़ने का प्रयास या बताने का प्रयत्न किया जाता है। मनोवैज्ञानिकों ने व्यक्तित्व मापन हेतु जिन विधियों का निर्माण किया है, उन्हें निम्नलिखित चार श्रेणियों में बाँटा जा सकता है।

1. अंतरंग विधियाँ—इन विधियों में व्यक्ति की जाँच स्वयं परीक्षक करता है। जाँच का कार्य व्यक्ति द्वारा उसके परिवार के सदस्य, मित्रों, परिचितों आदि से किया जाता है। अंतरंग विधियाँ निम्न प्रकार की होती हैं–

(क) आत्म-चरित्र लेखन, (ख) व्यक्ति-इतिहास विधि, (ग) प्रश्नावली, (घ) साक्षात्कार।

2. बहिरंग विधियाँ—इनके द्वारा व्यक्ति के बाह्य आचरण की जानकारी की जाती है। (क) निरीक्षण पद्धति, (ख) मापन या रोल मापनी, (ग) समाजमिति एवं शारीरिक परीक्षण।

3. प्रक्षेपण विधियाँ—इन विधियों का प्रयोग करते समय व्यक्ति अपने विचारों, भावनाओं और मनोवृत्तियों का दिग्दर्शन अन्य व्यक्तियों में देखता है। ये विधियाँ निम्नलिखित हैं–(क) रोर्शा इंक परीक्षा, (ख) थेमेटिक एपरसेप्शन परीक्षा, (ग) प्ले टेकनीक, (घ) शब्द-साहचर्य परीक्षा, (ङ) चित्र-साहचर्य-परीक्षा एवं (च) अभिनय-प्रदर्शन परीक्षा।

4. मनोविश्लेषणात्मक विधियाँ—इन विधियों द्वारा अचेतन मन के रहस्यों का उद्घाटन करने का प्रयत्न किया जाता है। ये विधियाँ निम्नलिखित हैं–(क) स्वतन्त्र-साहचर्य विधि, (ख) स्वप्न विश्लेषण विधि।

प्रक्षेपण-विधि (Projective-Method)

व्यक्तित्व मापन की सर्वाधिक वैध, विश्वसनीय एवं आधुनिक मानी जाने वाली विधि है-प्रक्षेपण विधि। व्यक्तित्व की वस्तुनिष्ठ परीक्षाओं की सबसे बड़ी कमी यह है कि ये व्यक्ति के अचेतन मन का अध्ययन नहीं करती हैं परन्तु प्रक्षेपण विधि के माध्यम से व्यक्ति के अचेतन मन का अध्ययन करने में सहायता मिलती है। प्रत्येक व्यक्ति में प्रेरणाएँ, इच्छाएँ, रुचि, संवेग तथा विश्वास आदि होते हैं। ये वास्तव में दूसरों को दिखाई नहीं देते हैं किन्तु व्यक्ति के ही अंग होते हैं। व्यक्ति स्वयं भी इनके बारे में चेतन नहीं होता। इस प्रकार बिना इन अचेतन प्रेरणाओं, इच्छाओं को विचार में रखते हुए व्यक्तित्व को पूर्ण रूप से व्यक्त नहीं कर सकते, अन्यथा हमें व्यक्तित्व का एकांगी चित्र ही मिल पाता है। अब तक व्यक्तित्व को मापने के लिए जितनी भी विधियाँ प्रस्तुत की गई हैं, उनमें स्वतंत्र साहचर्य एवं नियन्त्रित साहचर्य को छोड़कर कोई भी अचेतन मन को स्थान नहीं देती। इसके लिए हमें नवीन विधियों की आवश्यकता है जो हमें व्यक्ति के अचेतन मन के सम्बन्ध में भी ज्ञान दें। प्रक्षेपी विधियाँ इस सम्बन्ध में सबसे अधिक उपयोगी तथा उचित हैं।

अर्थ–मनोविश्लेषक प्रक्षेपण को एक रक्षायुक्ति कहते हैं जिससे तात्पर्य यह है कि यह इस प्रकार की प्रक्रिया है जिसमें व्यक्ति अपनी दबी हुई इच्छाओं को जो किसी परिस्थिति का सामना करने में असफलता के कारण अचेतन मन में संकलित हो जाती हैं, किसी नई वस्तु की ओर परिवर्तित करके प्रकट करता है। यह ठीक उसी प्रकार है जिस प्रकार हैड क्लर्क अपने अधिकारी द्वारा डांटे जाने पर अपने अधीन दूसरे सहायक क्लर्कों को डाँटता है और अपने अचेतन मन की झुंझलाहट को अपनी पत्नी को फटकारने के द्वारा व्यक्त करता है। इसी प्रकार एक अध्यापक भी जिसकी पत्नी कर्कशा है और वह स्वयं पत्नी-भक्त है, अपने दबे क्रोध को अपनी कक्षा के बालकों को पीटने के द्वारा प्रकट करने का प्रयोग करता है।

मनस्तापी की इच्छाएँ, विचार आदि उसको वास्तविकता से दूर ले जाते हैं। इस प्रकार का व्यक्ति अपने ही भ्रमपूर्ण विचारों के प्रकाश में दूसरे व्यक्तियों के व्यवहारों को गलत समझता है। उदाहरण के लिए, जब मनस्तापी अपने सम्पर्क में आने वाले सभी व्यक्तियों के व्यवहारों को गलत समझता है, तब वास्तव में वह अपनी दबी हुई इच्छाओं का प्रक्षेपण करता है।

मुख्य विचार जिसके ऊपर यह प्रक्षेपी विधि आधारित है, यह है कि कोई भी दो, बाह्य वस्तु को एक ही विचार से नहीं देखते। उनके विचारों में अन्तर उनके व्यक्तित्व के कारण होता है। इस प्रकार प्रक्षेपण विधि में हम विषयी को किसी बाह्य पदार्थ के सहारे अपने विचार प्रक्षेपी करने को कहते हैं। इस प्रकार उस व्यक्ति द्वारा अपने विचारों का प्रक्षेपण हमें उस व्यक्ति के व्यक्तित्व को समझने में सहायता देता है।

इन विधियों में हम विषयी से स्याही के धब्बों को देखकर एक कहानी या उसका अर्थ लिखने को कहते हैं। इस प्रकार उसका आन्तरिक आत्म उसके लिए गए प्रक्षेपण के विचारों के द्वारा बाहर की ओर खींचा जाता है। ये विधियाँ उन्हीं दशाओं में सफल होती हैं, जब व्यक्ति के ऊपर कोई प्रतिबन्ध नहीं लगाया जाता है।

"Project" का अर्थ है–प्रक्षेपण करना या फेंकना। सिनेमा हाल के किसी भाग में बैठा हुआ व्यक्ति प्रोजेक्टर की सहायता से फिल्म के चित्रों को पर्दे पर 'प्रोजेक्ट' करता है या फेंकता है। वहाँ बैठे हुए दर्शकगण उन चित्रों को विभिन्न दृष्टिकोणों से देखते हैं। उदाहरणार्थ–अभिनेत्री के नृत्य के समय कलाकार उसके शरीर की गतियों को, नवयुवक उसके सौन्दर्य को, तरुण बालिका उसके श्रृंगार को और सामान्य मनुष्य उसकी विभिन्न मुद्राओं को विशेष रूप से देखता है। इसका अभिप्राय यह है कि सब लोग एक व्यक्ति या वस्तु को समान रूप से न देखकर अपने व्यक्तित्व के गुणों या मानसिक अवस्थाओं के अनुसार देखते हैं। मानव स्वभाव की इस विशिष्टता से लाभ उठाकर मनोवैज्ञानिकों ने व्यक्तित्व-मापन के लिए प्रक्षेपण-विधि का निर्माण किया। इस विधि का अर्थ बताते हुए **थॉर्प व शमलर** ने लिखा है–

''प्रक्षेपण-विधि उद्दीपकों के प्रति व्यक्ति की प्रतिक्रियाओं के आधार पर उसके व्यक्तित्व के स्वरूप का वर्णन करने का साधन है।''

"The projective method is a means for describing the individual's pattern of personlity on the basis of his responses to stimuli."

—**Thrope & Schmuller**

इस विधि में व्यक्ति दिखाए गए चित्र के आधार पर कहानी की रचना अपने स्वयं के विचारों, संवेगों, अनुभवों और आकांक्षाओं के अनुसार करता है। परीक्षक उसकी कहानी से उसकी मानसिक दशा और व्यक्तित्व के गुणों के सम्बन्ध में अपने निष्कर्ष निकालता है। इस प्रकार, इस विधि का प्रयोग करके वह व्यक्ति के कुछ विशिष्ट गुणों का नहीं वरन् उसके सम्पूर्ण व्यक्तित्व का ज्ञान प्राप्त करता है। यही कारण है कि व्यक्तित्व मापन की इस नवीनतम विधि का सबसे अधिक प्रचलन है और मनोविश्लेषक इसका प्रयोग विभिन्न परेशानियों में उलझे हुए लोगों की मानसिक चिकित्सा करने के लिए करते हैं।

ये विधियाँ फ्रायड द्वारा कथित सुरक्षा प्रक्रियाओं पर आधारित हैं।

फ्रीमैन के शब्दों में–''प्रक्षेपण परीक्षण का तात्पर्य उस विधि से है जिसमें परीक्षार्थी के समक्ष ऐसी उत्तेजक परिस्थिति प्रस्तुत की जाती है जिसमें वह अपनी व्यक्तिगत आवश्यकताओं, विशेष प्रत्यक्षीकरणों तथा व्याख्याओं को आरोपित करने का अवसर प्राप्त करें।''

इस प्रकार प्रक्षेपण अचेतन की वह सुरक्षा प्रक्रिया है जिसमें कोई व्यक्ति अपनी अनुभूतियों, विचारों, आकांक्षाओं तथा संवेगों को दूसरों पर आरोपित करता है।

प्रक्षेपी विधियों की विशेषताएँ

1. जिस वस्तु को हम उत्तेजक के रूप में लेते हैं, वह अस्पष्ट और बिना पहचानी हुई होती है। विषयी से हम उसका अर्थ बताने के लिए कहते हैं। इस प्रकार की क्रिया द्वारा उसका सही व्यक्तित्व निरीक्षणकर्त्ता के सामने आ जाता है और उसका वैज्ञानिक अध्ययन कर लिया जाता है।

2. प्रक्षेपी विधियों में हम वास्तविकता से अधिक मनोवैज्ञानिक सत्य पर जोर देते हैं। व्यक्ति के जीवन का इतिहास इतना आवश्यक नहीं जितने कि उसके विचार, उद्देश्य आदि। इन वस्तुओं की ओर प्रक्षेपण हमारा ध्यान आकर्षित या केन्द्रित कर देता है।

3. इन विधियों का हम दुरुपयोग भी कर सकते हैं, क्योंकि परीक्षक भी अपने विचारों और मतों आदि का प्रक्षेपण कर सकता है। यह मनोवैज्ञानिक ज्ञान में बाधक हो सकता है। इस प्रकार व्यक्तित्व का निराकरण परीक्षक के विचारों आदि पर भी आश्रित हो सकता है। व्यक्ति के व्यक्तित्व के सम्बन्ध में त्रुटिपूर्ण विचार बनने की संभावना बनी रहती है।

4. प्रक्षेपण विधियाँ पूर्णतया वैज्ञानिक होती हैं। प्रत्येक व्यक्ति के व्यक्तित्व का विश्लेषण निश्चित सिद्धान्तों तथा नियमानुसार किया जाता है।

प्रमुख प्रक्षेपण विधियाँ
(Main Projective Methods)

(i) रोर्शा का स्याही-धब्बा-परीक्षण (RorschacfInk-Blot Test)

(अ) परीक्षण-सामग्री—रोर्शा का स्याही-धब्बा परीक्षण सबसे अधिक प्रयोग किया जाने वाला व्यक्तित्व-परीक्षण है। इसका निर्माण स्वीजरलैण्ड के विख्यात मनोवैज्ञानिक एवं मनोरोग-चिकित्सक हर्मन रोर्शा ने 1921 में किया था। इस परीक्षण में स्याही के धब्बों के 10 कार्डों का प्रयोग किया जाता है। इन कार्डों में से 5 बिल्कुल काले हैं, 2 काले और लाल हैं और 3 अनेक रंगों के हैं।

(ब) परीक्षण विधि—जिस मनुष्य के व्यक्तित्व का परीक्षण किया जाता है, उसे ये कार्ड निश्चित समय के अन्तर के बाद एक-एक करके दिखाये जाते हैं। फिर उससे पूछा जाता है कि उसे प्रत्येक कार्ड के धब्बों में क्या दिखाई दे रहा है। परीक्षार्थी धब्बों में जो भी आकृतियाँ देखता है, उनको बताता है और परीक्षक उसके उत्तरों को सविस्तार लिखता है। एक बार दिखाये जाने के बाद कार्डों को परीक्षार्थी को दुबारा दिखाया जाता है इस प्रकार उससे पूछा जाता है कि धब्बों में बताई गई आकृतियों को उसने कार्डों में किन स्थानों पर देखा था।

(स) विश्लेषण—परीक्षक, परीक्षार्थी के उत्तरों का विश्लेषण निम्नांकित चार बातों के आधार पर करता है–

(i) स्थान (Location)—इसमें यह देखा जाता है कि परीक्षार्थी की प्रतिक्रिया पूरे धब्बे के प्रति थी, या उसके किसी एक भाग के प्रति।

(ii) निर्धारक गुण (Determining Quality)—इसमें यह देखा जाता है कि परीक्षार्थी की प्रतिक्रिया धब्बे की बनावट के कारण थी, या उसके रंग के कारण या उसमें देखी जाने वाली किसी आकृति की गति के कारण।

(iii) विषय (Content)—इसमें यह देखा जाता है कि परीक्षार्थी ने धब्बों में किनकी आकृतियाँ देखी-व्यक्तियों की, पशुओं की, वस्तुओं की, प्राकृतिक दृश्यों की, नक्शों की या अन्य किसी की।

(iv) समय व प्रतिक्रियाएँ (Time & Responses)—इसमें यह देखा जाता है कि परीक्षार्थी ने प्रत्येक धब्बे के प्रति कितने समय तक प्रतिक्रिया की, कितनी प्रतिक्रियाएँ की और किस प्रकार की, की।

(द) निष्कर्ष—अपने विश्लेषण के आधार पर परीक्षक निम्नलिखित प्रकार के निष्कर्ष निकालता है–

(i) धब्बे को पूर्ण रूप में देखने से तात्पर्य यह है कि उस विषयी के अन्दर अदृश्य और संकलन योग्यता है; जबकि व्याख्यात्मक वर्णन उसके अन्दर वास्तवकिता की भावना को व्यक्त करता है।

(ii) विभिन्न जानवरों को देखने से तात्पर्य यह है कि उसकी श्रृंखला दृढ़ है।

(iii) स्वच्छ एवं अच्छे चित्रों को देखने से तात्पर्य यह है कि विषयी का नियन्त्रण अच्छा है।

(iv) यदि परीक्षार्थी ने सम्पूर्ण धब्बों के प्रति प्रतिक्रियाएँ की हैं, तो वह व्यावहारिक मनुष्य न होकर सैद्धान्तिक मनुष्य है।

(v) यदि परीक्षार्थी ने धब्बों के भागों के प्रति प्रतिक्रियाएं की हैं, तो वह छोटी–छोटी और व्यर्थ की बातों की ओर ध्यान देने वाला मनुष्य है।

(vi) यदि परीक्षार्थी ने धब्बों में व्यक्तियों, पशुओं आदि की गति (चलते हुए) देखी है, तो वह अन्तर्मुखी मनुष्य है।

(vii) यदि परीक्षार्थी ने रंगों के प्रति प्रतिक्रियाएं की हैं, तो उसमें संवेगों का बाहुल्य है।

रोर्शा परीक्षा के 10 कार्डों में से कुछ को सफेद कागज पर बनाकर तथा कुछ को रंगीन कागज पर बनाकर विषयी को दिखाते हैं। ये रंग गहरे भूरे से आरम्भ होते हैं और लाल या नीले के बीच रहते हैं। 10 चित्र इस प्रकार बनाये जाते हैं कि पहले से अन्तिम तक उनमें जटिलता बढ़ती जाती है।

इस विधि की वैधता का पता इस प्रकार लगा सकते हैं कि व्यक्तित्व परीक्षण वाले व्यक्तियों को रोर्शा टेस्ट के परिणामों द्वारा मापें और फिर दूसरी विधियों से व्यक्तित्व के सम्बन्ध में प्राप्त जानकारी से इसकी तुलना करें। यदि इस तुलना में रोर्शा टेस्ट द्वारा मापित व्यक्तित्व की धारणा अन्य विधियों द्वारा मापित व्यक्तित्व की धारणा के समान ही है तो ''रोर्शा धब्बा-परीक्षा'' वैध सिद्ध हो जाएगी।

इस परीक्षा की विश्वसनीयता को ज्ञात करने के लिए हम लगातार इस परीक्षा को 6 से 12 महीने तक लेते हैं। यह देखा गया है कि एक वर्ष बाद औसतन 25 या 30 प्रतिशत प्रत्युत्तर एक से होते हैं। इस परीक्षा को फिर पाँच वर्ष बाद दोहराया जाता है, जबकि विषयी सभी प्रतिक्रियाएँ भूल जाता है, तब यदि विषयी का मापा हुआ व्यक्तित्व पहले मापे हुए व्यक्तित्व से मेल खाता है तो रोर्शा परीक्षा को विश्वसनीय समझा जा सकता है।

(ii) प्रासंगिक अन्तर्बोध परीक्षण (T.A.T.)
(Thematic Apperception Test)

(अ) परीक्षण सामग्री—इस परीक्षण का निर्माण Morgan & Murray 1935 में किया था। इस परीक्षण को चित्र कहानी परीक्षण भी कहते हैं। इस परीक्षा में चित्रों की शृंखला विषयी को दिखाई जाती है और उससे उन्हें देखकर एक कहानी बनाने को कहते हैं, जो विभिन्न प्रकार के प्रश्नों पर आधारित होती है।

इस परीक्षण में 30 चित्रों का प्रयोग किया जाता है। ये सभी चित्र पुरुषों या स्त्रियों के हैं। इनमें से 10 चित्र पुरुषों के लिए, 10 स्त्रियों के लिए और 10 दोनों के लिए हैं। परीक्षण के समय लिंगानुसार साधारणतः 10 चित्रों का प्रयोग किया जाता है।

(ब) परीक्षण-विधि—परीक्षक, परीक्षार्थी को एक चित्र दिखाकर पूछता है-चित्र में पात्र क्या कर रहा है ? वह क्या महसूस कर रहा है ? इसके होने का क्या कारण है? इसका क्या परिणाम होगा ? चित्र में अंकित व्यक्ति या व्यक्तियों के विचार और भावनायें क्या हैं ? इस प्रकार परीक्षक, परीक्षार्थी को एक-एक करके 10 कार्ड दिखाता है। वह परीक्षार्थी से प्रश्नों को ध्यान में रखकर प्रत्येक कार्ड चित्र के सम्बन्ध में कोई कहानी बनाने को कहता है। परीक्षार्थी कहानी बनाकर सुनाता है। इस प्रकार विषयी द्वारा बनाई हुई कहानी व्यक्तिगत होती है। यह विधि अत्यन्त उपयोगी है।

(स) विश्लेषण—परीक्षार्थी साधारणतः अपने को चित्र का कोई पात्र मान लेता है। उसके बाद वह कहानी कर अपने विचारों, भावनाओं, समस्याओं आदि को व्यक्त करता है। यह कहानी स्वयं उसके जीवन की कहानी होती है। परीक्षक कहानी का विश्लेषण करके उसके व्यक्तित्व की विशेषताओं का पता लगाता है।

(द) उपयोगिता—इस परीक्षण द्वारा व्यक्ति की रुचियों, अभिरुचियों, प्रवृत्तियों, इच्छाओं, आवश्यकताओं, सामाजिक और व्यक्तिगत सम्बन्धों आदि की जानकारी प्राप्त हो जाती है। इस जानकारी के आधार पर उसे व्यक्तिगत निर्देशन देने का कार्य हो जाता है।

कुछ अन्य महत्त्वपूर्ण प्रक्षेपण विधियाँ
(Some other Important Projective Methods)

बालक अन्तर्बोध परीक्षण (C.A.T.)
(Children Application)

बालक अन्तर्बोध परीक्षण का निर्माण सन् 1948 में ल्योपोल्ड बैलक ने किया। बैलक ने 3 से 11 वर्ष की आयु के बीच के बालकों के व्यक्तित्व का माप करने हेतु सी.ए.टी. का निर्माण किया। टी.ए.टी. की भाँति इस परीक्षण में चित्र हैं, किन्तु वे मानव चित्र का मानव-जीवन की सामान्य घटनाओं से सम्बन्धित न होकर जानवरों के ऐसे चित्र हैं जो किसी न किसी क्रिया में रत हैं। इन चित्रों को भी टी.ए.टी. की भाँति एक-एक करके बालक को दिखाया जाता है। सम्पूर्ण परीक्षण में 10 चित्र हैं। कार्ड पर बने चित्रों को देखकर बालक से उसका कथानक पूछा जाता है रोर्शा की ही भाँति इसका फलांकन आदि किया जाता है।

शब्द-साहचर्य विधि (Word-Association Test)

इस विधि का सर्वप्रथम प्रयोग गाल्टन ने अपनी मनोविज्ञान प्रयोगशाला में सन् 1879 में किया। इस प्रयोग में गाल्टन का साथ वुण्ट दे रहे थे। गाल्टन ने सर्वप्रथम 75 शब्दों की एक सूची बनाई और उसका प्रयोग अपने पर ही किया। उसने देखा कि साहचर्य शब्दों के स्मरण से कुछ मानसिक चित्र एवं प्रतिमाएँ मस्तिष्क में अंकित हो जाती हैं। इन चित्रों एवं प्रतिमाओं की संख्या एवं उनकी स्पष्टता साहचर्य की शक्ति पर निर्भर थी। साहचर्य भी शीघ्र तथा देर से स्थापित हो पाता था। साहचर्य काल की माप हेतु उसने क्रोनोमीटर का प्रयोग किया। फिर उसका विश्लेषण किया तथा निष्कर्ष प्रतिपादित किये। गाल्टन के पश्चात् युंग ने भी इसी विधि को अपनाया एवं 100 शब्दों की एक सूची तैयार की। युंग का मुख्य उद्देश्य संवेगात्मक ग्रन्थियों का पता लगाना था। इसने प्रतिक्रिया-काल एवं प्रतिक्रिया-शब्द-दोनों के आधार पर विश्लेषण विधि अपनाई। युंग ने प्रतिक्रिया शब्दों को निम्नांकित श्रेणियों में विभाजित किया-

(i) अहम्-केन्द्रित (Ego-Centric)

(ii) वर्गोपरि (Super-ordiates)

(iii) विरोधी शब्द (Opposite Words)

(iv) अन्यान्य (Miscellaneous)

(v) स्पीच हैबिट (SpeecfHabit)

युंग के उपरान्त इस विधि का संशोधन केन्ट-रोसानोफ, रैपापोर्ट तथा ओरबीसन इत्यादि ने किया।

यद्यपि वर्तमान में शब्द-साहचर्य की अनेक विधियाँ प्रचलित हैं, परन्तु उनकी आन्तरिक प्रकृति में कोई खास भेद नहीं है, इनमें जो भी भेद है, वह निर्माण भेद है, पर सब की प्रकृति एक ही है। इनकी प्रकृति का ज्ञान रैपापोर्ट तथा शाफर की शब्द-साहचर्य विधि से ज्ञात हो सकता है। इस विधि के अनुसार परीक्षक परीक्षार्थी से कहता है कि उसे शब्द दिये जायेंगे। प्रत्येक शब्द के उत्तर में उसके दिमाग में जो शब्द सर्वप्रथम आए, उसे वह बता दे। परीक्षार्थी इसी प्रकार 60 शब्दों के उत्तर में अपने शब्द बोलता है। इन 60 शब्दों की सूची में गृह से सम्बन्धित, लिंग से सम्बन्धित, स्वभाव आदि से सम्बन्धित शब्द हैं। परीक्षक द्वारा कहे गए शब्द एवं परीक्षार्थी द्वारा दिए गए प्रत्युत्तर का समय उल्लिखित कर लिया जाता है एवं परीक्षार्थी का उत्तर तो लिखा ही जाता है। परीक्षक द्वारा कहा गया शब्द "उद्दीपन शब्द" कहलाता है तथा परीक्षार्थी द्वारा कहा गया शब्द "प्रतिक्रिया-शब्द" कहलाता है। उदाहरण के लिए मान लिया जाए कि उद्दीपक शब्द "प्यार" है एवं प्रतिक्रिया शब्द "माँ" है तो इन दोनों शब्दों का एक अर्थ है, यह परीक्षार्थी की मां के प्रति प्रतिक्रिया बताता है। रैपापोर्ट ने प्रतिक्रिया शब्दों को पाँच-श्रेणियों में विभक्त किया-

(i) समीपस्थ प्रतिक्रिया (Close Reactions)

(ii) दूरस्थ प्रतिक्रिया (Distant Reactions)

(iii) विषय-विश्लेषण (Context Analysis)

(iv) पुनरोत्पादक वेदना (Reproductive Distrubances)

(v) परम्परागत ग्रन्थियों के संकेत (Traditional Complex Indicators)

इस विधि में वैधता के कुछ चिह्न दृष्टिगोचर होते हैं। टेण्डलर ने इस विधि को पर्याप्त मात्रा में विश्वसनीय पाया है। परन्तु इस विधि की वैधता अभी सन्तोषजनक रूप में स्थापित नहीं हो पायी है।

वाक्य-पूर्ति परीक्षण
(Sentence Completion Test)

वाक्य-पूर्ति परीक्षण विधि का सर्वप्रथम प्रयोग पाइन तथा टेण्डलर ने 1910 में किया। 20 वाक्य थे, यथा-मैं सुख का अनुभव करता हूँ क्योंकि.....। इसके उपरान्त ह्वीलर (Wheeler), कैमरोन, लार्ज, थार्नडाइक, सेनफोर्ड ने इस विधि का संशोधन किया। होड (Rhode) ने अपनी सूची में अत्यन्त छोटे तथा सरल पद रखे; यथा-मेरे स्कूल का काम....।

इस विधि में कुछ वाक्यों को शीघ्रातिशीघ्र पूरा करना पड़ता है। इसमें यह माना जाता है कि वाक्य-पूर्ति में परीक्षार्थी उन्हीं शब्दों का प्रयोग करता है जो उसकी इच्छा, भय, डर आदि को व्यक्त करते हैं। इसमें अभिव्यक्ति प्रमामित उद्दीपक के निर्वचन पर निर्भर है। इस प्रकार यह व्यक्तित्व के गुणों का बोध कराता है। इस दृष्टि से यह विधि टी.ए.टी. के समकक्ष है।

इस विधि में विश्वसनीयता करीब 83 मापी गयी है। विभेदकारी शक्ति इसमें पर्याप्त है। इस कारण निर्देशन में इस विधि का अच्छा महत्व है।

खेल तथा ड्रामा विधि
(Play & Drama Method)

"खेल तथा ड्रामा" व्यक्तित्व मापन की अच्छी विधि मानी जाती है क्योंकि इसमें परीक्षार्थी अपनी भावनाओं का स्वतंत्र प्रदर्शन कर सकता है। इसका नैदानिक महत्त्व परीक्षक या पर्यवेक्षक की पर्यवेक्षण दक्षता तथा परीक्षार्थी की भावना-प्रदर्शन कला के विश्लेषण पर निर्भर है। इसमें वे कथानक भी सम्मिलित हैं जिन्हें परीक्षार्थी खेलते समय उच्चारित करता है।

इस विधि के निर्माता प्रसिद्ध मनोवैज्ञानिक **जे.एल.मोरेनो** थे। जिन्होंने अपने प्रयोग वियना में किए। इनके द्वारा अपनायी विधि अनेक प्रकाशनों में प्रकाशित हो चुकी है। इसमें रोगग्रस्त व्यक्ति को प्रमुख नायक की भूमिका दी जाती है। परीक्षार्थी दृश्यों का सुझाव देते हैं। सुझाव उसकी भावनाओं और संवेगों को प्रदर्शित करते हैं। नाटक की सहायता दूसरे व्यक्तियों द्वारा भी की जाती है। ये अन्य व्यक्ति भी नाटक में भाग लेते हैं, पर इनको मुख्य भाग नहीं दिया जाता है।

इस प्रकार की विधि में परीक्षार्थी जब नाटक खेलता है तो अपनी भावनाओं को प्रदर्शित करता है, अपनी समस्याओं को दिखाता है, जिससे वह उनके समाधान हेतु कोई रास्ता पा सके।

इस विधि की विश्वसनीयता एवं वैधता जानने के कोई खास प्रयत्न नहीं किये गये। इस विधि में पर्यवेक्षण विधि का सहारा लेना पड़ता है और पर्यवेक्षण विधि स्वयं अप्रमाणीकृत है। इसके अलावा यह विधि मितव्ययी भी नहीं है इसमें समय एवं श्रम भी अधिक व्यय होता है।

वर्णन गति-विधि

(Expressive Movement Method)

यह बात बहुत दिनों से स्वीकार की जा चुकी है कि मनुष्य के ढंग, प्रतिरूप, मुखाकृति इत्यादि एक व्यक्ति में भेद बताते हैं। प्रत्येक व्यक्ति अपने मस्तिष्क में अपनी-अपनी विचारधाराएँ बना लेता है जिनके आधार पर वह अनेक व्यक्तियों को अलग-अलग श्रेणियों में विभाजित करता है। इन विचारधाराओं को वह कई प्रकार से व्यक्त करता है; यथा- "Sweet lady who has a kind face, The nurveous child who bites his finger nales." आदि।

इस कथन को कि व्यक्ति के हावभाव, व्यक्ति के व्यक्तित्व को प्रदर्शित करते हैं, आलपोर्ट (Allport) तथा वर्नन (Vernon) ने पूरी तरह से स्वीकार किया है। हाव-भावों का अध्ययन करने हेतु अनेक व्यक्तियों ने कई प्रकार से प्रयत्न किये हैं। कुछ व्यक्तियों ने फोटो, चलचित्र, हस्तलेख, चित्रों की प्रतिलिपि, कला इत्यादि द्वारा हाव-भावों के अध्ययन की चेष्टा की है।

परन्तु इस प्रकार के अध्ययन की अभी तक कोई विश्वसनीयता तथा वैधता स्थापित नहीं हो पायी है। इसलिये हम अकेले ही प्रयोग नहीं कर सकते हैं।

अध्यापक के लिए महत्त्व- (Importance for Teacher)

प्रक्षेपी विधियों का प्रयोग अध्यापक अपनी कक्षा अथवा विद्यालय के असामान्य छात्रों, अपराधी छात्रों तथा समस्यात्मक बालकों की व्यक्तित्व सम्बन्धी समस्याओं की जानकारी प्राप्त करने में कर सकता है तथा उनको दूर करने में अपना सहयोग प्रदान कर सकता है।

अनेक निक्षेपी विधियों तथा परीक्षणों द्वारा बालकों की दमित इच्छाओं को जाना जा सकता है। बालक के असामान्य व्यवहार के कारणों को ज्ञात कर बालक तथा उसके माता-पिता को समुचित निर्देशन दिया जा सकता है। एक अध्यापक को इन विधियों का उपयोग अवश्य करना चाहिए, क्योंकि शिक्षा का उद्देश्य व्यक्ति का सर्वाङ्गीण विकास करना है। ये विधियाँ इस कार्य में अध्यापक को महत्त्वपूर्ण सहयोग प्रदान कर सकती हैं।

□□□

16

बालक अभिभावक सम्बन्ध
(Parents and Child Relationship)

सुखद मानव जीवन की परिकल्पना प्रसन्न पारिवारिक पृष्ठभूमि में ही सम्भव है। परिवार का नाम आते ही माता-पिता व बच्चे का ध्यान आना स्वाभावितक ही है, क्योंकि ये ही परिवार के वे आधार हैं, जिन पर परिवार रूपी इमारत खड़ी होती है। परिवार तभी सही अर्थों में परिवार कहलाता है, जबकि बालक व माता-पिता के बीच प्रेमपूर्ण सम्बन्ध हो और इन्हीं सम्बन्धों पर निर्भर है व्यक्ति का व्यक्तित्व का निर्माण कर सकते हैं इसलिए माता-पिता का कर्त्तव्य है, कि बालक के साथ मधुर सम्बन्ध स्थापित करें उनकी रुचियों व क्षमताओं को जानें तथा उचित दिशा में विकसित करें। आज के व्यस्त जीवन में माता-पिता का महत्त्वपूर्ण स्थान है। बच्चा जिस तरह कम्प्यूटर प्रोगामिग करता है, यह उसके माता-पिता की रुचि तथा समुचित रूप से दिये गये ध्यान का ही परिणाम है। भारी बस्तों के साथ वह कम्प्यूटर और इन्टरनेट के प्रभाव से अछूता नहीं है। वह सभी कुछ जल्दी सीखना और पाना चाहता है। अच्छे नम्बर और उच्च पद की होड़ के प्रभाव को वह बचपन में ही समझने लगता है, किन्तु इसके लिए माता-पिता को पूरा समय देना आवश्यक है। बच्चे का शारीरिक एवं मानसिक विकास तभी होगा जबकि इस व्यस्तथा के दौर में अभिभावक अपने बच्चे के विकास की और विशेष ध्यान दें तथा उनके मनोभावों को समझें। बालक उस कमजोर टहनी के समान है जिसक चाहे जिस दिशा में मोड़ा जा सकता है, यदि उसे परिवार में उचित प्यार मिलता है तब उसका विकास भी सन्तुलित ढंग से होता है।

परिवार में पिता द्वारा तीन प्रकार के अनुशासन स्थापित करने की चेष्टा होती है: (1) कठोर या तानाशाही ढंग, (2) जनतांत्रिक ढंग, (3) बालक जैसा करना चाहे वैसाा करने देने का ढंग। इन तीनों प्रकार के प्रशिक्षण के लाभ और हानि हैं।

पहले ढंग के अनुशासन में पिता बच्चों की गलतियों के प्रति बड़ा ही कठोर रुख अपनाता है और कड़ी से कड़ी सजा देता है। वह शारीरिक दण्ड अधिक देता है बच्चों की इच्छा का तनिक परवाह नहीं होता। उसकी इच्छा सर्वोपरि होती है।

दूसरे ढंग से अनुशासन इस प्रकार का होता है कि बच्चों को अपनी इच्छा प्रकट करने, अपना मत प्रकट करने, अपनी राय देने की पूरी स्वतंत्रता होती है। पिता परिवार का सबसे प्रमुख सदस्य होता है, पर वह अन्य सदस्यों के अस्तित्व को नहीं नकारता। अपने कर्त्तव्य और अधिकार के प्रति सजग होता है और बच्चों के कर्त्तव्य एवं अधिकारों के प्रति भी सचेत होता है। वह बच्चों को अपने व्यक्तित्व को विकसित करने का पूरा अवसर प्रदान करता है। यदि बच्चे कभी उससे असहमत होते हैं, तो वह उन्हें ठोक-पीठकर अपनी बात मनवाने की चेष्टा नहीं करता । वह बच्चों की भावनाओं को भी यथासंभव आदर देता है।

तीसरा ढंब बच्चे को मनमानी करने की पूरी छूट देता है। बच्चा अच्छा बुरा जो करना चाहे उसे वे करने देते हैं। ऐसे माता-पिता का उद्देश्य अपने बच्चों को खुश करना, चाहे वक कितना ही अमर्यादा पूर्ण काम क्यों न करें। ऐसे अनुशासन में बच्चों पर किसी प्रकार का बन्धन नहीं होता-वे चाहे पहने, जो खाये-पीयें, जहाँ मन करें जायें, जिससे मन करे मिले, जो इच्छा हो करें। अत्यधिक शिक्षित पिता ही सामानयत: इस ढंग को अपनाते हैं।

उपर्युक्त विधियाँ माताएँ भी पारिवारिक अनुशासन में काम लाती हैं, क्योंकि उन्हें भी पिता की उपस्थिति एवं अनुपस्थिति में बच्चों को नियंत्रित करना पड़ता है।

जहाँ माता-पिता और सन्तान के बीच स्नेहिल सम्बन्ध होता है वहाँ का वातावरण हल्का, स्वस्थ एवं सौहाद्रपूर्ण होता है। कुछ माता-पिता आवश्यकतानुसार कोर और मृदु होते हैं। इसका दृष्टिकोण व्यावहारिक होता है। यह सर्वोत्तम विधि है।

माता और सन्तान के बीच सम्बन्ध

माता सन्तान की शारीरिक एवं संवेगात्मक आवश्यकताओं की पूर्ति करती है। बाल-विकास में उसकी महत्त्वपूर्ण भूमिका होती है। माता के स्तन-पान का ढंग, स्तनपान छुड़ाने का ढंग, मल-मूत्र त्यागने के सम्बन्ध में प्रशिक्षण, विद्यालय भेजने की तैयारी आदि का बाल विकास पर दूरगामी प्रभाव पड़ता है। पर्याप्त माँ का प्यार न पाये बच्चों में भय, चिन्ता, असुरक्षा आदि का भाव जीवन पर्यन्त बना रहता है।

माता-पिता के व्यक्तित्व का प्रभाव

सामान्यत: माता-पिता अपने बच्चों का पालन-पोषण उन्हीं विधियों से करते हैं जैसा कि उनके माता-पिता ने उनका किया था। यदि माता-पिता रौबदार है तो उनके बच्चे भी वैसे ही निकलेंगे। यदि माता-पिता सरल, स्नेहिल और विनम्र हुए तो उनके बच्चे वैसे ही होंगे।

माता-पिता के व्यवहार के प्रमुख तत्त्व है-स्वीकृति, अस्वीकृति तथा अतिसंरक्षण।

बच्चों को माननेवाले अथवा प्यार करने वाले माता-पिता-दृढ़ पर मृदु, भावुक पर यथार्थवादी होते हैं। अर्थात् इनके व्यदितत्व में विरोधाभास होता है। वह बच्चों से प्यार करता है पर आवश्यकता पड़ने पर उनके प्रति कठोर भी होता है, दूध पिताली है, स्नेह से निहारकर हर्षित होती है वह बच्चे को खोकर बेहद दु:खी होती है। ऐसे माँ-बाप बच्चों के सानिध्य में

प्रसन्न रहते हैं। वे उन्हें संरक्षण प्रदान कर संतुष्ट होते हैं। कभी-कभी वे बच्चों के अवांछनीय व्यवहारों से खीझते भी हैं फिर भी वे उन्हें स्नेह देते हैं। उनमें अपार धैर्य होता है और वे बच्चों के धीमे विकास पर भी संतुष्ट रहते हैं। वे बच्चों की अपरिपक्वता पर कुपित नहीं होते। बच्चों के व्यवहार से दुःखी रहने पर भी बच्चे को डाँटते, फटकारते, पीटते नहीं।

ध्यान न देना, विद्यालय में उसके प्रति साथियों एवं शिक्षकों के दुर्व्यवहार की उपेक्षा, परीक्षा में अच्छे अंक प्राप्त करने पर भी प्यार करने का वादा इत्यादि भी बच्चों की अस्वीकृति करने की और विधियाँ है। इससे भी रद्दी तरीका है बच्चा जो माँगे वही दे देनना अथवा जो चाहे वहीं करने देना। अति-संरक्षण प्रदान करना भी बालक के स्वतंत्र-विकास तथा उसके आत्म-विश्वास के विकास के मार्ग को अवरुद्ध करना है। बच्चे को स्वयं कुछ करने तथा सोचने से रोकना उसकी संभावनाओं को नष्ट करना है। बच्चे को स्वयं कुछ करने तथा सोचने से रोकना उसकी संभावनाओं को नष्ट करना है। माँ का हर समय बच्चे को गोद लिये फिरना, हमेशा उसके साथ सटकर सोना उसे बिगाड़ना है। सयाने हो जाने पर भी बच्चे को बिल्कुल बच्चा समझना भी उसके स्वस्थ विकास के लिए घातक है। ऐसे माँ-बाप बालक को अकेले सड़क पार नहीं करने देते, अकेले बाजार-हाट, खेल के मैदान तक नहीं जाने देते। अति प्यार एवं अति संरक्षण एक ही सिक्के के दो रूप है, जो बाल-विकास को कुंठित करते हैं। माँ-बाप द्वारा ठुकराये गये बच्चे एकान्त, निर्वासन, मित्रहीनता, देर तक भूख-प्यास से उत्पन्न व्याकुलता आदि के शिकार होते हैं। ऐसी परिस्थितियाँ उसके मन में कड़वाहट पैदा करती है जिसके फलस्वरूप वह जीवन की मधुर नहीं पाता। वह जीवन-संग्राम में घायल योद्धा की तरह अकेला कराहता रहता है। बचपन में ही इन दुखद परिस्थितियों में मर्माहत होने के कारण वह आगे की लड़ाई लड़ने में सक्षम नहीं रह पाता। जिस पंछी के पंख बचपन में ही कतर दिये गये हों भला वह जीवन के आकाश में कैसे उड़ाने भर सकता है। वे बच्चों को अपने मन के अनुसार आचरण करने की पूरी छूट देते हैं। परन्तु वे अपने बच्चों के गुलाम नहीं होते। वे अपने बच्चों के अपने ऊपर बिल्कुल हावी नहीं होने देते। वे अपने बच्चों के कर्त्तव्य और अधिकार को समझते हैं। परन्तु अपने कर्त्तव्य और अधिकार को ही नहीं भूलते।

बच्चों को माननेवाले माँ-बाप के लालन-पालन का सुफल यह होता है कि बच्चों में आत्म-विश्वास की वृद्धि होती है। बच्चों में दूसारें को प्यार करने या मानने की क्षमता विकसित होती है। प्यार और सद्भावना के वातावरण में पले-पुसे बच्चों का विकास स्वस्थ होता है, वे गलती करते हैं और उसे सुधारने का प्रयास करते हैं और कभी हतात्साहित होकर प्रयास नहीं छोड़ देते। वे आलोचना और उपहास को बिना चिन्ता किये अपना काम करते हैं।

बच्चों को न माननेवाले माँ-बाप-ये वे माँ-बाप है हो बच्चों का दुतकारते, फटकारते तथा कोसते-पीटते रहते हैं। तिरस्कृत बच्चों में खीझ, झल्लाहट, आक्रोश, एवं घृणा भरता जाता है जोकि उसके बाद के जीवन में कड़वाहट भर देते हैं। कभी-कभी वैसे माँ-बाप जो अन्दर से अपने बच्चों से जुड़े होते हैं अतिशय अनुशासनप्रियता के चलते तिरस्कार करने वाले प्रतीत होते हैं। बच्चों पर तरह-तरह के नियंत्रण डालने से उनमें क्षोम उत्पन्न होता है। कोई भी माँ-

बाप अपने बच्चों की सभी बातों को नहीं मान सकते। परन्तु कुछ माँगों को ठुकराने का यह कदापि अर्थ नहीं होता हक वे बच्चों से घृणा करते हैं। सभी माँगों की आपूर्ति संभव नहीं। ऐसे माँ-बाप बच्चों को डराते-धमकाते रहते हैं-कठोर अनुशासनवाले छात्रावास में भेजने की धमकी, पिटाई करनेवाले शिक्षकों के हाथ सौंपने की धमकी, जमकर पिटाई की धमकी, कमरे में बन्द करने की धमकी, खिलौना न देने की धमकी। दूसरे बालकों की तुलना नीच बताना, मनोचिकित्सकों, शिक्षकों एवं प्रशिक्षित वयस्कों की सहायता न लेना आदि भी बच्चों को हतोत्साहित करने के आसान तरीके हैं। बच्चों की आवश्यकताओं पर तनिक बार-बार दोषी ठहराये जाने पर उसके अन्दर का आत्म विश्वास मर जाता है। जो बच्चा बचपन में प्यार नहीं पाता वह सयाने होने पर दूसरों को प्यार दे भी नहीं पाता। बचपन की कटुआलोचना, असफलता, अस्वीकृति उसे वयस्क होने पर दूसरों को प्यार और आदर से अपनाने में बाधक सिद्ध होती है। माँ-बाप द्वारा घृणा किये जाने से वह आत्म-सम्मान खो बैठता है।

माँ-बाप के प्रति लगाव के प्रकार

सामान्यत: बालक अपनी माँ के प्रति और बालिका अपने पिता के प्रति आकर्षित होती है। उनका आकर्षण इतना तीव्र होता है कि सयाने होने पर बालक अपनी माँ जैसी पत्नी और बालिका अपने पिता जैसी पत्नी की आकंक्षा रखती है। इस नियम के अपवाद तभी मिलते हैं जब बालक को अपनी माँ से और बालिका को अपने पिता से बचपन से ही घृणा रही हो। पुत्र का माँ के प्रति भावात्मक झुकाव को फ्रायड ने 'इडिस ग्रन्थि' तथा पुत्री का पिता के प्रति भावात्मक झुकाव को 'इलेक्ट्रा ग्रन्थि' नाम दिया है। पुत्र अपनी माँ से अधिक सम्बद्ध होने के चलते पिता से प्रतिद्वन्िता का भाव रखने लगता है, और पुत्री अपनी माँ से।

बच्चे का माँ-बाप के प्रति दृष्टिकोण

माँ-बाप बच्चों की आँखों में जो हैं उससे भिन्न प्रकार के लग सकते हैं। माँ बाप का स्वरूप बच्चों के प्रत्यक्षण पर निर्भर करता है। माँ-बाप का व्यवहार बच्चों के दृष्टिकोण को बनाता है। जब कभी माँ-बाप शिशु को दंड देते हैं तब वह उनसे दंडाधिकारी स्वरूप की अपेक्षा न कर दयालुता की उम्मीद करता है। उसे विस्मय और दु:ख होता है। अपने माँ-बाप को क्रोध में पागल देखकर-दाँत पीसते, पशब्द बोलते, क्रोध से थर-थर करते। बच्चों को कभी-कभी अपने माँ बाप काव्यवहार सही होने पर भी अच्छा नहीं लगता। जैसे-आगन्तुकों के सामने बिल्कुल औपचारिक वातावरण में माँ-बाप द्वारा पुकारू नाम से बुलाया जाना-जैसे विजय को विज्जू कहना। कभी पिता प्यार से बच्चों के गाल में अपनी दाढ़ी को रगड़ देते हैं तो बच्चों को प्रिय नहीं लगता। वे प्रतिवाद करें या न करें फिर भी उन्हें अपने पिता के प्रति मन में क्रोध आता है। अत: माँ-बाप की दृष्टि से जो उचित और अच्छा है वह बच्चों की दृष्टि में नहीं भी हो सकता है। किशोरों को भी इसी प्रकार अपने माँ-बाप के बहुत से व्यवहार अप्रिय लगते हैं जिनकी जानकारी माँ-बाप को नहीं होती। जरसिल्ड औरएलिना ने एक अध्ययन में सयानों लोगों के अपने माँ-बाप के व्यवहारों की समीक्षा प्रस्तुत की।

बच्चों को माँ-बाप एक जैसे नहीं लगते। किसी बच्चे को माँ ज्यादा अच्छी लगती है किसी को पिता। उनकी पसंद उनकी अपनी अच्छाई सम्बन्धी अवधारणा पर निर्भर करीत है। जिन्हें वे अच्छा कहते हैं वे वास्तव में अच्छे नहीं भी हो सकते हैं। माँ से पैसा ऐंठने के लिए बालक माँ को 'मेरी अच्छी माँ', 'मेरी प्यारी माँ' आदि कहता है। आवारा बालक अपने पिता को इसलिए गऊ कहता है, 'भला आदमी' कहता है क्योंकि वे उसे आवारागर्दी करने से बिल्कुल नहीं रोकते-टोकते हैं।

इसी प्रकार माँ-बाप की दृष्टि में बेटा-बेटी बड़े सच्चरित्र, सशील एवं विनम्र होने पर दुश्चरित्र, दुष्ट एवं दुर्विनीत हो सकते हैं। जिस प्रकार माँ-बाप जो वास्तव मे होते हैं अपने बच्चों की दृष्टि में वैसे नहीं लगते वैसे ही बच्चे भी जो वास्तव में होते हैँ अपने माँ-बाप की दृष्टि में नहीं होते। यदि बच्चे माँ के प्रति सहिष्णु हैं तो अक्सर घर से गायब रहनेवाली माँ के विषय में पूछने पर कहते है-अरे बेचारी हरदम घर में बन्द रहती है, अब क्या चौबीस घंटे घर में ही रहे। यदि वे माँ के प्रति असहिष्णु हुए तो कहेंगे-छोड़िये, माँ की बात मत कीजिए। वह तो लगभग घर से बाहर ही रहती हैं और यह घर राम भरोसे चल रहा है।

एक पिता हैं जो अक्सर घर से बाहर रहते हैं। उन्हें अपने बच्चों को सही सही समझने के लिए बहुत कम अवसर प्राप्त हुए हैं। वे अपने उसे बेटे को बम भोला कहते हैं जोकि उनकी उनुपस्थिति में मुहल्ले भर का नाकोदम किये रहता है। वे अपनी उस बेटी को सीधी-सादी बताते हैं जो उनकी अनुपस्थिति में वह सब कार्य करती है जिनकी जानकारी उसके पिता को मिले तो वे उसे पर तुरंत बन्दूक तान दें।

माँ-बाप की आदर्श छवि

बच्चे कभी-कभी अपने माँ-बाप को जितने अच्छे नहीं है उससे कहीं अधिक अच्छा बताते हैं। उदाहरणार्थ-'डेडी अरे वो तो सेट है, पापाजी को तो सतयुग में पैदा होना चाहिए था', 'माँ, वह तो बिल्कुल करुणामयी हैं और वह तो इन काव्य पंक्तियों को बिल्कुल चरितार्थ करती है-सब 'देव-देवियाँ' एक ओर ऐ माँ मेरी त एक और', 'मम्मी', जैसी पवित्रात्मा देखने को मुश्किल से मिलती है। गरीबी के चलते यदि माँ-बाप अपनी सम्पत्ति को अपने बच्चों में बिल्कुल बराबर नहीं बाँट पाते तो वे बेईमान कहलाते है। यदि वे बेटा-बेटी के कहने पर, आर्थिक अभाव के चलते, मोटर, फ्रिज, टी.वी. आदि नहीं खरीद पाते तो वे बच्चों की दृष्टि में कंजूस, कंजड़ या विरागी समझे जाते हैं। इस प्रकार गलत प्रत्यक्षण के कारण अपने माँ-बाप के प्रति अन्याय करते हैं। बच्चे अपने माँ-बाप की या तो आदर्श छवि बना लेते हैं या कल्पित छवि जोकि वे नहीं होते। घूसखोर पिता के बच्चे अक्सर यह कते हुए पाये जाते हैं अरे! डैडी अगर जरा आँख मूंद लें तो घर का काया पलट हो ताय। कहने का अर्थ यह है कि यदि वे घूस लें तो हमलोगों की आर्थिक स्थिति सुधर जाय। जबकि ऐसा कहनेवाले के पिताजी घूसखोर है, परन्तु उतना घूस नहीं लेते कि बच्चे का कालेधन का स्पष्ट प्रभाव घर के ऐश्वर्य पर देख सके। बच्चे माँ-बाप की इस 'आदर्श-छवि' या 'कल्पित-छवि' से यूँ चिपके

होते हैं कि उन्हें जल्द टूटने देना पसन्द नहीं करते।

यदि माँ-बाप का प्रत्यक्षण आदर्श व्यक्ति के रूप में होता है तो माँ-बाप के स्थान लेनेवाले व्यक्तियों जैसे, शिक्षक के प्रति भी बच्चों का वही आदर-भाव होता है। बचपन में जो बुजुर्गों का प्रत्यक्षण होता है वह वयस्क होने पर काम देता है। यदि एक बार बड़ों के प्रति सम्मान की भावना विकसित होने पर काम देता है। यदि एक बार बड़ों के प्रति सम्मान की भावना विकसित हो गयी तो वह आगे चलकर स्वत: प्रकट होती है, और बड़ों का आदर करना एक आदत बन जाती है, चरित्र का अंग हो जाता है।

बच्चों द्वारा अपने व्यक्तित्व की स्थापना करना

बच्चा पूर्णत-माँ-बाप पर परतन्त्र होने पर भी समय-समय पर, अपने व्यक्तित्व को स्वतंत्र प्रमाणित करने के लिए कुछ विशेष प्रकार का व्यवहार करता है। मनोवैज्ञानिकों ने शिशुओं को अठारहवें महीने में बड़ों के प्रति प्रतिरोध प्रदर्शन करते हुए पाया है। रेनोल्ड्स (1928) के अनुसार ऐसे प्रतिरोधी व्यवहार चार वर्ष की उम्र में बहुत बढ़ जाते हैं। वे अपने मन से सब काम करना पसन्द करते हैं। दो वर्ष की आसु में वे 'मैं', 'मेरा', 'नहीं', 'ना' आदि बोलना सीख जाते हैं जिसके द्वारा वे अपनी असहमति या अस्वीकृति को व्यक्त करने लगते हैं। जो बालक दृढ़ता से नहीं कहने लगता है यह बात का संकेत देता है कि उसमें आत्म-विश्वास, आत्म-निर्भरता समुचित मात्रा में विकसित हो चुकी है। अत: माँ-बाप को बच्चों के अस्वीकार या 'ना' कहने से घबड़ाना नहीं चाहिए कि वे उनकी बातें नहीं मान रहे हैं। बच्चे को सदा बच्चा समझना अर्थात् ऐसा समझना की उनके पास मस्तिष्क है ही नहीं, ठीक नहीं। बच्चे भी सोचते हैं और 'हाँ', 'ना' दोनों कह सकते हैं, जो उनके स्वतंत्र व्यक्तित्व के होने का प्रमाण है और उनके स्वस्थ विकास का परिचायक है।

अभिभावक-बालक सम्बन्ध के कुछ निर्धारक

1. अभिभावकीय अभिवृत्तियाँ-अभिभावक की आयु एवं मानसिक विकास पर उनकी अभिवृत्तियाँ निर्भर करती हैं। कुछ लोग 20-25 वर्ष के बीच में ही माँ-बाप बन जाते हैं, कुछ विवाह के 9 माह के बाद। परन्तु कुछ 30-35 वर्ष के बीच माँ-बाप बनते हैं, विवाह के कई वर्षों बाद अर्थात् माँ-बाप शारीरिक, मानसिक दृष्टि से अपरिपक्व आर्थिक दृष्टि से पूर्ण आत्म-निर्भर, खुशहाल होते हैं और कुछ शारीरिक, मानसिक दृष्टि से अपरिपक्व एवं आर्थिक दृष्टि से कमजोर, फटेहाल होते हैं। कुछ माँ-बाप, माँ-बाप अनने से पहले अपने को नये ढंग से समायोजन के लिए बल-विज्ञान, बाल-विकास पर पुस्तकें पढ़ दूसरों के बच्चों के लालन-पालन के अनुभवों को सुन-देखकर तैयार कर लेतं हैं। वे अपने नए उत्तरदायित्व के लिए, नयी भूमिका के लिए अपने को प्रशिक्षित कर लेते हैं, परन्तु बहुत सारे माँ-बाप बिना किसी पूर्व तैयारी के माँ-बाप हो जाते हैं। इन दोनों प्रकार के माँ-बाप की अभिवृत्तियों में अन्तर तो होगा ही। ल्लैवेन (1968) ने ने अपने एक अध्ययन में पाया कि कच्ची उम्र के माँ-बाप अपने बच्चों के प्रति उत्तरदायित्वों का निर्वाह कर उस प्रकार और उतनी अच्छी तरह नहीं

करते हैं जितनी की अधिक आयुवाले माँ-बाप करते हैं। कुछ अभिभावक अपने बच्चों को अति-संरक्षण या अधिक छूट देकर उनके विकास को अस्वस्थ बना देते हैं क्योंकि अति संरक्षण प्राप्त बच्चो में-आश्रितता, शीघ्र प्रभावित हो जाना, शीघ्र बेचेन होना, आत्मविश्वास का अभाव, अपनी योग्यताओं पर विश्वास का न होना, व्यग्रता आदि दुर्गण उत्पन्न हो जाते हैं। अधिक छूट मिलने से बच्चे निरंकुश एवं मनमौजी हो जाते हैं। अधिक तिरस्कृत हो जाने पर बालक में आक्रामकता, कुसमायोजन, समाजविरोधी व्यवहार, निर्दयता, झूठ बोलने की प्रवृत्ति, कुण्ठा, प्रदर्शन या झूठा दिखावा की प्रवृत्ति पनप जाती है। अत्यन्त प्रभुत्वशाली प्रवृत्तिवाले अभिभावकों के कठोर शासन में बालकों में संवेदनशीलता, लज्जाशीलता, दैन्यभाव आदि भर जाते हैं। बिल्कुल अनियंत्रित बालक अनुत्तरदायी एवं लापरवाह हो जाते हैं।

2. अभिभावकों का पक्षपात-कुछ माँ-बाप अपनी संतानों के बीच पक्षतापूर्ण व्यवहार करते हैं। सामान्यत: भारतीय परिवारों में पुत्रों को पुत्रियों की अपेक्षा विशेषाधिकारी प्राप्त होता है, क्योंकि पुत्र इस लोक में बुढ़ापे का सहारा और मृत्यु के बाद मुँह में आग देकर 'पुत' नाम के नरक से उद्धार करनेवाला होता है।

सामान्यत: ऐसा देखा गया है कि पुत्र का अधिक पक्ष ओर माता पुत्री का अधिक पक्ष लेती है। ज्येष्ठ पुत्र में पिता अपनी छवि देखकर उत्तराधिकारी मानते हुए उसे अधिक महत्त्व देते हैं। ज्येष्ठ को श्रेष्ठ समझने की भारतीय परम्परा है। कनिष्ठ पुत्र को अधिक प्यार, तेतर बेटी (तीन बेटों के बाद होने वाली बेटी) आदि को सौभाग्यशालिनी मानते हुए विशेष प्यार देने की परम्परा है। मझले भाई को पहले और अंतिम भाई की अपेक्षा अभिभावकीय स्नेह मिलता है जिससे वह ज्यादा कर्मठ और जुझारू प्रकृति का बन जाता है।

अभिभावकीय पक्षपात भाई-बहनों के बीच दुर्मनस्य, ईर्ष्या एवं कलह पैदा करता है। पक्षपात के शिकार बच्चे माता-पिता के प्रति आक्रोश रखने लगते हैं। बच्चे भी माता-पिता के प्रति पक्षपातपूर्ण रवैया अपनाते हैं। यौवनारंभ के समय लड़कियाँ अपनी माँ के प्रति विशेष झुकाव रखने लगती है और पिता के प्रति विरोधी भाव रखने लगती है। माँ-बाप वरीयता के क्रम की अवहेलना करते हुए उस बच्चे केा अधिक मानने लगते हैं जो उसकी उपलब्ध्यिों द्वारा परिवार की प्रतिष्ठा को बढ़ा देते हैं। ऐसे परिवार में छोटे भाई की प्रतिष्ठा बड़े भाई से भी बढ़ जाती है या छोटी बहन भी नेत्री, अभिनेत्री, नृत्यांगना, प्रसिद्ध चिकित्सा, लोकप्रिय साहित्यकार बनकर या किसी क्षेत्र मममं अधिक सुयश पैदा कर अपने माँ-बाप के स्नेह का विशेष पात्र बन जाती है। माँ-बाप अपने बीमार विकलांग एवं आर्थिक दृष्टि से कमजोर बच्चों के साथ पक्षपात करते हैं।

3. परिवार का आकार-बड़े परिवार की अपेक्षा बच्चों एवं अभिभावकों के बीच घनिष्ठ एवं मधुर सम्बन्ध होते हैं। परिवार के बढ़ने से यह समबन्ध बिगढ़ने लगता है, चूँकि माँ-बाप बच्चों पर वह ध्यान नहीं दे पाते जो नये बच्चे के आगमन से पूर्व दिया करते थे। अभिभावकीय प्यार बँटकर क्रमशः कम हो जाता है। यदि पहली सन्तान और दूसरी संतान के जन्म में कम बरसों का अन्तर हो तो स्नेह, ध्यान जल्द ही बँट जाता है। इसीलिए तो आज सुखी परिवार

वहीं परिवार समझा जाता है जहाँ केवल दो बच्चे हों और दोनों के जन्म के बीच काफी अन्तर हो, अर्थात् जब एक अच्छी तरह पल-पुस जाय जो दूसरा आवे। तुरन्त-तुरन्त बच्चे होने पर बच्चों की परवरिश ठीक ढंग से नहीं हो पाती है।

4. परिवार का सामाजिक-आर्थिक स्तर-परिवार का सामाजिक-आर्थिक स्तर तीन प्रमुख वर्गों में विभाजित किया जा सकता है, उच्चवर्ग, मध्यमवर्ग, निम्नवर्ग। उच्चवर्ग के बच्चे अपने माँ-बाप का गर्व अनुभव करते हैं, निम्नवर्ग के बच्चे हीनता का अनुभव करते हैं और मध्ययमवर्ग के बच्चों से उनके माँ-बाप बहुत सारी आशाएँ और अपेक्षाएँ करते हैं। उनसे उम्मीद की जाती है कि वे समाज के मूल्यों और व्यवहार प्रतिमानों के अनुरूप व्यवहार करेंगे।

5. माता-पिता का व्यवसाय-माता-पिता के व्यवसाय की सामाजिक प्रतिष्ठा से बच्चे प्रभावित होते हैं। कोई बालक सार्वजनिक रूप से यह नहीं बताना चाहता कि उसके माता-पिता गन्दे व्यवसाय से सम्बन्द्ध हैं, जैसे तस्करी, हेराफेरी, वेश्यावृत्ति, चोरी-डकैती, दलाली, घूसखोरी, जुआ, विकलांग बच्चों से भीख मँगवाना, बालअपहरण आदि। इन व्यवसायों का उल्लेख करने में उसे लज्जा एवं ग्लानि का अनुभव होता है। यदि माता-पिता के व्यवसाय को बताने में बालक को शर्म का अनुभव होता है तो उसमें माता-पिता के प्रति विपरीत अभिवृत्तियाँ निर्मित होती है। माता का किसी व्यवसाय में लगे होने से बच्चे को माँ की देख-रेख में कमी पड़ जाती है। जिसके फलस्वरूप वे देर तक अकेलेपन और अलगाव के शिकार होते हैं जो कि उनमें मानसिक तनाव उत्पन्न करते हैं। यह तनाव भी बढ़ जाता है जब बालक अन्य बालकों को अपनी माँ के पास पाता है। उसे अपनी माँ पर रह-रह कर क्रोध आता है कि वह क्यों घर से बाहर है।

6. टूटे परिवार-किस परिवार में पति-पत्नी के बीच विवाह विच्छेद हो जाता है उस परिवार को हम टूटा परिवार कहते हैं। ऐसे परिवार के बच्चे अक्सर अपने दादी-नानी के पास पलते हैं परन्तु मानसिक तनाव से भरे होते हैं। किसी परिवार में माता के असमय देहान्द हो जाने से विधुर पिता का ही लालन-पालन करना पड़ता है, और पिता के देहान्त हो जाने पर विधवा माता पर ही बच्चों के लालन-पालन का बोझ पड़ जाता है।

ऐसे घरों में भी बच्चों और अभिभावक के बीच सम्बन्ध सामान्य नहीं होता है। इसके अतिरिक्त माता या पिता के पुनर्विवाह कर लेने से भी बालक को सौतेलापन का शिकार होना पड़ता है। जो उसमें धनात्मक या ऋणात्मक दिशा में विकृति पैदा कर देता है। और उसे असामान्य बना देता है। भारत में सौतेले पिता से अधिक सौतेली माताएँ होती है। सौतेला शब्द ही दुर्व्यवहार का पयार्य बन गया है।

7. दोषपूर्ण बच्चे-शारीरिक एवं मानसिक विकृत्ति के शिकार बच्चे माता-पिता के लिए सिरदर्द होते हैं। ऐसे बच्चे कुसमायोजित होते हैं और इनकी देखरेख पर माता-पिता को अधिक समय, शक्ति और धन व्यय करना पड़ता है। जब ऐसे बच्चों की तुलना माता-पिता उनके समवयस्क स्वस्थ बच्चों से करते हैं अथवा अपने अन्य स्वस्थ बच्चों से करते हैं तो चिन्तित हो उठते हैं, नैराश्य से भर जाते हैं। घर में एक पागल बच्चा पूरे घर को पागल बना देने के

लिए काफी है। कुसमायोजित बालक अन्तर्मुखी, स्वकेन्द्रित एवं स्वार्थी होते हैं। वे चाहते हैं कि वे कुछ न करें और अन्य लोग उनकी सेवा-टहल में रहें। वे अपने माता-पिता को दिन भर खटवाते रहते हैं। विकलांग, पिछड़े एवं रोगी बालकों के चलते माता-पिता परेशान रहते हैं।

एक अभिभावक के लिए विशेष झुकाव

जो अभिभावक बालक को अधिक स्नेह देता है, उसकी प्रशंसा करता है, अधीक देखभाल करता है तथा अधिक पद-प्रतिष्ठावाला होता है उसके प्रति बालक का अधीक झुकाव होता है। जो अभिभावक बालक को डाँटता-फटकारता है,उससे अधीक अपेक्षा करता है, उसके साथ कम समय बिताता है,वह बालक के द्वारा कम पसन्द किया जाता है।

अभिभावक-बालक सम्बन्धों का विकास

विकास के विभिन्न स्तरों पर बालक और अभिभावक के सम्बन्धों में परिवर्तन होते रहते हैं।

1. बचपनावस्था-यदि बालक की मुस्कान का प्रत्युत्तर अभिभावक मुस्करा कर नहीं देते तो आगे चलकर वे दूसरों को देखकर मुस्कुराकर अभिवादन नहीं कर पाते हैं। बालक $1\frac{1}{2}$ वर्ष की आयु तक माँ अथवा जैसी अन्य स्त्री पर अपनी प्राथमिक आवश्यकताओं की पूर्ति के लिए पुरी तरह निर्भर रहता है। अत: उस अवधि में माँ के साथ उसका सम्बन्ध घनिष्ठतम होता है। यदि इस अवस्था में वह माँ से विलग रहा तो उसे कष्ट होता है। ऐसे कष्टप्रद की स्मृति उसे जीवनभर सालती रहती है और उसका समायोजन आगे चलकर बिगड़ जाता है।

2. प्रारम्भिक बाल्यावस्था-इस अवस्था में बालक विद्रोही, शैतान, हठी एवं दूसरों का ध्यान अपनी ओर खीचनेवाला होता है। जब अभिभावक बालक की प्रत्यायाओं के अनुसार उनके साथ व्यवहार नहीं करते तो बालक और अभिभावकों के बीच सम्बन्श बिगड़ जाते हैं। इस अवस्था में बालक माता या पिता किसी एक के प्रति ज्यादा लगाव दिखाते हैं। यदि बालक इस अवस्था में अपने अभिभावकों के मनोनुकूल 'अच्छा बेटा' या 'अच्छी बेटी' नहीं बन पाता तो अभिभावकों को निराशा होती है, जिसके कारण अभिभावक-बालक से सम्बन्ध बिगड़ जाते हैं। इस आयु में बालक अपने बहुत सारे काम स्वयं करने लगता है, अत: माता-पिता पहले जैसा उसके प्रत्येक कार्य में सहायता नहीं करते। उन्हें लगता है कि माता-पिता उसकी तरफ पूरी तरह ध्यान नहीं दे रहे हैं, जिससे उसमें खीज उत्पन्न होती है।

3. पश्चात् बाल्यावस्था-यदि बालक के मन पर माँ की क्रूर छवि हावी रहती हैं तो वह लड़कियों के प्रति कम आकृष्ट होता है। यदि उस अवस्था में अभिभावक बालक की आलोचना करता है तो वह बालक का कोप भाजन बनता है। यदि माता-पिता इस आयु में बच्चों को पीटते हैं तो बच्चे झगड़ालू किस्म का हो जाता है। इस अवस्था में अभिभावक-बालक सम्बन्ध निम्नलिखित प्रमुख कारणों पर निर्भर करता है।

(i) अभिभावक व्यक्तित्व-कुसमायोजित अभिभावकों के बच्चे निश्चित रूप से कुसमायोजित हो जाते हैं। ऐसी माताएँ जो हीनताग्रन्थि की शिकार होती हैं उनमें बच्चे समस्यात्मक हो जाते हैं।

(ii) अभिभावकीय प्रत्याशाएँ-जब अभिभावक बच्चों से अधिक प्रत्याशाएँ करते हैं तो बच्चों को निराशा और अभिभावकों को दु:ख होता है। सामान्यत: अभिभावक बिना अपने बच्चों की संभावनाओं एवं क्षमताओं का सही आकलन किये उनसे कीाी-कभी वह आशाएँ कर बैठते हैं जो उनकी इच्दा के अनुकूल ज्यादा होती है बनिस्पत बच्चों की योग्यताओं के अनुरूप। अत: बच्चों की शक्ति, क्षमता एवं रुचि को देखते हुए ही उनसे तदनुकूल प्रत्याशाएँ की जानी चाहिए अन्यथा बच्चों एवं अभिभावकों दोनों का हताशा होगी।

(iii) सामाजिक आर्थिक स्तर-बच्चे जब बिना अपने अभिभावकों के सामाजिक-आर्थिक स्तर पर ध्यान दिये उनकी तुलना अपने वैसे साथियों के अभिभावकों से करते हैं तो धनी एवं कुलीन, अथवा अभिभावक जब अपने बच्चों की तुलना कुलीन और धनी बच्चों से करते हैं तो अभिभावक बालक सम्बन्ध बिगड़ जाता है।

(iv) अभिभावकीय व्यवसाय-जिन बच्चों के अभिभावक गंदे धंधे करते हैं उनके बच्चे ग्लानि से भरे रहते हैं और अभिभावक भीएक प्रकार के अपराध भाव से। अभिभावक अपने बच्चों को अपने व्यवसाय का सही परिचय नहीं देते, और वे अच्चे यदि उनके बारे में जान गये तो औरों को नहीं बताते।

4. प्रारंभिक किशोरावस्था-इस अवस्था के आरंभ होते ही सामान्यत: बालक और अभिभावक के पूर्व सम्बन्ध में अन्तर आता है। वह पहले जैसा मधुर नहीं रह जाता। अभिभावक उतनी शीघ्रता से बच्चों के प्रति अपना दृष्टिकोण नहीं बदल पाते जिनी शीघ्रता से उनके बच्चे सयाने होते हैं। अभिभावक उन्हें अभी भी बच्चा ही समझते हैं, जबकि वे जवानी की दहलीज पर कदम रख चुके होते हैं। अभिभावक इस अवस्थ में अपने बच्चों से वैसी आशाएँ करते हैं तो एक किशोर अथवा किशोरी से की जाती है, परन्तु स्वयं में उनसे वैसा व्यवहार करते हैं जोकि वे किशोर बच्चे अधिक निर्भर करते हैं और लगाव अनुभव करते हैं चूँकि माँ के घर में ज्यादा होने उसे उसके साथ उनका सम्पर्क अधिक होता है। लड़कियाँ माँ से ज्यादा जुड़ने लगती है। और पिता से उसका सम्बन्ध अब पहले जैसा मधुर नहीं रह जाता है। बालक-अभिभावक सम्बन्ध यौवनारंभ अर्थात् तेरह वर्ष की अवस्था तक काफी बिगड़ जाता है, फिर धीरे-धीरे सुधरने लगता है। सामान्यत: इस अवस्था में यदि अभिभावक बच्चों से उनकी अवस्था को ध्यान में रखते हुए व्यवहार करें, बालिकाओं की अपेक्षा बालकों का अपने माँ-बाप से अच्छे सम्बन्ध रहते हैं।

5. पश्चात् किशोरावस्था-जो अभिभावक अपने बच्चों की आयु के अनुसार उन्हें कार्य और उत्तरदायित्व सौंपते हैं उनके लिए उनके बच्चे समस्याएँ नहीं बनते। अभिभावकों और किशोरों के जीवन-मूल्यों में एक पीढ़ी का अंतर हो जाता है जिसे 'पीढ़ी का अन्तर' कहते हैं। जो अभिभावक इस अंतर को मन-ही-मन स्वीकार लेते हैं और किशारों की शारीरिक एवं मानसिक आवश्यकताओं को समझते हुए व्यवहार करते हैं उन्हें किशोरों के साथ समायोजन करने में कोई कठिनाई नहीं होती है। जब किशोर यह समझते हैं कि उनके अभिभावक उन्हें ठीक से समझते हैं तो उनका दृष्टिकोण भी अभिभावकों के प्रति सहानुभूतिपूर्व होता है और

उनके बीच तनाव या संघर्ष की स्थिति नहीं आती। अधिकांश किशोरों की शिकायत रहती है कि वे अपने बढ़ते हुए बच्चों के साथ कदम-से कदम मिलाकर चल सकें। जब माता-पिता एव नवयुवकों के जीवन-मूल्य समान्तर होते हैं तो उनके बीच संघर्ष की स्थिति नहीं पैदा होती है। किशोरों के विचारों के साथ ताल-मेल बैठाने में माँ-बाप को मानसिक कष्ट होता है चूँकि उन्हें अपने पुराने विचारों से अलग होना पड़ता है अपने बच्चों से अच्छे समायोजन के लिए। जो अभिभावक इस पीड़ा को झेल लेते हैं वे पीढ़ियों से टकराव की पीड़ा से बच जाते हैं। उदाहरणार्थ-'गर्लफ्रेण्ड' (महिला-मित्र) पहले नहीं होती थी, अर्थात् पिछली पीढ़ी के नवयुवक विवाह से पूर्व किसी नवयुवती के साथ मित्रवत् घूमते-फिरते नहीं थे। अपने देश में यह प्रथा प्रचलित नहीं थी। पाश्चात्य संस्कृति के प्रभाव से यह प्रथा महानगरों में फैल गयी है। अब माता-पिता को इसके लिए मानसिक तैयारी कर लेनी पड़ेगी कि वे इस 'सांस्कृतिक अन्तर' से उत्पन्न समस्या को झेल सकें। सबसे पहले नयी संस्कृति महानगरी में प्रवेश करती है फिर नगरों, कस्बों और देहातों में। फैशन की नई लहर को रोकना संभव नहीं है अत: अनुरूप अभिभावक को स्वयं को बदल डालना या ढालना एक प्रकार की सामाजिक अनिवार्यता है।

बालक के लिए परिवार का महत्त्व

परिवार बालकों की संवेगात्मक अभिव्यक्ति के लिए आरम्भिक अवसर प्रदान करता है। उसे स्नेह और सुरक्षा प्रदान करता है जोकि उसके व्यक्तित्व के संतुलित विकास के लिए परमावश्यक है। यह एक ऐसा स्रोत है जिससे बालक सामाजिक विकास के लिए परमावश्यक है। यह एक ऐसा स्रोत है जिससे बालक सामाजिक एवं सांस्कृतिक मूल्यों को ग्रहण करतो है शिशु जबतक स्वयं चलने-फिरने नहीं लगता, घर के बाहर नहीं निकलने लगता उसके लिए माता-पिता ही उसके लिए समाज और संस्कृति है। अत: शैशव में माता-पिता के द्वारा उसके साथ जैसा व्यवहार होता है उसका प्रभाव उसके सम्पूर्ण व्यक्तित्व एवं जीवन पर पड़ता है जैसाकि पहले बताया जा चुका है कि पारिवारिक संरचना का भी बालक के जीवन पर काफी प्रभाव पड़ता है। बालक के जन्म-क्रम भी उनके व्यक्तित्व के विकास में महत्त्व रखते हैं। परिवार में जो अनुभव प्रथम संतान का होता है वह अतिम और मध्यवाली संतान को नहीं।

परिवार में संतानक्रम का महत्त्व

प्रथम संतान को सामान्यत अपरिपक्व माता-पिता मिलते हैं जिनकों बच्चों के लालन-पालन, उन्हीं की नींद, सोने-जगने का अनुभव नहीं होता। अपवाद स्वरूप बहनों, भाभियों एवं कभी-कभी अपनी माँ के सहायक के रूप में नए माँ-बाप को इस कार्य का पूर्वानुभव होता है। जिनता पूर्वानुभव पर्याप्त होता है उन्हें नई परिस्थितियों के साथ समायोजन करने में कोई कठिनाई नहीं होती। परन्तु जिन्हें ऐसा अनुभव बिलकुल नहीं होता व प्रथम संतान के साथ अधकचरा व्यवहार करते हैं। वे स्वयं घबड़ा जाते हैं, चिन्तित हो उठते हैं और अपनी प्रथम संतान के साथ नए-नए प्रयोग करते हैं जिनका कुप्रभाव बालक को भुगतना पड़ता है। अत: प्रत्येक समझदार माता-पिता को चाहिए कि वे अपने बच्चों को अनौपचारिक ढंग से लालन-पालन का प्रशिक्षण वयवहारिक ज्ञान के द्वारा दे ताकि वे

सयाने हाने पर अपनी माँ बाप वाली भूमिका बिना कठिनाई के निभा सकें। भावी माता-पिता के प्रशिक्षण के लिए अभी हमारे समाज में परिवार के अतिरिक्त कोई संस्था नहीं। इस प्रशिक्षण की कमी को दूर करने में गृह-विज्ञान की पढ़ाई की भारी उपयोगिता है। सामान्यतः नए माता-पिता 'प्रयास एवं भूल' के नियम से बच्चों का लालन-पालन करते हैं, स्वयं कुसमायोजित होने पर अपने कुसमायोजन की नींव डालते हैं।

जब परिवार में द्वितीय संतान आती है तब तक माता-पिता व्यवहारिक ज्ञान द्वारा लालन-पालन में कुछ हद तक अनुभवी हो चुके होते हैं, अतः बालक को उनके कुसमायोजन का शिकार होना पड़ता है। द्वितीय संतान के आगमन का कुप्रभाव प्रथम संतान पर पड़ता है, जिस पर अभिभावकीय देखभाल अब दो बच्चों में बँट जाता है। प्यार और देखभाल में कमी की प्रथम संतान अनुभव करती है। उसे कभी-कभी ऐसा भी लगता है कि उसकी, जानबूझकर उपेक्षा की जा रही है, उसके प्रति उसके माता-पिता अन्याय कर रहे हैं इत्यादि आर्थिक कठिनाई के चलते उसके दूध की मात्रा, खिलौने आदि में कटौती होती है जिसे वह उसक आयु मे सही परिप्रेक्ष्य में समझ नहीं पाता।

□□□

17

सृजनात्मक बालकों का विकास
(Development for Creative Children)

प्रत्येक कक्षा में बालकों की सृजनशीलता पृथक्-पृथक् मात्रा में होती है, किन्तु कक्षा में एक-दो बालक ऐसे हो सकते हैं जिनमें सृजनशीलता की शक्ति या योग्यता पर्याप्त उच्च मात्रा में हो। इस प्रकार के बालकों को सृजनशीलता या सृजनात्मकता के विकास हेतु आवश्यक मात्रा में उचित शिक्षा दी जानी चाहिए। यदि इन्हें उचित शिक्षा न दी जाए तो हो सकता है कि वह गुलाब बीहड़ रेगिस्तान में अधखिला ही मुरझा जाए या अपनी सृजनात्मकता के द्वारा फूल पैदा करने के स्थान पर समाज के लिए काँटों के बीज बोये। समाज, राष्ट्र तथा व्यक्ति तीनों के हित को दृष्टि में रखते समय यह आवश्यक है कि सृजनात्मक बालकों के लिये उपयुक्त शिक्षा की व्यवस्था की जाए। इस प्रकार के बालकों की शिक्षा के सम्बन्ध में निम्नांकित तथ्य ध्यान में रखने चाहिए—

1. अध्यापक की भूमिका (Role of the Teacher)—सर्वप्रथम अध्यापक को इन बालकों की ओर विशेष ध्यान देकर इन्हें सृजनात्मक शिक्षा प्रदान करनी चाहिए। इस सम्बन्ध में अध्यापक निम्नलिखित कार्य कर सकता है—

1. व्यक्तिगत विभिन्नताओं के आधार पर व्यक्तिगत शिक्षण करना।

2. सृजनात्मक बालकों की बातें सहानुभूति से सुने, उसकी अद्‌भुत बातें या विचार सुनकर उत्तेजित होना सर्वथा अनुपयुक्त है।

3. सृजनात्मक बालकों के कार्यों में पूर्ण सहयोग प्रदान करता हुआ उन्हें आवश्यक निर्देशन प्रदान करे।

4. अध्यापकों का व्यावसायिक विकास किया जाए। इस कार्य हेतु निम्न उपाय किये जा सकते हैं—

(i) अध्यापकों को अपने विषय का नवीनतम ज्ञान होना चाहिए।

(ii) उसे शिक्षण कला की आधुनिकतम प्रविधियों तथा प्रवृत्तियों से परिचित होना चाहिए।

(iii) उसे सुसंस्कृत एवं सुशिक्षित होना चाहिए।

(iv) समय-समय पर उनके लिए अभिनव कार्यक्रमों का आयोजन करना चाहिए।

(v) प्रसार-भाषणों, गोष्ठियों आदि का आयोजन करते रहना चाहिए।

5. अध्यापकों को सीखने के विभिन्न नियमों तथा सिद्धान्तों का पर्याप्त ज्ञान होना चाहिए।

6. अध्यापक को उच्च आदर्श तथा सिद्धान्तों वाला व्यक्ति होना आवश्यक है।

7. अध्यापक सृजनात्मक बालक को पर्याप्त स्वतन्त्रता प्रदान करे।

8. वह सृजनात्मक बालक को सृजनात्मक शिक्षण प्रदान करे।

9. अध्यापक अपसरण कार्यों तथा विचारों का विकास करने में बालक की सहायता करे।

10. वह बालक में आत्मविश्वास, स्वतन्त्र निर्माण शक्ति तथा साहस का भाव विकसित करे।

11. समस्या समाधान के सन्दर्भ में तथ्यों का ज्ञान कराना चाहिए।

12. बालकों में मौलिक चिन्तन की भावना का विकास करे।

2. विद्यालय की भूमिका (Role of the School)—सृजनात्मक बालकों के शिक्षण में विद्यालय की भूमिका को इस प्रकार स्पष्ट कर सकते हैं—

1. सृजनात्मक बालकों को स्वतन्त्र रूप से कार्य करने के अवसर तथा क्षेत्र प्रदान करे।

2. विद्यालय का आन्तरिक व बाह्य वातावरण ऐसा हो जो सृजनात्मकता के लिए उपयुक्त हो।

3. विद्यालय में स्वानुशासन की व्यवस्था लागू की जाए।

4. विद्यालय बालक को शिक्षित करने का एक अभिकरण है अत: अध्यापक-अभिभावक संघ बनाकर अभिभावकों के साथ सम्बन्ध बनाए रखने चाहिए।

5. प्रधानाध्यापक तथा अध्यापक वर्ग में मधुर एवं मानवीय सम्बन्ध होने चाहिए।

6. संस्थागत योजना लागू करनी चाहिए।

7. आवश्यकतानुसार किसी विशिष्ट समस्या के समाधान के लिए परस्पर बौद्धिक विचार-विमर्श किया जाए।

8. शिक्षकों में बौद्धिक नैतिकता का विकास किया जाए। इसके लिए एक आचार-संहिता बनाई जाए जिसके अनुसार सभी अध्यापक कार्य करें।

9. शैक्षिक खेलों का आयोजन किया जा सकता है। शैक्षिक खेलों में बौद्धिक क्रिकेट (वर्तनी की शिक्षा के लिए), दस पत्तों का खेल (भाषा शिक्षण के लिए), तथा दौड़-पकड़ (सामाजिक विषयों के लिए) अधिक उपयोगी साबित हुए हैं।

इसके अतिरिक्त टोरेन्स (E.Paul Torrance) ने एक अध्ययन तीन से छठे ग्रेड तक के बालकों के साथ किया। उसने पाया कि इन ग्रेडों के बालकों को बहुत कुछ सृजनात्मक कार्य के लिए प्रोत्साहित किया जा सकता है। तीसरे ग्रेड के बालकों में सबसे अधिक सृजनशीलता

पाई गई और उन्होंने महत्त्वपूर्ण वृद्धिअपने सृजनशील लेखन में सृजनशीलता में प्रशिक्षण के बाद प्रदर्शित की। सृजनशीलता की माप इन मानदण्डों पर की गई जो सृजनशीलता मापन के लिए Torrance द्वारा बनाए गए थे। चौथे और छठे ग्रेड के बालकों ने भी सृजनशीलता के तीन मापदण्डों में से दो में उन्नति प्रदर्शित की। किन्तु पाँचवें ग्रेड के बालकों ने पिछड़ जाने की प्रवृत्ति दिखाई। इस अध्ययन में इस प्रकार के भी प्रमाण मिले कि बालकों ने अपने स्वयं के विचारों को उच्च मूल्य देना सीख लिया। उन्होंने गम्भीर प्रतिक्रिया उस समय की जब कुछ काट-छांट उनके सृजनात्मक लेखन में की गई। इस अध्ययन के आधार पर टोरेन्स (Torrance) ने निम्नांकित नियमों का सुझाव, बालकों को सृजनशीलता के लिए प्रोत्साहित करने हेतु दिया।

(1) बालकों के प्रश्नों के प्रति आदरपूर्ण भाव रखो।

(2) कल्पनात्मक एवं असाधारण विचारों के प्रति आदर दिखाओ।

(3) बालकों को दिखाओं कि उनके विचार उसकी (अध्यापक की) निगाह में मूल्य रखते हैं।

(4) बालकों को अनुसन्धान अथवा अभ्यास के लिए बिना मूल्यांकन के अवसर प्रदान करो।

(5) स्वयं पहल (Self-initiated) किए हुए सीखने को प्रोत्साहित करो और उसका मूल्यांकन करो।

(6) इस प्रकार से मूल्यांकन करो कि विद्यार्थी के अन्दर अपने व्यवहार के कारणों एवं परिणामों को देखने की योग्यता में वृद्धिहो जाए।

वे सब सिद्धान्त जो समस्या हल तथा कल्पना के विकास के लिए शिक्षण देने में महत्त्व रखते हैं, वे सृजन की योग्यताओं के विकास के लिए भी महत्त्वपूर्ण हैं। इनके अतिरिक्त तीन अन्य सिद्धान्तों को भी ध्यान में रखना चाहिए जो सृजनशीलता के लिए अनेक अध्ययनों में महत्त्वपूर्ण पाए गए। इन सिद्धान्तों का वर्णन किलोसमियर एवं रिपेल ने अपनी पुस्तकों में किया है, ये हैं—

(1) अपनी अभिव्यक्ति का प्रदर्शन, चित्रमय, मौखिक अथवा शारीरिक रूप से करना नवीन आकारों अथवा विचारों के उत्पादन के लिए आवश्यक है।

(2) सृजनात्मक प्रयासों में सफलता उच्च स्तर की सृजनात्मक अभिव्यक्ति से सम्बन्धित है।

(3) अप्रसरण प्रकार से चिन्तन तथा व्यवहार करना तथा उसके साथ वर्तमान स्तरों को मान्यता देना तथा अनुमत होना सृजनशीलता के लिए अनिवार्य है।

इन सिद्धान्तों के आधार पर शिक्षण देने के लिए निम्नलिखित निर्देश दिये जा सकते हैं—

1. अपसरण उत्पादन अनेक माध्यमों में प्रोत्साहित करें—इसका तात्पर्य यह है कि अनेक माध्यम, जैसे—लिखित भाषा, वाणी, गति, संगीत तथा कला इन सबमें बालकों की मौलिक अभिव्यक्ति के लिए अवसर दिये जाएँ।

गिलफोर्ड के अनुसार मुख्य अपसरण उत्पादन योग्यताएँ—धारा प्रवाहिता, नम्यता तथा मौलिकता विचारों और आकारों के उत्पादन के लिए हैं। ये योग्यताएँ कई वर्षों में विकसित होती हैं। आरम्भ में ये बालकों के खेलों, गानों, उँगली द्वारा चित्र बनाने इत्यादि से स्वतन्त्र अभिव्यक्ति के रूप में प्रकट होती हैं। इस स्तर पर न तो तकनीकी कुशलता का और न ही उत्पादन के उच्च स्तर का कोई महत्त्व है। परन्तु धीरे-धीरे बालक के बड़े होने के साथ ही अधिक कुशलता और उच्च स्तर प्रकट होने लगते हैं। यहाँ तक कि कुछ ही प्रौढ़ व्यक्ति आगे चलकर उच्चतम स्तर का निर्माण एवं कुशलता प्रकट कर पाते हैं। इस प्रकार सृजनशीलता के लिए समय देने की आवश्यकता है। यह नहीं कि शिक्षक कहे कि एक दिन में कुछ सृजन कर दो और सृजन हो जाए। कोई विद्यार्थी शिक्षक की आज्ञा पर तुरन्त मौलिक कविता नहीं लिख सकता।

2. सृजनात्मक प्रयासों को विकसित करें—एक ही प्रकार से शिक्षण देना और उसी प्रकार से कार्य करने को पुरस्कृत करना सृजनशीलता में रुकावट डालता है। सृजनशीलता उस समय ही होगी जब परम्परागत विषयों से हटकर प्रयास किया जायेगा। अतएव ऐसे सब प्रयासों को पुरस्कृत किया जाना चाहिए जो मौलिक हों।

3. एक सृजनात्मक व्यक्तित्व को विकसित करें—एक सृजनशील व्यक्ति संवेदनशील, आत्मविश्वासी, स्वतन्त्र तथा परम्परा से हटने वाला होता है। बहुत बार ऐसा व्यक्ति अभिभावकों तथा शिक्षकों द्वारा पसन्द नहीं किया जाता। यह सृजनशीलता में रुकावट डालने वाली बात है। विद्यालय का वातावरण ऐसा होना चाहिए कि एक विद्यार्थी जो परम्पराओं के सम्बन्ध में अपना शक प्रदर्शित करे, दूसरे के द्वारा पसन्द किये जाने को ही व्यवहार का आधार न बनाता हो, प्रत्येक बात को तौलकर ही कि वह दूसरों को प्रसन्न ही करेगी, न कहता हो घुटन महसूस न करे। यदि इस प्रकार का वातावरण होगा तो सृजनात्मक व्यक्तित्व के विकास में सुविधा होगी।

मानसिक मन्दता

(Mental Retardation)

मानसिक मन्दता का सामान्य अर्थ है—औसत से कम मानसिक योग्यता। मानसिक मन्दता वाले बालकों की बुद्धि-लब्धि, साधारण बालकों की बुद्धि-लब्धि से कम होती है। अतः उनमें विभिन्न मानसिक शक्तियों की न्यूनता होती है। साधारण रूप से जिन बालकों की बुद्धि-लब्धि 60 से कम होती है, उन्हें हम मानसिक न्यूनता ग्रन्थियों की श्रेणी में रखते हैं, किन्तु इस श्रेणी में हम यहाँ सामान्य से नीचे बुद्धिवालों की भी गणना करेंगे (जिनकी बुद्धि-लब्धि 70 और 85 के बीच में होती है), अतः मानसिक ग्रसितों में ऐसे बालकों को लेंगे जिनकी बुद्धि-लब्धि 0 से 85 है। 0 से 24 तक की बुद्धि-लब्धि जड़ की होती है। 25 से 49 तक बुद्धि-लब्धि के मूढ़ होते हैं। 50 से 70 तक की बुद्धि-लब्धि के मूर्ख और जो लोग 85 से कम बुद्धि-लब्धि रखते हैं, वे मन्द बुद्धिकी श्रेणी में आते हैं।

Skinner के अनुसार—मानसिक मन्दता वाले बालकों के लिए अनेक पर्यायवाची शब्दों का प्रयोग किया जाता है, जैसे—मन्द-बुद्धि (Mentally Retarded), अल्प-बुद्धि (Mentally Deficient), विकल-बुद्धि (Mentally Handicapped), धीमी गति से सीखने वाले (Slow Learners), पिछड़े हुए (Backward) और मूढ़ (Dull)।

सन् 1913 तक मन्द-बुद्धिऔर पिछड़े हुए व्यक्तियों में किसी प्रकार का अन्तर नहीं किया जाता था। उस वर्ष England ने "Mental Deficiency Act" बनाकर इस अन्तर को जन्म दिया। इससे सम्बन्धित वहाँ अमेरिका के मनोवैज्ञानिकों ने और अध्ययन आरम्भ किये। परिणामत: अमरीका में मन्द-बुद्धिबालकों और पिछड़े बालकों में स्पष्ट अन्तर कर दिया गया। साथ ही 'मानसिक मन्दता' की सरकारी परिभाषा इस प्रकार की गई—''मानसिक मन्दता औसत से निम्न मानसिक कार्यक्षमता का उल्लेख करती है। इसका आरम्भ बालक के विकास की अवधि में होता है और यह अग्रलिखित में से एक या अधिक से अनुकूल व्यवहार की कमी द्वारा सम्बन्धित रहती है—(i) परिपक्वता, (ii) अधिगम और (iii) सामाजिक समायोजन।''

"Mental retardation refers to subaverage general intellectual functioning whicforiginates during the developmental period and is associated witfimpairment of adaptive behaviour in one or more of the following—(i) Maturation, (ii) Learning and (iii) Social adjustment."

—Statistical Manual of the American Association of Mental Deficiency, 1959.

बहुत से अभिभावक इस बात पर विश्वास नहीं करते कि उनके बालक मानसिक रूप से पूर्ण नहीं हैं। उनका विचार यह होता है कि यदि बालक अच्छी प्रकार से अध्ययन नहीं कर पा रहा है तो वह उतनी मेहनत से नहीं पढ़ता, जितनी उसे चाहिए। यदि उनसे कोई कहता है कि उनका बालक मानसिक रूप से अपूर्ण है तो वे उस पर क्रोध करने लगते हैं। ऐसा बालक साधारण ज्ञान को प्राप्त करने में भी असमर्थ रहता है।

मन्द-बुद्धि बालक

(Mentally Retarted child)

मन्द-बुद्धिबालक मूढ़ (Dull) होता है। इसलिए उसमें सोचने, समझने और विचार करने की शक्ति कम होती है। ऐसे बालक अधिकतर सामाजिक रूप से कुसमायोजित रहते हैं। वे उन सामाजिक योजनाओं को सोचने में असमर्थ होते हैं जो उन्हें सन्तोष दे सकती हैं। वह बालक अच्छी प्रकार समाज में समायोजित हो सकता है जो अपनी सेवाओं को अच्छी सामाजिक योजनाओं में दे सकता है।

1. अमेरिकन एसोसिएशन ऑफ मेण्टल डेफीशियेन्सी (AAMD) ने मन्द-बुद्धि बालक को इस प्रकार परिभाषित किया है—''मंदितमना सार्थक औसत से कम बौद्धिक कार्य निष्पन्न का संकेत देती है जो कि अनुकूलन व्यवहार सम्बन्धी दोषों के साथ-साथ ही पाई

जाती है और जो कि विकास काल के समय स्फुट होती है।''

"Mental retardation refers to significantly subaverage intellectual functioning existing concurrently witfdefects in adaptive behaviour and manifested during the developmental period." —AAMD

AAMD मंदितमना या मन्द-बुद्धिशब्द का प्रयोग उन बालकों के लिए करता है जिनका I.Q. 67 अथवा इससे कम है। इसके अनुसार 67 से कम I.Q. का वर्गीकरण इस प्रकार से किया जाता है—

हल्की मन्द-बुद्धि	I.Q. 67 और 52 के बीच
साधारण मन्द-बुद्धि	I.Q. 51 और 36 के बीच
गम्भीर मन्द-बुद्धि	I.Q. 19 और इससे कम

2. **Crow & Crow** के अनुसार—जिन बालकों की बुद्धि-लब्धि 70 से कम होती है, उनको मन्द-बुद्धिबालक कहते हैं।

3. **Skinner** ने लिखा है—प्रत्येक कक्षा के छात्रों को एक वर्ष में शिक्षा का एक निश्चित कार्यक्रम पूरा करना पड़ता है जो छात्र उसे पूरा कर लेते हैं, उनको 'सामान्य छात्र' कहा जाता है और जो छात्र उसे पूरा नहीं कर पाते हैं, उनको मन्द-बुद्धिछात्रों की संज्ञा दी जाती है। विद्यालयों में यह धारणा बहुत लम्बे समय से चली आ रही है और अब भी है।

4. आधुनिक समय में मन्द-बुद्धिबालकों से सम्बन्धित उपर्युक्त धारणा में अत्यधिक परिवर्तन हो गया है। इस पर प्रकाश डालते हुए पोलक व पोलक ने लिखा है—''मन्द-बुद्धिबालक को अब क्षीण-बुद्धिबालकों के समूह में नहीं रखा जाता है, जिनके लिए कुछ भी नहीं किया जा सकता है। अब हम यह स्वीकार करते हैं कि उनके व्यक्तित्व के उतने ही विभिन्न पहलू होते हैं, जितने सामान्य बालकों के व्यक्तित्व के होते हैं।''

"The mentally retarded children are no longer grouped together as feeble-minded and dismissed at that. We now recognize that they have as many different facets to their personalities as normal children."

—**Pollock & Pollock**

मन्द-बुद्धि बालकों की पहचान हेतु विशेषताएँ

(Characteristics for Identification of Mentally Retarted Children)

विभिन्न लेखकों ने मन्द-बुद्धि बालक की विभिन्न विशेषताओं का उल्लेख किया है। हम उनमें से मुख्य-मुख्य का वर्णन कर रहे हैं, यथा—

(क) Crow & Crow के अनुसार—

1. दूसरों को मित्र बनाने की अधिक इच्छा।

2. दूसरों के द्वारा मित्र बनाये जाने की कम इच्छा।

3. विद्यालय में असफलताओं के कारण निराशा।

4. संवेगात्मक और सामाजिक असमायोजन।

(ख) Skinner के अनुसार—

5. सीखी हुई बात को नई परिस्थिति में प्रयोग करने में कठिनाई।

6. व्यक्तियों और घटनाओं के प्रति ठोस और विशिष्ट प्रतिक्रियाएँ।

7. मान्यताओं के सम्बन्ध में अटल विश्वास।

8. दूसरों की तनिक भी चिन्ता करने के बजाय केवल अपनी चिन्ता।

9. किसी बात का निर्णय करने में परिस्थितियों की अवहेलना, उदाहरणार्थ—धन की चोरी बुरी बात, परन्तु भोजन और अन्य वस्तुओं की चोरी बिल्कुल ठीक बात।

10. कार्य और कारण के सम्बन्ध में ऊटपटाँग धारणाएँ, उदाहरणार्थ—अपनी बीमारी के लिए थर्मामीटर पर दोषारोपण।

(ग) Frandsen के अनुसार—

11. आत्म-विश्वास का अभाव।

12. 50 से 70 या 75 तक बुद्धि-लब्धि।

13. विभिन्न अवसरों पर विभिन्न प्रकार का व्यवहार, जैसे—प्रेम, भय, मौन, चिन्ता, विरोध, पृथकता या आक्रमण पर आधारित व्यवहार।

14. "मन्द-बुद्धि बालक धीरे सीखते हैं, अनेक गलतियाँ करते हैं, जटिल परिस्थितियों को ठीक तरह नहीं समझते हैं, कार्य-कारण सम्बन्धों को समझने में साधारणत: असफल होते हैं और अनेक कार्यों के परिणामों पर उचित विचार किए बिना बहुधा भावावेशपूर्ण व्यवहार करते हैं।" इनके अतिरिक्त कुछ अन्य विशेषताएँ इस प्रकार होती हैं—

1. सीखने की धीमी गति।
2. अमूर्त्त चिन्तन का अभाव।
3. मौलिकता का अभाव।
4. सीमित रुचि।
5. संकेत पाने वाले।
6. शारीरिक विकास में अनियमितताओं का प्रभाव।
7. पेशीय समन्वय का अभाव।
8. समायोजन का अभाव।

मन्द-बुद्धि बालकों का शिक्षण

(Education of Mentally Retarted Children)

मन्द-बुद्धिबालक साधारण ज्ञान को प्राप्त करने में भी असमर्थ रहते हैं, अत: अध्यापक का प्रथम कर्त्तव्य है कि वह अभिभावकों को उनके बालकों के मानसिक विकास के सम्बन्ध में अवगत कराये जिससे वे अपने बालक के लिए उचित शिक्षा की व्यवस्था के बारे में सोच

सकें। बालकों की मानसिक योग्यता की परीक्षा होनी चाहिए और अभिभावकों को इसका पूर्ण ज्ञान कराना चाहिए। अत: उन्हें बालक को अच्छा बनाने के लिए भरसक प्रयत्न जो वे कर सकते हैं, करना चाहिए। मन्द-बुद्धि बालकों के प्रति अन्याय होगा, यदि उनके अभिभावक उन्हें उनकी शक्ति से अधिक कार्य करने को बाध्य करते हैं। बालक के अन्दर बहुत सी संवेगात्मक समस्याएँ उत्पन्न हो जायेंगी और उसका समायोजन कठिन हो जाएगा।

मन्द-बुद्धि बालकों के समायोजन की समस्या प्रतिभाशाली तथा साधारण बालकों से एकदम भिन्न है। मन्द-बुद्धि बालकों के साथ हमारा व्यवहार बड़ा ही सहानुभूतिपूर्ण तथा धैर्यपूर्ण होना चाहिए। हमें उनके चरित्र का भली-प्रकार विकास करना चाहिए। मन्द-बुद्धि बालकों को विद्यालय में उचित शिक्षा का अवसर देना चाहिए। उनको साधारण शब्दकोष सिखाना चाहिए। उनके पढ़ने की सामग्री रुचिपूर्ण होनी चाहिए और साधारण रूप से शिक्षा तथा सीखना, दोनों ही साथ-साथ चलने चाहिए। मन्द-बुद्धि बालकों को ऐसी व्यावसायिक शिक्षा भी देनी चाहिए जिससे वे सफलता प्राप्त कर सकें। उनको औद्योगिक शिक्षा देनी चाहिए जिससे वे उद्योग में सफल हो सकें और उचित रूप से अपनी जीविका को चला सकें।

मन्द-बुद्धि बालकों के लिए कार्यान्वित किये गये कार्यक्रमों, पाठ्यक्रम निर्माण के सिद्धान्तों और कुछ अन्य उल्लेखनीय बातों को निम्न प्रकार से स्पष्ट कर सकते हैं, यथा—

(अ) कार्यक्रम—Skinner के अनुसार—मन्द-बुद्धि बालकों के शिक्षण हेतु तीन विशेष कार्यक्रम आरम्भ किये गये हैं, यथा—

1. अपनी देखभाल का प्रशिक्षण—मन्द-बुद्धि बालकों को अपनी देखभाल का प्रशिक्षण, कपड़े पहनने और उतारने के अभ्यास, भोजन करते समय के शिष्टाचार, सफाई की आदतों अपनी वस्तुओं एवं वस्त्रों की रक्षा करने की शिक्षा द्वारा दिया जाता है।

2. सामाजिक प्रशिक्षण—मन्द-बुद्धि बालकों को सामाजिक प्रशिक्षण सहयोगी खेलों, सामूहिक कार्यों, पर्यटनों, अध्ययन की योजनाओं और विशिष्ट शिष्टाचार की शिक्षा द्वारा दिया जाता है।

3. आर्थिक प्रशिक्षण—मन्द-बुद्धि बालकों को आर्थिक प्रशिक्षण, हस्तशिल्पों और छोटे-छोटे घरेलू कार्यों की शिक्षा द्वारा दिया जाता है।

(ब) पाठ्यक्रम—Skinner के अनुसार—अमरीका के Illinois राज्य में मन्द-बुद्धि बालकों के लिये उनके जीवन की समस्याओं के आधार पर निम्नलिखित पाठ्यक्रम तैयार किया गया है—

1. शारीरिक और मानसिक स्वास्थ्य की शिक्षा।

2. पौष्टिक भोजन, सफाई और आराम की आदतों के साथ-साथ वास्तविक आत्म-मूल्यांकन की शिक्षा।

3. सुरक्षा, प्राथमिक चिकित्सा और आचरण सम्बन्धी नियमों की शिक्षा।

4. सुनने, निरीक्षण करने, बोलने और लिखने की शिक्षा।

5. घर और परिवार के उत्तरदायित्वों एवं उनके सदस्यों के रूप में सभी कार्यों को करने की शिक्षा।

6. स्थानीय यात्राओं को कुशलता से करने की शिक्षा।

7. निष्क्रिय और सक्रिय मनोरंजनों की शिक्षा।

8. अन्तर वैयक्तिक और सामूहिक समाजीकरण में कुशलता प्राप्त करने की शिक्षा।

9. विभिन्न वस्तुओं का मूल्य आँकने की शिक्षा।

10. धन, समय और वस्तुओं का उचित प्रबन्ध करने की शिक्षा।

11. कार्य, उत्तरदायित्व एवं साथियों और निरीक्षकों से मिलकर रहने की शिक्षा।

12. मान्यताओं और विवेकपूर्ण निर्णयों की शिक्षा।

(स) व्यक्तिगत शिक्षण व छात्र संख्या—Frandsen के अनुसार—मन्द-बुद्धिबालकों को व्यक्तिगत शिक्षण की आवश्यकता है। अत: कक्षा में छात्रों की संख्या 12 से 15 तक होनी चाहिए।

(द) विशिष्ट कक्षाएँ—Frandsen के अनुसार, मन्द-बुद्धि बालक अपनी सीमित योग्यताओं के कारण सामान्य कक्षाओं में ज्ञान का अर्जन नहीं कर पाते हैं। ये कक्षाएँ उनमें सामाजिक असमायोजन का दोष भी उत्पन्न कर देती हैं। अत: उनको विशेष रूप से प्रशिक्षित शिक्षकों द्वारा विशिष्ट कक्षाओं में शिक्षा दी जानी चाहिये।

(य) शिक्षा के उद्देश्य—Frandsen के अनुसार, मन्द-बुद्धि बालकों की शिक्षा के निम्नांकित उद्देश्य होने चाहिए—

1. जन्मजात शक्तियों का विकास करना।
2. दैनिक जीवन में वैयक्तिक, सामाजिक और आर्थिक आवश्यकताओं को पूर्ति करना।
3. शारीरिक स्वास्थ्य की उन्नति करना।
4. स्वस्थ आदतों का निर्माण करना।
5. स्वतन्त्रता और आत्म-विश्वास की भावनाओं का विकास करना।

मन्द-बुद्धि बालकों का शिक्षक
(Teacher of Mentally Retarted Children)

मन्द-बुद्धि बालकों को शिक्षा देने वाले अध्यापक में निम्नलिखित गुण, विशेषताएँ या योग्यताएँ होनी चाहिए—

1. शिक्षक को बालकों का सम्मान करना चाहिए।

2. शिक्षक को बालकों को सहायता, परामर्श और निर्देशन देने के लिए तैयार रहना चाहिए।

3. शिक्षकों को बालकों में संवेगात्मक सन्तुलन और सामाजिक समायोजन के गुणों का विकास करना चाहिए।

4. शिक्षक को बालकों की आवश्यकताओं का अध्ययन करके, उनको पूर्ण करने का प्रयास करना चाहिए।

5. शिक्षक को बालकों के स्वास्थ्य, समस्याओं और सामाजिक दशाओं के प्रति व्यक्तिगत रूप से ध्यान देना चाहिए।

6. शिक्षक को बालकों की कमियों का पूर्ण ज्ञान होना चाहिए, पर साथ ही उसे विश्वास होना चाहिए कि वे प्रगति कर सकते हैं।

7. शिक्षक को बालकों को दी जाने वाली शिक्षा का उनके वास्तविक जीवन से सम्बन्ध स्थापित करना चाहिए।

8. शिक्षक को बालकों को एक या दो हस्तशिल्पों की शिक्षा देने में कुशल होना चाहिए।

9. शिक्षक को बालकों को उनकी संस्कृति से परिचित कराने के लिए सांस्कृतिक विषयों की शिक्षा देनी चाहिए।

10. शिक्षक को स्वयं शारीरिक श्रम को महत्त्व देना चाहिए और बालकों को उसे महत्त्व देने की शिक्षा देनी चाहिए।

11. शिक्षक को बालकों को शिक्षा देने के लिए सरल विधियों, मूर्त्त वस्तुओं और सामूहिक क्रियाओं का प्रयोग करना चाहिए।

12. शिक्षक को धीमी गति से पढ़ना चाहिए और पढ़ाये हुए पाठ को बार-बार दोहराना चाहिए।

13. शिक्षक को अपने शिक्षण को रोचक बनाने के लिए सभी प्रकार के उपयुक्त उपकरणों का प्रयोग करना चाहिए।

14. शिक्षक में धैर्य और संकल्प के गुण होने चाहिए, ताकि वह बालकों की मन्द प्रगति से हतोत्साहित न हो जाए।

15. शिक्षक में बालकों के प्रति प्रेम, सहानुभूति और सहनशीलता का व्यवहार करने का गुण होना चाहिए।

निष्कर्ष रूप में, हम **Kuppuswamy** के शब्दों में कह सकते हैं—''मन्द-बुद्धिबालकों के शिक्षकों को, उनको शिक्षा देने के लिए विशिष्ट कुशलता और प्रशिक्षण से सुसज्जित होने के अलावा बहुत धैर्यवान, सहनशील और सहानुभूतिपूर्ण होना चाहिए।''

बाल-अपराध एवं बालापराधी

(Juvenile Delinquency & Delinquent)

प्रत्येक समाज अपने सदस्यों को अनेक सुविधाएँ एवं व्यवस्थाएँ प्रदान करता है। ये सुविधाएँ एवं व्यवस्थाएँ समाज द्वारा निर्धारित नियम-कानूनों से बँधी होती हैं। सामाजिक व्यवस्था को बनाए रखने के लिए इन नियम-कानूनों का पालन करना सबके लिए अनिवार्य होता है, चाहे वह वयस्क हो या बालक। यदि वयस्क इन नियम-कानूनों की अवहेलना करके समाज-

विरोधी कार्य करता है तो उसका कार्य, 'अपराध' कहा जाता है। यदि बालक या किशोर इस प्रकार का कार्य करता है, तो उसका कार्य, 'बाल-अपराध' या 'किशोर-अपराध' कहा जाता है। एक बालक जो समाज की सुविधाओं का प्रयोग तो करता है किन्तु समाज द्वारा जिस व्यवहार की उससे आशा की जाती है, वह नहीं करता है- ऐसे बालक को हम 'बालापराधी' कहते हैं या जो बालक कानून की दृष्टि से दण्डनीय अपराध करता है, वह 'बालापराधी' कहा जाता है।

किन्तु हम बालापराधी उसी बालक को कहते हैं जिसकी सामाजिक क्रियाएँ इतनी गम्भीर रूप धारण कर लेती हैं कि उसे देश के नियमों के अनुसार दण्ड देना पड़ता है। इस अर्थ में बाल-अपराध का तात्पर्य है- किसी नियम का खण्डन। बालापराधी वे बालक होते हैं जो चोरी करते हैं तथा मारपीट करते हैं। कुछ बालापराधी डकैती से लेकर खून तक करते हैं। बालापराध अनैतिक स्तर पर होता है। बहुधा बालापराधी ने सही तथा गलत का अन्तर नहीं सीखा होता है।

विभिन्न देशों में बाल-अपराधियों की निम्नतम और उच्चतम आयु भिन्न-भिन्न है। भारत में उसी बालक या किशोर का समाज-विरोधी कार्य, 'अपराध' माना जाता है, जिसकी निम्नतम आयु 7 वर्ष और अधिकतम आयु 16 वर्ष होती है।

बाल-अपराध और बाल-अपराधी से सम्बन्धित कुछ परिभाषाएँ इस प्रकार हैं—

1. **स्किनर** (Skinner)—"किसी कानून के उस उल्लंघन के रूप में, बालापराध परिभाषित किया जाता है जो किसी वयस्क द्वारा किये जाने पर अपराध होता है।"

"Juvenile Delinquency is defined as the violation of a law that , if committed by an adult, would be a crime." —**Skinner**

2. **वेलेन्टाइन** (Valentine)—"मोटे तौर पर, 'बाल-अपराध' शब्द किसी कानून के भंग किये जाने का उल्लेख करता है।"

"Broadly speaking, the term 'delinquency' refers to the breaking of some law." —**Valentine**

3. **न्यूमेयर** (Newmeyer)—"इस प्रकार बालापराध समाज-विरोधी व्यवहार का कोई प्रकार है जो व्यक्तिगत तथा सामाजिक विघटन उत्पन्न करता है।"

"This delinquency implies a form of anti-social behaviour involving personal and social disorganization." —Newmeyer

बाल अपराध का स्वरूप
(Nature of Delinquency)

बाल-अपराध के लिए कदाचार तथा अपचार जैसे शब्दों का भी प्रयोग किया जाता है। बाल-अपराध के स्वरूप को हम उन अपराधों से सरलतापूर्वक समझ सकते हैं, जिनको बालक

या किशोर करते हैं। इस प्रकार के कुछ अपराध हैं—चोरी करना, झूठ बोलना, नशा करना, जेब काटना, झगड़ा करना, चुनौतियाँ देना, सिगरेट पीना, व्यभिचार करना, तोड़-फोड़ करना, दूसरों पर आक्रमण करना, विद्यालय से भाग जाना, अपराधियों के साथ रहना, कक्षा में देर से आना, छोटे बालकों को तंग करना, बड़ों के विरुद्धविद्रोह करना, दिन और रात में निरुद्देश्य घूमना, बस और रेल में बिना टिकट यात्रा करना, दीवारों पर उचित या अनुचित बातें लिखना, जुए के अड्डों और शराबखानों में आना-जाना, चोरों, डाकुओं, आवारा, बदचलन और दुष्ट व्यक्तियों से मिलना-जुलना, माता-पिता की आज्ञा के बिना घर से गायब हो जाना, सड़क पर चलते समय इस पर चलने के नियमों का पालन न करना, किसी की खड़ी हुई मोटर-कार में बैठकर सैर के लिए चल देना आदि-आदि।

बाल-अपराधी की पहचान के लिए विशेषताएँ
(Characteristics for Identification of Delinquency)

बाल-अपराधी की विशेषताओं को विभिन्न मनोवैज्ञानिकों ने अपने-अपने ढंग से बताया है। इनमें से प्रमुख इस प्रकार हैं—

(अ) Klausmeier & Goodwin के अनुसार

1. गठा हुआ और पुष्ट शरीर।

2. जिद्दी, स्वार्थी, साहसी, बहिर्मुखी, आवेगपूर्ण, विनाशकारी, आक्रमणकारी।

3. प्रेम, ज्ञान, नैतिकता और संवेगात्मक संतुलन से रहित परिवार का सदस्य।

4. संभोग में क्रूरता, व्यवहार में व्याकुलता और सामाजिक स्थिति प्राप्त करने की उत्सुकता।

5. शीघ्र क्रुद्धहोना, दूसरों का विरोध करना, दूसरों को चुनौती देना, दूसरों पर संदेह करना, समाज-विरोधी कार्य करना, अधिकारियों की आज्ञा न मानना, समस्या को उचित विधि से हल न करना।

(ब) Ellis के अनुसार

अध्ययन में मन न लगना, औसत छात्रों से कम पढ़ना, बालकों और बालिकाओं का अनुपात 80 और 20 होगा।

(स) Kuppuswamy के अनुसार

अपराधी बालक के चरित्र की मुख्य विशेषता यह है कि वह वर्तमान आनन्द के सिद्धान्त में विश्वास करता है और भविष्य की चिन्ता नहीं करता है।

इस प्रकार बालापराधी साहसी होते हैं, धुन के पक्के होते हैं, अच्छा शारीरिक स्वास्थ्य होता है, चेहरा रूखा तथा तेजहीन होता है, स्वयं के प्रति लापरवाह होते हैं, नैतिक स्तर नहीं होता है, क्रोधी होते हैं, विरोधी होते हैं, क्रूर होते हैं, इत्यादि। किन्तु ये सभी विशेषताएँ सभी बालापराधियों में नहीं पाई जाती हैं। कुछ बालापराधी ऐसे भी देखे गए हैं जो बड़े शान्त तथा सौम्य दिखते हैं, अच्छे शिष्ट कपड़े पहनते हैं, खूब लिखते-पढ़ते हैं किन्तु अवसर मिलते ही

किसी न किसी प्रकार का बड़ा अपराध कर लेते हैं। इसी प्रकार एक ऐसे बालापराधी से परिचय है जो एक-दो हत्या कर चुका है और अब भी कहता है कि क्या है दो-चार साल की जेल हो जाएगी, एक और करने में डर काहे का। किन्तु वह प्रत्येक लड़की को बड़े सम्मान व इज्जत से देखता है। यदि इस दृष्टिकोण से देखें तो वह बड़ा ही उच्च चरित्र बालक है। चोरी करना पाप समझता है, किसी की कोई चीज इधर-उधर नहीं करता है। इस प्रकार स्पष्ट है कि बालापराधियों की सुनिश्चित व स्पष्ट विशेषताओं का वर्णन करना कठिन है। जटिल व क्लिष्ट समाज में तो इनकी विशेषताएँ बताना और भी कठिन है क्योंकि इन समाजों में दुहरे व्यक्तित्व बहुत अधिक पाये जाते हैं।

बाल-अपराध के कारण
(Cause of Delinquency)

मेडिनस व जॉन्सन का मत है—"सामाजिक समस्या के रूप में बाल-अपराध में वृद्धिहोती हुई जान पड़ती है। यह वृद्धिकुछ तो जनसंख्या की सामान्य वृद्धिके परिणामस्वरूप और कुछ जनसंख्या के अधिक भाग के ग्रामीण वातावरण के बजाय शहरी वातावरण में रहने के परिणामस्वरूप हो रही है।"

1. आनुवंशिक कारण (Hereditary Causes)

1. अपराधी-प्रवृत्ति—अनेक बालकों को अपराध करने की प्रवृत्ति वंशानुक्रम से मिलती है। यह ठीक उसी प्रकार से है जैसे- कुत्ता कुत्ते को जन्म देता है, बिल्ली बिल्ली को जन्म देती है तथा अपराधी अपराधी को जन्म देता है और इस स्थिति में अपराधी प्रवृत्ति का उपचार संभव नहीं है क्योंकि यह प्रवृत्ति जन्मजात होती है। जो कुछ भी जन्मजात होता है; उस गुण का उन्मूलन सम्भव नहीं है।

वंशानुक्रम के ही सम्बन्ध में दूसरा मत है कि बुद्धिजन्मजात क्षमता है। कुछ बालक मूढ़ होते हैं। मूढ़ बालकों में आवश्यक मात्रा में बुद्धिकी कमी होती है जिसके कारण वे अपराध प्रवृत्ति विकसित कर लेते हैं। नैतिक मूल्यों का विकास करने में असमर्थ रहते हैं। इन्हें नैतिक मूढ़ कहते हैं। **सिरिल बर्ट** (Cyril Burt) के अनुसार—"नैतिक मूढ़ वे बालक हैं जिनमें जन्म से या प्रारम्भिक आयु से ही मानसिक दोष देखे जाते हैं जिनमें अपराधी प्रवृत्तियाँ होती हैं और जिन पर दण्ड का प्रभाव बिल्कुल नहीं होता है।"

कुछ विद्वानों का मत है कि नैतिक तथा अनैतिक का भाव बालक अपने पूर्वजों से प्राप्त करता है। इनके अनुसार नैतिकता जन्मजात होती है। मनोचिकित्सक इसे नैतिक पागलपन कहते हैं जिसके कारण वह नैतिक मूल्यों का विकास नहीं कर पाता है।

सीजर लोम्ब्रासो को अपराध-विज्ञान का जनक माना जाता है। लोम्ब्रासो ने अनेक अपराधी बालकों के वंश-वृक्ष का अध्ययन करके निष्कर्ष निकाला कि कुछ 'जन्मजात अपराधी' होते हैं। अनेक मनोवैज्ञानिकों का मत है कि बाल-अपराधियों का जन्म होता है जिनमें लोम्ब्रासो के अतिरिक्त मोस्ले (Maudsley) और डगदाले (Dugdale) विशेष रूप से उल्लेखनीय हैं।

उन्होंने अपने अन्वेषणों से सिद्धकिया है कि बालकों को अपराधी-प्रवृत्ति अपने माता-पिता से वंशानुक्रम द्वारा प्राप्त होती है। ज्यूक्स तथा कालीकाक परिवारों के अध्ययन इसके उदाहरण हैं। इसीलिए वेलेन्टाइन (Valentine) ने लिखा है— "आनुवंशिक लक्षण, अपराधी प्रवृत्तियों को प्रोत्साहित करते हैं।"

2. उत्पादक गुण-सूत्र—मेडिनस व जॉनसन Medinnus & Johnson के अनुसार व्यक्तियों में साधारणत: दो प्रकार के गुण-सूत्र होते हैं—स्त्रियों में XX और पुरुषों में XY। यह गुणों की सामान्य स्थिति है जिनके मिलने से बालक का जन्म होता है और वह सामान्य बालक होता है किन्तु कभी-कभी स्त्री का केवल X तथा पुरुष के XY गुणसूत्र मिलकर बालक का निर्माण करते हैं। यह बालक अपराधी होगा। इस प्रकार कुछ वैज्ञानिकों ने शरीर-विज्ञान के आधार पर अपराधी प्रवृत्ति के हस्तान्तरण का विश्लेषण किया है।

3. शारीरिक रचना—बालक की शारीरिक रचना का आधारभूत कारण उनका वंशानुक्रम होता है। बाल-अपराधियों को अपने वंशानुक्रम से विशेष प्रकार की शारीरिक रचना प्राप्त होती है, जिसे खिलाड़ियों का-सा शरीर कहते हैं। इस शारीरिक रचना वाले बालक का शरीर गठा हुआ और पुष्ट होता है। ग्लीक एवं ग्रीक (Glueck & Glueck) ने अपनी पुस्तक Physique & Delinquency में अपने स्वयं के अध्ययनों के आधार पर लिखा है कि इस प्रकार की शारीरिक रचना और बाल-अपराध में घनिष्ठ सम्बन्ध होता है।

2. शारीरिक कारण (Physiological Causes)

1. शारीरिक दोष—बालक यदि शारीरिक दोषों से ग्रस्त है तो वह एक प्रकार से अपने में कमी समझने लगता है। बालक के शारीरिक दोष उसके तिरस्कार के कारण बनते हैं। इस तिरस्कार से उसके आत्म-सम्मान को ठेस पहुँचती है। फलस्वरूप, वह तिरस्कार का बदला लेने के लिये दूसरों को कष्ट देने और सताने का अपराध करने लगता है। इसका कारण यह भी है कि उसमें समाज के विरुद्धएक प्रतिक्रिया का विकास हो जाएगा। वह चाहेगा कि समाज को तोड़फोड़ कर नष्ट कर दे। वह अपने दोष का उत्तरदायी समाज को ही समझने लगेगा। क्लिफोर्ड माम्साट (Clifford Mamshadt) ने इसका एक उदाहरण दिया है कि एक बालक की आँखें कमजोर थीं और वह पढ़ नहीं सकता था। दूसरे लड़के उसका मजाक उड़ाते थे। इससे उसके आत्म-सम्मान को चोट लगती थी। अत: उसने चश्मा लगाने वाले लड़कों के चश्मे चुराने आरम्भ कर दिये। पहले तो उसने ऐसा उनको तंग करने के लिये किया, परन्तु धीरे-धीरे उसको चोरी करने की आदत पड़ गई।

हैडफील्ड भी मानते हैं कि शारीरिक क्रियाओं में दोष आ जाने से अपराध को प्रोत्साहन मिलता है। उनके अनुसार ऐसे अपराध स्वाभाविक अपराध कहलाते हैं। स्त्रियों में ऋतु-स्राव के समय अपराधीपन बढ़ जाता है। एलिस Ellis का कथन है कि यदि कोई स्त्री दुकान से कोई चीज उड़ा रही है तो यह सम्भावना है कि उसका ऋतु-स्राव हो रहा है।

2. असंतुलित शारीरिक विकास—यदि किसी बालक का विकास उसी आयु के बालक से तीव्र या मन्द गति से चलता है तो उसके समायोजन में भी कठिनाई उपस्थित हो जाती है।

ऐसे बालक अपनी आयु वाले से बड़े या छोटे प्रतीत होते हैं। यह बात उनमें अपने विकास के सम्बन्ध में असन्तोष उत्पन्न कर देती है और यह कभी-कभी उन्हें असामाजिक व्यवहार की ओर धकेल देती है।

3. यौनांगों का तीव्र विकास—जिन बालकों और बालिकाओं के यौनांगों का तीव्र विकास होता है, वे अनेक प्रकार के काम-सम्बन्धी अपराध करने लगते हैं, जैसे-हस्तमैथुन और सम या विषमलिंगी व्यक्तियों से सम्भोग।

3. मनोवैज्ञानिक कारण (Psychological Causes)

1. निम्न सामान्य बुद्धि—निम्न सामान्य बुद्धिभी अनैतिक व्यवहार को कभी-कभी प्रोत्साहित करती है। एक बालक जो निम्न बुद्धिका होता है, उसे अनैतिक व्यवहार की ओर सरलता और शीघ्रता से खींचा जा सकता है। उसमें यह समझने की शक्ति ही क्षीण होती है कि उच्च सामाजिक व्यवहार क्या है। उसे प्रलोभन दिए जाएँ तो वह असामाजिक व्यवहार की ओर शीघ्रता से अग्रसर होने लगता है। बर्ट Burt ने जिन बाल-अपराधियों का अध्ययन किया, उनमें से 4/5 (8 प्रतिशत) में औसत से कम बुद्धिथी अर्थात् उनकी बुद्धि-लब्धि 100 से कम थी।

2. मानसिक रोग—बालकों के मानसिक रोग उनको अपराधी बनाने के लिये उत्तरदायी होते हैं। इन रोगों से ग्रस्त बालकों में मानसिक तनाव, विचारशून्यता, असंतुलन या अन्तर्द्वन्द्व उत्पन्न हो जाता है। ऐसी दशा में वे अपना आत्म-नियंत्रण खोने के कारण अपराध कर बैठते हैं।

3. अवरुद्ध इच्छा—मैक्डूगल ने बताया है कि प्रत्येक मूल-प्रवृत्ति के साथ एक संवेग जुड़ा रहता है। उदाहरण के लिए—'पलायन' की प्रत्येक मूल-प्रवृत्ति के साथ 'भय' का संवेग सम्बद्धरहता है। जब मूलप्रवृत्ति अवरुद्धहो जाती है, तब यह 'भावना-ग्रन्थि' का निर्माण कर देती है। इससे बालक में बेचैनी पैदा हो जाती है। यह बेचैनी उसकी दूसरी इच्छाओं को भी प्रभावित करती है। यही कारण है कि बालक धमकाने पर झूठ बोल सकता है, घर से भाग सकता है और दूसरे पर आक्रमण कर सकता है। अवरुद्धइच्छाओं के कारण बालक में मानसिक संघर्ष उत्पन्न हो जाता है, जो अनेक अपराधों का कारण होता है।

4. निराशा— (हरलॉक) Hurlock के अनुसार—"आक्रमण, निराशा की सामान्य प्रतिक्रिया है। व्यक्ति जितना अधिक निराश होता है, उतना ही अधिक आक्रमणकारी हो जाता है।" इस कथन के आधार पर हम कह सकते हैं कि निरन्तर निराश रहने वाला बालक आक्रमणकारी बनकर बाल-अपराध का दोषी बनता है।

5. ग्रन्थियाँ—जिस बालक में 'ग्रन्थियों' का निर्माण हो जाता है, वह थोड़े-बहुत समय के बाद कोई न कोई अपराध अवश्य करने लगता है। उदाहरणार्थ, 'विमाता-ग्रन्थि' या 'हीन भावना की ग्रन्थि' उसमें प्रतिशोध की भावना उत्पन्न करके उससे कोई भी असामाजिक कार्य करवा सकती है।

6. संवेगात्मक असंतुलन—बाल-अपराध के मनोवैज्ञानिक कारणों में संवेगात्मक असंतुलन को सबसे महत्त्वपूर्ण माना जाता है। संवेगात्मक असुरक्षा, अपर्याप्तता, हीनता की भावना, प्रेम और सहानुभूति का अभाव और कठोर अनुशासन के प्रति पूर्ण समर्पण या उद्दंड कार्य न केवल बालक के व्यवहार और व्यक्तित्व को असमायोजित कर देता है, वरन् उसे अपराध करने की भी प्रेरणा देता है। हीले एवं ब्रोनर Healy & Bronner ने जिन बाल-अपराधियों का अध्ययन किया, उनमें से 91 प्रतिशत ने यह बयान दिया कि इनके जीवन के कटु अनुभवों ने उनमें इतना संवेगात्मक असंतुलन उत्पन्न कर दिया था कि वे मानसिक रूप से परेशान हो गये थे।

4. सामाजिक कारण (Social Reasons)

1. साथी—अकेला बालक बहुत कम अपराध करता है, इसके साथ प्राय: कोई न कोई होता है। ग्लीक Glueck ने अपने अन्वेषणों से सिद्धकिया है कि जिन 500 अपराधी बालकों का उसने अध्ययन किया, उनमें से 95 प्रतिशत शराबियों, जुआरियों, व्यभिचारियों और गुंडों की संगति में रहे थे। हीले Healy के अनुसार अपराधी बालक किसी न किसी गुट के सदस्य अवश्य होते हैं। अत: हम कह सकते हैं कि बालक बुरे साथियों की संगति में पड़कर अपराध करते हैं।

2. घर का दूषित वातावरण—घर का दूषित वातावरण भी बालकों में अपराध की प्रवृत्ति को बढ़ावा देता है, इसके कई कारण हो सकते हैं, यथा—

(i) घर में विमाता या विपिता होना।

(ii) माता-पिता के आपसी झगड़े।

(iii) माता-पिता का बालक के प्रति कम प्यार।

(iv) माता या पिता या दोनों का बालक पर अधिक प्यार।

(v) माँ-बाप की बालक के प्रति उच्च आकांक्षा। उनका उसे वास्तविक रूप से उस उच्च स्तर पर देखने की कामना करना जिस तक वे स्वयं नहीं पहुँच पाये हैं।

(vi) कुटुम्ब के अन्य सदस्यों से झगड़ा।

(vii) कुटुम्ब के अन्य सदस्यों की तुलना में बालक को हीन बताना। बहुत से माता-पिता एक बालक की तो बहुत प्रशंसा करते हैं और दूसरे की बुराई। इस प्रकार दूसरा बालक आत्महीनता का अनुभव करने लगता है, और उसे अनैतिक व्यवहार करने की प्रेरणा मिल जाती है।

(viii) घर में दूषित अनुशासन का होना- या तो सरल या फिर कठोर अनुशासन होना।

(ix) माता-पिता का शराबी या जुआरी होना।

(x) माता-पिता में काम-सम्बन्धी दोषों का होना। उनका चरित्रहीन होना।

(xi) माता या पिता का मानसिक असन्तुलन।

(xii) माता या पिता का तलाक दे देना।

(xiii) माता का नौकरी करना जिससे बालक के ऊपर नियन्त्रण न रह सके और न उसकी आवश्यकताओं की देखभाल हो सके।

3. घर से बाहर का वातावरण—

(i) घर के चारों तरफ दूषित वातावरण का होना, जैसे-वेश्यालय, जुआघर आदि।

(ii) बहुत अधिक चलचित्र देखना जिससे काम सम्बन्धी उत्तेजना मिलती है।

(iii) ऐसे मित्रों का साथ जो स्वयं बालापराधी हैं। ऐसे मित्र बालक को अनैतिक कार्य के लिए प्रोत्साहित करते हैं। इसके अतिरिक्त जब बालक समूह में होता है तो वह अनैतिक व्यवहार करने को शीघ्र तत्पर हो जाता है। वह ऐसे व्यवहार में अपने दूसरे साथियों का अनुसरण करने लगता है।

(iv) छोटे बालकों का फैक्टरी या अन्य उद्योग-धन्धों में लग जाना। यह कारण हमारे देश में मुख्य कारण हो सकता है। साक्षरता के अभाव में बहुत से बालक तो पाठशाला का मुँह तक नहीं देख पाते हैं। जैसे ही वे कुछ करने के योग्य हो जाते हैं, उन्हें काम पर लगा दिया जाता है। ऐसे बालक बचपन से ही बीड़ी-सिगरेट पीना, चलचित्र देखना तथा शराब पीना तक आरम्भ कर देते हैं, और इस प्रकार उनमें अनैतिक व्यवहार का सृजन हो सकता है।

(v) पाठशाला में अध्यापकों का अनुचित व्यवहार।

(vi) शिक्षा विधि तथा शिक्षा-साधनों का अरोचक होना।

(vii) पाठशाला में कड़ा या ढीला-ढाला अनुशासन होना।

(viii) उचित मनोरंजन के साधनों का अभाव, खेल के मैदान आदि का न होना।

4. अवकाश—यदि बालकों को अपना अवकाश बिताने के लिए मनोरंजन या खेल के उचित साधन प्राप्त नहीं हैं, तो उनका अनुचित दिशा में जाना स्वाभाविक होता है। बोगोट Bogot ने अपने अध्ययनों से यह सिद्धकरने का प्रयास किया है कि बाल-अपराध अधिकतर या तो शनिवार और रविवार को होते हैं या 4-5 बजे के बीच में होते हैं, जब बालकों का समय खाली रहता है।

5. नगरीय वातावरण—आधुनिक नगरों का वातावरण अत्यधिक कृत्रिम, दूषित और अनैतिक है। इसमें बाल-अपराध को प्रोत्साहन देने वाले सभी साधन विद्यमान हैं, जैसे-मदिरालय, वेश्यालय, सस्ते मनोरंजन, कामुक चलचित्र, जुआ और सट्टा खेलने के अड्डे, लाउडस्पीकरों पर अश्लील गाने इत्यादि। जिस बालक पर उसके माता-पिता का नियंत्रण पर्याप्त ढंग से नहीं रहता है, वह इनके प्रभाव से वंचित नहीं रह पाता है। परिणामतः यह कुमार्ग पर चलने लगता है।

6. गन्दी बस्तियाँ—मेडिनस एवं जॉनसन के अनुसार—"समाज-शास्त्रियों का तर्क है कि अधिकांश बाल-अपराधी गन्दी बस्तियों के होते हैं।" उनके इस कथन को सत्य सिद्धकरने के लिए शॉ एवं मैके Shaw & Mackey ने अमेरिका के लगभग 15 नगरों में बाल-

अपराधों का अध्ययन किया जिनके परिणामस्वरूप वे इस निष्कर्ष पर पहुँचे कि गन्दी बस्तियों में बाल-अपराधों की दरें सबसे अधिक थीं।

7. **युद्ध**—युद्ध, बाल-अपराधों को तीन विशेष कारणों से प्रेरणा देते हैं। पहला, जिन बालकों के अभिभावक युद्धक्षेत्र में चले जाते हैं, उनकी ठीक देखभाल नहीं हो पाती है। दूसरा, जो मनुष्य युद्धमें मारे जाते हैं, उनमें से अधिकांश के बच्चे असहाय हो जाते हैं। तीसरा, जिन देशों पर बम गिराये जाते हैं, उनके अनेक बच्चे अनाथ हो जाते हैं। ये सभी बच्चे अपने उदर की पूर्ति करने के लिये किसी भी प्रकार का अनैतिक कार्य कर सकते हैं।

8. **देश का विभाजन**—इस कारण का हमारे देश से विशेष सम्बन्ध है। विभाजन से पूर्व यहाँ बाल-अपराधों की संख्या बहुत कम थी। विभाजन के परिणामस्वरूप देश में हिन्दू-मुस्लिम साम्प्रदायिक झगड़ों की समस्या बढ़ गई। इन झगड़ों में वयस्कों के अलावा किशोरों ने विशेष रूप से भाग लिया। फलस्वरूप, कुछ समय तक बाल-अपराधों की दरों में बहुत तेजी से वृद्धिहुई।

9. **दूषित साहित्य**—समाज में उपलब्ध साहित्य का बालकों पर प्रभाव पड़ता है। यदि समाज में उपलब्ध साहित्य दूषित है, जिसमें अपराध, आक्रमण, बलात्कार, चोरी तथा अन्य अनैतिक कार्यों की ही चर्चा होती है तो बालक के व्यवहारों पर इस साहित्य का स्पष्ट कुप्रभाव पड़ता है।

10. **समाज की दूषित राजनीति**—समाज में प्रचलित राजनीति में यदि बालकों को घसीटा जाए तथा राजनीतिक दल बालकों को अपने उद्देश्य की पूर्ति का साधन बना लें तो बालक के ऊपर इसका बुरा प्रभाव पड़ता है। राजनीति में प्रवेश से छात्रों में परस्पर द्वेषपूर्ण व संघर्षपूर्ण विचारधाराओं का विकास हो जाता है।

11. **समाज में आर्थिक असमानताएँ**—समाज में व्याप्त घोर आर्थिक असमानताएँ आपराधिक प्रवृत्तियों को बढ़ावा देती हैं। समाज में शोषण तथा दमन अपराध प्रवृत्ति को बढ़ाते हैं जिनका सीधा प्रभाव बालक के व्यवहारों पर पड़ता है। शोषक तथा शोषित दोनों ही प्रकार के परिवारों के बालक अलग-अलग प्रकार के आपराधिक कार्य करने लगते हैं। आर्थिक दृष्टि से सम्पन्न समाज के बालक सामान्यत: यौन-अपराध करते हैं तथा आर्थिक दृष्टि से विपन्न समाज के बालक चोरी जैसे अपराध करने लगते हैं।

12. **बेरोजगारी की समस्या**—समाज में व्याप्त बेरोजगारी के कारण भी अनेक अपराधों में वृद्धिहोती है। रोजगार के अभाव में परिवार के सम्मुख जीविकोपार्जन की समस्या उत्पन्न होती है। भूखमरी से परिवार को बचाने के लिए स्त्री तथा पुरुष दोनों ही अनैतिक कार्य करने लगते हैं तथा बालक कारखानों में छोटा-मोटा कार्य करने लगते हैं जिससे बालकों में शराब पीना, जुआ खेलना, बीड़ी-सिगरेट पीना, सिनेमा देखना जैसी आपराधिक प्रवृत्तियाँ विकसित हो जाती हैं। युवा लड़कियाँ भी चरित्रहीनता की ओर बढ़ने लगती हैं।

5. पारिवारिक कारण
(Family Related Causes)

1. **परिवार का वातावरण**—परिवार का दूषित वातावरण बालक को शीघ्र ही अपराध के मार्ग पर अग्रसर कर देता है। परिवार का ढीला अनुशासन नीचे नैतिक मूल्य व चरित्र तथा मनोरंजन के स्वस्थ साधनों का अभाव आदि कारणों से बालक अपराधी-प्रवृत्ति अपना लेते हैं। यदि बच्चों के भाई-बहिन अपराधी हैं, यदि उनके माता-पिता उनको कठोर अनुशासन में रखते हैं, यदि परिवार के सदस्य आपस में लड़ते-झगड़ते हैं, यदि बच्चों पर शिथिल नियन्त्रण है, तो वे अपराध के मार्ग पर चलने लगते हैं। यदि घर में उनके खेलने के लिए स्थान नहीं होता है, तो वे गलियों में घूमने लगते हैं और बुरी संगति में पड़कर अपराधी बन जाते हैं।

2. **बरबाद परिवार**—ऐसे परिवार जिनको जीवन की आवश्यकताओं को पूरा करने के लिए कोई साधन उपलब्ध नहीं होता है बरबाद परिवारों की श्रेणी में आते हैं। परिवार में जब धनोपार्जन करने वाले की मृत्यु हो जाती है, या वह परिवार से सम्बन्ध तोड़ लेता है, या अनैतिकता का मार्ग अपनाकर किसी की भी चिन्ता नहीं करता है ऐसी दशा में उसके परिवार के बालक अपराध करने की ओर प्रवृत्त होते हैं। जॉनसन ने अपराधी बालकों के आँकड़े एकत्र करने पर पाया कि उनमें से 52 प्रतिशत बरबाद परिवारों से थे। हीले और ब्रोनर ने अमेरिका के शिकागो और बोस्टन नगरों में 4,000 बालकों का निरीक्षण किया और उनमें से 2,000 को बरबाद परिवारों का पाया।

3. **टूटे परिवार**—टूटे परिवार वे होते हैं जो किन्ही कारणों से टूट जाते हैं या विच्छिन्न हो जाते हैं अर्थात् जब कमाने वाला स्वयं परिवार से पृथक् हो जाता है, या अधिक शराब पीने के कारण परिवार की तरफ ध्यान नहीं देता है तो ऐसी स्थिति में बालक जल्दी ही अपराधी बन जाते हैं क्योंकि उन पर अनुशासनकर्ता का कोई नियन्त्रण नहीं रहता है, वे स्वतन्त्र हो जाते हैं तथा उनके सामने आर्थिक कठिनाइयाँ आने लगती हैं।

4. **अनैतिक परिवार**—जिस परिवार में माता-पिता या अन्य सदस्य अनैतिक होते हैं, उनके बच्चे भी उन्हीं के समान होते हैं। मोब्ले इलियट (Moble Elliot) ने अमेरिका के स्लाटेनफार्म (Slaten Farm) पर अपराधी लड़कियों का अध्ययन करने पर यह पाया कि उनमें से 67 प्रतिशत लड़कियाँ अनैतिक परिवारों की थीं। वेलेन्टाइन ने लिखा है कि बर्ट को अपने अध्ययन में 54 प्रतिशत बालक अनैतिक परिवारों के मिले। इस प्रकार स्पष्ट है कि बालक जैसे वातावरण में जीवन व्यतीत करता है, वह वैसा ही बन जाता है।

5. **परिवार की निर्धनता**— कुप्पू स्वामी (Kuppuswamy) के अनुसार—"अपराधी चरित्र का विकास करने में निर्धनता एक अति महत्त्वपूर्ण कारक है।" परिवार की गिरी हुई आर्थिक स्थिति का बालक के व्यवहारों पर बड़ा ही प्रतिकूल प्रभाव पड़ता है। बालक की अनेक आर्थिक आवश्यकताएँ होती हैं। अत्यधिक निर्धन परिवार के बालकों को आरम्भ से ही खाने की वस्तुओं की चोरी करने या भीख माँगने के लिए बाध्य होना पड़ता है। कुछ परिवार

ऐसे होते हैं, जिनमें बालकों और बालिकाओं को भोजन तो मिल जाता है, परन्तु धनाभाव के कारण उनकी अन्य इच्छाएँ पूर्ण नहीं हो पाती हैं। बालक—पान, सिगरेट, सिनेमा आदि के लिए और बालिकाएँ साज-शृंगार हेतु धन चाहती हैं। अतः बालक चोरी और बालिकाएँ व्यभिचार करके धन प्राप्त करने लगती हैं। ग्रीक ने 500 बाल-अपराधियों का परीक्षण करके यह खोज की कि उनमें से 66 ऐसे परिवारों के थे, जिनकी दैनिक आवश्यकताएँ पूरी नहीं होती थीं और 252 ऐसे परिवारों के थे, जो बड़ी कठिनाई से अपनी दैनिक आवश्यकताओं को पूरा कर पाते थे। वेलेन्टाइन ने लिखा है कि बर्ट ने जिन बाल-अपराधियों का अध्ययन किया, उनमें से आधों के परिवार निर्धन या अत्यधिक निर्धन थे।

6. **तिरस्कृत बच्चे**—जो बच्चे माता-पिता द्वारा तिरस्कृत होते हैं, वे अपराध की ओर अग्रसर होते हैं। इस तिरस्कार का कारण मुख्य रूप से सौतेली माता या सौतेले पिता का होना माना जाता है। इस प्रकार के तिरस्कृत बच्चों को अपने माता-पिता के प्यार के स्थान पर गलियों में घूमने वाले आवारा लोगों का प्यार मिलता है और वे कुछ समय के बाद उनके द्वारा बताए हुए अपराधी कार्यों को करने लगते हैं।

7. **बच्चों के प्रति दुर्व्यवहार**— कुप्पूस्वामी के शब्दों में—"बाल-अपराध का सबसे महत्त्वपूर्ण कारण बालक के द्वारा परिवार के दुर्व्यवहार का अनुभव किया जाना है।" यदि बालक को परिवार में बड़े व्यक्तियों द्वारा सदैव डाँटा या मारा जाता है, दोष निकाले जाते हैं और आलोचना की जाती है, तो वह अत्यधिक उदासीन और चिन्ताग्रस्त हो जाता है। वह परिवार से समायोजन करने का प्रयास करता है। जब वह ऐसा करने में असफल हो जाता है, तब विद्रोह कर उठता है और असामाजिक कार्य करने लगता है, जैसे—विद्यालय से भागना या घर से रुपया और आभूषण लेकर गायब हो जाना।

8. **पिता की अनुपस्थिति या मृत्यु**—यदि पिता परिवार से बहुत समय तक अनुपस्थित रहता है, तो बालक पर नियन्त्रण शिथिल हो जाता है। स्वतन्त्रता प्राप्त हो जाने के कारण वह घर से बाहर इधर-उधर जाकर बुरी संगति में पड़ जाता है जिसका स्वाभाविक परिणाम होता है—अपराध के मार्ग का अनुसरण करना। पिता की मृत्यु के कारण भी बालक का अपराधी बनना लगभग तय हो जाता है। इसका उदाहरण देते हुए **मेडिनस एवं जॉनसन** ने लिखा है—"क्योंकि नीग्रो जाति में पिता की मृत्यु दर सबसे अधिक है, इसलिए इसमें कोई आश्चर्य की बात नहीं है कि इस जाति में बाल-अपराध की दर सबसे अधिक है।"

6. विद्यालय सम्बन्धी कारण

(School Related Causes)

1. **विद्यालय का भौतिक वातावरण**—विद्यालय का भौतिक वातावरण यदि काफी खराब है, चारों ओर घोर कोलाहल रहता है, धूप व प्रकाश पर्याप्त मात्रा में नहीं मिलता है तथा वातावरण अत्यन्त घुटनपूर्ण है तो निश्चय ही बालक में पलयान करने की प्रवृत्ति विकसित हो जाएगी। हमारे देश में ऐसे अनेक विद्यालय हैं, जो नगर के दूषित और कोलाहलपूर्ण भागों

में स्थित हैं। बालक वहाँ जाते हुए प्रतिदिन विभिन्न प्रकार के अमानवीय कृत्य देखते हैं। कुछ बालक उनसे प्रभावित होकर उनको अपने जीवन का अङ्ग बना लेते हैं या विद्यालय-प्रांगण से पलायन कर बालक बुरी संगत में पड़कर आवारागर्दी तथा अपराध कार्यों में लग जाते हैं।

2. पर्याप्त अनुशासन एवं नियन्त्रण का अभाव—विद्यालय में पर्याप्त अनुशासन का अभाव भी बालक को अपराध के मार्ग पर बढ़ने के अवसर प्रदान करता है। आजकल के विद्यालय शिक्षा की दुकानें हो गई हैं, जिनमें धन प्राप्त करने के लिए संख्या की ओर ध्यान दिये बिना बालकों को भर लिया जाता है। ऐसे विद्यालयों में बालकों पर किसी प्रकार का नियन्त्रण नहीं होता है। फलस्वरूप, वे अपनी इच्छानुसार कहीं भी घूमने के लिये या सिनेमा देखने के लिए जा सकते हैं। इस प्रकार के बालक क्रमशः बाल-अपराध के मार्ग को ग्रहण करते हैं।

3. दूषित पाठ्यक्रम—विद्यालय में प्रचलित पाठ्यक्रम यदि अत्यन्त कठिन है, उसमें विविधता का अभाव है, वह बालकों की शैक्षिक आवश्यकताओं को पूरा नहीं कर पाता है, पाठ्यक्रम रुचिकर तथा उपयोगी नहीं है तो बालक शिक्षा में रुचि नहीं लेगा, वह उससे दूरी बनाने की चेष्टा करेगा तथा विद्यालय से भाग जाएगा।

4. खेल व मनोरंजन का अभाव—विद्यालय अपनी आर्थिक तथा अन्य सीमाओं के कारण बालकों के लिए पर्याप्त मात्रा में खेलकूद तथा सहगामी क्रियाओं की व्यवस्था नहीं कर पाते हैं। खेल के लिए पर्याप्त स्थान न होने के साथ-साथ इन पर धन व्यय करना मूर्खता समझते हैं। खेल की व्यवस्था न होने के कारण बालकों के अनेक संवेग दमित अवस्था में पड़े रहते हैं, जो उभरने पर अति घातक सिद्धहोते हैं। वे बालकों को न केवल असमायोजित कर देते हैं, वरन् उनको विविध प्रकार के अपराध करने के लिये भी प्रेरित करते हैं।

5. शिक्षकों का दुर्व्यवहार—बालक के साथ यदि शिक्षकों का व्यवहार ठीक नहीं है, वे पक्षपातपूर्ण व्यवहार करते हैं, बालकों को पर्याप्त स्नेह तथा स्वीकृति नहीं दे पाते हैं, दण्ड को बड़ी मात्रा में अनुशासन स्थापित करने के लिए अपनाते हैं, बालकों की शैक्षिक आवश्यकताओं की पूर्ति नहीं कर पाते हैं, अनुपयुक्त शिक्षण-पद्धति अपनाते हैं तथा अपना मानसिक स्वास्थ्य ठीक नहीं रख पाते हैं तो निश्चय ही कुप्रभाव बालक को प्रभावित करेंगे। फलस्वरूप, बालक शिक्षा एवं शिक्षक के प्रति ऋणात्मक दृष्टिकोण अपना लेगा।

6. परीक्षा-प्रणाली—विद्यालयों में छात्रों की परीक्षा लेने के लिये जिस प्रणाली का प्रयोग किया जाता है, उसमें अनेकों दोष हैं। यह परीक्षा-प्रणाली मुख्य रूप से बालकों को परीक्षा-भवनों में अनुचित साधनों का प्रयोग करने का अवसर देती है। यदि उनको ऐसा करने से रोका जाता है, तो वे मार-पीट, यहाँ तक कि हत्या भी कर देते हैं। इसके अतिरिक्त, कुछ बालक ऐसे भी होते हैं, जो परीक्षा में असफल होने के कारण घर से भाग जाते हैं या आत्महत्या कर लेते हैं। इस प्रकार यह स्पष्ट है कि हमारी परीक्षा-प्रणाली, बाल-अपराधों को बढ़ावा देने का कार्य कर रही है।

7. व्यक्तिगत स्कूल—एच. जी. वेल्स ने व्यक्तिगत स्कूलों के बारे में लिखा है—"यदि आप इस बात का अनुभव करना चाहते हैं कि पीढ़ियों के बाद पीढ़ियाँ किस प्रकार पहाड़ी नदियों के वेग से विनाश की ओर बढ़ रही हैं, तो आप किसी प्राइवेट स्कूल को ध्यान से देखिये।" ये स्कूल बालकों के शारीरिक, मानसिक और संवेगात्मक विकास के लिये उपयुक्त सुविधाएँ नहीं जुटाते हैं। फलत: अनेक बालकों का विकास विकृत रूप धारण कर लेता है और वे पक्के बाल-अपराधी बन जाते हैं।

7. संवाद-वाहन के साधन
(Media of Communication)

1. प्रहसन की पुस्तकें—प्रहसन की पुस्तकों का मुख्य उद्देश्य—बालकों का मनोरंजन करना है। इन पुस्तकों की विषय-सामग्री काल्पनिक होने के अलावा आक्रमणकारी और उत्तेजित करने वाली घटनाओं पर आधारित होती है। **मेडिनस एवं जॉनसन** ने लिखा है—"केलिफार्निया राज्य की धारासभा ने अपनी एक रिपोर्ट में तर्क प्रस्तुत किये हैं कि बाल-अपराधों का कारण बालकों द्वारा प्रहसन की पुस्तकों का पढ़ा जाना है।"

2. सस्ते उपन्यास व पत्रिकाएँ—सस्ते उपन्यासों और पत्रिकाओं का मुख्य विषय युवकों और युवतियों का यौन-सम्बन्ध पर आधारित प्रेम होता है। अत: हीले और ब्रोनर ने उनको बाल-अपराधों के लिये उत्तरदायी ठहराया है।

3. चलचित्र—ब्लूमर एवं हॉसर (Blumer & Hauser) ने लिखा है कि चलचित्र-धन प्राप्त करने की अनुचित विधियों का सुझाव देकर, कामवासनाओं को भड़का कर और कुत्सित कार्यों को प्रदर्शित करके बाल-अपराधों में अतिशय योग देते हैं। ब्लूमर ने लिखा है—"सन् 1983 में इलिनॉइस नगर में "The wild boy of the Road" नामक चलचित्र के प्रदर्शित होने के एक मास के अन्तर ही 14 बच्चे घर से भाग गये। इनमें एक 15 वर्ष की लड़की थी, जो बिल्कुल उसी प्रकार के वस्त्र पहने हुए थी, जैसे उस चलचित्र की प्रमुख नायिका ने पहन रखे थे।

4. टेलीविजन—टेलीविजन के सम्बन्ध में अब तक तीव्र विस्तृत अध्ययन हुए हैं—1958 में इंग्लैंड में, 1961 में अमेरिका में और 1962 में जापान में। इन अध्ययनों के आधार पर इसको बाल-अपराधों के लिये चलचित्र से अधिक दोषी ठहराया गया है। बेने (Banay) का विचार है—"मैं विश्वास करता हूँ कि तरुण और परेशान किशोरों के लिये टेलीविजन, बाल-अपराध का प्रारम्भिक प्रशिक्षण केन्द्र है।

8. सांस्कृतिक कारक
(Cultural Factors)

वर्तमान युग में हमारे जीवन के समान हमारी संस्कृति भी कृत्रिम हो गई है। उसके अर्थ और महत्त्व का लोप हो गया है। वह वयस्कों, किशोरों और बालकों की आवश्यकताओं को

पूर्ण करने में असफल हो रही है। अतः बालक और किशोर उससे अपना सम्बन्ध-विच्छेद करके समाज-विरोधी कार्यों में संलग्न होते हुए दिखाई दे रहे हैं। मेडिनस एवं जॉनसन के शब्दों में—

"बियटनिक आन्दोलन और अधिक हाल का हिप्पी आन्दोलन सम्बन्ध-विच्छेद का अधिक पूर्ण रूप व्यक्त करता हुआ जान पड़ता है।"

"The 'beatnik' movement and the more recent 'hippie' movement appear to reflect a more pure form of alienation." —**Medinnus & Johnson.**

अपराध क्षेत्र
(Criminal Area)

रेलवे स्टेशन, बस-स्टैण्ड, होटल, सराय, धर्मशाला तथा तीर्थ स्थान एवं मदिरालय जहाँ व्यक्तियों का बड़ी मात्रा में हर समय आना-जाना रहता है, अपराध-क्षेत्र माने जाते हैं, वहाँ बालक जेब काटना, चोरी करना, गुण्डागर्दी बड़ी शीघ्रता से सीख जाते हैं।

अपराधी बालकों की शिक्षा

अपराधी बालकों में सुधार हेतु समुचित शिक्षा व्यवस्था की जानी चाहिए। क्योंकि शिक्षा द्वारा ही बालक में चारित्रिक गुणों का विकास होता है और शिक्षा की व्यवस्था विद्यालय द्वारा की जाती है अर्थात् बालक के जीवन का अधिकांश समय विद्यालय में व्यतीत होता है और वहाँ सीखी हुई बातें ही उसके जीवन में नए मोड़ उपस्थित कर देती हैं, अतएव यह अत्यन्त आवश्यक है कि विद्यालय अपने उत्तरदायित्व को सुन्दरता से निभाए और बालकों को बाल-अपराधी बनने से रोके। अपराधी बालकों के लिए शिक्षा की व्यवस्था इस प्रकार की जा सकती है—

1. **उत्तम वातावरण**—विद्यालय को चाहिए कि वह बालकों को स्वच्छ आन्तरिक एवं भौतिक वातावरण प्रदान करे। विद्यालय को बालकों का शारीरिक, मानसिक, चारित्रक एवं संवेगात्मक विकास करने के लिये उत्तम वातावरण का निर्माण करना चाहिये।

2. **पाठशाला में चरित्रवान, बाल-मनोविज्ञान से परिचित अच्छे अध्यापकों का होना**—पाठशाला के प्रत्येक शिक्षक का प्रशिक्षित होना नितान्त आवश्यक है। उन्हें बालकों की समस्याओं को मनोवैज्ञानिक ढंग से हल करना चाहिए। बालकों की क्या आवश्यकताएँ हैं ? उनकी क्या रुचियाँ हैं, यह उन्हें पता होना चाहिए। बालकों के प्रति उनका व्यवहार सहानुभूतिपूर्ण होना चाहिए।

3. **पाठशाला में प्रत्येक बालक को उसकी रुचि एवं योग्यता के अनुसार शिक्षा देनी चाहिए**—बालकों का वर्गीकरण कक्षाओं में उनकी योग्यता के अनुसार ही होना चाहिए। उनमें शिक्षा के प्रति रुचि उत्पन्न करनी चाहिए। उन्हें कार्य करके सीखने के लिए अधिक प्रोत्साहित करना चाहिए। पाठ्यक्रम भी छात्रों की रुचि एवं आवश्यकता के अनुरूप होना चाहिए।

4. शिक्षण के दौरान अध्यापकों को अपने अन्दर आत्म-विश्वास रखना चाहिए और पाठ को रोचक बनाना चाहिए—अध्यापकों को शिक्षण के अन्तर्गत सहायक सामग्री का समुचित प्रयोग करना चाहिए। उन्हें बालकों के प्रति पक्षपातपूर्ण व्यवहार नहीं करना चाहिए। विद्यार्थी इस बात को बहुत बुरा मानते हैं कि अध्यापक उनके साथ पक्षपात करते हैं।

5. विद्यार्थियों को पढ़ने के लिए उचित सामग्री मिलनी चाहिए तथा उनमें पाठ्यपुस्तकों के अतिरिक्त अन्य पुस्तकों को पढ़ने की रुचि उत्पन्न करनी चाहिए—यदि पाठशाला में अच्छा पुस्तकालय तथा अच्छा अध्ययन-कक्ष है तो बालक अपना समय व्यर्थ में नष्ट न कर, पढ़ने में व्यतीत करेगा। इस प्रकार बालकों में अच्छी आदतों का निर्माण होगा और अवकाश के समय का भी सदुपयोग हो जाएगा। यदि बालकों को आकर्षित करने वाली पुस्तकें, पत्रिकाएँ आदि मिल जाएँगी, जो अच्छी विचारधारा को व्यक्त करती हैं, तो बालक विद्यालय से नहीं भागेंगे, और न ही उन्हें गन्दे व्यवहार करने का अवसर प्राप्त होगा।

6. पाठशाला में बालकों के स्वस्थ मनोरंजन के साधन भी होने चाहिए—इनके अभाव में बालक इनको पाठशाला के बाहर ढूँढ़ता है। वह चलचित्र देखने लगता है और इस प्रकार के मनोरंजन में आनन्द लेने लगता है जो उसे असामाजिक व्यवहार करने को अभिप्रेरित करते हैं। इसीलिए खेल के अच्छे मैदान, खेल का सुयोग्य अध्यापक तथा खेल की पर्याप्त सामग्री का प्रत्येक बालक के लिए उपलब्ध होना आवश्यक है।

7. शिक्षण के लिए अध्यापकों को अच्छी पद्धति अपनानी चाहिए—यदि बालकों को शिक्षा ग्रहण करने की कोई प्रेरणा न मिले या जो पाठ पढ़ाया जाए, वह रोचक न हो तो बालकों में शिक्षा के प्रति अरुचि उत्पन्न हो जाती है और उन्हें कक्षा से भाग जाने में आनन्द आने लगता है तथा वे इस समय का सदुपयोग करने के स्थान पर अपराध करने लगते हैं। अत: अध्यापकों को अपने शिक्षण को प्रभावी एवं रुचिकर बनाने के लिए उपयुक्त शिक्षण पद्धतियों का प्रयोग करना चाहिए।

8. घर तथा पाठशाला में समन्वय स्थापित करना चाहिए—अध्यापकों को बालकों की समस्याएँ उनके माता-पिता के समक्ष रखनी चाहिए और उन्हें बालकों के प्रति उचित व्यवहार करने के लिए बताना आवश्यक है। बाल-अपराधों को तभी रोका जा सकता है जब माता-पिता तथा पाठशाला दोनों इसकी रोकथाम की ओर ठोस कदम उठाएँ।

9. बालकों को उचित निर्देशन देने का प्रबन्ध करना चाहिए—यह भी आवश्यक है कि प्रत्येक विद्यालय में प्रशिक्षित सलाहकार हो, जो बालकों की समस्याओं को मनोवैज्ञानिक ढंग से सुलझाए। बालकों को अपराधी बनने से रोका जा सकता है, यदि उनकी व्यवहार-सम्बन्धी समस्याओं का हल आरम्भ में ही कर दिया जाए। इसके लिए योग्य निर्देशन की आवश्यकता होती है। ज्यों ही अध्यापक को किसी बालक का व्यवहार त्रुटिपूर्ण मालूम हो, उसे चाहिए कि वह बालक को निर्देशक के पास भेजे, जो कुशलता से उसके व्यवहार के कारणों का पता लगाकर उनका उपचार कर सकेगा।

10. बालकों की स्वतन्त्रता—विद्यालय को बालकों की क्षमताओं और योग्यताओं का विकास करने के लिये उनको स्वतन्त्रता प्रदान करनी चाहिए। परन्तु यह स्वतन्त्रता नियन्त्रित और निश्चित सीमाओं के अन्तर्गत होनी चाहिए।

11. तरुण गोष्ठियों की स्थापना—विद्यालयों में तरुण गोष्ठियों की स्थापना की जानी चाहिए। वेलेन्टाइन के अनुसार, ये गोष्ठियाँ, बालकों को अपनी रुचियों और क्षमताओं को अभिव्यक्त करने का अवसर प्रदान करती हैं।

12. व्यक्तिगत विभिन्नताओं का विकास—विद्यालयों को बालकों की व्यक्तिगत विभिन्नताओं का अध्ययन करके उनके अनुरूप शिक्षा की व्यवस्था करनी चाहिए। ऐसा करके वह बालकों की विभिन्न योग्यताओं का विकास करने में सफलता प्राप्त कर सकता है।

13. पुस्तकालय एवं वाचनालय—विद्यालय में सभी प्रकार की बालोपयोगी पुस्तकों से सुसज्जित अच्छा पुस्तकालय एवं वाचनालय होना चाहिए जिससे बालक अवकाश का सदुपयोग कर सकें। साथ ही बालकों में अच्छी आदतों का निर्माण होगा और उनकी रुचि परिष्कृत होगी।

14. उपचारात्मक व व्यावसायिक कक्षाएँ—विद्यालयों द्वारा बाल-अपराध का निवारण करने के लिए एक नई विधि के प्रयोग का सुझाव देते हुए मेडिनस एवं जॉनसन ने लिखा है—"उपचारात्मक शिक्षा की कक्षाएँ और कुछ व्यावसायिक कक्षाएँ लाभप्रद सिद्धहो सकती हैं।

15. पाठ्य-सहगामी क्रियाओं की व्यवस्था—बालकों में सामाजिक बन्धनों का विकास करने के लिए विद्यालय में पाठ्यक्रम-सहगामी क्रियाओं की उत्तम व्यवस्था होनी चाहिए। एलिस का मत है—"बाल-अपराधियों को पाठ्यक्रम-सहगामी क्रियाओं में सम्मिलित करने का विशेष प्रयास किया जाना चाहिए, क्योंकि इनसे उत्तम सामाजिक सम्बन्धों की स्थापना होती है।"

16. अनुत्तीर्ण होने की समस्या का समाधान—परीक्षा में अनुत्तीर्ण होने के कारण कुछ छात्र, बाल-अपराधी बन जाते हैं। अत: एलिस का सुझाव है—"यदि हम असफलता की समस्या का समाधान करना चाहते हैं, तो हमें छात्रों का वर्गीकरण करना चाहिए और पाठ्यक्रम एवं शिक्षण-विधियों में इस प्रकार सुधार करना चाहिये कि छात्र जो कुछ भी करें, उसमें सफल हों।"

17. वाँछनीय सामाजिक दृष्टिकोणों का विकास—एलिस का मत है—"बाल-अपराध का मुख्य कारण अवांछनीय सामाजिक दृष्टिकोणों का विकास है। विद्यालय, सामाजिक दृष्टिकोणों के प्रति अधिक ध्यान देकर और विद्यालय से बाहर उपयुक्त क्रियाओं का आयोजन करके इस दिशा में बहुत कुछ कर सकते हैं।"

18. अध्यापक-अभिभावक परिषद्—बाल-अपराध को रोकने के लिए अध्यापक-अभिभावक परिषद् की स्थापना करना परम आवश्यक है तभी शिक्षक बालकों के माता-पिता को अच्छे-अच्छे सुझाव दे सकते हैं एवं बालक के माता-पिता शिक्षक को बालक के गृह जीवन की बातें बता सकते हैं तथा बालकों की समस्याओं पर विचार कर सकते हैं।

19. यौन-शिक्षा—प्राय: किशोरावस्था में किशोर एवं किशोरियाँ यौन-अपराध करने लगते हैं। अत: इनकी रोकथाम के लिए उन्हें यौन-शिक्षा प्रदान करनी चाहिए, क्योंकि इससे उनकी काम-प्रवृत्ति का शोधन होता है तथा स्वस्थ भावना का विकास होता है।

20. धार्मिक एवं नैतिक शिक्षा—बालकों में उच्च चरित्र, आदर्श नैतिकता तथा सन्तुलित सामाजिक, मानसिक व शारीरिक विकास करने के लिए धार्मिक एवं नैतिक शिक्षा प्रदान करनी चाहिए, क्योंकि इससे उनके चरित्र का निर्माण होता है, परिणामस्वरूप वे अपराध नहीं करते हैं।

21. मूल प्रवृत्तियों एवं संवेगों का शोधन—मूल प्रवृत्यात्मक एवं संवेगात्मक व्यवहार पशुवत् होता है, फलस्वरूप शिक्षकों का कर्त्तव्य है कि वे बालकों की मूल-प्रवृत्तियों एवं संवेगों का शोधन एवं मार्गान्तीकरण करें।

22. अनुवर्तन अध्ययन—जो बालक विद्यालय जीवन में अपराध करते हैं, उनकी शिक्षा समाप्त होने के उपरान्त भी यदा-कदा देखभाल करते रहना चाहिए।

23. कला एवं साहित्य का ज्ञान—बालकों की पाशविक मूल-प्रवृत्तियों का शोधन करने के लिए एवं उनमें अच्छे गुण उत्पन्न करने के लिए उन्हें कलात्मक एवं साहित्यिक ज्ञान देना चाहिए।

24. चरित्र लेखा—शिक्षकों को चाहिए कि वे समस्त बालकों के चरित्र का लेखा रखें ताकि बालकों के चरित्र का ध्यान रख सकें एवं उनकी आपराधिक प्रवृत्तियों को दूर किया जा सके।

25. अच्छी नागरिकता की शिक्षा—वर्तमान जनतान्त्रिक युग में बालकों को अच्छी नागरिकता की शिक्षा देनी चाहिए। इससे बालक अपने अधिकारों एवं कर्त्तव्यों के प्रति जानकारी प्राप्त कर सकेंगे तथा उनमें देश व समाज के प्रति नागरिकता की भावना उत्पन्न होगी।

26. अच्छे व योग्य शिक्षकों की व्यवस्था करनी चाहिए। सामान्यत: विद्यालय के शिक्षकों को निम्न तथ्यों की ओर ध्यान रखना चाहिए—

(a) बालकों को पर्याप्त स्नेह तथा प्यार दिया जाना चाहिए।

(b) वे अपना मानसिक स्वास्थ्य ठीक रखें।

(c) वे अपराधपूर्ण कार्यों से घृणा करें किन्तु अपराधी बालकों से नहीं।

(d) बालकों को समझने की चेष्टा करें तथा उनके सुधार हेतु आवश्यक उपाय करें।

(e) उनको बालकों का मित्र, सहायक एवं पथ-प्रदर्शक होना चाहिए।

(f) अपव्यय एवं अवरोधन को रोकने के प्रयास करने चाहिए।

(g) कक्षा में उनका व्यवहार अच्छा हो तथा वे बालकों की रुचि, योग्यता व क्षमता के आधार पर उपयुक्त शिक्षण-विधियों को ध्यान में रखकर पढ़ाएँ।

(h) उनको बालकों की समस्याओं का समाधान करने के लिए सदैव तत्पर रहना चाहिए।

बालापराध के प्रकार

(Kinds of Delinquency)

बाल-अपराधों को निम्नलिखित दो श्रेणियों में विभाजित किया जा सकता है—

1. चुनौती की अभिव्यक्ति—इस प्रकार के कार्य वे हैं जो दूसरे व्यक्ति के सामने कठिन समस्या उत्पन्न कर देते हैं; जैसे—जेब काटना, चोरी करना, झूठ बोलना, लड़ाई-झगड़ा करना, तोड़-फोड़ करना, पीड़ा देना, आवारागर्दी करना, झूठी शेखी बघारना, धूम्रपान करना इत्यादि।

2. यौन-अपराध—अल्प आयु में समलिंगीय या विषमलिंगीय सदस्यों के साथ यौन-सम्बन्ध स्थापित करना यौन-अपराध कहलाता है। ये तीन प्रकार के होते हैं; यथा—

(i) विषमलिंगीय अपराध—लड़कों के लड़कियों के साथ तथा लड़कियों के लड़कों के साथ यौन-सम्बन्ध विषमलिंगीय यौन-सम्बन्ध कहलाते हैं। ये अपराध पुनः चार प्रकार के होते हैं—

(a) इच्छा रखने वाले समान आयु के विषमलिंगीय सदस्य के साथ।

(b) इच्छा न रखने वाले समान आयु के विषमलिंगीय सदस्य के साथ।

(c) इच्छा रखने वाले असमान आयु के विषमलिंगीय सदस्य के साथ।

(d) इच्छा न रखने वाले असमान आयु के विषमलिंगीय सदस्य के साथ।

(ii) विप्रयास—इसके अन्तर्गत निम्नलिखित यौन-अपराधों को सम्मिलित करते हैं—

(a) समलिंगीय यौन-अपराध,

(b) हस्तमैथुन,

(c) अश्लील इशारे, प्रदर्शन या नंगापन,

(d) अश्लील साहित्य, वार्तालाप या चित्रादि देखना,

(e) धक्के देना, नोंचना, चुटकी लेना या अन्य प्रकार से परेशान करना।

(iii) अप्राकृतिक मैथुन—इसके अन्तर्गत पशु इत्यादि के साथ यौन सम्बन्ध स्थापित करना आता है।

बाल-अपराध का निवारण या रोकथाम

(Prevention of Delinquency)

बाल-अपराध की रोकथाम एवं निवारण के लिए परिवार, विद्यालय, समाज एवं राज्य, इन सबको मिलकर कार्य करना होगा। इनकी रोकथाम के लिए सबको मिलकर एक दिशा में प्रयत्न करने होंगे।

परिवार एवं अभिभावकों द्वारा किए जाने वाले कार्य

1. घर में उचित वातावरण का बनाना—अभिभावकों को चाहिए कि वे घर में इस प्रकार का वातावरण बनाएँ जिससे बालकों में दूषित मनोवृत्ति न बनने पाए। परिवार का वातावरण उसके सदस्यों के पारस्परिक सहयोग, समायोजन और सहानुभूति का आदर्श प्रतीक होना चाहिए। परिवार के सदस्यों को आपस में बालक के सामने लड़ना-झगड़ना नहीं चाहिए। बालक के व्यवहार पर परिवार का सबसे अधिक प्रभाव पड़ता है इसलिए एक उचित आदर्शमय घर का वातावरण बाल-अपराध को रोकने का महत्त्वपूर्ण अंग है।

2. बालकों के प्रति उचित व्यवहार को अपनाना—अभिभावकों को न तो अधिक लाड़-प्यार और न कठोर व्यवहार ही बालकों के साथ करना चाहिए। उन्हें बालकों के साथ सहानुभूतिपूर्ण व्यवहार करना चाहिए। उनकी समस्याओं का उचित हल प्रदान करना चाहिए। बालक यह समझने लगें कि उन्हें कोई भी कठिनाई होगी तो माता-पिता उसे दूर करने में तत्पर रहेंगे और जो निर्देश वे देंगे, वे उचित ही होंगे।

3. बालकों की बुरी आदतों के प्रति उचित दृष्टिकोण रखना—बुरी आदतें शिशु में जन्म से नहीं होती हैं। माता-पिता का कहना न मानना एवं झगड़ालूपन उसमें जन्मजात नहीं होते हैं। इस प्रकार का व्यवहार तो बालक वातावरण के कारण अपना लेता है। बालक की रुचि, आदतें, व्यवहार आदि तो उसके माता-पिता के व्यवहार पर निर्भर होते हैं। अतएव माता-पिता को चाहिए कि वे बालक की बुरी आदतों के प्रति उचित दृष्टिकोण रखें। उन्हें इस बात पर विचार करना चाहिए कि बालक के दूषित व्यवहार का या अनुचित आदतों का कारण क्या है ? बहुधा अभिभावक ऐसा नहीं करते हैं और बालक को मारपीट कर सुधारना चाहते हैं। ऐसा करने से बालकों में भावना-ग्रन्थियाँ बन जाती हैं और वह असामाजिक व्यवहार की ओर अग्रसर हो जाता है। माता-पिता को बालकों के साथ व्यवहार में अपना धैर्य कभी नहीं खोना चाहिए और सहानुभूतिपूर्ण ढंग से चेष्टा करनी चाहिए कि बुरी आदतों को दूर करें।

4. वृद्धिपर नियन्त्रण—यदि किसी परिवार में बालकों की संख्या अधिक है तो माता-पिता बालकों पर उचित नियन्त्रण नहीं रख पाते हैं। इसके अतिरिक्त यदि उनकी आय सीमित है तो वे बालकों की आवश्यकताओं की पूर्ति नहीं कर पाते हैं। बालक ऐसे परिवार में असुरक्षा की भावना को अपना लेते हैं। छोटा परिवार सुखी परिवार होता है, क्योंकि ऐसे परिवार के सदस्यों में एक-दूसरे के प्रति आत्मीयता और निकटता की भावना होती है। अत: उसमें बाल-अपराध का जन्म होना कठिन होता है, यह अत्यन्त आवश्यक है कि परिवार की वृद्धिपर नियन्त्रण रखा जाए। इसके लिए अभिभावकों को परिवार नियोजन की विधियों से परिचित होना चाहिए।

5. बालकों का निर्देशन—कोई भी पुरुष पिता या कोई भी स्त्री माता बनने योग्य नहीं है, जब तक कि उसे बाल-निर्देशन तथा बाल-पोषण की उचित विधियों का ज्ञान नहीं है। अशिक्षित माता-पिता बालकों में अच्छे आचरण और अच्छी आदतों का निर्माण नहीं कर सकते। माता-पिता को शिक्षित होने के साथ-साथ पढ़ने की आदत भी डालनी चाहिए, क्योंकि

वे ही बालक के प्रथम शिक्षक होते हैं। बालक, ज्ञान और समझदारी की कमी के कारण बाल-अपराध की ओर अग्रसर होते हैं। अत: उनके माता-पिता को शिक्षा, चित्रों, मनोरंजन आदि के सम्बन्ध में उनका पग-पग पर निर्देशन करना चाहिए। इस प्रकार निर्देशन प्राप्त करने वाले बालकों से बाल-अपराध की आशा नहीं की जाती है।

6. बालकों का निरीक्षण—माता-पिता को अपने बालकों के मध्य में प्रतिदिन कुछ समय व्यतीत करके उनकी गतिविधियों का निरीक्षण करना चाहिये और आवश्यकता पड़ने पर उनको परामर्श भी देना चाहिए। ऐसे माता-पिता की सन्तान कुमार्ग पर नहीं चलती है।

7. बालकों के अध्ययन की व्यवस्था—परिवार में बालकों के अध्ययन की उचित व्यवस्था होनी चाहिए। इस उद्देश्य से उनके लिए कोई शान्त और एकान्त तथा सुरक्षित स्थान होना चाहिए। ऐसे स्थान में अध्ययन करके उनके मस्तिष्क का क्रमिक विकास होता चला जाएगा, जो उनको बाल-अपराध की हानियों से अवगत करायेगा।

8. बालकों की आवश्यकताओं की पूर्ति—माता-पिता को बालकों की सभी उचित आवश्यकताओं की पूर्ति करनी चाहिये। ऐसा न करने से बालक इनकी पूर्ति के लिए अनुचित उपायों का प्रयोग करके बाल-अपराध के दोषी बन जाते हैं।

9. बालकों को बहुत अधिक जेब खर्च नहीं देना चाहिए—बालकों को अपने दैनिक व्यय के लिए कुछ धन की आवश्यकता होना स्वाभाविक है। माता-पिता को अपनी आय को ध्यान में रखकर उनको दैनिक व्यय के लिए कुछ धन अवश्य देना चाहिये परन्तु जेब खर्च बहुत अधिक दिया जायेगा तो बालक में बुरी आदतों तथा लतों के पड़ने की सम्भावना रहती है। वह अधिक चलचित्र देखने लगेगा, धूम्रपान करने लगेगा और इसी प्रकार की अन्य दूषित आदतों को अपना लेगा और अपराधी बन जाएगा।

10. अभिभावकों को चाहिए कि बालक के प्रति अत्यधिक सुरक्षा न दिखाएँ—यदि बालकों को अत्यधिक सुरक्षा मिलती है तो वे स्वयं सीखने-समझने में बेकार हो जाते हैं और अपने बुरे मित्रों द्वारा दिए गए प्रलोभनों में शीघ्र फँस जाते हैं।

11. अभिभावकों को बालक के बुरे मित्रों पर भी निगरानी रखनी चाहिए—उन्हें चाहिए कि बालक के मित्रों को घर बुलायें तथा उनकी आदतों आदि के सम्बन्ध में जानकारी प्राप्त करें। यदि मित्र अच्छे प्रतीत नहीं होते हैं तो बालक को समझा कर उनका साथ छोड़ने के लिए कहना चाहिए।

12. बालकों में अच्छी आदतों का निर्माण—माता-पिता को बालकों में अच्छी आदतों का निर्माण करना चाहिये। ऐसी आदतों वाले बालक अनुचित कार्य करके अपराधी कहे जाने से घृणा करते हैं।

13. बालकों में आत्म-निर्भरता का विकास—माता-पिता को बालकों में आत्म-निर्भरता के गुण का अधिक से अधिक विकास करना चाहिये। इस गुण वाले बालक अपनी आवश्यकताओं को स्वयं कार्य करके पूर्ण करने का प्रयास करते हैं और अनुचित उपायों को नहीं अपनाते हैं।

इन सबके अतिरिक्त बालक के अस्तित्व व सुझावों को स्वीकार किया जाए। बालकों के व्यक्तित्व को पूर्ण सम्मान दिया जाए एवं परिवार को पारस्परिक क्लेश तथा संघर्ष से दूर रखना चाहिए। इस प्रकार बालक के माता-पिता चाहे कितने ही व्यस्त हों, उन्हें बालकों की शिक्षा की ओर ध्यान देना चाहिए।

नोट:—विद्यालय की भूमिका अपराधी बालकों की शिक्षा के सम्बन्ध में स्पष्ट की जा चुकी है।

बाल-अपराध निवारण एवं रोकथाम के लिए 'समाज' व 'राज्य' के कार्य

बाल-अपराध रोकने में राज्य तथ सामाजिक विधियों का भी बहुत महत्त्व है। बहुत-से ऐसे उपाय हैं जो इन्हीं विधियों के द्वारा उचित रूप से अपनाये जा सकते हैं। वे उपाय इस प्रकार हैं—

1. बालकों की राजनीति से पृथकता—राजनीतिक दल, बालकों को अनेक अनुचित कार्यों के लिए प्रयोग करके अपराध की ओर ले जाते हैं। अत: राज्य को कानून बनाकर 18 वर्ष तक की आयु के बालकों पर राजनीतिक कार्यों में भाग लेने पर प्रतिबन्ध लगा देना चाहिए।

2. मनोरंजन की व्यवस्था—समाज को बालकों के लिए मनोरंजन की उपयुक्त व्यवस्था करनी चाहिए, ताकि वे अपने अवकाश का उचित उपयोग कर सकें।

3. निर्धन बालकों की आर्थिक सहायता—जो बालक निर्धन हैं, उनकी सम्पूर्ण शिक्षा नि:शुल्क होनी चाहिये। साथ ही, उनको अपनी शिक्षा के व्यय के लिए आर्थिक सहायता दी जानी चाहिए।

4. निर्धन परिवारों की आर्थिक स्थिति में सुधार—बालकों द्वारा अपराध किये जाने का एक मुख्य कारण उनके परिवारों की निर्धनता है। अत: राज्य द्वारा इन परिवारों की आर्थिक स्थिति में सुधार किया जाना चाहिए।

5. चलचित्रों पर नियन्त्रण—चलचित्र, बालकों की अपराध-प्रवृत्ति को प्रोत्साहित करने में विशेष योग देते हैं। अत: राज्य द्वारा अपराधी और अनैतिक कार्यों का प्रदर्शन करने वाले चलचित्रों पर कड़ा नियन्त्रण आरोपित किया जाना चाहिए।

6. अनैतिक कार्यों पर प्रतिबन्ध—अनैतिक कार्यों को बाल-अपराध की जननी कहा जा सकता है। अत: समाज को अनैतिकता से मुक्त करने के लिए सभी सम्भव प्रयास किए जाने चाहिए। इसी उद्देश्य से अनेक नगरों में से वेश्यालयों को हटा दिया गया है और मुम्बई, चेन्नई, कोलकाता आदि स्थानों पर 'किशोर धूम्रपान अधिनियम' बनाकर 16 वर्ष से कम आयु के बालकों को धूम्रपान करने से रोका गया है।

7. गन्दी बस्तियों की समाप्ति—गन्दी बस्तियाँ, बाल-अपराधों के जन्म और विकास के लिए कुख्यात हैं। अत: इन बस्तियों को यथाशीघ्र समाप्त किया जाना चाहिए। यही कारण है कि सभी बड़े नगरों में यह कार्य किया जा रहा है।

8. सामूहिक संघों का निर्माण—प्रत्येक नगर के विभिन्न भागों के बालकों और किशोरों के सामूहिक संघों का निर्माण किया जाना चाहिए। इन संघों को बालकों और किशोरों को सम्मिलित रूप से सामाजिक कार्य करने की प्रेरणा देनी चाहिए। इस प्रकार का सामूहिक कार्य उनमें सामाजिक समायोजन का विकास करेगा और साथ ही उनके व्यवहार को स्वस्थ दिशा में मोड़ेगा।

9. राज्य को चाहिए कि ऐसे पति-पत्नी को जो मानसिक रोगों से पीड़ित हैं, पुरुषत्व शक्ति से हीन कर दे; क्योंकि ऐसे माता-पिता की सन्तान निम्न बौद्धिक स्तर वाली हो सकती है और ऐसे बालक अपराधों की ओर शीघ्रता से घसीटे जा सकते हैं।

10. राज्य तथा अन्य सामाजिक निधियों को अच्छे विद्यालयों का प्रबन्ध करना चाहिए, जहाँ बालकों को अच्छी शिक्षा मिल सके। हमारे देश में इस बात की अत्यन्त आवश्यकता है कि प्रत्येक बालक के विद्यालय में जाने की व्यवस्था हो। इस समय बहुत से बालक शिक्षा की अनुचित व्यवस्था के ही कारण बाल-अपराधी बन जाते हैं।

11. बालकों से भीख मँगाने वालों को कड़ी सजा देनी चाहिए और ऐसे बालकों के लिए जिनका कोई अभिप्राय नहीं है, रहन-सहन तथा शिक्षा का उचित प्रबन्ध करना।

12. औरस बालकों को घर जैसा वातावरण प्रदान करने की व्यवस्था होनी चाहिए। उन्हें यह मालूम नहीं होना चाहिए कि वे अवैधानिक हैं। वास्तव में दोष तो उनके माता-पिता का है, न कि उन अबोध बालकों का।

बाल अपराध का उपचार एवं सुधार

(Cure and Reform of Delinquency)

सबसे उत्तम तो यह है कि बाल-अपराध होने ही नहीं चाहिए। बालापराध न होने देने के लिए आवश्यक रोकथाम करनी अनिवार्य है। इन रोकथामों के बाद भी बाल-अपराध हो सकते हैं, उस स्थिति में बालापराधों का उपचार तथा सुधार करना चाहिए। बालापराध के उपचार तथा सुधार के लिए निम्न चार विधियाँ काम में लाई जाती हैं—

1. मनोवैज्ञानिक विधियाँ

(i) अनिर्देशित विधि

(ii) सामाजिक विधि

(iii) वातावरणीय विधि

2. मनोविश्लेषणात्मक

(i) स्वतन्त्र साहचर्य विधि

(ii) स्वप्न विश्लेषण विधि

3. मनोचिकित्सा विधि

(i) खेल विधि

(ii) संवेगात्मक आघात विधि

4. वैधानिक विधियाँ

(i) कारावास

(ii) किशोर न्यायालय

(iii) प्रवीक्षण

(iv) किशोर-बन्दीगृह

(v) किशोर-सुधार-गृह

(vi) बोर्स्टल संस्थाएँ।

1. मनोवैज्ञानिक विधियाँ

बालापराधों का उपचार करने वाली मनोवैज्ञानिक विधियाँ वे हैं जिनके द्वारा मनोवैज्ञानिक सिद्धान्तों के आधार पर बालापराध के कारणों का पता लगाया जाता है तथा उनका विश्लेषण किया जाता है तथा अन्त में उपचार किया जाता है। सामान्य रूप से बालापराधों के अध्ययन व सुधार हेतु निम्नलिखित मनोवैज्ञानिक विधियों का प्रयोग किया जाता है—

(i) अनिर्देशित विधि (Non Directive Method)

इस विधि को कार्ल रोजर्स ने जन्म दिया। इस विधि के अन्तर्गत बाल-अपराधी को इतनी स्वतन्त्रता प्रदान कर दी जाती है कि वह बिना किन्हीं आदेशों तथा निर्देशों के अपनी समस्याओं का समाधान करे। इन्हीं समाधानों के दौरान इसके विचार, योग्यताओं तथा संवेगों का अध्ययन कर लिया जाता है। तदोपरान्त उसका उपचार किया जाता है।

(ii) सामाजिक विधि (Sociological Method)

इस विधि द्वारा बालक की समस्याओं का 'केस स्टडी' जैसी पद्धतियों के द्वारा अध्ययन किया जाता है। फिर उसके परिवार, विद्यालय तथा मित्र-मण्डली से सम्बन्धित वातावरण में सुधार करके उसका उपचार किया जाता है। इस परिमार्जित वातावरण में बच्चे को प्यार तथा सहानुभूति दी जाती है, आवश्यकताओं को पूरा किया जाता है तथा आवश्यकताओं की अनुपयुक्तता की स्थिति में धीरे-धीरे उनकी आवश्यकताओं की दिशा बदली जाती है।

(iii) वातावरणीय विधि (Environmental Method)

जब यह पाया जाता है कि विशेष प्रयास करने पर भी परिवार, विद्यालय एवं समाज का वातावरण सुधारा नहीं जा रहा है तो बालक को उस दूषित वातावरण से हटाकर अन्य अच्छे वातावरण में रख दिया जाता है। सुधार गृह एवं परिवीक्षण-गृहों में इसी प्रकार के बालक रखे जाते हैं।

2. मनोविश्लेषणात्मक विधियाँ (Psycho-analytical Methods)

मनोविश्लेषणात्मक विधियों के द्वारा बालक के अचेतन मन में छिपी दमित इच्छाओं, संवेगों तथा कुण्ठाओं का अध्ययन किया जाता है। इनके माध्यम से बालक में असामान्य व्यवहार के कारणों का ज्ञान होता है। इस ज्ञान के आधार पर उपचारात्मक उपाय अपनाये

जाते हैं। मनोविज्ञान में अपराधी बालक के अचेतन मन का अध्ययन करने के लिए सामान्यत: निम्न विधियों का प्रयोग किया जाता है :

(i) स्वतन्त्र-साहचर्य विधि (Free Association Method)

इस विधि को 'शब्द-साहचर्य विधि' के नाम से भी जाना जाता है। इस विधि के अन्तर्गत दैनिक जीवन में काम आने वाले अनेक शब्दों की सूची बनाई जाती है; जैसे—माता, पिता, घर, स्कूल, कपड़ा, स्त्री, लड़की आदि। इस सूची में इसी प्रकार के करीब 200-250 शब्द होते हैं। अध्ययनकर्ता अपराधी बालक को अपने सामने बिठा लेता है और जल्दी-जल्दी सूची में से एक-एक शब्द बोलता जाता है तथा बालक से कहा जाता है कि प्रत्येक शब्द के बाद वह भी कोई एक शब्द बोले। बालकों को सोचकर बोलने का अवसर नहीं दिया जाता है। बालक द्वारा बोले जाने वाले शब्दों को लिख दिया जाता है या टेपरिकॉर्डर का भी प्रयोग किया जाता है। बालक द्वारा बोले गए शब्दों का विश्लेषण करके उसके अचेतन मन का अध्ययन किया जाता है।

(ii) स्वप्न विश्लेषण विधि (Dream Analysis Method)

मनोविश्लेषणवाद स्वप्नों की व्याख्या अचेतन मन के सन्दर्भ में करता है कि जैसा हमारा अचेतन मन होगा, वैसे ही हम स्वप्न देखेंगे। इन स्वप्नों का विश्लेषण करके भी बालक के अचेतन मन का अध्ययन किया जाता है।

3. मनोचिकित्सा विधियाँ

(Psycho-Therapy Methods)

मनोचिकित्सकों द्वारा सामान्यत: बालापराधियों के उपचार हेतु निम्नांकित विधियाँ अपनाई जाती हैं—

(i) खेल विधि (Play Method)

बालक की अनेक इच्छाएँ होती हैं। किन्हीं कारणों से उन इच्छाओं का प्रकाशन नहीं हो पाता है तो इन इच्छाओं का दमन हो जाता है। खेल विधि द्वारा बालक को स्वतन्त्र रूप से खेलने के अवसर दिये जाते हैं जिससे वह खेलों के माध्यम से अपनी दमित इच्छाओं का प्रकाशन कर सके।

(ii) संवेगात्मक आघात विधि (Emotional Shock Methods)

इस विधि के अन्तर्गत मनोचिकित्सक अपराधी बालक के संवेगों को किसी कार्य या व्यवहार द्वारा अचानक आघात पहुँचाता है। इस आघात के परिणामस्वरूप उसके संवेगों में उल्लेखनीय परिवर्तन तथा परिमार्जन करने के उपाय किये जाते हैं।

4. वैधानिक विधियाँ

(Legal Methods)

(i) कारावास (Confinement)

बाल-अपराध का परम्परागत उपचार है—कारावास। इससे केवल एक लाभ होता है, वह यह है कि कारावास में रहने के समय जैसे-जैसे बन्दी की आयु में वृद्धिहोती जाती है,

वैसे-वैसे उसके व्यवहार में परिवर्तन होता जाता है। परिणामत: कारावास से मुक्त होने के पश्चात् इसकी अपराधी प्रकृति निर्बल हो जाती है। ग्लीक एवं ग्लीक ने अपने अध्ययनों से सिद्धकिया है कि अनेक बाल-अपराधी 40 वर्ष की आयु प्राप्त करने पर अपराधी नहीं रह जाते हैं। मेडिनस एवं जॉनसन ने लिखा है—"अपराध का सम्बन्ध युवक से है। अत: अधिकांश किशोर-अपराधी, अपराधी वयस्क नहीं बनते हैं।"

(ii) किशोर न्यायालय (Juvenile Courts)

जब कोई बालक या किशोर अपराध करता है, तो उसे साधारण न्यायालय में न ले जाया जाकर, किशोर न्यायालय में ले जाया जाता है। न्यायालय का वातावरण सहानुभूतिपूर्ण होता है। न्यायाधीश इस बात पर विचार करता है कि बालक का सुधार किस प्रकार किया जा सकता है। वह दो प्रकार के आदेश देता है। उसके अनुसार अपराधी को या तो 'सुधार-अधिकारी' के पास या 'सुधार-गृह' में भेज दिया जाता है। इस समय भारत में अनेक किशोर न्यायालय हैं।

(iii) प्रवीक्षण (Probation)

प्रवीक्षण या प्रोबेशन वह युक्ति है, जिसमें बाल-अपराधी को न्यायालय से दण्ड मिलने पर जेल न भेजकर कुछ शर्तों पर समाज में रहने की अनुमति मिल सकती है। इस प्रकार बालक को अपना सुधार करने का अवसर दिया जाता है। प्रवीक्षण काल में उसे 'सुधार अधिकारी' के निरीक्षण में रहना पड़ता है। यह अधिकारी मित्र और संरक्षक के रूप में बालक में सुधार करने का प्रयास करता है। यदि प्रवीक्षण काल में बालक में सुधार हो जाता है तो उसे जेल नहीं जाना पड़ता है।

(iv) किशोर-बन्दीगृह (Juvenile Jails)

ये बन्दीगृह वास्तव में सुधार-संस्थाएँ हैं। इनके बन्दियों को अपने परिवार के सदस्यों से मिलने की स्वतन्त्रता होती है। वे बन्दीगृह में सामान्य और औद्योगिक शिक्षा प्राप्त करते हैं। उसको समाप्त करने के बाद वे नगर के किसी विद्यालय में शिक्षा ग्रहण करने के लिये जा सकते हैं। इस समय हमारे देश में अनेक किशोर-बन्दीगृह हैं।

(v) किशोर-सुधार गृह (Juvenile Reformatories)

ये एक प्रकार के औद्योगिक विद्यालय हैं, जहाँ बाल-अपराधियों को सुधारने का कार्य किया जाता है और सामान्य एवं व्यावसायिक शिक्षा दी जाती है। वर्तमान में हमारे देश में इस प्रकार के अनेक किशोर सुधार गृह हैं।

(vi) बोर्स्टल-संस्थाएँ (Borstal Institutions)

ये संस्थाएँ बन्दीगृह और मान्यता प्राप्त स्कूलों के बीच की संस्थाएँ हैं। इनमें साधारणत: 15 वर्ष तक की आयु के अपराधी रखे जाते हैं। ये संस्थाएँ दो मुख्य कार्य करती हैं। ये बाल-अपराधियों को सुधारती हैं और इनको इस प्रकार की औद्योगिक या व्यावसायिक शिक्षा देती हैं कि वे जीवन में धनोपार्जन करने में सफल हो सकें। भारत में ये संस्थाएँ अनेक स्थानों पर हैं।

पिछड़ा बालक
(Backward child)

'पिछड़ापन' विद्यालयों में अति गूढ़ एवं जटिल समस्या है। इस समस्या को अधिकतर अध्यापक हल करने का प्रयत्न नहीं करते। वे यह कहकर कि 'बालक पिछड़ा है,' समस्या का अन्त कर देते हैं। किन्तु यह ढंग ठीक नहीं है। उन्हें पिछड़ेपन के कारणों को जानकर उनको दूर करने का प्रयत्न करना चाहिए। यह तो ठीक है कि पिछड़ेपन के कारण बालक की मन्दबुद्धिहो सकती है, किन्तु यदि हम प्रत्येक पिछड़े बालक की विशेषता मन्द-बुद्धिता ही समझें, तो यह भ्रामकता है। पिछड़ेपन के तो अन्य बहुत से कारण हो सकते हैं।

शिक्षा-मनोविज्ञान की दृष्टि से वे बालक पिछड़े हुए कहलाते हैं जो अपनी ही आयु के अन्य साथियों के समान गति से आगे नहीं बढ़ पाते हैं। सामान्य रूप से देखा गया है कि कुछ बालक ऐसे होते हैं जो किन्हीं कारणों से शिक्षा के क्षेत्र में इतनी उन्नति या इतनी गति के साथ आगे नहीं बढ़ पाते हैं जितनी गति से उनके उसी आयु के अन्य साथी आगे बढ़ जाते हैं। यह स्थिति मानसिक मन्दता के कारण हो सकती है अथवा किसी अन्य कारण से भी। इसी स्थिति को पिछड़ापन कहते हैं।

जो बालक—कक्षा का औसत कार्य नहीं कर पाता है और कक्षा के औसत छात्रों से पीछे रहता है, उसे 'पिछड़ा बालक' (Backward Child) कहते हैं। पिछड़े बालक का मन्दबुद्धिहोना आवश्यक नहीं है। पिछड़ेपन के अनेक कारण हैं, जिनमें से मन्दबुद्धिहोना एक है। यदि प्रतिभाशाली बालक की शैक्षिक योग्यता अपनी आयु के छात्रों से कम है, तो उसे भी पिछड़ा बालक कहा जाता है। पिछड़े बालक की कुछ परिभाषाएँ इस प्रकार दी गई हैं—

1. Schonell & Schonell के अनुसार—पिछड़े बालक उसी जीवन-आयु के अन्य छात्रों की तुलना में विशेष शैक्षिक निम्नता व्यक्त करते हैं।

2. His Majesty's Stationery Office—पिछड़े बालक वे हैं, जो उस गति से आगे बढ़ने में असमर्थ होते हैं, जिस गति से उनकी आयु के अधिकांश साथी आगे बढ़ रहे हैं।

3. सिरिल बर्ट—"पिछड़ा बालक वह है, जो अपने विद्यालय-जीवन के मध्य में (अर्थात् लगभग 10.5 वर्ष की आयु में) अपनी कक्षा से नीचे की कक्षा के उस कार्य को न कर सके, जो उसकी आयु के बालकों के लिए सामान्य कार्य है।"

"A backward child is one who, in mid-school career (i. e. about ten-and-a-half years) is unable to do the work of the class next below that whicfis normal for his age." **—Cyril Burt**

सिरिल बर्ट अन्यत्र लिखते हैं कि "वह बालक पिछड़ा बालक है जिसकी निष्पत्ति-लब्धि (Achievement Quotient or A. Q.) 85 से कम है।"

"Backward child is one whose Achievement Quotient is below 85."

—Cyril Burt

बुद्धि-लब्धि के समान निष्पत्ति-लब्धि का पता निष्पत्ति-परीक्षणों के फलांकों से लगाया जाता है। यदि बालक की वास्तविक आयु 16 वर्ष है किन्तु विभिन्न विषयों में उसकी शैक्षिक प्रगति के आधार पर पता लगाया कि उसकी मानसिक आयु 12 वर्ष के बराबर है तो उसकी निष्पत्ति-लब्धि निम्नलिखित होगी—

$$\text{निष्पत्ति-लब्धि} = \frac{\text{मानसिक आयु}}{\text{वास्तविक आयु}} \times 100$$

$$= \frac{12}{16} \times 100 = 75$$

सिरिल बर्ट के अनुसार यह बालक पिछड़ा बालक है क्योंकि उसकी निष्पत्ति-लब्धि 85 से कम है। सामान्य भाषा में व्याख्या करें तो कह सकते हैं कि वह बालक 16 वर्ष का है किन्तु पढ़ने-लिखने में वह 12 वर्ष के सामान्य बालक की योग्यता रखता है अर्थात् इसका विद्यालय विषयों में ज्ञान 12 वर्ष के बालक जितना है। वह 16 वर्ष के सामान्य बालकों के साथ-साथ शिक्षा के क्षेत्र में नहीं चल पा रहा है अत: पिछड़ा बालक है।

पिछड़ेपन के प्रकार
(Kind of Backwardness)

विद्यालयों में सामान्यत: दो प्रकार के पिछड़े बालक पाये जाते हैं—

(अ) सामान्य पिछड़े बालक, (ब) विशिष्ट पिछड़े बालक।

(अ) सामान्य पिछड़ापन—जब बालक सभी विद्यालय विषयों में सामान्य रूप से पिछड़ जाता है तो वह सामान्य पिछड़ापन है।

(ब) विशिष्ट पिछड़ापन—जब बालक सभी विद्यालय-विषयों में न पिछड़ा हो वरन् किसी एक या दो विषयों में ही वह अपनी आयु के अन्य साथियों के साथ नहीं चल पा रहा हो तो वह विशिष्ट पिछड़ापन कहलायेगा। यहाँ बालक अन्य विषयों में सामान्य रूप से प्रगति कर रहा है; केवल एक-दो विषयों में ही पीछे रहता है।

पिछड़े बालक की विशेषताएँ
(Characteristics of Backward Child)

कुप्पूस्वामी के अनुसार पिछड़े बालक में निम्नलिखित विशेषताएँ पाई जाती हैं—

1. सीखने की धीमी गति।
2. सीखा हुआ भूल जाते हैं।
3. जीवन में निराशा का अनुभव।
4. समाज-विरोधी कार्यों की प्रवृत्ति।

5. जन्मजात योग्यताओं की तुलना में कम शैक्षिक उपलब्धि।

6. सामान्य विद्यालय के पाठ्यक्रम से लाभ उठाने में असमर्थता।

7. सामान्य शिक्षण-विधियों द्वारा शिक्षा ग्रहण करने में विफलता।

8. मन्द-बुद्धि, सामान्य बुद्धिया अति श्रेष्ठ बुद्धिका प्रमाण।

9. मानसिक रूप से अस्वस्थ और असमायोजित व्यवहार।

10. बुद्धि-परीक्षाओं में निम्न बुद्धि-लब्धि (90 से 110 तक)।

11. विद्यालय-कार्य में सामान्य बालकों के समान प्रगति करने की अयोग्यता।

12. अपनी और उससे नीचे की कक्षा का कार्य करने में असमर्थता।

13. पिछड़ा बालक समाज से पृथक् रहना चाहता है।

14. ऐसे बालकों में शारीरिक हीनता भी पाई जाती है।

पिछड़ेपन या शैक्षिक मन्दता के कारण
(Causes of Backwardness or Educational Retardation)

पिछड़ेपन के अनेक कारण हैं। पिछड़ेपन के कारण प्रत्येक बालक के साथ निजी होते हैं। 'पिछड़ापन' एक व्यक्तिगत समस्या है और इसके कारणों को हम व्यक्तिगत रूप से ही निर्धारित करते हैं। वास्तव में तो पिछड़ेपन के कई कारण एक साथ मिलकर कार्य करते हैं, जैसा कि कुप्पूस्वामी ने लिखा है—"शैक्षिक पिछड़ापन अनेक कारणों का परिणाम है। अधिगम में मन्दता उत्पन्न करने के लिये अनेक कारक एक-साथ मिल जाते हैं।"

"Educational backwardness is the result of multiple causation. Many factors combine together to cause slowness of learning."

—Kuppuswamy

पिछड़ेपन के प्रमुख कारण इस प्रकार हैं—

1. सामान्य से कम शारीरिक विकास—कुछ बालकों का वंशानुक्रम, वातावरण आदि के प्रभावों के कारण, सामान्य से कम शारीरिक विकास होता है। ऐसे बालकों में शारीरिक एवं मानसिक शक्ति की न्यूनता होती है। फलस्वरूप, वे सामान्य बालकों के समान शारीरिक एवं मानसिक परिश्रम न कर सकने के कारण उनसे पीछे रह जाते हैं।

2. शारीरिक दोष—अनेक बालकों में कई प्रकार के शारीरिक दोष पाये जाते हैं; जैसे—शारीरिक कमजोरी, कम सुनना, तुतलाना, हकलाना, बायें हाथ से काम करना आदि। इनमें से एक या अधिक शारीरिक दोष बालकों को अधिक कार्य नहीं करने देते हैं। फलस्वरूप उनकी सीखने की गति मन्द रहती है और वे दूसरे बालकों से पिछड़ जाते हैं।

3. शारीरिक रोग—कई बालकों में अस्वस्थ वातावरण, कुपोषण आदि के कारण अनेक शारीरिक रोग उत्पन्न हो जाते हैं, जैसे—खाँसी, नजला, टॉन्सिल, तपेदिक, आँतों की गड़बड़ी,

निर्बल पाचन-शक्ति, ग्रन्थियों का ठीक कार्य न करना आदि। ये रोग बालक की शक्ति को क्षीण कर देते हैं जिससे वह थोड़ा-सा कार्य करने के बाद ही सिर-दर्द और मानसिक थकान का अनुभव करने लगता है। फलस्वरूप, वह कार्य को बाद में करने की सोच लेता है और कभी-कभी विद्यालय भी नहीं जा पाता है। ये सब बातें उसके पिछड़ेपन में योग देती हैं।

4. संवेगात्मक अस्थिरता—कुछ बालक संवेगात्मक दृष्टि से सन्तुलित नहीं होते हैं, वे समाज के साथ, अपनी परिस्थितियों के साथ समायोजन नहीं कर पाते हैं। परिणामस्वरूप वे भय, चिन्ता, असुरक्षा, तनाव आदि के शिकार हो जाते हैं तथा शिक्षा में ठीक से प्रगति नहीं कर पाते हैं।

5. सामान्य सहज बुद्धिकी कमी—सामान्य बुद्धिका अभाव पिछड़ेपन का सबसे मुख्य कारण है। बर्ट ने अपने अनुसंधान के अध्ययन से यह पता लगाया कि 5 पिछड़े बालकों में से 3 मन्द-बुद्धि(बुद्धि-लब्धि 70 से कम) के थे। उसने यह भी देखा कि 95 प्रतिशत से ऊपर पिछड़े बालकों की बुद्धिसाधारण से कम थी। बर्ट ने यह भी पाया कि मन्द-बुद्धिवाले बालकों की बुद्धिस्थायी तथा जन्मजात रूप से कम थी। उसने कहा कि ऐसे बालकों के पिछड़ेपन को दूर नहीं किया जा सकता। इनके लिए केवल यह कर सकते हैं कि उनके पाठशाला के कार्य को उनकी योग्यता के अनुसार बनाएँ, क्योंकि एक बड़ी प्राइमरी पाठशाला में 8 में से 1 बालक सम्पूर्ण स्कूल की जनसंख्या में ऐसा होगा, जिसकी बुद्धि-लब्धि 85 से कम होगी, इस कारण एक पाठशाला में इतने बालक तो सदैव पिछड़े रहेंगे। स्कोनेल का मत है कि 65 प्रतिशत से 80 प्रतिशत तक पिछड़े बालक मन्दबुद्धिहोते हैं और शेष को संवेगात्मक एवं सामाजिक असमायोजन के कारण शैक्षिक कठिनाइयों का सामना करना पड़ता है। **वेलेन्टाइन** ने लिखा है—''बर्ट ने जितने पिछड़े बालकों का अध्ययन किया, उनमें से 95 प्रतिशत की बुद्धि, सामान्य बुद्धिसे निम्न थी।''

6. परिवार की निर्धनता—परिवार की निर्धनता बालकों की शैक्षिक प्रगति पर तीन प्रकार के विपरीत प्रभाव डालती है। पहला, बालकों को पर्याप्त और पौष्टिक भोजन नहीं मिलता है। फलतः वे निर्बल हो जाते हैं और अधिक परिश्रम नहीं कर पाते हैं। दूसरा, उनको शिक्षा की उत्तम सुविधाएँ और पठन-सामग्री के लिए पर्याप्त धन नहीं मिलता है। परिणामतः वे धनी परिवार के बालकों के समान प्रगति नहीं कर पाते हैं। तीसरा, उनको अपने परिवार की जीवन-सम्बन्धी आवश्यकताओं को जुटाने के लिए अपने माता-पिता के साथ या स्वतन्त्र रूप में कोई कार्य करना पड़ता है। फलस्वरूप, उनको अध्ययन के लिए पर्याप्त समय नहीं मिलता है। इस प्रकार परिवार की निर्धनता, बालकों के पिछड़ेपन की सीमा का विस्तार करती चली जाती है।

7. वातावरण का प्रभाव—वातावरण का बुरा प्रभाव भी पिछड़ेपन का कारण हो सकता है। यदि वातावरण दूषित होता है, तो उसका बालक पर बुरा प्रभाव पड़ता है। इस प्रकार के वातावरण में बालकों का शारीरिक एवं मानसिक स्वास्थ्य बिगड़ जाता है। बर्ट ने देखा कि 12 प्रतिशत बालकों में पिछड़ेपन का कारण उनके घर का बुरा वातावरण था और लगभग 8

प्रतिशत बालक विद्यालय के बुरे वातावरण के कारण पिछड़ गये थे। यदि बालक के माँ-बाप उसे प्यार न करें तो बालक पिछड़ जाता है। उसमें मनोग्रन्थियाँ बन जाती हैं। इसके अतिरिक्त, अधिक प्यार पाने वाला बालक अथवा इकलौती सन्तान भी संवेगात्मक समस्याओं का शिकार हो जाती है, जिसके कारण पढ़ने से उसका ध्यान हट जाता है और वह पिछड़ जाता है।

विद्यालय का दूषित एवं कोलाहलपूर्ण वातावरण भी बालक-निष्पत्तियों पर कुप्रभाव डालता है। गंदे, संकीर्ण तथा शोरगुलयुक्त वातावरण में विद्यालय की स्थिति, विद्यालय-भवन की अपर्याप्तता तथा अनुपयुक्तता, पुस्तकालय तथा प्रयोगशाला जैसी सुविधाओं का अभाव, अयोग्य अध्यापक, त्रुटिपूर्ण अनुशासन तथा अस्वस्थ परम्पराएँ आदि बालक की शिक्षा-सम्बन्धी उपलब्धियों पर प्रतिकूल प्रभाव डालती हैं और बालक में पिछड़ापन आ जाता है।

बालक का यदि हर समय उपहास किया जाए तथा उसे आत्म-प्रदर्शन का अवसर न दिया जाए तो भी बालक का पिछड़ जाना सम्भव हो जाता है।

8. स्वभाव सम्बन्धी दोष—पिछड़ेपन का कारण बालक के स्वभाव सम्बन्धी दोष भी हो सकते हैं। बर्ट के अनुसर 9 प्रतिशत बालकों के स्वभाव सम्बन्धी दोष ही पिछड़ेपन के मुख्य कारण थे। 60 प्रतिशत में 'मन्द-बुद्धिता' मुख्य कारण पाई गई थी और इस प्रकार लगभग 70 प्रतिशत बालकों में पिछड़ेपन के कारण मनोवैज्ञानिक थे।

9. कक्षा से भाग जाना या पलायनशीलता—बहुत से बालक मन्द-बुद्धिके नहीं होते फिर भी कक्षा के कार्य में उतने कुशल नहीं होते जितना कि उनको होना चाहिए। इसका मुख्य कारण है कि वे कक्षा की शिक्षा की ओर ध्यान नहीं देते हैं और बहुधा कक्षा से भाग जाते हैं। इस प्रकार भागने के कारण वे पिछड़ जाते हैं। पलायनशीलता भी सामान्य और विशिष्ट के भेद से दो प्रकार की होती है। सामान्य पलायनशीलता की स्थिति में बालक किसी भी विषय की कक्षा से भाग जाता है जबकि विशिष्ट पलायनशीलता की स्थिति में बालक किसी एक विषय की कक्षा से ही भागता है और उसी विषय में पिछड़ जाता है।

10. परिवार का बड़ा आकार—कुछ परिवारों में सदस्यों की संख्या तो अधिक होती है, परन्तु उस अनुपात में निवास-स्थान का अभाव होता है। यह बात आधुनिक नगरों में विशेष रूप से दिखाई देती है। इस प्रकार के परिवारों में बालकों को अध्ययन के लिए एकान्त में स्थान नहीं मिलता है। इसके अतिरिक्त इस प्रकार के घरों में इतना कोलाहल होता है कि बालकों को पूरी नींद भी नहीं आती है। इस प्रकार के कारण बालकों को अन्य बालकों से पीछे धकेल देते हैं।

11. परिवार के झगड़े—कुछ परिवारों के सदस्यों में एक-दूसरे से सामंजस्य करने का गुण नहीं होता है। अतः वे निरन्तर किसी न किसी बात पर लड़ते-झगड़ते रहते हैं। इसका परिणाम यह होता है कि बालक चिन्ताग्रस्त और असुरक्षित दशा में रहते हैं। परिणामतः वे अध्ययन पर ध्यान केन्द्रित नहीं कर पाते हैं और कक्षा में पिछड़ जाते हैं।

12. माता-पिता की अशिक्षा—अशिक्षित माता-पिता, शिक्षा के महत्त्व को न समझने के कारण उसे अपने बालकों के लिए निरर्थक समझते हैं। ऐसे माता-पिता के बच्चों के सम्बन्ध

में कुप्पूस्वामी ने लिखा है—"ऐसे माता-पिता के बच्चों में न केवल शैक्षिक पिछड़ेपन का विकास होता है, वरन् वे शीघ्र ही निरक्षर हो जाते हैं।"

13. माता-पिता की बुरी आदतें—कुछ माता-पिता अनेक बुरी आदतों वाले होते हैं, जैसे—आलस्य, लापरवाही, कामचोरी आदि से युक्त होना। उनके निरन्तर सम्पर्क में रहने के कारण उनकी बुरी आदतों का उनके बालकों पर काफी प्रभाव पड़ता है। फलस्वरूप, वे अध्ययन से जी चुराने लगते हैं, विद्यालय कार्य में लापरवाही करते हैं और नियमित रूप से विद्यालय में उपस्थित नहीं रहते हैं। इन सब बातों का परिणाम होता है—शिक्षा प्राप्त करने में पिछड़ जाना।

14. माता-पिता का दृष्टिकोण—कुछ माता-पिता अपने बालक के प्रति आवश्यकता से अधिक कठोर और कुछ उनको आवश्यकता से अधिक लाड़-प्यार करते हैं। दोनों ही प्रकार के माता-पिता अपने बच्चों में स्वतन्त्रता और आत्म-विश्वास के गुणों का विकास नहीं होने देते हैं। इन गुणों के अभाव में शिक्षा में किसी भी प्रकार की प्रगति करना असम्भव है।

15. विद्यालय में अनुपस्थिति—कुछ बालक अनेक कारणों से विद्यालय में नियमित रूप से उपस्थित नहीं होते हैं, जैसे—बीमारी, देर से विद्यालय में प्रवेश, माता या पिता का एक स्थान से दूसरे स्थान पर तबादला आदि। बालकों की अनुपस्थिति में ऐसी अनेक बातें पढ़ा दी जाती हैं, जिनको फिर कभी नहीं पढ़ाया जाता है। अतः इन कारणों से बालकों का पिछड़ जाना स्वाभाविक है।

16. अयोग्य अध्यापक—अयोग्य तथा अक्षम अध्यापकों के द्वारा जब शिक्षण की अमनोवैज्ञानिक शिक्षण-विधियाँ अपनाई जाती हैं, छात्रों के साथ अनुपयुक्त व्यवहार किया जाता है, उनमें विषयगत योग्यता पर्याप्त नहीं है, वे पारस्परिक दलबन्दी में पड़े हैं, अनुशासन की गलत विधियाँ अपनाते हैं, दण्ड व पुरस्कार का उचित प्रयोग नहीं करते हैं, बच्चों को पर्याप्त स्नेह व प्यार नहीं दे पाते हैं, उनका व्यवहार पक्षपातपूर्ण है, आदि अनेक ऐसे कारण हो सकते हैं जो बालक की निष्पत्तियों पर प्रतिकूल प्रभाव डालकर पिछड़े बालकों का निर्माण करते हैं।

17. विशिष्ट क्षमताओं का अभाव—कभी-कभी बालक में किसी विषय के प्रति या तो रुचि नहीं होती है, या उस विषय को सीखने के लिए विशिष्ट योग्यता नहीं होती है तो वह उस विषय में पिछड़ जाता है, उदाहरणार्थ—बालक में गणित विषय के लिए आवश्यक मानसिक विशिष्ट योग्यता का अभाव है तो वह गणित-विषय में पिछड़ जाएगा।

18. विद्यालयों का दोषपूर्ण संगठन व वातावरण—जिन विद्यालयों का संगठन और वातावरण दोषपूर्ण होता है, वे न केवल बालकों के शैक्षिक पिछड़ेपन में, वरन् शैक्षिक मन्दता में भी योग देते हैं। इस प्रकार से विद्यालयों में पाई जाने वाली कुछ अवांछनीय बातें हैं—(1) पाठ्यक्रम के कठोर और संकीर्ण होने के कारण बालकों की आवश्यकताओं की अपूर्ति, (2) अयोग्य अध्यापकों द्वारा अमनोवैज्ञानिक और परम्परागत शिक्षण-विधियों का प्रयोग, (3) अध्यापकों के कठोर व्यवहार के कारण बालकों में भय की उत्पत्ति, (4) निर्देशन के अभाव

के कारण' बालकों द्वारा गलत विषयों का चुनाव, (5) पुस्तकालय, प्रयोगशाला, पाठ्यक्रम सहगामी क्रियाओं एवं शिक्षा की अन्य सुविधाओं के अभाव के कारण बालकों की रुचियों और क्षमताओं के विकास के लिये उचित अवसरों की अप्राप्ति। ये समस्त बातें किसी-न-किसी रूप में बालकों के पिछड़ेपन के लिए उत्तरदायी होती हैं।

पिछड़ेपन का निवारण
(Prevention of Backwardness)

शैक्षिक पिछड़ेपन या शैक्षिक मन्दता के लिए कोई एक कारण नहीं है, वरन् अनेक कारण सम्मिलित रूप से उत्तरदायी होते हैं। इसी प्रकार, प्रत्येक बालक के पिछड़ेपन के विभिन्न कारण होते हैं। इन कारणों का सम्बन्ध उसके परिवार एवं विद्यालय और स्वयं उसके शारीरिक, मानसिक तथा संवेगात्मक विकास के स्वरूप से होता है। अतः इसका उपचार तभी किया जा सकता है, जब उसका विशेष अध्ययन करके उसके पिछड़ेपन के कारणों की खोज कर ली जाए। इस सम्बन्ध में **कुप्पूस्वामी** ने लिखा है—"शिक्षकों, अभिभावकों, समाज-सेवकों और विद्यालय-चिकित्सकों, इन सबको सम्मिलित रूप से कार्य करना चाहिए, ताकि ठीक कारणों की खोज की जा सके और प्रत्येक बालक के लिए उपयुक्त उपचारों का प्रयोग किया जा सके।"

पिछड़ापन दो प्रकार का होता है—1. सामान्य, और 2. विशिष्ट।

पिछड़ेपन के उपचार या निवारण के साधन हमें पिछड़ेपन के प्रकार के अनुसार अपनाने चाहिए।

(1) सामान्य पिछड़ापन और उसका निवारण या उपचार—सामान्य पिछड़ेपन से तात्पर्य है—कक्षा में पढ़ाये जाने वाले सब विषयों में पिछड़ापन। ऐसा पिछड़ा बालक औसत बालकों की अपेक्षा प्रत्येक विषय में पिछड़ा होता है। वह कुछ विषयों को पढ़ने में दूसरों से अच्छा हो सकता है। परन्तु जो बालक कक्षा के औसत पर होते हैं, उनसे वह सर्वदा पिछड़ा रहता है। ऐसे पिछड़ेपन को दूर करने के लिए अग्रलिखित उपचार हैं—

1. शारीरिक दोष का पता लगाना तथा उसे दूर करना—अध्यापक को चाहिए कि बालक को चिकित्सक के पास भेजकर यह पता लगाए कि बालक में कोई शारीरिक दोष तो नहीं है। यदि कोई दोष है तो उसका उपचार होना चाहिए, क्योंकि बालक की शिक्षा का ध्यान तथा व्यवस्था उसके शारीरिक दोष को ध्यान में रखकर करनी चाहिए। बालकों की शारीरिक निर्बलता दूर करने के लिये संतुलित भोजन और शारीरिक व्यायाम की व्यवस्था करनी चाहिए।

2. बुद्धि-परीक्षा द्वारा मन्द-बुद्धिता का पता लगाना और उसे दूर करने की चेष्टा करना—यदि बालक मन्द-बुद्धिका है तो उसका उपचार बहुत कठिन है। मन्द-बुद्धिबालक सामान्य से सदैव पिछड़े ही रहेंगे। बालक की बुद्धि-मन्दता का पता अच्छे बुद्धि-परीक्षण द्वारा लगाया जाए तथा उनके शारीरिक स्वास्थ्य की रक्षा की जाए।

3. ऐसा पिछड़ापन जो वातावरण के कारण है, उसे वातावरण में सुधार द्वारा सुन्दर तथा दोषरहित बनाकर पिछड़ेपन को दूर करना—

(अ) उचित शिक्षा व्यवस्था द्वारा दोषपूर्ण वातावरण को अच्छा बनाया जा सकता है। बालकों की रुचि का पता लगाकर उन्हें शिक्षा दी जानी चाहिए। यह आवश्यक नहीं है कि उन्हें केवल लिखना, पढ़ना तथा गणित की ही शिक्षा दी जाए या उन्हें अरुचिपूर्ण यान्त्रिक कार्यों में ही लगाए रखा जाए। जिस कार्य में बालक की रुचि हो, उसे ही करने के लिए उसे देना चाहिए। इसके लिए योजना-विधि सर्वोत्तम है।

(ब) पिछड़े बालकों को शिक्षा क्रियात्मक आधार पर देनी चाहिए। उन्हें वस्तु-चित्र (Models) दिखाने चाहिए। प्रयोगात्मक कार्यों में लगाना चाहिए, नाटक आदि द्वारा उन्हें विभिन्न पात्रों के सम्बन्ध में जानकारी करवानी चाहिए। इसके अतिरिक्त दूसरी श्रव्य-दृश्य सहायक सामग्री (Audio-Visual Aids) जैसे—चित्र, चलचित्र आदि द्वारा इनके अवधान को पाठ्यक्रम की ओर आकृष्ट करना चाहिए।

(स) उनकी पुस्तकों के अभाव की पूर्ति करनी चाहिए।

(द) माता-पिता को उन्हें घर के काम में अधिक समय तक लगाकर समय नष्ट नहीं करना चाहिए।

(य) कक्षा से पलायनशीलता तथा अनुपस्थिति को रोकना चाहिए।

(2) विशिष्ट पिछड़ापन और उसका निवारण या उपचार—जब बालक किसी विशेष विषय में पिछड़ जाता है और अन्य विषयों में ठीक होता है तो उसे हम 'विशिष्ट पिछड़ापन' कहते हैं। इस कमी का कारण हमें उसकी रुचि में प्राप्त हो सकता है। कभी-कभी एक विषय में पिछड़ापन अध्यापक की दोषपूर्ण शिक्षण-विधि के कारण भी हो सकता है या अध्यापक की कठोरता तथा अमनोवैज्ञानिक व्यवहार के कारण भी हो सकता है। बहुधा हमारे विद्यालयों में विद्यार्थी गणित में पिछड़ जाते हैं। अंकगणित के अध्यापक गृह-कार्य की एक लम्बी सूची दे देते हैं और काम पूरा न होने पर डण्डे बरसाते हैं। कभी-कभी तो अध्यापक प्रश्न समझाने की चेष्टा ही नहीं करते हैं और भय दिखाकर बालकों से प्रश्न हल करवाना चाहते हैं।

विशिष्ट पिछड़ेपन के निवारण या उपचार के लिए निम्न विधियाँ प्रयोग में लानी चाहिए—

1. शारीरिक दोष का उपचार किया जाए और उस दोष के अनुसार शिक्षा दी जाए।

2. अध्यापक द्वारा कक्षा-अध्यापक में अच्छी विधियों को अपनाया जाए।

3. बालकों की रुचि को पिछड़े हुए विषय की ओर जाग्रत किया जाए तथा उन्हें सहायक-सामग्री की पूर्ण सहायता दी जानी चाहिए।

4. बालकों की ओर व्यक्तिगत रूप से ध्यान दिया जाए और उनकी विशिष्ट कठिनाइयों को दूर किया जाए।

5. जहाँ पाठ बालक की समझ में न आए, शिक्षक को रुककर उसे वहीं समझा देना चाहिए और बाद में आगे बढ़ना चाहिए। बहुधा अध्यापक इस ओर ध्यान नहीं देते हैं और पिछड़ेपन को बढ़ावा देते हैं। इसी प्रकार एक बालक का उदाहरण है, जो कि रेखागणित में कमजोर था। उसके पिछड़ेपन का कारण यह था कि आरम्भ के एक माह में जब रेखागणित पढ़ाया गया तो वह कक्षा में अनुपस्थित था। इस प्रकार वह अपने पाठ्यक्रम के प्रारम्भिक प्रयोग को नहीं समझ सका किन्तु अपनी दुर्बलता को छिपाने के लिए वह आगे पढ़ाई गई प्रमेय को रटने लगा। इस प्रकार रटन्त के द्वारा उसे आरम्भ में कठिनाई नहीं हुई किन्तु बाद में जब कार्य जटिल हो गया तब वह रटन्त के द्वारा सब प्रमेय इत्यादि को याद नहीं कर सका। वह एक प्रमेय को सिद्धकरने वाली दशाओं को दूसरी प्रमेय को सिद्धकरने वाली दशाओं से मिलाने लगा या उन्हें याद करने में त्रुटि करने लगा। फलस्वरूप, वह मुख्य प्रमेय को ही गलत सिद्धकरने लगा और उस पर आधारित प्रश्नों को हल करना तो उसकी शक्ति से बाहर था। इस बालक के अध्यापक ने कभी भी उसकी कठिनाई को जानने की चेष्टा नहीं की। परिणामत: वह गणित में पिछड़ता ही गया। परन्तु जैसे ही आरम्भ के प्रमेय को उसे समझाया गया तो उसकी गति गणित में तीव्र हो गई।

इस प्रकार के पिछड़ेपन को दूर करने के लिए अध्यापक को मोटे तौर पर दो तरीके अपनाने चाहिए—(1) बालक मन्द-बुद्धिके कारण पिछड़ गया है तो उसे विशेष कक्षा में स्थान दिया जाए, जहाँ साधारण बालक से धीमी गति से पढ़ाया जाए और उसका पाठ्यक्रम अधिक प्रयोगात्मक तथा वास्तविक बनाया जाए, (2) यदि बालक किसी विशेष विषय में पिछड़ा हो तो उसे उस विषय में प्रारम्भ से शिक्षा दी जानी चाहिए।

अन्त में, हम कुप्पुस्वामी के शब्दों में यह कह सकते हैं—''उपचार के उपाय चाहे जो भी हों, हमारा मुख्य कार्य प्रत्येक बालक की परिस्थितियों और जन्मजात योग्यताओं द्वारा निर्धारित की गई सीमाओं को ध्यान में रखकर उसको अपनी स्थिति की माँगों से पर्याप्त समायोजन करने में सहायता देना होना चाहिए।''

"Whatever the details of treatment, our main task should be to help a particular child make an adequate adjustment to the demands of his situation, keeping in mind the limits imposed by his circumstances and his natural abilities." —**Kuppuswamy**

पिछड़े बालक की शिक्षा

(Education of Backward Child)

स्टोन्स ने लिखा है—''आजकल पिछड़ेपन के क्षेत्र में किया ज़ाने वाला अधिकांश अनुसंधान यह सिद्धकरता है कि उचित ध्यान दिये जाने पर पिछड़े बालक, शिक्षा में प्रगति कर सकते हैं।''

"Most researcfin the field of backwardness now-a-days, indicates that given the appropriate attention backward children can make progress."

—**Stones**

पिछड़े बालकों की शिक्षा के प्रति समुचित ध्यान देने का अभिप्राय है—उनकी शिक्षा का उपयुक्त संगठन। हम इस संगठन के आधारभूत तत्त्वों को इस प्रकार लिख सकते हैं—

1. विशिष्ट विद्यालयों की स्थापना—पिछड़े बालकों के लिये विशिष्ट विद्यालयों की स्थापना की जानी चाहिए। इनकी आवश्यकता पर बल देते हुए **प्रो. उदय शंकर** ने लिखा है—''यदि पिछड़े बालकों को सामान्य बालकों के साथ शिक्षा दी जाएगी, तो वे पिछड़ जायेंगे और परिणाम यह होगा कि वे अपने स्वयं के स्तर के बालकों से और अधिक पिछड़े हुए हो जायेंगे। विशिष्ट विद्यालयों में उनको अपनी कमियों का कम ज्ञान होगा और वे अपने समान बालकों के समूह में अधिक सुरक्षा का अनुभव करेंगे। इन विद्यालयों में उनके लिए प्रतिद्वन्द्विता कम होगी और प्रोत्साहन अधिक।'' यदि ये विशिष्ट विद्यालय, सह–आवासीय विद्यालय हों, तो पिछड़े बालकों को और अधिक लाभ हो सकता है। ऐसे विद्यालयों में उनके पिछड़ेपन के कारणों का सरलता से अध्ययन करके उपचार किया जा सकता है। इंग्लैंड में इस प्रकार के विद्यालय हैं और उनमें 100 से अधिक छात्र नहीं रखे जाते हैं।

2. विशिष्ट कक्षाओं की स्थापना—यदि किसी कारण से पिछड़े बालकों के लिये विशिष्ट विद्यालयों की स्थापना सम्भव नहीं है, तो उनके लिए प्रत्येक विद्यालय में विशिष्ट कक्षायें स्थापित की जानी चाहिए। इन कक्षाओं के सम्बन्ध में स्टोन्स के तीन सुझाव हैं—(1) इन कक्षाओं में 20 से अधिक छात्र नहीं होने चाहिए, (2) ये कक्षायें भिन्न-भिन्न विषयों की होनी चाहिए और इनमें इन विषयों में पिछड़े हुए विद्यालय के सब छात्रों को शिक्षा दी जानी चाहिए, (3) जिन विद्यालयों में इस प्रकार की कक्षाओं के लिए पर्याप्त स्थान नहीं है, उनमें एक या दो कक्षाओं को चलाने की व्यवस्था अवश्य होनी चाहिए। इन कक्षाओं में विद्यालय के सब पिछड़े हुए छात्रों को व्यक्तिगत रूप से शिक्षा दी जानी चाहिए।

3. विशिष्ट विद्यालयों का संगठन—**कुप्पूस्वामी** के अनुसार, पिछड़े हुए बालकों के विशिष्ट विद्यालयों का संगठन इस प्रकार किया जाना चाहिए, जिससे कि उनमें अग्रलिखित बातों को विशेष महत्त्व प्रदान किया जाए—विभिन्न प्रकार की अधिकतम छात्र-क्रियाएँ, बालकों को पर्याप्त परन्तु नियन्त्रित स्वतन्त्रता, स्वतन्त्र अनुशासन और प्रत्येक बालक की प्रगति का पूर्ण अभिलेख।

4. विशेष पाठ्यक्रम का निर्माण—पिछड़े बालकों के लिये विशेष पाठ्यक्रम का निर्माण किया जाना चाहिए। पाठ्यक्रम अधिक से अधिक लचीला और सामान्य बालकों के पाठ्यक्रम से कम बोझिल एवं कम विस्तृत होना चाहिए। इसके अतिरिक्त, वह बालकों के लिए उपयोगी, उनके जीवन से सम्बन्धित और उनकी आवश्यकताओं को पूर्ण करने वाला होना चाहिए। इसके उद्देश्य के बारे में **कुप्पूस्वामी** ने लिखा है—''पाठ्यक्रम ऐसा होना चाहिए, जो पिछड़े बालकों को विद्वान बनाने के बजाय जीवन के लिए तैयार करे एवं उनको बुद्धिमान नागरिक और कुशल कार्यकर्ता बनाये।''

5. अध्ययन के विषय—पिछड़े बालकों में अमूर्त्त चिन्तन की योग्यता नहीं होती है। अत: उनके अध्ययन के विषय न तो अमूर्त्त होने चाहिए और न उनमें सिद्धान्तों एवं सामान्य नियमों की अधिकता होनी चाहिए। स्किनर एवं हैरीमैन के अनुसार, पिछड़े बालकों के अध्ययन के विषयों का सम्बन्ध उनके सामाजिक वातावरण से होना चाहिए, क्योंकि शिक्षा का उद्देश्य बालक में सामाजिक कुशलता उत्पन्न करना है।

6. हस्तशिल्पों की शिक्षा—पिछड़े बालकों में तर्क और चिन्तन की शक्तियों का अभाव होता है। अत: इनके लिए मूर्त्त विषयों के रूप में हस्तशिल्पों की शिक्षा का प्रबन्ध किया जाना चाहिए। बालकों को अग्रांकित शिल्पों की शिक्षा दी जा सकती है—(1) कताई, बुनाई, जिल्दसाजी और टोकरी बनाना, (2) बेंत, धातु, लकड़ी और चमड़े का काम। बालिकाओं के लिए ये शिल्प हो सकते हैं—बुनना, काढ़ना, सिलाई करना, भोजन बनाना और गृह-विज्ञान से सम्बन्धित अन्य कार्य।

7. सांस्कृतिक विषयों की शिक्षा—पिछड़े बालकों की आत्म-अभिव्यक्ति की शक्तियों का विकास करने के लिए उनको उनकी रुचियों और क्षमताओं के अनुसार संगीत, नृत्य, ड्राइंग और अभिनय की शिक्षा दी जानी चाहिए। इनमें नैतिक गुणों का विकास करने के लिए उनको वीर मनुष्यों और महान् पुरुषों एवं महिलाओं की कहानियों की नाटकों के रूप में शिक्षा दी जानी चाहिए।

8. विशेष शिक्षण-विधियों का प्रयोग—सामान्य बालकों की तुलना में पिछड़े बालकों में सामान्य बुद्धिकम होती है। अत: उनके लिए विशेष शिक्षण विधियों का प्रयोग किया जाना चाहिए। इसमें निम्नलिखित बातें ध्यान देने योग्य हैं—(1) सरल और रोचक शिक्षण-विधियाँ, (2) शिक्षण की धीमी गति, (3) शिक्षण का बालकों के दैनिक जीवन और मूर्त्त वस्तुओं से सम्बन्ध, (4) शिक्षण के विभिन्न उपकरणों का उदार-प्रयोग, (5) कम-से-कम मौखिक शिक्षण, (6) पढ़ाये गए विषय की बार-बार पुनरावृत्ति, (7) अर्जित ज्ञान को प्रयोग करने के अवसर, (8) योजना-पद्धति के आधार पर कार्य, (9) भौगोलिक, ऐतिहासिक, सांस्कृतिक आदि स्थानों का भ्रमण, (10) स्टोन्स के अनुसार—"इस बात की सावधानी रखनी चाहिये कि एक बार में अधिक न पढ़ा दिया जाए।"

9. छोटे समूहों में शिक्षा—पिछड़े बालक वास्तविक प्रगति तभी कर सकते हैं, जब शिक्षकों द्वारा उनके प्रति व्यक्तिगत रूप से ध्यान दिया जाए। यह तभी सम्भव है, जब उनको छोटे समूहों में शिक्षा दी जाए। इस सम्बन्ध में स्टोन्स के तीन सुझाव हैं— **पहला**, कक्षा (प्रत्येक) में 20 से अधिक छात्र नहीं होने चाहिए। **दूसरा**, यदि छात्रों में किसी प्रकार के शारीरिक दोष हैं, तो उनकी संख्या 20 से कम होनी चाहिए। **तीसरा**, एक कक्षा के छात्रों को केवल एक अध्यापक द्वारा शिक्षा दी जानी चाहिए।

10. योग्य तथा प्रशिक्षित अध्यापक—पिछड़े बालकों के लिए योग्य तथा प्रशिक्षित अध्यापकों की नियुक्ति की जानी चाहिए। शिक्षक बालक के लिए स्नेह व सहानुभूतिपूर्ण तथा पक्षपातहीन व्यवहार कर सकें। शिक्षक निदानात्मक तथा उपचारात्मक कार्य सफलता के साथ

सम्पन्न कर सकें। अच्छे शिक्षक के लिए बर्ट ने लिखा है—''पिछड़े बालकों का अच्छा शिक्षक साहित्यिक रुचियों वाला मनुष्य होने के बजाय व्यावहारिक होता है। उस शिक्षक की रुचियाँ पुस्तकीय होने के बजाय मूर्त्त होती हैं और उसमें शारीरिक कार्य करने की योग्यता होती है।''

11. नैतिक और यौन-शिक्षा—पिछड़े बालकों के लिए नैतिक और यौन-शिक्षा की व्यवस्था होनी चाहिए, क्योंकि इन बालकों में नैतिकता तथा यौन सम्बन्धी समस्या अधिक होती है। ये समस्याएँ चिन्तन के अभाव में प्रकट होती हैं।

12. समयानुसार शारीरिक परीक्षण—पिछड़े बालकों का समयानुसार शारीरिक परीक्षण किया जाना चाहिए तथा जिन बालकों की आँखें कमजोर हों या जिन्हें कम सुनाई देता हो, उनको कक्षा में बैठने के लिए उचित स्थान देना चाहिए।

विकलांग बालक
(Handicapped children)

विकलांगता या शारीरिक न्यूनता—जब कोई व्यक्ति या बालक किसी प्रकार के शारीरिक विकार या दोष से युक्त हो, जो उसे अन्य व्यक्तियों या बालकों से अलग या भिन्न प्रकट करता है तो वह उसकी शारीरिक कमी एवं दोष ही उसकी विकलांगता कही जाती है। इस प्रकार की कमी या दोष के कारण उसकी व्यावहारिक प्रतिक्रियाएँ तथा कार्य प्रभावित होते हैं। विकलांगता को ही शारीरिक न्यूनता कहते हैं।

विकलांग बालक वे होते हैं जिनमें किसी-न-किसी प्रकार का शारीरिक दोष होता है, जिससे उसकी सामान्य क्रियाएँ बाधित होती हैं। विकलांग बालक को परिभाषित करते हुए क्रो एवं क्रो ने लिखा है—''ऐसे बालक जिनमें ऐसा शारीरिक दोष होता है जो किसी भी रूप में उसे साधारण क्रियाओं में भाग लेने से रोकता है या उसे सीमित रखता है, को हम विकलांग बालक कह सकते हैं।''

यह दोष कम या अधिक गम्भीर रूप धारण कर सकता है, उदाहरण के लिए, दोषित नेत्र वाले सम्पूर्ण अन्धे से लेकर कम दृष्टि वाले, या गूँगे से लेकर असामान्य दशाओं में वाणी दोषयुक्त बालक—सब शारीरिक न्यूनता से ग्रसित बालक ही हैं।

विकलांगता के प्रकार
(Kinds of Handicappendness)

विकलांगता या शारीरिक न्यूनता को हम इस प्रकार विभक्त कर सकते हैं—

(अ) अपंग, (ब) सम्पूर्ण और अर्द्ध-अन्धे, (स) पूर्ण बधिर और अपूर्ण बधिर, (द) हकलाने या दोषयुक्त वाणी वाले, (य) निर्बल या कोमल।

विकलांग बालकों की समस्याएँ
(Problems of Handicapped children)

ग्रसितता चाहे कम हो या अधिक, किन्तु ग्रसित व्यक्ति को अपने समायोजन में अनेकानेक

समस्याओं का सामना करना पड़ता है, जिसका कारण उसकी शारीरिक कुरूपता या बेढङ्गापन होता है। ग्रसित साधारणत: इच्छित क्रियाओं में भाग लेने के योग्य नहीं होता है, अत: उसे सन्तोषजनक दूसरी रुचियों की आवश्यकता होती है। उसकी अयोग्यता उसकी संवेगात्मक समस्याओं के रूप में विकसित होती है, जैसे—क्रोध और हतोत्साहन। अतएव उसके समायोजन का विशेष ध्यान रखना चाहिए। विकलांग बालक में यह भावना भी जाग्रत हो जाती है कि दूसरे उसके बारे में शारीरिक दोष के कारण बहुत ही हीन विचार रखते हैं। इसी प्रकार के विचार उसके अन्दर निरन्तर उठा करते हैं और इन्हीं के परिणामस्वरूप उसके अन्दर आत्म-दैन्य की भावना उत्पन्न हो जाती है।

कभी-कभी हीनता का कारण अवांछित घर और वातावरण की दशाएँ होती हैं या उनको न दी गई या देर से दी गई औषधि भी कारण हो सकती है। ऐसे बालकों की यदि वातावरण सम्बन्धी दशाओं में सुधार कर दिया जाए, तो उनके समायोजन की समस्या हल हो सकती है। शारीरिक ग्रसित आवश्यक रूप से मानसिक दोषयुक्त नहीं होते। अधिकतर उदाहरणों में शारीरिक ग्रसित साधारण या उच्च बुद्धिरखते हैं। इस प्रकार इनकी शारीरिक ग्रसितता को दूर करने या उसे पूरा करने के लिए हमें अपनी मानसिक शक्तियों, बुद्धिइत्यादि से पूरी-पूरी सहायता प्रदान करनी चाहिए।

अपंग बालक की दशा बड़ी दयनीय होती है। सामान्य बालक के समान उसमें मूलप्रवृत्ति, संवेग, इच्छाएँ आदि सभी होती हैं, परन्तु शरीर के दोष के कारण वह असहाय होता है तथा वह अनेक शारीरिक क्रियाओं में भाग लेने से वंचित रह जाता है। जब बच्चों की ज्ञानेन्द्रियों (आँख व कान) में दोष पाए जाते हैं तो वे कक्षा-शिक्षण से लाभ नहीं उठा पाते हैं और पिछड़ जाते हैं। बालकों में हकलाना व तुतलाना संवेगात्मक अस्थिरता उत्पन्न कर देते हैं, जिससे उनका मन पढ़ने में नहीं लगता है। इस प्रकार विकलांग बालकों की अनेक समस्याएँ होती हैं।

विकलांग बालक और शिक्षा
(Handicapped Children & Education)

केवल अपने शारीरिक दोषों को छोड़कर शारीरिक ग्रसित व्यक्ति या बालक साधारण बालक के समान होते हैं। अत: ऐसे बालकों को उन सब शैक्षिक क्रियाओं की सुविधा देनी चाहिए जो एक साधारण बालक को दी जाती है। किन्तु हमें उनके शारीरिक दोषों को भी सदैव ध्यान में रखना चाहिए।

केवल उन बालकों को छोड़कर जो गम्भीर दोषों से युक्त हैं, जो उनके काम में बाधा डाल सकते हैं, बाकी सबको उचित व्यावसायिक शिक्षा देनी चाहिए। जो बालक गम्भीर दोषों वाले हैं, उनके लिए हमें इस प्रकार की व्यावसायिक शिक्षा का प्रबन्ध करना चाहिए जो वे शारीरिक दोष के होते हुए भी ग्रहण कर सकें। व्यावसायिक समायोजन उनके अन्दर आत्म-सम्मान की भावना उत्पन्न कर देगा और अपने जीवन को स्वयं महत्त्वपूर्ण बनाने के योग्य हो

जाएँगे। इसके लिए उन्हें उस क्षेत्र में विकसित होने का अवसर दिया जाए जिसके लिए वे मानसिक और शारीरिक दृष्टिकोण से उपयुक्त हैं।

शिक्षा के द्वारा शारीरिक ग्रसितों के समायोजन को बिठाना चाहिए। ग्रसित को हमेशा दोष के प्रति यथार्थ की भावना उत्पन्न करने की प्रेरणा देनी चाहिए। साथ ही किसी कार्य को करने की योग्यता पर भी बल देना चाहिए। ग्रसित को प्रयोगात्मक रूप से कार्य करने का अवसर देना चाहिए, जिन्हें वह अपनी पूर्ण शक्ति की सीमानुसार करे जिससे उसका ध्यान शारीरिक ग्रसितता से विचलित हो जाए। उसको इस प्रकार प्रेरणा देनी चाहिए कि वह यह समझे कि वह अपने समूह का एक महत्त्वपूर्ण अंग है।

विशेष दोषयुक्त बालक एवं उनकी शिक्षा-व्यवस्था
(Special Stammerer children and their Education System)

(अ) अपंग (Crippled)—अपंग बालक ऐसे दोषों से पीड़ित होते हैं जिनके कारण वे साधारण दशाओं में अपनी माँसपेशियों, हड्डी या जोड़ का अभ्यास नहीं कर पाते हैं, ऐसे बालक या तो (i) उत्पन्न ही दोषयुक्त होते हैं या (ii) दुर्घटनाओं के परिणामस्वरूप या (iii) किसी बीमारी के प्रभाव से दोषयुक्त हो जाते हैं।

अपंग की मानसिक योग्यता या तो साधारण होती है या तीव्र होती है। अपंग लोग दूसरों का ध्यान अपनी ओर आकृष्ट करते हैं और जब दूसरों से बात करते हैं तो उनमें अपनी शारीरिक कमी की भावना जाग्रत हो जाती है, और इस कमी के परिणामस्वरूप उनमें निरर्थकता तथा हीनता की भावना भी उत्पन्न हो जाती है।

इस प्रकार एक शारीरिक न्यूनता से ग्रसित बालक के समायोजन के लिए शिक्षा का उचित रूप से संगठन करना चाहिए। अपंग बालकों के शिक्षण के लिए निम्नलिखित बातें ध्यान रखने योग्य हैं—

(1) शारीरिक न्यूनता से ग्रसित बालक साधारण बुद्धिके होते हैं, अतः उन्हें शिक्षा के द्वारा मानसिक विकास के लिए पूर्ण अवसर देने चाहिए।

(2) शिक्षा द्वारा उनके अन्दर इस प्रकार की भावना उत्पन्न करनी चाहिए, जिससे वे अपनी दीनता की भावना को कम कर सकें और उपयुक्त व्यवहार को विकसित कर सकें।

(3) उनके भद्देपन को पाठशाला में पूर्णरूपेण व्यवस्थित करने के लिए पूर्ण सामग्री होनी चाहिए। उनके लिए विशेष प्रकार की मेज, कुर्सी आदि होनी चाहिए, जिससे वे आराम से बैठ सकें और बिना अपने शरीर पर जोर देकर, पढ़ने तथा लिखने का कार्य कर सकें।

(4) यदि ऐसे बालकों के लिए अलग कक्षा-कक्ष की व्यवस्था हो तो अच्छा रहेगा। शेष विद्यालय की इमारत में जैसी जगह हो, उसी के अनुसार उचित प्रबन्ध करना चाहिए।

(5) अपंग बालकों को ऐसी व्यावसायिक शिक्षा देनी चाहिए जिससे उनकी शारीरिक न्यूनता का प्रभाव अधिक न हो। उदाहरणार्थ—वह एक सैनिक या कुली तो नहीं हो सकता

परन्तु बैठने वाली नौकरी के योग्य उसे बनाना चाहिए, जिसे वह आसानी से कर सके और सफलता प्राप्त कर सके।

(ब) सम्पूर्ण अन्धे या अर्द्ध अन्धे (Blind and hear Blind)—शारीरिक न्यूनता से ग्रसित बालकों में सबसे खराब स्थिति नेत्रहीन बालकों की मानी जाती है। अधिकतर जिन बालकों में दृष्टिदोष होता है, वे उसे छिपाने का प्रयत्न करते हैं। बालक जो लगभग अन्धे होते हैं अथवा दोषपूर्ण नेत्र रखते हैं, दूसरों को यह नहीं बताना चाहते हैं कि उनमें यह विशेष प्रकार का दोष है। दोनों अवस्थाओं में अध्यापक को अच्छी प्रकार से सचेत रहना चाहिए। उसे अपने छात्रों के मध्य यह जानने का प्रयत्न करना चाहिए कि कहीं बालक में मुख्य दोष नेत्रों में तो नहीं है। जब कभी वह इस प्रकार के दोष देखे; जैसे—पढ़ते समय अधिक झुकना, विशेष प्रकार से पुस्तक पकड़ना, क्रोधित होना, आँखों को बार-बार मलना, सिर तथा शरीर को विशेष स्थिति में रखना आदि। अध्यापक को यह पता लगाना चाहिए कि बालक किस प्रकार के विशेष दोष से पीड़ित है तथा उसे इलाज के लिए भेजना चाहिए।

ऐसे बालक जो जन्म से ही या बचपन से ही अन्धे होते हैं तथा जिनको बिल्कुल भी दिखाई नहीं देता है वे सम्पूर्ण अन्धे बालक होते हैं। दूसरे, वे बालक होते हैं जिनकी दृष्टि कमजोर होती है। इनमें से कुछ बालकों की दूर की दृष्टि और कुछ की नजदीक की दृष्टि कमजोर होती है, कुछ बालकों में यह दोनों ही प्रकार का दोष रहता है। ऐसे बालकों की पहचान करने के लिए उनकी चिकित्सकीय जाँच करवानी चाहिए।

अंधापन के कारण

1. अधिकांश बालकों की आँखें संक्रामक रोगों के समय सावधानी न बरतने के कारण खराब हो जाती हैं।
2. दुर्घटना, चोट या मारपीट करने के कारण भी आँखें खराब हो जाती हैं।
3. कुछ बालक माता-पिता की अन्धता के कारण भी नेत्रहीन होते हैं।
4. रक्त की कमी या विटामिन 'ए' की कमी के कारण भी आँखें खराब हो जाती हैं।
5. रोग के समय इलाज के अभाव में भी आँखें खराब हो जाती हैं।

सम्पूर्ण या अर्द्ध-अन्धे बालकों की विशेषताएँ

1. ऐसे बालकों में समायोजन क्षमता कम होती है।
2. इन बालकों में अन्य विकलांग बालकों की तरह हीनता की भावना आ जाती है।
3. ये बालक अपने भविष्य के प्रति बहुत चिन्तित रहते हैं।
4. इनमें आत्म-विश्वास कम होता है।
5. ऐसे बालकों में गतिशीलता का अभाव होता है।
6. ये बालक सामाजिकता की दृष्टि से कमजोर होते हैं।
7. इनमें उत्साह की कमी होती है तथा कार्यारम्भ में हिचकिचाते हैं।

8. ऐसे बालक स्वप्नलोक में अधिक रहते हैं।

9. ये चिड़चिड़े स्वभाव वाले होते हैं।

सम्पूर्ण या अर्द्ध-अन्धे की स्थिति में शिक्षा का निम्न प्रकार से संगठन उनके समायोजन में सहायता कर सकता है—

1. यदि बालक पूर्ण रूप से अन्धा है तो उसे सम्पूर्ण अन्धों के विद्यालय में भेजना चाहिए, जहाँ वह ब्रेल ढंग से पढ़ सकेगा। उसे समायोजन के लिए व्यावसायिक शिक्षा भी दी जाएगी। उसे गाना या हस्तकला सिखाई जा सकती है। इनमें से कई तो गायन कला इत्यादि में निपुण हो जाते हैं। ऐसे बालकों के लिए ब्रेल लिपि पर आधारित पर्याप्त साहित्य उपलब्ध कराना चाहिए।

2. वे बालक जो अर्द्ध-अन्धे हैं या जिनकी निगाह कमजोर है, उन्हें कंजरवेशन कक्षाओं में जहाँ बड़े छापे वाली पुस्तकें और इसी प्रकार की सामग्री प्रयोग की जाती है, पढ़ने के लिए भेजना चाहिए।

3. इस प्रकार के बालकों को विभिन्न विषयों की शिक्षा देने के लिए विशेष उपकरणों की व्यवस्था करनी चाहिए।

4. ऐसे बालकों को शिक्षा देने के लिए प्रधानाध्यापक, अध्यापक, स्वास्थ्य सेवा आदि सभी का सामूहिक सहयोग होना चाहिए।

5. साधारण विद्यालयों में भी आँखों के दोष से युक्त बालकों में बड़ी सतर्कता की आवश्यकता है। वहाँ दोषयुक्त नेत्रों के रोग-निराकरण के लिए भी ध्यान देना चाहिए। खराब वातावरण भी इसमें प्रभावी होता है अतः वातावरण का समुचित होना आवश्यक है। इसके लिए—

(i) विद्यालयों में रोशनी का उचित तथा पूर्ण प्रबन्ध तथा स्पष्ट रूप से छपी हुई सामग्री (पुस्तकों आदि) का प्रयोग करना चाहिए।

(ii) श्याम-पट्टों को पूर्ण रूप से स्वच्छ रखना चाहिए और उन्हें कक्षा में उचित दूरी पर लगाना चाहिए।

(iii) स्वस्थ रूप से पढ़ने की आदत भी बालकों में विकसित करनी चाहिए।

(स) पूर्ण बधिर तथा अपूर्ण बधिर (The Deaf and Hard of Hearing— मुख्यतया 'बधिर' शब्द ऐसे बालक के लिए प्रयोग किया जाता है जिसने कभी कोई चीज सुनी ही न हो, जिसने अपने बोलने से पहले ही अपनी श्रवण-शक्ति को खो दिया हो अथवा जैसे ही उसने बोलना सीखा, श्रवण-शक्ति को खो दिया, और साथ ही उसके बोलने की शक्ति भी नष्ट हो गई हो। एक बालक जिसने बोलना सीख लिया हो और बाद में उसकी श्रवण-शक्ति नष्ट हो जाए तो उसे हम सुनने के अयोग्य या अपूर्ण बहरे की संज्ञा दे सकते हैं।

बधिरापन के कारण—बधिरापन निम्न कारणों से हो सकता है—

1. बधिरापन कुछ बालकों में वंश परम्परागत रूप से चलता रहता है।

2. कुछ बालकों की श्रवण-शक्ति किसी दुर्घटना में कान पर चोट लगने से भी चली जाती है।

3. कुछ बालक गर्भावस्था में ही अपनी श्रवण शक्ति खो बैठते हैं। साथ ही कुछ बालक जन्म के समय सावधानी नहीं रखने से भी अपनी श्रवण-शक्ति खो बैठते हैं।

4. मध्य कान में घाव होने, मवाद भर जाने या अधिक कैल्शियम जमा होने पर भी श्रवण-शक्ति खराब हो जाती है और कम सुनाई देने लगता है।

5. लगातार तेज ध्वनि सुनने से भी श्रवण-शक्ति प्रभावित होती है।

6. खसरा, चेचक, मोतीझरा एवं कनफेड़ जैसे रोगों से भी श्रवण-शक्ति कम हो जाती है या नष्ट हो जाती है।

बधिर बालकों की स्थिति

1. इस प्रकार के बालकों में आत्म-विश्वास कम होता है।

2. ऐसे बालकों का भाषा विकास देर से होने के कारण बौद्धिक विकास भी देर से हो पाता है।

3. ऐसे बालक कम सामाजिक होते हैं तथा अन्य व्यक्तियों की बात ठीक प्रकार से नहीं सुन पाने के कारण इनका समायोजन भी ठीक प्रकार से नहीं हो पाता है।

4. ये बालक तनाव में रहते हैं क्योंकि ये बालक चलचित्र, टेलीविजन आदि से मनोरंजन नहीं कर पाते हैं।

5. ऐसे बालक भविष्य के प्रति बहुत चिन्तित रहते हैं।

ऐसे बालक का, जो बधिर या सुनने में से असमर्थ हो, शिक्षा द्वारा समायोजन निम्न प्रकार से सम्भव हो सकता है—

1. विद्यालय में इस प्रकार के साधनों का विकास करना चाहिए जिनसे बधिर बालकों तथा अध्यापक में सम्बन्ध स्थापित हो सके जिससे वे साधारण बालकों की तरह ही शिक्षा ग्रहण कर सकें।

2. वह बालक जो हकलाता है या अपूर्ण बधिर है, विशेष प्रकार के विद्यालयों में अलग नहीं किया जा सकता है। उसे साधारण बालकों की कक्षा में साथ-साथ बैठने के लिए तथा पढ़ने हेतु स्थान देना चाहिए। उसे कक्षा में आगे बैठने के लिए स्थान मिलना चाहिए, जिससे वह अध्यापकों के चलते हुए होठों को देख सके और उसे किसी भी बालक की तरफ मुड़कर देखने की आज्ञा दे देनी चाहिए जो अध्यापक की बात को सुन रहा हो, उसमें ऐसे ज्ञान को विकसित करना चाहिए जो होठों की गति से समझ सके। या तो साधारण विद्यालय में यह ज्ञान उसे देना चाहिए या किसी अन्य स्थान पर जहाँ सम्भव हो, इस प्रकार के अध्ययन के लिए उसे भेजना चाहिए।

3. इन बालकों को शिक्षा देने के लिए विशेष प्रशिक्षित अध्यापकों को लगाना चाहिए।

4. श्रवण सहायक यन्त्रों के प्रयोग का अभ्यास कराया जाना चाहिए।

(द) हकलाने या दोष युक्त वाणी वाले बालक (The Defective in Speecfor Stammerer)—तुतलाना, हकलाना, धीरे-धीरे बोलना, नाक दबाकर बोलना, मोटी आवाज, कर्कशता आदि दोषयुक्त वाणी के चिह्न हैं। दोषयुक्त वाणी का कारण शारीरिक दोष हो सकता है किन्तु कुछ ऐसे भी दोष हैं जो पूर्ण या अपूर्ण रूप में मनोवैज्ञानिक होते हैं। ये मनोवैज्ञानिक दोष अभिभावकों इत्यादि की लापरवाही के कारण विकसित होते हैं और त्रुटिपूर्ण बोलने की आदत पड़ जाती है। त्रुटिपूर्ण बोलने का अनुकरण, उचित आराम की कमी, संवेगात्मक कठिनाइयाँ आदि भी इसमें सहायक होते हैं। अधिक तीव्र गति से बोलना या हिचक से बोलना, धीरे-धीरे बोलना और हकलाने का कारण अधिकतर संवेगात्मक ही होता है। यदि किसी बालक को हम उचित तथा सही प्रकार की उत्तेजना से बोलना सिखाते हैं तो वह इन कमियों को दूर कर देता है। उसको यदि संवेग उत्पन्न न करने वाला वातावरण दे दिया जाए और उससे तुतलाकर न बोला जाए तो मनोवैज्ञानिक कारणों से उत्पन्न दोष बिल्कुल ही समाप्त किये जा सकते हैं।

वाणी दोष के प्रकार

1. **उच्चारण दोष**—इसके अन्तर्गत बालक कुछ ध्वनियाँ नहीं निकाल पाते। इसमें वे एक शब्द के एक-दो अक्षर बोल देते हैं और बाकी नहीं बोल पाते हैं अथवा किसी एक ध्वनि के लिए इसकी ध्वनि का प्रयोग करते हैं जैसे त को ट आदि।

2. **हकलाना**—हकलाने वाले बालक धाराप्रवाह नहीं बोल सकते। वे कुछ ध्वनियों या शब्दों की बार-बार पुनरावृत्ति करते हैं और कुछ वर्णों पर बोलते हुए भी रुक जाते हैं। हकलाने में परिवार और वातावरण दोनों का प्रभाव पड़ता है।

3. **आवाज की समस्या**—कुछ बालक बहुत ऊँचा या धीरे बोलते हैं, इससे भी उनका स्वर दोषपूर्ण हो जाता है। कुछ बालक नाक से बोलते हैं या श्वास ले-लेकर बोलते हैं। कुछ बालकों की आवाज में कसीलापन या भारीपन होता है।

4. **देर से बोलने के दोष**—सामान्य रूप से बालक 9 माह से 15 माह के बीच ध्वनि उच्चारण शुरू कर देता है। देर से बोलना किसी न किसी विकार या विकृति के कारण होता है।

5. **ओष्ठ विकृति**—ओष्ठ विकृति जन्म से हो सकती है अथवा बाद में भी हो सकती है। इसका शल्य चिकित्सा द्वारा उपचार किया जा सकता है।

6. **श्रवण विकार**—जो बालक अच्छी प्रकार से सुन नहीं पाते हैं वे बोल भी नहीं सकते हैं क्योंकि वे किसी ध्वनि को सुन सकने की क्षमता नहीं रखते।

वाणी दोषों को निम्न प्रकार से कम किया जा सकता है—

1. शारीरिक दोष को हम शल्य-क्रिया द्वारा दूर करने की चेष्टा करें।
2. बालक अच्छे बोलने का अनुकरण करें।
3. घर तथा विद्यालय का वातावरण तनाव को कम करने वाला हो।
4. उचित भोजन।
5. विशेष प्रकार की शिक्षा, जो बोलने में सहायक हो।

विद्यालय भी इस दोष को दूर कर सकते हैं, यथा—

1. बालक को अपनी कठिनाई पहचानने के लिए प्रेरणा देकर।
2. ग्रसितता के दोष पर अधिक जोर न देकर।
3. उचित और सही निदान के द्वारा दोष मालूम करके।
4. दोष के अनुसार अभ्यास देकर।
5. चिन्ता को दूर करके।
6. अन्य साथियों के सामने ग्रसित को व्याकुल न करके।
7. अध्यापकों को उनके दोष दूर करने का प्रयत्न करना चाहिए। साथ ही उन्हें चाहिए कि प्रसन्न करने वाली, शान्तिपूर्ण वाणी में उनसे बोले।

(य) निर्बल व कोमल (The Delicate Person)—कोमल व्यक्तियों से हमारा तात्पर्य ऐसे व्यक्तियों से नहीं है जो किसी बीमारी या रोग से युक्त हैं, वरन् ऐसे लोगों से है जिनकी शारीरिक दशा इस प्रकार की है कि उन्हें अपने शारीरिक स्वास्थ्य के लिए सदैव सचेत रहना पड़ता है। ऐसे लोग जिनके अन्दर रक्त की कमी है, शक्ति की कमी है, ग्रन्थि दोष है, इस श्रेणी में गिने जाते हैं।

कोमल व्यक्ति साधारण कार्यों तथा क्रीड़ाओं में भाग नहीं ले सकता है। यदि उसका शरीर अधिक अभ्यास में असाधारण प्रकार से थक जाता है तो वह बीमार पड़ जाता है। अधिकतर ऐसे कोमल व्यक्ति उचित भोजन की कमी के कारण होते हैं, इसके साथ ही साथ यह भी सम्भव हो सकता है कि उनमें अन्य कोई छूत के रोग हों। यदि विद्यालय अथवा परिवार में उन्हें विकास का उचित अवसर दिया जाता है तो ऐसे बालकों की कमी को दूर किया जा सकता है।

विद्यालय में समय-समय पर शारीरिक परीक्षा, शारीरिक कमी की चिकित्सा आदि आवश्यक है। भारत में स्वास्थ्य का साधारण स्तर कम है, जिसका कारण यहाँ की आर्थिक परिस्थितियाँ हैं। यदि पाठशाला में दोपहर के खाने और दूध के लिए स्वेच्छा से प्रबन्ध किया जाए, अर्थात् बालकों को बिना पैसे दिए ये सुविधाएँ दी जाएँ तो पाठशालाएँ बहुत-कुछ दोषों को दूर करने में सहायता प्रदान कर सकती हैं।

संवेगात्मक रूप से असंतुलित बालकों की पहचान
(Identification of Emotional Unbalanced Children)

संवेगों का बालक के जीवन में अत्यन्त महत्त्वपूर्ण स्थान होता है। श्रेष्ठ संवेगों पर आधारित व्यवहार बालक के स्वास्थ्य को समुन्नत, मानसिक दृष्टिकोण को उदार, कार्य करने की इच्छा को बलवती और सामाजिक सम्बन्धों को मधुर बनाते हैं। इसके विपरीत, क्षुद्र संवेगों पर आश्रित व्यवहार बालक के शारीरिक, मानसिक और सामाजिक विकास पर क्षतिप्रद प्रभाव डालकर उसको विकृत कर देते हैं। संवेगात्मक रूप से असंतुलित बालक की पहचान इस प्रकार की जा सकती है—

1. संवेगात्मक रूप से असंतुलित बालक बेचैन रहते हैं तथा असमायोजित व्यवहार करते हैं।

2. इस प्रकार के बालक अपने आपको परिवार, मित्रों, सहपाठियों तथा समाज में असुरक्षित तथा असमायोजित महसूस करते हैं।

3. ऐसे बालक व्याकुल रहते हैं।

4. इस प्रकार के बालक किसी वस्तु, व्यक्ति या परिस्थिति से घृणा करते हैं तो अत्यधिक घृणा करते हैं एवं प्रेम करते हैं तो अत्यधिक प्रेम करते हैं।

5. संवेगात्मक रूप से असंतुलित बालक किसी क्षण अत्यधिक प्रसन्न हो सकता है तथा तत्काल ही अत्यन्त खिन्न भी हो सकता है।

6. ऐसे बालक किसी अज्ञात वस्तु, अपरिचित व्यक्ति और वातावरण को देखकर डर जाते हैं।

7. ऐसे बालकों में काँपने, चीखने, पसीना आने, भागने, मुख विवर्ण होने जैसे लक्षण पाये जाते हैं।

8. ऐसे बालक कभी-कभी बेहोश भी हो जाते हैं।

9. ऐसे बालक चिन्ताग्रस्त रहते हैं।

10. ऐसे बालक अपेन परिवार के सदस्यों, भाई-बहिन आदि से ही ईर्ष्या करने लगते हैं।

11. संवेगात्मक रूप से असंतुलित बालकों में झगड़ा करने की प्रवृत्ति पायी जाती है।

12. ऐसे बालक अपने क्रोध की अभिव्यक्ति गाली देकर, निन्दा कर, मजाक करके करते हैं। इनमें क्रोध क्षणिक न होकर लम्बी अवधि तक चलता है।

13. संवेगात्मक रूप से असंतुलित बालकों में निराशा एवं हठ करने की प्रवृत्ति पायी जाती है।

14. ऐसे बालकों का स्वास्थ्य ठीक नहीं रहता है।

15. इन बालकों का चरित्र भी संदिग्ध होता है।

16. ऐसे बालकों में पलायनशीलता की प्रवृत्ति रहती है।

17. ऐसे बालक चोरी करते हैं, भावना ग्रन्थियों से ग्रसित होते हैं तथा माता-पिता एवं शिक्षकों की आज्ञा की अवहेलना करते हैं।

संवेगात्मक रूप से असंतुलित बालकों की शिक्षा व्यवस्था

(Education System of Emotional Unbalanced Children)

बालक के व्यवहार के आधार उसके संवेग होते हैं। व्यक्तित्व के संतुलित विकास में संवेगों का प्रमुख स्थान होता है। प्रेम, हर्ष और उत्सुकता जैसे अभिनन्दनीय संवेग उसके शारीरिक, मानसिक और सामाजिक विकास में योग देते हैं, जबकि भय, क्रोध और ईर्ष्या जैसे निन्दनीय संवेग उसके विकास को विकृत और कुंठित कर सकते हैं। अत: यह आवश्यक है कि संवेगात्मक रूप से असंतुलित बालकों की समस्याओं का पूरा-पूरा ध्यान रखा जाए तथा उनकी शिक्षा की समुचित व्यवस्था की जाए। ऐसे बालकों की शिक्षा व्यवस्था इस प्रकार की जा सकती है—

1. पाठशालाओं में बालकों को मनोवैज्ञानिक ढंग से शिक्षा नहीं दी जाती, उनके साथ

रुक्ष व्यवहार किया जाता है। जब बालक के मन में उस रुक्षता के प्रति प्रतिक्रिया होती है तो वह अध्यापक के भय के कारण उसे व्यक्त नहीं कर पाता है।

अध्यापकों को बालकों में ऐसी सामर्थ्य उत्पन्न करनी चाहिए कि वे दिन-प्रतिदिन के कार्यों में आने वाली बाधाओं के प्रति तुरन्त उत्तेजित न हो उठें। अध्यापक को बालक के पाठ्यक्रम में सुधार कर उसकी शक्ति और सामर्थ्य के अनुरूप बनाकर उसे सीखने के लिए देना चाहिए तथा अध्यापक को बालक का ठीक-ठीक अध्ययन कर उसकी शक्ति, सामर्थ्य और योग्यता तथा रुचि के अनुसार शिक्षा देनी चाहिए।

2. अध्यापक को बालक के उन कार्यों की भी सराहना करनी चाहिए, जिसमें वह सिद्धहस्त और प्रवीण है। इससे प्रभाव यह पड़ता है कि बालक जिस विषय में कमजोर है उसके प्रति कुपित नहीं होगा, वरन् अध्यापकीय श्लाघा से प्रफुल्लित होकर वह उसमें भी निपुणता प्राप्त करने का भरसक प्रयत्न करेगा। वस्तुतः इस श्लाघा का परिणाम यह होता है कि व्यक्ति जिस विषय में दक्ष है उसकी प्रसन्नता और आत्म-सन्तोष दूसरे के आक्रोश-जनित अभाव की पूर्ति कर देता है। फलस्वरूप दूसरे विषय के प्रति उसके क्रोध की मात्रा में कमी हो जाती है।

3. विद्यालय में बालक को परिस्थितियों का सामना साहसपूर्वक करने और उनसे संघर्ष करने के लिए प्रोत्साहित करना चाहिए तथा उसे भय से बचाना चाहिए। उसे अपनी शक्तियों को समझने के लिए प्रोत्साहित करना चाहिए तथा उसमें आत्म-विश्वास जाग्रत करना चाहिए एवं बालक को योग्यता, रुचि, सम्मान और उसके मानसिक स्तर के अनुकूल ही शिक्षा देनी चाहिए, जिससे वह निर्धारित कार्य को निर्भय होकर कर सके और उसमें किसी भी प्रकार भय की भावना का उदय न हो।

4. अध्यापक और अभिभावकों के द्वारा बालकों के साथ दयालुता और सहानुभूतिपूर्ण व्यवहार किया जाए एवं उनकी भावनाओं को उचित सम्मान दिया जाए तो बालकों के निषेधात्मक व्यवहार में सरलता से सुधार किया जा सकता है।

5. बालकों की शारीरिक वृद्धिको देखते हुए विद्यालय में खेलकूद तथा व्यायाम आदि की उचित व्यवस्था की जानी चाहिए। इससे किशारों की अतिरिक्त शक्ति का उनके शरीर के विकास में उपयोग हो सकेगा और शरीर पुष्ट होगा।

6. अध्यापकों को संवेगों के शोधन पर ध्यान देना चाहिए। आवश्यकतानुसार संवेगों का स्थानान्तरण करने का भी प्रयत्न करना चाहिए।

7. बालकों को नैतिकता की व्यावहारिक शिक्षा देनी चाहिए तथा अध्यापकों को उपदेश के स्थान पर उदाहरण प्रस्तुत करने चाहिए।

8. बालकों को उत्तम साहित्य, महापुरुषों की जीवनियाँ तथा देश-प्रेम की पुस्तकें पढ़ने के लिए प्रेरित करना चाहिए।

9. बालकों को क्षमता, योग्यता एवं स्तरानुसार व्यावसायिक शिक्षा भी देनी चाहिए।

10. अध्यापकों को बालकों पर अनुशासन थोपने की बजाय उनमें स्वानुशासन की भावना जाग्रत करनी चाहिए। स्वानुशासन हेतु उन्हें उत्तरदायित्वपूर्ण कार्य सौंपने चाहिए जिससे अनुशासन के साथ-साथ स्वाभिमान या आत्मप्रदर्शन के संवेग का भी विकास हो। बालकों को रचनात्मक कार्यों यथा—ललित-कला, पेंटिंग, संगीत आदि में लगाना चाहिए ताकि उनके संवेगों का स्थानान्तरण होता रहे।

11. लैंगिक परिवर्तनों के कारण भी अनेक प्रकार की संवेगात्मक समस्याएँ—भय, घृणा तथा बुरी आदतें उत्पन्न हो जाती हैं अत: विद्यालय को यौन-शिक्षा के माध्यम से इन समस्याओं को सुलझाने में सहायता करनी चाहिए। बालकों को अंगों के विकास, उनकी क्रियाशीलता आदि की स्पष्ट, उचित एवं वैज्ञानिक जानकारी देनी चाहिए।

समस्यात्मक बालक का अर्थ
(Meaning of Problem Child)

''समस्या बालक वे हैं जिनका व्यवहार अथवा व्यक्तित्व गम्भीर रूप से असाधारण होता है''

—वेलेन्टाइन

"Problem children is generally used to describle children whose behaviour or personality in something is seriously abnormal."

—Valentine

ऐसे बालक जिनके व्यक्तित्व का अनुकूलन गम्भीर रूप से बिगड़ा हुआ हो और संवेगात्मक भार से पीड़ित हों, समस्या बालक कहलाते हैं। समस्या व्यवहार के उदाहरण हैं—कक्षा से भाग जाना, चोरी करना, अनुशासन के प्रति महान् असहयोग, क्रोधित होना, धमकाना, अत्यधिक कायरपन और स्नायविक दुर्बलता।

समस्यात्मक बालकों के प्रकार
(Types of Problem Child)

समस्यात्मक बालकों के अनेक प्रकार हैं। इनमें से कुछ मुख्य प्रकार इस प्रकार से हैं—चोरी करने वाले, झूठ बोलने वाले, क्रोध करने वाले, एकान्त पसन्द करने वाले, मित्र बनाना पसन्द न करने वाले, आक्रमणकारी व्यवहार करने वाले, विद्यालय से भाग जाने वाले, भयभीत रहने वाले, छोटे बालकों को तंग करने वाले, गृह-कार्य न करने वाले, कक्षा में देर से आने वाले आदि। इनमें से प्रमुख तीन के व्यवहार के कारणों एवं उपचार का वर्णन इस प्रकार है—

1. चोरी करने वाला बालक
(Boy Who Steals)

कई बालकों में चोरी करने की बुरी आदत होती है। इसके कई कारण हो सकते हैं; जैसे—

1. **अज्ञानता**—छोटा बालक अज्ञानता के कारण चोरी करता है। वह यह नहीं जानता है कि जो वस्तु जिसके पास है, उसी का उस पर उचित अधिकार है।

2. अन्य विधि से अपरिचय—कुछ बालक इसलिये चोरी करते हैं, क्योंकि उन्हें वांछित वस्तु को प्राप्त करने की और कोई विधि मालूम नहीं होती है।

3. उच्च स्थिति की इच्छा—किसी बड़े बालक में अपने समूह में अपनी उच्च स्थिति व्यक्त करने की प्रबल लालसा होती है। अपनी इस लालसा को पूरा करने के लिए वह धन, वस्त्र और अन्य वस्तुओं की चोरी करता है।

4. माता-पिता की अवहेलना—स्ट्रेंग के अनुसार, जिस बालक की अपने माता-पिता के द्वारा अवहेलना की जाती है, वह उनको समाज में अपमानित करने के लिए चोरी करने लगता है।

5. साहस दिखाने की भावना—कुछ बालकों में दूसरे बालकों को यह दिखाने की प्रबल भावना होती है कि वह उनसे अधिक साहसी है। वह इस बात का प्रमाण चोरी करके देता है।

6. आत्म-नियंत्रण का अभाव—कई बार बालक आत्म-नियंत्रण के अभाव में चोरी करने लगता है। उसे जो भी वस्तु अच्छी लगती है, उसी को वह चुरा लेता है या चुराने का प्रयास करता है।

7. चोरी की लत—कुछेक बालकों में चोरी की लत होती है। ये अकारण ही विभिन्न प्रकार की वस्तुओं की चोरी करते हैं।

8. आवश्यकताओं की अपूर्ति—जिन बालकों की आवश्यकताएँ पूर्ण नहीं हो पाती हैं; वे उनकी पूर्ति चोरी करके करते हैं। यदि बालक को विद्यालय में खाने-पीने के लिये पैसे नहीं मिलते हैं, तो वह उनको घर से चुरा ले जाता है।

उपचार—बालकों में चोरी की आदत को छुड़ाने के लिये निम्नांकित उपायों को काम में लाया ज़ा सकता है—

1. बालकों पर चोरी का दोष कभी नहीं लगाना चाहिए।
2. बालकों में आत्मनियंत्रण की भावना का विकास करना चाहिए।
3. बालकों को उचित और अनुचित कार्यों में अन्तर बताना चाहिए।
4. बालक की उसके माता-पिता द्वारा अवहेलना नहीं की जानी चाहिए।
5. बालक की सभी उचित आवश्यकताओं की पूर्ति की जानी चाहिए।
6. बालक को विद्यालय में व्यय करने के लिए कुछ धन अवश्य देना चाहिए।
7. बालक को खेलकूद और अन्य कार्यों में अपनी साहस की भावना को व्यक्त करने का अवसर देना चाहिए।
8. बालक को यह शिक्षा देनी चाहिए कि जो वस्तु जिसकी है, उसी पर उसका अधिकार है। दूसरे शब्दों में, उसे अन्य व्यक्तियों के अधिकारों का सम्मान करने की शिक्षा देनी चाहिए।

2. झूठ बोलने वाला बालक
(Boy Who Tells Lie)

बालक द्वारा झूठ बोले जाने के भी अनेक कारण हो सकते हैं, यथा—

1. **मनोविनोद**—कई बार बालक केवल मनोविनोद या मजा लेने के लिए भी झूठ बोलता है।

2. **द्विविधा**—कई बार बालक किसी बात को स्पष्ट रूप से न समझ सकने के कारण द्विविधा में पड़ जाता है और अनायास ही झूठ बोल जाता है।

3. **मिथ्याभिमान**—कई बालकों में मिथ्याभिमान की भावना बड़ी बलवती होती है। अत: वह उसे व्यक्त करने या सन्तुष्ट करने के लिए झूठ बोलता है। वह अपने साथियों को ऐसी-ऐसी बातें सुनाता है, जो उसने कभी नहीं की।

4. **प्रतिशोध**—बालक अपने दुश्मन से बदला लेने के लिए उसके बारे में झूठी बातें फैलाकर उसको बदनाम करने की चेष्टा करता है।

5. **स्वार्थ**—बालक कभी-कभी अपने स्वार्थ के कारण भी झूठ बोलता है। वह गृह-कार्य करके नहीं लाया है, तो वह दण्ड से बचने के लिए झूठ बोल देता है और कह देता है कि वह बीमार हो गया था।

6. **वफादारी**—कई बालक अपने मित्र, समूह आदि के प्रति इतने वफादार होते हैं कि वे झूठ बोलने में तनिक भी संकोच नहीं करते हैं। यदि किसी के मित्र की तोड़-फोड़ करने की प्रधानाचार्य से शिकायत होती है, तो वह इस बात की झूठी गवाही देता है कि उसका मित्र तोड़-फोड़ के स्थान पर मौजूद नहीं था।

7. **भय**—स्ट्रेंग के अनुसार—"भय अनेक बालकों की झूठी बातों का मूल कारण होता है।"

"Fear lies at the basis of many children's falsehoods." —**Strang**

जिस भय के कारण बालक झूठ बोलता है, वह भी अनेक प्रकार का हो सकता है, जैसे—कठोर दण्ड का भय, कक्षा या समूह में प्रतिष्ठा खोने का भय, किसी पद से वंचित किये जाने का भय आदि।

उपचार—बालक की झूठ बोलने की आदत को छुड़ाने के लिए अग्रलिखित उपायों को काम में लाया जा सकता है—

1. बालक को यह बताना चाहिए कि झूठ बोलने से कोई लाभ नहीं होता है।

2. बालक में नैतिक साहस की भावना का अधिकतम विकास करने के लिए प्रयत्न करना चाहिए।

3. बालक में सोच-विचार कर बोलने की आदत का निर्माण करना चाहिए।

4. बालक से बात न करके, उसकी अवहेलना करके, और उसके प्रति उदासीन रह

करके उसे अप्रत्यक्ष दण्ड देना चाहिए।

5. बालक को ऐसी संगति और वातावरण में रखना चाहिए, जिससे उसे झूठ बोलने का अवसर न मिले।

6. बालक से उसका अपराध स्वीकार करवाकर उससे फिर कभी झूठ न बोलने की प्रतिज्ञा करवानी चाहिए।

7. बालक की आत्म-सम्मान की भावना को इतना प्रबल बना देना चाहिए कि वह झूठ बोलने के कारण अपना अपमान सहन न कर सके।

8. सत्य बोलने वाले बालक की निर्भयता और नैतिक साहस की प्रशंसा करनी चाहिए।

3. क्रोध करने वाला बालक
(Boy Who Express Anger)

साधारणत: क्रोध व आक्रमणकारी व्यवहार का साथ होता है। **क्रो एवं क्रो** का कथन है—"क्रोध आक्रमणकारी व्यवहार द्वारा व्यक्त किया जाता है।"

"Anger is expressed througfaggressive behaviour."

—**Crow & Crow**

क्रुद्धबालक के आक्रमणकारी व्यवहार के कुछ मुख्य स्वरूप हैं—मारना, काटना, नोंचना, चिल्लाना, खरोंचना, तोड़-फोड़ करना, वस्तुओं को इधर उधर फेंकना, गाली देना, व्यंग्य करना, स्वयं अपने शरीर को क्षति पहुँचाना आदि।

बालक को क्रोध आने के कारण निम्नलिखित हो सकते हैं—

1. बालक के किसी उद्देश्य की प्राप्ति में बाधा पड़ना।

2. बालक में किसी के प्रति ईर्ष्या होना।

3. बालक के खेल, कार्य या इच्छा में विघ्न पड़ना।

4. बालक को किसी विशेष स्थान पर जाने से रोकना।

5. बालक की किसी वस्तु का छीन लिया जाना।

6. बालक का किसी बात से निराश होना।

7. बालक का अस्वस्थ या रोगग्रस्त होना।

8. बालक का किसी कार्य को करने में असमर्थ होना।

9. बालक के कार्य, व्यवहार आदि में निरन्तर दोष निकाले जाना।

10. बालक पर अपने माता या पिता के क्रोधी स्वभाव का प्रभाव पड़ना।

उपचार—बालक को क्रोधमुक्त करने के लिए निम्नलिखित उपायों का प्रयोग किया जा सकता है—

1. बालक के रोग का उपचार और स्वास्थ्य में सुधार करना चाहिए।

2. बालक को जिस बात पर क्रोध आए, उस पर से उसका ध्यान हटा देना चाहिए।

3. बालक को अपने क्रोध पर नियन्त्रण करने की शिक्षा देनी चाहिए।

4. बालक को केवल अनुचित बातों के प्रति क्रोध व्यक्त करने का परामर्श देना चाहिए।

5. बालक के क्रोध को क्रोध व्यक्त करके नहीं, वरन् शान्ति से शान्त करना चाहिए।

6. बालक के क्रोध का दण्ड और कठोरता का प्रयोग करके दमन नहीं करना चाहिए, क्योंकि ऐसा करने से उनका क्रोध और बढ़ता है।

7. बालक के खेल, कार्य आदि में बिना आवश्यकता के बाधा नहीं डालनी चाहिए।

8. बालक की ईर्ष्या की भावना को सहयोग की भावना में बदलने का प्रयास करना चाहिए।

9. बालक के कार्य, व्यवहार आदि में अकारण दोष नहीं निकालना चाहिए।

10. जब बालक का क्रोध शान्त हो जाए, तब उससे तर्क करके उसे यह विश्वास दिलाना चाहिए कि उसका क्रोध अनुचित था।

स्नायविक या मनस्तापी बालक का अर्थ
(Meaning of Neurotic child)

'स्नायविक' या 'मनस्तापी' के लिए अंग्रेजी शब्द 'Neurotic' का प्रयोग किया जाता है, जिसका अर्थ है—'Affecting the nervous system.' जिसका हिन्दी अनुवाद होता है—'नाड़ी संस्थान का प्रभाव।' इस प्रकार 'Neurotic' शब्द का हिन्दी शब्दानुसार अर्थ होता है—'नाड़ी सम्बन्धी।'

आधुनिक वैज्ञानिक एवं तकनीकी प्रगति ने मानव को सुख-सुविधाएँ प्रदान करने के साथ ही अनेक जटिलताएँ भी उत्पन्न कर दी हैं। वैज्ञानिक विकास के परिणामस्वरूप मानव महत्त्वाकांक्षा का क्षेत्र असीमित हो गया है, जिसके फलस्वरूप मानव दिवा-स्वप्न देखने लग जाता है, हवाई बातें करता है, और अनियन्त्रित बातें विचारता है। परिणामत: शारीरिक संवेगों के साथ-साथ मानसिक संवेगों तथा जटिलताओं में भी वृद्धिहुई है। व्यक्ति अपनी सामर्थ्य को विस्मृत कर गलत मूल्यांकन करता है। समस्याओं का हल निकालने के स्थान पर पलायनवादी प्रवृत्ति का सहारा लेता है। असफलता प्राप्त होने पर अपने शरीर तथा मन को पीड़ा पहुँचाता है जिसका प्रभाव स्नायुतन्त्र एवं मस्तिष्क पर पड़ता है और वह स्नायविकता या मनस्तापिकता का शिकार हो जाता है। अत: स्नायविकता या स्नायविक विकृति से तात्पर्य व्यक्ति के संवेगों द्वारा मानसिक संघर्ष से उत्पन्न वह स्थिति है जो उसे असफलता के परिणामस्वरूप मानसिक पीड़ा के कारण प्राप्त होती है।

स्नायविक बालक के अर्थ को स्पष्ट करने के लिए कुछ परिभाषाएँ इस प्रकार हैं—

1. ब्राउन के अनुसार—"वे व्यक्ति जो चेतन व अचेतन संघर्ष के कारण कुछ ऐसे कार्य नहीं कर पाते हैं जो एक सामान्य व्यक्ति अपनी संस्कृति के कारण करने की क्षमता रखता है। इसका सम्बन्ध सामाजिकता से है।"

2. हार्नी के अनुसार—"मन: स्नायु-विकृति वाला व्यक्ति वह होता है जो उसकी अपनी संस्कृति के विपरीत होता है।"

3. कालमैन के अनुसार—स्नायविक विकृति वाले व्यक्ति के निम्नांकित लक्षण होते हैं—(i) दोषपूर्ण व्यक्तित्व का विकास, (ii) चिन्ताग्रस्तता, (iii) पलायनवाद एवं कुरूपता, (iv) कार्य क्षमता में ह्रास, थकान एवं असंतोष।

इन परिभाषाओं से निम्नलिखित निष्कर्ष निकलते हैं—

1. स्नायविकता का सम्बन्ध सामाजिकता से है।
2. स्नायविक व्यक्ति का चेतन व अचेतन मन संघर्षरत रहता है।
3. स्नायविक व्यक्ति अपनी संस्कृति के विपरीत कार्य करता है।
4. स्नायविक विकृति वाला व्यक्ति सामान्तया कार्य करने की क्षमता नहीं रखता है।

स्नायविक बालकों की मानसिक हीनता के कारण
(Reasons of Neurotics)

स्नायविक बालकों की मानसिक हीनता के अनेक कारण हो सकते हैं जिनमें प्रमुख कारण निम्नलिखित हैं—

1. वंशानुक्रम—कुछ मनोवैज्ञानिकों के मतानुसार मानसिक हीनता का प्रमुख कारण वंशानुक्रम है। यदि बालकों के माता-पिता एवं पूर्वजों में मानसिक हीनता है तो वह अगली पीढ़ी में हस्तांतरित हो जाती है। अनेक अध्ययनों एवं शोधों से निष्कर्ष निकाला गया है कि पचास प्रतिशत बालकों में मानसिक हीनता का कारण वंशानुक्रम है।

2. जन्म के समय आघात—कुछ मनोवैज्ञानिकों के मतानुसार बहुत से बच्चों में मानसिक हीनता का कारण जन्म के समय आघात है। अप्रशिक्षित नर्स एवं दाइयों की असावधानी से जन्म के समय लगने वाले आघात से भी मानसिक हीनता उत्पन्न हो जाती है।

3. मानसिक आघात—कई बार जन्म से तो मानसिक विकास ठीक होता है परन्तु बाद में लगने वाले मानसिक आघात से मानसिक हीनता पैदा हो जाती है।

4. ग्रन्थियों का विकार—जिन बच्चों की नलीविहीन ग्रन्थियाँ ठीक प्रकार से काम नहीं करती हैं, उनमें विकास की असामान्यता उत्पन्न हो जाती है तथा मानसिक रोग उत्पन्न हो जाते हैं।

5. बीमारी और अपरिपक्व जन्म—बीमारी के कारण या प्रभाव से मानसिक विकास रुक जाता है। ऐसे बच्चे जो समय से पूर्व हो जाते हैं उनमें मानसिक हीनता की सम्भावना अधिक होती है। उचित पोषण के अभाव में भी मानसिक विकास रुक जाता है।

6. रक्त ठीक न बनना—ऐसे बच्चे जिनमें रक्त बनने की प्रक्रिया ठीक प्रकार से नहीं चलती है, उनका विकास रुक जाता है जो अप्रत्यक्ष रूप से मानसिकता को प्रभावित करता है। रक्त ही स्वास्थ्य का आधारभूत संचालक होता है।

7. गरीबी—परिवार की आर्थिक स्थिति ठीक न होने के कारण पर्याप्त सुविधाओं के अभाव में बच्चों का शारीरिक, मानसिक तथा सामाजिक विकास समुचित ढंग से नहीं हो पाता है तथा उनमें मानसिक हीनता पैदा हो जाती है।

8. विद्यालय का खराब वातावरण—जिन विद्यालयों का वातावरण ठीक नहीं होता है। आवश्यक शिक्षण-सामग्री एवं सुविधाएँ उपलब्ध नहीं होती हैं ऐसे विद्यालयों में बच्चों की बुद्धिका समुचित विकास नहीं होता है।

9. प्रेरणा की कमी—ऐसे बच्चे जिनको वातावरण में नवीन क्रिया करने की प्रेरणा नहीं मिलती, उनकी बुद्धिएवं मस्तिष्क का विकास ठीक नहीं हो पाता है। बच्चों को स्व-प्रेरणा मिलनी चाहिए। जिज्ञासा का भी बुद्धिविकास में महत्त्वपूर्ण योगदान होता है।

स्नायविक बालकों की विशेषताएँ

(Characteristics of Neurotic Children)

स्नायविक एवं मनस्तापी बालकों की अग्रलिखित विशेषताएँ होती हैं—

1. अमूर्त्त चिन्तन का अभाव—ऐसे बालक किसी समस्या पर अमूर्त चिन्तन नहीं कर सकते हैं। उनमें उच्च मानसिक क्रियाओं का विकास बहुत कम हो पाता है।

2. सीखने की धीमी गति—ऐसे बालकों के सीखने की गति बहुत धीमी होती है। वे सामान्य बालकों की अपेक्षा मन्द गति से सीखते हैं। ऐसे बालक सीखकर भी बार-बार भूल जाते हैं। इनमें स्मरणशक्ति की प्राय: कमी होती है।

3. शारीरिक दोष—इनमें कोई न कोई शारीरिक दोष अवश्य पाया जाता है। परन्तु यह आवश्यक नहीं है कि प्रत्येक शारीरिक दोष से युक्त बालक स्नायविक हो। ऐसे बालकों में प्राय: आँख, कान, नाक, हाथ-पाँव आदि के दोष पाए जाते हैं।

4. सीमित रुचि—ऐसे बालकों की रुचियाँ सीमित होती हैं। वे किसी समस्या पर अधिक समय तक ध्यान केन्द्रित नहीं कर सकते। वर्तमान में आगे की बात पर ये विचार ही नहीं करते हैं।

5. मौलिकता का अभाव—ऐसे बालक किसी समस्या पर मौलिक रूप से विचार नहीं कर सकते। ये साहचर्य सम्बन्ध स्थापित नहीं कर पाते हैं। ये प्राप्त ज्ञान का दूसरे में प्रयोग करने की क्षमता नहीं रखते हैं। स्नायविक एवं मनस्तापी बालकों का जीवन समस्या प्रधान होता है।

6. समायोजन का अभाव—ऐसे बालक पर्यावरण से अनुकूलन एवं समायोजन करने की क्षमता नहीं रखते हैं। ये नवीन परिस्थितियों का सामना करने में असमर्थ होते हैं। इनमें हीनता की भावना उत्पन्न हो जाती है। फलस्वरूप, ये समाज से अलग रहना पसन्द करते हैं।

स्नायविक बालकों की समस्याएँ

स्नायविक एवं मनस्तापी बालकों की प्रमुख समस्याएँ अग्रलिखित होती हैं—

1. पारिवारिक समस्याएँ—ऐसे बच्चे जो माता-पिता की आकांक्षाओं के अनुकूल उन्नति नहीं कर पाते हैं, उन बच्चों को माता-पिता बुरा-भला कहते हैं जिससे बच्चे के मस्तिष्क में निरन्तर संघर्ष बने रहते हैं। परिवार के अन्य सदस्यों द्वारा भी अच्छा व्यवहार नहीं किया जाता है जिससे बालकों में असामान्य व्यवहार का विकास हो जाता है। इस प्रकार का असामान्य व्यवहार बालकों के व्यक्तित्व और कार्य निष्पत्ति के लिए समस्या बन जाता है।

2. समायोजन की समस्या—जो बालक मानसिक दृष्टि से पिछड़े हुए होते हैं उनको अपने पर्यावरण से समायोजन करने में भी कठिनाई होती है। मानसिक दृष्टि से पिछड़े बालकों को विशेषत: तीन क्षेत्रों में समायोजन की समस्या अधिक रहती है—(i) परिवार, (ii) विद्यालय, और (iii) समाज।

3. विद्यालय सम्बन्धी समस्याएँ—स्नायविक एवं मनस्तापी बालक साधारण कक्षा-अध्यापन से लाभ नहीं उठा पाते हैं क्योंकि अध्यापक तथा कक्षा के अन्य छात्रों का दृष्टिकोण ऐसे बालकों के प्रति सहानुभूतिपूर्ण नहीं होता है। विद्यालय के किसी भी कार्यक्रम में भाग लेने के लिए इनको प्रेरित नहीं किया जाता। फलस्वरूप, इनमें अध्यापक और कक्षा के प्रति घृणा पैदा हो जाती है।

4. सामाजिक समस्याएँ—समाज में अन्य बालक ऐसे बालकों के साथ ठीक व्यवहार नहीं करते हैं और उनको अनेक दूसरे नामों जैसे—बुद्धू, मूर्ख, मन्द-बुद्धिआदि से पुकार कर चिढ़ाते हैं। ऐसे बालकों में सामाजिक पृथकत्व की भावना व्याप्त रहती है।

5. शारीरिक व मानसिक विकास की समस्या—स्नायविक एवं मनस्तापी बालकों का शारीरिक एवं मानसिक विकास समुचित प्रकार से नहीं हो पाता है, जिससे इनमें समायोजन सम्बन्धी अनेक कठिनाइयाँ उत्पन्न हो जाती हैं।

6. संवेगात्मक समस्याएँ—परिवार, विद्यालय एवं समाज में उचित वातावरण और देखभाल के अभाव में ऐसे बालकों में संवेगात्मक अस्थिरता उत्पन्न हो जाती है। इनमें भय, क्रोध, ईर्ष्या इत्यादि का विकास हो जाता है। फलस्वरूप ये समाज से समायोजन करने में असफल रहते हैं।

स्नायविक एवं मनस्तापी बालकों की शिक्षा

(Problem of Neurotic Children)

स्नायविक एवं मनस्तापी बालकों की शिक्षा-व्यवस्था इस प्रकार की जा सकती है—

1. व्यक्तिगत शिक्षण—ऐसे बालकों को व्यक्तिगत शिक्षण दिए जाने की आवश्यकता होती है अत: उनके लिए व्यक्तिगत शिक्षण की व्यवस्था की जानी चाहिए।

2. विशिष्ट कक्षाओं की स्थापना—स्नायविक एवं मनस्तापी बालकों के लिए विशिष्ट

एवं अलग से कक्षाओं की व्यवस्था की जानी चाहिए, जिससे व्यक्तिगत रूप से इनकी ओर ध्यान दिया जा सके। सभी विषयों के लिए विशिष्ट कक्षाओं की स्थापना की जानी चाहिए।

3. उपयुक्त पाठ्यक्रम—साधारण बालकों वाला पाठ्यक्रम ऐसे बालकों के लिए उपयुक्त नहीं होता। इनके लिए विशिष्ट और सीमित पाठ्यक्रम होना चाहिए। पाठ्यक्रम बालकों के व्यावहारिक जीवन से सम्बन्धित होना चाहिए।

4. विशिष्ट शिक्षण पद्धतियों का प्रयोग—ऐसे बालकों के लिए विशिष्ट शिक्षण-पद्धतियों का प्रयोग किया जाना चाहिए। उनके लिए शिक्षण विधि सरल और रोचक होनी चाहिए।

5. स्व-देखभाल का प्रशिक्षण—स्नायविक एवं मनस्तापी बालकों को अपनी देखभाल करने का प्रशिक्षण दिया जाना चाहिए। सामान्य शिष्टाचार की शिक्षा भी देनी चाहिए। कपड़े पहनना, धोना, शरीर की सफाई आदि की जानकारी भी करानी चाहिए।

6. सामाजिक प्रशिक्षण—स्नायविक एवं मनस्तापी बालकों को सहयोगी खेलों, सामूहिक कार्यों तथा पर्यटनों आदि की शिक्षा देकर सामाजिक चेतना उत्पन्न करनी चाहिए। इस कार्य के लिए सामाजिक प्रशिक्षण आवश्यक है।

7. योग्य एवं प्रशिक्षित अध्यापकों की नियुक्ति—ऐसे बालकों के लिए योग्य एवं प्रशिक्षित अध्यापकों की नियुक्ति की जानी चाहिए। इस प्रकार के अध्यापकों का भी मानसिक रूप से स्वस्थ होना आवश्यक है।

8. स्नेह एवं सहानुभूतिपूर्ण व्यवहार—स्नायविक एवं मनस्तापी बालकों के प्रति अभिभावकों एवं अध्यापकों को स्नेह एवं सहानुभूतिपूर्ण व्यवहार अपनाना चाहिए। इसके अभाव में बालकों की शिक्षण में रुचि नहीं होगी।

स्नायविक बालकों के प्रति शिक्षक के दायित्व
(Responsibilities of a Teacher to Neurotic Children)

स्नायविक बालकों के प्रति शिक्षक के अधोलिखित दायित्व होने चाहिए—

1. बच्चों का अवबोध—शिक्षक को चाहिए कि वह बच्चों की आवश्यकताओं को समझे। शिक्षक को बच्चों के ज्ञान को समझने का प्रयत्न करना चाहिए। बालकों को जाने बिना उनकी शिक्षा व्यवस्था सफल नहीं हो सकती।

2. स्नेह एवं सहानुभूतिपूर्ण व्यवहार—स्नायविक एवं मनस्तापी बालकों के प्रति शिक्षक का व्यवहार सदैव स्नेह एवं सहानुभूतिपूर्ण होना चाहिए। उसके अभाव में बालक शिक्षा में रुचि नहीं लेते हैं। स्नेह एवं सहानुभूति से बालकों को आकृष्ट किया जा सकता है जिससे वे शिक्षा में रुचि लेने लगते हैं। अतः शिक्षक को बालकों से स्नेहपूर्ण व्यवहार करना चाहिए।

3. सही निर्णय—बच्चों का अवबोध करके, उनको सिखाये जाने वाले विषय के बारे में शिक्षक को सही निर्णय लेना चाहिए, क्योंकि विषय का सही ज्ञान होने पर ही वह बालकों को सही ज्ञान प्रदान कर सकता है।

4. संवेगात्मक स्थिरता—शिक्षक को चाहिए कि वह स्नायविक बालकों के संवेगों को ध्यान में रखकर उनमें स्थिरता पैदा करे। संवेगों को बढ़ाने वाला कार्य नहीं करना चाहिए। संवेगों की अधिकता असंतोष, तनाव व भग्नाशा उत्पन्न कर सकती है।

5. रचना कौशल—शिक्षक को उद्योग आदि का पूरा ज्ञान होना चाहिए। इसके अभाव में शिक्षक स्नायविक एवं मनस्तापी बालकों के साथ समायोजन नहीं कर सकता। उद्योग के माध्यम से उनकी कार्य-कुशलता की वृद्धिकी जा सकती है।

6. धीमी गति—शिक्षक की अध्यापन गति बहुत धीमी होनी चाहिए। बालकों की मानसिक क्षमता के अनुकूल कार्य करवाना चाहिए। छात्रों की गति का भी ध्यान रखना चाहिए।

7. दृश्य-श्रव्य सामग्री—शिक्षक को शिक्षण कराते समय उपयुक्त दृश्य-श्रव्य सामग्री का समुचित प्रयोग करना चाहिए। शिक्षक को दृश्य-श्रव्य सामग्री के प्रदर्शन का भी उपयुक्त ज्ञान होना आवश्यक है, क्योंकि ऐसे बालकों को दृश्य-श्रव्य सामग्री के माध्यम से पढ़ाए जाने से विषय के प्रति संकल्पनाएँ एवं धारणाएँ स्पष्ट हो जाती हैं।

8. मानसिक स्वास्थ्य—स्नायविक एवं मनस्तापी बालकों को शिक्षा देने वाले शिक्षक का मानसिक रूप से स्वस्थ होना आवश्यक है। इसके अभाव में वह इन बालकों का सफल शिक्षण नहीं कर सकता।

9. आदर्श जीवन—शिक्षक का व्यवहार आदर्श होना चाहिए। उसका जीवन भी आदर्शपूर्ण होना चाहिए। शिक्षक की कथनी और करनी में अन्तर नहीं होना चाहिए। उसका आचार-व्यवहार भिन्नता से युक्त नहीं होना चाहिए।

□□□